交易经济学

交易系统演化新理论

王振营 ◎ 著

中国出版集团
中译出版社

图书在版编目（CIP）数据

交易经济学：交易系统演化新理论 / 王振营著 . -- 北京 : 中译出版社 , 2024.1
ISBN 978-7-5001-7597-1

Ⅰ . ①交… Ⅱ . ①王… Ⅲ . ①交易—经济学 Ⅳ . ① F014.3

中国国家版本馆 CIP 数据核字（2023）第 205657 号

交易经济学——交易系统演化新理论
JIAOYI JINGJIXUE—JIAOYI XITONG YANHUA XIN LILUN

著　　者：王振营
策划编辑：于　宇　李晟月
责任编辑：李晟月
营销编辑：马　萱　钟筏童

出版发行：中译出版社
地　　址：北京市西城区新街口外大街 28 号 102 号楼 4 层
电　　话：（010）68002494（编辑部）
邮　　编：100088
电子邮箱：book@ctph.com.cn
网　　址：http://www.ctph.com.cn

印　　刷：山东临沂新华印刷物流集团有限责任公司
经　　销：新华书店
规　　格：710 mm×1000 mm　1/16
印　　张：32.75
字　　数：600 千字
版　　次：2024 年 1 月第 1 版
印　　次：2024 年 1 月第 1 次印刷

ISBN 978-7-5001-7597-1　　　定价：138.00 元

版权所有　侵权必究
中　译　出　版　社

前　言

美国著名经济学家约瑟夫·E.斯蒂格利茨在《不平等的代价》的前言中提出这样的问题：为什么对于多数美国人而言，美国经济体制是失败的？为什么不平等加剧发展到今天这个地步？美国作为世界经济最发达的经济体，号称"山巅之城"，一度被称为人类的"自由灯塔"，为什么经济体制会失败？美国经济体制曾经被美国政治学家福山认为是人类社会几近完美的终极性体制，如果它会失败，世界上还有哪个国家的经济体制是成功的？

在当今世界上，尽管日益严重的两极分化问题早已成为阻碍人类社会健康发展的沉疴顽疾，但在主流经济理论有关均衡理论的精致模型里，却很难找到有关不平等和两极分化的系统论证。事实上，令人们困惑的经济学问题还远不止这些，交易系统最终演化的结局是什么？人类社会是否能够永远保持增长？这些问题都是摆在经济学家面前的终极之问。

经济理论所面临的困境向人们表明，主流经济理论并不是已经完备的理论体系，甚至对人们普遍关心的重要经济问题也都无法给出回应。这就说明，主流经济学的视角不是唯一可能的选择，在主流经济学之外，还应当存在其他不同的观察视角。通过选择新的视角，我们可以得到更多有价值的经济学知识。马克斯·韦伯（Max Weber）早在一个多世纪前就曾警告人们，不要让自由主义的政治经济学蒙蔽了眼睛，单一视角是危险的。他说："当一种看问题的方式如此自信地一往无前时，那就已经有落入幻觉的危险，即高估了自己这种视角的重要性，尤其是把一种只具有相当限定性的视角当成了唯一的视角。"[①] 今天看来，马克斯·韦伯的警告对经济学家们有非常重要的启示。

---

① 黄琪轩.政治经济学通识——历史、经典、现实［M］.北京：东方出版社，2018：16.

交易经济学以交易系统为研究对象，通过对交易概念的拓展，将人类社会所有经济活动整合到交易系统中；以预期收益最大化作为交易主体行为的基本假设，以交易主体在不完全信息背景下的有限理性作为前提，揭示了交易系统的不稳定性特征和交易势两极分化的天然倾向；揭示出自由市场制度下，市场"无形之手"不可能长期维持对资源的有效配置；缺少政府参与和制度约束的自由竞争，必然导致财富分配的两极分化、市场垄断、法律和正义被操控等社会沉疴。

交易经济学与主流经济学具有相互补充的关系。主流经济学对交易系统的研究着重于运行机制；交易经济学的研究着重于演化规律。两者在时间维度上各有侧重，从而构成了有关交易系统的完整图景。从整个人类经济社会演化进程的角度来看，主流经济学的时间维度属于短观范畴，理论分析是在经济结构保持基本稳定的前提下进行的，研究的注意力聚焦于经济变量之间的相互作用。而交易经济学着眼于交易系统大尺度的演化进程，属于远观理论范畴。作为以人类经济社会为研究对象的理论，交易经济学与主流经济学分别对交易系统在不同时间维度上进行研究，互补性是显而易见的。

在应用方面，主流理论在分析、预测市场方面具有突出的优势，能够通过众多经济变量的逻辑关系构建起精确的、涵义清晰的经济模型，对于理解经济变量之间的因果关系非常方便。交易经济学的优势在于揭示交易系统的基本特征以及推动交易系统演化的内在动力和机理，包括交易系统稳定性问题、交易系统两极分化的演化趋势问题、交易级联形成的内在成因以及交易态在交易系统中如何相变以及传播扩散等。这些问题对于我们理解人类经济社会的运行，对于如何通过制度安排和政府管制实现社会稳定、和谐、高效发展是至关重要的。但是，这些问题在主流经济学的研究视野中却没有作为重点。

交易经济学并非仅仅提供处理复杂经济现象的方法论，而是构建了完整的经济演化理论体系。交易经济学对交易系统的五个维度进行研究。一是交易系统的紧致性维度。用于描述交易系统内部主体之间的关联和相互作用的强度。紧致性具有很强的演化特性，伴随着交易系统持续演进，交易系统的紧致性呈上升增强趋势。交易系统紧致性增强，意味着交易系统的非线性特征得到强化，线性理论在描述、分析具有强紧致性的交易系统遇到的困难更为突出。二是交易系统的网络状结构维度。多层次复杂的内部结构是所有复杂系统存在的基础，交易系统作为超复杂系统同样不能例外，交易系统的内部结构呈现网络状，这种网状结构我们称为"交易网络"。交易网络具有复杂的聚合结构、链接结构和时限结构。交易网络是交易经济学研究交易系统的基本工具，通过对交易网络上交易社区的研究，揭示出在交易系统内部，交易主体与整个交易系统实现链接和相互作用的机制；揭示出个体与环境的信息交换机制。三是交易系统的交易势分布结构维度。交易势是对交易主体在交易网络上重要性的量化描述。交易经济学接受无处不在的差别现实，将交易主体的差异化作为分析的逻辑起点，揭示出伴随着交易系统的演化，交易势分布向两极化方向发展，交易主体存在优势积累现象，在交易系统演化的大尺度上，边际收益递增处于主导地位。四是交易系统的交易态分布结构维度。交易状态是交易主体的重要交易特征，在交易决策中发挥重要作用，交易系统的交易态分布，将直接影响交易网络的循环率水平，最终成为影响经济增长速度的重要因素。处于交易网络上的交易主体，受到来自四面八方的交易流、信息流的影响和制约，交易主体的交易态既是网络环境的结果，又是引发网络环境改变的动力。交易态在交易网络上传播、扩散，形成交易网络交易态分布演化的节奏，在交易系统运行中以经济周期样貌呈现出来。五是交易系统的交易空间结构维度。交易系统的每个交易主体都有属于自己的交易空间，交易空间的大小反映了交易主体在交易系统中的地位，交易空间越大，表明交易主体的地位在交易系统中的地位越高。这种由交易主体的交易空间定义的空间分布结构随着交易系统的演化持续不断地调整改变，有些交易主体的交易空间不断扩张，而另一些交易主体的交易空间则会持续收缩。交易空间不同的演化态势构成了交易系统演化的生动画卷。

在对交易系统特征的挖掘方面，我们深入讨论了交易系统均衡的内在机制以及诱发交易系统偏离均衡的各种成因。研究发现，交易系统具有自发偏离均衡的动因，交易主体的资产负债表在交易活动中不断更新和重构。交易约束持续变化，这就决定了交易主体在每个时间步上的占优策略必然发生改变。大量交易主体同时实现占优策略的完美匹配，仅仅是无数种概率事件中的一种，属于小概率事件。由此可见，处在完美曲线上运行属于交易系统的非常态，而偏离均衡才是交易系统的常态。研究同时发现，交易系统自发回归均衡的能力是有限的。当交易系统的有效匹配度低于某个临界值时，交易系统便丧失了自发调节的能力，形成极点驻留现象。交易系统属于弱稳定系统，其稳定性非常脆弱，均衡局面极易被打破。

交易系统并不完美，存在天然的缺陷。由于交易系统的自发极化倾向，自由竞争的结果无法实现帕累托最优，更无法实现社会福利最大化。这就意味着人类社会不可能仅仅依靠不受约束的自由竞争市场体制实现其发展的终极目标。

在经过对交易系统多维度、大视角的研究基础上，交易经济学采用不同于主流经济学的理论范式，分别构造了经济周期模型、经济增长模型和交易定价模型。在这些主流经济学深耕的领域，交易经济学提供了一个全新的视角，拓宽了人们对经济现象的认知空间，增进了对这些现象的理解深度。

交易经济学为我们提供了这样一幅经济运行图景：交易网络将数量众多的交易主体联系起来构成交易系统，无数交易主体持续不断的逐利行为推动着交易系统演化，以实现其在资源配置功能和交易效率两方面的增强；而交易系统的演化反过来又重塑了交易主体，迫使其在行为和内部组织两方面及时调整以适应交易系统的新变化。交易经济学以预期收益最大化原理为起点、以演化博弈论为工具，全面地描述了交易主体在各种复杂场景下的行为特征。揭示了交易系统从简单的交易社区到复杂的分层结构、相位结构和聚合结构的演化过程。完整地展现了"简单产生复杂"的逻辑过程，这是交易经济学的重要学术贡献。

坦率地讲，交易经济学并没有发现令人吃惊的"经济真相"，无论是交易系统的弱稳定特征，还是均衡态与帕累托最优的背离，在主流经济理论或不同流派的理论中均有所涉及。从这个角度来讲，交易经济学几乎算不上新的理论。与主流经济学有所不同的是，交易经济学以交易的视角对交易系统进行系统研究，以不同的逻辑路径得到了众多已有的结论，这些结论原本分散在不同的学术流派或主流经济学的不同分支学科中。在交易经济学的视野下，出现了逻辑一致性更强、更为自然明了的认知图景。

交易经济学的主要理论贡献是以演化的视角考察了交易系统演化的过程以及终极结果。这种全域视野为我们提供了人类社会演化发展的整体趋势。经过细致的逻辑论证，交易经济学证明了"完美经济制度不存在"的结论。证明了任何经济制度都需要在实践中持续不断改革、优化，对基本制度进行修正和调整。只有如此，才能持续维护交易系统健康稳定运行。交易经济学不可能定律从根本上破除了人们寻找完美经济制度的幻想，破除了人们通过构建完美制度，毕其功于一役地解决社会发展可能出现问题的幻想。

《交易经济学》是《交易经济学原理》的姊妹篇，两书各有侧重。《交易经济学原理》侧重于交易经济学的思想理念，侧重于对经济系统及经济现象的哲学思考以及交易经济学概念体系的构建，具有涵盖广阔的特点，可以看作是交易经济学理论的缘起。《交易经济学》则侧重于量化分析和论证，侧重于理论架构的严谨性，是交易经济学理论的系统化。在方法上，《交易经济学》广泛采用博弈论方法，包括论证分析和模型构建。博弈论的广泛使用强化了交易经济学理论的微观分析基础，使交易经济学具有更为坚实的现实根基。

《交易经济学》对《交易经济学原理》中提出的一些概念做了进一步提炼，力图做到在概念使用上更加精简、在逻辑上更为严谨，删减了与逻辑主线关系不甚密切、缺少后期应用场景的概念；调整了交易势的含义，将交易势概念应用于衡量交易主体的竞争能力，不再应用于交易强度衡量。

《交易经济学原理》在2016年出版后，得到不少经济学界同行的支持，让我备受鼓舞。上海财经大学盛松成教授、上海财经大学田国强教授和复旦大学李韦森教授，分别写评论文章或为《交易经济学原理》作序。他们在给予交易经济学客观评价的同时，也提出了不少改进建议。他们给予我的帮助弥足珍贵，对此，我表示由衷的感谢。

我要感谢中国人民大学教授向松祚博士，他对交易经济学所表达的思想给予高度肯定，并对本书篇章布局提供了宝贵建议。

我要感谢在上海黄金交易所博士后工作站的博士们，他们是路冠平博士、李江平博士、赵庆功博士、朱琳博士、翁智澄博士、辛明辉博士、陈开洋博士。他们多次参加交易经济学讨论。年轻学子思维活跃，接受新知识的能力强，每次讨论都给我带来不少灵感和启发。尤其是李江平博士、陈开洋博士和窦大鹏博士，三人付出了大量的时间帮助我查找参考文献、核准公式、校对书稿。这些对我顺利完成此书有很大帮助。

我要特别感谢中国出版集团中译出版社乔卫兵社长。当我向他介绍了《交易经济学》的概况并表达了在中译出版社出版的愿望时，他非常爽快地给予了肯定的答复，并表示，支持中国学者的理论创新，是中国出版集团，更是中译出版社的重要使命。

我还要特别感谢中译出版社独角兽编辑部于宇主任和责任编辑李晟月老师，他们为《交易经济学》顺利出版付出了大量辛勤劳作。呈现在读者面前的《交易经济学》，就是他们努力打造的作品。

最后，我要借用新古典经济学大师阿尔弗雷德·马歇尔（Alfred Marshall）在《经济学原理》第一版序言中开篇的一段话作为结束语，表达对大师深邃智慧的敬意。"经济状况在不断变化着，每一代人都以自己的方式看待自己的问题。在英国以及欧洲大陆和美国，人们比以往更加积极地进行经济学研究；但是，这一切活动只是更清楚地表明：经济学的发展——而且一定是——缓慢而又不间断的。在当代最好的著作中，有些初看上去的确与前人的著作观点不相容；但是，当这种著作日久定型，粗糙的棱角被磨平时，人们就会发现它实际上并没有违反经济学发展的连续性。新的学说补充了旧的学说，并且扩充、发展且有时还修正旧的学说，甚至还因为重新设定侧重点而常常赋予旧学说不同的特点，不过却很少推翻旧的学说。"①

王振营

于黄浦西岸

2023 年仲夏

---

① ［英］阿尔弗里德·马歇尔.经济学原理［M］.晏智杰，编.廉运杰，译.北京：华夏出版社，2012.

全书速览

第一部分　交易经济学基础

第一章　交易系统

简要回顾了交易活动在人类历史中的演化进程，得出了交易活动是推动人类文明进步动力源泉的结论。无论是人类社会的制度选择、法治建设，还是技术创新，均以如何高效开展交易活动、提升交易系统资源配置效率为终极目标。该章引入了交易系统概念，介绍了交易系统的基本结构以及演化趋势，阐述了交易系统进化遵循的基本法则——效率法则。

第二章　交易主体

交易经济学将家庭和企业作为研究的基本对象，将其统称为交易主体。在交易经济学的理论体系中，没有武断地将家庭预设为消费者、将企业预设为供应商，而是将家庭和企业看作共同遵守预期收益最大化原理的主体，需要在不同的交易角色间不断转换。

第三章　会计矩阵

会计矩阵是交易经济学的基本分析工具，是交易经济学概念体系的基础。借助会计矩阵，我们对家庭和企业的经济特征进行定量化描述，并完成交易概念的拓展、预期收益函数的构造以及会计空间概念的建立。

第四章　交易概念拓展

交易经济学拓展了交易概念的外延，将消费、投资、生产等各类经济活动统一纳入交易概念的范畴中。在此基础上，我们引入了交易方向、交易时限、估值时域等概念，进一步丰富了交易概念的内涵。

第五章　预期收益函数

在交易经济学的逻辑框架下，预期收益函数是交易主体决策的依据。预期收益函数满足冯·诺依曼效用公理条件，将家庭和企业的各种交易场景囊括其中，为交易经济学高度一致的分析框架提供了基础。

第六章　预期收益最大化原理

交易经济学将交易动机划分成三种类型，分别是逐利动机、资产多样化动机和流动性动机，并将不同动机下的交易活动遵循的法则归结在预期收益最大化原理的逻辑框架之下。交易经济学的全部理论便建立在预期收益最大化原理的基础之上。

第二部分　交易网络萌发与结构演化

第七章　交易社区

交易社区是交易网络生成的起点，也是交易主体状态协同集的重要组成部分，是交易网络局部与整体链接的桥梁，在交易主体的决策中发挥至关重要的作用。

第八章　交易网络生成

从交易社区出发，交易活动将交易主体融合成为有机整体——交易网络。本章以直接交换为起点，基于预期收益最大化原理，推演了交易网络由小到大、由简单到复杂的演化过程；推导出货币出现、专业化分工以及经济全球化等重要现象涌现的条件。

第九章　交易网络表达

本章从 8 个维度给出描述交易网络特征的量化指标，包括交易网络容量、节点度、度分布函数、交易网络密度、交易网络循环率、交易效率、交易网络连通度和交易网络重连率。这些指标是交易经济学构建各类模型的基本参数。

第十章　交易网络分层结构

本章讨论了不同约束下的交易网络分层结构，分别是供给约束下的网络分层、时限约束下的网络分层和协同约束下的网络分层。在本章结尾，我们分析了交易网路分层演化对资源配置效率的影响。

第十一章　交易网络相位结构

本章重点讨论了多中心市场、单中心市场和随机交易市场等市场类型。交易经济学从相位结构出发，对主流经济学已经深度研究的话题重新讨论，得到了超越主流经济模型的结论。

第十二章　交易网络聚合结构

交易网络呈现非均匀的聚合特征，交易网络在五个层次上进行聚合，分别是社区聚合、城市聚合、经济带聚合、国家聚合和国际区域聚合。本章讨论了交易网络聚合演化趋势，构建了城市聚合模型和迁移模型。

第十三章　交易系统紧致性

紧致度是对交易系统非线性特征的量化描述。该章深入研究了影响交易系统紧致度的各种因素，揭示了交易系统紧致化的演化趋势，讨论了持续增强的紧致性对交易系统风险传播、系统稳健性以及交易主体行为特征等方面的影响。

第三部分　交易主体相互作用机制与交易势分化

第十四章　交易方程

交易方程是交易经济学的主要分析工具，揭示了交易主体对不同交易策略评估的内在逻辑。交易方程将交易主体所在的社区与整个交易网络联系起来，提供了交易网络上个体之间以及局部与整体之间相互作用的机制。解决了长期困扰人们的非线性系统微观机制描述难题。

第十五章　交易现象诠释

运用交易方程解释了困扰主流经济理论的"特异现象"，包括交易级联现象、技术创新现象、社区贫困现象、赌徒行为以及产业集聚现象等，显示了交易方程强大的理论诠释能力，也是交易经济学范式效能的有力佐证。

第十六章　交易环

交易环是具有交易经济学特色的概念，也是交易经济学宏观分析的主要工具。交易环是市场大幅波动的重要成因，无论是经济加速增长，还是危机现象，背后都离不开交易环的推动。通过对交易环当量方程的分析，我们揭示出经济混沌与交易环之间的紧密联系。

第十七章　交易势分布

交易势是描述交易主体竞争力的量化指标。通过分析交易势的演化机制，我们发现了交易系统必然向两极分化收敛的重要结论；证明了当交易系统满足特定条件时，交易势分布函数呈现幂律特征，据此模拟了交易势分布结构以及两极分化的速度。

第十八章　交易系统演化方程

交易系统演化方程描述了经济增长、金融化程度以及交易势极化强度之间的量化关系。根据交易系统演化方程，我们得出交易系统演化的三点结论：一是交易势分化呈现自我强化态势；二是经济增长和金融化是加快交易势两极分化的重要推手；三是超级交易势主体在交易系统演化进程中扮演着极为重要的引领角色。超级交易势主体发展得越好，社会就越有活力。

第十九章　交易空间演化

交易轨迹方程直观地呈现主体交易轨迹的演化规律。借助交易轨迹方程，我们证明了交易空间弱可约化的性质，间接证明了社会分层结构的必然性，证明了交易空间上具有渐进闭集特征的"黑洞"存在，证明了"贫困陷阱"的存在性。交易空间的这些性质再次证明了交易系统两极分化的特性。

第四部分　交易经济学模型

第二十章　交易态相变

交易态是交易主体的一种策略，我们借助交易方程推导出了交易态相变方程。在此基础上，我们讨论了不同类型社区上交易态的传播特点，由此揭示出交易态在交易网络上的扩散机制。

第二十一章　经济周期模型

在交易经济学看来，经济周期是交易网络上的交易态同步现象。借助状态熵概念，我们构建了交易经济学的周期模型。模型分析表明，货币政策效力与交易系统紧致性存在十分密切的关系。

第二十二章　经济增长模型

在主流经济学看来，经济增长是家庭和企业经济活动简单叠加的结果，是交易主体价值创造的累积。交易经济学则认为，经济增长是交易网络扩张的结果，并非交易主体行为的简单叠加。交易经济学增长模型充分体现了这样的理念，利用交易网络外延和内涵两类指标构建而成。

第二十三章　交易定价模型

交易定价模型是基于预期收益最大化原理，根据现代物价体系的结构特点构建而成的模型。利用交易定价模型，我们能够很好地解释通货膨胀的加速现象以及经济滞胀的内在机制，清晰地展示了货币在不同场景下对物价变动的作用机理。

第五部分　交易系统的性质与演化归宿

第二十四章　交易系统均衡

交易系统均衡是所有主体以最优策略实现交易的状态，在现实世界中，均衡状态极难形成。在有限理性假设的基础上，我们提出了 $\alpha-$ 均衡和极点驻留概念，论证了交易系统弱稳定性的性质。

第二十五章　交易系统效率衰减

借助交易经济学社会福利函数概念，我们证明了两极分化是导致交易系统资源配置效率衰减的重要成因。此外，制度压抑、人口老化也是导致交易系统效率衰减的常见原因。

第二十六章　交易系统的不完美性

在交易经济学看来，制度是一组规则的组合。完美制度是兼具效率和公平双向激励导向的规则组合。本章论证了完美制度的不可能性，消除了人们希望在交易系统上构建完美制度的乌托邦梦想。

目　录

第一部分　交易经济学基础

第一章　交易系统
　　1.1　交易的意义　　　　　　　　　　　　　　　　　　003
　　1.2　交易系统结构　　　　　　　　　　　　　　　　　006
　　1.3　交易系统演化的效率法则　　　　　　　　　　　　009

第二章　交易主体
　　2.1　交易主体的选择　　　　　　　　　　　　　　　　013
　　2.2　家庭　　　　　　　　　　　　　　　　　　　　　015
　　2.3　企业　　　　　　　　　　　　　　　　　　　　　018
　　2.4　交易动机的统一　　　　　　　　　　　　　　　　024

第三章　会计矩阵
　　3.1　会计报表　　　　　　　　　　　　　　　　　　　026
　　3.2　会计矩阵　　　　　　　　　　　　　　　　　　　027
　　3.3　会计矩阵处理　　　　　　　　　　　　　　　　　032
　　3.4　会计矩阵指标　　　　　　　　　　　　　　　　　035
　　3.5　会计矩阵协同效应　　　　　　　　　　　　　　　035

第四章　交易概念拓展
　　4.1　简单交易　　　　　　　　　　　　　　　　　　　038
　　4.2　交易概念的拓展　　　　　　　　　　　　　　　　040
　　4.3　交易方向　　　　　　　　　　　　　　　　　　　042
　　4.4　交易时限　　　　　　　　　　　　　　　　　　　042

第五章　预期收益函数

5.1　效用理论　045
5.2　预期收益函数　050
5.3　交易估值时域　062

第六章　预期收益最大化原理

6.1　交易动机三维度　068
6.2　预期收益最大化原理　069

第二部分　交易网络萌发与结构演化

第七章　交易社区

7.1　交易社区概念　077
7.2　交易社区容量　078
7.3　社区开放度　078
7.4　交易社区集聚度　079
7.5　交易社区稳定性　080

第八章　交易网络生成

8.1　物物交换的网络生成机制　082
8.2　货币交换的网络生成机制　084
8.3　交易系统效率增进　085
8.4　交易系统功能增进　088
8.5　交易系统金融化　095
8.6　交易系统信息化　099
8.7　交易相位增生　100

第九章　交易网络表达

9.1　交易网络容量　107
9.2　节点度　107
9.3　度分布函数　108
9.4　交易网络密度　108

    9.5 交易网络循环率 　　　　　　　　　　　109
    9.6 交易效率 　　　　　　　　　　　　　111
    9.7 交易网络连通度 　　　　　　　　　　112
    9.8 交易网络重连率 　　　　　　　　　　113

第十章　交易网络分层结构
    10.1 供给约束诱导的分层结构 　　　　　　114
    10.2 时限约束诱导的分层结构 　　　　　　119
    10.3 协同约束诱导的产业集群形态 　　　　122
    10.4 非结构约束的网络形态 　　　　　　　126
    10.5 交易网络分层结构演化的性质 　　　　131

第十一章　交易网络相位结构
    11.1 多中心相位构型 　　　　　　　　　　134
    11.2 单中心相位构型 　　　　　　　　　　152
    11.3 随机交易构型 　　　　　　　　　　　157
    11.4 供应链枢纽构型 　　　　　　　　　　160
    11.5 供应链分层构型 　　　　　　　　　　161

第十二章　交易网络聚合结构
    12.1 聚合结构的功能 　　　　　　　　　　166
    12.2 交易网聚合形态 　　　　　　　　　　167
    12.3 城市聚合模型回顾 　　　　　　　　　170
    12.4 城市聚合交易模型 　　　　　　　　　176
    12.5 交易网络聚合结构演化 　　　　　　　188

第十三章　交易系统紧致性
    13.1 紧致性概念 　　　　　　　　　　　　192
    13.2 紧致度的影响因素 　　　　　　　　　194
    13.3 紧致度震荡 　　　　　　　　　　　　199
    13.4 交易系统紧致化 　　　　　　　　　　201
    13.5 交易系统的紧致化效应 　　　　　　　203

第三部分　交易主体相互作用机制与交易势分化

第十四章　交易方程
　　14.1　交易决策模式　　213
　　14.2　近似决策法则　　216
　　14.3　交易方程　　217

第十五章　交易现象诠释
　　15.1　交易级联现象　　227
　　15.2　技术创新　　237
　　15.3　社区贫困　　244
　　15.4　赌徒行为　　250
　　15.5　产业集聚现象　　255

第十六章　交易环
　　16.1　交易环概念　　265
　　16.2　交易环的典型案例　　267
　　16.3　交易环的运作机制　　271
　　16.4　交易环的描述　　272
　　16.5　交易环的稳定性　　276
　　16.6　交易环分岔现象　　282

第十七章　交易势分布
　　17.1　交易势　　285
　　17.2　交易势度量　　287
　　17.3　交易势极化原理　　290
　　17.4　交易势幂律分布　　298
　　17.5　交易势分化的内在机制　　307

第十八章　交易系统演化方程
　　18.1　交易势分化的度量　　314
　　18.2　交易系统演化方程　　316

18.3	交易系统分化进程	323
18.4	社会公平正义	325
18.5	交易势分化的广泛影响	331

第十九章　交易空间演化

19.1	交易空间	339
19.2	交易空间结构	345
19.3	交易轨迹方程	348
19.4	交易空间演化	354

第四部分　交易经济学模型

第二十章　交易态相变

20.1	交易态概念	367
20.2	交易态相变方程	368
20.3	相变方程讨论	370
20.4	交易态扩散	374

第二十一章　经济周期模型

21.1	经济周期理论的演化	380
21.2	经济周期现象的本质	383
21.3	交易经济学周期模型	385
21.4	货币政策的调控效果	392

第二十二章　经济增长模型

22.1	经济增长理论回顾	395
22.2	经济增长的本质	397
22.3	经济增长模型	400
22.4	经济稳态增长	407
22.5	经济加速增长现象	410
22.6	经济增长模型的政策含义	419

第二十三章　交易定价模型

　　23.1　主流经济学的价格理论　　426
　　23.2　单边定价机制　　429
　　23.3　双边定价机制　　437
　　23.4　多边定价机制　　443
　　23.5　三种定价机制的比较　　449
　　23.6　物价方程　　451
　　23.7　物价方程的应用　　455

第五部分　交易系统的性质与演化归宿

第二十四章　交易系统均衡

　　24.1　均衡概念　　463
　　24.2　α-均衡　　466
　　24.3　极点驻留　　468
　　24.4　均衡点位移　　469
　　24.5　交易系统弱稳定性　　474

第二十五章　交易系统效率衰减

　　25.1　交易系统效率最优条件　　478
　　25.2　交易经济学社会福利函数　　482
　　25.3　交易系统潜在最优状态　　484
　　25.4　交易系统效率衰减　　485
　　25.5　制度压抑　　487
　　25.6　收入陷阱　　489

第二十六章　交易系统的不完美性

　　26.1　制度谱系分布　　492
　　26.2　完美制度不可能定理　　494
　　26.3　完美制度不可能定理的启示　　501

第一部分
交易经济学基础

该部分包含六章内容。开宗明义提出了交易系统概念，明确了交易经济学的研究方向。随后几章分别完成了确立交易主体、提供交易主体描述方法、拓展交易概念等任务。在会计矩阵的基础上，建立了预期收益函数，讨论了不同场景下的交易动机，归纳出一切交易活动共同遵守的基本法则——预期收益最大化原理。

作为交易经济学的理论基础，本部分贯穿了一个重要的思想理念：伴随着人类社会发展演化，交易系统持续扩张壮大，其重要性不断增加；效率晋升是交易系统演化的基本方向；推动交易系统扩张进化的基本动力源自交易主体对利益的追逐。

第一章

交易系统

交易是人类经济活动的基本形态,是推动人类进步的动力之源。交易系统是现代社会核心,一旦停止运转,社会就随之崩溃,庞大复杂的社会组织行将土崩瓦解。国家经济体本质上是一个开放的交易系统,人类社会在交易系统的支撑下发展、演化、积累,最终创造出辉煌灿烂的人类文明。

1.1 交易的意义

人类文明的历史是在交易活动伴随下开启的。大约在公元前8000—前6000年,人类文明首先出现在幼发拉底河和底格里斯河两河流域。[1] 这个时期,贸易已经开始扮演重要的角色。美索布达米亚地区手工业的原材料,包括铜、银、铅、木材等,需要从别的地区买来。为了偿还这些进口,就需要创造手工产品作为交换[2]。

交易推动着文明发展,也为文明的传播创造了途径。通过跨地区的贸易活动,耕作技术和灌溉技术由美索布达米亚和伊朗西部向东方传播。最晚至公元前3500年,这些技术已经在伊朗东部、阿富汗、俾路支和印度河流域广泛地传播[3]。

早在新石器初期,农业文明刚刚在中国萌芽,交易活动在中原地区就已经开始了。中国有文字记载的第一个朝代——商朝,已经出现以交易为基本谋生手段的商人族群。八百年漫长的历史以商为号[4],足以显示交易活动的影响力是多么强大。

交易从两个方面彻底改变了人类社会的演化进程。首先,交易改变了人类追求的目标,从生存追求转化为财富追求;其次,交易推动了社会分工,推动人类社会持续不断地向着组织结构日益复杂的方向演进。

交易活动一旦出现,财富概念便随之进入人们的意识。人们拥有用于交易的资产越多就代表越富有。于是,人类生存的目标从最初追求一顿饱饭转向对财富的追求。目标的转变对人类社会进化具有极其深远的意义,代表着人类的目标从有限到无限、从物质到数字的跨越。人类追求的脚步从此再也不曾停顿下来，人类的潜能在面对无限财富的追求中得到最大限度的发挥。人类社会演化的历史从此进入持续加速的轨道。

中国有句古话，"人为财死，鸟为食亡"，道出了人与动物在生存目标上的根本区别。从这个意义上讲，交易既是人类特有的行为，也是引导人类从动物种群中脱颖而出、最终将其它动物远远抛在身后的关键活动。

在千姿百态的生态系统中，有许多物种拥有比较发达的分工系统。比如蜜蜂群落内部就有严明的分工体制，但这些分工均属于生理分工的范畴。就像几乎所有的物种内部都存在雄雌分工一样，这是由种群延续的基本需求所致。交易引致的分工属于社会分工范畴，这类分工并非基于生理的特殊构造，而是基于个体技能差异和环境禀赋特征。生理分工的目的在于生存，而社会分工的目的在于效率。

社会分工出现以后，人类社会便演化出日益复杂的组织结构。复杂系统效率和功能上的强大，无一例外需要复杂结构的支持。效率越高、功能越强大，系统结构就越复杂。

亚当·斯密认为，富国与穷国的关键差别在于劳动分工是否充分。交易是决定分工水平的关键因素，交易越频繁，市场越广阔，劳动分工就越细致[5]。一部人类社会的发展历史也是交易的发展演化史。即使人类社会发展到今天，各种复杂的体系早已超出人们的想象，复杂的社会组织、政治制度、法律体系、教育、医疗、养老、国防、艺术等五花八门，几乎难以穷尽，交易依然是维持社会运转的基本活动。当经济开始萧条，超市、百货商店、巨型购物中心门可罗雀，失业人数开始增加，国家财政赤字开始上升，经济萧条所带来的压力从政治家到普通民众，从银行到企业，各行各业都会深切地感受到，而造成社会广泛痛苦的源头正是交易活动的变化。

在中国历史上，曾经有过著名的"李约瑟之谜"，是英国著名历史学家李约瑟（Joseph Needham）在其巨著《中国科学技术史》中提出来的一个问题。该问题令李约瑟感到十分困惑，即古代中国曾经对人类科学技术发展做出了巨大贡献，为什么现代科学和工业革命没有在近代中国发生？我国著名的科学家钱学森也曾提出类似的问题，被学界称为"钱学森之问"。"李约瑟之谜"也好，"钱学森之问"也罢，史学界均进行了大量研究，至今并没有形成普遍的共识。以交易经济学的观点来看，导致这些问题的根源与发端和战国时代的"重农抑商"思想有直接的关系。在中国长达两千多年的封建历史中，农业始终被看作是治国安邦的基础，而商业始终处于"末业"的地位而受到严格的限制，在"行商必然避农的思想支配"下,不仅对商业课以重税,还要承担不公平的徭役。为了限制商业行为,政府取消旅馆服务,限制了商人长途旅行。在"重农抑商"思想的支配下,商业活动在中国历史上受到长期的压制。无论是现代科学,还是工业革命,均建立在社会分工细化的基础上,而商业活动则是促进社会分工最有效、最基本的途径。人类社会由远古到现代文明的进化,最重要的推动力来自社会分工,而交易活动则处于分工逻辑的底层。交易活动受到限制,社会分工就不可能充分,社会进化必然步履蹒跚。在这样一条历史演进的逻辑主线之下,"李约瑟之谜"和"钱学森之问"便成为不言自明的问题。

交易是维持交易系统健康发展的根本。人类社会是典型的耗散系统。耗散系统必须通过与外部持续不断的能量交换才能维持存在,一个国家、一座城市同样必须通过广泛的贸易活动与外部保持联系才能维持其健康运行。一旦断绝了与外部的交易联系,孤立的社会系统必然走向崩溃。在这方面,人类历史提供了大量鲜活的例证,雅典帝国和罗马帝国的衰落就是典型案例。在雅典城市发展的早期,雅典与紧邻的其他城邦在繁荣的贸易活动支持下逐渐走向强盛。这段时期,雅典城邦用城市手工艺制品与农村地区进行粮食和食品贸易。后来,雅典人通过征服其他城邦,以进贡机制代替了自愿贸易交换。纳贡体系必须通过战争手段进行维持和巩固,而战争必然对交易系统造成破坏。这与贸易产生的效果恰恰相反。后者不断滋养交易系统,并积累起越来越多的财富。雅典城邦抛弃自愿贸易体制,最终导致城邦逐渐走向衰落。罗马帝国的情况与雅典城邦后期的情况几乎如出一辙。罗马帝国主要依靠被征服地区的纳贡维持帝国运转,是真正意义上的"寄生城市"。当日耳曼人日益强大并开始入侵罗马帝国的地盘时,罗马帝国的纳贡体系遭到破坏,曾经不可战胜的罗马帝国最终轰然倒下[6]。

交易是财富积累的推动者,也是财富的创造者,更是财富衡量的标尺。没有交易,人类就失去了财富积累的动机和途径,没有交易也就不可能实现财富增长和财富积累。财富的本质在于交易。不能交易的"财富",只是一件物品,不是真正的财富。

交易追求利润,逐利推动创新。技术进步推动人类文明发展,人类借助越来越快的技术进步,实现了自己曾经无法想象的成就。在宏观层次上,人类的脚步已经跨越太阳系,正向浩渺无垠的太空深处进发;在微观层次上,人类已经进入纳米时代。人类可以在两纳米尺度上开展工艺,可以进行自我基因修复与改造。这一切正是以逐利为目的的交易活动推动的结果。

交易要求规则,规则生成法律。交易推动人类社会的法治化演进,法律是人类最伟大的发明。法律为人类活动提供了秩序保障,守护着人类文明行稳致远。

1.2 交易系统结构

交易系统是从社会系统中演化出来的子系统，其核心功能是通过交易实现有效率的资源配置。交易系统是人类社会的重要组成部分，处于持续不断的演化进程中，是推动人类社会进化的动力源泉。

交易系统是由交易主体、交易基、交易规则以及各类政府监督管理机制四类组件构成的系统。在漫长的人类社会演化进程中，交易系统与社会系统存在基本的功能分工。交易系统承担着资源配置的功能，主要的价值取向是效率。在资源配置方面，投入产出比越大，表明资源配置的效率越高；在财富分配方面，分配制度能够诱导交易主体的竞争越激烈，表明这种分配制度就越有效。概括地讲，交易系统资源配置效率是指系统利用各种资源的能力，包括自然资源和人力资源等。评价交易系统效率的高低，要看各类资源利用是否充分、有效，是否存在资源的闲置与浪费。

与交易系统的功能性相对应，社会系统主要承担凝聚民众的功能，为交易系统提供稳定、和谐的运作环境。其主要价值取向是社会公正。社会公正体现为道德的合理性、社会的包容性。社会系统要为每一位公民提供潜在的发展机会，为竞争失败者提供基本的生活保障，避免财富分配两极分化，避免社会层级固化，避免公民自由发展的潜能受到限制。

社会系统是典型的生态系统。生态系统是由大量相互关联的组件在复杂结构的支撑下实现物质载体和能量的循环。交易系统通过交易网络将大量交易主体紧密地链接在一起，通过交易实现商品和价值的循环。在交易活动的推动下，演化出日益复杂的社会组织结构。

从表面上看，交易系统与社会系统在价值取向上存在一定的冲突。公正性需要以牺牲效率为代价，而效率可能导致公正性丧失。但从深层意义上看，两个系统交互作用，相互钳制，构成一个协作的有机整体。在社会系统中，效率与公正是紧密关联的一体两面，任何一方出现大幅下降都将导致对社会系统的破坏，社会系统的可持续性就会面临挑战。当财富分配缺之公正性时，一少部分人付出很少劳动却获得大量财富，而大多数人付出大量辛劳，却只能收获很少的财富。交易系统的激励机制一旦从底层出现问题，必然挫伤交易主体的积极性，导致交易系统效率下降，交易系统的内部循环机制就会阻滞，交易网络无法实现高效循环，社会系统将不可避免地走向崩溃。

然而，如果一味地追求绝对公正，就会伤及交易主体竞争的积极性，导致交易系统运行效率下降。大量资源，包括人力资源，就会陷入闲置或半闲置状态，交易系统走向相同的结局——社会系统运行难以为继，最终走向崩溃。

公平和效率是社会系统鲁棒性的两个维度，犹如自然系统中阴阳两极相克相生，相互依存。只有保持相对均衡关系，才会使社会系统健康运行。社会与经济的健康关系应当是经济效率为社会公正提供支持手段，社会公正促进经济发展。

支配交易系统运行的是规则，主导社会系统运行的是道德。规则与道德相互补充，维持社会系统微妙平衡。缺少道德的社会，交易成本高企，交易风险也会变得不可承受。反过来，缺乏效率的交易系统，同样无法支撑良好道德水准的社会。

从人类文明的源头演化发展到今天，一个基本趋势是交易系统在社会系统中的地位不断上升，交易系统的功能持续扩张，越来越多的社会活动纳入交易的范畴。在传统的农村地区，左邻右舍相互帮助完全属于道义活动。随着社会发展演化，今天的人们不再羞于谈钱，而是按照劳动力价格按天或小时付费。家庭是社会活动的重要场所，是社会性的主要体现。家务劳动是家庭功能的重要内容。过去，大多女性成员负责家务劳动，包括做饭、照看幼小子女等；男性成员外出劳动挣钱养家。今天家庭成员之间的分工格局早已改变，大部分家务劳动已经转移或正在转移给市场，通过交易系统完成资源配置。家庭养老曾经是家庭核心功能之一，今天也在走向社会化。即使是体现家庭成员之间温情的医疗陪护，也正面临专业化转变，通过交易系统解决问题。家庭功能外化成为交易系统向社会扩张的重要标志。

从交易的角度来看，道德可以看作是跨期交易活动的模糊化规则，规范着人与人、个体与社会之间的跨期支付行为。父母抚养子女、子女回报父母作为道德规范的重要内容，本质上是一种跨期交易。父母支付在先，子女回报在后。这种跨期支付行为无法用合约规范。合约需要仲裁和监督，面对数量庞大的家庭群体，采用道德规范最为经济。但是，道德规范并非总是有效的，道德对于人们行为的约束力十分有限。当人类社会规模日益膨胀，人们之间的联系日益紧密，道德的无力与苍白便日益凸显。纠纷和矛盾造成的社会成本迅速上升，逐渐成为难以承受的社会负担。在这种背景下，大量社会活动从道德范畴转向交易系统，曾经的道德规范由交易规则替代。人类社会的这种演化趋势代表着由粗放到精细的进步、由低效向高效的发展。

伴随着交易系统在社会系统内部的扩张，社会系统的运转效率在不断提升。从社会演化角度看，交易系统在社会系统中的地位代表了社会的发展水平。交易系统占有的地位越高，表明社会系统越发达，社会进步的速度就越快；反过来，一个社会越发达，社会文明程度越高，交易系统在社会系统中占有的地位也就越重要。

从人类社会发展演化的全过程来看，交易系统在社会系统中的扩张又是有限度的。随后我们将证明，交易系统具有天然的极化倾向，如果放任交易系统的极化趋势发展，社会系统最终在两极分化中撕裂。作为交易系统的母体，社会系统需要通过持续不断地改革优化制度体系，对极化现象进行有效矫正，遏制交易系统日益强化的极化趋势。只有这样，才能维持整个社会系统的可持续发展，实现人类社会连绵持续的文明进化。

在构成交易系统的组件中，交易规则既包含微观交易规则，即交易双方达成的协议，也包含向微观交易规则提供支持的各类法律和法规。与微观规则相比，法律法规具有更为广泛的应用场景，适应面更宽，属于宏观规则。监督管理机制是由相应的执行机构以及各种法规构成的整体。执行机构包括各类政府部门、市场监管组织等。监督和管理分属两个不同的范畴。市场准入、市场行为监督、金融监管等属于交易监督的范畴；货币政策、财政政策、税收政策、贸易投资政策、外汇管理政策等属于交易管理的范畴。监督和管理是交易系统自我调节的组成部分，通过持续强化监督和管理，实现交易系统的平稳、高效运行，避免交易系统自发崩溃的结局。如果交易是人类的伟大发明，交易监督管理则是人类的伟大智慧。

用图来展现交易系统与社会系统的演化动态关系，可以表示如图1.2.1：

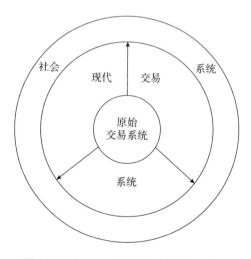

图1.2.1 交易系统与社会系统的演化示意图

该图展示了交易系统在社会系统中的位置，及其在时间的演化中持续膨胀，将越来越多的社会功能吸纳到交易系统中的过程。

1.3 交易系统演化的效率法则

热力学第二定律表明，我们生于其中、包罗万象的宇宙，并非漫无目的的肆意变化，而是有明确的演化方向——熵增加方向。在浩瀚的宇宙中，熵仿佛一只无处不在的手，把原有的秩序打破，将世界拖入深深的混沌之中。然而，我们生存的世界却选择了偏离熵增方向，向着效率不断提高的方向演化。耗散结构的演进，必然以效率为导向。效率是耗散系统的"生命"之本。交易系统是典型的耗散系统，系统效率越高，表明维持既定产出下的投入就越少，系统就具有越强的生命力，在竞争中就越处于优势地位。

效率是一个十分宽泛的哲学概念，是对实现目标能力的描述。效率是一个古老的概念，早在公元前 8 世纪的古希腊已经开始使用这一概念。两位古希腊哲学家赫西奥德和色诺芬都十分关注效率的问题。赫西奥德作为农场主，十分自然地注意到效率问题。在古希腊哲学家那里，经济学与效率密切相关。色诺芬首先使用了经济学（economics）一词，并以《经济学》命名自己的著作，其原意就是指企业或者家庭层面的有效管理，认为经济学就是研究效率的学问[7]。

在物理学上，效率的定义是指机械、电器等工作时，有用功在总功中所占的百分比。有用功的比例越高，说明设备的效率就越高。在日常用语中，效率用来标定单位时间内所做的工作量，完成的工作越多，工作量越大，效率就越高。这时的效率是做事的速度。在经济学意义上，效率是指资源的利用率，即在目标既定的情况下，所耗费的资源越少、投入的时间越短，表明所采用的途径或者方法的效率就越高；反之，效率就越低。许多指标都可以定量化描述经济的效率，包括人均 GDP、生产率，即单位时间内的产出价值；在微观层面上，可以用人均投入、利润率等指标等。

对整个交易系统效率的衡量十分困难。直观层面上，效率表现为人们感受到的工作和生活节奏。无论是对比发达国家和欠发达国家的生活节奏和企业管理的紧凑性，还是对比一个国家内部经济发达区域与落后地区的生活节奏，也不论是对比城市生活与乡村生活，还是对比古代、近代和现代的生活节奏，都会得出我们生活节奏在加快的结论。

一般说来，欠发达经济体的生活节奏比较缓慢，欠发达地区的企业在管理上也比较松懈，员工工作节奏和工作流程的合理性较差；而发达国家和地区的生活节奏要快得多，生活的内容要比欠发达国家和地区的生活丰富得多，时间显得更为宝贵。无论是在发达国家还是发展中国家，城市与农村之间的生活节奏永远存在差距。尽管农村也在变化，与过去相比节奏也在加快，但是与同时期的城市相比，生活节奏总会缓慢许多。在传统的农业社会，人们数千年来一直严格按照大自然的节奏在生活和劳作，在一天的生活里按照日出而作、日落而息的规律进行；在一年中按照春夏秋冬季节轮替决定农活的安排，中国的二十四节气实际上就是一张黄河流域的农民工作安排表。整个农业经济形态时期，无论是东方社会，还是西方社会，都没有精确的时间概念，没有小时单位，更别说分钟、秒的精细单位了。在欧洲，直到18世纪还没有准确的分钟概念。中国传统计时方法使用日晷，单位采用子丑寅卯等十二等值刻度，一个计时单位是两个小时。

中世纪后期，尽管有行会和教会的重重阻碍，但欧洲的节奏开始渐渐加快了。中世纪晚期，欧洲首先发明了钟表，通过机械运动将时间划分为等额长度，从此摆脱了时间度量上对自然的依赖。节奏加快的趋势首先从一些城市出现。15世纪和16世纪的欧洲，伴随着整体人口的增长，一些大城市的人口也开始快速膨胀。在15、16两个世纪的200年间，欧洲人口从5 000万人翻了一倍，增加到1.05亿人。城市人口增加，交往开始频繁，城市内部的分工不断细化，贸易带动了从记账、信息传递到运输，再到生产组织方式全方位的变革。城市这张网络开始变得日益稠密，交易频率开始加快。

在15世纪，将一封信从吕贝克送到布鲁日，夏季需要11—20天，冬季需要13—24天；在前进的速度步步加快的进程中，17世纪的邮件，这段邮路在夏季缩短为8天，冬天缩短为10天。为了更快、更便宜地将货物运送到目的地，海运开始扮演日益重要的角色。海运不仅速度快，中世纪陆地上的运输速度为每天5—7千米，而海上运输的速度每天达到18—20海里（国际度量单位，1海里约等于1852米），直航的时候甚至达到24—32海里。速度是陆地上的几倍。16世纪，荷兰人研制了笛形商船，不仅速度更快，而且载重量更大。于是，由于速度的原因，在长达200年的时间里荷兰占据了海上优势。

在交易系统的演化进程中，速度一旦在一条链路上或者某个局部发生改变，这种改变便会逐步扩散，最终让整个交易网络的运行速度提升到新的水平。以纺织业的技术发展为例。1733年，约翰·凯伊发明了飞梭技术，纺织速度得到大幅提升；而纺纱技术仍然落后，纺织与纺纱的效率比为12∶1，即需要12个纺纱工才能满足1个纺织工对棉纱的需求。1769年，珍妮纺纱机和水力纺纱机相继问世；1799年，走锭纺纱机问世，纺纱效率提高了200倍，纱线供应的问题彻底得到解决。于是，新的问题出现了，纺纱前的起绒、梳棉环节成为制约纺织工业效率的瓶颈；随后发明了摇杆起绒机解决了这个问题，提高了起绒、梳棉的速度。随着这些问题的解决，印染环节作为新的瓶颈凸显出来。1783年，英国印染厂发明了滚轴式印染法，代替了传统的单块印染的工艺。纺织工业中各个环节的技术得到全面提升以后，另一个原本不存在的问题开始浮现出来——工人短缺问题。于是，纺织自动化的问题提上日程，经过持续不断的试验，19世纪20年代，第三代机械织机问世，纺织速度提高了3倍。

速度不仅在不同的生产流程环节上传播，而且在各个国家之间通过竞争压力和示范效应快速传播。当工业革命将英国变成世界头号强国时，欧洲大陆各国纷纷效仿，希望能够快速赶上英国的发展水平。"欧洲大陆各国还会派专员进行技术考察，帮助成立企业协会，在杂志上公开发表英国最先进的技术。各国政府还派出政府专家组成技术考察团赴英国学习考察，然后以政府的名义采购机器。这些采购的机器都可以获得英国首相特批，出海关是不会出现任何问题。回国后这些机器先后在柏林职业技术学院、慕尼黑工业技术协会、巴黎工业技术中心和维也纳工业学院等地展出，既方便各国进行模仿，也方便技术人员和工程师研究。欧洲大陆的各国政府还积极雇用英国技术人员。据统计，1825年有大约20 000名英国技术人员受雇于欧洲大陆国家。"[8]

当越来越多的机械设备引入生活、生产中，生活、工作的节奏不断加快之后，人们又开始关注自身行为的优化问题。面对日益激烈的竞争，企业要生存就必须提高管理效率，员工要得到好的报酬、得到提拔，就必须提高工作技能，优化操作程序。从20世纪20年代开始，泰勒主义开始兴起。作为管理科学家，泰勒建议企业对生产流程的各个环节进行评估，用时间作为评估一项技术和流程的效率高低的指标；删除一些起初看似有必要，实际评估中影响整体效率的环节、工序和技术。在泰勒主义的推动下，企业的效率进一步提高，按照泰勒的方法，一个普通铁匠工人的效率提高了4倍。沿着泰勒的思路又涌现了众多提高企业效率、加快工作速度的管理技术。

在生产效率和生活节奏不断提高的同时，信息技术将世界更加紧密地联系起来，让世界每个角落发生的事情，几乎瞬间全世界的人们都能知道。"1962年，通信卫星Telstar第一次在美国和欧洲之间传输电视图像。1963年，人类把第一颗地球同步卫星送上太空轨道。整个世界大大缩小了距离，小到几乎不存在距离。……电视摄像头的普遍存在也加速了潮流的发展，某个地区的时尚潮流由于现代媒体的传播，很快就成了全世界的潮流。……20世纪，经济和技术经历了一场前所未有的加速度：通信速度提高1 000万倍，出行的速度以及控制疾病的速度提高了 100 倍,数据处理的速度提高 100 万倍。"[9]生产、生活的节奏加快让人们的肢体变得紧张,信息传播速度的加快让人们的眼睛变得越来越忙碌。

计算机的速度升级遵守摩尔定律[10]。事实上,整个人类社会同样受摩尔定律的支配。人类社会的运转速度也有一个摩尔定律,同样呈现指数增长态势。一部人类社会发展历史,实际上也正是速度加快和效率提升的历史。加速并非人性的选择,也不是人们的个人行为,而是社会网络机制相互作用的结果。归根结底,对效率的追求推动着社会不断加快脚步,效率主导着交易系统的进化。

注释

1. [美]龙多·卡梅伦,拉里·尼尔.世界经济简史——从旧石器时代到20世纪末[M].4版.潘宁,译.上海:上海译文出版社,2009:20-26.
2. [美]斯塔夫里阿诺斯.全球通史——从史前史到21世纪[M].7版.吴象婴,梁赤民,董书慧,译.北京:北京大学出版社,2006:49-53.
3. [美]罗兹·莫菲.亚洲史[M].黄磷,译.海口:海南出版社,三环出版社,2004:3-6.
4. 范文澜.中国通史简编[M].4版.北京:人民出版社,1964:第一编 111-118.
5. [英]亚当·斯密.国富论[M].胡长明,译.北京:人民日报出版,2009年"第三章、论劳动分工受到市场范围的限制".
6. [美]阿瑟·奥沙利文.城市经济学[M].周京奎,译.北京:北京大学出版社,2015:19.
7. [美]哈里·兰德雷斯,大卫·柯南德尔.经济思想史[M].4版.周文,译.北京:人民邮电出版社,2014:33.
8. 同2:44.
9. 同2:175.
10. 20世纪60年代中叶,英特尔公司创始人之一,高登.摩尔预言一个硅光片里的晶体管将呈指数增长,每18—24个月增长一倍。这就是著名的摩尔定律。

第二章

交易主体

确定交易主体既是理论分析的逻辑起点，也是为构造交易网络寻找节点，是交易经济学理论构建的重要一环。交易主体的选择必须考虑描述的便利性以及不同类型主体间的统一性，这对理论的简洁性将会产生重要影响。

2.1 交易主体的选择

在主流经济理论体系中，对交易主体或行为主体的处理比较模糊。消费者既可以是自然人，也可以是家庭组织。但事实上，对于逻辑严谨的理论来讲，明确行为主体非常重要。行为主体是经济学的逻辑起点，只有在明确研究对象的基础上，我们才能够建立起行为主体的特征性描述，并对主体的组织结构与其行为间的关系进行研究。

人是社会的主体，也是构成交易系统的基础组件。从系统论的角度看，只有通过多层次聚集迭代形成组织结构，赋予不同组织结构特定功能，才能够通过组织间协同实现系统高效运行。[1]从理论上讲，交易系统每个层级上的组织单元都可以作为研究对象，成为经济学的主体，包括自然人、家庭、企业、产业簇群、区域和国家等。如何选择行为主体，取决于理论关注的重点以及采用的方法，也取决于系统研究的视角。不同视角不仅规定了理论逻辑演化的轨迹，也会诱导出不同的理论命题。经济学面对的挑战在于必须在多层次系统中处理众多变量的因果关系。然而，不同层级上的现象，不仅"主体"对象不同，运动规律也不一样，这必然导致理论的复杂性。面对寻找自下而上统一表述交易系统运行规律的勃勃雄心，经济学家常常无奈地止步于宏观与微观分别构建的现实。交易经济学另辟蹊径，采用了减少理论构建层次的方法，将家庭和企业直接放置在主体位置上，将交易系统看作是主体间交易网络张成的空间。

家庭和企业，作为两类基本的交易主体，在功能上具有对称性，组织形态及其演变过程基于共同的原则——预期收益最大原理。采用家庭和企业作为研究对象，与主流经济学的主体相比，表面上看仅仅是人数上的差异，事实上，它所衍生出的理论效应极为广泛，导致了理论体系的根本性变异。

在交易活动中，复杂的人际组织建构必然会对行为人施加不容忽视的影响。组织建构的本质是一种权责关系的界定。不同权责关系诱导出不同的行为模式。同样是一个自然人，由于权责关系的不同，在国有企业中的行为模式可能完全不同于在民营企业中的行为模式。交易主体是对人性的重新编辑，表现出更为复杂的趋利特征。

理论的简洁性取决于能否在外表差异巨大的表象背后发现内在的统一性。在交易经济学中，放弃了生产者和消费者的角色布局，将企业和家庭视作不同组织形态的交易主体。在交易面前，并不存在绝对的供给者或需求者，每个主体都在供给与需求之间不断地切换角色。但无论角色怎样变换，交易主体所追逐的目标却表现出高度的稳定性和一致性。

基于上述分析，交易经济学对行为主体做如下界定：交易主体是指具有独立决策能力并能承担其行为后果，且与其他主体之间具有清晰经济权责边界的组织。

无论是家庭，还是企业，作为交易主体，都有明确的法律地位，财产的独立性受到法律和习俗的认可与保护。从会计学的角度看，作为家庭成员的自然人，与其他家庭成员之间缺乏清晰的财产边界，也就不可能建立起完整的资产负债表。在法律意义上，家庭成员之间彼此分担一定的民事责任和义务，包括债务、债权、赔偿，以及遗产和继承等。同居是现代社会中日益普遍的家庭形态，从表面看同居者之间存在几乎与合法婚姻一样的生活内容，但在法律上缺少关系认定，没有分享财产的权力与分担责任的义务，不能视为同一个交易主体。

交易主体的确定，不仅与组织结构有关，还与法律规定有着密切关系。对于家庭，子女多大可以作为独立的民事责任人，应根据不同国家的法律和社会习俗情况进行界定。习俗是不容忽视的因素，虽然子女到了法定成人年龄，仍然寄居在父母家中，并分享父母的各种权益。在这种情况下，成年子女依然应当视为父母家庭的一员，而不作为独立的交易主体。

家庭内部的利他主义策略要求成员必须考虑其他成员的利益。父母在消费和投资时需要考虑子女的需求，包括教育、医疗等方面的支出安排；而子女的消费通常需要父母的同意和监督。家庭以婚姻和血缘关系为基础，在整个经济决策过程中，以利益共同体的面貌出现。尽管家庭成员可以各有期待，但必须以整个家庭利益为基础。基于此，将家庭作为参与交易的独立单元，有其现实的合理性。

基于民事主体的法律规定，我们能够为家庭建立起完整的财务核算体系。就像企业主体一样，拥有资产负债表、损益表和现金流量表等。此外，以家庭为交易主体，还有一个重要原因：只有在资产负债表的基础上才能发现交易的本质，才能准确地给出交易概念的内涵和外延。

交易主体内部仍然存在内部结构。在主体内部层次上，组织由自然人结合而成，就像细胞通过聚合实现特定的功能，具有不同功能器官的进一步聚合才能构成具有生命力旺盛、能力强大的生命体。企业和家庭是交易系统的细胞，交易网络将这些细胞联结在一起，实现宏观经济的运转。

2.2 家庭

在现代交易系统中，家庭与企业犹如双星天体系统，相互作用、相互依存，家庭与企业之间的互动成为经济运行的基本动力，也构成了交易系统的基本框架。尽管家庭在现代交易系统中已经不再扮演生产者的角色，与企业各自具有相对独立的职能分工，但从根本上讲，家庭在交易决策机制方面，与企业是相同的，都是在各自约束条件下追求预期收益的最大化。差别仅仅表现在决策程序和交易方式上。

在人类演化历史长河中，家庭形态经过了多种变化。在不同的历史时期，不同的文化群体中，家庭的组织形态都不完全一样。在现代家庭出现以前，家庭共经历了五种形态。最早出现的是内婚制家庭，这是人类社会最为原始的一种形态。在那个时期，人类数量极其有限，人类面对的主要生存压力不是来自族群之间的竞争，而是来自恶劣的自然条件和凶猛的野兽。族群数量极少，一个族群遇到另一个族群的概率很低。在这样的条件下，要维持族群的繁衍，就只有采用族群内的婚配方式。原始家庭与现在的家庭相比，人数要大得多，而且不存在确定的代际结构，唯一能够确定的是在家庭内部，所有的成员之间都存在一定的血缘关系。在经历漫长的人类演化岁月之后，已经无法找到这种家庭形态存在的直接证据，只能从历史和宗教的传说中得到间接的印证。

随着家庭人口数量的增加，单个家庭不断地分裂出更多的家庭。当一个区域的家庭数量达到某个临界水平后，家庭的生存压力除了需要面对恶劣环境的挑战之外，还需要面对族群之间的竞争。优胜劣汰的结果必然是采用外婚制家庭，人们具有更强壮的体魄和更高的智商，才能在竞争中占有更大优势。

早期的外婚制缺乏稳定性。每一个人与另一个族群异性间的夫妻行为完全是随机性的。这就面临一个问题：在两性之间，子女应当归属哪一方？回答这样一个简单的问题，花费了人类二三十万年漫长的岁月。子女归属权不仅关系到家庭组织结构的问题，还关系到哪种性别在族群中拥有更高的地位。显然，这不是一个个案问题，而是一个系统性问题。当人类足迹还没有遍布全世界时，只要族群之间的血腥战争还没有上升为族群存亡的主要挑战，男性在族群中的绝对权威就不可能出现，子女归属母亲一方是最为自然的事情。于是，母系氏族必然成为人类家庭的第二种形态。这时的家庭是以氏族为单位，一个氏族就是一个家庭。家庭中的每一个成员共享家庭的财富，包括食物、庇护场所等。在贯穿整个旧石器时代以及新石器时代早期的漫长岁月里，母系家庭是家庭存在的基本形态。部落作为具有一定血缘关系的氏族家庭的联合体，具有更多的军事意义，他们联合起来防御外敌，对外进行军事攻击以扩大领地等活动。但经济活动的单元仍是氏族家庭。

随着氏族家庭的增多，氏族之间领地竞争导致的战争日益频繁。具有好斗特性的男性逐步走向家庭的中心，父系氏族家庭逐渐成为主导。从母系氏族再到父系氏族，尽管只是继承权的性别发生了改变，但引起了家庭结构性改变，更是为后来个体家庭的出现、氏族家庭解体埋下伏笔。与母系氏族相比，家庭成员之间的血缘关系变得单薄。从氏族家庭到现代一夫一妻制家庭的演变，经历了一个从群婚到对偶、再到一夫一妻制的过渡。一夫一妻制家庭形态的确立，宣告了氏族家庭的解体。原始公有社会也即宣告结束。

家庭形态演化的背后是生产方式的改变。在原始社会时期，家庭是以氏族形式存在，氏族成员之间以血缘关系为纽带，属于集人类自身生产、经济、军事为一体的组织单位。进入农耕文明以后，国家职能从家庭中分离出来，家庭承担的职能集中在两个方面：一是繁衍功能，二是农业生产功能。在那个时代，家庭作为经济组织单元对每一个成员的约束是强有力的，每一个成员的劳动、消费、继承，都严格地限制在家庭组织的管理规则之下。传统的道德体系也要求与此经济组织形态相适应。

进入工业时代以后，家庭对成员的约束大大弱化。生产职能从家庭中逐渐分离出来，家庭成员很小便进入社会活动中。幼儿园、小学、中学、大学，再到就业工作，家庭的职能最后纯化到了维持人类自身繁衍，为成员提供休闲、共享消费的场所。与最初的家庭相比，职能上已经不断地简化，越来越多的职能被社会化分工所替代。

无论家庭的形态如何演变，家庭的本质一直是共享财产的最小人口单元，是组成社会、经济活动的基础。家庭的边缘是由财产分享关系确定的。分享关系越充分的成员,越是靠近家庭的核心。

家庭的经济决策权也随着社会发展不断演变。在传统的中国社会,家庭决策权不是由家庭收入的创造者掌握,而通常是由家庭长辈决策。农业时代,一个家庭的决策十分简单,在年复一年中没有很大的变化,只有修房造屋或土地买卖是一个家庭所面临的最重大决策。随着工业时代的到来,家庭所面对的决策形势和内容越来越复杂,包括家庭理财、子女择业、不动产投资等,不仅内容丰富起来了,而且动态化特点越来越突出,这些复杂的决策不可能再由一个年事已高、远离社会活动的老人完成。这样的发展结果,自然导致家庭结构的变化,家庭变得简单化的同时,决策权也由老人转向财富的创造者——年轻人手中。

伴随着家庭功能的弱化,家庭不断地向着小型化方向演变。尽管家庭组织受到文化传统的影响,但经济活动的特点和发展水平是最终决定因素。一般来讲,经济发展水平越高,家庭规模就越小。

表 2.2.1　有关国家和地区不同时期家庭规模对比 [2]

国别／地区／时间	平均家庭规模(人)	家庭标准离差(人)
印度(1970—1971年)	6.64	3.61
美国(1970年)	3.11	1.82
美国(1689年)	5.85	2.88
叙利亚(1970年)	5.91	3.00
泰国(1970年)	5.82	2.81
法国(1778年)	5.04	2.55
日本(1713年)	4.97	2.49
英格兰(1599年)	4.75	3.35
佛罗伦萨(1427年)	5.92	2.42

外部分工程度越高,家庭内部协作分工被外部分工协作替代的可能性就越大。这有两个方面原因:一是外部分工是在更大范围内的竞争,比起家庭内部的分工效率更高;二是家庭规模越大,内部搭便车、逃脱责任的现象就越多。家庭规模是内外两种优势的均衡结果,即家庭的合作优势与外部的分工优势之间的均衡。

当然,家庭规模不可能无限缩小,核心家庭是具有生产功能家庭的最小模式:一对夫妻加上几个未成年的孩子。孩子的数量受到家庭功能及养育成本两方面的影响,家庭功能的单一化必然降低对子女数量的需求。家庭从传统社会到现代社会的发展，其功能也从家庭内部生活资料和商品生产、养老等功能，简化到了共同生活降低成本、提高生活乐趣的功能，对孩子的需求也有较大压缩。

2.3 企业

企业从家庭中分离出来，承担起创造效益的基本职能。对于交易系统，企业就像心脏一样重要，是推动交易系统运行和发展的发动机。企业在任何一个经济体中都扮演着最重要的交易者角色。企业的组织管理能力和技术创新能力，直接决定着交易系统的活力和效率。

2.3.1 企业的出现

在现代社会中，企业已经成为一种具有独立功能的组织，但从历史上看，在相当长的时期内，企业的功能是由家庭承担的。企业起源于家庭。在人类发展历史长河中，家庭作为生产单位的时间远远超过具有独立功能的企业。人类踏入文明的脚步是伴随着由采摘和狩猎向生产的过渡完成的。进入文明时代以后，第一个主导经济形态是农业，渔业和牧业只是作为一种补充性存在。在农业经济形态下，家庭是唯一的生产场所。世界各地大量考古证明，人类由采集者向生产者的革命性转变始于新石器时代。在石器制作上，新石器时代的人们采用研磨方法，所用的石材更坚硬，制造出的工具更经久耐用，更为锋利，用途也更为广泛。人类在食物获取方式上的改变，对于文明的演进产生极其深远的意义。农业的出现不仅改变了食物获取途径，更重要的是农业生产以及由此带来的居住地点的固定，使财富积累成为可能，从而开启了人类对财富的追逐之门。人类社会随后的历史演进归根结底都是围绕着财富的生产、分配和占有展开的。

农业革命开始以后，定居社区所产生的需求远比居无定所的生活要多元化，包括对房屋和家具的需求、对各种农具的需求等，这些都是游猎时代所没有的。多元化的需求很快就催生了社会的分工，手工业和商业便从农业生产中分离出来，手工业者和商人便成为早期城镇的主要居民。这些手工业者和商人也都是以家庭为单位。他们正是现代企业的直接源头。工业革命以后，这些以家庭为单位的企业借助新的技术和金融工具，转身成为现代企业——公司，拥有法人地位的组织。从此，企业才从家庭中正式分离出来。如果没有这个转变，人们甚至会觉得没有必要为企业单独创造一个词语。即便今天，经济体中大大小小、体制各异的家族企业仍扮演着不容忽视的重要角色。在各国数量众多的微型企业和个体企业中，家庭与企业合二为一的组织方式仍然占据主流。

现代企业首先出现在欧洲。18世纪初期，欧洲一些乡村出现了家庭作坊性质的纺织企业，劳动力以家庭为单位，夫妻和孩子都参与到家庭作坊的劳动中。这些家庭还拥有土地，同时兼顾作坊的劳动和土地上的耕作。这些乡村家庭作坊生产使用的原材料以及生产的产品多是由城镇商人负责提供和销售，产品销往远方的市场。这些特点将这个时期集中分布的乡村家庭作坊与此前的，具有悠久历史的家庭手工作坊区分开来、这个时期成规模的乡村家庭作坊不仅使产品的市场半径大大扩展，而且是在商人的组织协调下进行生产。乡村家庭作坊作为现代企业的前身，他们的经营活动是工业革命的直接先导。[3]因此，这段时期的产业发展被历史学家称为"欧洲的前工业化（proto-industrialization）"，以强调这段时期的产业发展与工业革命的传承关系。[4]

并非所有地区的工业化都存在前工业化的过渡阶段（如爱尔兰），但前工业化现象仍然十分普遍。在中国改革开放初期的20世纪80年代，曾经涌现大量的乡镇企业，这些企业大多带有家庭作坊性质，具有原始企业的特征，规模很小，使用的设备简陋，支撑企业运行的几乎全部或至少主要是家庭成员或者亲戚。这种生产组织不存在明确的制度规范，相当多甚至没有在工商管理部门登记注册，也从不向正规的金融机构融资贷款。在20世纪80年代初期，遍布全国的乡村企业曾经是推动改革开放发展的重要力量。即使在今天，经过四十多年的发展，这些早期的发展痕迹在一些地区仍然依稀可见，像浙江省诸暨市的织袜业和广东省增城新塘镇的牛仔服装加工业，仍是当地经济的重要支柱，背后的主要支撑力量仍是家庭企业。

在企业的发展史上，商业企业是最早从家庭中分离出来，成为诱导生产性企业发展的催化剂。商业历史可以追溯到农业文明的源头，甚至人类文明的源头。任何一个经济体的发展过程，资本积累总是首先从商业开始。商人通过贸易积累起远远超过小企业主的资本实力，并借助对市场了解的优势将分散的小企业主关联起来，形成前工业化的市场运作模式。这个时期的交易网络，以商人为中心节点。优越的交易相位使商人拥有快速积累财富的绝对优势。

合伙制的组织形式广泛用于工业革命以前的经济领域。从体制演变的角度来看，合伙制企业很容易演变为股份制企业。当合伙人数量不断增加的时候，合伙制企业与股份制企业的差别便越来越模糊了。一旦合伙人出卖自己的"权益"，合伙企业的性质其实已经向股份制转变了。合伙制企业制度规定的具体情况在各国都不尽相同，在英格兰，企业合伙人一般承担无限责任；但在法国，合伙企业可以有三种不同的制度安排：分别是无限责任公司、部分有限责任和有限责任三种。无限责任要求所有的合伙人承担无限责任；部分有限责任则是要求一部分人承担有限责任，但剩余合伙人则承担无限责任；而有限责任则是合伙人仅仅承担出资部分的责任，这种情况已经与股份有限责任公司已经没有本质的差别了。不仅如此，作为现代企业的重要特征，产权和经营权相分离的机制在大型的合伙制企业中已经出现。这类企业大多集中在煤矿、冶炼、啤酒制造等行业。事实上，盛行于前工业化时期的合伙制企业已经在产权制度和经营模式两个方面为工业化时代的主流企业组织模式——股份有限责任公司——提供了充分的准备。

合伙制企业制度在资源整合和配置方面的能力已经远远超出家庭企业。通过增加合伙人的方式，将原来分散的同行小企业集中到一起，这种整合甚至可以跨地区进行。整合后的企业在市场竞争方面显示出更强的优势。[5] 现代企业制度在世界各国广泛建立以前，合伙制曾是企业的主流组织制度，但在缺乏完善法律制度支撑的情况下，合伙企业实际上仅仅是家庭企业的一种延伸，企业没有独立的"人格"，不过是企业所有人所拥有的一件财物而已。这时的企业实际上还没有从家庭中真正分离出来，也就谈不上企业责任与家庭责任的区分，企业出资人承担无限责任也就成为十分自然的事情了。这种情况在英国一直持续到19世纪中叶。应当看到，在信用制度还没有在法制的基础上牢固建立起来的情况下，企业的无限责任制是一种有效率的制度选择。但同时，面对市场的不确定性，无限责任无疑也吓退了很多潜在的投资者。从这一方面讲，无限责任制阻止了经济的扩张。

尽管类似股份公司早在15世纪就已经出现（甚至更早，如中世纪为城邦间战争筹资的合伙团体或者为换取特权向城邦贷款的协会等[6]），具有现代意义的第一家永久性股份公司在17世纪的荷兰成立（1602年荷兰东印度公司成立），但是公司这种企业形式的大量涌现则是伴随着工业革命进行的。刚一开始，股份公司这种形式仅仅是一次具体牟利活动的临时组织，并非可以永久存续的法人。东印度公司的第一个协议只在一次航行期内有效，返航瓜分利润后协议终结。公司实际上只是一个涣散的商人团体。1613年，该公司募集429 000英镑，作为四次航行的费用；1617年，募集资金170万英镑用于七次航行；直到1657年，东印度公司才获得在有限期内可以连续经营的许可。1720年才获得永久性经营许可权。不仅在英国，股份制公司的许可证在那段时期的法国同样有时间限制。[7] 从今天视野上来看，起初的股份公司更像是当时富人的一次理财活动。

现代企业是交易发展到一定程度之后的自然结果。新制度经济学认为，企业是一种对抗交易成本的选择。事实上，从企业的演化历史来看，早期的企业以家庭为单位，而大规模的企业，或者说具有现代意义的企业则是工业革命以后才大量涌现的，显然与技术进步有着密切的关系。从家庭作坊到现代工厂的出现，首先是生产工艺流程革新和新技术应用导致的结果。历史上大规模的工厂出现在16世纪初，英格兰人约翰·温斯考比（John Winchcombe）在纽贝里（Newbury）建立纺织厂，雇用工人超过2 000人。他将毛纺织生产划分为若干个独立的工序，对工人进行了严格分工，其中，200名妇女梳理羊毛，150名儿童分拣，200名女童纺纱，200名工人织布，200名男童转动纺织机的转轴，80名工人梳理产品，50名工人整理，40名工人干燥，20名工人漂洗。[8] 工业革命的关键是生产技术，因此，正确的结论应当是，技术原因导致现代企业出现，而企业数量增加和规模上的发展则依赖于交易成本的降低。

公司作为独立承担民事责任的组织，需要一系列相关法律的支撑。企业法人概念的引进对企业的发展以及在经济活动中重要作用起到了基石作用。但法人概念的确立和广泛应用经历了漫长的演化过程。法人概念起源于罗马帝国时代。尽管法人概念并没有明确地出现在《罗马法》中，但法人的精神已经蕴含其中了。《罗马法》将国家、自治城市、宗教团体、行业组织等统一视为社团，作为一个观念单位。时至今日，在古罗马留存的碑铭上依然可以找到当时一些社团活动的记录，如船家协会就是这个时期典型的社团组织，他们承担着粮食运输的任务，并由此获得收益。在罗马时期还没有明确的法人概念，但各种法律规定中已经隐约出现"法人"观念的萌芽。在公元530—534年编纂的罗马法律汇编《学说汇纂》中有两项条款显示了现代企业法人的精神：（1）凡公司所有即非个人所有；（2）欠公司之物非欠个人之物，公司所欠之物亦非个人所欠之物。很明显，这些规定中已经包含了对于公司独立人格肯定的思想。

进入中世纪，罗马教会又进一步将法人概念明晰化。罗马天主教为了论证教会的地位以及明确教堂的产权，将《罗马法》的法人概念进一步明确化，教会作为一个法人，独立于任何单独的个人，具有永生不灭的特点，在这一点上与上帝的永生相吻合。自此，"法人"概念明确地进入社会发展进程中。在这一点上，基督教对孕育现代经济社会的积极作用是不容置疑的。

法人概念的现代化是在美国完成的。尽管法人在英国很早已经涉足贸易、金融等领域，但这些法人都是经过国会或者国王特许授权成立的。可以想象，获得特许成立法人对于普通人来说是十分困难。在19世纪初美国颁布了《一般法人组织法》之后，企业法人才进入一个全新的时代。法人完成了从特许到依法注册的历史性转变，企业法人的注册不仅有章可循，而且获得一个法人执照变成一件十分容易的事情，而不像以前需要通过专门立法或者国王的恩惠获得特许。从此，企业作为一个具有人格地位的法人，具备了坚实的法律基础，企业也正式进入现代发展阶段。法人，作为一项简化法律关系的法律技术，对于推动现代企业制度建立乃至人类社会发展起到了不可估量的作用。

企业制度的重大变革肇始于19世纪后期，源于现代运输和通信技术的带动，包括铁路、电报、轮船和海底电报的出现。在此以前，企业由所有者自己管理、经营；企业的利润就是企业主的收入所得。新技术的出现使得企业面对的市场空前扩展，企业规模随之膨胀，企业经营的复杂性和专业性提高了，领取薪水的管理阶层出现，企业产权与经营权开始分离，现代企业制度由此诞生。[9] 时至今日，以产权与经营权分离为基本特征的现代企业制度已经成为企业，尤其是大型企业的基本治理模式。这种产权与管理权分离的企业制度所主导的经济被美国学者钱德勒（Alfred D. Chandler, Jr.）称为"管理资本主义"。

2.3.2　企业交易目标

人类区别于动物的地方在于可以超越现在，将目标设置在未来，而将当前所做的一切成为实现遥远目标的手段，而手段本身的表象则常常可以与目标相悖。作为手段，当前行为的选择总是在具体的局势下进行相机抉择，相对于长期的目标来讲是多变的，而目标则相对稳定。这种超越时空的能力是人类区别于动物智商的关键。各种各样目标驱使下的人类活动，构成了生生不息的大千世界，推动着人类社会永不停息地发展、演化。

然而，什么是企业追求的目标却成了经济学领域争论最为激烈的问题之一。质疑的主要对象是占据主流地位的新古典经济理论的厂商假设——企业追求利润最大化目标，并提出各种各样的新假设：销售额最大化，员工人数和薪酬效用最大化，企业成长最大化，股东财富最大化，现金流最大化，资本成本最小化以及经理人满意目标等。还有一些学者建议使用多目标模式，甚至一些学者对于最大化行为模式本身提出质疑，建议放弃任何企业目标的假设。[10]

企业作为具有生命的存在，始终处于不断发展和演化之中。从产权结构到组织模式，再到经营目标和理念都在不断发生变化。从历史上看，企业从家庭分离出来伊始，有明显的临时性质，特许公司的经营权有严格的时间限制，经营活动仅限于一次贸易。在这种情况下，企业所追求的目标非常明确，就是在一次特许的贸易活动中尽可能地多赚钱，投资回报率实现最大化。这是经典经济学厂商理论中对企业目标假设的模板。即使到了工业革命前期的企业——"经销商+乡村家庭作坊"模式的企业——仍然没有摆脱经营目标的短期化特征。由于这种经营模式十分松散，商人与乡村家庭作坊之间的合作关系并不是建立在严密的法律合约基础上，大部分情况下只能是人格化约定。这时的企业不存在有意识的市场营销，企业经营管理也十分简单，每次交易之后核算盈亏。随着企业制度的演变，具有法人身份的企业在理论上拥有不灭的生命，股份制公司的出现更是为企业长期经营提供了制度和资本保障，同时也促使企业追求更为长远和综合的目标。在企业的发展历史进程中，企业目标的长期化趋势越来越突出，即期利润已经不能很好地解释长期经营的企业行为。企业经营由单一目标向多目标转变，单纯利润目标向市场份额、行业影响力、定价能力、创新能力等多方面发展。

演化经济学否认企业的经营和决策中目的论模式，认为人们是在有限理性的前提下决策的，所以就"无法知道什么是利润最大化和最优决策，因此社会经济的发展不会以目的论的方式展开，也不一定会趋向完美的均衡状态。"[11] 不可否认，企业在决策过程中受到了有限理性和信息不完备的制约，不能保证每项决策的科学合理性，也不能保证每次行动都能实现预期的目标，但这不能作为否定目标在决策中所发挥的作用，更不能否定人类的基本行为模式。人类行为的目的性和目标体系的多层次性是人类区别于动物性的关键所在。社会作为宏观系统，无法做到像单一个体一样的有目的性，这是由于无数个体的目标差异以及相互作用，也是由于社会本身不是一个决策主体，而是众多决策主体的舞台，并不存在行为的目的性问题，但决不能由此否定单个主体的行为目标驱动模式。

尽管从理论上讲，企业作为法人可以永续存在，具有无限的生命长度，但从历史的经验看，企业的衰败以及破产常常是难以避免的事情。在每一个阶段，企业会有不同的经营策略和经营目标。在企业成立初期，迅速扩张规模，提高市场占有率是多数新生企业采用的策略。就像一切幼小的生命体一样，新生企业面临的主要危险是死亡，在新生企业中，只有大约40%的企业能够生存到三年以后。在死亡的威胁下，新生企业希望通过扩张规模、提高市场占有率的途径快速跨越早期的死亡陷阱区域，这是大部分新生企业所采用的经营策略。对于这类企业，成长型企业的经营目标具有鲜明的规模扩张导向，"成长"就是企业的目标。

当企业进入成熟期，规模扩张达到临界上限以后，企业通常会进入多元化的发展时期，这个时期主要是范围扩张，包括在同一行业内将经营范围从原有的区段向上游或下游，或者两个方面同时扩展，也有一些企业甚至向新的行业拓展。

现实世界的情况要复杂得多，市场周期的变化、竞争环境的不同，都会影响企业的经营目标。比如，处于扩张期的企业，当市场进入萧条周期，规模的扩张有可能导致巨额亏损，这就会迫使企业将注意力转向充分发掘现有潜力，把控制成本作为当前经营的主要任务，进而实现利润的最大化。由此可见，企业的目标十分复杂，不能够简单地将其目标归结为"利润最大化"或者"规模最大化"或者"占有率最大化"等。只有将企业的每一项决策放置在一个较长的估值时域上，才能将千差万别的企业面对各种各样交易决策归结到统一的目的上来。

2.4 交易动机的统一

在新古典经济学中，企业作为市场的供给一方，家庭作为市场的需求一方。通过分析企业的生产预测市场供给，分析家庭收入预测市场需求，再通过供求关系确定价格走势，这就是新古典经济学的基本分析架构。现实中，企业并不是完全的供给者。在经济循环中，企业在成为供给者以前，首先是需求者，需要购买原材料、购买劳动力、购买各种损耗用品等。连续观察经济循环过程，就会发现，我们无法在时间上严格分辨出企业何时是市场的供给者，何时又是市场的需求者。企业几乎在每一个时点上既是供给者又是需求者。家庭的情况也是一样。不仅需要各种消费类的商品，还向市场提供劳动力以及资本。对于家庭，需求与供给的行为也常常同时进行。整个交易系统是在主体的交易角色持续不断的转换中运行。在一个经济体中，组成企业和家庭两类组织的人不是完全不同的人，而是相同的一群人，只不过是组织生产的时候，被称为企业，下班后汇聚到一起生活的时候称为家庭。但在交易的视野下，无论家庭还是企业，都在不断地进行着交易，仅仅是交易的内容以及权责结构不同而已。交易主体的内在统一性根植于人性，人性不会因为白天在企业里工作、下班后回到家中就发生改变。从产权归属上讲，除了少数国有企业之外，大部分企业都归属不同的家庭所有。即便是国有企业，从本质上讲其产权最终归属仍然是这个国家的居民家庭。这种产权归属表明，企业追求利润的动机根源仍然来自家庭。没有家庭对财富的追求，企业也不可能从家庭中分化出来，更不可能成为专注于利润的组织。企业对于经济利益的追逐实际上是作为家庭的动机体现。企业同样是由一个个从家庭里走出来的人所组成的，他们到企业工作，是为了能够挣到尽可能多的工资。从这个意义上，家庭与企业没有本质差别。可见，在家庭和企业这两类基本主体上，交易过程中的目标设定完全可以统一起来，这为建立逻辑自洽的理论体系提供了坚实的基础。

注释

1. ［美］约翰·H.霍兰.隐秩序——适应性造就复杂性［M］.周晓，译.上海：上海科技教育出版社，2000：1-40.
2. ［美］加里·S.贝克尔.家庭经济分析［M］.彭松建，译.北京：华夏出版社，1987：35.
3. 对于"工业革命"一词的使用受到一些经济史学家（如T.S. Ashton）的质疑，通过对18、19世纪经济数据的定量分析发现，这段时期并没有出现经济活动在规模上的增长和结构上的变化，可以称为革命的爆发现象，因此，所谓的工业革命实际上是一个渐进的过程。
4. ［美］龙多·卡梅伦，拉里·尼尔.世界经济简史——从旧石器时代到20世纪末［M］.4版.潘宁，译.上海译文出版社，2020：162-63.
5. ［美］M.M.波斯坦，D.C.科尔曼，彼得·马赛厄斯.剑桥欧洲经济史第五卷［M］.北京：经济科学出版社，2004：362-415.
6. ［美］查尔斯·P.金德尔伯格.西欧金融史［M］.1版.徐子健，等译.北京：中国金融出版社，2007：209.
7. 同6
8. ［美］M.M.波斯坦，D.C.科尔曼，彼得·马赛厄斯.剑桥欧洲经济史第五卷［M］.北京：经济科学出版社，2004：424-425
9. ［美］小艾尔弗雷德·D.钱德勒.企业规模经济与范围经济——工业资本主义的原动力［M］.北京：中国社会科学出版社，1999.
10. ［美］丹尼尔·豪斯曼.经济学的哲学［M］.丁建峰，译.上海：上海人民出版社，2007："第十六章公司与经济学家".
11. 盛昭瀚，蒋德鹏.演化经济学［M］.上海：上海三联书店，2002.

第三章

会计矩阵

会计矩阵提供了量化描述交易主体的手段，也是建立新交易概念的基础。

3.1 会计报表

交易系统实际上是由大量交易主体的账户以及账户间的互动关联构成的动态系统。正如沃西里·里昂惕夫（Wassily Leontief）所说："整个国家的经济活动可以设想为一个包揽一切的巨大会计系统。不仅包含所有工业、农业和交通业的分支部门，而且也把所有私人的预算都包括在这一系统内。每个企业或每个家庭，都是作为一个独立的会计单元处理。一套完整的簿记制度系统由大量不同的账户所组成。"[1] 也正是在交易系统内部相互关联的思想支配下，里昂惕夫创立了国民经济投入产出的分析理论。

从会计学的角度分析经济行为和经济现象，早已成为一些经济学家的理论构想。在经济学说史上，首次明确提出将经济理论建立在资产负债表上的经济学家是美国密西根大学的肯内思·E.鲍尔丁（Kenneth E. Boulding）教授。在他1962年出版的《经济学的重建》（*A Reconstruction of Economics*）中，将投资、消费、储蓄等经济行为放置在资产负债表上进行整体考察。他利用一个核心的概念——偏好资产率，在资产负债表上建立起各类经济行为分析框架。

人类最早的会计记录出现在大约公元前4000年。具有现代特征的复式记账会计方法出现在15世纪末期，由威尼斯神父鲁卡·帕瑟黎（Luca Pacioli）发明[2]。会计方法为威尼斯商人提供了一种能够在商海中航行的定位器，让他们能够及时掌握自己的商业业绩，以便更好地管理他们的商业。

会计对于现代经济的作用如此重要，任何一家机构都不可能在没有会计核算的情况下持续生存。一个庞大的社会，需要在井然有序的会计核算基础上运行。会计制度的调整，对经济活动的方方面面都会产生重大的影响——从企业利润到国家税收，从资本市场到投资者信心。会计制度及其配套的法规已经成为现代经济的制度基础。

资产负债表在会计核算中处于核心地位。资产负债表反映了一个机构的资产和负债以及所有者权益构成，包含了会计主体偿付能力的重要信息，反映会计主体全部经济活动的最终结果。资产负债表反映出会计主体的经济实力，为预测该机构未来的发展走势提供了重要信息。

会计报表中的另一个重要组成部分是损益表——用来反映会计主体的盈利能力。如果说资产负债表刻画了会计主体财务状况的静态画面，损益表则提供了在一个会计周期内资产和负债变化的具体成因，是一幅动态画面。损益表的主要构成是各项收益扣除各类费用支出之后的剩余，包含各类收入项和支出项，收入项包括营业类收入、投资类收入、其他类收入等；支出项包括工资支出、原材料支出、利息支出、水电费支出等。与资产负债表不同，损益表不是平衡表，而是一张加减表。

现金流量表属于广义财务状况变动表的一部分，反映了会计主体资金来源与运用的动态情况。现金的重要性是不言而喻的，货币是一切交易的基础。无论有多大规模的资产，如果缺少充分的流动性，就会面临倒闭的风险。对于现金流量的重视，源于金融创新的大量涌现所引起的企业利润与现金收入之间的偏离导致的"盈利倒闭"现象，这种现象尤其在经济危机或金融危机爆发时更为突出。

通过三张会计报表，我们可以获得会计主体的基本交易信息，并对会计主体的偿付能力、盈利能力、资产负债结构有一个清晰的了解。在三张基本会计报表中，资产负债表起着基础作用。如果能够获取所有时点上的资产负债表，并且资产负债表的科目足够细致，收益情况和现金流量的变动信息可以直接由资产负债表派生出来。

尽管会计是企业经营核算、业务管理的有效手段，但却不能直接拿来用作经济分析的理论工具。这是由于会计核算主要以企业经营为主要描述对象，作为经济分析工具，必须包括家庭及其各种活动；另外，会计核算要求客观、精确、可比，而经济分析工具则需要具有解释交易主体动机的能力。

3.2 会计矩阵

借鉴会计学中对会计主体的描述方法，我们引入会计矩阵概念，将每个交易主体与会计矩阵对应起来。交易主体的一切经济活动都会在会计矩阵上有所体现。

3.2.1 会计矩阵概念

与资产负债表相似，会计矩阵是由主体各种资产排列成的资产向量和各种负债排列成的负债向量构成的一个矩阵，主要用于反映交易主体资产和负债的总体情况。与资产负债表不同的是，会计矩阵不再遵守左右平衡的原则，也不再设置所有者权益的科目。

在交易系统中，交易主体的经济状况如此多样化，所对应的会计矩阵千差万别，要规定一种适应于所有情况的会计矩阵形式实际上是不可能的。会计矩阵具体设置多少项，每项的具体定义如何，需要根据具体研究内容确定。

用 A 表示会计矩阵，一般形式表示如下：

$$A = \begin{bmatrix} a_1 & l_1 \\ a_2 & l_2 \\ \vdots & \vdots \\ a_i & l_i \\ \vdots & \vdots \\ a_n & l_n \end{bmatrix} \qquad (3.2.1)$$

其中，a_i 和 l_i 分别代表资产项和负债项。为了运算方便，我们约定会计矩阵的资产各项均取正值，负债各项均取负值，即 $a_i \geq 0$，$l_i \leq 0$，$i = 1, 2, \cdots, n$。对于由 n 行组成的会计矩阵，称为 n 阶会计矩阵，简称为 n 阶矩阵。在实际应用中，如果资产向量与负债向量的项数不一致，用 0 填补较短的向量，以保证矩阵的完整性。

资产和负债向量的科目划分越细致，会计矩阵的行数就越多，会计矩阵所反映的信息量也就越大。但是，会计矩阵越大，相关的计算量也就越大，处理也就越复杂。

对于家庭主体，人们很少使用资产和负债的概念，更习惯使用财富和消费水平等概念。这是由于家庭的许多资产，像家电和家具等，在使用一段时间后，很难找到买家，几乎没有市场流动性，也就很难确定其市场价值。此外，家庭持有资产的主要目的是供家庭成员使用，而不是增值或保值。但是，无论持有的目的是什么，资产在家庭或企业持有者手中，都表明持有者占有资产带来的收益、服务及处置方面的权利。

在会计核算中，会计核算具有一定的时间周期。一年或者一季，对经营活动进行一次核算，编制一次财务报表，这个时间长度为会计周期。无论从技术层面上，还是管理需求层面上，会计核算都不可能每天进行，更不能每时每刻进行。而会计矩阵作为交易主体经济状态的描述，理论上认为时刻都处于动态变化之中。每一次交易以及物价的改变，都会引起会计矩阵的相应变化。从这个意义上讲，会计矩阵是时间的函数，在每个时间点上，交易主体都有一个会计矩阵相对应。

作为一种经济理论的分析工具，会计矩阵随着时间 t 连续变化，不间断跟踪反映交易主体经济状况特点。会计矩阵的动态变化，来自交易主体各类交易的收益和支出。因此，会计矩阵中也包含了交易主体的收益信息和现金流信息。能够综合地描述交易主体的经济状况，从而能够为交易决策提供充分的信息。

3.2.2 交易基

资产的本质是权利，而负债的本质是义务。会计矩阵的资产向量和负债向量也是本着相同的原则，资产列和负债列是对价值归属关系的反映。决定会计矩阵阶次和结构的因素来自两个方面：一是交易基的规模。交易系统中可用于交易的商品种类越多，会计矩阵的阶次就会越高；二是商品交易模式的多样性。在有限的商品基上，交易模式的创新同样能够增加会计矩阵的阶次。比如，企业采用商业汇票作为支付工具购买一种商品，在出售方的会计矩阵上引起的变化是存货相应减少，应收票据等额增加；在购买方，会计矩阵中对应资产项增加，负债方应付票据增加相应金额。如果采用货币购买，买方货币资金较少，相应资产增加；售出方货币资金增加，存货减少。由此可见，引入商业票据交易模式后，在会计矩阵中出现了应收票据和应付票据。尽管如此，交易基在交易系统中扮演着更为基础的角色，是决定会计矩阵阶次的关键。

交易基是交易系统中所有可用于交易的商品种类的集合。交易基具有一定的弹性，可以根据研究的需要确定细化的程度。既可以将商品种类划分得很细，譬如在一类家电中，将不同型号和档次的家电划分为不同类型，也可以将具有一类属性的家电放在一起作为一类来处理，这取决于研究的需要。

用 g_i 表示一种商品，用 G 表示交易基，表示如下：
$$G = \{g_0, g_1, g_2, \cdots, g_n\} \quad (3.2.2)$$

货币是交易系统中的特殊商品，居于所有商品交易的核心位置，用 g_0 表示；在交易基中，共有 $n+1$ 个商品，包括实物商品和服务商品。

伴随着交易系统进化，交易基处于持续扩张的过程。经济越发达，商品类型就越丰富。经济发展必然伴随着经济分工的深化，在经济规模和技术水平不变的情况下，分工越细，商品种类就越多，交易基也就越大。商品是交易的载体，分工必然促进交易，两者之间相辅相成。此外，技术创新是交易基扩张的重要推动力。一般来讲,交易系统的创新水平越高,交易基也就越大。

在现代经济中,任何交易系统都不可能对外绝对封闭。在交易系统流通的商品,不可能全部由境内生产,有相当一部分来自境外。因此,交易系统的交易基均由两部分构成,分别是内生基和外生基。内生基是由交易系统内生产的;外生基则是境外生产但在境内流通。由内生基和外生基形成的交易基结构构成了交易系统结构的重要方面。总体来讲,开放度越高的交易系统,外生基在交易基中的比重就越高。可以预见,随着全球化的持续深入,各个国家参与国际分工的强度也在不断提升,各国交易系统的外生基比重将会持续增加。

综合上述分析,商品及其交易状态是构成会计矩阵各项的两个要素。交易系统的交易基越大,交易模式越多,会计矩阵的项数就越多。具体来讲,如果交易基有 n 个商品,平均每种商品的交易模式有 m 种,由于每种交易方式在交易双方的会计矩阵上分别生成不同的资产项或负债项,因此,会计矩阵的最大阶次为 $m \times n$。

3.2.3 会计矩阵举例

由于不同类型的交易主体的类型,在业务经营、规模以及资产结构等方面千差万别,会计矩阵的内容很难划一。即便是同类型的交易主体,会计矩阵的差别也会很大。

下面是一家运输服务企业 a 的会计矩阵,计价单位为万元:

$$A_e = \begin{bmatrix} 50 & -60 \\ 30 & -100 \\ 500 & -20 \\ 50 & 0 \end{bmatrix} \quad (3.2.3)$$

在会计矩阵 A_e 中,现金资产为 50 万元,应收账款资产为 30 万元,运输设备资产为 500 万元,办公设备为 50 万元;在负债方面,应付账款为 60 万元,银行贷款为 100 万元,预付款项为 20 万元。由会计矩阵可知,这家运输企业的总资产为 630 万元,总负债为 180 万元,净资产为 450 万元,资产负债率为 28.5%。具有较低的负债水平和良好的支付能力。

下面是一家生产型公司 b 的会计矩阵,计价单位为万元:

$$B_e = \begin{bmatrix} 185 & -28 \\ 65 & -36 \\ 300 & -150 \\ 800 & -120 \end{bmatrix} \quad (3.2.4)$$

会计矩阵 B_e 显示，这家生产型企业的现金资产为 185 万元，应收账款为 65 万元，库存资产为 300 万元，固定资产为 800 万元；在负债方面，应付账款为 28 万元，应付税款为 36 万元，银行贷款为 150 万元，长期债券负债为 120 万元。总资产为 1350 万元，总负债为 334 万元，净资产为 1016 万元，资产负债率为 24.7%。

比较 a、b 两家企业的会计矩阵可以发现，企业 a 在规模上明显小于企业 b，b 的总资产规模为 a 的 2.14 倍；在资产结构方面，a 的主要资产是运输设备，属于动产范畴，而 b 的主要资产是固定资产；在负债方面，a 的主要负债来自银行贷款，而 b 的主要债务来自长期债券。相比之下，b 的资产流动性优于 a，但 1 存在库存偏高的问题，库存在总资产中的占比达到 22%，存在较大的市场风险。

再看企业 c 的情况，会计矩阵的计价单位仍为万元：

$$C_e = \begin{bmatrix} 130 & -430 \\ 100 & -30 \\ 29 & -60 \\ 35 & -600 \\ 300 & -53 \\ 1200 & -58 \\ 500 & -23 \end{bmatrix} \quad (3.2.5)$$

在会计矩阵 C_e 中，现金资产为 130 万元，库存资产为 100 万元，原材料为 29 万元，预付货款为 35 万元，无形资产为 300 万元，固定资产及设备为 1 200 万元，应收股息为 500 万元；负债方面，银行贷款为 430 万元，内部集资为 30 万元，企业债券为 60 万元，应付股息为 600 万元，应付税款为 53 万元，应付工资为 58 万元，应付养老金为 23 万元。会计矩阵 C_e 显示，这是一家盈利能力较强的企业，在红利分配 600 万元后，仍然能够保留较大规模的现金资产。

与企业相比，家庭会计矩阵相对简单一些。下面是家庭 a 的会计矩阵，单位为万元：

$$A_f = \begin{bmatrix} 2 & -80 \\ 15 & -20 \\ 260 & -0.05 \\ 500 & 0 \end{bmatrix} \quad (3.2.6)$$

在会计矩阵 A_f 中，现金资产为 2 万元，金融资产为 15 万元，不动产及耐用品资产为 260 万元，人力资本为 500 万元；负债方面，银行按揭贷款为 80 万元，分期付款余款为 20 万元，应付账单为 500 元。从会计矩阵来看，家庭 a 的经济状况并不富足，流动资金很少，只有 2 万元，诸如保险一类的金融资产也只有 15 万元，房屋不动产规模不大。应付账单只有 500 元，说明 a 的消费水平不高。会计矩阵中最为突出的是人力资本，价值达到 500 万元，是这个家庭的最大优势，也是未来的希望所在。

我们再来看家庭 b 的会计矩阵：

$$B_f = \begin{bmatrix} 5.5 & -100 \\ 32 & -1.2 \\ 60 & -0.3 \\ 35 & 0 \\ 52 & 0 \\ 380 & 0 \\ 1500 & 0 \end{bmatrix} \qquad (3.2.7)$$

在家庭 b 的会计矩阵中，现金资产为 5.5 万元，银行存款为 32 万元，投资基金为 60 万元，养老保险为 35 万元，家庭耐用品为 52 万元，房屋资产为 380 万元，人力资本为 1 500 万元；负债方面，银行按揭贷款为 100 万元，信用卡贷款 1.2 万元，应付账单 3 000 元。

对比 a、b 两个家庭，显然，家庭 b 更为富足，拥有更大的人力资本，表明家庭 b 具有更大的财富创造潜力。

在矩阵项的设置上，可以根据研究的需要确定。会计矩阵来自资产负债表，可以看作是资产负债表为适应经济分析的变形。

3.3 会计矩阵处理

为了将会计矩阵运用到复杂多样的现实问题中，我们需要对会计矩阵进行一些约定。对于会计矩阵资产项的处理，有一些可以参考会计核算的规定，另一些则需要基于理论的可行性和逻辑的一致性要求，进行独立约定。

3.3.1 会计矩阵的定价原则

在会计学上，资产负债表的核算方法可以有多种选择，包括成本法、现价法、公允法等。为了便于理论上的运用，会计矩阵统一采用"合理价值法"，即一项资产，根据交易主体所掌握的信息，预期在市场上能够实现的价值。

会计矩阵具有主、客观双重性质。一方面，会计矩阵反映了交易主体的真实财务状况，会计矩阵中的各项指标具有真实存在性；另一方面，会计矩阵也包含了交易主体在参与交易过程的主观预期。由于受有限信息制约,"合理价值"可能在不同交易主体之间存在差异。主体会根据自己的经验和了解的信息,形成对交易资产的"合理价值"预期。当实际价格低于"合理价值"时,买方就会认为在这次交易中得到的更多;同样,如果成交价高于"合理价值",卖方就会认为赚到便宜,形成了交易剩余。由于交易双方的信息集不同,交易双方有可能形成彼此间差距较大的"合理价值"。在这种情况下,卖方获得的期望价差收益并不一定是买方的期望价差损失。这就形成了与常识相悖的现象,交易中可能出现交易双方都认为自己赚了很多的情形。

交易主体的"合理价值"总是在现实中不断修正。尽管"合理价值"具有一定的主观性,却仍然限制在客观的范围内。对于具有明确市场价值的资产,"合理价值"与"市场价值"不会出现系统性偏离。只有对于缺少明确市场价值信息并带有很强个体特色的资产,如人力资本、无形资产等,"合理价值"才会具有更多的主观特点。这些受主观因素影响较大的资产估值,当交易主体的状态发生变化的时候,估值就会随之改变。在交易主体处于激进状态时,对人力资本、无形资产的估值倾向于高估;相反,在交易主体处于保守状态时,带有较强主观色彩的资产估值就会容易被低估。估值方面的这些变化在交易系统的动态演化中发挥着重要作用。

3.3.2 人力资本的核算

人力资本是企业和家庭资产中的重要内容,与实物资本相对应。人力资本概念最早可以追溯到古典经济学大师亚当·斯密,他将全体国民后天获取的有用能力当作资本的一部分,认为决定一个国家财富的根本原因是"该国国民掌握的劳动技能及其熟练程度和他们所具备的思维判断力"[3],起初,亚当·斯密的观点并没有被人们普遍接受,当时普遍的观点是,人是财富的主人,不应当作为财富来看待。人力资本概念再次引起学术界广泛关注是在第二次世界大战以后,经济学家原本认为经济从战争的巨大破坏中恢复过来需要很长时间,后来的实际情况表明这种悲观的估计是错误的。导致这种误判的关键是对人力资本的忽视。[4]

人力资本无论是对宏观经济,还是对微观主体,都是决定竞争力的关键。在以往的理论中,并没有给予人力资本应有的重视,其原因有两个方面:一是人力资本的核算十分困难,既缺少明确的边界,也缺少相关的统计数据;二是人力资本属于相对稳定的变量,无论是在国家层面,还是在企业和家庭层面,要改变人力资本状况需要经历相当长的时间。对于着重于短期经济分析的新古典理论，人力资本自然可以在分析中隐去。

将人力资本引入会计矩阵中，不仅弥补了现有经济理论的不足，也完备了家庭的会计矩阵。在交易经济学中，人力资本作为家庭的一种资产，可以看作为家庭带来收入的一种潜在储备。这与舒尔茨提出的人力资本投资概念有一定的差别。舒尔茨的人力资本是一个宏观概念，是针对一个交易系统而言的资产。在交易经济学中，人力资本作为一个微观概念，是对家庭成员创造财富潜力的度量。

人力资本体现为健康的体魄、正常的心智以及具有一定的劳动技能三个维度。家庭的各种消费，包括食品消费、保健消费、休闲消费以及教育消费等，都应当被视作维持人力资本的投入。家庭消费量的大小是影响人力资本的重要因素。人力资本是一种预期价值，随着家庭成员工资薪酬的变化而调整。当然，人力资本还会随着成员身体健康状况进行调整。

人力资本是一种残值。年龄越大，人力资本残值就越小。人力资本随着教育、技能培训的投入而增加。由此看来人力资本并不总是时间的递减函数。

对于企业而言，人力资本同样是重要的软资产。像家庭一样，企业会对人力资本进行投资，包括员工培训以及对于员工薪酬之外的各种福利投入，都是企业为增加人力资本常用的手段。在这方面，不同企业对人力资本的重视程度有所差异，对人力资本的价值估计也不同，从而对人力资本的投入也会不一样。

3.3.3　无形资产

对于一个企业，无形资产是企业实力的重要构成部分，是企业为生产商品、提供劳务、出租给他人或为管理目的而持有的、没有实物形态的非货币性资产。包括商誉、专利权、非专利但具有专署性技术、商标权、著作权、特许权以及土地使用权等。[5] 为了提高商誉，企业会投入大量的资金来做广告，还会投入大量资金用于技术研发活动。这些交易的结果，都是企业无形资产增值的来源。

对企业而言，无形资产比较容易理解，会计学已经形成了一套成熟的核算方法。对家庭，则很少使用无形资产的概念。当我们将家庭作为交易主体来看待的时候，无形资产就变得十分重要了。家庭的社会地位，包括在街坊四邻以及亲戚朋友中的口碑、信誉、受信赖程度等，是家庭无形资产的主要构成。就像企业一样，家庭也会对无形资产进行投资，一些看似完全出于虚荣心的消费，实际上是家庭对无形资产的投资。譬如，一个家庭购买了实际用途并不很大的汽车，仅仅从汽车带来的直接益处来看，购买汽车可能并不划算，但在左邻右舍中会显得有面子，由此让邻居们认为他们比较富有，从而为家庭带来了无形资产的增值。

无形资产与其他资产项的不同点在于，无形资产不是直接用来交易以获取收益，而是在交易中发挥间接促进作用。对于企业，无形资产在增强市场竞争力、获取优惠融资机会方面发挥着重要作用；对于家庭，无形资产为家庭成员参与众多市场的竞争——劳务市场、婚姻市场等——提供了支持。

3.4　会计矩阵指标

在会计矩阵基础上，可以计算出若干基于会计矩阵的财务指标，用于反映交易主体的财务状况，也可用于描述会计矩阵的特征。

通过会计矩阵，可以计算出对应的净资产大小。净资产等于总资产与总负债的差额，总资产多出总负债的部分，称为净资产。净资产衡量交易主体权益的大小，是交易主体追逐的主要目标。既然净资产作为交易的最终目标，那么实现目标的手段就可以多样化。企业和家庭都会根据自身的财务状况，根据对市场趋势的预期，选择自己认为最恰当的手段，以达到实现财富最大化的目标。用 $|A|$ 表示会计矩阵 A 的净资产。

流动性是会计矩阵的重要指标。流动性对于企业经营的重要性是不言而喻的。对于家庭，保持一定规模的流动性，即持有一定数量的货币资产是维持家庭正常开支的基本条件。

会计分析中提供了许多对流动性状况的分析指标，包括流动率、现金率等指标。其中，流动率是指流动性资产与流动性负债之比；现金率则是现金加上可交易证券与流动性负债之比。[6] 用 $L(A)$ 表示会计矩阵 A 的流动性。

资产规模是交易主体会计矩阵的另一个重要指标。在资产负债结构相同的条件下，拥有资产规模较大的企业在市场上往往具有更高的信用水平，在市场竞争中处于比较有利的地位。家庭的情况也是一样，资产规模较大的家庭，无疑更富有，生活质量也会更高。

3.5　会计矩阵协同效应

交易将主体间的会计矩阵紧密联系起来，形成相互关联、上下嵌套的紧密关系。企业主体是由来自不同家庭的人员构成，上到企业决策者和管理层，下到一般员工无不如此。每个员工的会计矩阵与所在企业的会计矩阵之间存在密切的利益协同关系。若某项交易对企业有利，能够带来企业会计矩阵的规模扩张或结构优化，也将同样能够为员工带来一定的好处，有利于员工会计矩阵的改善。很显然，会计矩阵的协同性对于交易主体间的合作将会产生不容忽视的影响，我们将这种影响称为会计矩阵协同效应。

根据协同传递方向分类，会计矩阵协同可以划分为两种基本类型：一种是单向协同。企业与员工之间的会计矩阵协同关系便属于此种类型。单向协同的主要表征是协同关系双方的地位不对称，可以分为主导方和从动方。以企业与员工的协同关系为例，企业主体是会计协同关系的主导方，以多大力度、何种方式与员工会计矩阵协同，主动权在企业，员工只能接受。在分享关系上，员工可以分享企业的收益成果，但企业却不能分享员工家庭的收益成果。

协同关系的另一种类型是双向协同。在这种类型中，会计矩阵协同关系双方的地位具有某种对称性，能够以某种方式相互分享对方的收益成果。拥有股权投资关系的企业之间，股权投资方可以按照股权比例分享受益企业的收益；反过来，当权益企业的会计矩阵得到改善，受益企业在市场上的认可度将有可能相应提升，实现无形资产增值。21世纪初，中国国有银行股份制改革时期，分别引入了美国银行、新加坡淡马锡公司、英国苏格兰皇家银行、瑞银集团、亚洲开发银行、美国高盛公司等众多国际著名金融机构作为战略投资者，其目的并不完全在于引入股权资本，更主要的目的是借助对方的国际声誉，提高国有银行的市场认可度，这些战略投资者与银行之间便是典型的会计矩阵双向协调关系。

除此之外，在担保企业与被担保企业之间，也会形成双向会计矩阵协同关系；存在血缘关系或姻亲关系的家庭主体之间，同样也会产生某种微妙的双向会计矩阵协同关系。由此可见，会计矩阵协同关系在交易系统中十分普遍，在交易系统运行和演化中发挥着非常重要的作用。

实现会计矩阵协同的途径可以多种多样，既可以是现金流收益，也可以是某种无形资产。以不同途径实现的会计矩阵协同关系，其协同量级会有很大悬殊。一般来讲，通过现金流收益实现的会计矩阵协同关系，其协同强度较高；通过无形资产关系形成的会计矩阵协同强度较弱。作为追逐利益的交易主体，必然会根据会计矩阵的协同强度选择自己的合作策略。

任何交易主体间的会计矩阵协同度都是有限的，利益协同只能表现在特定方面。超出特定的范围，交易主体间的协同关系将不复存在。我们将会计矩阵协同的特定方面称为交易主体的会计矩阵协同点。很显然，交易主体总是在会计矩阵的协同点上寻找有利于实现自己收益最大化的合作策略。在企业内部，根据激励机制的设计安排，每个岗位上的员工与企业会计矩阵的协同强度以及协同点各不相同。在这种情况下，员工会将关注重点放在协同度最高的协同点上，而对企业的其他方面则尽量少投入精力，这样才可能会获得最大回报。如果企业市值是决策者与企业会计矩阵的最大协同点，决策者就会尽力提升企业市值，即便这样的行为并不一定有利于企业可持续发展。一般员工的情况也将如此，如果业绩是员工与企业的最大利益协同点，员工就会专注于自己的业绩，对企业的其他方面漠不关心。为了实现自己业绩的最大化，同事之间甚至可以相互拆台、互挖墙脚。

合作必然存在某种程度的寻租动机。决策者在服务于企业利益的时候，存在利用职务之便为自己谋取更多好处的动机；企业员工则希望逃避监督，不劳而获；这些形形色色的合作寻租行为层出不穷。在合作者之间，人们总是希望对方能够承担更多责任、为合作支付更高成本；总是希望自己可以获得尽可能多的收益、承担尽可能少的责任。

交易主体之间对待合作的态度以及努力的程度取决于会计矩阵协同度。协同度越高，交易主体的合作意愿越高，就会挖掘一切潜能实现双赢格局。相反，会计矩阵协同度越低，交易主体的合作意愿就越弱，投入的精力也就越少。如果会计矩阵协同度为零，交易主体间就不可能产生任何合作意愿。

会计矩阵协同是交易主体合作的基础，是激励相容的先决条件。充分发挥会计矩阵协同效应的积极作用，不仅是激发企业市场竞争力的有效手段，也是构建生机勃勃交易系统的重要途径。任何缺少会计矩阵协同效应支撑的目标，终将难以避免愿望落空的宿命。

注释

1. [美]沃西里·里昂惕夫.1919-1939年美国经济结构——均衡分析的经验应用[M].北京：商务印书馆，1993：12.
2. 有一种说法认为，复式记账并不是他发明的，他仅仅是将当时在威尼斯商业学校的教师和学生中流传的一种方法进行了加工整理——参见 Roger H. Hermanson，James Don Edwards，L. Gayle Rayburn. Financial Accounting［M］. BPI IRWIN，Fourth Edition.
3. [英]亚当·斯密.国富论[M].1版.胡长明，译.北京：人民日报出版社，2009：27.
4. [美]西奥多·W. 舒尔茨.论人力资本投资[M].北京：北京经济学院出版社，1990：3-8.
5. 财政部会计司.企业会计制度讲解[M].北京：中国财政经济出版社，2001：143.
6. [美]杰拉尔德·I.怀特，阿什温保罗·C.桑迪海，德夫·弗里德.财务报表分析与运用[M].3版.李志强，译.北京：中信出版社，2003：124-130.

第四章

交易概念拓展

伴随着人类社会的演化与进步,交易活动已从传统社会的简单交易模式,发展到今天商品种类繁多、交易方式令人眼花缭乱的地步。朴素的交易概念已经无法满足对交易现象深入研究的要求,需要对原有概念进行拓展。经过拓展的交易概念,将其外延扩展到全部经济活动的范围。在此基础上,我们可以将人们的全部经济活动统一纳入交易系统进行研究。

4.1 简单交易

在以物换物的原始交易中,至少有两个交易主体,每一方都持有对方需要的商品,以一定比例关系将自己的商品交换给对方,同时得到对方的商品。货币出现以后,交易被赋予了现代意义——货币与商品的交换。近代以来,商品概念的内涵和外延被大大拓展。商品不再局限于特定形态的价值,可以是任何一种为满足人们需求的价值,既可以是有形价值,也可以是无形价值。在现代经济中,货币处于交换的中心位置。交易活动从以物换物的需求对应关系中解脱出来,释放着日益强大的能量。

当交易进入经济理论视野的时候,交易概念的复杂性远比实际交易复杂得多。学者们对于交易的理解各有侧重。交易成本理论创立者奥利弗·E.威廉姆森(Oliver E. Williamson)对交易的定义是"交易之发生,源于某种物品或服务从一种技术边界向另一种技术边界的转移。此时,一个行为阶段结束,另一个行为阶段宣告开始。"这种定义强调了交易在两种价值存在形式之间的转移,这种转移既可以发生在市场上,也可以发生在企业内部。这种定义区分了两类交易,即内联交易——企业内部的价值转移;外联交易——在市场上发生的价值转移。

美国制度经济学家约翰·罗杰斯·康芒斯(John Rogers Commons)提出了

另一种交易定义，将交易看作是"个人之间分割和获取对有形物品未来的所有权"。这个定义的重点是财产权的转移，更重视权利而不是价值的形态。

通过考察交易前后会计矩阵的变化，我们便会发现交易的一些关键特征。假设 a_1、a_2 两个主体进行交易，a_1 是买方，a_2 是卖方；a_1 支付 3 000 元从 a_2 买到一台电视机。这项交易在 a_1、a_2 两个交易主体的会计矩阵上引起的变化分别是，在 a_1 的资产向量上，现金资产减少 3 000 元，同时在实物资产科目上增加一台价值 3 000 元的电视机；在 a_2 的会计矩阵上，库存资产减少一台价值 3 000 元的电视机，同时在货币资产科目上增加 3 000 元现金。这项交易引起了 a_1、a_2 两个相关主体会计矩阵的联动。

交易前，交易主体 a_1、a_2 的会计矩阵分别为：

$$A_1 = \begin{bmatrix} a_{11} & l_{11} \\ a_{12} & l_{12} \\ \vdots & \vdots \\ a_{1n} & l_{1n} \end{bmatrix} \quad (4.1.1)$$

$$A_2 = \begin{bmatrix} a_{21} & l_{21} \\ a_{22} & l_{22} \\ \vdots & \vdots \\ a_{2n} & l_{2n} \end{bmatrix} \quad (4.1.2)$$

其中，A_1 为交易主体 a_1 的会计矩阵，A_2 为交易主体 a_2 的会计矩阵。经过标准化处理后，交易主体的会计矩阵一律为 $n \times 2$ 阶矩阵。

经过交易，a_1、a_2 的会计矩阵分别转变成为 $A_1^{'}$ 和 $A_2^{'}$，即：

$$A_1^{'} = \begin{bmatrix} a_{11} - 3000 & l_{11} \\ a_{12} + 3000 & l_{12} \\ \vdots & \vdots \\ a_{1n} & l_{1n} \end{bmatrix} \quad (4.1.3)$$

$$A_2^{'} = \begin{bmatrix} a_{21} + 3000 & l_{21} \\ a_{22} - 3000 & l_{22} \\ \vdots & \vdots \\ a_{2n} & l_{2n} \end{bmatrix} \quad (4.1.4)$$

观察 a_1、a_2 两位交易主体的会计矩阵在电视机交易前后的变化，我们可以得到交易概念的定义如下：交易是两个主体会计矩阵产生联动的经济活动，所谓资产负债表联动是指一方资产负债表变动构成另一方资产负债表相应变动的原因。上述定义的交易概念概括了普通商品交易的特征，我们称其为狭义交易。

4.2 交易概念的拓展

为了扩大交易的内涵和外延，需要在各类交易活动中找到共同遵守的规律。威廉姆森对于交易的定义引导出两种不同内涵的交易形式——内联交易和外联交易。在此，我们利用会计矩阵工具拓展交易的概念，以便将各类经济活动统一在交易概念之下。

在一个经济社会中，商品交换（狭义交易活动）固然重要，但并不是经济活动的全部。除了狭义交易之外，还有一类十分重要的经济活动——生产活动。生产是价值的来源，缺少生产的支持，狭义交易活动就成了无源之水、无本之木。

一般来讲，企业要组织一项生产，需要购买生产设备、原材料，雇用劳动力，使用能源电力和水等，这些都可以通过狭义交易得以实现。以彩色电视机的生产为例，在生产电视机之前，企业简化的会计矩阵如下（仅写出相关科目，其他无关科目均省略；计价单位为万元）：

$$\begin{bmatrix} 80 & 0 \\ 10 & 0 \\ 0 & 0 \end{bmatrix} \tag{4.2.1}$$

在矩阵（4.2.1）中，原材料为80万元，预付工资为10万元，彩电库存为0万元。负债各项没有列出，为了保持会计矩阵的形式完整性，负债项均取0值。

企业为了生产电视机，在彩电生产开始前购买原材料，雇用劳动力并预付了工资，这些构成了企业的部分资产。现在企业已经做好了生产前的准备，彩电存货为0。

企业经过一个生产周期后，会计矩阵发生变化：

$$\begin{bmatrix} 0 & 0 \\ 0 & 0 \\ 120 & 0 \end{bmatrix} \tag{4.2.2}$$

在新矩阵（4.2.2）中，原材料为0，预付工资为0，彩电存货为120万元。对比前后两个会计矩阵可以发现，生产活动引致企业会计矩阵在相关联的资产项之间发生联动，产生价值转移和价值变化。原材料价值和预付工资价值转移到彩电库存资产上。由于电视机市场价格高出了生产成本，企业彩电库存资产达到120万元，减去生产成本90万元后，该企业在本次生产周期中实现利润为

30万元，毛利润率为33%。

上述生产过程可以概括为：生产是会计矩阵资产项之间价值转换和增值的过程。具体到上述例子，就是在原材料价值、劳动力价值与彩电库存价值之间的转移。这种转换伴随着价值量的预期增长，这是企业生产动力的根源。

对比狭义交易与生产活动在会计矩阵上的表现，不难发现，无论是狭义交易，还是生产过程，它们的共同表现是——会计矩阵的项间联动，既可以是资产项间的联动，也可以是资产与负债项间的联动（金融类交易）；既可以在两个或多个交易主体的会计矩阵的项间联动，也可以仅在单个交易主体会计矩阵的资产项间联动。根据这些特点，我们将狭义交易概念进一步拓展，得到广义交易概念：交易是主体导致会计矩阵项间结构改变的行为和过程。一般而言，交易是以改变主体持有价值形态为基本特征的活动，以会计矩阵两项或两个以上项联动为基本特征。联动项分布在两个会计矩阵的交易，为外联交易；联动项处于同一个会计矩阵的交易，为内联交易。

交易概念外延得到拓展后，不仅将通常的商品交易包含进来，生产过程、技术研发、金融活动等所有的经济活动均纳入进来，所有的经济活动统一涵盖在交易的概念之下。无论是商品交换，还是商品生产，均可以在交易的概念下探讨交易主体如何通过交易实现预期收益的最大化，这为经济分析提供了统一的概念架构。

在交易的定义中，价值形态的改变是指资产价值的性质变化，而商品由新变旧的价值折损不属于价值形态的改变，属于商品价值量的变化。持有一种资产，在持有过程中价值发生变化，由于缺少项间联动，不属于交易的范畴。慈善、馈赠等社会性质的活动，由于缺少会计矩阵的项间联动，同样被排除在交易范畴之外。

在广义交易概念中，交易并不一定发生在两个交易主体之间。交易主体可以在没有任何交易伙伴的情况下独立完成交易，这就是内联交易。根据广义交易的逻辑，农民在自家土地上劳作生产同样属于交易活动。从农业经济形态到工业经济形态的演化，实际上是涉及广泛的交易外化过程。一部人类社会的演化历史，也是一部交易活动外化的历史。农业的自给自足是一种典型的内联交易形式。随着工业经济形态逐渐占据主导地位，外联交易在经济中的比重越来越大。

随着交易环境的改善和交易成本的降低，越来越多的交易由原来内联转化为外联，由自给自足转向市场交易。社会分工深化、全球化浪潮等发展趋势，都可以看作是交易外化规律的体现。交易外化和交易系统扩张构成了交易系统演化的两大基本特征。

4.3　交易方向

　　根据交易时的现金流向，将外联交易划分为正向交易和逆向交易两种类型。正向交易是指交易主体售出商品、获得现金的交易；逆向交易与正向交易相反，是指支出现金获得商品的交易。内联交易不划分交易方向。

　　由于交易支付方式十分灵活多样，以现金流方向确定交易方向可能产生一些问题。譬如期货交易、远期交易、期权交易、分期付款以及使用各类票据支付的交易，尤其是种类繁多的金融衍生产品交易，以现金流向划分交易方向就会出现很大的不确定性。以股票指数期货为例，股指期货的标的资产是事前约定的股票指数所代表的一篮子股票，以合约到期日的指数价格与初始交易的指数价格之差为基础进行现金结算，[1] 股票指数的上涨和下跌决定了多方还是空方支付现金给对方，股票价格的不确定性也就决定了股指期货交易在方向上的不确定性。对于上述各类交易，无论交易的支付约定如何，最终仍以支付标的物的现金流向作为确定交易方向的唯一标准。

　　对于金融类交易，本金具有商品属性，持有资金的一方无论是以存款的方式，还是以购买债券方式，还是以购买股票的方式，有限期或无限期让渡资金商品的使用权，均以利息或股息作为回报。

4.4　交易时限

　　每项交易都存在不同的时间要求，由此构成了交易的重要属性，我们称其为交易时限。交易时限是附加在交易上的时间约束，是由交易内在关系所决定的时间区间，要求交易在这个时间区间内实施完成。譬如，日常生活中的各种消费活动，大多有很强的交易时限规定，各类活动都是有明确的时间点。家庭定期支付的水、电、气、通信费用，每个月都有固定的时间；到医院看医生不能根据愿望选择时间；不能因为近期物价上涨就停止食物消费；孩子学校开学时要交学费，不能因为手头资金紧张让孩子在家等待。企业的交易活动同样存在时限，水费、电费、雇员工资、办公室租金等，都有确定的支付时间。对于生产性企业，正常生产具有稳定的时间节奏，需要定期定量购进原材料。火力发电公司需要定期购进煤炭；汽车制造公司需要定期采购零配件；服装制造公司需要定期购进布匹等。以上所举的交易，交易时限都是确定的时间点，称这类交易为时点时限交易。

与时点时限交易有某种类似的交易是双边时限交易。这类交易只有发生在特定的时间区间才有意义，季节性交易就是这类交易的例子。中国传统的节日春节到来时，家家户户燃放爆竹、花炮以示庆祝。农历腊月到新年的正月是燃放爆竹、礼花的时间，这段时间也是爆竹、礼花交易的旺季。每个家庭如果要买爆竹就需要在这个时段里买，否则就不会再买了。具有季节特点的服装也是如此，夏季服装一般在春季晚些时候到夏季结束以前进行销售。进入冬季后，很少有人再购买夏季服装了。类似的情况还有制冷空调、夏季冷饮等，这类交易基本上都是发生在一个特定的时间区间里。

单边时限交易又可以细分为上时限交易和下时限交易两种。上时限交易是指存在起始交易时限限制的交易，早于规定的交易时限点，交易就没有意义；下时限交易是指终止性交易时限点，如果晚于终止性交易时限点，交易同样也没有意义了。这两类交易大多是与某些特殊事件有密切关联的交易，譬如房屋装修需要购买装修材料，但是这些交易必须等到有了房子之后才能进行；用于汽车内部清洁的小型吸尘器需要等到买好汽车才有意义。凡此等等，都是单边时限交易的例子。

在上述三类交易中，时点时限交易的时间规定最为严格，交易者在时间上几乎没有选择；双边时限交易在时间的选择上略微大一些，交易主体可以根据形势变化，选择有利时机进行交易。相对而言，单边时限交易留给交易主体的选择空间相对大一些。

对于存在时间约束的交易，其目的并不一定是实现收益最大化，而可能是满足某个特定的目标。交易主体只能在有限的范围内进行优化选择。只有非时限交易，决策者才可以在无限制的情况下充分考虑各种因素，选择最佳时机，实现收益的最大化。根据这些特点，我们将交易分为两大类，即时限交易和非时限交易。时限交易包括时点时限交易、单边时限交易和双边时限交易；没有明确交易时限的交易为非时限交易。

决定交易时限的因素既可以来自客观要求，也可以来自主观意愿。客观的因素比较容易理解，如子女上学、就医、日常消费等，这些都是客观因素；主观因素则主要来自交易主体的主观偏好。在汽车市场上，一种新的车型刚刚上市，车源较少，要拿到汽车常常需要等待较长时间。一些客户为了尽快开上心仪的新车，宁愿支付额外费用给汽车经销商。显然，这种急切的心情并不是客观因素的结果，而是为了满足心理需求。攀比心理同样也会影响到交易时限。在家庭消费中，某项消费可能并非迫切，但由于左邻右舍和亲戚朋友都买了，处于不甘人后的心理也去购买，而且还不能久等。显然，这类交易的时限性完全是人为附加的结果。

注释

1. 张光平. 人民币产品创新 [M]. 3 版. 北京：中国金融出版社，2012：95–108.

第五章

预期收益函数

经济学严格的量化分析体系需要建立在行为目标的基础上。新古典经济学以效用作为消费者的行为目标，以利润作为厂商的行为目标。交易经济学将消费者和厂商统一在交易主体的概念之下，并以预期收益函数作为涵盖两类基本主体的行为目标。

5.1 效用理论

为了阐述预期收益函数与效用、期望效用以及前景理论的传承关系，我们首先回顾效用概念在经济学中的缘起。

5.1.1 效用概念的由来

效用是新古典经济理论的基础性概念，也是新古典经济学区别于古典经济学的重要标志。效用概念的提出和运用，标志着新古典经济学从古典经济学的客观价值论体系转向主观价值论，也标志着经济学的研究重点由价值生产理论转向需求理论。在新古典经济学的逻辑体系中，价值概念已经无法适用于消费行为的细致分析。于是，效用作为度量消费获益的指标进入经济学领域，并最终演化成新古典经济学的逻辑基础。

效用概念由三位新古典经济学的开创者在大致相同的时期、在三个不同的国家、以三种不同的语言不约而同地提出。1871年，年轻的英国经济学家威廉·斯坦利·杰文斯用英语出版了《政治经济学理论》；同年，奥地利经济学家、奥地利学派师祖卡尔·门格尔用德语出版了《国民经济学原理》；1874年，法国经济学家莱昂·瓦尔拉斯用法语出版了《纯粹政治经济学纲要》。尽管三位大师的理论各有侧重，但在分析方法上却有很多共同点，均以边际分析为基本方法，以效用作为逻辑分析的起点。三位大师将效用概念提高到前所未有的高度，认为决定商品价值的源头不是劳动，而是效用；决定商品价格的因素不是成本，而是效用。[1]

效用概念从被随机使用到成为经济学的标准概念经历了一个渐进过程。在三位大师的工作之前，就有一批学者开始使用效用概念了。1837 年，W. F. 劳埃德（W. F. Lioyd）在他的《关于价值概念的讲义》（*Lecture on the Notion of Value*）中，1844 年，朱尔斯·杜皮特（Jules Dupuit）在他的文章《公共工程效用衡量》（*On the Measurement of the Utility of Public Works*）中，1854 年，德国经济学家赫尔曼·海因茨·戈森（Hermann Heinrich Gossen）在他的著作《人类交换规律发展》（*Development of the Laws of Human Relationships*）中，1855 年，理查德·詹宁斯（Richard Jennings）在他的《政治经济学的自然要素》（*Nature Elements of Political Economy*）中均以不同方式使用了效用的概念。[2]

关于效用概念的演化，美国著名经济学家、经济史学家、1982 年诺贝尔经济学奖得主乔治·约瑟夫·斯蒂格勒（George Joseph Stigler）有过这样一段精彩的评述："对于这件平凡事情的陈述，最早出现时是偶然的；它在经济学发展中并不具有重要性，并没有授予其作者智力名望，只有当这一陈述在逻辑上得到发展，或者明确地应用于经济问题时，它才获得关注，并且只有当相当多的经济学家被说服，将它融入他们的分析中时，它才获得了重要性。"[3]

5.1.2 效用概念的含义及表述

效用概念是为了解释消费者的交易动机被引入新古典经济理论体系中来的，必然以消费行为为中心。在保罗·A. 萨缪尔森（Paul A. Samuelson）的经典经济学教科书《经济学（第十八版）》中，效用是这样被定义的："效用是指消费者如何在不同的物品与服务之间进行排序。……我们可将效用理解成一个人从消费一种物品或服务中得到的主观上的享受或有用性。……效用是一种科学构想，经济学用它来解释：理性消费者如何将其有限的资源分配在能给他们带来最大满足的各种商品上。"[4] 从萨缪尔森的定义中可以看出，效用概念的本质是对人们满足感的度量。

从表面上看，效用概念很容易理解。人们无时无刻不在满足与不满意的感觉中度过。对于特定的商品或服务而言，能够给消费者带来的效用就像重量一样存在确切的量值。这是效用基数论的代表性观点。主要代表人物有新古典经济学奠基者、一般均衡理论创始人法国经济学家瓦尔拉斯和福利经济学的创立者英国经济学家庇古。庇古认为，效用不仅可以度量，而且可以在人际间对比。他的福利经济学也正是在这样的逻辑基础上构建起来的。效用基数论一度成为经济学界的主流观点，并一直持续到 20 世纪 30 年代。

1932 年，英国经济学家罗宾斯出版了影响广泛的著作——《论经济科学的性质和意义》，对庇古的基数效用进行了全面批判。由此开始，经济学界开始转向效用序数论，认为效用不可准确计量，只能进行排序。消费者能够根据效用顺序在不同商品之间选择。效用序数论者借助效用无差异曲线构建了交易主体的决策体系。人们把基于效用序数论建立起来的福利经济学称为新福利经济学，而把庇古的福利经济学称为旧福利经济学。

进入 20 世纪 40 年代，约翰·冯·诺伊曼（John von Neumann）和奥斯卡·摩根斯坦（Oskar Morgenstern）出版了经典著作《博弈论与经济行为》，形势又再次发生逆转。在《博弈论与经济行为》中，作者对效用基数论和效用序数论进行了分析，发现效用的两种表达方式在本质上是相通的。如果效用能够用序数表达，也就一定可以用数量表达。"如果这个人的选择都是可以比较的，那么，我们甚至可以得到一个（唯一定义的）效用的数量概念，这个概念使等同曲线成为多余。"[5] 作者发现，作为描述人们偏好的效用概念，可以有无数个不同体系的数量表达，但他们之间均满足线性变换关系，处于同一个线性变换群中。换言之，交易主体的效用与线性变换群构成了唯一对应的关系。作者使用了公理形式表达效用指标必须满足的条件，包括完全顺序公理、顺序和组合公理、组合代数公理等三组八个条件。这些条件随后又被归纳为有序性公理、连续性公理和独立性公理三组更为简洁的表述。[6] 通过严格的数学论证，作者证明了效用公理条件的任何有序数据系统，都具有效用指标的性质。

在大致相同的时期，美国经济学家保罗·A. 萨缪尔森也得出了几乎相同的结论。他认识到效用的本质是对不同交易策略的偏好排序，至于赋予效用以序数还是基数并不重要，不会影响研究的结论。在 1947 年出版的《经济分析基础》中，他这样写道："无论如何，显然存在着无数种途径来选择一个特定的效用指数，并定义它为真正的效用基数度量。因此，可以从原点经由任意一个表示商品和劳务组合的点画一条线。这条线上的任何一点到原点的数值都可以作为效用指数，并可赋予一个唯一的名称。"[7]

在冯·诺依曼的效用公理中，连续性公理要求任意两个不同等级偏好，可以有无数个处于中间位置的偏好，使得偏好赋值呈现连续性特征；独立性公理则要求决策者在两个偏好的选择中具有完全独立性，不会受其他偏好的干扰。对效用公理的进一步研究发现，只要满足有序公理和连续性公理，就可以在交易空间中建立起效用指标体系，而独立性公理所增加的限制进一步强化了效用赋值的稳定性和确定性。近些年兴起的行为经济学用大量实验研究证明，独立性公理在许多现实场景中并不成立,[8] 但这并不会影响"效用"作为决策度量指标的地位。

冯·诺依曼的成果给经济学界带来了两个改变。一个是改变了人们对效用两种表达方式相互排斥的看法。由于数量效用表达方式在使用中更为便利,从而使得效用基数论再度复活。另一个是拓宽了人们对效用概念的理解。人们不再将效用仅仅狭隘地理解为消费心理的满足程度,而是将效用看作是具有逻辑自洽的决策指标体系。在效用决策体系中,可以有无数个同构的指标体系。这些数据不等、单位各异的指标体系,对于决策者具有完全等效的功能。在这样的图景之下,效用也不再仅仅局限于消费行为的描述,包括厂商在内的所有交易主体,可以统一在效用描述的理论框架中。"在新古典革命之后的100年里,这套理论被极大地改进了。例如,在提及效用和效用函数时,当代经济学家不再谈及'个人试图最大化某些主观感受'。'效用'只是谈论'偏好'的另一种方式。"[9]

5.1.3 期望效用理论

效用概念的引入解决了交易决策的依据问题,为构建经济理论奠定了逻辑基础。但这仅是解决全部问题的第一步,接下来的问题是当人们面对不确定的世界,对于包含了两种可能事件组合的混合结果,交易主体必然面临效用赋值的挑战。于是,如何在不确定性世界里给混合事件赋值效用就成为经济学必须解决的理论问题。经济学家的解决方案是借助期望效用理论。

期望效用理论(Expected Utility Theory)最初由瑞士著名数学家族成员、著名数学家、物理学家丹尼尔·伯努利(Daniel Bernoulli)于1738年提出。提出期望效用概念是为了解决当时一个很有名的问题,即赌徒为参与一场赌局应该支付什么价格?当时人们普遍认为,赌徒支付的价格应该等于预期获益,但这与实际情况存在很大差距。伯努利证明,赌徒的预期获益几乎是无穷大,而实际的情况却是,赌徒进入赌局时只是支付了很少的价钱。为了解开"理论"与现实的矛盾,丹尼尔·伯努利引入不同赌局结果的概率,使用期望效用的方法成功地给予解决。尽管预期获益很高,但结果出现的概率却很低,从而计算出的期望值仍然是一个较小的数值。丹尼尔·伯努利因此得出结论:进入赌局的价格不是等于赌徒的预期获益,而是等于期望获益。尽管期望效用理论早于效用概念进入经济学中,但直到冯·诺依曼提出效用公理理论以前,在长达200多年的时间里,伯努利的成果却一直没有受到经济学家的关注。[10]

期望效用模型的一般化表述如下:假设交易主体 a_i 所考察的交易策略 s

在不同局势下产生的效用为 $\{u_1, u_2, \cdots, u_i, \cdots, u_n\}$，对应效用的实现概率分别为 $\{p_1, p_2, \cdots, p_n\}$，交易策略 s 的期望效用计算如下：

$$U(s) = \sum_{1}^{n} p_i u_i \qquad (5.1.1)$$

在式（5.1.1）中，每种局势出现的概率 p_i 为交易主体 a_i 已知的客观概率；效用 u_i 既可以是传统意义上的消费者心理满足度，也可以是具体的货币获益价值。期望效用理论认为，交易主体追求效用最大化原则，在不同交易策略中选择时，总是会选择期望效用最大的策略。

截至今天，期望效用理论仍然是主流经济学处理不确定交易局势的标准模型。随着行为经济学研究的深入，人们发现期望效用模型在一些方面与交易主体的实际行为并不吻合。有些时候，交易主体所选择的并非期望效用最大的策略。[11]

5.1.4 前景理论

前景理论（Prospect Theory）是美国行为经济学家、2002 年诺贝尔经济学奖得主卡尼曼（Kahneman）与他的合作者特沃斯基（Tversky）于 20 世纪 80 年代共同提出的决策理论。卡尼曼和特沃斯基通过大量经济行为实验，发现了作为主流经济理论的标准决策模型——期望效用理论——存在与实际决策行为的系统性偏离。偏离主要表现在三个方面：第一是敏感性偏离。期望效用理论认为，人们会基于效用绝对值计算的期望值大小进行决策，效用水平越高，对于期望效用的贡献就越大。但经济行为实验并不支持这种观点，实证表明人们对于效用水平并不敏感，而是对效用水平的变化表现出强烈的敏感性。第二是偏好取向偏离。期望效用理论认为，面对不确定性，人们会表现出一致的风险厌恶特点，由此决定了效用的凹函数性质。但实验发现，人们在面对获得和损失的不同场景时，采用的策略是不同的。在面对正收益场景时，人们表现出风险厌恶的特点；而在面对损失场景时，人们的偏好会发生逆转，表现出风险偏好的特点。第三是概率取值偏离。期望效用是以各种可能概率为权重计算的效用均值。客观发生概率越低的事件，在期望效用计算中的权重就越小。但大量实证结果表明，小概率事件往往在决策中发挥很大的作用，存在小概率事件被系统性高估的倾向。

基于上述发现，卡尼曼对期望效用理论进行了修正，在期望效用理论的基础上引入了价值函数 v、价值参照点 r 和权重函数 π。由此构造出前景效用理论的决策模型：

$$U(x_1, x_2, \cdots, x_n) = \sum_i \pi(p_i) v(x_i - r) \quad (5.1.2)$$

在式（5.1.2）中，x_i 代表一种可能出现的收益，相应的概率为 p_i，满足概率条件 $\sum_i p_i = 1$，π 代表权重函数，为非线性函数，通常为 s 形函数，在小概率处有偏大取值，而在高概率处则有偏小取值；v 表示价值函数，当 $x_i - r > 0$ 时为凹函数，当 $x_i - r < 0$ 时为凸函数；r 表示价值参照点，是交易主体选择的决策参照系。[12]

前景理论认为，人们在决策前会先对所接受的信息进行编辑。决策是人们在编辑过的信息基础上进行的，权重函数 π 和价值函数 v 均是人们对相应信息编辑的结果。编辑函数的特点源自人类在漫长进化过程中形成的认知结构特征。行为经济学家通过大量实证性试验，将不同场景下的编辑程序揭示了出来。

与期望效用理论相比，前景理论的突出特点是在客观变量 p_i、x_i 的基础上，增加了决策者的主观因素，即所谓的编辑过程。这体现了决策过程更多的主观色彩，为解决期望效用理论的异象问题打开了通道，表现出比期望效用理论更为强大的解释能力。

5.2 预期收益函数

5.2.1 预期与收益

在人类的认知活动中，预期发挥着十分重要的作用。预期不仅是思维活动的表征形式，也是参与认知的重要环节。在构建知觉的过程中，人们通常会根据自己记忆存储的知识表征，对所识别的现象进行事前预测。预期的参与提高了模式识别的效率，增强了人类的适应能力。这种作用在心理学中被称为知识表征的期待作用（expectation effect）。当我们看到英文字母 Q，首先会联想到后面可能跟随字母 U。产生这种推测的知识有可能是明确的，也有可能是隐性的。[13] 预期既可以在意识层面形成，也可以在潜意识层面或无意识层面进行。预期在不确定形势下的决策中发挥着十分关键的作用。在瞬息万变的世界里，决策必须建立在对各种可能性的合理评估之上，以此提高正确决策的概率。自然，"预期"也就成为经济学的基础性概念之一。

为了最大限度地增加预期的准确性，人们在预期形成过程中会充分调动一切经验和知识，以及来自周围环境的各种信息，这是一个极为复杂的心理过程。经济学中，有多种关于预期形成理论。最具影响力的理论是理性预期理论和适应性预期理论。理性预期是指在完备信息集上利用逻辑推断产生的预期。在方法上,理性预期需要通过行为方程组求解。理性预期理论假定交易主体充分了解经济结构及其运行规律,在充分掌握完备信息的基础上,能够计算出合理的预期结果。适应性预期是交易主体根据变量的历史变化规律,尤其是近期的变化特点,进行外推形成的预期。

与理性预期相比,适应性预期的主要特点是经验主导。尽管理性预期和适应性预期各有特色,并且反映了预期形成的某些特征,但事实上,人类预期形成过程要复杂得多,现有的理论尚不能为我们提供全面正确的图景。

预期具有时间结构的特点,不同时间区间上的预期有很大变化。短期预期和长期预期各有侧重。期限越长,局势所包含的不确定性因素就越多,就越具有开放性。与预期相对应的时间结构,称为估值时域。每个预期都是在对应的估值时域上产生的。

会计学的"收益"概念是指一种经济活动所带来的财富,并没有考虑为经济活动支付的成本,是一个单边概念。在会计学上,全面反映经济活动收支结果的概念是利润。如果将讨论的范围扩展到家庭领域,利润的概念就显得不太合适了。毕竟,家庭组织的中心任务已经不再是生产,经济活动已经降低为从属地位。为了能够将不同类型交易主体的经济活动涵盖在统一的概念之下,需要引入一个更为宽泛,同时指向明确的概念,这就是广义的"收益"概念。所谓广义的"收益"概念是指交易活动能够为主体带来的有利于生存和发展的结果。收益既可以是企业的利润,也可以是流动性结构的改善;可以是市场份额的扩大,也可以是资产结构的多样性增加;收益可以体现在当期,也可以体现在远期。

5.2.2 预期收益函数

经济学的科学性的重要体现之一,是用尽可能少的假设,解释尽可能多的现象。但是,经济学假设的合理性必须经得起实证的检验。在行为经济学兴起以前,经济理论假设的正确性只能通过间接印证的方法实现。然而,间接证明的效力十分有限,当经济学的结论与实际情况出现背离时,并不能确定问题到底出在哪个环节,于是就会陷入一场旷日持久的学术纷争之中。

行为经济学的实证实验大多是在实验室场景下模拟人类的决策过程,然后根据实验统计结果引申出结论。这与真实的现实场景存在一定差距,由于人类决策存在显著的场景依赖,当社会场景切换到实验室场景时,人们的决策行为必然会发生某种程度的扭曲,在此基础上引申的结论同样存在"失真"的风险。

以卡尼曼、奈奇和泰勒（Kahneman, Knetsch and Thaler 1990）关于咖啡杯定价的著名实验为例，这个实验在康奈尔大学学生中进行。将一群大学生随机地分为两组，其中一组每人分到一个咖啡杯，另一组没有，然后分别询问持有杯子和没有杯子的人关于杯子的合理价格应当是多少？持杯的价格中位数为 5.25 美元，无杯者的价格中位数为 2.25 美元，两者相差接近 2 倍。这个实验模拟了现实交易的场景，尽管交易要素已经具备，但参与实验的人更多的是扮演一种角色，而不具有真实的交易意愿。事实上，处于不同交易相位上的主体，对于标的价格自然会有不同的预期，这是交易定价的基本规律。双方在要价上的差异即使是排除了禀赋因素后依然存在。当然，我们并不怀疑禀赋效应存在的结论，只是以此说明行为实验本身存在信息扭曲的可能性。

交易经济学在构建决策模型时，充分考虑了上述情况，以期望效用为基础，借鉴行为经济学前景理论的部分思路，构造出预期收益函数。预期收益函数以交易主体的会计矩阵为度量框架，以交易策略可能带来的预期净收益以及相应局势的主观概率为权重，以交易策略的期望收益为函数取值。

假设 a_i 是交易系统的任意交易主体，在时间步 t 上会计矩阵为 A，净资产为 x；s 是交易主体 a_i 的交易策略集 S 上的任意策略，即 $s \in S$。在策略 s 的作用下，会计矩阵 A 转换成 $A(s)$。根据交易局势的变化，$A(s)$ 的估值有两种可能：分别是交易局势友好 g，实现最大净资产价值为 y_g；交易局势不友好 b，实现最差净资产价值为 y_b。交易局势 g、b 出现的先验概率分别为 p 和 q，且满足概率恒等式 $p+q=1$。在上述情况下，交易主体 a_i 对策略 s 评估的预期收益值 $E(s)$ 为：

$$E(s) = p(y_g - x) + q(y_b - x) \qquad (5.2.1)$$

对于交易主体 a_i，上述函数建立起了策略集 S 与实数间的单映射，即交易策略集 S 上的函数，我们称该函数为交易主体 a_i 的预期收益函数。

预期收益函数的构造符合人类决策的基本特点。人们在行动前总会分别评估最好的结果与最差的可能，并预测出两种情况出现的概率，以此计算出行动的大致结果，并在此基础上进行行动决策。预期收益函数同样由两项构成，第一项代表最好的结果，第二项代表最差的结果，由主观概率加权平均得到预期收益值。

与期望效用相比，预期收益函数有两个不同点：首先，预期收益函数中的概率权重和净资产值均是主观估测值，而期望效用函数中的概率和资产价值均为交易主体已知的客观取值；其次，预期收益函数以概率为权重的价值平均是建立在对原会计矩阵净资产的相对收益基础上，而期望效用则是对效用取值的绝对值求平均。

与前景理论相比，预期收益函数同样采用了价值参照点的构造。预期收益函数中的 x 与前景模型中的价值参照点 r 作用相当。不同的是，预期收益函数省略了权重函数和价值函数两个中间环节，直接用预期估值代替了权重函数和价值函数。这种构造基于两方面的考虑：一是两个函数只是为了描述交易主体的信息加工过程，属于交易主体的心理活动过程，最终输出的结果仍然体现为交易主体的主观判断；二是前景理论双层结构的函数形式增加了后期理论推演的复杂性，对理论推演的实质结果并不产生太大的影响。直接采用预期变量计算交易策略可能带来的期望收益变化，能够最大限度地简化理论的推演过程。

由于预期收益函数中的概率估值 p 和 q，以及收益估值 y_g、y_b 和 x，均是交易主体经过信息编辑后的结果，这种结构决定了预期收益函数能够容纳行为经济学的实证发现，包括价值参照点效用、风险偏好逆转及小概率高估现象等，从而能够在预期收益函数理论框架下解释所有行为经济学，说明期望效用不能很好解释的"奇异"现象。

交易主体对于收益预期的估值通常十分模糊，只是预判市场的大致走势，不可能给出清晰的价格演化路径，对市场需求的判断同样如此。预期收益函数也是一个粗糙取值的函数。上述对于预期收益函数的讨论，只能显示决策过程的逻辑结构。

预期收益函数的构造特点表明，净资产值变化的路径并不重要。无论净资产值经过怎样的演化路径，交易策略的收益值即使是在一段时期内存在下行的可能，只要在估值时域内的一些时段上实现对会计矩阵的优化，就能成为占有策略。在估值时域上，即使净资产值经过峰值后可能下跌，也不会影响决策者的选择。交易主体有办法在净资产值曲线达到最高点时通过交易手段实现价值"锁定"。

预期收益函数作为交易主体的目标函数，带来了交易主体追求的多样化。一些交易主体可能追求有形资产的增值，而另一些交易主体，则将注意力放在声誉增加方面。这类主体更加注重社会影响，而对财富目标相对淡化。更为普遍的情况是，家庭把对子女的教育放置在十分重要的位置上，通过提高子女的受教育水平，提升家庭的人力资本存量。由此可见，预期收益函数能够涵盖广泛的交易行为。

在面对流动性困难时，交易主体需要通过交易改善资产流动性。在这种情况下，预期收益函数的表现是原有会计矩阵 A 在接下来的估值时域上的净资产

x 会出现急剧收缩，改善资产流动性的交易策略 s 并不一定能够带来最佳的 y_g 和 y_b，但与不断萎缩的价值参照点 x 相比，仍然会产生较大的预期收益。这表明预期收益函数能够涵盖不同交易动机下的决策过程。

资产多样化交易动机同样可以在预期收益函数中得到反映。交易主体在资产多样化动机下实施交易时，会系统性高估资产负债表中缺少的资产价值，形成明显的交易效用。在这种情况下，即使新资产与原有资产具有等量的市场价值，但在会计矩阵的预期估值中，y_g 和 y_b 的估值也会高于原会计矩阵价值 x，实现预期收益函数 $E(s) > 0$ 的结果。

5.2.3 效用公理证明

从理论上讲，任何满足冯·诺依曼效用公理条件的度量体系都可以作为效用的度量指标。换言之，根据满足效用公理的度量体系所建立的理论，与基于心理效用概念建立的主流理论在逻辑上具有同构性质。

我们将证明，根据交易策略预期收益函数取值在交易主体 a_i 的交易策略集 S 上建立的偏好秩序满足效用公理条件。假设 s_1、s_2 是交易策略集 S 上的任意两个策略，s_1、s_2 既可以是两个纯策略，也可以是混合策略；对应的预期收益函数值分别为 $E(s_1)$ 和 $E(s_2)$。我们根据预期收益函数在交易策略集 S 上建立偏好秩序的规则是，当且仅当 $E(s_1) > E(s_2)$ 时，交易策略 s_1 对于策略 s_2 占优，记为 $s_1 \succ s_2$；当且仅当 $E(s_1) = E(s_2)$ 时，交易策略 s_1 的偏好顺序与 s_2 相当或无差异，记为 $s_1 \sim s_2$。在此约定的基础上，我们将证明，预期效用函数完全满足效用公理的三组条件。

首先证明满足有序公理的两个条件，即完备性条件和传递性条件。

（1）完备性条件证明：假设 s_1、s_2、s_3 是交易系统中任意交易主体 a_i 策略集 S 上的任意三个策略，有 $s_1 \in S$、$s_2 \in S$、$s_3 \in S$；根据预期收益函数的定义，三个策略可以通过预期收益函数得到相应实数赋值，分别是 $E(s_1)$、$E(s_2)$、$E(s_3)$。根据实数的性质，对于 S 中的任意两个策略 s_1、s_2，预期收益函数的取值只能在下列三种关系中出现一次，不可能同时出现在两个关系上：

$$E(s_1) > E(s_2) \quad (5.2.2)$$

$$E(s_1) < E(s_2) \quad (5.2.3)$$

$$E(s_1) = E(s_2) \quad (5.2.4)$$

当关系（5.2.2）出现时，我们可以在交易策略 s_1 和 s_2 之间定义偏好顺

序为 $s_1 \succ s_2$；当关系（5.2.3）出现时，我们可以定义两个策略的偏好顺序为 $s_1 \prec s_2$；当关系（5.2.4）出现时，我们可以定义两个策略的偏好关系为无差异，即 $s_1 \sim s_2$。

由于 s_1 和 s_2 是交易策略集 S 上的任意两个交易策略，上述论证表明，对于交易系统的任意主体 a_i，均可以通过预期收益函数在其交易策略集上建立起完备的偏好秩序。由此证明预期收益函数满足效用公理的偏好完备性条件。

（2）传递性证明：假设交易策略 s_1、s_2、s_3 有如下偏好关系，$s_1 \succ s_2$，$s_2 \succ s_3$，根据预期收益函数的定义，可以推断三个交易策略的预期收益函数值的关系如下：

$$E(s_1) > E(s_2) \text{、} E(s_2) > E(s_3) \tag{5.2.5}$$

根据实数满足传递关系的性质，我们可以得到：

$$E(s_1) > E(s_3) \tag{5.2.6}$$

根据交易策略偏好秩序约定规则，可以推断交易策略 s_1 与 s_3 的偏好关系满足：

$$s_1 \succ s_3 \tag{5.2.7}$$

∴ 预期收益函数定义的偏好秩序满足效用公理的传递性条件。

通过（1）和（2）的论证，我们可以得到结论：在交易策略集 S 上，根据预期收益函数建立的偏好秩序满足有序公理的全部条件。

（3）连续性公理证明：假设交易策略 s_1、s_2、s_3 满足偏好关系 $s_1 \succ s_2 \succ s_3$，根据预期函数定义偏好秩序的规则可知，三个策略的预期收益函数值有如下关系：

$$E(s_1) > E(s_2) > E(s_3) \tag{5.2.8}$$

由于实数系统满足连续性条件，我们能够找到一组小于 1 的正实数 p、q，且有 $p+q=1$，满足如下式：

$$pE(s_1) + qE(s_3) = E(s_2) \tag{5.2.9}$$

式（5.2.9）左侧是纯策略 s_1、s_2 在概率结构为 (p,q) 的混合策略的预期收益函数取值，因此，上式等价如下等式：

$$E(s_1, s_3; p, q) = E(s_2) \tag{5.2.10}$$

根据约定规则，混合策略 $(s_1, s_3; p, q)$ 与策略 s_2 具有无差异偏好关系，即：

$$(s_1, s_3; p, q) \sim s_2 \tag{5.2.11}$$

由此证明了预期收益函数定义的偏好秩序满足连续性公理条件。

（4）独立性公理证明：假设 s_1、s_2、s_3 是交易主体 a_i 策略集 S 上的三个任意策略，s_1、s_2 满足偏好关系 $s_1 \succ s_2$，(p,q) 是任意概率对，满足 $p+q=1$；由此可以生成两个混合策略 $(s_1, s_3; p, q)$ 和 $(s_2, s_3; p, q)$，两个混合策略对应的预期收益函数值分别为：

$$E(s_1,s_3;p,q) = pE(s_1) + qE(s_3) \quad (5.2.12)$$

$$E(s_2,s_3;p,q) = pE(s_2) + qE(s_3) \quad (5.2.13)$$

$$\because s_1 \succ s_2$$

$$\therefore E(s_1) > E(s_2) \quad (5.2.14)$$

$$\therefore E(s_1,s_3;p,q) > E(s_2,s_3;p,q) \quad (5.2.15)$$

$$\therefore (s_1,s_3;p,q) \succ (s_2,s_3;p,q) \quad (5.2.16)$$

由此证明，预期收益函数定义的偏好关系满足独立性公理。

根据对有序性公理、连续性公理和独立性公理的证明，我们可以得到结论：预期收益函数在交易主体策略集上建立的偏好秩序满足效用公理的全部条件，具备描述交易主体决策系统的属性，在此基础上建立的理论体系具有逻辑自洽性和完备性。

5.2.4 预期收益函数的逻辑基础

5.2.3节的论证包含了预期收益函数的基本逻辑假设，即交易主体具备在交易策略集为每个策略准确赋值的能力。事实上，这个假设前提对于拥有有限理性的交易主体是不完全具备的。有限理性概念是20世纪50年代由美国经济学家哈伯特·西蒙（Herbert Simon）首先引入经济学的，后来逐渐得到越来越多经济学家的认同。有限理性的核心要素有两个。首先是交易主体掌握信息的有限性，处于信息占有的不完备状态。由于信息收集需要支付各种成本，每个交易主体所掌握的信息都是不完备的。这就决定了交易主体的决策只能在不确定的背景下进行。其次是交易主体处理信息的能力是有限的。交易主体无论是利用信息的能力，还是甄别信息的能力都是有限的，因此，在交易主体的认知中夹杂着各种各样的认知错误。[14]

有限理性并不是要否定对交易行为的理性假设，而是强调交易决策是在不完备的有限信息前提下遵从理性规则做出的事实。换言之，有限理性假设是在理性假设前提下对交易主体行为的进一步约束，理性是有限理性的前提。交易行为理性假设处于经济理论的底层，是构建逻辑体系不可或缺的基础。在经济理论中，理性行为的标准包含两个方面。一方面是交易主体的偏好是完备的。当交易主体 a 在面对任意策略 s_i、s_j，必然有 $s_i \succ s_j$、$s_i \prec s_j$、$s_i \sim s_j$ 三者中的一种关系成立，即策略 s_i 优于策略 s_j，策略 s_i 劣于策略 s_j，策略 s_i 与策略 s_j 偏好度相等三者必选其一，不能出现两种关系同时成立的情况；二是交易主体的偏好具有传递性。对于三个任意交易策略 s_i、s_j 和 s_k，如果交易主体 a 对策略 s_i 的偏好优于策略 s_j，对策略 s_j 的偏好优于策略 s_k，则必有交易主体 a 对策略 s_i 的偏好优于策略 s_k。当满足上述两个条件时，我们称为交易主体 a 的行为是理性的。[15] 显然，有关理性的两个假设条件是非常基础性，也是构建有关交易理论的前提。尽管行为经济学已经发现，现实中人们的决策并非总是严格遵守偏好的传递性规则，常常会出现策略 s_i 的偏好优于策略 s_j、策略 s_j 的偏好优于策略 s_k，策略 s_i 的偏好却劣于策略 s_k 的情况。基于理论逻辑自洽性和理论简洁性微妙平衡的考虑，我们将特殊场景下出现的偏好反转认作特异现象，并将其排除在理论视野之外。

具有有限理性的交易主体，其策略集是有限集。交易主体不会实施自己不知道或不了解的交易策略，交易主体策略集之外的策略与交易主体决策无关。由此我们可以证明，预期收益函数的逻辑基础成立。

假设 s_i 是交易主体 a_i 交易策略集 S 上的任意交易策略，即 $s_i \in S$，这意味着交易主体 a_i 必然了解 s_i 可能带来的损益情况。

如果交易主体 a_i 无法对交易策略 s_i 的预期收益赋值，表明交易主体 a_i 对于交易策略的相关信息掌握不够充分，交易策略 s_i 属于交易主体 a_i 不了解的策略。

根据交易策略集所满足的条件推断，交易策略 s_i 不属于交易策略集中的策略，即 $s_i \notin S$。显然，结论与 $s_i \in S$ 的设定相矛盾。由此证明，交易主体 a_i 具备对交易策略集所有策略的赋值能力。

在现实中，尽管我们常常会面临决策困难的局面，但经过一番努力最终都会做出选择，这也印证了预期收益函数的逻辑基础在现实中的存在性。

预期收益函数中的权重概率 p、q 是交易主体主观编辑的结果，充分反映了交易主体在不同背景下对不确定性的偏好特点，具有更强的描述性特征。由预期收益函数构造的偏好顺序，不需要以偏好一致性条件为前提条件，因此也就不会出现阿莱悖论（Allais Paradox）的困局。

5.2.5 预期收益函数的制度基础

交易主体构建预期收益函数的过程离不开现实社会、经济环境，其中，产权制度和产权保护构成了预期收益函数最重要的制度基础。

5.2.5.1 产权制度

产权是交易的前置条件，交易推动产权制度深化。没有人愿意为天空的一缕阳光进行交易，原因是无法界定阳光的权利边界，也缺乏维护和持有该产权的有效手段。只有当阳光与具体的空间结构以及建筑物联系在一起时，涉及阳光的交易才会有可能进行。[16] 由此可见，产权制度是定义预期收益函数的重要制度基础，这也是科斯定理的核心要义。[17]

在制度经济学中，产权被划分为绝对产权和相对产权两种基本类型。所谓绝对产权是指行为人对某种价值资产拥有的权利，包括占用权、收益权和处置权。绝对产权拥有完全排他性，任何第三方在没有征得权益人许可的情况下使用、占有和处置，均属于侵权行为，将受到法律的惩罚。绝对产权的排他性没有特定所指，具有无所不包的绝对含义。这类产权直接建立在民法基础上，不需要附加任何与第三方签署的协议、合约等。相对产权则是建立在交易双方签署合约的基础上，这类产权虽然同样受到法律的保护，但具体的权利则是需要通过合约的形式给予规定。

在交易系统中，由于资产禀赋的多样性，对应的产权也有多种多样的形式，包括绝对产权、相对产权，私有产权、共有产权。在共有产权中，又有集体产权和国有产权之分。这些不同类型的产权形成了交易系统在特定时期的产权结构。与交易系统的产权结构相对应，产权内部不同的权益之间同样会生成一种结构关系，使用权、收益权和处置权三者在应用场景上呈现此消彼长的动态关系。交易系统的产权结构属于宏观结构范畴，而产权内部结构则属于微观结构范畴。两个层次上的产权结构共同构成了交易系统产权结构的完整信息。

交易系统的产权结构伴随着交易系统一同演化。人类社会从传统社会形态演化到现代社会形态，在产权结构上呈现出三个基本演化趋势：一是产权结构越来越复杂，产权之间的关联关系涉及范围越来越大；二是在完善的法律体制支撑下，借助越来越多样化的交易模式，从产权内部释放出越来越细分的相对产权，并在细分相对产权的基础上形成不同层次的权益。各类金融衍生品交易便是产权细分的结果，期货、期权、掉期等交易便是此类相对产权的典型案例；三是在各类产权形式中，相对产权的重要性越来越大，是交易系统产权结构复杂化的主要诱导力量。相对产权既是交易推动的结果，又是交易活动的诱因，与交易活动具有密切的伴生关系。随着交易活动的规模扩张和模式复杂化，相对产权在交易系统中的重要性上升是不可避免的。

产权制度不断深化是人类社会发展的重要体现，也是交易系统演进的结果。产权结构沿着由粗略到细致、由模糊到清晰、由简单到复杂的方向持续进化。产权制度的进化应当与交易系统进化相匹配，产权制度建设必须满足交易主体定义预期收益函数的需要，否则，产权制度缺失就会成为经济发展的障碍；但是，如果产权制度深化超前于交易系统演进的步伐，反而会增大交易成本，抑制交易活动，同样会阻碍经济发展。产权制度的深度决定了交易活动的范围，交易活动规定了产权结构的深度，预期收益函数界定了产权定义的边界。

不同类型的产权形式在交易系统运行中发挥不同的作用，它们相互协作、相互竞争，是交易系统有效配置资源不可或缺的基础。绝对产权是相对产权的基础，离开绝对产权，相对产权便失去了支撑。私有产权拥有清晰的权益边界，激励导向明确。由私有产权诱发的交易活动不会出现目标冲突的现象，能够激发交易主体的交易热情，最大限度地发挥交易主体的潜能，是交易系统高效运行的基石；各种形式的共有产权发挥着降低交易系统整体运行成本、增强交易系统韧性的重要作用，是交易系统产权结构中不可或缺的组成部分。以城市交通路网为例，如果采用私有产权形式，仅仅从交通路网的维护管理层面上看，可能比共有产权更为高效。由于交通路网的垄断性特征，私有产权追求收益最大化的属性必然会收取很高的通行费。拥有交通路网产权的公司自然会有稳定且丰厚的收益回报，具有很高的投资效率。但从整个城市运转的宏观层面上看，由于过高的交通成本，整个城市的所有交易活动效率将会因此而下降，城市的竞争力也会因此受损，并最终阻碍城市社会和经济的健康发展。显然，在城市交通路网的产权安排上，存在着微观效率与宏观效率的冲突，在这种情况下，公共产权就成了一种有效的制度安排。

每种产权制度都有各自的优势与缺陷。绝对产权具有坚实的价值基础，但存在难以充分开发、资源闲置浪费的风险；相对产权可以充分挖掘绝对产权的价值资源，但过度使用与绝对产权关系失衡可能导致泡沫化风险。效率是私有产权的优势，但两极分化都是其最难医治的顽疾；共有产权具有维护交易系统整体稳定性的优势，但由于共有产权肩负众多社会化功能，容易出现行为目标的内在冲突，效率低下是其难以根除的弊端。只有当多种不同类型的产权形成相互补充的平衡结构，每种产权形式的优势才能得到最大限度的发挥，各自的缺陷则由产权间的协调互补得以克服，最终实现交易系统的高效运行和健康发展。

不同产权制度之间虽然存在竞争，但不是相互替代的关系，更不是一种产权制度消灭另一种产权制度的关系，而是相互补充、互为前提的关系。由于共有产权的平衡作用，私有产权诱发两极分化的社会顽疾可以在很大程度上得以缓解；反过来，由于私有产权的存在，共有产权有了效率参照对象，也能够在一定程度上减少共有产权的效率损失。

产权的组织形式，尤其是相对产权的设计安排，对于交易主体的行为策略将会产生直接的影响。以土地租赁的相对产权交易为例，一个农民向地主租赁一块农田，如果双方契约仅是简单地约定租赁年限和土地租金，为追求收益最大化的租赁人，一定会在约定的租赁期限内，尽可能多地从土地上获取收益。由于土地所有权归属地主，对土地的任何长期投资所产生的土地增值均归地主所有，农民不会对土地进行任何获益周期超出租赁期限的长期投资，既不会进行能够长期使用的水利设施投资，也不会进行保持土地长期价值的土壤改良投资，最优的策略是在土地租赁期满时，耗尽农田的全部肥力。为了避免这样的结果出现，地主就要对租赁人使用土地的过程进行监督，就要支付维护自身产权的交易成本。很显然，从整个交易系统的角度来看，交易成本是一种资源浪费。譬如，租赁合约中包含农田的评估价值条款，规定租赁到期时，土地的评估价值超出市场均值的部分归属租赁人，低于市场评估均值的价值，由租赁人赔偿。租赁人将会是另一种行为策略，他会关心土地的长期价值，并选择经济、有效的办法提高土地的长期价值。新的产权设计借助了市场力量，成功地将交易的外部性内生化，有效地降低了交易成本。由此可见，借助市场来减少交易的外部性，是交易系统效能提升的重要途径。[18]

产权结构的合理性决定了交易系统的运行效率，也决定了经济体的增长业绩。1950年韩国的人均GDP不足斯里兰卡的82%；经过13年的努力，韩国的人均GDP已经接近斯里兰卡，达到斯里兰卡人均GDP的97%；又一个10年过后，来到1973年，韩国的人均GDP超过了斯里兰卡，为斯里兰卡人均GDP的1.86倍；1983年，韩国的人均GDP更是将斯里兰卡远远抛在后面，为后者的6倍之多。在短短的33年中，导致两个经济体在经济发展实力上强弱关系颠倒的根本原因，正是产权结构演化的不同走向。韩国经济由于产权结构优化的推动快速增长，而斯里兰卡经济则因为产权结构的恶化步履蹒跚。[19]

交易成本不仅影响预期收益函数的估值，更重要的是会影响预期收益函数的确定性。交易成本越高，预期收益函数的预期稳定性就越差，对交易主体交易意愿的抑制就越严重。现实中，越是落后的经济体，产权设置的过程越繁杂，尤其是相对产权的设置，不仅需要消耗交易主体大量财务成本，还要消耗交易主体大量时间成本。无论是绝对产权还是相对产权，有相当一部分需要通过政府部门授权得以确立。政府部门极其低下的工作效率和官僚作风，常常是交易成本高居不下的重要原因。

产权结构随着交易系统的演化趋于复杂和精细化，这是交易系统效率提升的基础。如果产权结构的协同演化遭到人为干扰，交易系统的发展就会受到阻滞，经济活力就会受到压制，经济就会丧失增长的动力，陷入停滞的泥沼。

5.2.5.2 产权保护

有效的产权体系为交易主体构建预期收益函数提供了制度上的保障，而充分的、全面的产权保护则为交易主体实现预期收益函数的收益提供了安全保障。

产权保护包含两个层面的含义：首先是对产权不受侵犯的保护，这是产权保护的基础含义；其次是产权完整性的保护，即产权在使用、处置过程中不受权益人之外的第三方干预。我们可以设想，如果交易主体努力实现的成果得不到有效的保护，轻易地被他人或组织没收、征用，交易主体会采取怎样的态度对待交易机会？交易主体对交易机会的热情将会荡然无存，交易主体的注意力将会转向如何保护已有的财富，而对如何更多地创造新财富不再有兴趣。在这方面，20世纪六七十年代的斯里兰卡政府为我们提供了很有说服力的案例。"斯里兰卡的失败或许很大程度上归咎于斯里兰卡政府公开宣称它的政策是为了消减私人产权，在1977年之前，斯里兰卡各届政府都在制定集中经济权利，广泛干涉市场，促使国家迈向完全计划经济的各种政策。私人财产受到威胁和没收，造成了一种对未来预期不确定的气氛。"[20]

尊重产权、保护产权的完整性同样重要。政府过多干预交易主体对产权的运用，实际上起到了稀释产权的负面作用，同样是对产权的侵犯。在现代社会中，虽然政府对包括各类知识产权在内的产权保护越来越重视，相关的法律法规日渐完善，对各种不法侵权行为的打击力度越来越大，但干预产权使用、对产权完整性侵犯的现象却十分普遍。地产限购、限售政策、房屋租金限价政策比比皆是，名目繁多的产权干预现象不仅出现在发展中国家，在发达国家同样司空见惯。这些政策大多是在宏观审慎管理名目下推出的，或许能够得到当时的预期效果，却从根本上削弱了交易系统有效配置资源的根基，对于经济的长期发展十分不利。"当所有者不被允许向租赁者收取房子的全部租金时，就会看到所有者行为方式的变化。房屋维护和可供公众租用的房子数量减少，所有者把房子租给亲戚和朋友，把房子用于商业或者其他不受控制的用途。租金控制的结果是产权仅仅部分地从所有者手中转移到了当前的房客群体，最后是出现拥挤的贫民区。"[21]

5.2.6 预期收益函数的优势

与新古典经济学标准的期望效用函数相比，预期收益函数有以下四个方面的优势。

第一，预期收益函数以会计核算为基础，与现代经济管理形成了逻辑上的对接，由此加强了经济学理论的现实基础。会计是经济行为的基本管理手段，经济理论的任务是揭示经济行为的内在逻辑，预期收益函数作为交易决策的依据，将会计核算与交易决策有效对接，是预期收益函数的重要优势。

第二，预期收益函数统一了消费者和厂商两类不同主体的决策机制，将交易主体统一到追求预期收益函数最大化的目标函数上，改变了新古典经济学消费理论和供给理论相对割裂的局面。

第三，预期收益函数在会计矩阵基础上对不同交易策略进行效果评估，用货币化计量单位度量不同策略的收益，结果十分直观，比较容易理解。

第四，预期收益函数是交易主体对于不同交易策略的主观赋值，包括交易策略的收益估值和发生概率的主观估值，有效地避开了理论与实证的冲突。与此同时，预期函数保留了期望效用函数简洁的形式，也为理论推演的简化提供了条件。

5.3 交易估值时域

价值是一种时空表现，预期收益函数的取值需要在特定的时间区间上实现。估值时域是与预期收益函数相匹配的时间概念。在主流经济理论中，时间的问题通常作为不言自明的设定。效用最大化并没有明确规定对应的时间，通常被默认为是即期最大化。

5.3.1 交易估值时域概念

交易估值时域是决策者用于判定考察交易策略预期收益的时间区间。[22] 新古典经济学者认为，企业和消费者是在即时时点对比不同交易策略收益的基础上进行决策的，并没有考虑交易策略的时间效应，是一种即期法则。事实上，现实中的决策者需要评估具有一定时长的收益，遵从预期法则。

企业在决策时，需要考虑交易的风险、收益和企业形象等三个方面的因素。尽管这些因素最终都会体现在企业的收益上，但需要经过较为缓慢的转化过程。跨国公司在安排生产时，并不会把全部生产资源投放到生产成本最低廉的地区或国家，而是将一部分设在成本较高的地方，从即期法则的标准来看显然是不合理的。只有在具有一定时间长度的估值时域上考察企业的决策行为，才能发现这种布局的合理性。跨国企业在多个国家布局生产基地，除了考虑生产成本因素之外，还要考虑风险控制因素。如果一个国家发生政治动乱、工人罢工或者自然灾害等意外事件，其他生产基地能够及时补上，不至于造成全部供应链中断；在成本较高的国家生产，有利于维护和提升产品形象。无论是出于风险管理的考虑，还是出于形象管理的需要，都是为了实现企业的长期收益。

在家庭决策中，对于金额较大，对家庭生活产生较大影响的交易，同样需要从长计议。以购买房产为例，家庭交易主体会评估未来一段时期的房屋价格走势和生活安排等众多因素。

综上分析，无论是企业主体还是家庭主体，对交易收益的评估均是建立在特定的时间区间上。估值时域正是交易主体决策时所选择的评估时间区间。估值时域的长短，对于预期收益函数产生十分重大的影响。估值时域的长度决定了主体的信息表达方式。以股票市场的投资者为例，对于同样的市场行情，长线投资者和短线投资者可能会有截然不同的看法。反映在预期收益函数上，就会有很大的差别，进而形成完全不同的交易策略。估值时域较短的投资者，主要考虑政策的短期效应。收缩银根在短期内会导致上市企业融资成本上升、收入减少，股票价格会有所下降，估值时域短期化的投资者就会决定减少股票持有。在估值时域较长的投资者看来，宏观调控有利于宏观经济保持健康运行，有助于企业运营环境的改善。据此判断，长线投资者会在短线投资者抛售股票时购进，由此形成市场出清的结局。估值时域的选择不仅在股票投资中对交易主体的决策产生重大影响，在几乎所有的交易活动中都发挥不容忽视的作用。

企业的情况也是一样。估值时域较短的企业，在这个企业运营中成本控制和利润目标抓得很紧。估值时域较长的企业，则会采用动态柔性战略，为在长期竞争中占据优势，可能采取在某个特定时期主动亏损策略。一些外资银行看到中国市场的潜力，会在中国设置分支机构，但在开设的前两年里，这些新机构需要大量的投入，并不赚钱。从短期来看，这并不是可取的策略；但在长期来看，无疑是具有战略眼光的决策。企业群体的情况十分复杂，每家企业面临的局面各不相同，决定了它们的交易估值时域必然有很大差别。

企业出现亏损仍然坚持运营，而不是停业或关闭，是由于企业家仍然存有扭转局势的预期。如果停业关门，企业的重置成本会非常高。现代经济是信用经济，企业被编织在复杂的债权债务网络中。企业一旦停工歇业，就会给债权人传递不利的信息，进而债权人上门讨债，此时企业通常难以通过融资还债，很可能以企业破产而告终。

但这并不意味着估值时域越长，决策者越能得到更为明智的决策。如果估值时域拉得过长，不确定性就迅速增加。决策者所需要的信息支持大幅增多，决策难度也会随着估值时域的拓展迅速增加。

影响交易主体估值时域长度的主要因素有三类。一是交易的风险或不确定性；不确定性越大，估值时域就越趋向短期化。在预期不稳定的情况下，交易主体会通过缩短估值时域的办法降低决策难度。相反，交易环境越稳定，不确定风险越小，交易主体就会选择越长的估值时域。二是交易标的物的生命周期，主要是指所交易的商品对交易主体可能产生影响的估值时域长度。一般来讲，交易标的物影响时间越长，交易的估值时域就越长。与购买汽车相比，买一件衣服对人们的影响时间要短得多，服装的估值时域也就比汽车的估值时域短得多。三是交易主体的预期寿命。随着年龄的增长，主体的估值时域也在随之缩短。年龄越小的交易主体，冒险精神越强，越倾向于选择较长的估值时域。

无论是企业还是家庭，估值时域的长度都是有限的。这是由于市场、技术、经济形势总是处于不断的变化中。在有限理性和信息不完备的情况下，交易主体对未来的预见长度也十分有限。

5.3.2　估值时域短期化现象

长短不一的交易主体估值时域形成市场特定的时间结构，对市场运行产生重大影响。一般来讲，时间结构向远端移动的市场趋向稳定，相应的流动性也会变弱。房地产市场的时间结构与股票市场相比长很多，因此，房地产市场的价格与股市相比也要稳定许多，在流动性上与股票市场相比也有较大差距。

估值时域短期化现象是指在交易系统中大量交易主体缩短估值时域的现象。估值时域短期化的特征是交易者追求短期收益，甚至是一次收益。在商品市场上，企业会充分利用信息不对称优势，不惜损害自身形象和声誉，兜售假冒伪劣商品；在资本市场上，投机动机主导着市场，投资者不在乎企业的行业特征，也不在乎经营管理水平，甚至不在乎是否亏损盈利。只要有故事，就去炒作，赚到钱就跑。投资者的这种态度反过来又会纵容上市企业弄虚作假，投机取巧。市场上交易者之间缺乏信任，整个经济在信任危机下低效运行。

尽管估值时域短期化是低效的，但却是一种高稳定态。当市场中的多数交易者采用交易时域短期化策略，选择长期估值时域就会成为劣势策略。这是由于短期化策略主导市场后，市场机会能够持续的时间就会缩短。短期化策略是市场的一种纳什均衡。要打破这种局面，交易者必须假定其他交易者会采用长期化策略，否则就仍采用短期策略。这就形成一种自循环的局面，将市场策略的态势限制在原有位置上。

估值时域短期化不仅影响经济运行的效率，而且还会影响整个社会风尚和价值取向。在此影响下，浮躁重利、道德标准下降等现象成为日益突出的问题。估值时域短期化现象在市场发展初期却十分普遍，在经济起飞时期，非常容易陷入估值时域短期化的陷阱。

5.3.3 估值时域与时间偏好

时间偏好是奥地利学派引入经济学理论的重要概念，用于描述储蓄行为和投资行为的特征，表现为对延迟消费的厌恶。奥地利学派主要重要代表米塞斯指出："时间偏好是人的行为的一个绝对必要因素。我们不能想象一种行为不是近期的满足重于后来的满足。如果一个人不是把近期的满足看得比远期的更重要，他就永远不为满足欲望而消费。他永远是积累而不消费享受。今天他不消费，明天也不消费，因为到了明天，他又同样地做了之前的决策。"[23]

时间偏好概念在跨期选择理论中发挥着重要作用。在保罗·萨缪尔森1937年发表的《效用贴现模型》中，交易主体的时间偏好表现为对未来效用的贴现率。萨缪尔森跨期选择模型不仅是公共选择的标准范例，同时也是主流经济学对经济行为描述的模板。[24] 行为经济学研究发现，时间偏好存在显著的内在不一致性。随着时间延长，贴现率呈下降趋势，即双曲线贴现；收益的贴现率大于损失贴现率；小数目收益贴现率大于大数目收益贴现率等。[25] 尽管如此，时间偏好依然是描述交易行为特征十分有用的概念，在经济理论中的地位并没有因此而降低。

时间偏好与估值时域都是与时间有关的概念，两者有密切的联系。一般来讲，时间偏好强的交易主体，估值时域的选择也会呈现较短的特征；反过来，估值时域短期化明显的交易主体，通常也会有较强的时间偏好。

尽管两个概念存在一定联系，但两者之间的区别是显而易见的。首先是概念的侧重点不同。消费者时间偏好侧重于描述交易主体的整体特征。理论上讲，交易主体的时间偏好具有相对稳定性；而估值时域与交易策略相对应，随着交易策略选择的不同而变化。其次是两者表达形式不同。消费者时间偏好的表达是时间贴现率。时间偏好越强，贴现率越高，未来效用的估值折扣就越大；估值时域的表达是时间区间，时间长度是用来度量估值时域的指标。最后一点，也是最重要的一点，时间偏好反映了交易主体的主观愿望，而估值时域则反映交易主体的理性选择。

注释

1. [美]哈里·兰德雷斯，大卫·柯南德尔. 经济思想史[M]. 4版. 周文，译. 北京：人民邮电出版社，2014：236-237.
2. 同1

3. 同1
4. ［美］保罗·萨缪尔森，威廉·诺德豪斯.经济学［M］.第18版.萧琛，译.北京：人民邮电出版社，2008：73.
5. ［美］冯·诺依曼·摩根斯坦.博弈论与经济行为［M］.王建华，顾玮琳，译.北京：北京大学出版社，2018：16.
6. ［美］科林·F·凯莫勒，乔治·罗文斯坦，马修·拉宾.行为经济学新进展［M］.贺京同，宋紫峰，杨继东，等译.北京：中国人民大学出版社，2010：128.
7. 保罗·A.萨缪尔森.经济分析基础［M］.何耀，译.大连：东北财经大学出版社，2006：104.
8. 同6：130-134.
9. ［美］丹尼尔·豪斯曼.经济学的哲学［M］.丁建峰，译.上海：上海人民出版社，2007：31.
10. 同6：127.
11. 贺京同，那艺.行为经济学——选择、互动与宏观行为［M］.北京：中国人民大学出版社，2015：57-61.
12. 同6：176.
13. 彭聃龄，张必隐.认知心理学［M］.杭州：浙江教育出版社，2004：60-68.
14. 岳超源.决策理论与方法［M］.北京：科学出版社，2004：140-143.
15. ［美］丹尼尔·豪斯曼.经济学的哲学［M］.丁建峰，译.上海：上海人民出版社，2007：227.
16. 相邻建筑物之间的光照关系是不动产产权交易需要考虑的因素，在其他条件大致相同的条件下，光照充足的不动产产权会受到更多买家的欢迎；而光照受阻的不动产产权价值会因此受到损失。
17. 尽管科斯定理表述中并没有直接涉及产权制度与交易活动之间的关系，更没有涉及预期收益函数的内容，但从一个侧面表达了产权对交易活动的重要性。科斯定理认为，与产权制度的有效性相比，产权归属本身并不重要。有效的产权制度才是交易系统资源配置效率的根本。
18. ［美］埃里克·弗鲁博顿，［德］鲁道夫·芮切特.新制度经济学——一个交易费用分析范式［M］.姜建强，罗长远，译.上海：格致出版社，2015：63.
19. ［美］詹姆斯·A.道，［美］史迪夫·H.汉科，［英］阿兰·A.瓦尔斯特.发展经济学的革命［M］.黄祖辉，蒋文华，译.上海：格致出版社，2014：91.
20. 同19：95.
21. 同19：95.
22. 预期包含两层含义，一层意思是指对事物发展变化的预判或预测，在英文中，所对应的单词是**forecasting**；另一层意思则是指主体对于事物发展变化结果的期待与设想，对应英文单词是**expectation**。按照主观和客观属性划分，预期在第一层意思中所包含的是主体对客观规律、变化趋势的认知，具有更多客观的成分；在第二层意思上，主要涉及人们基于对事物发展认知所产生的愿望，包含更多主观的成分。在人类行为逻辑上，预判产生期望，期望决定行为。预期必须在认知能力的支配下形成。由于人们的认知能力存在差异以及信息占有的质量和完备性不同，人们所形成的预期无论是在清晰程度上，还是精确程度上都会有很大差异。总的来讲，由于人类语言存在模糊性和粗糙性特点，这两个特点系统地影响着人们的交易决策行为，导致人们的交易行为带有很大的不确定与个体差异。为了克服预期上的模糊性和粗糙性，人们会借助信念的支持。这就使很多时候的交易决策行为带有或多或少的赌博性质。基于预期的特点，交易预期收益函数通常很难表述成为确定的函数。

从过程来看，预期形成需要经过大约五个阶段，第一个阶段是最初看法形成阶段。这是朦胧、模糊、边缘粗糙的判断。在这个阶段，预期还没有定型，具有很大的可变性；第二个阶段是预期初步加固阶段。需要进一步的信息和证据对朦胧的预期进行加固，这个过程大多是在潜意识下完成的；第三个阶段是预期印证阶段。在这个阶段，预期开始由朦胧变得比较清晰。这个过程已经进入到意识层面；第四个阶段是预期相互作用阶段。每一个人都生活在一张巨大的社会网络上，通过社会网络关系产生相互影响和相互作用。当一个人的预期清晰化后，就会试图影响周围的人，同时也会受到其他人的影响。通过相互影响、相互感染、相互质疑、相互求证、相互支持的过程，最终完成预期的形成；第五个阶段是预期确定阶段。经历了上述四个阶段后，人们已经形成了一个比较稳定的、清晰的预期。但是预期调整并没有终结，如果出现任何挑战已有预期的情况，人们仍然会调整自己的预期。不过，这就需要一个较长的过程。

23. ［奥］路德维希·冯·米塞斯.人的行为［M］.夏道平，译.上海：上海科学院出版社，2015：450.
24. 同6：193.
25. 同6：203.

第六章

预期收益最大化原理

预期收益最大化原理是交易经济学的基本原理,是交易主体决策遵守的基本法则,也是交易经济学逻辑推演和模型构建的依据。

6.1 交易动机三维度

交易动机是指引发交易主体行动的直接诱因,在逻辑结构上处于交易行为与交易主体终极目标的中间位置上,在交易动力学体系中发挥着承上启下的关联作用。

当我们在会计矩阵上建立起交易概念后,无论是家庭主体,还是企业,其交易动机便会立即清晰地呈现出来。归纳起来,交易主体存在以下三种类型的交易动机。

一是逐利动机。逐利动机的直接目的是通过交易增加资产收益。投资类交易、生产类交易通常是在这类动机下开展的交易活动。从交易的直接目的来看,止损交易同样可以归入逐利动机。止损交易是通过减少所持资产达到阻止财富流失的交易,包括卖掉正在下跌的股票和房产,低价抛售库存积压的产品,停止生产导致亏损的产品等。

二是资产多样化动机。交易主体通过增加资产多样性优化会计矩阵结构。资产多样化动机属于交易的原始动机,可以想象人类最初尝试交易活动的场景,他们的交易动机就是为了增加资产多样性。有羊的家庭希望得到牛,有牛的家庭希望得到羊。人类历史上的第一笔交易或许就是在此原始动机的驱使下进行的。

资产多样化动机可以呈现两种形态:一种是为了提高生活质量,获取更多效用。家庭主体各类消费活动通常是在多样化动机的驱使下进行的,目的是增加体验、提高生活质量;另一种形态是分散风险。通过增加资产类型,避免遭受严重的不确定性冲击。

三是流动性动机。交易主体通过改善会计矩阵的流动性以增强支付能力。流动性在现代经济活动中如此重要，以至于所有的企业和家庭都非常重视流动性管理，将大量交易资源投入流动性需求上。

三类动机在会计矩阵上分别对应着资产价值量、资产结构和资产流动性三个维度。家庭主体和企业主体之间的交易动机具有互动关系。与家庭资产多样化动机相呼应，企业会致力于产品创新，以满足消费者尝试新产品的需求。

6.2 预期收益最大化原理[1]

预期收益最大化是效用最大化原理和厂商利润最大化尽可能在交易经济学语境下的重新表述。会计矩阵净值随时间不断变化，决策者尽可能选择理想的交易策略和交易时机，以实现资产净值最大限度的增长。这是所有交易主体共同遵守的基本法则。我们将这一法则称为预期收益最大化原理[2]：交易者总是希望通过交易尽可能多地改善财务现状。除了作为近似处理的随机交易外，交易主体总是在交易时限允许的范围内，在估值时域上选择最佳时机和最优策略实施交易，以实现预期收益最大化。

预期收益最大化原理排除了随机性交易。所谓随机性交易是指交易额相对较小的交易，属于决策者对交易效果在会计矩阵优化方面可以忽略的交易。交易主体根据所拥有的资产规模决定随机交易上限。当交易额小于随机交易上限时，决策者对其交易效果不再给予关注，不再纳入正常的决策程序中。

预期收益最大化原理强调交易时限的作用。交易时限是交易主体必须面对的时间约束。与流动性约束、管制性约束一样，对于交易主体的策略选择形成限制。时限约束越强，交易主体策略选择的余地就越少。时点性交易几乎没有选择的余地。尽管如此，最大化原理仍然将所有的交易统一到最大化的模式上。最大化原理要求交易主体在交易时限的范围内做最大化选择，允许占优策略在某个时段上可以出现损失，只要能够在估值时域上最终实现收益最大化即可。从而赋予交易主体面对实际情况时灵活决策的空间。

从本质上讲，预期收益最大化原理只是效率法则的不同表述形式。用通俗的语言来讲，效率就是用尽可能少的支付达到尽可能多的收获。效率法则支配着宇宙万物的一切活动，无论微观世界还是宏观世界。这个法则在众多理论和学科中以不同的方式予以表述，进化选择论认为："在一个无序性渐增成为自然规律的体系中，复杂的有机体（包括人类，更广泛地说包括社会组织）只有依照能增大其生存和自我繁衍的概率方式行动才能持久地存在。因此，进化选择论提出，个体倾向于最大化某个度量其生存和繁衍的适应性或成功率变量的期望值。"[3]

应当指出的是，收益最大化并不能保证与幸福最大化原则相一致。这并非仅仅是由于两者在衡量单位和计算方法上的不同，更重要的是内在逻辑上的差异。在消费性交易活动中，对于幸福体验，人们倾向于尽可能多地、持久地体验，幸福的感觉重复次数越多越好；但对于痛苦的态度恰恰相反，无论痛苦大小，总是希望痛苦尽可能早点结束，最好一次了断。人们对待幸福和痛苦的结构性差异，在一定程度上扭曲了人们追求收益最大化的行为。以买私家车和乘坐出租车两种可以相互替代的选项为例，从会计学核算的角度看，在不降低舒适度和便利性的条件下，乘坐出租车要远比购买私家车更为经济。从预期收益最大化原理出发，乘坐出租车出行是占有策略。然而，现实中的人们还是将购买私家汽车作为出行安排的首选。

行为经济学的研究揭示了交易主体偏离预期收益最大化原理的成因。行为经济学发现，每项交易对应不同的心理账户，这些账户彼此分立，相互不能等价替代。之所以出现偏离预期收益最大化原理的非"理性"行为，是由于交易决策中存在支付隔离。当支付行为与每次消费行为形成时空隔离，就会在很大程度上免除人们支付的痛苦，进而在消费过程中获得更多快感。以自助餐为例，星级酒店的住宿费用中通常包含早晨的自助餐费，但由于早餐消费与住宿费支付形成时空隔离，将包含了早餐费用的全部费用对应在住宿账户名下，而早餐消费的心理账户却没有支付。于是，客人在消费早餐时会有一种不花钱白吃的愉悦感。尽管消费者也知道羊毛出在羊身上的道理，但仍然喜欢这样的支付安排。同样，买房子居住时，人们会将买房子支付的成本记在房产的心理账户上，形成资产与成本的对应关系，而居住消费的心理账户却没有为居住产生支付或者仅有少量支付，这与租房消费的感觉完全不同。

事实上，支付隔离仅仅是引起交易行为表面上偏离预期收益最大化原理的部分原因。人们为了追求交易效用而购买一些实际无用的商品也是常见现象。所谓"交易效用"或"交易者剩余"，是指实际交易价格与"预期价格"的差值。交易效用所驱使的交易是人们常说的"占便宜"行为，尽管人们都明白"占小便宜吃大亏"的道理，但在很多时候人们仍然难以抵御它的诱惑。[4]

预期收益最大化原理只能看作是交易活动遵循的近似法则。所幸的是，在交易系统的大量交易活动中，涉及心理账户分立引起交易行为对收益最大化原理偏离的现象仅占很小的比例，不会对交易系统整体运行规律产生颠覆性改变。

与新古典经济学的利润最大化原理相比，预期最大化是交易主体基于所掌握信息主观判断的结果，不代表客观交易结果。交易主体由于约束条件上的差异、信息占有情况的不同以及处理信息能力上的强弱，自然会出现占优策略选择上的不同。

预期收益最大化原理只是表达了交易主体希望能够得到最好结果的主观愿望，并非真正实现的结果。交易主体能否实现预先的愿望，存在众多不确定因素。现实中，交易结果常常背离预期，而大多的情况是结果不如预期设想的好。通过对交易结果的评价，决策者会不断修正和改进自己的决策参数，持续进行自我调整和自我优化。我们将具有上述特征的交易主体称为有限理性决策者，以区别于主流经济学的"经济人"。

事实上，有限理性的交易主体是不可能真正实现最大化收益或最大化效用的，经济学家对此早有觉察。经济学家梁小民在为塞勒《"错误"的行为》中文版的序言中写道："以我自己为例，效用最大化、边际分析法，我可以说讲得头头是道，但在实际消费中有几次想到这些原则？而且事后来看，我的许多消费肯定是边际效用为零，甚至为负。这些非理性在许多人身上都多次发生过。即使是那些创造这些理论的人，他们会完全按照理性的方式做选择吗？看起来经济学这个手电筒是用来照别人的，但最后谁也没有照到。"[5] 塞勒指出了同样的问题："当普通人碰到最优化问题时，往往无法解决它们，甚至离找到解决方案还差得远。即便是去一家中等规模的杂货店购物，在他们的预算范围内可购买的商品组合也是不计其数的。他们真的做出最佳选择了吗？当然，比起购物，我们还会遇到更难的问题，比如选择职业、贷款种类或者配偶。鉴于我们在这些领域观察到的失败率，很难说人们做出的所有选择都是最优的。"从事后结果来看，几乎没有人能够真正实现最优结果，但这并不是说人们愿意接受坏的结果。

由预期收益函数定义可知，三种动机下的交易均可以涵盖在预期收益最大化原理之下。很显然，逐利动机下的交易，必然以追求预期收益最大化为目标；而资产多样化动机和流动性动机的情况也不例外。无论哪种动机下的交易，都必须能够为交易主体的会计矩阵带来某些方面的改善。按照交易经济学对"收益"的定义，会计矩阵的改善最终必然体现在会计矩阵的净值上。因此，我们也把预期收益最大化原理简称为交易原理。

注释

1. 如果按照行为动机划分，人类的所有活动可以划分为两种基本类型：一类是以利益增进为目的的博弈行为；另一类是以保护自身利益不受侵害为目的的博弈行为。第一类行为具有进取特征，第二类行为则具有防御性质。前者可以称作进取博弈，后者可以称为防卫博弈。我们通常研究的博弈策略大都属于进取博弈范畴。对防卫博弈行为的研究主要集中在军事领域，著名的《孙子兵法》可以看作是防卫博弈研究的案例。

   由于博弈动机上的不同，两种博弈行为遵守完全不同的规律。进取博弈的目标函数是尽可能获得更多的收益，在这类博弈模式下，博弈双方依照预期收益最大原理选择、制定策略，以双赢结果为共同接受的博弈终局，实现博弈均衡。防卫博弈则是在自身利益受到威胁的情景下启动的行为模式。在这种模式下，行为目标函数不再是增加收益，而是最大限度地保护自己的既得利益。在策略选择上，与进取博弈的不同点是，防卫博弈的最优策略标准不再是增加收益的多少，而是如何以自身最小的代价造成对方尽可能大的伤害，从而瓦解对方斗志，消除或减少对自身利益的潜在威胁。由于这些特点，防卫博弈不存在双赢的均衡结局，而是会呈现博弈成本螺旋式上升的态势。博弈双方逐级升高博弈预算，加大出击的毁伤力度，直到出现某一方的筹码消耗完毕。当博弈的一方无法承受对方出击可能产生的代价，损失远远超出能够支付的博弈预算，参与一方不得不退出博弈。

   对于整个社会而言，进取博弈的结果是创造财富，实现双赢；而防卫博弈的结果则是消耗财富、浪费资源。人们总是希望所有的人际互动都在进取博弈模式下进行，尽可能不要出现防卫博弈行为。非常不幸，现实世界总是频繁发生防卫博弈。人们一旦感受到利益受到威胁，就会本能地启动防卫博弈模式。这就表明，真实场景下的交易系统是两种博弈模式混杂的结果，而不是预期收益最大化原理主导的单一行为模式。这意味着交易系统运行状态可能远比我们所构建的理论复杂得多，交易系统演化的不确定性也常常远超我们的想象。

   从人类社会和交易系统的进化历程观察，防卫博弈的发生概率呈现总体下降的态势。人们通过法治建设、规则制定、加强监管等手段有效地减少了防卫博弈发生的频率。即便如此，在人类社会的不同领域、不同层次上，给人类社会造成重大损失的防卫博弈——战争——时有发生。人类文明发展依然任重道远。

2. 预期收益最大化原理是对人类逐利行为的近似描述。在现实中，人们并非始终处于理性状态，对各种得失的衡量常常会受到情绪波动的干扰，其程度有时甚至是决定性的。在强烈情绪的作用下，人们甚至愿意选择对自己不利的策略，心甘情愿地接受损失。但有时候，人们受情绪影响又会高估某些事件带来的利益得失。

   我们把对于交易策略 s 经过情绪作用矫正的预期收益称为综合估值，用 E_v 表示；用 $finx(s)$ 表示交易主体由策略 s 引发的情绪强度指数，$finx(s)>0$ 代表策略 s 引发的情绪为正向的，包括愉悦、神圣感、渴望等；$finx(s)$ 取值越大，代表情绪强度越高；$finx(s)<0$ 代表策略 s 引发负面情绪，包括抵触、痛苦、失落、自责等；$finx(s)=0$ 代表交易策略 s 不会引起交易主体的情绪响应，决策过程没有受到明显情绪干扰。

   从情绪指数 $finx(s)$ 分布情况看，人们情绪始终围绕理性波动。由此引发的行为服从大数定律，理性行为作为大数定理的期望均值，是大量受情绪扰动行为的极限。对于交易策略 s，如果在交易主体理性状态下的预期收益估值为 $E(s)$，则综合估值与预期收益满足如下关系：

$$E_v(s) = (1 + finx(s))E(s)$$

上式表明，面对引发正向情绪响应的策略，人们倾向于高估其价值；相反，面对引发负面情绪响应的策略，人们倾向于低估其价值。上述关系能够解释面对相同事件时人们会做出相当悬殊的决策选择，能够解释人们在特定情势下的自我牺牲行为，也能够解释损人不利己的特异行为。由于决策过程常常会受到情绪的干扰，人类社会中各种复杂现象都是理性与情绪交织作用的结果。从本质上讲，预期收益最大化原理是基于预期收益函数取值大小对交易策略进行优劣排序的规则。预期收益函数值越大，对应策略的优劣排序就越靠前。预期收益函数取值最大的策略，位于优先排序的首位。增加了情绪扰动因素的综合收益估值，提供了不同于预期收益函数的优先排序，两种优劣排序的差异恰好反映了情绪对决策扰动的程度。两种排序差异越大，表明情绪对于交易主体决策的干扰越明显。在这种情况下，基于理性或有限理性构建的经济理论与现实状态的差距也就越大。

3. ［美］罗杰·B.迈克森.博弈论——矛盾冲突分析［M］.于寅，费剑平，译.北京：中国经济出版社，2001：2.
4. ［美］科林·F.凯莫勒，乔治·罗文斯坦，马修·拉宾.行为经济学新进展［M］.贺京同，宋紫峰，杨继东，等译.北京：中国人民大学出版社，2010.
5. ［美］理查德·塞勒."错误"的行为［M］.王晋，译.北京：中信出版社，2018.

第二部分
交易网络萌发与结构演化

该部分包含七章内容，涉及交易社区、交易网络生成、交易网络结构演化等论题。

交易主体在逐利动机的驱使下，在交易社区中自发寻找潜在交易伙伴，引导交易网络初始萌发。为了提升交易效率，交易主体不断探索新的交易策略，创造出越来越多的交易相位，推动交易系统向着金融化、信息化方向不断晋级。

交易网络结构是逐利动机在特定约束条件下诱导出的必然结果。伴随着交易系统演进，交易网络进化出日益复杂的组织结构，包括分层结构、相位结构和聚合结构等。与此同时，交易系统紧致度也在不断提升，动态特征和非线性特征日渐增强。

本论题涉及主流经济学的众多分支，包括市场组织理论、产业组织理论、垄断竞争理论和空间经济学等。交易经济学不仅提供了让人耳目一新的理论视角，还得到了比主流经济学更为丰富的结论。这些结果为我们展示了交易经济学强大的解释能力和理论统合能力。

第七章

交易社区

交易网络由社区演化而来。社区成员往来密切,十分自然地成为最初交易网络发育的胚胎。

7.1　交易社区概念

交易社区是指在空间上邻近、信息交流密切、交易联系相对稠密的、组织结构相对稳定的交易主体群落。交易社区是一种自组织群落,人们为了实现协作和交换的目的,彼此间建立起了密切的信息联系,集聚度显著高于外部水平。多样性和共同点是交易社区同时具有的两个特征。多样性满足了交易需求,共同点提供了协作基础。

在交易系统内部,交易社区的解体与重构无时无刻不在进行。城市的演化变迁以及外部环境的变化,都会导致原有交易社区的解体;只要条件允许,新的交易社区就会重新涌现,形成新的交易网络聚合。

交易社区不仅以生活样貌出现,如自然村落和城市社区等,还会以产业集群、工业园区等样貌呈现。大量同相位和相位高度关联的交易主体在某个地方迅速地集结到一起,形成内部交易网络致密的产业集群,是交易社区的典型形态。在产业集群内部,集聚度通常很高,甚至远高于普通交易社区的聚集度。工业园区是另一类常见的交易社区形态。每个工业园区通常会有一个主题,园区的交易主体通常具有相同的交易相位,尽管交易主体之间的交易不多,但他们会共享园区的基础设施及市场信息,从而形成较强的竞争优势。

交易社区是开放的,随时随地有新的交易主体迁入,也会有老的主体迁出。交易社区的开放性特点,既是交易社区扩张发展的条件,也是交易社区之间相互连通,形成交易网络的基础。

在交易社区中,邻居可能成为潜在的交易对象。交易社区越大,社区居民越容易在邻居中找到交易伙伴。随着交易社区同相位主体数量的增加，市场竞争也会变得更加激烈，社区的交易效率也会由此提升。

交易社区居民的交易并不局限于社区内部，社区居民的很多交易需要跨社区完成。尽管如此，交易社区依然是居民进行交易的重要依托。从交易社区中获得信息，形成自己对交易局势的判断；一些基础性、高频交易通常需要在社区内完成。

社区成员因迁徙而不断变化，居民间的关系也会相应调整。交易社区是一种生命形态，其演化经历胚胎孕育、成长发育、繁荣扩张、衰老退化等生命周期。

交易社区是交易系统的基本单元，是最小和最原始的交易系统。无论多么庞大的交易系统，均是由交易社区聚合而成。交易社区为我们提供了小号交易系统模板，将研究限制在单个社区范围，能够起到简化研究的作用。

7.2 交易社区容量

交易社区有大有小，我们用社区容量来衡量其规模。所谓社区容量是指交易社区中容纳交易主体的数量，若用 S 代表交易社区，交易社区容量用 $|S|$ 表示。如果该社区拥有 N 个交易主体，我们记为：

$$|S| = N \qquad (7.2.1)$$

社区容量大小取决于社区的信息传播效率和交通便利条件。信息技术越发达，交通越便利，社区成员之间接触的成本就越低，交易社区规模就越大。一般而言，社区容量的大小与社会发展阶段相适应。社会越进步，交易社区容量也就越大。

容量对交易社区特质产生重大影响。受群体数量的限制，低容量社区接受来自外部的信息量相对较低，对外部信息的反应也比较迟缓。僻远山区、边远小镇通常是低容量社区聚居地带，社区居民过着平静的生活，生活模式几乎亘古不变。大容量社区的情况恰恰相反，由于数量庞大的居民群体，每个交易主体都是一条信息通道，社区接受大量来自外部的信息，能够及时对外部环境的变化做出反应。

7.3 社区开放度

社区开放度是指交易社区与外部联系的强度，用跨区交易的居民在社区中所占比例来衡量。如果社区中跨社区交易的居民为 n，社区容量为 N，则社区开放度为：

$$Op = \frac{n}{N} \tag{7.3.1}$$

Op 表示社区开放度，取值在 0 与 1 之间。若 Op 取值为 0，则表示交易社区完全封闭；若开放度 Op 取值为 1，表示社区处于完全开放状态，所有社区居民均参与跨区交易。通常情况下，交易社区中只有部分成员会参与跨区交易，部分居民的交易在社区内部完成，交易社区的开放度介于 0 与 1 之间。

交易社区开放度伴随着社会发展处于不断提升的过程。追溯到人类社会早期，交易社区的开放度很低。传统社会中，地头相邻的几个村庄形成一个交易社区，与外面的世界联系很少，近乎交易孤岛。进入现代社会后，几乎每个社区都是高度开放的，即便是偏远的乡村，开放度也有很大提升。

尽管社区开放度提升是交易系统演化的基本趋势，但并非开放度越高对社会越好。当社区完全失去交易功能，将会衍生出众多社会问题，包括生活的便利性下降、城市交通拥堵、社会组织结构松弛等一系列问题。维持社区的基本交易功能，需要社区开放度维持在适当的水平上。

7.4 交易社区集聚度

交易社区集聚度是用于描述交易社区内部网络结构特征的指标，具体定义如下。我们首先定义社区 Ω 上任意居民 a_i 的集聚度。假设社区中有 k 个邻居与 a_i 有交易链接，在与 a_i 交易链接的 k 个居民中间，有 M 条交易链接，交易主体 a_i 的集聚度定义为：

$$\delta_i = \frac{2M}{k(k-1)} \tag{7.4.1}$$

在交易主体 a_i 集聚度 δ_i 的基础上，我们可以计算交易社区 Ω 的集聚度：

$$\delta = \frac{\sum_{i=1}^{N} \delta_i}{N} \tag{7.4.2}$$

交易社区 Ω 的集聚度 δ 为社区居民集聚度的平均值。集聚度高的社区，居民之间的交易联系比较紧密。高集聚度社区与周边相邻社区会形成清晰的分界线，是一种比较稳定的组织结构，传统社会的农村就是高集聚度社区的典型。

集聚度 δ 的取值在 0 与 1 之间。如果集聚度取值接近于 0，表示交易社区的交易链接集聚于少数主体，其他居民之间没有交易链接。这是一种极端情况，意味着社区结构不复存在，不再具有社区功能。交易社区不仅不能为居民提供信息分享和交流的环境，也无法构建起对居民行为的有效约束机制，只能算作一盘散沙的群体。

当社区集聚度取值接近于1时，表示交易社区成员之间具有十分紧密的交易关系，属于超级集聚社区。超级集聚社区居民具有较高的行为一致性。在信息不完备的条件下，超级集聚社区提供了居民间相互观察、相互学习的条件，社区居民行为容易形成一致。

行为一致性是把双刃剑。在社区成员还没有接受某项新思想或新技术时，超级集聚社区会成为阻止新思想和新技术进入的堡垒；一旦社区中少数居民开始接受，借助社区居民高度相互影响的机制，原来的堡垒就会迅速变成传播的温床，成为新思想或新技术的示范区。偏远农村地区是超级集聚社区的富集地带，社区几乎处于封闭状态，新思想和新技术很难渗透进去。高集聚度已经成为这些地区陷入长期贫困的重要原因。

社区是交易系统和社会系统共同的基石。如果社区缺少足够集聚性，就会让表面上强大的社会系统变得异常脆弱，即便微小的外部冲击，也会使其陷入惊慌与混乱的境地。过低的集聚度将使交易社区丧失自组织能力，社会系统难以获得应有的韧性。

7.5 交易社区稳定性

交易社区作为社会的一部分，在信息、商品和人员等方面始终保持着与外部的动态交流，交易主体的稳定性构成了交易社区的重要特征。

如果交易社区 Ω 在时间步 t 上的容量为 N，其中有 N' 个主体是由时间步 $t-1$ 继承而来。交易社区 Ω 稳定性指数定义如下：

$$S_t = \frac{N'}{N} \tag{7.5.1}$$

由式（7.5.1）可知，交易社区 Ω 的稳定指数 S_t 取值区间为 $[0,1]$。当 $S_t=0$ 时，表示交易社区 Ω 处于绝对不稳定状态，属于完全新生社区。当 $S_t=1$ 时，表示交易社区 Ω 处于高度稳定状态，属于完全成熟社区。一般情况下，交易社区 Ω 的稳定性处于两种极端情况之间，即 $0<S_t<1$，社区中有一部分是老居民，也有一部分属于新迁入居民。

交易社区的稳定性对于社区风尚的形成以及传统的保持产生重大影响。总体来讲，社区稳定指数越高，社区的习俗和传统保持得越好；相反，社区稳定指数越低，社区习俗变化也就越快。一些曾经被社区居民奉为经典的东西很容易在社区居民的重组过程中丢失，并形成新的社区风貌。

从社会系统演进过程来看，当社区处于快速发展时期，交易社区的稳定性普遍较低；当社会进入稳定发展时期，交易社区的稳定性随之上升。当然，对于动荡的社会，交易社区的稳定性将会遭到破坏，这是一种极端情况。

第八章

交易网络生成

交易网络是由大量交易主体,在逐利动机、资产多样化动机以及流动性动机的驱使下,自发组织生成的拓扑结构。对于交易网络发育、演化及其运行的研究,无疑会成为揭示人类社会经济活动规律的一把钥匙。

8.1 物物交换的网络生成机制

交易网络的结网过程是由交易主体追逐自身利益最大化的自组织过程,也是交易系统实现资源有效配置的过程。

8.1.1 交易网络的初级形态

设 $\{a_i\}$ 是交易社区 Ω 的居民集,$\{A_i\}$ 是对应的会计矩阵集合。$a_k \in \{a_i\}$ 是社区的任意主体,会计矩阵为 A_k。由于每个交易主体的会计矩阵在结构上不尽相同,通过交易,交易者可以获得自己希望得到的资产,实现彼此共赢的结局。为了实现交易的目的,主体会向邻居释放自己的交易信息,社区居民会根据所掌握的信息,选择最佳交易伙伴。若 a_k 选择 a_j 作为交易对象,原有的会计矩阵 A_k 将转化为 A_k^j,预期收益为 $E(A_k^j)$。

在物物交换的环境下,交易双方的相位完全对称。每个参与方既是买方、又是卖方,交易地位完全相同。a_k 是社区 Ω 上的任意交易主体,根据对社区邻居掌握的情况,用自己的商品与邻居 a_j 的商品依照某个比率进行交换。根据交易预期收益最大化原理,若交易主体 a_k、a_j 达成交易,必须满足如下两组条件:

$$E(A_k^j) > E(A_k^i) \qquad i \neq j,\ i \neq k,\ j \neq k \qquad (8.1.1)$$

$$E(A_j^k) > E(A_j^i) \qquad i \neq k,\ i \neq j,\ j \neq k \qquad (8.1.2)$$

在物物交换的条件下，双方交易条件碰巧达成的概率非常低。a_k愿意交换出去的商品刚好是a_j需要的，a_j愿意交换出去的商品又是a_k需要的。商品类型的匹配是交易成功的关键，虽然商品置换比率同样重要，但可以通过讨价还价达成协议。由于严苛的交易条件，在物物交换机制下，社区的交易活动相对较少，这一时期的交易网络比较稀疏，如图8.1.1所示：

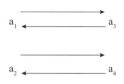

图8.1.1　交易网络初始形态

为了克服这种情况，人们在交易社区达成一个默契，即在固定时间和地点，愿意交换的人们集中到一起进行交易，以便提高交易效率，降低交易的搜寻成本。

8.1.2　交易网络形态进化

经过漫长岁月的经验积累，人们逐渐形成一些共识：哪些物品容易找到交易对象，哪些物品不易找到交易对象，从而形成交易资产的概念。a_i、a_j、a_k是在交易社区的三位居民，其中，a_j与a_k希望出让自己的物品，但彼此愿意交换的物品却无法匹配，a_j需要a_k的商品，但a_k则需要a_i的商品。在这种情况下，尽管a_i并没有交换的迫切愿望，但如果帮助a_k、a_j实现交易意愿能够为自己带来收益，a_i就会参与到此次交易中。a_i先与a_k进行交易，然后使用从a_k交换来的物品与a_j进行交易。经过两次交易后，a_j得到了a_k的物品，a_k得到了a_i的物品，双方均满足了自己的交易愿望，在交易系统层面上实现了一次资源优化配置。

在此过程中，尽管a_i从a_j处得到的物品并非自己所需要的，但由于a_j的物品是社区普遍接受的可交易资产，社区内会有其他人需要，只要满足下面的条件，a_i就会愿意帮助a_j与a_k实现他们的交换意愿，即：

$$E\left(A_i^k\right) > E\left(A_i\right) \tag{8.1.3}$$

$$E\left(A_i^j\right) > E\left(A_i^k\right) \tag{8.1.4}$$

按照条件（8.1.3）、（8.1.4）的要求，a_i与a_k进行交易后实现的会计矩阵得到优化，而a_i与a_j进行交易后，会计矩阵同样得到优化。上述交易形成的交易网络结构如下：

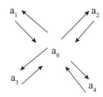

图 8.1.2 优化后的交换网络

在上述交换网络中，为了突出中间商的特殊位置，用 a_0 表示，以区别于其他交易主体。在上述交易中，中间商不是为得到具体某种商品，而是通过服务于其他主体实现自身的财富收益。交易系统一旦进化出中间商的角色，匹配效率就会显著提升，交易活动也随之活跃。由于交易仍然停留在物物交换的水平上，中间商所实现的财富存在很大的不确定性。假如中间商手中留下许多羊和牛，在遇到瘟疫或狼群袭击时，财富就会受到很大损失。可以想象，中间商在面对众多巨大的不确定风险时，作为交易桥梁的作用无疑会受到很大限制。

8.2 货币交换的网络生成机制

货币进入交易系统后，交易双方原有的对称性被打破。根据货币资金的流向，交易被分为正向交易和逆向交易。而逆向交易就比较复杂，交易主体支出货币获得希望的商品资产，在交易估值时，需要评估该项资产的性价比以及商品性能的合用性、商品特色匹配度等因素；正向交易的情况比较简单，由于货币的同质化特点，只要交易价格合意，交易者认为正向交易机会多多益善。由此可见，交易中逆向交易者比较慎重，交易条件相对苛刻；而正向交易者则有较强的进取性，处于积极一方。

假定 a_k 在交易中处于逆相位上，在追求收益最大化的动机下，交易主体 a_k 希望选择能够实现预期收益最大化的交易对象。假设社区邻居中 a_j 能够满足 a_k 的要求，即：

$$E\left(A_k^j\right) > E\left(A_k^i\right) \quad i \neq j \tag{8.2.1}$$

对比物物交换需要满足的条件可以发现，对于逆向交易者来讲，货币环境下的交易条件与物物交换环境没有根本的改变，要求优化会计矩阵的条件完全相同；变化发生在正向交易者 a_j 身上，对于正向交易主体，收益可以通过交易持续积累，实现收益最大化的目标不需要靠单次交易完成，而是通过连续不断地交易，最大限度地获得交易机会。在这样的逻辑下，与 a_k 的交易只需满足盈利条件即可，即：

$$E\left(A_j^k\right) > E\left(A_j\right) \tag{8.2.2}$$

归纳起来，在货币交换的条件下，社区 Ω 上只要任意两个交易主体 a_k 与 a_j 能够同时满足如下条件，交易就会发生：

$$E\left(A_k^j\right) \geqslant E\left(A_k^i\right), \quad i \neq j \tag{8.2.3}$$

$$E\left(A_j^k\right) > E\left(A_j\right), \quad j \neq k \tag{8.2.4}$$

对比物物交换条件（8.1.3）、（8.1.4）可以发现，货币交换下的条件（8.2.3）、（8.2.4）宽松了很多。正向交易者对交易伙伴几乎没有要求，只要交易价格在盈亏线以上即可。

优化会计矩阵的动机是交易主体的本能，而交易是实现会计矩阵优化的有效途径。随着时间的演进，货币交换条件无疑能够为社区居民创造越来越多的交易机会，交易网络由此变得越来越稠密。

从理论上讲，交易社区上任意两个居民之间都存在某种程度的匹配概率。社区规模越大，交易主体实现交易意愿的可能性就越高。现实中，城市和乡村提供了社区规模效应对比的典型案例。与城市社区相比，乡村社区的规模要小得多，社区内交易的频度和规模要比城市社区小很多。社区规模对匹配概率的影响决定了交易社区具有不断扩张的倾向。

8.3 交易系统效率增进

在物物交换机制下，实现交易的概率远远低于货币交换。尽管物物交换机制的缺陷可以通过引入中间商的角色得到部分克服，但对交易效率的改进作用仍然十分有限。我们从匹配概率的角度对比两种交换机制的差别，由此揭示交易系统效率增进机制。

8.3.1 物物交换的匹配效率

在物物交换机制下，交换双方能够实现匹配的效率直接与交易社区可交易的商品种类有关。商品种类越多，每次交易匹配成功的概率就越低。假设社区 Ω 上有 M 种可交易的商品类型，为了简单起见，我们假设同类商品完全同质；不同类型的商品具有相同的交易频度。以社区上 a_k、a_j 的交易匹配过程为例，a_k 希望交换出自己的商品 g_k，a_j 希望交换出自己的商品 g_j，只有在双方刚好需要对方的商品时，交易匹配才有可能获得成功。从概率的角度看，a_k 刚好需要 g_j 的概率为 $\frac{1}{M}$，a_j 刚好需要 g_k 的概率同样是 $\frac{1}{M}$，双方匹配成功的概率为 $\Pr = \frac{1}{M} \times \frac{1}{M} = \frac{1}{M^2}$。

匹配概率反映了交易系统的运作效率。物物交换机制的匹配概率随着可交易商品种类 M 的增加迅速下降。

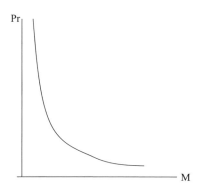

图 8.3.1 物物交换系统匹配效率曲线

物物交换是一种低效率的交易机制。随着需要可交易商品的增多，交易效率低下的问题就会变得更加突出，最终成为交易系统进化不可逾越的障碍。人类社会要发展，必须突破制约交易效率的瓶颈，引入货币交易机制。

8.3.2 货币交易机制的匹配效率

引入货币交换机制后，交易双方的匹配过程得到简化，双方地位对称关系的打破降低了交易评估的复杂性，交易系统的匹配效率得到大幅提升。

为了简化起见，假设在交易社区 Ω 上流通的货币是唯一的。假设交易主体 a_k 处于逆相位上，a_j 处于正相位上；交易社区 Ω 上有 M 种可交易商品，处于逆相位上的 a_k 需要 a_j 出售商品 g_j 的概率为 $\frac{1}{M}$；对于正相位上的 a_j，由于货币的唯一性，货币资产的接受概率是 1，由此得到 a_k、a_j 的匹配概率为 $\Pr = \frac{1}{M} \times 1 = \frac{1}{M}$。

在货币交易机制下，交易系统的匹配概率曲线如下：

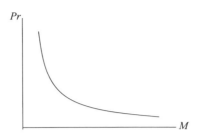

图 8.3.2 货币交换系统匹配效率曲线

与物物交易机制相比,货币交易的匹配效率同样存在随商品种类增多而下降的趋势,但下降速度要缓慢得多,两种交易机制的匹配效率相差 M 倍。交易系统的交易基越大,货币交换的效率优势就越明显。

事实上,引入货币机制不仅让交易系统匹配效率大幅提升,也从根本上改变了交易系统的价值取向。在物物交换机制下,交易的目的在于满足交易主体的某种生活需要,价值取向在于获取商品的使用价值或效用;在货币交易机制下,价值被货币抽象化了,低廉的持有成本为交易动机由获取效用转向财富积累创造了条件。货币最终成为财富的象征。交易系统价值取向的改变无疑对人类社会进化产生极为深远的影响。

8.3.3 匹配效率增进

交易系统的匹配效率是影响和制约交易活动的重要因素。伴随着人类社会的发展,人们不断创新,引入新的交易机制,改善交易环境,使交易匹配效率得以持续不断地提升。

引入货币之后,尽管交易系统的匹配效率有了大幅提升,但货币交易机制的匹配效率依然只有 $\frac{1}{M}$。在很多时候,偏低的匹配效率仍是交易成本居高不下的重要因素,在一定程度上抑制了交易系统的繁荣。为了进一步提升交易匹配效率,交易系统进化出现了中间商的角色。

假设 a_k、a_j 是交易社区 Ω 上的两个交易主体,其中 a_k 是一般消费者,a_j 是中间商;社区 Ω 有 M 种可交易商品,a_j 拥有其中的 m 种,a_k 与 a_j 实现交易匹配的概率为:

$$\Pr_{kj} = \frac{m}{M} \qquad (8.3.1)$$

很显然,引入中间商后,交易系统的匹配效率得到进一步提升。从匹配概率公式(8.3.1)可知,商业规模越大,为交易系统带来的效率增进效果就越明显,交易的搜寻成本就越低，在促进经济增长方面发挥的作用就越大。由此可见，商业组织的规模扩张以及市场集中度的提升是交易系统效率增进的必然要求。

受到资金占压成本以及交易社区规模的制约，任何一家商场都不可能提供所有商品，要进一步提升交易匹配效率，必须引入新的机制。通过借助互联网技术构建起的电子商务平台，为消费者提供收集信息的快速、便捷渠道，交易的搜寻成本降低到了几乎可以忽略不计的地步，交易系统效率获得前所未有的提升。

即便如此，我们仍然不能断言，交易系统匹配效率已经达到极限。有些时候，人们仍然需要花费很多时间在线下市场进行实地挑选、考察和体验。像买房子、买家具，即使是买一套衣服，线上交易仍然不能十分令人满意。任何涉及复杂品质参数商品的交易，对电商模式依然有不小的挑战。随着人工智能、元宇宙技术的引入，我们可以期待针对复杂商品的交易效率问题有可能会有更好的解决方案。

由于互联网电子商务平台在交易活动中扮演日益重要的角色，交易社区的开放度大幅提升，由此带来的社会效应将是广泛而深刻的。基于人与人相互依存的关系进一步增强，交易网络紧致化趋势更加明显，在交易系统效率增进的同时，社会系统的脆弱性一面也将暴露无遗，这是人类社会进化的矛盾性体现。

在交易系统的演化进程中，无论是否有交易媒介的参与，交易的本质属性始终没有改变。交易网络始终是交易主体的自组织过程。同相位交易主体相互竞争，一旦惨遭失败，就会被排除在交易序列之外。每个交易主体必须从满足自身愿望出发，以实现满足他人愿望为前提。只有在获得充裕的交易资源基础上，才能够实现积累财富。这正是亚当·斯密"无形之手"的运作机制，也是交易网络自组织的实现机制。

8.4　交易系统功能增进

交易系统功能增进是其演化的重要方面，主要体现在专业化分工、交易的金融化以及信息化等方面。交易系统通过功能增进实现效率提升和资源配置能力增强。

8.4.1　交易系统专业化

专业化分工使交易网络结构和网络链接日益复杂、稠密，讨论交易网络的生成需要讨论专业化分工过程。专业化分工是交易系统演进的必然结果，也是实现效率提升的必由之路。在物物交换机制下，引入中间商可能诱导低层次的专业化分工，但受到交易系统匹配效率的制约，专业化分工不可能深化。鉴于此，我们直接讨论货币化交换机制下的专业化分工现象。

在货币化交易系统中，财富积累只能通过正向交易实现，企业从家庭分离出来承担起正相位的主要角色，其基本功能就是为人们提供财富创造和财富积累的工具。在专业化分工的讨论中，我们主要集中于正向交易。假设 $a_i \in \Omega$ 是交易社区 Ω 的交易主体，$\{g_k\}$ 是交易社区 Ω 可交易商品集。在此，g_k 既表示可交易的商品，也代表一种交易策略。$E_i(g_k)$ 表示交易主体 a_i 在执行正向交易策略 g_k 时的预期收益。如果对于交易主体 a_i，交易策略 g_k 经过重复实施，获得的收益超过其他交易策略，即：

$$\frac{E_i(g_k)}{t \to \infty} > \frac{E_i(g_l)}{t \to \infty} \quad k \neq l \quad l = 1,2,3,\cdots \quad (8.4.1)$$

对于追求收益最大化的交易主体 a_i 必定选择并坚持 g_k 策略，持续重复交易策略 g_k，形成交易主体 a_i 生产或经营的专业。交易社区 Ω 上的所有交易主体 $\{a_i\}$ 都依照上述原则，进行长期、重复性交易活动，实现各自收益最大化的期望。在这个过程中，交易社区 Ω 形成了专业化分工的格局。

依照上述分工机制，我们考察交易社区分工演化的稳定均衡态。假设 a 和 b 是交易社区的任意两个居民，他们分别有两种策略可供选择，分别是参与分工合作 Y 和继续单干 N；假设社区上选择分工合作居民的占比为 p，选择单干居民的占比为 q，交易社区 Ω 分工博弈的收益矩阵如下：

表8.4.1 分工支付矩阵

		a	
		选择分工 Y	选择单干 N
b	选择分工 Y	$E(b,a)p$，$E(a,b)p$	$0, E(a)$
	选择单干 N	$E(a), 0$	$E(a), E(b)$

在分工支付矩阵表8.4.1中，$E(b,a)$ 表示交易主体 b 与交易主体 a 分工合作时的预期收益，$E(a,b)$ 表示交易主体 a 与交易主体 b 分工合作时的预期收益；$E(a)$ 表示交易主体 a 单干策略下的预期收益，$E(b)$ 代表交易主体 b 单干策略下的预期收益。显然，在这种支付结构下，当两个不等式 $E(a,b)p > E(a)$，$E(b,a)p > E(b)$ 同时成立时，分工合作策略 (Y,Y) 为分工博弈的纳什均衡解；只要有其中一个条件不能满足，单干策略 (N,N) 便成为上述博弈的纳什均衡解。

我们可以证明，两个解均是稳定演化的均衡解。首先我们来看专业分工策略作为交易社区的入侵策略时，单干策略 N 处于占优地位，此时，$E(a,b)p<E(a)$、$E(b,a)p<E(b)$ 中至少有一个不等式成立。假设 $E(a,b)p<E(a)$ 成立，在这种情况下，我们总能找到足够小的系数 δ，依然满足 $E(a,b)(p+\delta)<E(a)$，这就保证了单干策略 N 在社区继续处于占优地位。

同样道理，当分工策略 Y 已经占据交易社区 Ω 时，$E(a,b)p>E(a)$，$E(b,a)p>E(b)$ 均能成立，我们能够找到微小入侵量 δ，使得 $E(a,b)(p+\delta)>E(a)$、$E(b,a)(p+\delta)>E(b)$ 继续成立。

对于交易社区 Ω，Y 与 N 优势转换的阈值为 $p^*=\dfrac{E(a)}{E(a,b)}$。由于交易社区的初始状态是 N 占优，分工策略 Y 作为入侵策略要最终成为占优策略，就必须突破阈值 p^*，但入侵策略 Y 在交易社区 Ω 的地盘上不可能通过渐进式积累达到阈值门槛。在分工策略 Y 的占比较低时，分工策略 Y 不能为居民带来好的收益，也就不能成为社区居民的策略选项。这就陷入了鸡生蛋与蛋生鸡的逻辑循环困境。走出困境的唯一出路就是突变，即在短时间内居民迅速改变单干策略，接受分工策略。

事实上，交易社区恰恰具备酝酿突变的条件。由于长期比邻而居，在规模有限的交易社区中，居民之间信息共享，形成了完全信息的博弈环境。居民们了解彼此的技能专长，在这样的环境中，即使单干策略占优，专业分工策略仍然能够悄然积蓄力量。经过缓慢的技术积累，当一些居民的技术专长明显高出其他居民时，社区居民就会对各家技术专长形成共识聚点，就会有一些居民选择放弃单干，寻求与专长居民进行交易，专业化分工的阈值可能被迅速突破。

我们可以想象传统社区的生活场景，家家户户都会酿酒，在社区内部，邻里们知道各家酒的风味特色。技术是一个连续积累的过程，前期技术是后来技术积累的基础。经过长时间的技术积累，社区居民的酿酒技术逐渐拉开差距，直到最后越来越多的居民放弃自家酿酒，购买酿酒最好人家的酒。因为有利可图，酿酒技术最好的居民会将酿酒作为职业，专门为邻里酿酒。这个故事生动地说明，专业化分工需要社区提供特殊的土壤，稳定的邻里关系是专业化分工的前置条件。分工策略一旦在少数社区成为占优策略，便会通过社区间的传播迅速突破交易系统原有的占优交易模式，成为主导交易策略。

应当看到，交易社区分工策略占优的阈值 p^* 会随着支付矩阵结构的变化而改变，分工策略得到的支付越高，演化阈值 p^* 就越低；而分工策略的支付 $E(a,b)$ 与分工策略的效率优势成正比，优势越明显，$E(a,b)$ 值就越大。分工效率与分工者的技术优势关系密切，技术专长越突出，分工效率的优势就越明显。这种逻辑关系表明，随着单干策略占优的持续，居民们积累的技术专长越发突出，分工策略占优的阈值 p^* 就会呈现持续下降的态势。借助时间的力量，交易系统走向专业化分工是不可避免的演化结果。

交易主体的会计矩阵差异是交易活动的前提。交易社区最初的交易是在会计矩阵初始差异的基础上出现的。会计矩阵初始差异可能来自所生存的自然环境，也可能来自个人能力和兴趣。会计矩阵初始差异推动了社区最初的交易活动，交易进一步推动了专业化分工，专业化分工反过来又会扩大交易主体会计矩阵的差异，形成了持续强化的正反馈过程。铁匠和木匠的会计矩阵结构必定是泾渭分明，铁匠的主要资产集中在铁制品以及相关原材料上；木匠的资产配置集中在木制品及木料上。其他行业，如裁缝、医生、牧民、农民等，会计矩阵各有特色，专业化推动下的会计矩阵特色化加强了交易主体的相互依赖，为更高强度的分工合作提供了需求基础。交易与分工的正反馈机制如图8.4.1所示：

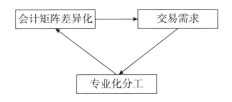

图 8.4.1　交易与分工的正反馈机制

经过专业化分工，交易社区的交易相位呈现多样化趋势。交易主体 $\{a_i\}$ $i=1,2\cdots N$ 分化出越来越多的相位，不同专业对应不同的相位，$\{a_i(g_k)\}$ 表示以商品 g_k 为专业的交易主体集合，代表着交易社区 Ω 相应的相位群体。由此在交易社区 Ω 的相位群体与交易基之间构成了对应关系，即：$\{a_i(g_k)\} \leftrightarrow \{g_k\}$，$k=1,2,\cdots,M$。

在交易系统分工演化的进程中，每位主体不仅要考虑自身的约束条件和禀赋优势，还要考虑交易社区其他主体的分工选择，避免出现某个相位过度拥挤、供求关系失衡、过度竞争的局面。交易主体专业化选择和专业技能培养的过程，始终遵循收益最大化原理，决定了交易系统专业分工进程具有自发调节特点，维持着交易的动态平衡格局。一旦某个行业的分工条件不再满足，交易主体 a_i 就会从原有的相位中退出来进入新的相位，交易社区 Ω 原有的分工格局平衡就会被改变，通过市场博弈寻找新的分工平衡格局。

8.4.2 交易系统分工递进

交易系统的专业化分工不是一次完成的，而是呈现逐层递进的演化模式。交易主体在逐利动机的驱使下，不断积累自身优势，以便在竞争中使自己的比较优势更加突出。

伴随着交易制度的完善，交易成本逐步下降。交易过程的不确定性得到改善，原本由单独一家企业完成的生产过程，可能会被拆解成若干环节，其直接后果是交易基的扩张。

假设社区 Ω 在原有 $\{a_i(g_k)\}$　$k=1,2,\cdots,M$ 分工的基础上，进一步递进分工，商品 g_k 的生产流程拆解出 m 个零部件或工艺环节：

$$g_k = \{g_k^l\} \quad l=1,2,\cdots,m \tag{8.4.2}$$

$a_i(g_k)$ 是 g_k 行业集 $\{a_i(g_k)\}$ 中的任意主体，当它专注于某个单一生产环节实现的收益大于自己全部完成所有生产流程的收益时，即：

$$E_i(g_k^l) > E_i(g_k) \tag{8.4.3}$$

如果在 $\{a_i(g_k)\}$ 中存在与 a_i 比较优势互补的主体 a_j，其收益结构满足如下条件：

$$E_j(g_k^{-l}) > E_j(g_k) \tag{8.4.4}$$

g_k^{-l} 代表在 g_k 的生产流程中除 g_k^l 之外的剩余流程。当行业集 $\{a_i(g_k)\}$ 中出现上述匹配关系时，分工递进便会发生。我们称上述匹配条件为分工递进条件。

当分工递进条件满足时，交易主体出于对收益最大化的追求，会自发地寻找具有匹配关系的交易伙伴，形成分工合作关系，推进分工的递进深化。交易主体 a_i 专注于 g_k^l 的生产，放弃 g_k^{-l} 的生产；a_j 放弃 g_k^l 的生产，专注于 g_k^{-l} 的生产，双方各自发挥比较优势，通过合作使 g_k^l 和 g_k^{-l} 的生产效率提升到更高水平，双方由此获得更大收益，拥有更强的竞争力。

东京街头的面馆很少自己生产面条，他们从专门生产面条的商家购买面条。面馆的位置很重要，通常选在繁华的街道上，租金很贵。从外面购买面条，既可以节省出不少店铺面积，还可以减少员工的使用。生产面条的厂家，可以在租金便宜的地方生产。面馆与面条供应商分工协作，有利于双方降低成本，向市场提供物美价廉的产品。

在分工递进条件中，隐含了两个前置条件：一是参与分工细化的每一方都在自己进一步细化的分工内有明显的比较优势，以此保证分工递进后能够实现效率提升；二是细分后的市场 $M(g_k^l)$　$l=1,2,3,\cdots$ 必须足够大，能够保证 g_k^l 的生产主体有足够大的收益空间。这些前置条件表明，分工递进是一个渐进的过程，需要技术储备和市场发育两方面的基础。这就解释了不同交易系统为什么会存在明显的分工强度差异，解释了城市与乡村市场在分工方面的鸿沟。

由于分工递进的条件制约，交易系统每次大规模的分工递进都需较长时间的积累。在分工递进周期里，交易主体在交易和生产的持续迭代中积累经验，形成各自的比较优势，积蓄力量迎接下一次分工递进。

用 g_k 表示初次分工的中间商品；g_k^i 表示第二次分工后的中间商品；$g_k^{i,j}$ 表示第三次分工后的中间商品；……；$g_k^{i,j\cdots l}$ 表示经过多次分工后的中间商品，这些处于不同层级上的中间商品存在隶属关系，即：

$$g_k = \{g_k^i\} \qquad i = 1, 2, 3, \cdots$$
$$g_k^i = \{g_k^{i,j}\} \qquad j = 1, 2, 3, \cdots$$
$$\cdots\cdots$$

（8.4.5）

在不同层级的细分市场上，市场容量逐级递减：

$$M(g_k) > M(g_k^i) > M(g_k^{i,j}) > \cdots > M(g_k^{i,j\cdots l}) \qquad (8.4.6)$$

在序列（8.4.6）中，$M(g_k^i)$ 表示交易标的 g_k^i 对应市场的需求量，即 g_k^i 的市场容量。由于细分市场容量递减的特点，任何市场分工递进的层级必然是有限的。每个产业的最终商品在交易系统中的相对价格以及组织生产所需的投资规模决定了分工递进的最大层级数。假设商品 g 对应的市场容量为 $M(g)$，维持独立生产的最低有效规模为 Q_0，则市场分工递进的最大层级必须满足如下条件，即：

$$M(g) > M(g^i) > M(g^{i,j}) > \cdots > M(g^{i,j\cdots l}) > Q_0 \qquad (8.4.7)$$

细分市场逐级收缩趋势是静态分析的结果。由于分工递进能够有效提升行业的生产效率，生产成本分工递进过程中持续下降，进而会促进价格下降，引致市场扩容：

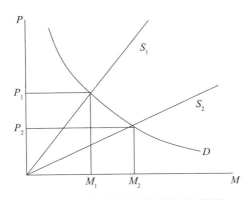

图 8.4.2　分工递进引起的供求关系变化

在图 8.4.2 上，D 代表市场需求曲线，S_1、S_2 分别代表分工递进前后的供给曲线。伴随分工递进，生产效率得到提升，生产者剩余和消费者剩余将同时增加，供给曲线由 S_1 下压至 S_2 的位置，在需求曲线 D 不变的条件下，市场容量从 M_1 扩张到 M_2，这就为进一步分工递进提供了条件。

市场容量是分工递进的关键约束，增进分工深度就必须突破市场容量的约束。在这方面有两种有效途径：第一条有效途径是增加交易社区的开放度，扩大交易主体的交易半径，更多跨社区、跨地区、跨境交易，突破原有社区规模限制。形形色色的市场壁垒，包括市场准入限制、贸易壁垒等均是交易网络上社区开放的障碍，如何打破市场壁垒，实现市场连通，是实现市场增容、推动分工递进的关键举措。全球化的内在逻辑正是源于交易系统对分工递进的极致追求，无论国际地缘关系如何演变，交易系统对效率的追求不会改变，全球一体化的趋势不会改变。根据上述分析，交易系统中分工递进的正反馈机制如下图显示：

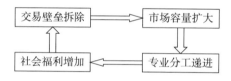

图 8.4.3　分工递进反馈环示意图

在图 8.4.3 所显示的反馈关系中，拆除交易壁垒最为艰难。拆除交易壁垒意味着对原有利益格局的冲击，势必会引起既得利益群体的阻挠，社会福利增加未必能够推动交易壁垒顺利拆除。当前，逆全球化思潮印证了这一点

突破市场容量约束的第二条有效途径是标准化。通过产品配件的标准化，打通不同行业、不同产品的交易通道，让更多行业和产品共享一部分供应链，使原本狭窄的上游市场得到拓展，以满足进一步分工递进的条件。其反馈关系如下图所示：

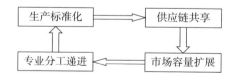

图 8.4.4　分工递进反馈环示意图

工业化以来，生产的标准化持续不断地推进，由此带来了分工递进的不断深入，交易网络复杂性也由此提升到前所未有的高度。

对比分工递进的两种途径不难发现，相比统一市场方案，标准化生产方案

的实现阻力要小一些。推进标准化生产过程不会明显触动既得利益群体的利益，交易系统中各类群体都会由此得到利益增进；在宏观层次上，交易系统的效率得到提升、利用资源的能力进一步增强，属于典型的帕累托改进过程。

8.4.3 政府的出现

每个交易主体都有付出最小、收益最大的动机，这就决定了交易网络必然选择效率优先的演化取向。每个人都想超越他人成为赢家，不愿意成为被他人掠夺的对象，交易动机的内在冲突始终伴随着人类社会演化的全过程。交易网络有效运行的前提是每个交易主体在真实的信息引导下、在自愿状态下进行独立决策，这就需要交易系统能够维持良好的交易秩序。秩序是人类社会最大的公共需求，政府正是在这种需求下应运而生，是交易系统由简单到复杂演进的必然结果。交易系统越复杂、交易越频繁、交易规模越大，交易秩序的重要性就越凸显。

政府作为一种组织形态，维持自身组织运行需要相当高的成本投入，只有当交易系统发育出足够大的规模后，政府用于维护交易秩序的成本才会变得物有所值。成本与收益的关系决定了社会对政府公共服务的需求总是伴随着交易系统演化升级相应增长，政府向公众提供的服务必须与交易系统进化的阶段相匹配，既不能过度，也不能不足。在人类早期，交易系统的规模十分有限，对秩序的公共需求十分有限，与之相匹配的政府功能非常简单。以今天的标准衡量，充其量只能算作是政府的萌芽状态。从人类社会总体发展趋势来看，交易系统无疑向着规模不断扩张、结构不断复杂的方向演进，与此相适应，政府的规模和职能也必将越来越庞大，越来越重要。

8.5 交易系统金融化

当货币进入交易系统，金融化便成为不可避免的进程，这是交易主体追求利益最大化的必然结果。交易系统金融化是指系统中金融资产在总资产中的比重持续上升的过程。金融化的作用在于释放交易意愿，增强交易系统配置资源的能力，实现交易效率的提升。在微观层面上，金融化发挥着增强交易主体的交易能力，最大限度地满足交易主体追求收益的功能。

根据预期收益最大化原理，我们可以推导出交易系统金融化涌现的条件，以此构造出交易系统金融化的微观机制。设 a_i、a_j 是交易社区 Ω 的两个交易主体，在时间步 t 上两位主体的交易策略集分别为 S_i 和 S_j。假设 a_i 执行交易集

S_i 的资金缺口为 ΔC，现有资金能够支撑的交易集为 $S_i' \subset S_i$，两个交易集的差集为 $\Delta S_i = S_i - S_i'$；与 a_i 的情况不同，a_j 在执行交易集 S_j 时存在资金剩余 ΔC；$E(S_i)$、$E(S_j)$、$E(\Delta S_i)$ 分别表示三个策略集对应的最大预期收益。

如果 a_i 通过向 a_j 以某种方式进行融资 ΔC，需要支付利息为 I，通过融资实施 ΔS_i 实现预期收益 $E(\Delta S_i)$ 的概率为 p^*。a_i 愿意融资的条件是：

$$E(\Delta S_i)p^* - I > 0 \tag{8.5.1}$$

对于融出资金的 a_j，需要考虑本金的安全性和收益率两个方面的问题。如果 a_i 履约概率为 p，违约概率为 q，a_j 愿意融出资金的条件是：

$$pI - q\Delta C > 0 \tag{8.5.2}$$

由此得到 a_i 和 a_j 关于融资交易的支付矩阵如下：

表 8.5.1 融资交易支付矩阵

		a_j	
		Y	N
a_i	Y	$E(S_i') + E(\Delta S_i)p^* - I$ $E(S_j) + pI - q\Delta C$	$E(S_i') + E(\Delta S_i)p^* - I$ $E(S_j)$
	N	$E(S_i')$ $E(S_j) + pI - q\Delta C$	$E(S_i')$ $E(S_j)$

在支付矩阵中，Y 表示融资策略，N 表示没有融资策略。支付矩阵显示，当 $E(\Delta S_i)p^* - I > 0$、$pI - q\Delta C > 0$ 同时成立时，(Y, Y) 是该博弈的唯一纳什均衡；而当 $E(\Delta S_i)p^* - I \leq 0$ 或 $pI - q\Delta C \leq 0$ 有一个条件成立时，(N, Y) 或 (Y, N) 为纳什均衡；当 $E(\Delta S_i)p^* - I \leq 0$ 与 $pI - q\Delta C \leq 0$ 同时成立时，该博弈的纳什均衡为 (N, N)。金融交易只有在策略组合 (Y, Y) 为纳什均衡时才会在交易系统中发生。由此得到交易系统出现金融交易的条件是 $E(\Delta S_i)p^* - I > 0$、$pI - q\Delta C > 0$，整理得到：

$$E(\Delta S_i)p^* > I \tag{8.5.3}$$

$$I > \frac{q}{p}\Delta C \tag{8.5.4}$$

将（8.5.3）与（8.5.4）合并：

$$E(\Delta S_i)p^* > I > \frac{q}{p}\Delta C \tag{8.5.5}$$

由（8.5.5）得到：

$$E(\Delta S_i) p^* > \frac{q}{p} \Delta C \qquad (8.5.6)$$

令 $r = \frac{E(\Delta S_i)}{\Delta C} - 1$，代表着交易 ΔS_i 的预期收益率，在会计核算上属于资金回报率指标，将其代回（8.5.6）得到：

$$(1+r) p^* - \frac{q}{p} > 0 \qquad (8.5.7)$$

整理（8.5.7）得到交易系统金融化条件：

$$(1+r) p^* > \frac{1-p}{p} \qquad (8.5.8)$$

（8.5.8）包含了交易系统金融化涌现的条件。由（8.5.8）可知，在预期收益最大化原理的作用下，交易系统必然会涌现出金融交易活动。

金融化条件（8.5.8）由两部分组成，不等式左边项代表了资金融入方的预期收益条件，不等式右边项代表了资金融出方的风险程度。金融化临界方程所表达的逻辑是交易环境的资金安全性越低，金融化涌现的条件要求就越高。收益和安全是金融化涌现的两个维度，只有在收益能够抵消风险可能造成的潜在损失时，金融活动才会出现。

金融化条件中的融资交易，既可以是债券融资，也可是借款融资，还可以是股权融资。对于股权融资，预期股息作为投资本金的回报，所投公司破产概率等同于本金损失概率，其他情况与债权融资完全相同。

金融化条件（8.5.8）表明，在货币化的交易系统中，金融交易呈现概率化特征，只要条件得到满足，金融交易就会发生。金融化条件（8.5.8）中有两个关键参数，分别是交易成功概率 p^* 和履约概率 p；p^* 反映的是交易环境的确定性，交易环境越稳定，确定性越高，交易成功的概率就越大；交易环境越不稳定，不确定性就会越高，交易成功的概率就越低。履约概率 p 既包含了 a_i 的行为特征，也反映了交易环境的信用水平。只有在稳定性和信用水平两个方面均达到一定标准后，交易系统才可能涌现金融活动，并逐步演化为金融产业。

在金融交易支付矩阵中，尽管 (N, Y) 和 (Y, N) 均为无实际意义的纳什均衡解，但在我们认识交易系统金融化演化进程方面却有很大的启示意义。它们代表着一种中间过渡阶段的情况，一旦两组条件 $E(\Delta S_i) p^* - I > 0$，$pI - q\Delta C \leq 0$ 或者 $E(\Delta S_i) p^* - I \leq 0$，$pI - q\Delta C > 0$ 任何一组条件得到满足，交易系统便进入金融化前期状态。通过交易双方的讨价还价，当交易意愿强烈一方愿意让利时，金融化条件 $E(\Delta S_i) p^* - I > 0$、$pI - q\Delta C > 0$ 便有望达成。以条件

组合 $E(\Delta S_i)p^* - I > 0$，$pI - q\Delta C \leq 0$ 为例，交易主体 a_i 是金融交易的主要收益方，具有较强的交易意愿，但交易必须找到伙伴后方能实施。如果 a_j 拥有剩余资金，作为交易意愿强烈一方的 a_i 就会找到 a_j 给出有吸引力的条件。譬如，a_i 愿意支付较高的利息 I，为了降低 a_j 对违约的担心，愿意用担保或抵押方式增加 a_j 对自己的信任。在此情况下，a_i 的履约概率 p 得到提升、违约概率 q 相应下降，从而使 a_j 的交易条件得到满足，即 $pI - q\Delta C > 0$。

如果交易系统出现 $E(\Delta S_i)p^* - I \leq 0$、$pI - q\Delta C > 0$ 的条件，表示 a_j 的交易条件满足，具有较强的交易意愿，而 a_i 的交易条件不满足。如果 a_j 通过向 a_i 让利，降低利息 I，直到 a_i 的交易条件满足 $E(\Delta S_i)p^* - I > 0$，融资交易将会达成。

根据交易条件的组合状况，我们可以将交易系统的金融化演进过程分为三个阶段：

第一个阶段为交易系统的非金融化时期。金融化两个条件均不满足，即 $E(\Delta S_i)p^* - I \leq 0$、$pI - q\Delta C \leq 0$，系统停留在（$N$, N）纳什均衡解上。在这个时期，即使交易系统已经进入货币化交易的阶段，货币仅仅是交易的辅助手段，自身并没有成为交易标的。这个时期可能呈现的特点是社会秩序不稳定，交易主体之间缺乏相互信任；市场规模较小、财富积累的规模较少。在人类社会发展历史中，这段时期对应着漫长的农业社会早期。

第二个阶段是交易系统的金融化前期。在这个时期，金融化条件已经部分满足，即 $E(\Delta S_i)p^* - I > 0$，$pI - q\Delta C \leq 0$ 或者 $E(\Delta S_i)p^* - I \leq 0$，$pI - q\Delta C > 0$ 成立。伴随着交易系统运行时间的积累，货币在交易系统持续沉淀，交易系统的会计空间开始分化，一些交易主体积累了较多的货币，交易系统的金融化条件逐渐趋向成熟。与非金融化时期相比，金融化前期持续时间比较短暂。我们已经论证，只要出现一方满足金融化条件，就会成为另一方满足金融化条件的助推力量。金融活动一旦涌现，在逐利动机的驱使下，交易主体必然相互模仿，金融交易策略将在交易系统中快速传播，最终演化成为交易系统的稳定策略。

交易系统的第三个演化阶段是金融化阶段。金融化条件全面满足，即 $E(\Delta S_i)p^* - I > 0$、$pI - q\Delta C > 0$ 同时得到满足。金融化进程一旦开启，交易网络配置资源的能力将大幅增强，交易系统的运行效率快速提升。这段时期对应着人类社会的工业化时代。

金融化条件，不仅能够阐明金融交易涌现的机制，同样也揭示了交易系统金融深化的条件。随着交易系统的演化，交易环境的稳定性不断改善，信用水平在日益完善的法治环境支持下持续提升，交易主体参与金融交易的普及程度和深度都将加强。当金融交易进入专业化分工的历史阶段后，金融机构为了实现收益最大化目标，必然会竭力推进交易系统金融加速深化。金融机构趋利动机会驱使其开发出更多的金融产品以满足客户对融资、规避风险、资金投资等需求；另外，由于各类金融产品供给的增加，金融产品价格下降，使得交易主体的金融化条件更容易得到满足，能够为交易主体提供更多的交易机会。交易主体能够借助各类金融产品的支持实现流动性约束的释放，获得更多收益，实现金融与交易的双赢格局。

8.6　交易系统信息化

交易主体为了实现最大限度的收益，希望尽可能多地捕捉交易收益机会。信息集扩张是实现收益最大化的重要途径，在此动机驱动下，交易系统运行对信息的需求不断增强，交易系统信息化不可避免。交易系统信息化，是指信息在交易系统中的重要性增强及与信息相关的交易在总交易量中的占比不断升高的过程。

假设 a_i 是交易社区 Ω 任意主体，拥有的信息集为 I_i，由信息集诱导出的交易策略集为 S_i；信息增强后，获得信息集为 I_i^*，诱导出的策略集为 S_i^*，其中，S_i 对应的最大预期收益为 $E(S_i)$，S_i^* 对应的最大预期收益为 $E(S_i^*)$。显然，如下关系成立：

$$I_i \subset I^*, \quad S_i \subset S_i^*, \quad E(S_i) < E(S_i^*) \tag{8.6.1}$$

基于交易预期收益最大化原理，a_i 为了实现预期收益最大化，会尽可能增强自己的信息集。由于信息成本的限制，a_i 是否增强信息集，关键要看信息成本与派生收益之间的关系。

假设 $I_i^* = I_i \cup \Delta I_i$，$\Delta I_i$ 表示信息增强的部分，$C(\Delta I_i)$ 表示为获取 ΔI_i 交易主体 a_i 需要支付的成本，包括时间成本和货币成本。根据交易预期收益最大化原理，驱使交易主体 a_i 信息增强的必要条件为：

$$E(S_i^*) - E(S_i) > C(\Delta I_i) \tag{8.6.2}$$

信息增强条件表明，只要信息能够带来收益，交易主体就会愿意为信息支付。这表明了交易系统中存在潜在的信息市场，只要市场机制存在，市场就会向两个方向演化：一是专业化分工。交易的重复迭代必然走向专业化分工，并沿着分工递进的路径持续深化；另一个是市场扩容。市场扩张与专业化分工之间相辅相成，相互推动；专业化分工不仅能够提高信息的供给质量，还会降低信息成本，刺激交易主体释放出更多的信息需求，推动信息市场快速扩容，引导交易系统信息化升级。

交易系统信息化会产生两个结果：一是增强交易的信息基础，提升交易网络资源配置的能力；二是交易系统内在联系将更为紧密，交易网络将在信息化的支持下变得更加紧致。伴随着交易系统信息化的推进，信息供给将会日益改善。在此基础上，交易行为不断优化，生产组织模式持续升级，社会管理模式不断改进。

8.7　交易相位增生

交易网络一经形成，在交易主体逐利动机的驱动下，伴随着交易网络链接稠密化，交易系统会涌现出越来越多的交易相位。交易相位自发增生的倾向将伴随交易系统演化的全过程。

8.7.1　交易相位

每个交易主体，根据它在交易网络上的链接特征，可以确定其在整个交易网络结构中的地位，我们称其为交易主体的交易相位。每一个交易主体都有属于自己的交易相位，就像生态系统中每个生命体都有自己的生态位一样。

同相位主体分享有限的交易资源，形成相互竞争的关系。交易网络上每个相位的拥挤程度不尽相同，有些交易相位竞争激烈，而有些相位的竞争强度相对较低。

交易相位概念可以推广运用于泛指主体在交易网络上的相对地位，也可以是特定社会中的相对地位。广义相位是一个意义广泛的概念，既可以是指产业分工地位，也可以是指特定商业模式下的地位、信息传递中的角色，甚至也可以是特定利益格局下的地位。

交易相位概念在网络分析中用途十分广泛，既可以分析市场竞争关系，也可以用来分析产业结构变化，还可以用于解决制度演进、利益博弈、技术进步等方面的问题。交易相位是相对概念，同一个交易主体在不同的交易活动中有不同的交易相位。

相位阶次和相位约束在交易活动中发挥重要作用，是交易相位的两个重要特征。相位阶次是对交易相位在交易价格议定过程的地位描述。具有议价优势的相位称为高阶相位，处于劣势地位的相位称为低阶相位。相位阶次越高，在交易中议价的优势就越明显。每个交易相位都有属于自己的阶次，由交易相位面对的供求关系决定。供求关系是动态演化的，在不同的场景、不同的时期，交易供求关系始终处于变化之中，交易相位的阶次将随之发生变化。尽管如此，交易系统中各交易相位的阶次仍然具有较高的稳定性。这是由于供求格局的形成取决于相位结构，而交易系统的相位结构则比较稳定。譬如农民占据的交易相位通常是低阶次的，虽然粮食和食品市场的供求关系具有高度动态性，与气候变化密切相关，还与病虫害的扩散情况密切相关，但是这些都没有改变农民相位低阶次的基本特征，关键在于农民作为粮食和食品的供给方，数量庞大，而作为需求方的粮食经销商，在数量上要远远少于供应方数量。每家农户对经销商的选择余地较少，而粮食经销商对农户的选择余地则很大，这必然会形成双方在议价地位上的落差。

传统产业通常会占据较低的交易相位，而现代服务业和技术密集型产业则会占据较高的交易相位。从全球范围来看，西方发达国家的主导产业通常占据全球价值链的高端相位，而发展中国家的产业基本分布在低端相位上。无论是在交易系统内，还是在全球范围内，交易相位的阶次分布直接影响着财富的分配格局。交易相位阶次越高，在财富分配过程中占据的优势就越大。这就是为什么农民无论多么辛苦劳作，都不可能赶得上银行家收入的原因。

相位约束是指交易相位上的所有交易主体所面临的共同约束。仍以农民相位为例，农民相位面临两方面的约束。首先是耕地资源约束。每家农户都受到拥有耕地资源的限制，所有生产活动必须建立在拥有耕地资源能够支撑的基础上；其次，所有农业生产活动，都会受到农作物生产季节和生长周期的约束。这就意味着农业生产在单位时间内的产出存在刚性上限。相比之下，工业相位的约束就要弱得多。理论上讲，工业制造企业的生产规模可以无限扩张，效率也可以通过技术优化持续提升。金融交易相位的情况更是如此，银行的资产规模可以从 100 亿元扩张到 1 000 亿元，只要满足资本充足率监管要求，扩张目标可以轻松实现。

在交易系统中，当出现低阶次交易相位与强相位约束相互叠加的情况，就会产生竞争力低下的特殊行业。农业正是属于这样的弱势相位，农民群体几乎在所有经济体中均属于弱势群体，需要得到政策的特殊保护。相反，金融行业拥有较高的相位阶次，而且相位约束相对较少。两方面的叠加效应决定了金融行业在交易系统的财富分配中占据几乎不可比拟的优势地位。正因为如此，政府需要对金融行业施加严格监管，并对其交易活动进行一定程度的限制。在避免金融对实体经济掠夺的同时，也避免发生系统性风险危机，保障交易系统安全。

由于交易相位阶次上的差异，交易主体总是希望通过自身的努力晋升到更高阶次的交易相位上，从而获得更大竞争优势。从交易系统演化的角度看，交易主体对高阶次交易相位的追逐，是交易系统实现效率提升、层级进化的重要途径。

8.7.2 交易相位增生

交易系统中包含相位的数量与交易系统分工演化有直接关系。总体来讲，交易系统进化阶次越高，交易系统的网络结构就越复杂，所承载的交易相位数量就越多，交易系统运行效率也就越高。

交易相位是交易系统的生态位，符合演化系统生态位分布原理，即系统具有自发产生新生态位倾向。交易系统通过市场竞争和协作，同样会自发地创造出越来越多的交易相位。随着交易系统的演化，交易相位会不断增殖。

交易网络不断演化，为交易主体提供了越来越多的相位选择。在农业经济形态下，交易相位十分简单，主要包括土地经营管理、农业生产、手工业制造、商业贸易等几个屈指可数的交易相位。进入工业经济形态以后，分工协作越来越细分，市场也变得越来越广阔，市场半径不断延展，交易相位快速增加。事实上，交易系统的演化发展过程必然伴随着交易相位的增加。交易系统的这一演化规律，我们称为交易系统的相位增生原理。

在交易系统内部，存在两种不同类型的分工形态。一种是企业内部岗位分工。亚当·斯密在《国富论》中开篇首先讨论的分工形式便是这种类型，他细致描述了生产针的企业内部分工情况。在一个简单的产品——针——的生产过程中，可以分为拉丝、拉直、切断、削尖、装枕头等五道工序。亚当·斯密认为分工能够提高生产效率。"分工使得相同数量的劳动者能够完成比不分工多得多的工作量，其原因有三：第一，劳动者的熟练程度因分工而提高；第二，工作之间因连接交换而损失的时间减少；第三，机械的发明为劳动提供了便利，简化了工作，劳动者的工作量随之极大提升。"[1] 在亚当·斯密看来，分工不仅是企业生产效率提高的原因，也是造成穷国与富国差别的重要成因。"分工使得各种产品能够成倍制造和激增。在井然有序的社会里，各劳动者除了满足自身所需之外，还有大量劳动产品可供出售，这种现象在各个阶层都普遍存在。由于劳动产品极大丰富，以至可以提供给最下层人民。于是，社会各阶层都普遍富裕起来。"[2]

除了内部分工之外，还有另外一种形态的分工，这种分工并不发生在劳动者之间，而是发生在不同企业之间。如果将第一种分工称为内部分工的话，后一种分工则应称为外部分工或社会分工。在《国富论》中，亚当·斯密也讨论了外部分工的情形，将外部分工与人们的交易行为紧密地联系起来。"由于我们所需帮助的绝大部分是通过契约、交换和买卖取得的，可见劳动分工最初产生于人类的这种交换倾向。"书中举例说明了两者之间的关系："例如，在狩猎或游牧部落中，擅造弓箭者常用弓箭与别人交换家畜或猎物，他发现与别人交换而得的东西比自己亲自捕猎的更多。因此，出于自身利益的考虑，他便将造弓箭作为自己的主要工作，于是成为一位武器制造者。此后，社会上出现了专门的房屋建筑者、铁匠或铜匠、制硝皮者或者制革者等，其原因与之相同。这样，每人都把自己劳动生产所得的剩余部分与他人交换自己所需；从而鼓励人们各自委身于一种特定职业，并磨炼和完善该职业所独具的天赋或才能。"[3]

两种不同类型的分工在经济系统中发挥着各自不同的作用。无论是内部分工，还是外部分工，都对提升经济系统的效率发挥积极作用，都会推动交易相位的增生。

在交易网络的进化过程中，不同社会或部族间的发展差异体现在交易网络的特征方面。交易网络的演化速度快慢最终决定了这个国家或者部族生死存亡，交易相位增生原理以极其残酷的方式通过网络兼并的途径在更加广泛的地域范围内得以实现。美国史学家贾雷德·戴蒙德（Jared Diamond）在他的《枪炮、病菌与钢铁——人类社会的命运》一书中提供了这样一个案例："在新西兰以东500英里处的查塔姆群岛上，莫里奥里人长达几个世纪的独立，于1835年在一片腥风血雨中宣告结束。那一年的11月19日，500名毛利人带着枪支、棍棒和斧头，乘坐一艘船到来了。接着在12月5日，又有一艘船运来400个毛利人。一群群毛利人走过莫里奥里人的一个个定居点，宣布说莫里奥里人现在是他们的奴隶，并杀死那些反抗的人。当时，如果莫里奥里人进行有组织的抵抗，是仍然可以打败毛利人的，因为毛利人在人数上以一比二处于劣势。……在随后的几天中，他们杀死了数以百计的莫里奥里人，把他们的尸体煮来吃，并把其余的所有人变成了奴隶，在其后的几年中又把其中大多数人随心所欲地杀死。"[4]

从故事的描述来看，最直接的原因是交易网络结构的差异化。一个900人组成的部队，能够长途跋涉去征服另一个数量翻倍的部族，依靠的是组织管理水平的优势，而其背后是相对发达的交易网络支撑。占据地理、人和之利的莫里奥里人，没有组织起来进行有效反抗，关键是交易网络的稀疏，不能在突然降临的外部入侵者面前组织起来。"毛利人和莫里奥里人的这次冲突使人们了解到一个可怕的事实，原来这两个群体是在不到1000年前从同一个老祖宗那里分化出来的。他们都是波利尼西亚人。现代毛利人是公元1000年左右移居新西兰的波利尼西亚农民的后代。在那以后不久，这些毛利人中又有一批人移居到查塔姆群岛，变成了莫里奥里人。在这两个群体分道扬镳后的几个世纪中，他们各自朝着相反的方向演化，北岛毛利人发展出比较复杂的技术和政府组织，而莫里奥里人发展出的技术和政治组织则比较简单。莫里奥里人恢复到以前的狩猎采集生活，而北岛毛利人则转向更集约的农业。"[5]

两个经济形态相比，农业在财富积累以及社会分工方面比狩猎采集表现出明显的优势，这样就能够发展出一套复杂的交易网络。对比两个部族的交易网络不难发现，毛利人的交易网络更稠密，更高效；而莫里奥里人的交易网络则比较稀疏，同时连接关系比较单一。

在考察整个波利尼西亚社会的演化发展中，贾雷德·戴蒙德发现了人口密度以及人口规模与交易网络的演化，尤其是交易相位的专业化现象之间的密切关系。由此揭示出，交易网络的发展伴随着交易相位增生的演化规律。"在人口密度低（如查塔姆群岛上以狩猎采集为生的人）、人口少（小环状珊瑚岛），或人口密度低同时人口也少的一些岛屿上，经济仍然是简单的。在这些社会中，每个家庭生产它们所需的东西，很少有或根本不存在经济的专业化。专业化在一些面积较大、人口密度较高的岛屿上发展起来，在萨摩亚群岛、社会群岛，尤其是汤加和夏威夷达到了顶峰。汤加群岛和夏威夷群岛扶持兼职的世袭专门手艺人，包括独木舟建造者、航海者、石匠、捕鸟人和给人文身者。"[6]

交易主体所实施的所有交易，都是在特定相位下完成的。交易网络上的主体都必须通过持续不断的交易活动实现生存与发展，这就决定了交易主体必须同时进入多个交易相位完成不同类型的交易。如果某个交易相位不能为他带来收益，交易主体就会选择退出该相位，以此保证交易主体进入的各个交易相位都能够为其带来收益。作为追求收益最大化的交易主体，有两个途径能够实现收益最大化目标：一种途径是尽可能多地实施交易，从交易中获得收益；另一种途径是进入尽可能多的交易相位，通过尽可能多的渠道获得收益。一般而言，对于已经检验过的能够带来收益的交易相位，作为收益最大化的追求者，交易主体是不会轻易退出的，而是尽可能增加交易，获得更多收益。

在为交易主体贡献收益的各个相位中，有些相位贡献大一些，另一些则贡献小一些。总体而言，由于信息在交易网络上的渗透过程需要时间，交易相位存在的时间越长，进入的交易主体就会越多，同相位主体的竞争就越激烈，相位阶次也就不可避免地逐渐下降。受到供求关系的制约，拥挤了众多交易主体的相位能够带来的收益比较少。相反，交易相位越新，进入的交易主体就越少，竞争的激烈程度就越低，相位阶次也就越高。在逐利动机驱使下，每一个交易主体都希望发现新的交易相位，希望通过新的交易相位实现更多收益。

我们可以使用简洁的数学语言概括上述分析：设 $a_i \in \Omega$ 是交易社区的任意交易主体，在时间步 t 上，进入 m_t 个不同交易相位上进行交易，实现的交易成果体现在会计矩阵 A_i 上，对应的净资产量为 $|A_i|$。交易相位总量 m_t 与会计矩阵 A_i 存在着因果对应关系，为了表示这种关系，将会计矩阵记为 $A_i(m_t)$。在时间步 $t+1$ 上，如果存在 m_{t+1} 个交易相位能够为 a_i 带来收益，满足如下关系：

$$m_{t+1} > m_t,\ |A_i(m_{t+1})| > |A_i(m_t)| \tag{8.7.1}$$

则 a_i 就会进入 m_{t+1}，在更多交易相位上展开交易。由此证明，交易主体具有尝试更多交易相位的动机。

对于企业主体，交易相位与产业发展和商业模式紧密联系。新技术支撑的新产业和新商业模式均会创造出新的交易相位，企业在创新和尝试新商业模式的同时必然会创造出新的交易相位。家庭主体是商业模式的响应者和参与者，通过参与到新的交易相位上，对新产业、新技术、新产品、新模式提供市场支持，使得新业态和新模式得到更好的发展并留存下来。

分析表明，在交易系统演化进程中，相位增生存在坚实的微观基础，逐利动机是交易主体持续创造新交易相位的原动力。在宏观层面上，相位增生提升了交易系统配置资源的效率。通过将更多交易主体容纳到交易系统中，实现更大规模的协同，提升交易系统利用资源和创造价值的能力。相位增生在微观层面上有基础，在宏观层面上存在正反馈，相位增生必然伴随于交易系统演化于始终。

8.7.3 交易相位重整

熊彼特在其著作《经济发展理论》中提出了具有鲜明个性特征的创新理论，阐述了技术创新是推动经济发展根本动力的观点。熊彼特认为，技术创新具有间歇性和突变性，对原有经济结构存在一定程度的冲击，并使用了"创新性毁灭"一词来描述这种冲击效应。

在现实中，我们能够真切地感受到"创新性毁灭"的巨大冲击力。电子商务是对传统商业模式的颠覆，无论在交易匹配效率的提升上，还是在降低交易成本方面，均具有传统商业不可比拟的优势。进入 21 世纪，电子商务在中国兴起，随后一路攻城略地，在极短的时间内已经占据主流商业的位置，而历经了几个世纪的传统商业模式只能退居二线，扮演电子商务的配角。以阿里巴巴旗下的天猫为例，2009 年"双十一"网上购物节的交易额仅为 5 000 万元；时隔 12 年，在 2021 年的"双十一"购物节上，交易额便突破 5 400 亿元，年平均增长率高达117%。电子商务高歌猛进的态势，表明传统商业模式面对电子商务的竞争多么不堪一击！2021年，在"新冠"疫情和电商平台的双重夹击下，我国有近1 000万家实体商店关闭，其中既有街边小店，也不乏大型商业实体。这便是"创新性毁灭"的生动案例。

伴随着技术创新的广泛应用，新商业模式对原有商业模式形成大规模替代。在此过程中，交易系统相位结构将进行重新构造，我们将此过程称为交易系统的相位重整。在相位重整过程中，交易系统中一部分相位将会消失，为新的交易相位腾出空间，交易系统的网络结构也将重新构造。由于新生交易相位具有更高效能，通常会以更少相位对旧相位进行替代，就会出现相位重整的收缩效应。仍以电子商务为例，由于电子商务具有很强的规模效应，竞争胜出的电子商务平台可以在很短的时间内成长为几乎无所不包的商业巨人，一家电子商务平台几乎要取代成千上万的、不同类型的实体商业。传统商业中分行业、批发＋零售的相位结构，被电子商务直链模式所取代。京东、淘宝、亚马逊等，均属于少数胜出的电子商务平台。

在交易系统演化进程中，由于技术创新引发的交易相位重整将会终止相位增生趋势，交易网络的相位数量不仅不再增生，在一段时期内还会出现萎缩。但是，交易相位重整对于交易相位增生趋势的扰动仅仅是暂时的。当交易网络冗余相位被删除后，原有相位上的交易主体将会在新的交易环境下寻找商机，要么通过相位迁移融入交易网络，要么通过创新交易模式找到新的交易相位。交易系统在消化了冗余相位之后，就会开启新一轮的相位增生过程。当然，交易系统吸收冗余相位的过程，是耗时费力的痛苦过程，通常会出现较大规模的失业和企业破产，是交易系统升级进化不可避免的环节。

注释

1. ［英］亚当·斯密.国富论［M］.1版.胡长明，译.北京：人民日报出版社，2009：6-7.
2. 同1：8.
3. 同1：10-11.
4. ［美］贾雷德·戴蒙德.枪炮、病菌与钢铁——人类社会的命运［M］.谢延光，译.上海：上海世纪出版集团，2006：25.
5. 同4：26.
6. 同4：37.

第九章

交易网络表达

交易网络是抽象网络，关系表达是交易网络的本质。为了能够准确地掌握交易网络的组织特征，我们需要引入反映交易网络特征的指标体系。

9.1 交易网络容量

交易网络容量是指交易网络上的节点个数，包括家庭和企业的总数量，也称为交易系统的容量，用 N 表示。

交易网络容量是交易系统的关键资源。交易网络容量越大，交易系统增长的潜力就越强。交易系统的潜能能否得到释放，交易环境非常关键。当交易成本很高时，交易主体的交易意愿受到抑制，交易网络容量就会成为悬浮变量，不仅不会对交易循环产生积极影响，反而会成为社会的累赘。通常情况下，只有在交易成本降低到可以接受的范围内，交易网络容量才会成为促进交易循环的推动因素，交易系统容量越大，潜在经济增长就越强劲。

在现有的国民经济统计中，企业主体数量和家庭主体数量均有统计，我们可以直接将两者加总得到交易网络容量指标。

9.2 节点度

假设 a_i 为交易系统的任意主体，其节点度定义为在交易网络上与其他交易主体交易链线的总数量。若交易主体 a_i 在时间步 t 上，包括正向交易链线和逆向交易链线共有 k_i 条，则交易主体 a_i 在时间步 t 上的节点度为 k_i。交易主体的节点度随着时间发生变化，但总体来看，节点度的波动通常会限制在一个相对稳定的区间上。一部分交易主体的节点度会始终处在较高水平上，而另一部分交易主体的节点度则可能处于较低层次上。

从本质上看，节点度反映了交易主体参与经济循环的强度。节点度越高，表明交易主体参与经济循环的程度越深，在交易网络的自组织过程中发挥的作用越大。随后我们将会看到，交易主体的节点度是确定其交易势的关键因素。

9.3 度分布函数

节点度是对单个节点连接特征的描述，将交易网络上所有节点的节点度放在一起，就会呈现节点度的分布特征，我们可以使用度分布函数对其进行描述，将其记作 $P(k)$。

度分布函数刻画了交易网络重要的全局性特征，交易网络的一些动态特性与度分布函数密切相关。根据度分布函数 $P(k)$ 的特征可以对交易网络进行分类，包括随机网络和无标度网络等。

交易网络的度分布非常不均匀，通常是少数主体拥有非常大的节点度，而大部分主体的节点度处于较低的平均水平上，这是无标度网络的典型特征。在市场上，度分布反映了市场的交易结构。度分布函数 $P(k)$ 比较平坦的市场，交易机会比较均衡；如果度分布函数 $P(k)$ 比较陡峭，表明市场存在垄断现象。垄断现象越严重，度分布函数 $P(k)$ 就会越陡峭。

对于既没有分层，也没有做市商的市场，节点度分布函数 $P(k)$ 通常会比较平均。一般情况下，做市商的节点度要远远高于一般市场参与者。有做市商的市场，通常会有较为陡峭的度分布函数。

9.4 交易网络密度

交易网络密度是反映交易系统进化程度的指标。对比城乡的交易网络就很能说明问题。城市社区基础设施完备、居住密集，为交易营造了理想的环境，分工细致、市场繁荣，交易网络稠密；而农村地区居住分散、交通不便利，交易成本较高，交易网络与城市相比要稀疏很多。经济越发达，交易网络就越稠密；经济越落后，交易网络越稀疏。

对于交易网络，如果最大理论链接边数是 Z，实际链接边数是 M，网络密度 ω 定义为：

$$\omega = \frac{M}{Z} \tag{9.4.1}$$

对容量为 N 的交易网络，交易链接的最大理论值为 $Z = \dfrac{N(N-1)}{2}$，由此我们可以得到交易网络密度值：

$$\omega = \dfrac{2M}{N(N-1)} \quad (9.4.2)$$

由（9.4.2）可知，网络密度 ω 的取值区间为 $[0,1]$，当 $\omega=0$ 时，表示节点之间没有联系，仅仅是一组孤立的点；当 $\omega=1$ 时，表示所有节点之间都有链接，为交易网络的最大链接。

网络密度 ω 从一个侧面反映了交易系统分工发达的程度，是交易系统演化的重要标志。从人类社会的发展趋势看，交易网络总是向着密度不断增加的方向演化。

对交易系统来讲，交易网络密度 ω 是一个动态变量，会呈现出季节和经济周期变化的特点。在宏观尺度上，交易网络密度 ω 具有相对稳定性。尽管我们在现行的国民经济统计体系中无法直接获得交易网络密度 ω 的统计数据，但我们可以从国民经济职业岗位统计中获得间接印证。理论上讲，交易网络密度 ω 与职业分工数量呈正相关，即职业分工数量越多，交易网络密度 ω 值就越大。根据这种关系，我们可以从职业分工数量及其变化大致推测出交易网络密度 ω 的变动趋势。

9.5 交易网络循环率

交易网络循环率是衡量交易网络循环中交易流量保持的程度，类似于电路的导电率指标。交易循环率既是反映交易网络短期变化的动态指标，又是表现交易网络特质、反映交易系统长期演化趋势的指标。

交易网络循环是通过数量众多交易主体相互作用实现的。在一段时间内，收入流与支出流是交易主体参与交易网络循环的流量指标，两个流量值之比反映了交易网络循环的特点。我们可以用一段时间内的支出流与收入流之比作为衡量交易主体参与交易网络循环的指标。假设在时间步 t 上，交易主体 a_i 的收入为 I_t，支出为 E_t，则循环率 ϑ_t 为：

$$\vartheta_t = \dfrac{E_t}{I_t} \quad (9.5.1)$$

在循环率的计算公式（9.5.1）中，收入项 I_t 是指主体的各种收益，包括劳动收益和投资收益以及融资的总和，支出项 E_t 中既包括收入支持的现金流、也包括负债支持的现金流，银行存款不作为主体的支出。在此定义下，循环率 ϑ_t 既可以小于 1，也可以大于 1，但总是大于 0。

由于支出与收入之间经常出现时间错位。考察时间越短，循环率就越不稳定。如果以天为单位，就会出现循环率 ϑ_i 为无穷大的情况，而另一些时间循环率 ϑ_i 降为 0；如果按月为单位计算，循环率 ϑ_i 就变得稳定很多。若以年为单位，循环率 ϑ_i 就会更加稳定。

一般来讲，若交易系统保持较高的循环率，有利于交易活跃、促进经济快速增长。如果交易循环率很低，交易网络上的交易流就会受到很大阻力，任何交易流的注入很快就会衰减殆尽，经济增长速度必然迟缓。

在交易系统上，用全部交易主体的平均循环率代表交易网络的循环率，即：

$$\theta = \sum_i \kappa_i \vartheta_i \tag{9.5.2}$$

在（9.5.2）中，权重 κ_i 表示交易主体资产在交易系统总资产中的占比。公式（9.5.2）表明，决定交易网络循环率的主要因素是高收入群体和资产有一定规模的企业主体，他们在交易系统中占据较高的资产权重，是决定交易网络循环率的主要力量。

就家庭主体而言，低收入阶层的循环率要高于高收入阶层，这是由于低收入阶层需要拿出收入中更高比例的部分用于各种支出。企业的循环率一般不会随着收入而变化，其循环率主要受交易系统宏观形势的影响。从中长期来看，家庭主体是交易网络循环率的决定力量。两极分化的分配格局是交易网络循环率受到抑制的关键因素，当交易系统两极分化超过一定程度后，经济循环将陷入停滞状态，经济将完全丧失增长的动力。

收入预期属于影响循环率的短期因素。当收入预期上升时，居民家庭的收入即使没有变化，支出行为可能先行调整，循环率随之提高。企业的情形也是如此，当收入预期（市场预期）上升时，企业的反应是加大生产力度或增加投资扩充生产能力，从而刺激循环率提高。对于交易系统，交易网络的循环率随收入预期改变而改变，改变方向与收入预期同方向。

在影响循环率的诸多因素中，金融市场是否发达，企业融资是否能够得到满足等因素对企业主体的循环率有很大影响。由于企业资产规模一般要远远大于家庭，企业循环率的任何改变对交易网络循环率的影响都是显而易见的。金融市场越是发达，流动性约束对交易的抑制作用就会越弱，交易主体进行弹性支出的选择空间也就越大。

社会保障制度、税收制度以及交易环境等都会对交易网络的循环率产生影响。良好的社会保障制度、较低的消费税赋和较高的遗产税，对于维持较高的交易网络循环率均有很大帮助。

9.6 交易效率

交易效率是衡量交易活动创造价值能力的指标。在微观层面上，我们可以用产出效益与交易量之比计算交易效率：

$$e = \frac{v}{s} \quad (9.6.1)$$

在式（9.6.1）中，e 代表交易效率，s 代表交易额，v 代表交易带来的价值。需要说明的是，这里的价值不是交易者从交易中获得的收益，而是为交易系统创造的国民经济价值，不包含价值转移的成分。

在宏观层面上，交易系统的整体运行效率可以用全部交易行为的平均值来度量。以每笔交易在交易系统总交易量中占比作为权重，交易系统的交易效率 μ 等于在一定长度的时间区间上，所有交易效率值的加权平均：

$$\mu = \sum_i \lambda_i e_i \quad (9.6.2)$$

在式（9.6.2）中，λ_i 代表一笔交易在交易系统的权重。

上述定义是微观层面 d 表达，在实际操作中，我们可以采用更为简单的方法计算交易系统的交易效率，直接计算产出价值 Y 与交易系统交易总额 T 的比值，即：

$$\mu = \frac{Y}{T} \quad (9.6.3)$$

由（9.6.3），我们可以进一步讨论交易效率与经济增长率之间的关系。

对（9.6.3）两边取自然对数得到：

$$\ln \mu = \ln Y - \ln T \quad (9.6.4)$$

对（9.6.4）整理得到：

$$\ln T = \ln Y - \ln \mu \quad (9.6.5)$$

对（9.6.5）两边微分得到：

$$\frac{dT}{T} = \frac{dY}{Y} - \frac{d\mu}{\mu}$$

令 $dT = \Delta T$，$dY = \Delta Y$，$d\mu = \Delta \mu$ 代入（9.6.5）得到：

$$\frac{\Delta T}{T} = \frac{\Delta Y}{Y} - \frac{\Delta \mu}{\mu} \quad (9.6.6)$$

令 $\frac{\Delta T}{T} = r_T$，$\frac{\Delta Y}{Y} = Gr$，$\frac{\Delta \mu}{\mu} = r_\mu$

由（9.6.6）可得：

$$r_T = Gr - r_\mu \tag{9.6.7}$$

已知，经济增长率 Gr 与交易效率变动率 r_μ 呈反向变动趋势，当 $Gr > 0$ 时，$r_\mu < 0$。由（9.6.7）可知，当 $Gr > 0$ 时，下述关系成立：

$$r_T = Gr + |r_\mu| \tag{9.6.8}$$

当 $Gr < 0$，下述关系成立：

$$r_T = Gr - |r_\mu| \tag{9.6.9}$$

式（9.6.8）、（9.6.9）两个关系陈述了这样一个事实：在交易系统中，无论是经济增长，还是经济衰退，交易总量的变化幅度总是大于经济增长的幅度。在经济处于扩张周期时，交易以更快的速度增长；当经济进入收缩周期时，交易则以更快速度收缩。我们将此现象称为交易的先行效应。交易先行效应必然对交易系统货币供应的适度性产生影响。有学者研究发现，无论是货币理论的剑桥学派，还是现代货币数量学派，均存在对真实货币需求低估的问题，由此可能导致货币政策在某种程度上的扭曲。[1]

从长期来看，交易效率反映了交易系统的运行质量。在经济全球化日益强化的今天，交易效率是决定国家竞争力的关键，交易效率高的经济体，无疑将会处于全球竞争的有利地位，占据全球供应链高端。交易系统演进具有高度路径依赖性，在全球竞争的大格局中，今天的位置是明天竞争的出发点。

9.7 交易网络连通度

交易网络连通度是衡量交易网络连通效率的指标。在交易网络上，任意两个节点之间的链接链路越近，我们就说交易网络的连通度越高。为了更为准确定义交易网络连通度，我们需要引入网络距离的概念。

在交易网络上，任意两个节点都可能存在多条链接链路，包含节点个数最少的链路称为两节点间的测地线，测地线上的节点个数称为两个节点间的距离。显然，交易网络越稠密，链接两个节点的链路选择就越多，测地线就可能越短，两节点间的距离也会越近。城市中的交通网络是一个典型的例子，如何构建一个任意两点的交通距离最近的网络，是提高城市交通效率的关键。

假设交易网络有 N 个节点，其连通度定义如下：

$$\xi = \frac{2}{N(N-1)} \sum_{\substack{ij \\ i \neq j}} \frac{1}{d_{ij}} \tag{9.7.1}$$

在式（9.7.1）中，d_{ij} 表示节点 i 到节点 j 之间的距离；对于不连通的两个节点,距离视为无穷,即 $d_{ij} = +\infty$。显然,交易网络的连通度越高,节点之间的联系越直接、连通速度越快。电子商务与传统商业所构成的交易网络相比,基于互联网所实现的电子商务交易链更短,交易更为直接,减少了许多中间环节,降低了交易的流通成本,从整体上提升了交易网络的效率。

从进化的角度看,交易系统进化位阶越高,交易网络的连通度就越高。在交易系统进化初期,交易网络的连通度通常处在极低的水平上。伴随交易系统进化,交易网络的连通度保持不断上升的势头。

交易网络连通度是交易系统重要的组织结构参量,反映了交易系统资源配置的能力和效率,体现了交易系统进化的位阶特征,与交易效率的关系十分密切。一般来说,交易网络连通度越高的交易系统,交易效率也会越高;反之亦然,交易效率越高的交易系统,其交易网络的连通度也会比较高。

9.8 交易网络重连率

交易网络重连率是指在单位时间内,重新链接的交易链线在交易网络上的占比。根据研究的需要,我们既可以计算整个交易网络的重连率,也可以计算交易社区、交易网络上某个局部区域或某个具体市场的重连率。

重连率用于刻画市场的博弈特性。重连率较高的市场,重复博弈特征明显,在这类市场上交易主体的策略选择一般比较慎重,比较重视自己在市场上的声誉;而重连率低的市场情况则不同,这类市场随机交易的特征突出,交易主体的外部束缚较少,市场投机氛围较为浓厚。

交易系统中,生活用品市场和生产用品市场的重连率较高,而投资市场的重连率相对较低;从单笔交易金额来看,重连率较高的市场交易金额通常较小,而重连率低的市场交易金额较高。

交易网络重连率是比较稳定的特征指标,是由交易系统的交易类型决定的。总体上讲,在交易系统演化早期,重连率水平相对较低;随着交易系统逐步走向成熟,重连率会呈现缓慢上行的态势。

注释

1. 姚余栋,谢筑怀,孔泽宇.基于支付清算视角的货币需求理论[R].中国中小银行发展报告,2017.

第十章

交易网络分层结构

交易网络作为复杂组织形态的一种表现形式，存在多个维度的组织结构。分层结构是交易网络在结构约束下形成的一种重要的组织形态，对交易系统的运行及其演化进程产生重要影响。

10.1 供给约束诱导的分层结构

交易网络的分层结构是由特定约束诱导的结果。在交易网络的不同层次上，交易主体竞争的聚焦点各有不同。交易约束是交易主体必须要面对的现实，规定了交易主体行为的选择。交易约束的种类有很多，包括流动性约束、管制性约束和技术性约束等，但对于交易网络分层演化构成直接影响的主要因素是供应和交易时限两类约束。

在特定的时间限定范围内，企业的供给能力是有限的。在农业、畜牧业生产中，供给约束机制比较容易理解。无论是粮食供给，还是肉蛋奶供应，供应商均存在供给能力上限。当市场需求超出供给上限，市场便会立即感受到供给约束的存在。

除了农业外，所有依赖于自然资源的产业几乎都存在供给约束的问题。以石油、煤炭、各种矿石为原材料的产业，都会受到很强的供给能力制约。即使距离资源约束较远的制造业，在一定的时限范围内，也同样存在供给能力上限。

供给约束问题在前工业社会表现得更为突出。制约家庭作坊供给能力的第一因素是劳动力。家庭成员总是有限的，即使能够通过招收学徒补充人手，在短时间内仍然难以较大幅度增加产能。导致家庭作坊供给约束的第二个主要因素是场地。在传统社会中，扩大宅基地是一项十分棘手的事情，尤其是在城镇。

供给约束的对象主要是厂商，而时限约束的对象则主要是家庭。有些交易需求有较为严格的时间限制，几乎与衣食住行相关的交易需求都存在一定程度的时限。计划外出旅行的人，需要在计划时间段内买到机票或车票、预订完酒店；一日三餐所需的交易也有明确的时间限制。交易时限主要是对逆向交易形成约束，通过交易的相互作用，必然会影响到正向交易行为，最终影响市场结构的形成。

10.1.1 社区交易网络分层

针对商品 g，假设交易社区 Ω 的需求群体为 $\{a_i\}_n$，供应商群体为 $\{b_j\}_m$，各供应商均存在供给上限；供应商 b_j 的供给上限为 Q_j。

假设供应商 b_j 提供的商品价值量为 Z_j，可以表述为如下结构：

$$Z_j = \bar{\varsigma} + \varsigma_j \tag{10.1.1}$$

其中，$\bar{\varsigma}$ 代表平均价值，ς_j 代表供应商 b_j 能为消费者带来的价值剩余。当供应商 b_j 提供的商品价值量超过平均水平时，消费者剩余 $\varsigma_j > 0$；当商品价值量低于平均水平时，消费者剩余 $\varsigma_j < 0$；如果商品价值量刚好等于平均水平 $\bar{\varsigma}$，则有 $\varsigma_j = 0$。

在供应商 $\{b_j\}_m$ 提供的商品中，按照价值量的大小进行排序，我们可以得到如下序列：

$$Z_1 \geq Z_2 \geq Z_3 \geq \cdots \geq Z_m \tag{10.1.2}$$

在式（10.1.2）中，Z_1 为最大价值量，对应 b_1 供应商；然后依次是 b_2 对应 Z_2，b_3 对应 Z_3 等在众多供应商中，由于 Z_1 能够提供的消费者剩余最多，需求者必然会一齐涌向供应商 b_1。受到供给上限 Q_1 的限制，b_1 无法满足全部 $\{a_i\}_n$ 的需求。在这种情况下，价格是资源调配的有效手段，b_1 会提高价格直至接受价格 P_1 的客户所形成的需求总量限制在供给上限 Q_1 之内。b_1 提价后，被价格挤出的消费者会涌向价值量次高的供应商 b_2。b_2 会同样采用提价方法，直至留下来的购买力不大于供给上限 Q_2。依照上述逻辑，所有供应商均会根据自己商品的价值量调整价格，直至所有商品在需求者中完成配置。

在上述价格调整过程中，为市场提供消费者剩余越多的供应商获得越高的价值回报，由此建立起了有效的市场激励机制。与此同时，愿意支付较高价格的消费者，能够获得较高质量的商品和服务，商品价值量与支付价格之间实现合理匹配，市场得以出清。

依照上述市场配置逻辑，最终形成市场均衡结构：

$$\frac{Z_1}{P_1} = \frac{Z_2}{P_2} = \cdots = \frac{Z_m}{P_m} = \lambda \tag{10.1.3}$$

在式（10.1.3）中，Z_j 代表供应商 b_j 商品的价值量，P_j 代表供应商 b_j 对其商品的定价，λ 为市场均衡性价比。市场通过不断试错，最终找到均衡性价比的位置。在试错过程中，消费者会从性价比较低的供应商转向性价比较高的供应商；而性价比较高的供应商则会提高价格，性价较低的供应商会适当降低价格。均衡性价比的形成过程既是信息传播的过程，也是交易主体调适的过程，需要花费一段时间，这便是市场均衡的时滞效应。市场实现均衡的时滞取决于交易社区信息传播的速度。高集聚度社区具有信息传播优势，市场均衡的时滞较短。

通过定价调整，每家供应商获得的最大交易资源为 Q_j，实现的营业收入为：

$$V_i = P_i Q \tag{10.1.4}$$

根据性价比均衡关系式得到：

$$P_j = \frac{Z_j}{\lambda} \tag{10.1.5}$$

代入收入函数（10.1.4）得到：

$$V_i = \frac{Z_i}{\lambda} Q \tag{10.1.6}$$

由式（10.1.6）可知，企业收益的大小取决于向市场提供消费者剩余的多少。提供消费者剩余量越多的供应商，实现的收益越大。市场通过收入激励，让高品质的供给者获得更多收益，引导交易主体向市场贡献更多价值，实现社会福利最大化。

市场均衡关系（10.1.3）表明，供给约束是导致市场分层的关键因素，不同品质供应商的供给约束量差距越大，市场分层就会明显，不同层次市场的均衡价格就越悬殊。一般来讲，品质与数量存在反比关系，即商品品质越高，供给上限就会越低，由此我们可以推断，市场供给上限会有依次放大的结构关系。

$$Q_1 < Q_2 < \cdots < Q_m \tag{10.1.7}$$

当相邻层次的供给上限 Q_j 与 Q_{j+1} 存在较大差距时，意味着对应商品的价值量 Z_j 与 Z_{j+1} 同样存在较大落差，即：

$$Z_j \gg Z_{j+1} \tag{10.1.8}$$

根据性价比均衡关系（10.1.3），我们可以得到：

$$P_j = \frac{Z_j}{\lambda} \gg P_{j+1} = \frac{Z_{j+1}}{\lambda} \tag{10.1.9}$$

式（10.1.9）表明了市场分层演化的基本规律：供给约束分布越分散，不同品质商品的供给上限彼此越悬殊，分层市场的价格差距就越大。这一规律在很多市场上均有表现。劳动力市场是典型案例。一线演员、著名歌唱家、优秀企业家等，是劳动力市场上稀缺度很高的资源，有着巨大的市场价值，他们获得的市场报酬要远远高于普通劳动者。尽管他们是数量极少的群体，仍然能够显著地影响社会收入的分配结构。

收藏品市场同样如此，存世量越少的艺术品，价格也就越高。价格与存世量之间的关系通常不是以线性关系呈现，而是以非线性指数关系呈现出来。事实上，所有供给约束市场的定价分布均服从约束上限的反比指数化规律。

10.1.2 跨社区市场套利机制

我们已经讨论了供给约束下的社区市场实现均衡的过程，但交易社区并非孤岛，而是彼此紧密联系的交易网络中的一部分。交易社区之间存在大量的信息联系和跨区交易。

交易社区既是一个关系概念，也是一个地域空间概念。在相邻的两个社区之间，由于信息联系相对较多，当社区市场的价差超过一定限度时，就会出现跨社区交易。即便是供给约束性市场，如果相邻社区出现较大价差，跨区交易活动照样不可避免；随着跨区交易的增多，实现社区市场的再平衡。

在跨区交易活动中，由于距离和时间消耗所产生的交易成本是关键的阻碍因素，因此，不同社区市场的价格差距可能始终存在。

假设 Ω_1、Ω_2 是两个相邻社区，各自的均衡状态如下：

$$\frac{Z_1}{P_1^1} = \frac{Z_2}{P_2^1} = \cdots = \frac{Z_m}{P_m^1} = \lambda_1 \quad (10.1.10)$$

$$\frac{Z_1}{P_1^2} = \frac{Z_2}{P_2^2} = \cdots = \frac{Z_m}{P_m^2} = \lambda_2 \quad (10.1.11)$$

其中，λ_1 是社区 Ω_1 的性价比；λ_2 是社区 Ω_2 的性价比。假设 Ω_1 的性价比低于 Ω_2 的性价比，即：

$$\lambda_1 < \lambda_2 \quad (10.1.12)$$

我们可以将（10.1.12）改写为：

$$\lambda_2 = \lambda_1 + \Delta\lambda \quad \Delta\lambda > 0 \quad (10.1.13)$$

对于 Ω_1 和 Ω_2 市场上的任意商品 Z_i，在两个社区市场的性价比分别为：

$$\frac{Z_i}{P_i^1} = \lambda_1$$

$$\frac{Z_i}{P_i^2} = \lambda_1 + \Delta\lambda \quad (10.1.14)$$

$$\therefore \quad P_i^1 = \frac{Z_i}{\lambda_1}$$

$$\therefore \quad P_i^2 = \frac{Z_i}{\lambda_1 + \Delta\lambda} \tag{10.1.15}$$

$$\therefore \quad P_i^1 - P_i^2 = Z_i \frac{\Delta\lambda}{\lambda_1(\lambda_1 + \Delta\lambda)} \tag{10.1.16}$$

假设跨区交易成本为 C，跨区交易必须满足如下条件：

$$P_i^1 - P_i^2 = Z_i \frac{\Delta\lambda}{\lambda_1(\lambda_1 + \Delta\lambda)} > C \tag{10.1.17}$$

整理上述不等式，得到跨区交易条件：

$$\frac{\Delta\lambda}{\lambda_1} > \frac{C\lambda_1}{Z_i - C\lambda_1} \tag{10.1.18}$$

跨区交易条件（10.1.18）表明，由于交易成本的存在，社区间允许存在价格差异。当社区市场间的性价比差距足够大时，跨区交易才会出现。

从跨区交易条件（10.1.18）的结构来看，交易成本同时出现在分子和分母中，且符号相反，这种结构表明，交易成本对于跨区交易的阻碍作用并非线性关系。随着交易成本增加，对跨区交易的阻碍作用不是成比例上升，而是呈指数化的加速度态势上升。这在现实中容易得到印证，距离稍微增加一点，交易量的变化就会非常明显。即使在同一个商场，柜台间仅仅是有位置上的差别，但销售业绩却有很大不同。

在条件（10.1.18）中，交易成本 C 包含两个部分，一部分是来自空间距离产生的交通成本。两个交易社区相距越远，市场在性价比上的差距可能越大。由此可见，交通条件的改善将大大有利于跨区交易活动。

交易成本 C 的另一部分来自跨区交易可能产生的时间成本。时间成本具有很强的相对性。同样的时间消耗，在不同交易主体看来，其成本估值会有很大差别。一般来讲，经济实力越强的交易主体，时间价值越高，交易中消耗的时间成本估值也就越大。由于这个原因，在贫富悬殊的两个社区之间，即使距离并不很远，两个市场的价格悬殊仍然可以很大。条件好的社区，由于居民时间估值高，不会为了节省一点钱花时间进行跨区交易，这就造成了条件好的社区商品价格高，而条件差的社区商品价格低的均衡格局。

时间成本的相对性决定了即使在同一个社区的交易主体，也会有不同的时间成本估值。跨区交易的主体通常是社区中时间成本相对较低的居民，退休老人常常是跨区交易的主力军。

在跨区交易条件（10.1.18）中，还包含了另外一个信息：商品价值量越高，交易主体愿意为跨区交易支付的成本越大。换句话讲，价值量越高的商品，市场半径也就越大。这个道理很容易理解，人们为买一部汽车愿意跑的路要比买蔬菜愿意跑的路远得多。由此可以推论：低价值商品的市场半径较小，市场分割较为普遍；高价值商品的市场半径较大，容易形成大市场格局。

10.2 时限约束诱导的分层结构

时限约束是塑造交易网络分层结构的重要力量。产业集群、社区市场等网络结构形态，都与时限约束存在十分密切的关系。

10.2.1 分层交易模型

假设 $\{a_i\}_N$ 是交易社区 Ω 的一组消费主体（逆向交易者），$\{b_j\}_M$ 是交易社区 Ω 的一组供应商主体（正向交易者）。由于时限约束的特点，消费主体在选择交易对象时，距离以及与此相伴生的交易确定性是决策考虑的关键因素。较近的距离不仅能够保证较短时间内完成交易，而且受到交通、天气等不可控因素的影响也比较小，交易的不确定性大大降低。此外，较近的距离让消费者容易得到对方的动态信息，为降低交易的不确定性发挥一定的积极作用。

根据上述分析，消费者 a_i 在选择交易对象时，首先考虑对方的距离，距离越近的厂商获得交易机会的概率越大。因此，供应商 b_j 被交易主体 a_i 选中的概率 $P_{i,j}$ 与两者的交通距离 $r_{i,j}$ 有如下关系：

$$P_{i,j} \propto \frac{1}{r_{i,j}^2} \tag{10.2.1}$$

需要说明的是，这里的交通距离与空间距离概念不同。即使空间距离相邻的交易主体，可能在交通上的距离却很远。譬如在没有隧道或大桥的情况下，处于黄浦江两岸的交易主体，虽然隔江相望，但却很难进行交易。

随着距离的增加，厂商获得交易机会的概率迅速下降。交易时限约束越强，$P_{i,j}$ 随距离 $r_{i,j}$ 增加而衰减的速度就越快。对于交易时限约束特别强的情况，衰减速度可能达到 $P_{i,j} \propto \frac{1}{r_{i,j}^3}$ 的水平，甚至达到 $P_{i,j} \propto \frac{1}{r_{i,j}^4}$ 水平。在这里，我们选择交通距离 $r_{i,j}$ 的二阶倒数，仅仅是为了反映比较普遍的情况。事实上，无论选择怎样的衰减速度，并不改变推导的结论。

由于概率 $P_{i,j}$ 存在取值限制，即 $0 \leq P_{i,j} \leq 1$，为了满足概率要求，引入调整系

数 α，$P_{i,j}$ 等式表述如下：

$$P_{i,j} = \alpha \frac{1}{r_{i,j}^2} \quad (10.2.2)$$

上式中，$r_{i,j}$ 的变化可以是任意大于零的实数。α 取值的大小取决于交易商品的价值量。交易标的价值量越高，α 取值就越大；相反，对于低价值的交易标的，α 的取值就较小。

为了推演上的便利，$r_{i,j}$ 取值限制在 $[1,+\infty]$ 上的自然数，表示交通距离单位，而交通距离单位可以根据方便的需要，既可以用 1 千米、5 千米、10 千米，也可以用步行 10 分钟、30 分钟，还可以用驾车 10 分钟、20 分钟、30 分钟等来表示。

现在，我们来计算供应商 b_j 在交易社区 Ω 上获得的交易机会总量。为了便利起见，我们假设与 b_j 相距 1 个交通单位内的交易主体数量为 n_1，在 1 个交通单位与 2 个交通单位之间的交易主体数量为 n_2，以此类推，n_3、n_4……按照时限约束的交易特点，供应商 b_j 获客总量 C_j 为：

$$C_j = \alpha \sum_{r_{i,j}} \frac{n_r}{r_{i,j}^2} \quad (10.2.3)$$

为了便利起见，假设交易社区 Ω 的主体服从均匀分布，主体的分布密度记为 ρ，b_j 获客总量为：

$$C_j = \alpha \sum_{r_{i,j}} \frac{\pi\left[(r_{i,j}+1)^2 - r_{i,j}^2\right]\rho}{r_{i,j}^2} \quad (10.2.4)$$

对式（10.2.4）整理得到：

$$C_j = \alpha \sum_{r_{i,j}} \frac{\pi(2r_{i,j}+1)\rho}{r_{i,j}^2} \quad (10.2.5)$$

$$\because \quad r_{i,j} \geq 1$$

$$\therefore C_j > 3\alpha\rho\pi \sum_{r_{i,j}} \frac{1}{r_{i,j}(r_{i,j}+1)} \quad (10.2.6)$$

假设 b_j 获客能力达到最远的距离为 R_j，超出 R_j 范围后，b_j 获客的概率就会变得非常小，可以忽略不计。R_j 的大小与 b_j 所处社区的交通便利度有关，也与 b_j 所处行业的影响度有关，我们不妨称 R_j 为交易主体 b_j 的交易半径。考虑到交易半径主要与社区的交通有关，与单个供应商的能力关系不大，可以将 R_j 统一记为 R_0。

展开上述不等式右边，得到：

$$C_j > 3\alpha\rho\pi\left(1-\frac{1}{R_0}\right) \quad (10.2.7)$$

由于最低运营成本的约束，每个供应商必须有最小的客户数量才能维持正常运营。为此，"中心地理论"的创立者，德国地理经济学家瓦尔特·克里斯塔勒（Walter Christaller）提出了"服务门槛"的概念，将服务门槛定义为维持企业生存的最小服务范围。[1]

假定 b_j 的服务门槛为 C_j^0，b_j 所在交易社区的位置必须满足如下条件：

$$C_j > 3\alpha\rho\pi\left(1-\frac{1}{R_0}\right) \geqslant C_j^0 \quad (10.2.8)$$

由此我们可以导出交易社区的密度条件：

$$\rho \geqslant \frac{C_j^0 R_0}{3\alpha\pi(R_0-1)} \quad (10.2.9)$$

不等式（10.2.9）表明，社区密度是时限交易市场是否存在的关键。社区密度越大，供应商存活的概率越高；社区密度越低，供应商存活的概率越小。家庭主体的交易大多具有时限约束性，与其相对应的供应商包括餐馆、超市、便利店等在布局上必须遵守（10.2.9）表述的密度规律，在人口稠密的市区中心可以有较多经营网点；而在城郊社区，由于人口密度较低，无论是餐馆，还是超市、便利店，只能设置数量有限的经营网点。

社区密度条件（10.2.9）表明，城市出现是迎合交易需求的必然选择。通过加大人口密度，城市社区创造出远远高于乡村的交易机会。交易机会的增多又进一步推动城市规模扩张，两者相互推动的正反馈机制，形成城市持续成长的动力。

供给约束和交易时限约束在交易网络上分别诱导出两种不同的分层形态。供给约束诱导的分层结构表示为市场价格分层，在同一个区域内，可以有价格不同、品质不同的市场，形成不同档次的市场分层。而时限约束诱导的分层结构主要表现为一种空间结构，构成交易网络的片状分布市场。每个片区市场均是以交易主体集聚区为中心，形成半径不等的辐射区域。

10.2.2 克里斯塔勒中心地理论

历史上最早研究市场分层结构的理论来自德国地理经济学家瓦尔特·克里斯塔勒。1933年，克里斯塔勒出版《德国南部中心地》一书，提出了以中心地概念为核心的城市等级理论，被城市经济学界称为"中心地理论"。中心地理论对于城市经济学的发展具有奠基性的历史意义。

克里斯塔勒首先分析单一产品的市场空间结构。假定消费者在空间上处于均匀分布状态，遵守最大化效用原则。在供应商产品无差异的前提下，消费者总是选择距离自己最近的供应商，以实现成本最小、效用最大的结果。受此影响，每个供应商只能服务于以它所在地为圆心，某个固定半径的圆周内的消费者。市场上数量众多的供应商各自都有自己的圆形服务范围，这些半径相同的圆周将覆盖整个城市市场。

在相邻的圆周之间存在没有被覆盖的区域，经过市场竞争，必然会被供应商分割。在市场完全竞争的假设下，供应商的竞争实力没有差异。相邻供应商将均等分割服务圆周间的区域，城市市场最终形成六边形分割结构。由于生产成本的制约，六边形服务范围存在最小规模，低于最小规模，供应商将无法存活。克里斯塔勒将最小服务范围称为供应商的服务门槛。服务门槛取决于行业的平均生产成本，决定了城市市场容纳供应商的总数。

不同商品有不同的生产成本，于是也就有不同的服务门槛，市场由此分为不同的层次，每个层次对应一类生产成本相同的商品。市场分层由低到高，服务门槛越高，要求城市市场的规模就越大，否则供应商就无法生存。市场分层数量与城市市场规模密切相关，城市规模越大，容纳的层次就越多，市场提供的商品和服务就越丰富；反之，城市规模越小，市场分层就越少，市场能够提供商品和服务的频谱就越狭窄。这些结论与分层交易模型所得结论基本一致，两者的差异主要表现在分析方法和逻辑基础上面。在中心地理论中，导致市场分层的主要成因来自交通成本规定的服务门槛；而在分层交易模型中，导致市场分层演化的主要推动力来自交易时限约束。尽管两者分析方法不同，基本逻辑不同，却得出了基本一致的结论，这就有力地印证了市场分层演化的必然性。

10.3 协同约束诱导的产业集群形态

自从哈佛大学教授、战略管理大师迈克尔·波特（Michael Porter）在20世纪90年代对产业集群（又称产业簇群）在国家竞争力中扮演的角色进行深入讨论后，有关产业集群的命题在经济理论研究和经济政策制定领域已经成为人们关注的热点。迈克尔·波特将产业集群定义为"在特定领域中，一群在地理上邻近、有交互关联性的企业和相关法人机构，并以彼此的共通性和互补性联结。"[2] 在《竞争论》中，迈克尔·波特详细讨论了产业集群的运作机制以及产生、发展和衰亡过程。关于产业集群会在何处涌现的问题，迈克尔·波特在他的《国家竞争优势》中给予了解释，认为一个地区能够出现产业集群，取决于四个方面的要素：一是企业战略与竞争的时空背景，包括商业规则、诱因以及规范企业竞争形态和激烈程度的标准。所谓企业战略和竞争的时空背景就是营商环境，包括政策、法规以及政府服务企业的意识等；二是需求条件，主要是指当地市场规模以及消费群体的挑剔程度。我们可以将其称为当地的需求环境；三是相关支援性产业，也就是供给环境；四是生产要素条件，主要是指自然资源、人力资源、资金资源、有形基础设施、信息基础设施以及技术研发条件等。我们可以将其简化为自然环境。[3] 上述四个要素构成了每个地区特定的禀赋条件，决定了产业集群的生长条件。哪个地区的禀赋条件优越，产业集群就越有可能出现在哪里。迈克尔·波特的产业集群理论带有战略管理的典型特征，具有很强的实际操作性，为宏观政策制定者指出一条构建高效率产业集群的清晰路径，但缺乏主流经济理论的逻辑支撑。

20世纪90年代末，以美国经济学家保罗·R. 克鲁格曼（Paul R. Krugman）为代表，创立了空间经济学（The Spatial Economy）。空间经济学在新古典经济学的逻辑框架内，重点研究经济活动的分布问题，产业集群是其中的重要研究议题。保罗·R. 克鲁格曼的产业集群模型的核心思想是，当一个产业内部关联度大于产业间的关联度，且运输成本成为企业运营成本中不容忽视的因素时，处于同一个产业内部的企业就会向某个地区集聚，形成产业集群。保罗·R. 克鲁格曼模型的基本逻辑是，高效率产业支持产业的高工资，高工资引导劳动力向高效率产业汇集；在劳动力有限供给条件下，一个地区（或国家）只能容纳一个特定的产业集群。[4]

在交易经济学看来，推动产业集聚的主要动力来自追求预期收益最大化的厂商，而不是劳动力供给方的家庭部门。产业集群的本质是产业内部的细化分工，即产业内部的高度关联性。推动产业内部分工细化的动机是企业对效率的追求，既要实现降低成本增加收益，又要增加交易的确定性。在双重目标的规定下，产业内部细化分工的过程必然带有时限约束特征。供应商要按计划向下游企业交付产品，就必须在规定的时间内从上游供应商那里拿到零配件和原材料。这种时限约束，在上、下游企业之间形成严紧的生产节奏耦合关系，我们将这种特殊的时限约束形态称为协同约束。在协同约束下，上、下游企业必须尽可能地接近，最终形成产业内部高度分工、空间上高度聚集的产业集群。

在两个企业之间，能否形成产业上的分工协同，协同联动的速度以及交易成本是两个关键变量，而这两个变量均与距离有密切的关系。在协同方面，无论是生产规模的调整，还是产品创新，都必须得到上游企业的快速响应，否则下游企业就无法实现生产目标。协同联动的前提是有效和充分的信息流支持，这不仅包含企业间的官方信息流，也包含企业员工间相互接触形成的非官方信息流。企业间信息流越充分，协同响应的速度就越快，协同质量会越高。人员交流与它们之间的距离成反比，相距越近，交往的成本就越低，产生交往的概率就越高。用 $v_{i,j}$ 表示 a_i 与 b_j 的协同速度，$r_{i,j}$ 表示两家企业间的交通距离。根据上述分析，两者有如下关系：

$$v_{i,j} \propto \frac{1}{r_{i,j}} \tag{10.3.1}$$

构成交易成本的因素十分复杂，但在频繁交易的企业之间，距离成为影响交易成本的最主要因素。对于频繁发生的交易来讲，日积月累的交通运输成本是不容小觑的支出。用 $C_{i,j}$ 表示 a_i 与 b_j 的交易成本，与距离 $r_{i,j}$ 之间的关系如下：

$$C_{i,j} \propto r_{i,j} \tag{10.3.2}$$

考虑到交易匹配、协同速度和交易成本等方面的因素，$\{a_i\}_N$ 中的交易主体 a_i 在 $\{b_j\}_M$ 中选择交易伙伴 b_j 的预期收益函数有如下形式：

$$E(a_i, b_j) = f\left(E(s_{i,j}), v_{i,j}, C_{i,j}\right) \tag{10.3.3}$$

其中，$s_{i,j}$ 为交易主体 a_i 选择供应商 b_j 的策略，$E(s_{i,j})$ 是交易策略 $s_{i,j}$ 为 a_i 带来的预期收益。$E(s_{i,j}) > 0$ 表示供应 b_j 与 a_i 结构匹配，意味着 b_j 在产业集群中属于 a_i 的紧邻上游；当 $E(s_{i,j}) = 0$ 则表示 b_j 与其结构不匹配，意味着 b_j 不属于 a_i 的紧邻上游，或不属于 a_i 所在的产业集群。$E(s_{i,j})$ 取值的大小，一方面反映 a_i 与 b_j 的结构匹配关系；另一方面反映 b_j 产品的性价比。对于 a_i 结构适配供应商 b_j，产品性价比越高，$E(s_{i,j})$ 取值越大。

$v_{i,j}$ 与 $C_{i,j}$ 是两个高度关联的变量。当 $C_{i,j}$ 增大时，协同速度 $v_{i,j}$ 就会变小；相反，当 $C_{i,j}$ 变小时，$v_{i,j}$ 会增大。两个变量此消彼长，在数学上应当具有非线性的乘除关系。根据两个变量对预期收益函数作用方向的推断，在 $E(s_{i,j})$ 不变的条件下，交易主体 a_i 的预期收益函数具有如下形式：

$$E(a_i, b_j) \propto \frac{v_{i,j}}{C_{i,j}} \tag{10.3.4}$$

结合式（10.3.1）与式（10.3.2），我们可以得到：

$$E(a_i,b_j) \propto E(s_{i,j})\frac{1}{r_{i,j}} = \frac{E(s_{i,j})}{r^2_{i,j}} \quad (10.3.5)$$

由（10.3.5），我们可以得到交易主体 a_i 在产业内分工的交易预期收益函数：

$$E(a_i,b_j) = k\frac{E(s_{i,j})}{r^2_{i,j}} \quad (10.3.6)$$

在（10.3.6）中，$k>0$ 为调节常数。由（10.3.6）可得：

$$\frac{E(a_i,b_j)}{E(a_i,b_l)} = \frac{E(s_{i,j})}{E(s_{i,l})}\frac{r_{i,l}^2}{r_{i,j}^2} \quad (10.3.7)$$

当 $E(s_{i,j}) = E(s_{i,l})$ 时，

$$\frac{E(a_i,b_j)}{E(a_i,b_l)} = \frac{r_{i,l}^2}{r_{i,j}^2} \quad (10.3.8)$$

如果 $r_{i,j} < r_{i,l}$，则有：

$$\frac{E(a_i,b_j)}{E(a_i,b_l)} = \frac{r_{i,l}^2}{r_{i,j}^2} > 1 \quad (10.3.9)$$

$$E(a_i,b_j) > E(a_i,b_l) \quad (10.3.10)$$

根据预期收益最大化原理，a_i 必然会放弃供应商 b_l 选择 b_j。这种选择的结果，供应商必然会选择距离下游企业尽可能近的地方生产，从而形成集聚度很高的交易社区，产业集群由此诞生。由此也就解释了为什么交易网络上产业分布总是呈现块状特征，而不是均匀分布或离散分布状态。无论是在一个城市，还是在一个地区，产业分布总是呈现集聚的特点。美国科技创新企业大多集中在西海岸的硅谷，包括苹果公司、谷歌、脸书、甲骨文、英特尔、惠普、微软、思科等全球巨型科技公司。当然，硅谷更多的是巨人背后的小矮人，大量小型公司在硅谷的科技产业集群中发挥着重要的支撑作用。同样，中国黄金首饰制造的众多企业集中在深圳市罗湖区翠竹街道叫作水贝的一片区域内，形成了富有创新活力和强大竞争力的产业集群。

（10.3.6）表达的核心逻辑是企业利益驱动。产业链中的下游企业对上游企业选择所遵循的基本原则，正是企业对利益和效率的追求，推动了产业集群围绕着下游终端企业为中心，形成十分紧密区域空间布局。在产业集群的形成过程中，处于逆向交易相位的下游企业是关键的塑造者，是他们对位于不同地理位置上的上游企业的选择，决定了产业集群在哪里形成、具有怎样的地理布局及集群拥有多大规模等关键参数。这与保罗·R.克鲁格曼产业集群模型的基本逻辑形成了

鲜明对照，在模型得到的结论上也各有侧重。

现实的复杂程度总是远远超过理论。当上游企业受到严格的地理约束时，下游企业的选择就会受到限制。尽管选择的主动权仍然在下游主导企业手中，在经过对市场与原材料的距离成本综合评估后，终端下游企业仍有可能会贴近上游资源型企业选址，最终形成以上游企业为中心的产业集群。纺织产业集群、冶金产业集群等通常属于这类情况。

（10.3.6）揭示了产业集群分层构造的特点。在产业集群中，终端企业首先形成产业集群的内核，围绕内核构造产业集群的第一层；第一层的交易主体在产业链上位于次终端位置上，属于终端企业的紧邻上游。次终端企业同样依照距离优先原则选择上游紧邻伙伴，形成产业集群的第二层；以此类推，形成产业集群的第三层、第四层……产业集群的构建是由内向外、由下（游）至上（游）逐层搭建的过程，最终形成规模庞大、富有效率、具有强大竞争力的组织结构。

由（10.3.6）表示的产业集群生成原则表明，任何产业集群的规模必然是有限度的。由于产业分工递进层级的有限性，而每层间的空间距离受到限制，产业集群的规模必然限定在一定的空间区域内，只有这样才能最大限度地保持产业集群的竞争力。这就解释了为什么在大的经济体中，即使是同一个产业，会形成若干个分布于不同地区的产业集群。美国的生物产业集群在东北部的波士顿、旧金山湾区以及加州的圣地亚哥均有分布。在中国，汽车产业集群同样分布在几个不同的地区，包括西南部的重庆、东部的上海、中部的安徽、东北地区的吉林等地。

10.4 非结构约束的网络形态

假设 Ω 是交易网络上的一个交易社区，对于标的为 g 的市场，交易社区 Ω 内潜在需求主体为 $\{a_i\}_n$，潜在供应主体为 $\{b_j\}_m$。交易是一个持续不断的过程，交易主体每次交易过后，会对交易的结果进行评价，用于下次交易决策的参考；考虑到社区的信息交流环境，居民之间会共享一部分信息。供应厂商的情况也是一样，他们在生产迭代过程中不断积累经验，不断改进生产工艺，提高产品质量。厂商销售量越大，意味着生产迭代次数就越多，由市场获取的产品质量信息反馈也就越多，产品改进的机会也就越多。

现在，我们来考察交易社区 Ω 需求群体 $\{a_i\}_n$ 中任意主体 a_i 对 $\{b_j\}_m$ 选择的概率分布演化过程。

$b_j \in \{b_j\}_m$ 是任意一家厂商,假设在时间步 t 上,a_i 选中 b_j 的先验概率为 $P_t^{i,j}$,考虑到交易主体认知的连贯性以及内在逻辑的一致性,$P_t^{i,j}$ 与上一个时间步 $t-1$ 上的先验概率 $P_{t-1}^{i,j}$ 存在正相关关系,即:

$$P_t^{i,j} = \chi P_{t-1}^{i,j} \quad \chi > 0 \quad (10.4.1)$$

在式(10.4.1)中,χ 表示调节因子,χ 的大小反映了在时间步 $t-1$ 上的交易体验。如果 a_i 在 $t-1$ 上的选择达到了预期,χ 取值就会大于1,即有 $\chi \geq 1$;如果 a_i 没有实现交易预期,χ 取值就会小于1,即有 $\chi < 1$。总之,a_i 选择 b_j 为交易对象的策略获得的预期收益 $E(a_i, b_j)$ 越大,χ 在下一个时间步上的取值就越大;$E(a_i, b_j)$ 取值越小,χ 在下一个时间步上的取值就越小。χ 反映了交易主体的体验结果,我们不妨称其为交易主体的体验因子。交易体验随时间变化,体验因子 χ 也会随时间改变,用 χ_t 表示交易主体 a_i 对上期交易的体验结果。因此,(10.4.1)表达的先验概率递推公式可以进一步表述为:

$$P_t^{i,j} = \chi_t P_{t-1}^{i,j} \quad \chi_t \geq 0 \quad (10.4.2)$$

从供给侧来看,b_j 获得的交易资源越多,产品优化的机会就越充分,为客户提供的消费者剩余也会越多。在交易社区 Ω,同相位交易主体始终处于竞争关系,谁能为客户提供更多的消费者剩余,谁就能够获得更多的交易机会。

供应商可以通过多种途径增加客户的交易者剩余,如提高产品质量、美化产品外观包装、改进造型设计、增加产品功能、改善售后服务、提升客户认知度、降价促销等举措。供应商为客户提供的消费者剩余大小,反映了它组织生产的效率水平。向客户提供交易者剩余越多的企业,在同行竞争中的优势就越明显。用 $\varsigma_t^{i,j}$ 表示交易主体 a_i 在时间步 t 上从 b_j 获得消费者剩余量。很显然,体验因子 χ 是交易者剩余量 ς 的增函数,即:

$$\frac{d\chi}{d\varsigma} > 0 \quad (10.4.3)$$

因此,(10.4.2)又可以表述为:

$$P_t^{i,j} = \chi_t\left(\varsigma_{t-1}^{i,j}\right) P_{t-1}^{i,j} \quad (10.4.4)$$

下面考察交易社区 Ω 的集聚效应,即社区内邻居之间交易行为相互影响所引发的效应。由于交易社区中存在信息交流,社区成员可以观察到彼此的交易行为。假设交易主体 a_i 观察到在时间步 $t-1$ 上,社区内有 K 个邻居选择了供应商 b_j 作为交易对象,在时间步 t 上,a_i 选择 b_j 作为交易对象的概率是一个条件概率 $P_t\left[a_i | \{a_l\}_K\right]$,根据贝叶斯法则:

$$P_t^{i,j}\left[a_i\middle|\{a_l\}_k\right]=\frac{P_t^{i,j}P_{t-1}\left[\{a_l\}_K\middle|a_i\right]}{P_{t-1}\left[\{a_l\}_K\right]} \quad (10.4.5)$$

将式（10.4.5）展开得到：

$$P_t^{i,j}\left[a_i\middle|\{a_l\}_k\right]=\frac{P_t^{i,j}\prod_1^K P_{t-1}(a_l|a_i)}{\prod_1^K P_{t-1}^{l,j}} \quad (10.4.6)$$

社区成员a_l观察到交易主体a_i的交易行为，会在他的先验概率上施加一个影响，不妨将这个影响因子记为$\gamma\geq 1$，即：

$$P_{t-1}(a_l|a_i)=\gamma P_{t-1}^{l,j} \quad l=1,2,3,\cdots \quad (10.4.7)$$

在交易社区上，成员之间的相互影响力的大小，取决于社区的网络结构。社区集聚度δ越高，成员之间的相互影响力就越大。因此，影响因子γ是社区集聚度δ的函数。为了简化起见，假设两者的函数关系有如下形式：

$$\gamma=1+\delta \quad (10.4.8)$$

将（10.4.7）、（10.4.8）代入（10.4.6）得到：

$$P_t^{i,j}\left(a_i\middle|\{a_i\}_K\right)=\frac{P_t^{i,j}\prod_1^K(1+\delta)P_{t-1}^{l,j}}{\prod_1^K P_{t-1}^{l,j}} \quad (10.4.9)$$

$$=(1+\delta)^K P_t^{i,j}$$

对于在时间步t-1上选择b_j的先验概率为$P_{t-1}^{i,j}$的交易主体a_i，在时间步t上选择b_j的概率为：

$$P_t^{i,j}\left(a_i\middle|\{a_i\}_K\right)=(1+\delta)^K P_t^{i,j}$$
$$=\chi_t(1+\delta)^K P_{t-1}^{i,j} \quad (10.4.10)$$

随着时间步t推移，交易社区中的成员通过不断的交易尝试，逐步向$\{b_j\}_m$中的少数供应商收敛，最终形成极端分化的结局。在（10.4.10）中，体验因子χ、社区集聚度δ以及前期交易资源分布K是决定交易主体在时间步t上做出选择的关键参数。体验因子χ取值越大，交易主体保持上次交易资源分配格局的概率就越高。决定体验因子χ取值的关键因素是交易主体在交易中获得消费者剩余ς的多少。获得消费者剩余ς越多，交易体验就越好，体验因子χ就越大。从企业进化的角度看，交易主体b_j提供交易者剩余的多少与它获得的交易资源K具有正相关关系。K越大，b_j获得的迭代次数就越多，无论是生产技术，市场营销，还是售后服务等方面都会有更多的进化机会，也就可能向市场提供更多的消费者剩余。从体验因子χ到交易者剩余ς，再到交易机会K，三者形成了一条正反馈环：

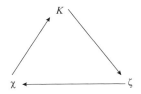

图 10.4.1　交易主体进化反馈环

交易社区集聚度 δ 的大小取决于社区成员之间信息交流以及交易联系的强度。社区是一种比邻关系，社区成员之间的关系是由生到熟的自组织过程，社区集聚度 δ 随着时间 t 自然增长。在相对稳定的社区，集聚度 δ 是时间 t 的增函数。当社区集聚度 δ 持续增加时，社区成员之间在交易行为方面的相互影响也会随之增强，社区交易网络的进化速度也会随之加快，社区交易资源将加速两极分化的格局。b_j 一旦获得超过 $\{b_j\}_m$ 平均水平的交易资源，交易资源将会加速向 b_j 汇聚，对应 K 就会进一步增加；反之，如果 K 小于 $\{b_j\}_m$ 的平均水平，b_j 就会逐渐失去交易资源，K 就会越来越小。在时间 t 的作用下，社区交易资源分配将呈现两极分化的演化态势：

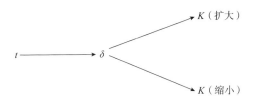

图 10.4.2　交易主体进化分岔示意图

在交易社区上，交易资源两极分化的速度取决于社区的集聚度 δ。社区的集聚度 δ 越高，交易资源 K 在交易主体之间相互影响的作用下分化速度就越快。由于交易社区的集聚度大多是沿着由低到高的方向演化，由此不难推断，社区交易资源的分化速度必然呈现加速态势。

归纳以上分析，交易社区的结构演化过程是在两种作用机制下展开的。首先是正反馈机制：由体验因子 χ、交易者剩余 ζ 和交易机会 K 三个参变量构成的反馈环；其次是自组织分化机制：通过社区成员之间信息关联的自发强化机制，引导交易社区集聚度持续上升。在示范机制的作用下，社区交易资源分布呈现两极分化趋势。上述两种机制交汇于交易资源 K 上，形成相互强化的效果。

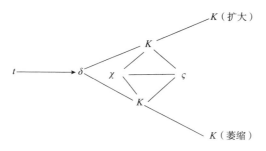

图 10.4.3 交易主体进化分岔示意图

在双重机制作用下，非结构约束的交易网络呈现交易资源自发集中的趋势，在竞争中胜出的交易主体将会占有越来越多的交易资源。交易资源分化的过程是交易主体效率竞争的结果，也是交易系统实现资源不断优化配置的过程。

对于标的带有鲜明个性特征的交易市场，情况会稍有不同。由于交易主体的个体偏好存在差异，会出现在 a_1 眼中具有较高消费者剩余的交易，但在 a_2 看来情况恰恰相反，这就出现如下结果：

$$P_t^{i,j}\left(a_i \middle| \{a_i\}_K\right) = \chi_t^{i,j}(1+\delta)^K P_{t-1}^{i,j} \quad (10.4.11)$$

$$P_t^{k,j}\left(a_k \middle| \{a_i\}_K\right) = \chi_t^{k,j}(1+\delta)^K P_{t-1}^{k,j} \quad (10.4.12)$$

在（10.4.11）和（10.4.12）式中，在时间步 t−1 时交易资源分布上的差异，受到个性化偏好的冲淡，交易主体 b_j 在市场占有情况 K 上的优势被体验因子 $\chi_t^{i,j}$、$\chi_t^{k,j}$ 的差别所抵消，交易资源难以向优势主体快速集中。

作为向市场提供具有个性化产品的厂商 b_j 和 b_l 分别拥有市场分额 $\{a_i\}_{K_j}$ 和 $\{a_i\}_{K_l}$，均能为自己的客户群提供较高的消费者剩余，$P_t^{i,j}$ 和 $P_t^{i,l}$ 均保持较高的水平。尽管如此，交易社区的结构演化依然会朝着逐步收敛的趋势发展，所不同的仅仅是收敛的方向不再只有一个，而是少数几个厂商。在多头分立的市场结构中，鲜明的个性特色是供应商维持客户关系的重要手段，这就规定了市场的演化趋势，供应商需要追随自己客户群的个性特征演变开发产品，引导市场向个性化日益凸显的方向演化。

上述讨论均限制在单个交易社区上。事实上，由于交易网络的连通性，具有较强竞争优势的交易主体一旦获得所在社区的竞争优势，就会进入相邻的交易社区参与竞争。交易主体在原始社区积累的优势为他参与其他社区的竞争提供了帮助。获胜社区每增加一个，交易资源就会进一步扩展。充足的交易资源提供了源源不断的生产迭代和产品优化机会，有利于在接下来的竞争中争取优势。通过由近及远，不断扩大参与竞争的市场半径，在交易社区中获得竞争优势的企业，最终会走向国际市场。这几乎是所有跨国公司成长发展演化的路径。

综合以上分析我们得出结论：对于非结构约束交易市场，交易网络结构具有自发集中的演化趋势。交易资源集中化的过程，是交易主体相互竞争、不断提升运作效率的过程，也是交易系统实现福利最大化的过程。用图示直观显示该演化过程如下：

图 10.4.4　交易系统进化示意图

10.5　交易网络分层结构演化的性质

在交易的推动下，交易网络结构呈现分层演化的特点。非结构约束市场处于交易网络的顶层，具有全域结网的特点。在非结构约束市场上，同相位交易主体经过激烈竞争，最终只有少数交易主体能够胜出，并获取垄断支配地位。交易网络的无标度结构正是来自非结构约束交易的演化结果。

具有结构约束的交易网络呈现分区局域结构，由交易社区分割成大小不等的区域市场。尽管存在跨社区交易，社区内交易仍是主流。与非结构约束交易的全域结网特点相比，结构约束交易在市场结构演化中呈现相对温和竞争的特点。虽然市场内部存在一定强度的竞争，但竞争的强度和性质不如非结构约束市场那样惨烈，不会立即表现为生死存亡的性质。

在竞争的表现形式上，不同约束特征的交易各有侧重。供给约束市场的竞争焦点是产品的品质，产品品质越高，企业获得的利润就越丰厚；交易时限约束市场竞争的核心是交易网络的位置，即经营网点布局的合理性，它是决定成败的关键。对于产业集群，企业在集群中的地位取决于能否与供应链上的其他企业建立起牢固的信任关系，最大限度地降低彼此的交易成本和不确定性。这一切的背后，除了企业本身的实力以外，地址选择依然扮演重要的角色。

交易网络的分层演化特征以及差异化的竞争机制保证了交易系统在满足多样性场景和交易需求的同时，实现了高效率运作。但是，交易系统的演化进程包含着效率自我抑制的异化机制。全域市场的自发演化必然以走向垄断为终结。

垄断一旦出现，企业间的竞争随之消失，市场在资源配置上的效率就会失去基础，垄断企业从曾经的创新者就会转变为市场创新的阻挠者，利用垄断的超级交易势攫取超额利润。

在社区市场上，供给约束市场竞争的结果是资源垄断；时限交易市场则会人为地制造进入壁垒，形成市场分割；产业集群的效率受到自身生命周期的制约，每个产业集群从出现到壮大，再到衰退，产业集群最终走向瓦解。在产业集群的生命周期中，集群的效率沿着上抛物线的路径演化。整个产业集群的效率取决于集群的终端企业，一旦终端企业的效率下降，整个产业集群便丧失效率优势。无论是全域市场，还是社区市场，在没有外部干预和市场管理的情况下，交易系统将会最终锁定在无效均衡态上。一旦如此，不仅交易系统进化停滞，社会系统的演化同样陷入停滞。

交易网络自组织构成的交易系统不会保持永久的高效自发运行。交易系统由小到大、由简单到复杂的演化过程，涌现出政府管理机制，通过赋予政府越来越强大的公共职能，对交易系统的自发演化过程进行管理和干预，是交易系统健康演进的必然要求。无论是政府的出现，还是政府职能的扩张，都成为交易系统演化进程不可分割的组成部分。

无论是交易网络的分层演化机制，还是交易系统竞争效率自发终结机制，都为我们提供了对市场更多维度、更加深刻的认识。交易网络分层演化的特点，对政府管理市场提出了更高要求，只有深入了解不同分层市场的特性，才可能针对不同类型市场进行有效管理，才能维持交易系统的高效运行。根据交易网络分层演化的特点，政府在对市场管理时应当根据对象特点精准施策，对于结构约束的局域市场，价格干预和质量监督应当成为管理的重点；而对非结构约束的全域市场，政府的管理重点应当是防止企业联盟，避免市场垄断。

交易网络空间布局的演化趋势是块状集聚。在降低交易成本、最大限度地获取交易资源的动机驱使下，人口由分散的农村地区向空间狭窄的城市集结，形成高度集聚的城市结构；同一产业的企业也会向同一地区集结，形成内部结构致密的产业集群。无论是城市，还是产业集群，均是在相同的力量推动下呈现出的形态，即交易主体对交易效率和收益最大化的追求。

注释

1. ［意］罗伯特·卡佩罗.区域经济学［M］.2版.安虎森，等译.北京：经济管理出版社，2022：75.
2. ［美］迈克尔·波特.竞争论［M］.高登第，李明轩，译.中信出版社，2003：210.
3. 同2：224.

4. 保罗·R.克鲁格曼关于产业集群的关键判据为如下方程：

$$\left(\frac{w^2}{w^1}\right)^\beta = T^{-(\alpha-\gamma)}\left[\left(\frac{1+\alpha-\gamma}{2}\right)T^{1-\sigma} + \left(\frac{1+\gamma-\alpha}{2}\right)T^{\sigma-1}\right]^{1/\sigma}$$

模型聚焦于两个国家，每个国家有两个产业，其中，w^1、w^2分别表示两个产业能够支付的工资率；α代表两个产业各自投入中来自产业内的占比，β代表两个产业各自投入中来自劳动力的占比，γ代表两个产业各自投入中来自另外产业的占比；σ代表两个商品的替代弹性系数；T代表运输成本，采用冯·杜能（Von Thunen）和萨谬尔森引进的"冰山"方法，即使用运送到达货物目的地 1 个单位的商品需要从出发地发出的商品（折合）单位数量作为运输成本.

当 $\left(\frac{w^2}{w^1}\right)^\beta < 1$ 或 $\left(\frac{w^2}{w^1}\right)^\beta > 1$ 时，产业集聚就会出现；

当 $\left(\frac{w^2}{w^1}\right)^\beta \approx 1$ 时，空间距离在产业布局中的作用消失，不同产业呈现随机杂处分布。参见［日］藤田昌久，［美］保罗·R.克鲁格曼，［英］安东尼·J.维纳布尔斯.空间经济学——城市、区域、国际贸易［M］.梁琦，译.北京：中国人民大学出版社，2013：255.

第十一章

交易网络相位结构

相位结构是由交易关系形成的结构,决定了市场博弈的基本特征。

11.1 多中心相位构型

多中心相位构型是由多个实力相当的供应商共同分享市场的相位结构。在多中心市场上,每家供应商都拥有相对稳定的客户群。

多中心相位构型在现实场景中,对应着垄断竞争市场和寡头垄断市场,这两类市场模型在现代交易系统中占据主导地位。经济学界对多中心市场有着十分深入的研究,并形成了大量研究文献。在多中心交易模型之后,我们将分别介绍四个具有代表性的垄断模型。这些模型无论是在分析视角上,还是在分析范式上,各具特色,对我们深入理解多中心市场特质有很大帮助。

11.1.1 多中心交易模型

在多中心市场上,每个供应商均有相对稳定的客户群,交易网络形态如下:

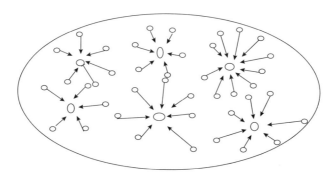

图 11.1.1 多中心相位构型示意图

在多中心市场上，供应商追逐的目标主要有两个：一是稳定已有客户群；二是尽可能从其他供应商那里争取更多客户。多中心市场的竞争也是在这样两个维度上展开的。

在多中心市场上，需求群体 $\{a_i\}_N$ 被供应商 $\{b_j\}_M$ 分割为 M 个群组，我们将选择供应商 b_j 的客户群记为 $\{a_i\}_j$。出于技术上的考虑，我们设定消费者每次的交易量为一个单位的商品。在多中心市场上，消费者 $a_i \in \{a_i\}_j$ 的预期收益函数为：

$$E(a_i,b_j) = Z_j - P_j$$
$$= Z_j - \frac{Z_j}{\lambda_j} \quad (11.1.1)$$
$$= Z_j\left(1 - \frac{1}{\lambda_j}\right)$$

（11.1.1）显示，消费者收益大小与供应商提供商品的价值量和性价比均呈递增关系。在价值量不变的前提下，消费者预期收益主要取决于性价比。性价比越高，消费者收益越大。性价比 λ 与预期收益 E 之间的关系如图 11.1.2 所示：

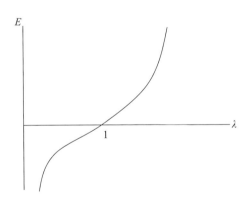

图 11.1.2　预期收益曲线走势图

根据预期收益最大化原理，消费者总是在市场上寻求性价比最高的供应商。我们假设市场上的消费者彼此存在信息渠道，能够知道每个供应商的性价比。

在多中心相位构型市场上，b_j 的收益受到客户群体规模、生产组织效率以及所提供商品性价比等多种因素的影响。

$$E(b_j,\{a_i\}_j) = (P_j - C_j)M_j \quad (11.1.2)$$

在式（11.1.2）中，供应商 b_j 的生产成本 C_j 与产品所含价值量 Z_j 成正比，与生产组织效率成反比。生产组织效率是供应商从商品生产到市场营销、到内部组织管理等多方面效率的度量指标，我们用 η 表示。

根据上述关系，我们可以得到：

$$C_j = \frac{Z_j}{\eta_j} \qquad (11.1.3)$$

将式（11.1.3）代入到（11.1.2）并结合（10.1.5），我们可以得到：

$$E(b_j,\{a_i\}_j) = \left(\frac{Z_j}{\lambda_j} - \frac{Z_j}{\eta_j}\right)M_j$$

$$= \left(\frac{1}{\lambda_j} - \frac{1}{\eta_j}\right)Z_j M_j \qquad (11.1.4)$$

（11.1.4）表明，供应商的收益与客户规模成正比，客户规模越大，收益越多；另一方面，在客户群体不变的前提下，产品的性价比越低供应商的收益越大。因此，供应商必须在性价比与客户规模之间寻找平衡点，才能实现自身收益最大化。

由于 b_j 的客户量 M_j 是其性价比 λ_j 的增函数，为了简化起见，我们假设 $M_j = k\lambda_j$，代入（11.1.4）得到：

$$E(b_j,\{a_i\}_j) = kZ_j\left(1 - \frac{\lambda_j}{\eta_j}\right) \qquad (11.1.5)$$

（11.1.5）充分显示了性价比在供应商与消费者之间扮演的矛盾角色。对于消费者，性价比越高，交易获得的预期收益就越大；对于供应商，性价比越高，意味着付出的代价越大。双方通过相互博弈达成彼此满意的结果，得到性价比值 λ^* 的市场均衡点。

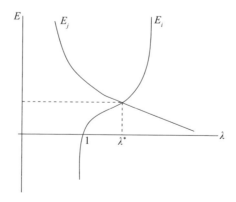

图 11.1.3　性价比均衡示意图

在多中心市场上，企业有两种策略可以选择：一种是降低价格，提高商品性价比以吸引更多客户，这是厂商比较常用的短期策略；另一种则是提升生产组织效率，降低生产成本，在不降低商品性价比的前提下实现收益增长，或在不减少边际收益的前提下提高性价比以获得更大规模的客户群体。

与第一种策略相比，第二种策略显然更具战略性。两种策略代表着市场演化的两种走向，一种是竞相降价促销的恶性竞争，另一种是提升效率、降低成本的良性竞争。由于恶性竞争将导致两败俱伤的结果，不可持续，因此，良性竞争必然是多中心市场的演化归宿。

在多中心市场上，一旦供应商之间的性价比差距超过某个临界值，客户就会从性价比低的供应商转向性价比高的供应商。假设 b_j 的客户 a_i 发现另一家供应商 b_l 的性价比更高，即：

$$\lambda_j = \frac{Z_j}{P_j} < \frac{Z_l}{P_l} = \lambda_l \tag{11.1.6}$$

a_i 在决定是否由 b_j 转换到 b_l 之前，会首先考虑转换成本 Cm。转换成本是一种综合性成本，包含交通成本、时间成本和产品适应成本等。交通成本比较容易理解，消费者由原供应商转移到新供应商时，通常意味着需要从一个地点跑到另一个地点，产生交通成本是很自然的事情；时间成本是指消费者考察新供应商所花费的时间。消费者放弃原供应商转移到新的供应商，需要对新供应商认真考察，所花费的时间是不容忽视的成本；产品适应成本是指消费者使用新产品时需要花费时间学习和适应的成本。产品越复杂，更换供应商需要支付的适应成本就越高。

由上述分析可知，客户转移必须要满足如下条件：

$$E(a_i, b_l) - E(a_i, b_j) > Cm \tag{11.1.7}$$

展开式（11.1.7）得到：

$$E(a_i, b_l) - E(a_i, b_j) = (Z_l - P_l) - (Z_j - P_j) \tag{11.1.8}$$

将式（10.1.5）代入（11.1.8）得到：

$$E(a_i, b_l) - E(a_i, b_j) = (Z_l - Z_j) - \left(\frac{Z_l}{\lambda_l} - \frac{Z_j}{\lambda_j}\right) \tag{11.1.9}$$

令 $\lambda_l = \lambda_j + \Delta\lambda$，$\Delta\lambda > 0$；$Z_l = Z_j + \Delta Z$，$\Delta Z > 0$

整理（11.1.9）得到：

$$E(a_i, b_l) - E(a_i, b_j) = \Delta Z + \frac{Z_j \Delta\lambda}{\lambda_j(\lambda_j + \Delta\lambda)} - \frac{\Delta Z}{\lambda_j + \Delta\lambda} \tag{11.1.10}$$

$$\because \quad \frac{Z_j \Delta\lambda}{\lambda_j(\lambda_j+\Delta\lambda)}>0 \qquad (11.1.11)$$

$$\therefore \quad E(a_i,b_l)-E(a_i,b_j)>\Delta Z-\frac{\Delta Z}{\lambda_j+\Delta\lambda} \qquad (11.1.12)$$

由此得到客户 a_i 由 b_j 迁移到 b_l 的条件：

$$E(a_i,b_l)-E(a_i,b_j)>\Delta Z-\frac{\Delta Z}{\lambda_j+\Delta\lambda}>Cm \qquad (11.1.13)$$

整理（11.1.13）后得到客户迁移条件：

$$\Delta\lambda>\frac{\Delta Z}{\Delta Z-Cm}-\lambda_j \qquad (11.1.14)$$

在条件（11.1.14）中，供应商 b_j 发挥着市场标杆的作用，为了清楚地显示这个作用，令 $\lambda_j=\bar{\lambda}$，表示市场的平均性价比，代入（11.1.14）得到下式：

$$\Delta\lambda>\frac{\Delta Z}{\Delta Z-Cm}-\bar{\lambda} \qquad (11.1.15)$$

迁移条件（11.1.15）表明，市场转移成本 Cm 越高，多中心市场就越稳定，客户群体就越不容易迁移，供应商就会有更大的性价比选择余地，实现利润的空间也就越大。

式（11.1.15）还表明，对于高性价比市场，消费者对性价比更为敏感；在性价比较低的市场，消费者反而对性价比不太敏感。从表面上看，这个结论好像是有悖于边际递减效应所描述的普遍规律。事实上，性价比的高低反映的是市场供求关系。性价比越高，表明市场供给越充分，客户也就越挑剔；性价比越低，意味着市场供给越紧张，客户失去了价格博弈优势，也就很难再对供应商过多挑剔。

由（11.1.15）知道，供应商的性价比调整量 $\Delta\lambda$ 只要保持在区间 $\left[0,\dfrac{\Delta Z}{\Delta Z-Cm}-\bar{\lambda}\right]$ 内，客户群就会保持稳定，不会出现客户转移现象。由于供应商的收益与性价比具有反向关系，$\Delta\lambda=0$ 是供应商的占优策略。此时，多中心市场平均性价比 $\bar{\lambda}$ 为市场的纳什均衡点。随着供应商持续不断地生产迭代，效率差异会在供应商 $\{b_j\}_M$ 中持续不断地积累，当某个企业满足条件（11.1.15）时，就会率先对市场发起冲击，通过提高产品性价比扩大客户群，市场均衡随即打破。在此情况下，其他供应商将被迫提高性价比，否则客户就会转移。于是，市场就会进入新的稳定区间 $\left[\dfrac{\Delta Z}{\Delta Z-Cm}-\bar{\lambda},+\infty\right]$。在此区间上，新的均衡性价比要高于前期的均衡性价比。为了方便起见，我们将 $\left[0, \frac{\Delta Z}{\Delta Z - Cm} - \overline{\lambda}\right]$ 的前期均衡性价比记为 $\overline{\lambda}_0$；将 $\left[\frac{\Delta Z}{\Delta Z - Cm} - \overline{\lambda}, +\infty\right]$ 的新均衡性价比记为 $\overline{\lambda}_1$，两个均衡性价比的关系满足 $\overline{\lambda}_0 < \overline{\lambda}_1$。随着多中心市场的持续演进，我们可以得到一组性价比均衡点序列，即：

$$\overline{\lambda}_0 < \overline{\lambda}_1 < \overline{\lambda}_2 < \cdots \qquad (11.1.16)$$

由序列（11.1.16）可以构造一组区间，这组区间为多中心市场的稳定区间序列：

$$\left[0, \overline{\lambda}_0\right], \left[\overline{\lambda}_0, \overline{\lambda}_1\right], \left[\overline{\lambda}_1, \overline{\lambda}_2\right] \cdots\cdots \qquad (11.1.17)$$

多中心市场沿着（11.1.17）序列由低到高呈现非连续性的代际进化。在每个稳定区间上，经过一段时间的经验、技能和知识上的积累后，市场均衡性价比就会跃升到新的高度，进入下一个稳定区间上。新的均衡性价比会在稳定区间的左端点形成。

由（11.1.15）我们知道，多中心市场的转换成本 Cm 越高，市场跃迁的难度就越大，市场代际进化的速度也就越慢。从消费者的角度来看，市场进化速度越快，消费者的获益就越多；但从供应商的角度来看，市场进化速度越快，供应商承受的压力就越大。因此，供应商总是希望市场维持一定强度的转移成本。维持市场转移成本，不仅可以减轻供应商的竞争压力，同时也是企业实现利润的基础。在市场转移成本的构成中，供应商能够有效控制的部分只有产品适应成本。为了维护市场转移成本的存在，供应商无疑会选择强化产品特色、走差异化发展道路的战略。

在现实中，市场跃迁的代际进化是通过产品的升级换代实现的。企业通过生产迭代积累经验和技术，并根据用户的意见反馈情况，对产品持续不断优化，形成产品序列。以苹果手机（iPhone）为例，苹果公司自 2007 年 1 月发布了第一代 iPhone 手机，时隔一年半后，于 2008 年 6 月发布了第二代 iPhone，再一年之后，第三代 iPhone 上市。此后，苹果手机几乎以每年一代的速度更新。每升级一次，手机在性能上都会有显著的提升，但销售价格却变化不大。2007 年第一代苹果手机在美国上市的价格为 599 美元；14 年后的 2021 年，iPhone13 美国上市的价格为 799 美元，剔除通胀因素后，可以说价格基本上没有变化。华为手机、小米手机更新换代的情况也大致一样，新款不断推出，但价格基本稳定。由此可见，产品更新换代的过程，通常也是市场性价比跃升的过程，更是市场代际进化的过程。

11.1.2 卡特尔（Cartel）结盟行为

对于多中心市场，供应商还有另外一种策略，可以在更低的成本下实现超额收益，这就是通过供应商的合谋建立卡特尔联盟机制。

建立卡特尔的难度与供应商数量成正比。在卡特尔中，每家供应商都存在违约的动机，当多数供应商遵守联盟约定时，违约厂商可以从违约中获取更多的市场资源。卡特尔规模越大，这种违约动机就会越强烈。因此，市场上供应商数量越多，建立和维持卡特尔的协调成本就越高，难度就越大。

我们可以对上述定性分析进行量化推演：假设 b_j 是厂商集合 $\{b_j\}_M$ 中的任意厂商，参加卡特尔 A 可以为 b_j 带来的收益为 $ExtrA$。与此同时，参与一项联盟需要付出大量时间用于协调，还需支付一部分联盟运行费用，我们将这些协作成本记为 Ch；由于市场上的卡特尔通常被视为违法行为，一经查处，参与者将面临巨额罚金，我们将违法成本记为 Ca；假设卡特尔被发现的概率为 p。

根据预期收益最大化原理，厂商付诸行动的关键是参与联盟所支付的成本与带来潜在收益的对比关系。只有当参与联盟为厂商带来较大净收益时，厂商才有可能参与联盟。

根据上述分析，我们可以得到结盟条件：

$$ExtrA > Ch + p \times Ca \quad (11.1.18)$$

由于供应商数量 M 与协调成本 Ch 之间存在正比关系，我们可以得到：

$$Ch = kM \quad (11.1.19)$$

其中，k 是大于 0 的正实数。将（11.1.19）代入到（11.1.18）得到联盟出现的条件：

$$ExtrA > kM + p \times Ca \quad (11.1.20)$$

式（11.1.20）表明，市场上存在的供应商数量 M 是决定卡特尔是否出现的关键变量。在违法成本和协作成本既定的前提下，多中心市场上出现联盟的临界值为：

$$M < \frac{1}{k}(ExtrA - p \times Ca) \quad (11.1.21)$$

式（11.1.21）表明，结盟的违法成本越小，市场结盟的门槛就越低。即便市场上供应商众多，依然可能出现卡特尔。

很明显，违法成本是阻止厂商联盟的关键。违法成本越高，联盟出现的可能性就越小。还要看到，联盟带来的超额收益是诱惑厂家突破法律底线的主要动因。当超额收益巨大时，即使有严厉的法律，依然难以阻止厂商以某种隐蔽的形式结为联盟。

（11.1.21）为我们提供了这样的场景，当市场上厂商数量 M 较小时，结盟成本将会大幅下降。在此情况下，厂商非常容易实现结盟。

11.1.3 古诺寡头竞争模型

19 世纪初，法国数学家、经济学家和哲学家安东尼·奥古斯丁·古诺（Antoine Augustin Cournot）在《关于财富理论之数学原则的研究》中首次提出了寡头竞争模型，由此开创了对寡头市场的研究先河。在古诺寡头竞争模型中，市场上有两家供应商，向市场供应同质产品，产量是供应商博弈的决策变量，价格由市场总供应量决定。

假定 b_1、b_2 为两家供应商，q_1、q_2 为 b_1、b_2 选择的产量；市场价格 P 为总供给量的减函数，价格函数为 $P = Q - q_1 - q_2$，其中，Q 为市场容量极限。假设 b_1、b_2 有相同的边际成本，记为 c。

供应商 b_1、b_2 的收益不仅取决于各自的产量，还取决于对方做出的反应。双方的预期收益函数为：

$$E_1(q_1, q_2) = Pq_1 - cq_1 \tag{11.1.22}$$

$$E_2(q_2, q_1) = Pq_2 - cq_2 \tag{11.1.23}$$

将价格函数分别代入（11.1.22）、（11.1.23）得到：

$$E_1(q_1, q_2) = q_1(Q - q_1 - q_2 - c) \tag{11.1.24}$$

$$E_2(q_2, q_1) = q_2(Q - q_1 - q_2 - c) \tag{11.1.25}$$

根据预期收益最大化原理，b_1、b_2 的最优生产策略必须满足预期收益函数的一阶微分条件：

$$\frac{\partial E(q_1, q_2)}{\partial q_1} = 0 \tag{11.1.26}$$

$$\frac{\partial E(q_2, q_1)}{\partial q_2} = 0 \tag{11.1.27}$$

展开（11.1.26）、（11.1.27）得到：

$$(Q - q_1 - q_2 - c) - q_1 = 0 \tag{11.1.28}$$

$$(Q - q_1 - q_2 - c) - q_2 = 0 \tag{11.1.29}$$

整理得到供应商 b_1、b_2 的最优反应函数：

$$BR_1 = \frac{1}{2}(Q - q_2 - c) \tag{11.1.30}$$

$$BR_2 = \frac{1}{2}(Q - q_1 - c) \tag{11.1.31}$$

上述方程组显示，b_1、b_2 的最优产出量需要根据对方做出的决策进行反应。在以 q_1、q_2 为坐标轴的坐标系中，两个厂家的最优反应曲线如下图显示：

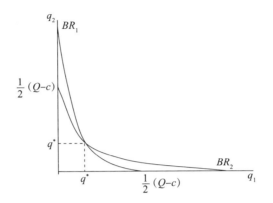

图 11.1.4　市场供给均衡示意图

图 11.1.4 显示，经过 b_1、b_2 双方博弈，市场最终将在 (q^*, q^*) 点处形成纳什均衡。由（11.1.30）、（11.1.31），我们可以解出市场均衡点的具体位置。

由图 11.1.4 可知，市场均衡点处于 b_1、b_2 的最优反应曲线交叉点上。q^* 满足如下方程：

$$q^* = \frac{1}{2}(Q - q^* - c) \tag{11.1.32}$$

由式（11.1.32）解出 q^*：

$$q^* = \frac{1}{3}(Q - c) \tag{11.1.33}$$

将式（11.1.33）分别代入到（11.1.24）、（11.1.25）可以得到 b_1、b_2 在均衡点上的收益：

$$E_1^*(q_1, q_2) = \frac{1}{9}(Q - c)^2 \tag{11.1.34}$$

$$E_2^*(q_2, q_1) = \frac{1}{9}(Q - c)^2 \tag{11.1.35}$$

$$\because Q \gg c \therefore E_1(q_1, q_2) = E_2(q_2, q_1) > 0$$

在古诺条件下，寡头竞争市场上的厂商存在正收益，且边际成本越低，厂商利润越高。

在古诺市场上，均衡解上实现的收益并不是潜在最大收益。如果双方达成协议，适当减少产量，双方均能够获得更大收益。根据（11.1.24）和（11.1.25），如果 b_1、b_2 通过组建联盟 A 制定共同的定价策略，在选择最优产量 q 时双方实现的收益分别如下：

$$E_1^M(q,q) = q(Q-2q-c) \quad (11.1.36)$$

$$E_2^M(q,q) = q(Q-2q-c) \quad (11.1.37)$$

根据极值的微分条件，我们可以得到关于最优产量 q 的一阶方程：

$$\frac{\partial E_1^M}{\partial q} = \frac{\partial E_2^M}{\partial q} = Q-4q-c = 0 \quad (11.1.38)$$

由（11.1.38）解出最优产量：

$$q = \frac{1}{4}(Q-c) \quad (11.1.39)$$

在最优产量下，供应商实现的最大收益为：

$$E_1^M = E_2^M = \frac{1}{8}(Q-c)^2 \quad (11.1.40)$$

比较最大收益与均衡收益，我们可以得到：

$$E_1^M - E_1^* = \frac{1}{8}(Q-c)^2 - \frac{1}{9}(Q-c)^2 = \frac{1}{72}(Q-c)^2 \quad (11.1.41)$$

由此得到，卡特尔 A 产生的超额收益为：

$$ExtrA = \frac{1}{72}(Q-c)^2 > 0 \quad (11.1.42)$$

式（11.1.42）表明，古诺市场自发形成的均衡格局是不稳定的。在缺乏有效监管的情况下，厂商具有强烈的结盟动机，最终形成卡特尔垄断格局。市场容量 Q 越大，供应商通过结盟获得的超额收益就越多，结盟动机就越强烈。对于存在供应约束刚性的市场，出现有形或无形的卡特尔联盟几乎是难以避免的现象。国际石油市场的欧佩克组织是典型的例子。

11.1.4 伯川寡头模型

伯川寡头模型是由法国经济学家约瑟夫·伯川（Joseph Bertrand）于 1883 年建立的。伯川寡头模型与古诺模型的主要区别在于决策变量的选择上，古诺模型的决策变量是产量，而伯川寡头模型的决策变量是产品价格。在市场竞争的表现上，伯川市场竞争更加激烈，厂商的占优策略为收支平衡点。在伯川市场上，不亏损已经是厂商的最佳结果。

假设 b_1、b_2 为市场上的两家供应商，向市场提供同质化产品，产品价格分别为 p_1、p_2；边际成本均为 c。假定市场的转移成本 $Cm=0$，当 b_2 定价高于 b_1 时，没有客户继续留在 b_2，全部转移到 b_1，此时，b_1、b_2 的销售量分别为：

$$q_1 = Q - p_1 \quad (11.1.43)$$

$$q_2 = 0 \quad (11.1.44)$$

如果供应商 b_1 定价高于 b_2，同样的情况就会发生，b_1、b_2 获得的销售量分别为：

$$q_1 = 0 \quad (11.1.45)$$
$$q_2 = Q - p_2 \quad (11.1.46)$$

如果供应商 b_1、b_2 选择相同价格 p，则会均分市场，实现的销售量分别为：

$$q_1 = q_2 = \frac{Q-p}{2} \quad (11.1.47)$$

在伯川市场上，由于 b_1、b_2 均希望将对方挤出市场，独占交易资源，占优策略是价格总是低于对方定价。在此策略驱使下，市场价格不断下降，直至达到边际成本 c 的底线。若任何一方选择 $p_i < c$，就必须承受亏损的结果。对于追求利润最大化的企业而言，这是不明智的选择。在伯川市场上，寡头博弈的结果只有一个均衡，即双方均选择边际成本 c 为产品价格，即：

$$p_1 = p_2 = c \quad (11.1.48)$$

在均衡点，伯川市场的供应商利润为 0，即：

$$E_1(p_1, p_2) = E_2(p_2, p_1) = \frac{Q-c}{2}c - \frac{Q-c}{2}c = 0 \quad (11.1.49)$$

伯川市场的均衡点同样是不稳定的。作为以利润为追求目标的组织，供应商 b_1、b_2 不可能满足零利润结果，必然会选择某种策略，打破无利润均衡格局。在 b_1、b_2 面前，有两种可能选择的策略：一种是忍受暂时的亏损，把对方挤出市场，最终获得完全垄断的市场地位；另一种是与对方合谋，形成卡特尔结盟垄断。

11.1.5 霍特林寡头竞争模型

霍特林寡头竞争模型是由美国经济学家哈罗德·霍特林（Harold Hotelling）于1929年提出的。与古诺模型和伯川寡头模型的不同之处在于，霍特林模型引入了供应商差异和转移成本两个因素，因此，也得到了比古诺模型和伯川寡头模型更为丰富的结论。

假设市场中存在两个寡头供应商，我们仍以 b_1、b_2 标记，客户均匀地分布在一条直线上。霍特林模型将供应商的异质性简化为位置上差异；客户转移成本简化为交通成本。假定 b_1 位于直线端点上，坐标记为 0；b_2 位于直线的另一端点上，坐标记为 1；客户均匀分布在区间 $[0,1]$ 上，每个客户均有一个坐标标识，$a_i \in \{a_i\}_M$ 为客户群中的任意客户，位置坐标用 x 表示。在分布区间上，a_i

距 b_1 的距离为 x；距 b_2 的距离为 $1-x$。在上述空间布局中，客户与供应商的交易成本体现在交通成本上，单位交通成本为 T。

在霍特林市场上，b_1、b_2 向市场提供完全同质化产品，供应商的差异主要体现在产品定价和客户的交通成本上。于是，分布在区间 [0,1] 上的客户，将会根据 b_1、b_2 的产品价格和与自己的距离选择交易对象。由于客户的目标完全一致，均会选择收益最大、综合成本最小的供应商，在客户区间上将会呈现分段格局，区间上存在的某个点成为两个供应商客户的分界点。在分界点的左侧，客户全部选择供应商 b_1；在分界点的右侧，客户全部选择供应商 b_2。

假设 b_1 的产品定价为 P_1，b_2 的产品定价为 P_2，客户每次的交易量为一个单位商品。对于任意客户 a_i，选择供应商 b_1 时，交易总支付为：

$$Pa_i^1 = P_1 + xT \quad (11.1.50)$$

选择供应商 b_2 的总支付为：

$$Pa_i^2 = P_2 + (1-x)T \quad (11.1.51)$$

如果 a_i 处在临界点上，两个供应商的总支付相等，我们由此得到临界点方程：

$$P_1 + xT = P_2 + (1-x)T \quad (11.1.52)$$

由式（11.1.52）得到霍特林市场的临界点 x^* 位置：

$$x^* = \frac{P_2 - P_1 + T}{2T} \quad (11.1.53)$$

根据市场临界点位置（11.1.53），我们可以分别计算供应商 b_1、b_2 的预期收益。假设两个供应商具有相同的边际成本 C。供应商有如下预期收益函数：

$$E_1(P_1) = \frac{P_2 - P_1 + T}{2T} P_1 - \frac{P_2 - P_1 + T}{2T} C \quad (11.1.54)$$

$$E_2(P_2) = \frac{P_2 - P_1 + T}{2T} P_2 - \frac{P_2 - P_1 + T}{2T} C \quad (11.1.55)$$

根据预期收益最大化原理，供应商将会通过优化定价策略，实现最大收益。由此，我们可以得到关于 E_1、E_2 极值的一阶微分条件：

$$\frac{\partial E_1}{\partial P_1} = \frac{P_2 - 2P_1 + T + C}{2T} = 0 \quad (11.1.56)$$

$$\frac{\partial E_2}{\partial P_2} = \frac{P_1 - 2P_2 + T + C}{2T} = 0 \quad (11.1.57)$$

由式（11.1.56）、（11.1.57）可以得到 b_1、b_2 定价策略的最优反应函数：

$$BR_1(P_1) = \frac{P_2 + T + C}{2} \quad (11.1.58)$$

$$BR_2(P_2) = \frac{P_1 + T + C}{2} \quad (11.1.59)$$

从双方最优反应函数来看，任何一方价格调整行为，必然会引起对方的跟随响应。当一方希望通过降低价格吸引更多客户时，对方就会做出同样的反应，降价效应就会被全部抵消。在霍特林市场上，供应商通过相互博弈，最终实现双方都能接受的最优价格，即纳什均衡价格。我们用 P^* 表示该均衡价格，满足如下关系：

$$BR_1(P_1) = P^* = BR_2(P_2) \tag{11.1.60}$$

将式（11.1.58）（11.1.59）代入（11.1.60）得到：

$$P^* = \frac{P^* + T + C}{2} \tag{11.1.61}$$

由式（11.1.61）得到：

$$P^* = T + C \tag{11.1.62}$$

由式（11.1.62）得出结论：在霍特林市场上，均衡价格为边际交通成本与边际生产成本之和。在此均衡价格上，供应商 b_1、b_2 获得的最大收益为：

$$E_1(P_1) = E_2(P_2) = \frac{T}{2} \tag{11.1.63}$$

由式（11.1.63）得到霍特林模型最为重要的结论是：在寡头竞争市场上，由于受到交通因素导致交易成本不为零情况的影响，供应商存在大于零的均衡利润。均衡利润的大小取决于交通成本（转移成本）的高低。交通成本越大，供应商的均衡利润越高。

在霍特林模型中，交通成本作为市场转移成本的代表，位置代表供应商之间的差异。我们知道，供应商差异与市场转移成本存在正向相关关系。供应商的差异化表现越强，客户在供应商之间转移的适应成本就越高。霍特林模型揭示了供应商追求产品差异化背后的逻辑。

11.1.6　D-S 垄断竞争模型

D-S 垄断竞争模型是由印度经济学家阿维纳什·K. 迪克西特（Avinash K. Dixit）与美国经济学家、诺贝尔经济学奖得主约瑟夫·E. 斯蒂格利茨（Joseph E. Stiglitz）在 1977 年联名发表的论文《垄断竞争和最优产品多样化》中首次提出的。D-S 模型突出的特点在于它的建模方法，采用典型的新古典经济学均衡分析框架，模型的假设条件比较宽松，所得结论比较丰富。目前，D-S 模型已经成为新贸易理论和经济增长理论以及空间经济学等领域的基础工具。

模型将交易系统划分为两个部分，一部分聚焦分析的市场，市场上有 n 个供应商，记为 $\{b_i\}_n$，其中，$b_i \in \{b_i\}_n$ 市场上的任意供应商，产品价格为 p_i，边际成本不变，记为 c。显然，该市场具有多中心相位构型，属于垄断竞争市场；交易系统剩余的部分归为另一部分，由其中的某个供应商作为代表，记为 b_0，将其产品价格作为交易系统的价格参照，约定 $p_0=1$。在垄断竞争市场上，不同供应商的产品具有不变替代弹性 σ。

假设 a 为交易系统中的任意交易主体，作为消费者的代表，具有 CES 效用函数：

$$u = U\left(x_0, \left\{\sum_1^n x_i^\rho\right\}^{\frac{1}{\rho}}\right) \tag{11.1.64}$$

由于存在边际效用递减的规律，要求函数 $y = \left\{\sum_1^n x_i^\rho\right\}^{\frac{1}{\rho}}$ 具有凸性特征，因此，替代弹性必须满足 $\rho<1$。为了避免出现无穷大的奇异值，要求 $\rho>0$。作为 D-S 模型重要的结构参数，ρ 既反映了消费者多样化偏好，ρ 值越大，表明交易主体多样化偏好越强；同时，ρ 又反映了商品间的替代弹性大小，与替代弹性 σ 有如下关系：

$$\rho = 1 - \frac{1}{\sigma} \tag{11.1.65}$$

由式（11.1.65）可知，ρ 与 σ 具有同向变化关系。因此，ρ 又称为替代弹性参数，与替代弹性 σ 高度相关。替代弹性 σ 越大，ρ 也越大。

不变替代弹性条件意味着在交易主体的决策中，对不同商品的需求弹性完全相同。需求弹性的大小取决于不变替代弹性水平。不变替代弹性越强，需求弹性就越大，消费者对价格的敏感度就越高。

显然，替代弹性参数 ρ 的大小也间接地反映了不同厂商产品的个性化特征强度。个性化特征越明显，产品之间的替代性就越低，此时替代弹性参数 ρ 就越小；相反，产品同质化程度越高，ρ 的取值就越大。

交易主体 a 遵守如下预算约束：

$$x_0 + \sum_1^n x_i p_i = I \tag{11.1.66}$$

在式（11.1.66）中，x_0 表示交易主体 a 消费供应商 b_0 产品的数量；x_i 表示交易主体 a 消费供应商 b_i 产品的数量；I 表示交易主体 a 的当期收入。

根据交易主体的目标函数（11.1.64）和约束条件（11.1.66），我们可以得到交易主体的拉格朗日函数：

$$L = U(x_0, y) - \lambda\left(x_0 + \sum_1^n x_i p_i - I\right) \tag{11.1.67}$$

由预期收益最大化原理可知，交易主体 a 必然将根据每个供应商的产品所能带来边际效用以及预算约束，确定消费量 x_i 的大小，使其在其他条件不变的情况下，在 x_i 的取值处达到效用极值。我们由此得到如下极值条件：

$$\frac{\partial L}{\partial x_i} = \frac{\partial U(x_0, y)}{\partial x_i} - \frac{\partial}{\partial x_i}\left[\lambda\left(x_0 + \sum_1^n x_i p_i - I\right)\right] = 0 \quad (11.1.68)$$

将式（11.1.68）展开得到：

$$\frac{\partial U(x_0, y)}{\partial y}\frac{\partial y}{\partial x_i} - \lambda p_i = 0 \quad (11.1.69)$$

对式（11.1.69）导数进一步展开得到：

$$\frac{\partial U(x_0, y)}{\partial y}\left[\frac{1}{\rho}\left(\sum_1^n x_i^\rho\right)^{\frac{1}{\rho}-1}\right]\rho x_i^{\rho-1} - \lambda p_i = 0 \quad (11.1.70)$$

整理式（11.1.70）得到：

$$\frac{\partial U(x_0, y)}{\partial y}\left[\left(\sum_1^n x_i^\rho\right)^{\frac{1}{\rho}}\right]^{1-\rho} x_i^{\rho-1} - \lambda p_i = 0 \quad (11.1.71)$$

将 $y = \left\{\sum_1^n x_i^\rho\right\}^{\frac{1}{\rho}}$ 代入（11.1.71）得到：

$$\frac{\partial U(x_0, y)}{\partial y} y^{1-\rho} x_i^{\rho-1} - \lambda p_i = 0 \quad (11.1.72)$$

由式（11.1.72）解出交易主体 a 对供应商 b_i 产品的最优消费量：

$$x_i^* = y\left(\frac{1}{\lambda}\frac{\partial U(x_0, y)}{\partial y}\right)^{\frac{1}{1-\rho}}\left(\frac{1}{p_i}\right)^{\frac{1}{1-\rho}} \quad (11.1.73)$$

式（11.1.73）表明，在交易主体的消费清单中，对一种商品的最优消费量与商品的价格成反比。

将式（11.1.73）代入式（11.1.66）得到交易主体 a 对供应商 b_0 的最优消费量：

$$x_0^* = I - y\left(\frac{1}{\lambda}\frac{\partial U(x_0, y)}{\partial y}\right)^{\frac{1}{1-\rho}}\sum_1^N\left(\frac{1}{p_i}\right)^{\frac{\rho}{1-\rho}} \quad (11.1.74)$$

根据式（11.1.73），我们可以计算交易主体 a 对供应商 b_i 产品需求的价格弹性：

$$E_p = -\frac{\Delta x_i / \Delta p_i}{x_i / p_i} = -\frac{\partial x_i / \partial p_i}{x_i / p_i} \quad (11.1.75)$$

将式（11.1.73）代入式（11.1.75）得到：

$$E_p = \frac{1}{1-\rho} \tag{11.1.76}$$

受需求价格弹性的影响，供应商向市场每增加一个产品供应，价格就会随之向下调整，否则市场将无法达到均衡。在任意价格 p_i 上，供应商多增加一个产品，价格下调的比例为 $\frac{1}{E_p(p_i)}$。因此，最后产品的边际收益为

$$MR = p_i\left(1 - \frac{1}{E_p(p_i)}\right) \tag{11.1.77}$$

由利润最大化条件可知，当边际收益等于边际成本时，供应商 b_i 达到最优生产规模，实现最大利润。

由假设可知，边际成本不变：

$$MC = c \tag{11.1.78}$$

由此得到供应商的最优生产策略：

$$p_i\left(1 - \frac{1}{E_p(p_i)}\right) = c \tag{11.1.79}$$

将式（11.1.76）代入（11.1.79）得到：

$$p_i(1-(1-\rho)) = c \tag{11.1.80}$$

由式（11.1.80）可以得到 b_i 的最优定价：

$$p_i^* = \frac{c}{\rho} \tag{11.1.81}$$

式（11.1.81）表明，在边际成本不变的条件下，垄断竞争市场供应商的最优定价与产品的替代弹性参数呈反比关系。替代弹性参数越低，最优定价越高。替代弹性参数与转移成本关系密切。一般来讲，在同等条件下，产品的替代弹性参数越低，消费者转移成本就会越高。由此看来，D-S 模型关于替代弹性和最优定价关系的结论与交易模型和霍特林模型的结论基本一致。

考虑到效用函数中供应商地位具有对称性，无论是供应商的最优定价 p_i^*，还是消费者的最优消费量 x_i，均具有相等量值，即：

$$p_i^* = p^*, \quad i = 1,2,\cdots,n \tag{11.1.82}$$

$$x_i^* = x^*, \quad i = 1,2,\cdots,n \tag{11.1.83}$$

将式（11.1.82）、（11.1.83）代入（11.1.67）得到：

$$L = U\left(x_0, x^* n^{\frac{1}{\rho}}\right) - \lambda\left(x_0 + x^* p^* n - I\right) \tag{11.1.84}$$

由于受到预算约束的限制,消费多元化存在一定的上限。由(11.1.84)可以解出产品种类的最大数量:

$$n^* = \left(\lambda p^* \rho\right)^{\frac{\rho}{1-\rho}} \left(\frac{\partial U}{\partial y}\right)^{-\frac{\rho}{1-\rho}} \quad (11.1.85)$$

为了确定产品替代弹性与垄断竞争市场多元化的关系,根据(11.1.85),我们对 n^* 求替代弹性参数 ρ 的导数。出于技术上的考虑,我们首先对(11.1.85)两边求对数:

$$\ln n^* = \frac{\rho}{1-\rho}\left[\ln\left(\lambda p^* \rho\right) - \ln \frac{\partial U}{\partial y}\right] \quad (11.1.86)$$

对式(11.1.86)求关于 ρ 的导数:

$$\frac{\partial \ln n^*}{\partial \rho} = \frac{1}{(1-\rho)^2}\left[\ln(\lambda p^* \rho) - \ln \frac{\partial U}{\partial y}\right] + \frac{\rho}{1-\rho}\left(\frac{1}{\rho}\right) \quad (11.1.87)$$

如果下面的条件得到满足:

$$\rho \geq \frac{1}{\lambda p^*}\frac{\partial U}{\partial y} \quad (11.1.88)$$

则下面的不等式成立:

$$\frac{\partial \ln n^*}{\partial \rho} > 0 \quad (11.1.89)$$

如果下面的条件得到满足:

$$\rho < \frac{1}{\lambda p^*}\frac{\partial U}{\partial y} \quad (11.1.90)$$

则下面的不等式成立:

$$\frac{\partial \ln n^*}{\partial \rho} < 0 \quad (11.1.91)$$

式(11.1.89)、(11.1.91)表明,垄断竞争市场存在分岔现象,市场临界点在 $\rho = \frac{1}{\lambda p^*}\frac{\partial U}{\partial y}$ 附近。在临界点的左侧,最佳产品种类数量与替代弹性参数呈反向关系,替代弹性参数越低,市场对垄断供应商数量的容量就越大;在临界点右侧,市场对垄断供应商数量的容量与替代弹性参数呈正向关系,供应商产品替代弹性越高,市场容纳供应商的数量就越大。但是,由于替代弹性参数与市场均衡价格存在反向关系,当替代弹性参数增大、品质趋同时,市场均衡价格将会不断下行。因此,产品趋同的过程必然是暂时的、不稳定均衡;只有当市场进入到另一个分岔区域上,供应商开始追求产品特性,产品替代弹性开始下降时,市场才会进入良性循环的进程。事实上,这是市场演化必然要经历的两个阶段:第一阶段是处于市场发展初期，第二阶段是市场进入了成熟期。

11.1.7 多中心市场性质综述

多中心相位构型是现代交易系统的主导市场模式。我们通过五种模型，从不同视角对多中心市场博弈特点以及演化规律进行了多维度研究，使我们对多中心相位结构市场的特性有了更加深入的理解。

第一，多中心市场是一种不稳定的相位结构。在持续不断的竞争中，供应商通过性价比跃迁淘汰竞争力低下的供应商。经过一轮又一轮的市场淘汰，市场结构演化的最终归宿是，供应商数量不断减少并最终向单中心完全垄断或寡头垄断结构收敛。

在上述演化收敛规律之下，存在一种小概率的可能性，即市场上多个供应商竞争力非常接近，经过多轮竞争，仍然无法打破原有的市场格局。在这种情况下，供应商将会达成某种或明或暗的联盟方式，相互协调，形成联盟垄断格局。

第二，多中心市场上的转移成本存在自我增强倾向。在多中心市场上，转移成本越高，供应商的利润空间就越大。在逐利动机的驱使下，供应商将会通过各种手段提高产品差异化，以维持自身的利润空间。从市场演化的全生命周期来看，在市场形成初期，供应商处于经验积累阶段，相互学习、相互模仿是供应商在这个阶段的典型特点。在供应商相互学习和模仿的过程中，市场逐渐向标准化、规范化收敛。市场标准化一经完成，市场便会进入一个相反的过程——差异化过程。在这个阶段，供应商由第一阶段的激进策略转变为稳步进攻策略。一方面通过突出个性特色、强化产品特征的方式，达到稳定客户群的目的；另一方面，通过对产品的升级换代，吸引更多客户，由此向竞争对手发起进攻。在市场演化的前后两个阶段，标准化阶段的演化速度较快，而差异化、个性化阶段演化速度相对缓慢。供应商数量在标准化阶段大幅减少，能够进入差异化阶段的供应商数量虽然有限，但竞争实力普遍较强。上述这些结论，在交易模型、霍特林模型以及 D-S 模型中均得到印证。

第三，多中心市场演化进程通常表现为代际跃迁的进化特征。多中心市场在产品性价比上的进化呈现跃迁模式，在经历一段时间的力量积蓄后，供应商在生产组织效率、产品设计和生产技术等方面都会有较大提高，这些变化就会集中表现在产品性价比上。在多中心市场的代际跃迁进化中，性价比沿着梯级上升的方向变化。作为现代交易系统的主导市场模式，多中心市场代际跃迁的进化模式，决定了交易系统演化的基本特点，即加速—放缓—加速的波浪进化特点。

本节讨论的五个模型各有侧重点，在现实中均有对应的市场原型。古诺模型侧重于产量博弈，与国际原油市场高度契合。由古诺模型得到的关键结论是，对于大容量市场，供应商结为卡特尔联盟具有一定的必然性。伯川寡头模型侧重于价格博弈，在现实中对应着供应商众多、产品高度同质化的充分竞争市场，带有市场演化初期的典型特征。霍特林模型侧重于供应商差异化和转移成本的作用，能够在市场演化后期，即成熟市场中找到较为贴切的应用场景。与上述模型相比，D-S 模型具有更强的普适性，适应于任何发展时期的市场分析。模型采用新古典经济学的均衡分析方法，使用产品替代弹性作为关键指标对多中心市场进行描述，逻辑严谨，便于计量分析应用。

与上述四个垄断竞争模型相比，多中心市场交易模型在条件设置上比较宽松，不仅允许供应商产品的差异化，而且市场存在转移成本；供应商不仅可以在价格上博弈，也可以在质量、性能上博弈。这样构造的交易模型与企业间博弈的真实情景比较吻合，具有更为宽广的应用场景。

在模型构造方法上，包括交易模型在内，古诺模型、伯川寡头模型和霍特林模型，均采用了博弈论作为基本框架，交易主体均遵守预期收益最大化原则。不同之处在于，交易模型中的博弈变量是产品性价比，与价格、产量等博弈变量相比，性价比的含义更为综合，结论中所蕴含的博弈策略也更为丰富。

从模型得出的结论来看，多中心交易模型的结论更为丰富，不仅包含了其他四个模型的全部结论，而且具有更强的动态演化特征，从而深化了我们关于市场演化进程的认知。

11.2 单中心相位构型

从数学的角度来看，任何自然数 n 都可以看作是 1 重复叠加的结果，但这样的逻辑却不能推广到多中心模型与单中心模型的关系上。在多中心交易模型中，市场博弈的重心处于同相位的厂商之间；而在单中心交易模型中，市场博弈的重心处在异相位的客户与厂商之间。正是因为如此，单中心交易模型不可能作为特例从多中心交易模型中推导出来，而是需要独立构建模型。

11.2.1 单中心交易模型

单中心相位构型是由单一供应商完全垄断的市场结构。与多中心相位构型市场相比，在现代交易系统中出现单中心市场的概率极其微小，只可能在极其特殊的情况下才会出现。尽管如此，作为交易网络上可能出现的相位构型，我们仍然有必要对其运作机制进行研究。

在单中心市场上，整个市场只有一个供应商，客户没有其他选择的可能性，属于完全垄断性的市场结构。单中心相位构型的网络关系如图 11.2.1 所示：

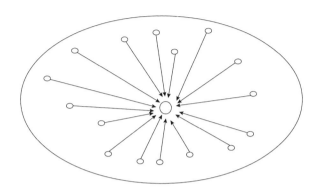

图 11.2.1　单中心相位构型示意图

市场一旦形成垄断格局，拥有垄断地位的厂商便获得了超级交易势，市场已经形成了事实上的进入壁垒。在这种情况下，垄断企业的主要任务只有两项：一是维持客户群体的基本满意度，避免出现市场萎缩；二是保证合法经营，避免政府的监管处罚。根据这样的逻辑，我们来构建单中心交易模型。

假设垄断厂商对产品的初始定价为 P，对应的销售量为 Q，边际生产成本为 C；现在厂商打算将价格由 P 提高到 $P+\Delta P$，$\Delta P>0$。厂商知道，涨价可能带来两个后果：一种是市场对价格上涨会做出减少需求的反应，另一种是引起监管部门的关注，遭到监管部门的处罚。假设受到处罚的损失为 Ca，遭受处罚的概率为 $\Pr$。在这种情况下，厂商选择提价策略的预期收益函数如下：

$$E\left(\frac{\Delta P}{P}\right)=(P+\Delta P)(Q+\Delta Q)-C(Q+\Delta Q)-(PQ-CQ)-\Pr\times Ca \quad (11.2.1)$$

整理后得到：

$$E\left(\frac{\Delta P}{P}\right)=PQ\left(\frac{\Delta Q}{Q}+\frac{\Delta P}{P}+\frac{\Delta P}{P}\frac{\Delta Q}{Q}-\frac{\Delta Q}{Q}\frac{C}{P}\right)-\Pr\times Ca \quad (11.2.2)$$

令 $\pi=\dfrac{\Delta P}{P}$，$\alpha=-\dfrac{\frac{\Delta Q}{Q}}{\pi}$

代入式（11.2.2）得到：

$$E(\pi)=PQ\left(\pi-\alpha\pi-\alpha\pi^2+\alpha\pi\frac{C}{P}\right)-\Pr\times Ca \quad (11.2.3)$$

根据预期收益最大化原理，只有在涨价为厂商带来大于 0 的收益时，厂商才会选择涨价策略。由此得到：

$$PQ\pi\left(1-\alpha-\alpha\pi+\alpha\frac{C}{P}\right)-\Pr\times Ca > 0 \tag{11.2.4}$$

整理（11.2.4）得到：

$$PQ\pi\left(1-\alpha-\alpha\pi+\alpha\frac{C}{P}\right) > \Pr\times Ca \tag{11.2.5}$$

考虑到现实中价格调整通常比较温和，在不影响结论一般性的情况下，我们假定 $\pi < 1$，由此得到如下结果：

$$PQ\left(1-\alpha-\alpha\pi+\alpha\frac{C}{P}\right) > PQ\pi\left(1-\alpha-\alpha\pi+\alpha\frac{C}{P}\right) > \Pr\times Ca \tag{11.2.6}$$

$$\therefore PQ\left(1-\alpha-\alpha\pi+\alpha\frac{C}{P}\right) > \Pr\times Ca \tag{11.2.7}$$

$$\therefore \left(1-\alpha-\alpha\pi+\alpha\frac{C}{P}\right) > \frac{\Pr\times Ca}{PQ} \tag{11.2.8}$$

$$\therefore 1-\alpha\left(1-\frac{C}{P}\right)-\frac{\Pr\times Ca}{PQ} > \alpha\pi \tag{11.2.9}$$

$$\therefore \pi < \frac{1}{\alpha}-\frac{\Pr}{\alpha}\frac{Ca}{PQ}-\left(1-\frac{C}{P}\right) < \frac{1}{\alpha}-\frac{\Pr}{\alpha}\frac{Ca}{PQ} \tag{11.2.10}$$

$$\therefore \pi < \frac{1}{\alpha}\left(1-\frac{\Pr\times Ca}{PQ}\right) \tag{11.2.11}$$

现在，我们来考察在缺少有效市场监管的情况下，垄断厂商的最优定价满足的条件。

假设 $\Pr = 0$，由（11.2.3）得到：

$$E(\pi) = PQ\left(\pi-\alpha\pi-\alpha\pi^2+\alpha\pi\frac{C}{P}\right) \tag{11.2.12}$$

根据极值的微分条件，厂商最优定价满足如下方程：

$$\frac{\partial E(\pi)}{\partial \pi} = 0 \tag{11.2.13}$$

由式（11.2.13）得到：

$$1-\alpha-2\alpha\pi+\alpha\frac{C}{P} = 0 \tag{11.2.14}$$

由式（11.2.14）得到垄断厂商的最优定价策略：

$$\pi^* = \frac{1}{2\alpha}-\frac{1}{2}\left(1-\frac{C}{P}\right) \tag{11.2.15}$$

对比（11.2.11）、（11.2.15），我们可以得到垄断厂商在两种不同市场环境下定价策略差异：

$$\pi^* - \pi > \frac{1}{2\alpha} - \frac{1}{2}\left(1 - \frac{C}{P}\right) - \frac{1}{\alpha}\left(1 - \frac{\Pr \times Ca}{PQ}\right) \quad (11.2.16)$$

整理得到：

$$\pi^* - \pi > \frac{1}{\alpha}\left(\frac{\Pr \times Ca}{PQ} - \frac{1}{2}\right) - \frac{1}{2}\left(1 - \frac{C}{P}\right) \quad (11.2.17)$$

由式（11.2.17）我们得到 $\pi^* - \pi > 0$ 的条件：

$$\frac{1}{\alpha}\left(\frac{\Pr \times Ca}{PQ} - \frac{1}{2}\right) - \frac{1}{2}\left(1 - \frac{C}{P}\right) > 0 \quad (11.2.18)$$

整理得到：

$$\alpha < \frac{2\Pr \times Ca - PQ}{PQ - CQ} \quad (11.2.19)$$

当式（11.2.19）成立时，意味着市场需求具有较大刚性，在有效市场监管约束下，垄断厂商将会采用低于自由市场环境的最优策略定价：

$$\pi^* - \pi > 0 \quad (11.2.20)$$

式（11.2.11）表明：在垄断市场上，市场价格弹性和政府监管是决定企业定价行为的关键因素。市场的价格弹性越大，垄断企业对涨价就越慎重；政府对市场监管越严厉，对垄断企业的约束效果越显著。尤其需要说明的是，企业对受到处罚可能性的主观判断在其定价决策中发挥着十分重要的作用。这就表明，政府对市场的监管效率非常关键，仅有严苛的法规还不够，即使理论上 Ca 值很大，如果执法效率低下，垄断企业违法受到处罚的概率 $\Pr$ 很低，法律的实际效果就会大打折扣。

从式（11.2.15）可以得到，当市场需求具有较强刚性时，需求弹性系统 α 取值很小，市场自身对垄断企业的价格约束很弱，垄断厂商倾向于抬高产品价格，通过侵害消费者利益实现超额垄断利润。

此外，式（11.2.19）、（11.2.20）还为我们提供了与垄断厂商定价策略有关的更多信息。对于需求弹性较大的市场，市场本身就会成为垄断厂商定价行为的外部约束，此时市场监管应当聚焦在产品质量和售后服务方面；对于需求刚性较大的市场，价格监管应当作为政府管理部门的首要任务。

11.2.2 米尔格罗姆—罗伯茨垄断模型

在单中心市场厂商行为的研究方面，米尔格罗姆—罗伯茨模型具有重要的影响力。米尔格罗姆—罗伯茨模型是由 2020 年诺贝尔经济学奖获得者、美国经济学家保罗·R.米尔格罗姆（Paul R. Milgrom）与经济学家约翰·罗伯茨（John Roberts）在1982年提出的。该模型是信号传递博弈在产业组织理论中的首次运用。模型的主要结论是，在信息不对称的环境下，垄断厂商倾向于将产品价格限制在垄断均衡价格之下，以此阻止潜在竞争者的进入。正因为如此，米尔格罗姆—罗伯茨垄断模型又被称为垄断限价模型。

假定 b_1 是单中心市场唯一的供应商，处于完全垄断地位；b_2 为任意潜在竞争供应商的代表。米尔格罗姆—罗伯茨模型着重分析垄断供应商 b_1 为阻止 b_2 进入所采取的定价策略。分别考察前后相连两个时段上的定价行为。在第一个时段，b_1 的定价策略将直接决定着 b_2 在第二时段是否进入市场。假定 b_1 在第一时段上的定价为 P_1。

b_1 有两种可能类型，高成本类型记为 H，低成本类型记为 L，ϑ 表示任意类型，可以有两种不同取值，$\vartheta = H$ 或 $\vartheta = L$。在信息不对称的市场中，b_2 不会知道 b_1 的确切类型，只能根据对 b_1 定价行为的观察进行推断。用 $\mu(H)$ 表示 b_2 推断 b_1 为高成本类型的概率；用 $\mu(L)$ 表示 b_2 推断 b_1 为低成本类型的概率。显然，两者应满足概率恒等式：$\mu(H) + \mu(L) = 1$。

用 P_1^ϑ 表示 b_1 在类型为 ϑ 时的最优垄断价格；用 $E_1^\vartheta = E_1^\vartheta(P_1^\vartheta)$ 表示最优垄断价格对应的预期收益。不同类型的垄断价格及预期收益满足如下关系：$P_1^H > P_1^L$，$E_1^H < E_1^L$。用 δ 表示市场贴现因子。

在第二时段上，如果 b_2 选择进入，市场将形成双寡头格局。b_1 为了抵御 b_2 的入侵，将会尽量压低价格，直至价格接近生产成本底线。如果 b_1 属于低成本类型，就会将价格压得非常低，以至于 b_2 无法承受。在此情况下，b_2 对于 b_1 类型的推断是进入决策中的关键参数。如果 $\mu(H) >> \mu(L)$，b_2 就会进入；如果 $\mu(H) << \mu(L)$，b_2 就会决定放弃进入。

假设在双寡头格局下，b_1、b_2 的预期收益函数分别为 D_1^ϑ、D_2^ϑ，根据上述分析，我们可以合理假设：

$$E_1^\vartheta > D_1^\vartheta \tag{11.2.21}$$

$$D_2^H > 0 > D_2^L \tag{11.2.22}$$

很显然，如果 b_1 属于低成本类型，b_1 不需要伪装，b_2 可以根据 b_1 的定价行为就能判断出 $\vartheta = L$ 的结果，从而主动放弃进入市场的决定。当 b_1 属于高成本类型时，为了阻止潜在竞争者进入市场，b_1 会选择向市场传递 $\vartheta = L$ 的虚假信号，只要满足如下条件：

$$E_1^H(P_1^L) + \delta E_1^H(P_1^L) > E_1^H(P_1^H) + \delta D_1^H \tag{11.2.23}$$

b_2 就会选择低于最优垄断价格的 P_1^H，选择用暂时的损失换取长期的更大收益，将价格 P_1 定为等于或低于低成本类型的垄断价格，即：

$$P_1 \leqslant P_1^L \tag{11.2.24}$$

无论 b_1 属于何种类型，选择（11.2.24）给出的定价策略均是 b_1 的占优策略。这就是米尔格罗姆—罗伯茨垄断限价模型的关键结论：即垄断企业为了阻止潜在的竞争者进入市场，会主动选择低于最优垄断价格给产品定价，从而解释了关于垄断企业定价理论与事实情况不符问题的成因。[1]

无论是单中心交易模型，还是米尔格罗姆—罗伯茨垄断限价模型，均给出了十分接近的结论：即使完全垄断市场，供应商不会毫无节制地抬高价格，产品价格也不是定得越高越好。垄断供应商面临众多外部约束因素，包括市场需求弹性、政府监管、潜在竞争者的觊觎等，这些都在一定程度上发挥着限制垄断供应商提价的作用。

11.3 随机交易构型

多中心相位构型和单中心相位构型均是由稳定的相位结构界定市场类型，而随机交易构型则是从交易网络链接的稳定性或网络重连率角度做出的界定。

随机交易构型的交易关系极不稳定、带有很大随机性。在随机交易市场上，客户既没有过往交易信息积累，客户间也没有信息传递。传统社会中的集贸市场、现代社会中的跳蚤市场均属于这类市场构型。

尽管随机交易市场在现代交易系统中日渐衰微，但这类市场仍然发挥着一定的功能，尤其是在特殊场景和特殊领域，甚至发挥着不可替代作用，跳蚤市场就是很好的例子。即使在经济发达的西方国家，跳蚤市场作为一种文化符号依然在丰富居民生活中扮演不可或缺的角色。以欧洲为例，法国就有克里昂库跳蚤市场、夏都跳蚤市场、莱桑德利跳蚤市场；比利时有布鲁塞尔跳蚤市场；荷兰有阿姆斯特丹跳蚤市场；意大利有阿勒索跳蚤市场；在美国，有名的跳蚤市场众多，有迈阿密海滩的代拓纳（Daytona）跳蚤市场、位于印第安纳州的 Shipshewana 跳蚤市场，以及位于俄亥俄州的斯普林菲尔德（Springfield）跳蚤市场等。在我国，北京潘家园古玩市场是具有代表性的跳蚤市场，市场拥有多达 3 000 多个摊位，占地面积达到 5 万平方米，市场经营者来自全国 20 多个省、市、自治区，经营民间旧货、工艺品、收藏品、仿古家具、佛教信物、民族服装以及生活用品。此外，广州荔康旧货市场、深圳三和旧货市场、顺德旧货市场、广西南宁恒德旧货市场等，均有一定规模和影响力。这些市场经营的商品种类繁多，无奇不有，价值从几元钱的小物件到上万、几十万元的收藏品均有涉猎；商品良莠不齐，鱼龙混杂。在现代大都市中，这些跳蚤市场不仅是交易的场所，还肩负着吸引游客观光打卡的文化重任，是了解小到一个城市、大到一个国家民生习俗、历史沿革及文化风貌方面的生动样本。

随机交易构型的典型特征是交易关系的不稳定性，我们用虚线表示不稳定的交易关系，对应的交易网络如图 11.3.1 所显示：

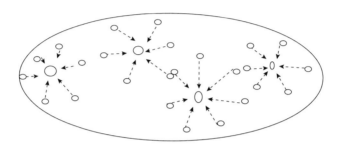

图 11.3.1　随机交易构型示意图

在随机交易市场上，交易双方的信息具有很大的不对称性，交易对象的选择呈现完全的随机性。销售商为了吸引客户，会充分利用信息不对称优势，给客户制造品质幻象或价格幻象。

假设 $\{a_i\}_N$ 是一组随机消费者，$\{b_j\}_M$ 为销售商群体。在随机市场上，消费者没有关于供应商的知识，没有过往交易经验；消费者之间也没有信息通信，只能根据对商品外观及销售商的推销信息对商品性价比进行推断。假设销售商 b_j 的商品真实性价比为 λ_j，而 a_i 对其估值为 $e(\lambda_j)$，消费者根据自己对各种商品性价比的估值做出自己的选择。为了技术上方便，我们仍然假设消费者每次的交易量为一个单位的商品。

假设 a_i 在选择 b_j 作为交易对象时的预期收益为：

$$E_i(b_j) = Z_j - P_j \tag{11.3.1}$$

根据约定，交易主体 a_i 只能根据自己掌握的信息，对销售商 b_j 的商品价值量进行估值：

$$\therefore Z_j = p_j e(\lambda_j) \tag{11.3.2}$$

$$\therefore E_i(b_j) = P_j e(\lambda_j) - P_j = P_j(e(\lambda_j) - 1) \tag{11.3.3}$$

在没有交易经验可供参考的背景下，消费者只能根据自己从销售商那里获得的有限信息进行判断，并选择预期性价比最高的供应商进行交易。

在随机市场上，只有销售商知道自己真实的性价比。在这种情况下，供应

商 b_j 的预期收益函数为：

$$E_j = (P_j - C_j) N_j \quad (11.3.4)$$

通常情况下，销售商的进货成本 C_j 与商品的真实价值之间存在正比关系。商品价值越高，销售商需要支付的成本 C_j 就越大。这种关系可以用函数表达：

$$C_j = \alpha Z_j \quad (11.3.5)$$

由于销售商必须在交易中有所收益，α 就必须小于 1；销售商的客户群 N_j 的大小取决于销售商诱导客户所形成的性价比估值大小。通过销售商的吹嘘，客户对其商品的性价比估值越高，客户群就越大。由此得到：

$$N_j = \beta e(\lambda_j) \quad (11.3.6)$$

在式（11.3.6）中，β 是大于 1 的参数，将（11.3.5）、（11.3.6）代入（11.3.4）中得到：

$$E_j = (P_j - \alpha P_j \lambda_j) \beta e(\lambda_j) \quad (11.3.7)$$

整理式（11.3.7）得到：

$$E_j = \beta P_j e(\lambda_j)(1 - \alpha \lambda_j) \quad (11.3.8)$$

从（11.3.8）的结构来看，随机市场上的销售商给消费者营造的性价比估值越高，为自己带来的收益就越大；而真实性价比越低，对供应商就越有利。由于随机市场上缺乏重复博弈的信息反馈机制，销售商对作假行为的后果毫无忌讳，这就导致了跳蚤市场销售假冒商品的倾向。

在随机市场上，如果销售商不去制造假象，而是向消费者展示真实的性价比，其收益函数如下：

$$E_j = \beta P_j \lambda_j (1 - \alpha \lambda_j) \quad (11.3.9)$$

与式（11.3.8）对比，我们可以得到销售商的寻租收益：

$$\Delta E_j = \beta P_j \left[e(\lambda_j) - \lambda_j \right] (1 - \alpha \lambda_j) \quad (11.3.10)$$

寻租形成的收益增长率与制造假象的效果密切相关：

$$\frac{\Delta E_j}{E_j} = \frac{e(\lambda_j) - \lambda_j}{\lambda_j} \quad (11.3.11)$$

式（11.3.11）表明，在随机市场上，销售商具有强烈的制假动机，会采用一切可能的手段误导消费者；当然，消费者为了维护自身的利益，总会尽可能甄别销售商的信息，通常会在市场上货比三家，通过讨价还价等手段获得对方的真实信息，以此增加对性价比估值的能力。

在交易系统中，重连率比较低的市场，就会呈现出随机市场的某些特点，交易双方也会进行作假与拆穿的博弈游戏。

11.4 供应链枢纽构型

我们现在转向产业组织，对产业内部不同的组织结构所诱导的交易特点进行分析。

供应链枢纽构型是指在产业链中，一个交易主体处于产业链的中心枢纽位置，其他上、下游企业均以不同相位方式与其交易链接的特殊构型。该构型结构如图 11.4.1 显示：

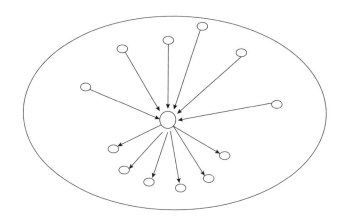

图 11.4.1 交易链枢纽构型示意图

在附加值较高的产品供应链上，受到技术约束和投资规模巨大等因素的约束，容易形成枢纽构型的产业链结构。智能手机、家电、汽车、飞机等供应链，上游是为数众多的零配件供应商，下游是数量庞大的消费群体，由此形成枢纽构型的交易网络。事实上，枢纽点不仅可能出现在终端产品位置上，也可能出现在供应链的任何位置上，如芯片供应商就处在包括智能手机、汽车、家电等众多供应链的枢纽位置上。

处于枢纽位置上的交易主体具有独特的交易优势，通常拥有超级交易势，具有强大的议价能力，并能在一定程度上影响市场的整体竞争力。

为了分析方便起见，我们将处于枢纽位置上的厂商记为 b_0，上游伙伴记为 $\{b_j\}_M$；下游客户记为 $\{a_i\}_N$。我们重点分析枢纽厂商预期收益函数 E_0 的结构和交易策略。

在中心枢纽构型的供应链上，处于下游的企业基本没有议价能力。由于供应链组织的相对稳定性，下游企业不会因为枢纽厂商的价格调整改变交易关系。因此，我们有理由假设枢纽厂商的客户群 N 是一个常数，且有稳定的需求量 Q_0。

若 b_0 的产品定价为 P_0，边际成本为 C，则预期收益函数如下：

$$E_0 = (P_0 - C)Q_0 \quad (11.4.1)$$

边际成本 C 主要由配件成本、用工成本及固定资产折旧成本等因素构成。在其他条件不变的情况下，边际成本 C 与配件平均价格 $\overline{P}$ 呈正比关系：

$$C = k\overline{P} \quad (11.4.2)$$

其中，$k > 0$，取值大小取决于边际成本结构，即取决于包括人力成本、固定资产折旧成本、能耗成本及原材料成本等各成分所占比重。原材料成本占比越高，$k > 0$ 就取值越大。

将（11.4.2）代入（11.4.1）得到：

$$E_0 = \left(\frac{Z_0}{\lambda_0} - k\frac{\overline{Z}}{\overline{\lambda}}\right)Q_0 \quad (11.4.3)$$

在式（11.4.3）中，Z_0 表示 b_0 产品的价值量，λ_0 表示 b_0 的性价比，$\overline{Z}$ 和 $\overline{\lambda}$ 分别代表上游配件价值量均值和性价比均值。

式（11.4.3）表明，在产品性能既定的条件下，枢纽厂商 b_0 倾向于降低自己的性价比，施压上游厂家提升性价比。表现在实际操作上，b_0 会维持自己产品较高的定价，压低上游配件的价格。从长期来看，尽管枢纽厂商拥有影响甚至控制上游定价的能力，但从巩固市场地位出发，b_0 仍有改善产品性能的动机，只要能够保持性价比稳定，依然可以从产品优化中收益。

对于具有中心枢纽构型的产业，枢纽厂商是整个产业效率的关键。通过它对上游厂商的施压，上游企业必须持续不断地提升自身效率，提高产品的性价比。在此过程中，枢纽厂商为了维护自身的长期利益，会将一部分消费者剩余转移给下游客户，但仍会有相当一部分上游企业提供的消费者剩余被枢纽厂商截留。因此，在中心枢纽构型中，处于枢纽位置的厂商是利润中心，收益最为丰厚。

11.5 供应链分层构型

与枢纽构型相比，分层构型是供应链上更为常见的网络形态。分层构型是指在供应链上按照交易相位分层，每个分层上都是由多个供应商组成的网络构型。在不同层次间，上层处于正向交易相位、下层处于逆向交易相位。上下游主体间的交易关系相对稳定，但并不唯一。网络关系如下图显示：

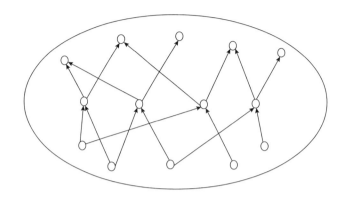

图 11.5.1　交易链分层构型示意图

在分层结构的供应链上，每层都有多个交易主体组成，彼此处于同相位的竞争关系，这种竞争关系是保证供应链效率的基础。

供应链可以有多层结构，但每层上、下相邻交易主体间的博弈机制完全相同。在这里，我们只剖析一组相邻分层的博弈过程，以此作为整个供应链运作机制的概括。

假设 $\{a_i\}_N$ 是供应链中处于同一分层的交易主体集合，$\{b_i\}_M$ 与 $\{a_i\}_N$ 相邻，$\{a_i\}_N$ 处于逆相位，$\{b_i\}_M$ 处在正相位。在供应链的不同层次上，相位特征具有相对性。相对于 $\{a_i\}_N$，$\{b_i\}_M$ 处于正相位；相对 $\{b_i\}_M$ 上层的交易主体，$\{b_i\}_M$ 又处在逆相位上；$\{a_i\}_N$ 的情况也是如此。

我们来考察 $\{a_i\}_N$ 与 $\{b_i\}_M$ 的博弈过程。交易主体 $a_i \in \{a_i\}_N$ 是任意消费者，预期收益函数有如下结构：

$$E(a_i, b_j) = (Z_j - P_j)Q_i$$
$$= Z_j\left(1 - \frac{1}{\lambda_j}\right)Q_i \qquad (11.5.1)$$

在式（11.5.1）中，Z_j、λ_j 为任意供应商 $b_j \in \{b_j\}_M$ 产品的价值量和性价比；Q_i 是 a_i 的交易量。根据预期收益最大化原理，如果 a_i 在供应商集合 $\{b_j\}_N$ 中发现性价比高于 b_j 的厂商，就会考虑交易转移的问题。由于 a_i 处于供应链上，保证生产稳定性会成为交易转移的主要约束。变动上游交易伙伴，不仅需要支付谈判成本，还要花时间与新的合作伙伴建立信任关系。因此，a_i 在打算更换交易伙伴时，必须考虑交易关系的转移成本 Cm，只有潜在交易伙伴满足较高条件，交易转移才会有利可图。基于技术便利的考虑，我们假设 a_i 每次的交易量为一个单位的商品。

由预期收益最大化原理可知，交易主体 a_i 调整交易伙伴需要满足如下条件：

$$E(a_i, b_l) - E(a_i, b_j) > Cm, \quad i \neq j \tag{11.5.2}$$

假定 b_l 是性价比高于 b_j 的供应商，且有 $Z_l > Z_j$。

$$\Delta E = (Z_l - P_l) - (Z_j - P_j) = (Z_l - Z_j) - (P_l - P_j) \tag{11.5.3}$$

由性价比关系式可得：

$$\Delta E = (Z_l - Z_j) - \left(\frac{Z_l}{\lambda_l} - \frac{Z_j}{\lambda_j}\right) \tag{11.5.4}$$

$$\because Z_l > Z_j$$

$$\therefore \Delta E < (Z_l - Z_j) - \left(\frac{Z_l}{\lambda_l} - \frac{Z_l}{\lambda_j}\right)$$

$$\Delta E < (Z_l - Z_j) - Z_l\left(\frac{1}{\lambda_l} - \frac{1}{\lambda_j}\right)$$

$$\Delta E < (Z_l - Z_j) - Z_l\left(\frac{\lambda_j - \lambda_l}{\lambda_l \lambda_j}\right) \tag{11.5.5}$$

令 $\Delta Z = Z_l - Z_j$，$\Delta \lambda = \lambda_l - \lambda_j$，代入上式得到：

$$\Delta E < \Delta Z + \frac{Z_l}{\lambda_l}\left(\frac{\Delta \lambda}{\lambda_j}\right) \tag{11.5.6}$$

$$\because \frac{Z_l}{\lambda_l} = P_l$$

$$\therefore \Delta E < \Delta Z + P_l\left(\frac{\Delta \lambda}{\lambda_j}\right) \tag{11.5.7}$$

由（11.5.7），我们可以得到 a_i 实施交易转移的条件：

$$Cm < \Delta Z + P_l\left(\frac{\Delta \lambda}{\lambda_j}\right) \tag{11.5.8}$$

对（11.5.8）整理，得到 a_i 交易转移条件的另一种表述：

$$\frac{\Delta \lambda}{\lambda} > \frac{Cm - \Delta Z}{P_l} \tag{11.5.9}$$

（11.5.9）表明：当转换成本较大时，下游交易主体要交易转移十分困难，只有当新的交易伙伴能够提供的性价比远远高出原来伙伴时，交易转移才会发生。

对于上游供应商 b_j，收益函数有如下结构：

$$E_j = (P_j - C_j)N_j \quad (11.5.10)$$

其中，边际成本 C_j 是由产品价值量和生产效率共同决定的，三者有如下关系：

$$C_j = \frac{Z_j}{\eta_j} \quad (11.5.11)$$

客户群 $\{a_i\}_N$ 大小，取决于 b_j 向客户提供产品的性价比。两者有如下关系：

$$N_j = k\lambda_j \quad (11.5.12)$$

参数 k 受到如下关系的约束：

$$\sum_1^M k\lambda_j = N \quad (11.5.13)$$

由此得到：

$$k = \frac{N}{\sum \lambda_j} \quad (11.5.14)$$

将（11.5.11）、（11.5.12）、（10.1.5）代入（11.5.10）得到：

$$E_j = kZ_j\left(1 - \frac{\lambda_j}{\eta_j}\right) \quad (11.5.15)$$

根据性价比关系，由（11.5.15）得到：

$$E_j = kP_j\lambda_j\left(1 - \frac{\lambda_j}{\eta_j}\right) \quad (11.5.16)$$

在供应链上，由于上、下游企业稳定的合作关系，上游企业调整价格比较困难，为此约定 $P_j = \overline{P}$，代表行业均价，代入（11.5.16）得到：

$$E_j = k\overline{P}_j\lambda_j\left(1 - \frac{\lambda_j}{\eta_j}\right) \quad (11.5.17)$$

为了考察预期收益与性价比的关系，我们在（11.5.17）两边对 λ 求导：

$$\frac{\partial E}{\partial \lambda} = k\overline{P}_j\left(1 - \frac{2\lambda_j}{\eta_j}\right) \quad (11.5.18)$$

由（11.5.18）可知，当 $\lambda_j > \frac{\eta_j}{2}$ 时：

$$\frac{\partial E}{\partial \lambda} < 0 \quad (11.5.19)$$

（11.5.19）表明：在价格固定的条件下，供应商的预期收益是性价比的减函数。因此，在价格和生产效率不变的情况下，供应商不会采用提高性价比的策略。

我们来考察生产组织效率 η 与预期收益的关系。对（11.5.17）求关于 η 的导数得到：

$$\frac{\partial E}{\partial \eta} = k\overline{P}_j \frac{\lambda_j^2}{\eta_j^2} \tag{11.5.20}$$

上式表明，b_j 的预期收益是生产组织效率 η 的增函数。在任何情况下，供应商提高自身生产效率，都会达到增加收益的效果。

上述分析表明，尽管供应链内部分层结构具有较高的稳定性，但这并不意味着僵化与低效。供应链上的所有参与者在提升效率方面均有较强的动机，这就保证了整个产业持续不断地进化。

注释

1. 张维迎.博弈论与信息经济学[M].上海：格致出版社，2012：320.

第十二章

交易网络聚合结构

交易主体在交易网络上的分布并非均匀，而是呈现多种模式的集聚形态。在交易系统的不同层次上，交易主体聚合选择不同形态。分层聚合是复杂系统的共同特点。系统越复杂，分层聚合结构就越多。每增加一个分层结构，系统内部的协同性就会晋升一级，系统的效率也会由此获得大幅提高。

12.1 聚合结构的功能

伴随着交易网络的演化，聚合形态由小到大、由简单到复杂，逐步演化出多层级聚合结构。在进化过程中，交易网络聚合结构每增加一个层级，交易网络容量就会实现一次大的飞跃。交易网络通过这种分层聚合的方式，将数量巨大的交易群体容纳其中。

聚合分层结构并非简单的功能叠加，而是在上、下不同层级之间进行功能分工。处于交易网络聚合底层的交易社区，负责承担高频率、小金额的交易活动，以保障交易活动的便利性和低成本；城市聚合的基本功能则是提供经济、稳定、便捷的公共产品服务，包括城市供水、供电、道路维护、医疗、教育、司法、公共安全等广泛的基础保障，以保证数量巨大的交易活动平稳、有序地开展。

聚合结构每晋升一层，跨层级交易的频次就会下降一个数量级，而交易金额则会提升一个数量级。也就是说，交易金额小、交易频度高的交易尽可能在交易网络低层级聚合形态上实现，而交易金额大、交易频率低的交易则可以在更高层级的聚合形态上实现。交易系统通过聚合层级的功能分工，维持系统运行效率、交易成本和交易确定性三个方面的平衡。

交易网络在分层聚合的组织结构中，聚合密度呈现逐级递减的趋势。交易社区作为底层聚合形态，是交易网络上集聚度最高的聚合形态，是交易网络的底层建构。在城市之上，城市群或经济带等聚合形态的强度要明显弱于城市内部的聚合强度。国际聚合形态处于交易网络聚合结构的顶层，也是聚合强度最弱的组织形态，主要是依靠双边或多边协议约束完成各方的交易行为。交易网络密度要大大弱于国家内部的交易网络。

12.2 交易网聚合形态

交易网络不同层级上的聚合形态是交易网络进化的产物。在交易网络演化进程中，越早出现的聚合形态，越是靠近交易网络聚合的底层。

12.2.1 社区聚合

交易社区是人类社会交易网络的最初形态，也是现代交易网络演化的源头。当人类从游牧形态过渡到农业定居形态时，村落便开始出现，附近相邻的几个村落便形成联系相对紧密的交易社区。定期举行的集贸市场是社区交易的早期形态。随着时间的推移，集贸市场逐渐演化成小型城镇，担负起周围社区集中交易的功能。在城镇上，交易可以常年无休。城镇因交易而生，并在交易中成长。随着交易活动的持续扩张，城镇规模也在扩大。越来越多的村庄渐渐融入城镇版图，最终成长为今天的超级城市。

在现代交易系统中，交易社区依然发挥着极为重要的基础作用。交易主体生活在各自的社区中，无论交易主体的交易链接多广泛，交易势多么大，都必须通过所在交易社区获得支撑。维持主体运营的基础性交易几乎都是在社区完成的。家庭主体如此，企业主体也不例外。无论企业规模有多大，市场半径有多大，企业运营的基本交易，包括员工生活、物业管理、水、电、天然气等交易活动都必须在交易社区完成。从市场组织演化的角度来看，企业为了实现高效运作，必须与上游企业、下游企业集聚在范围十分有限的交易社区，才能最大限度地降低交易成本，实现产业协同的效果。

社区聚合是整个交易网络运行的基础，也是交易网络的运行支点。一张覆盖广阔、结构复杂的交易网络，之所以能够高效运行，正是源自无数交易社区的支撑。交易社区运作的效率最终决定了交易网络的运行效率，交易社区组织的韧性最终决定了交易网络抵御冲击的能力。

12.2.2 城市聚合

城市是交易的产物，以逐利为目的交易行为将原本分散的人们吸引到相对集约的空间内聚合为城市。从城市的演化历程来看，起源于小规模集聚的城镇，经过持续漫长的规模扩张，城镇最终成长为规模更大的城市。一些具有区位优势的城市，在原有基础上继续扩张，最终成长为辐射周边的中心城市或超级城市。

城市将数量众多的交易社区聚合在一起，使得原本分割的市场连通起来，大幅度扩张的市场为分工递进创造了条件；而分工递进深化又进一步强化了城市的功能优势和效率优势。城市在聚合规模与功能、效率之间形成相互强化的反馈机制。

城市的出现促进了信息的传播与交流，降低了交易成本，改善了交通条件，增加了交易的便利性，创造出人类历史上前所未有的市场繁荣。

城市的出现，大幅度增加了交易网络的相位数量，各种市政管理和城市公共服务都是在有了城市之后才会出现的交易相位。城市像一台规模庞大的机器，交易社区像这台巨型机器的模块；模块之间相互协调、相互配合，使这台机器日夜不停地高效运转。

从历史上看，人类社会早在公元前3000年就出现城市聚合的形态，距今已有超过5000年的悠久历史。腓基尼人（Phoenicians）利用快速帆船与地中海商人进行贸易，贸易的主要商品包括染料、食物、纺织品和珠宝首饰等。这些腓基尼人在地中海沿岸（今天的黎巴嫩）建立起数量众多的城市。大约在公元前500年，雅典城已经成为区域性的商贸中心，交易货物包括家庭手工艺品、橄榄制品、食品及各种原材料等。[1]

在现代交易网络的聚合结构中，古老的村落社区可以看作是城市的边缘。城市聚合形态有核心区域，有边缘辐射区域，农村社区构成了不同城市聚合的过渡区域。

12.2.3 经济带聚合

在城市群体内部，同样存在着某种形式的聚合形态。以地理相邻、产业分工联系紧密的一组城市形成的聚合体，我们称为经济带聚合。

在一个国家内部，会有若干个经济带作为本国经济的主要支柱。经济带内部的城市之间有着密切的产业分工、高效的市场组织及强大的外部竞争力。无论国家的经济规模有多大，所能容纳的经济带通常是屈指可数的。我国有三大经济带，分别是长三角城市群或经济带、珠三角经济带、环渤海经济带，在我国经济中占据绝对重要的地位。美国有三大都市会区，包括大纽约区、五大湖区、大洛杉矶区，占据美国经济接近70%的比重。日本有三大都市圈，包括东京都市圈、名古屋都市圈和大阪都市圈，经济总量在日本经济中占比达到70%。

经济带聚合是经济系统演化到一定程度后的产物。随着交易系统的逐步发育与发展，城市作为交易平台已经无法满足交易主体的交易需求，交易主体需要半径更大的市场，需要数量更多的交易伙伴，经济带聚合就是在这样的背景下出现的。聚合结构的每一次升级，都代表着交易网络的扩张，聚合层级的增多代表着交易网络结构走向复杂化的趋势，是交易网络组织功能强大、交易效率升级的体现。

12.2.4 国家聚合

国家代表着相对独立的交易系统，也是交易网络的重要边界，在交易网络的组织管理中发挥着毋庸置疑的重要作用。但是，国家聚合形态作为交易网络组织的一个层次，在演化顺序上可能要早于经济带聚合层次，甚至也要早于城市聚合层次的出现。国家聚合作为交易网络演化的特例，并非证明了交易网络演化是混乱无序的，而是表明国家作为共存于社会系统和交易系统的组织形态，存在着功能与时间上的错位。换言之，国家首先是社会系统的概念，作为社会系统的组织存在要早于交易系统。

在交易网络的聚合结构中，国家扮演着双重角色。国家首先代表着交易网络的组织管理边界。边界内外的交易活动，在交易成本、交易方式及交易规则等方面都存在较大差别；其次，国家代表着交易网络管理者的角色，包括交易秩序管理、交易制度制定、实施宏观调控等职责。从交易网络的演化进程来看，交易网络管理伴随交易网络演化于始终，即使在演化初期，交易社区内的交易活动同样需要秩序和管理，只不过那个时期的管理主要来自社区的自律组织；当交易网络进化到城市形态，交易网络的管理需求进一步增强，交易网络的管理需要在更多维度、更多层级上进行，包括社区管理、行业协会、城市管理等。国家作为交易网络管理者的出现，代表着交易网络无论在规模上还是结构上均已达到较高程度。在现代社会中，交易网络的系统化管理和交易系统宏观调控被提到前所未有的高度。

12.2.5 国际聚合

国际聚合是世界交易系统的最高聚合形态，也是现代交易系统中聚合强度最弱的形态。伴随着世界交易系统的演化，国际聚合形态的聚合强度无疑会逐渐加强，越来越多的区域贸易合作机制的建立正在强化国际聚合，加强国际聚合的功能，增进国家间交易网络的融合。这不仅代表着人类社会演化的必然趋势，也是人类社会提升效率，实现发展的必然选择。

在交易网络的演化进程中，每一层级的聚合体在规模上都会持续膨胀扩张，交易社区伴随着交通的便利和信息技术的进步在不断扩大；城市也在扩张之中，扩张需要资源，包括人力资源、经济资源等，城市的扩张必然引起城市间的竞争，城市规模越大吸引力越强，从小城市中吸引大量移民，被挤压和盘剥的小城市不可避免地走向衰败。国家边界无法自然扩张，但通过交易网络的链接最终可以突破边界，在国家之间形成交易网络融合，各类区域贸易协定便是交易网络走向融合的例证。

在交易网络演化进程中，不同层次的演化秩序并非严格刻板，真实的情形是，五种不同的聚合形态处于同步演化格局。即使在今天，社区聚合作为古老的聚合形态依然生机勃勃地演化着；城市或在生长，或在衰落；而经济带仍在演化和重塑的路上。

从人类社会演化进程来看，国际聚合的进一步强化是世界交易网络演化的基本趋势。国际聚合演化才刚刚起步，人类未来的最终格局，仍然有待国际聚合层面的进一步发展。从这个意义上讲，人类的交易网络演化依然没有定型。

12.3 城市聚合模型回顾

交易网络的聚合现象，尤其是城市聚合现象，很早便引起了经济学家、地理学家的关注，提出了众多模型和理论学说，试图揭示聚合现象背后的成因。在现代区域经济学和空间经济学中，这部分理论被称为区位理论。为了更好地理解交易经济学聚合理论与区位理论的内在联系，我们这里重点介绍具有代表性的三个模型。

12.3.1 杜能模型

杜能模型是历史上第一个研究城市区位理论的数学模型，是开区位理论先河的代表。杜能模型是由德国经济学家约翰·海茵里希·冯·杜能（Johann Heinrich Von Thunen）于1826年提出的。杜能由此也被人们称为经济地理学和农业地理学的创始人。杜能模型基于以下7个方面的假设[2]：

1. 存在一个均匀的空间，土地肥沃程度相同，交通条件相当；
2. 无限需求，区位均衡由供给侧唯一决定；
3. 存在单一城镇中心，所有商品均在城镇交易；
4. 生产要素均匀分布；

5. 每种农产品都有特定的生产函数，规模报酬不变；

6. 市场完全竞争；

7. 所有产品运输成本边际成本相同且保持不变。

此外，杜能还假设，土地租金来自土地生产剩余，是由产品销售价格、生产成本及运输成本共同决定的。设 x 为单位土地上的产品数量；c 为单位生产成本；p 为产品价格；τ 为单位运输成本；r 为土地租金率。

按照杜能对土地租金性质的理解，租金率 r 可以表达为如下函数：

$$r(d)=(p-c-\tau d)x \quad (12.3.1)$$

其中，d 代表土地距离中心城镇的距离。

根据（12.3.1）土地租金形成以城镇为中心的等价分布环：

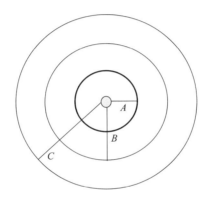

图 12.3.1　地租分布示意图

按照距离城市的远近，A、B、C 三个环带的租金由高到低，形成三个台阶。对租金函数求距离 d 的导数，得到边际租金率：

$$\frac{\partial r}{\partial d}=-\tau x \quad (12.3.2)$$

式（12.3.2）表明，土地与城市的距离每增加一个边际单位，租金率将会下降 τx 个单位。

杜能模型将土地租金率与土地的空间分布联系起来，提供了不同于李嘉图关于租金定价的解释，拓宽了人们对土地价格形成机制的视野。

12.3.2　阿朗索模型

阿朗索模型是由阿根廷裔美国经济学家威廉·阿朗索（William Alonso）在杜能模型的基础上改造而来的，成果发表于1964年。阿朗索模型在应用场景上得到很大拓展，从仅应用于城镇外的农业区域分析，扩展到包括城市区位分析在内的各种情况。

阿朗索模型对杜能模型的改造主要集中在两个方面。首先是对土地租金的定义，阿朗索模型在杜能土地租金基础上增加了企业预期利润一项；其次是将运输成本拓展为包括运输成本在内的生产成本。改造后的主体租金函数为：

$$r(d) = [p - \pi - c(d)]x(d) \quad (12.3.3)$$

在（12.3.3）中，$c(d)$ 表示与城市中心距离 d 密切相关的边际生产成本，其中包括商品生产成本、交通运输的直接成本和交通消耗时间的间接成本；π 为企业预期利润；$x(d)$ 表示受到区位距离 d 影响的企业产量。

阿朗索租金对区位敏感性表现为如下公式：

$$\frac{\partial r}{\partial d} = [p - \pi - c(d)]\frac{\partial x}{\partial d} - \frac{\partial c}{\partial d}x(d) \quad (12.3.4)$$

（12.3.4）表明，企业产量对区位越敏感，即 $\frac{\partial x}{\partial d}$ 取值越大，企业就会越容易接受城市中心区位的高租金；如果企业生产完全缺乏对区位的敏感性，即 $\frac{\partial x}{\partial d} = 0$，城市就不会形成梯级地租的空间结构。

由此可以得出结论：由城市中心向外围辐射，土地租金形成梯级下降的分布格局。企业会根据自身经营特性，选择收益成本最优的地区置业，城市由此形成均衡空间分布。城市中心区域租金最贵，但却能够为某些企业带来较高的收益，包括商业、金融、文化、中介服务等行业，均会因中心城区带来更多客户，实现最大收益。对于制造类企业，中心城区并不会带来更多客户，反而增加土地租金成本，在交通便利的条件下，这类企业会选择城区外围或城市郊区置业。

阿朗索同样对家庭的区位选择进行了分析，他使用如下效用函数描述家庭决策目标：

$$U = U(d, z, q) \quad (12.3.5)$$

在（12.3.5）中，U 代表家庭获得的效用量，d 表示居住地与城市中心城市距离，z 代表家庭消费商品集合，q 代表家庭居住面积。

家庭预算约束函数如下：

$$y = pz + r(d)q + \tau d \quad (12.3.6)$$

在式（12.3.6）中，τ 代表边际交通综合成本。边际交通综合成本由两部分组成，一部分是直接交通成本，另一部分是消耗时间的间接成本。

在式（12.3.5）、（12.3.6）的基础上，我们可以构造拉格朗日函数如下：

$$L = U(d, z, q) - \lambda(y - pz - r(d)q - \tau d) \quad (12.3.7)$$

根据条件极值的要求得到：

$$\frac{\partial L}{\partial d} = 0$$
$$\frac{\partial L}{\partial q} = 0 \quad (12.3.8)$$
$$\frac{\partial L}{\partial z} = 0$$

由（12.3.8）得到：

$$\frac{\partial U}{\partial d} + \lambda \tau = 0$$
$$\frac{\partial U}{\partial q} + \lambda r = 0 \quad (12.3.9)$$
$$\frac{\partial U}{\partial z} + \lambda p = 0$$

由（12.3.9）可得：

$$\lambda = -\frac{\partial U}{\partial d}\bigg/\tau = -\frac{\partial U}{\partial q}\bigg/r = -\frac{\partial U}{\partial z}\bigg/p \quad (12.3.10)$$

$$\therefore \frac{U_d'}{U_q'} = \frac{\tau}{r} \quad (12.3.11)$$

式（12.3.11）表明，当边际交通综合成本 τ 很小时，距离的边际效用也会下降，住房面积的边际效用随之上升。在这种结构下，家庭主体会选择距中心城区较远的地区置业，用较大的居住面积替换城市中心的区位优势。这就表明，城市交通越便利、交易成本越低廉，家庭居民越愿意选择远离中心城区居住，从而导致城市居住密度降低。现代城市的发展演化证明了这个结论。

12.3.3 克里斯塔勒中心地理论

1933 年，德国地理经济学家瓦尔特·克里斯塔勒（Walter Christaller）通过学术专著《德国南部中心地》提出了以中心地概念为核心的城市等级理论，后被人称为中心地理论。

克里斯塔勒首先分析单一产品的市场分布，假定消费者在空间上处于均匀分布状态。由于受到交通成本的制约，每家供应商只能服务于在空间上有限范围内的客户。这就形成了以供应商为中心的圆形区域，属于该供应商的市场范围。在此区域之外的市场，将由其他供应商占领。由此形成由众多供应商分别占领的市场结构。

图 12.3.2 中的每个圆环代表一个供应商的市场范围。供应商居于对应圆形

区域的位置中心，以便为市场提供交易成本最低的服务。位于整个市场中心位置的供应商效率最高，占据城市中品质最高的区域，服务的市场范围也最大。由中心地向外辐射，供应商效率依次降低，市场范围逐步减小。在克里斯塔勒的理论中，由于城市聚合形成的市场，依照距离城市中心的距离远近，形成效率由低到高排序。整个城市市场，依照效率法则分配给不同的供应商。这是克里斯塔勒理论被称为中心地理论的主要依据。在克里斯塔勒理论中，一个城市可以有多个中心地。城市等级越高，能够容纳的中心地数量就越多。

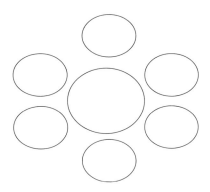

图 12.3.2　市场初始结构示意图

在市场形成初期，相邻市场周围存在一定空隙。追逐利益最大化的供应商绝不会放过这样的交易机会。经过市场竞争，市场最终会形成以众多六边形子市场组合的结构。如下图所示：

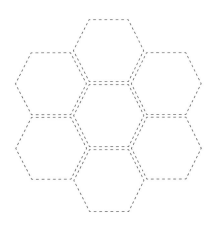

图 12.3.3　市场后期结构示意图

图 12.3.3 显示了单一商品市场的最终结构。由于市场上存在种类众多的商品，每种商品市场都会有根据生产成本、技术门槛等决定的最小市场规模。只

有满足供应商最小市场规模，企业才可能维持运行，持续留在市场上。这种由商品特性决定的市场分割规模必然导致市场分层结构的出现。处于底层的市场进入门槛最低（供应商维持规模最小），由低到高，市场进入门槛逐层升高，处于顶层的市场进入门槛最高。市场分层结构如下图所示：

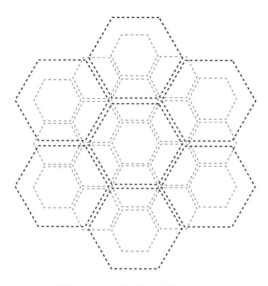

图 12.3.4　市场分层结构示意图

基于上述对市场结构的理解，克里斯塔勒对城市进行等级划分。等级越高的城市，容纳的市场层级越多，为消费者提供的商品服务越丰富；而等级越低的城市，市场分层越少，为消费者提供的商品服务越贫乏。

克里斯塔勒将其理论应用于德国南部城市，根据市场分层和中心地数量，将城市划分为七个等级。克里斯塔勒的研究结果如下表所示：

表 12.3.1　德国南部城市实证结果[3]

层级	一	二	三	四	五	六	七
中心地的理论数量	1	2	6	18	54	162	486
中心地的观察数量	1	2	10	23	60	105	462

克里斯塔勒中心地理论对于城市经济学的发展具有典型的历史意义，但在今天看来，该理论带有初创理论明显的质朴性。"它并不是一个表明因果关系的模型，我们最好把它理解为一种分类纲要，一种可以把我们的思想和数据组织起来的方法。它充其量是对经济空间结构的描述，而不是解释。"[4]

12.4 城市聚合交易模型

城市聚合是交易网络空间组织的重要形态。推动城市聚合的根本力量来自交易主体对自身最大利益的追逐,城市聚合是交易主体选择的结果。根据上述逻辑,我们在构建城市聚合模型时,以交易方程为基础,结合交易网络位置选择的特点,完成模型构建。

12.4.1 城市聚合交易模型

交易方程的推导过程将在第十四章展开,我们在这里直接使用交易方程的结论。交易方程对交易主体的描述采用了概率方法,测算交易主体策略集上的每个策略的执行概率,交易策略获得执行的概率越高,意味着被实施的可能性就越大。利用这样的方法,我们在交易策略集上建立起了执行的优先排序,排序最高的交易策略,优先获得执行。

假设 a_i 为交易系统的 T 上的任意主体,$s \in S_i$ 为策略集 S_i 上的任意策略,交易方程给出了 a_i 实施策略 s 的概率:

$$\Pr(s) = 1 - R_g(s)\frac{q}{p}\mu^n \quad (12.4.1)$$

在式(12.4.1)中,R_g 代表交易策略 s 的收益风险指数,是对交易策略风险和收益关系的测度。具体表达式为 $R_g = \dfrac{e_g - e_b}{e_g - e_0}$,其中,$e_g$ 为理想状态收益;e_b 为最差状态时的收益或损失;e_0 为市场平均收益预期,代表价值门槛。p 为交易主体 a_i 关于交易局势 H 表现为理想状态的先验概率;q 为交易主体关于交易局势 H 表现为不理想状态时的先验概率。两个概率参数满足 $p+q=1$;μ 为有限理性交易主体的行为特征,具有相对稳定性。n 为交易主体 a_i 状态协同集中实施 s 的主体数量。

在交易网络上,城市聚合形成了集聚度和交易网络密度的脉冲值,使交易网络的空间分布呈现高度不均匀状态。在城市聚合体的内部,通常会有多个聚合中心,包括文化商业中心、科研教育中心、工业制造中心、贸易物流中心等。城市在生长发育过程中,会孕育出各种各样的聚合中心。这些聚合中心会经历从无到有、从小到大、由盛而衰、最终消亡的生命周期。

聚合中心的生长发育过程,是由数量众多的交易主体自发选择推动完成的。在交易主体的选择过程中,既要考虑自身的特殊情况和约束条件,又要考虑其他交易主体的选择行为。由于空间地点的排他性特征,在每个时间步 t 上,交易主体只能选择一个地点,我们只要能够刻画出交易主体在时间步 t 上的选择机制,也就能够给出城市聚合过程的完整图景。

设 $a_i \in \{a_i\}_N$ 是交易系统 T 上的任意交易主体,在时间步 t 上需要在交易网络覆盖的空间上选择置业地点。假设交易系统 T 上的交易主体拥有自由选择置业地点的权力。Ω 为交易系统 T 中的任意聚合中心,既可以是城市聚合,也可以是城市内部的某个聚合中心,或者是自然村落聚合等。我们利用交易方程,可以计算交易主体 a_i 选择聚合中心 Ω 为置业地点的概率。在聚合中心 Ω 上,我们首先建立地点坐标 (x,y),坐标 (x,y) 以 Ω 的中心点为原点,以东西方向为 x 轴;南北方向为 y 轴。假设 a_i 为选择地点 (x,y) 需要支付的置业成本为 $Lc(x,y)$。置业成本 $Lc(x,y)$ 的大小取决于 (x,y) 的土地价格和租金价格,也取决于交易主体 a_i 对空间需求的大小。在土地价格和租金不变的条件下,空间需求越大,交易地点的选择成本就越高。$\rho(x,y)$ 表示地点 (x,y) 上的人口密度。

假设聚合中心 Ω 分布在半径为 R 的圆盘区域上,交易主体 a_i 选择的置业地点 (x,y) 处于圆盘内,且有:

$$\frac{\sqrt{x^2+y^2}}{R} = r \quad (12.4.2)$$

根据城市土地价格分布规律,交易主体的置业成本 $Lc(x,y)$ 受到来自两方面因素的影响:首先是交易主体地点与聚合中心 Ω 的距离。距离聚合中心点越近,土地价格就越高;在空间使用强度不变的条件下,交易主体 a_i 的置业成本越高;其次是聚合中心 Ω 的平均土地价格。不同城市之间的土地价格差异巨大,城市规模越大,土地价格越高。城市土地价格通常与集聚人口规模或交易主体规模 m 呈现指数增长关系。由此,我们可以得到如下关系:

$$Lc(x,y) = \frac{\Gamma(m^\beta)}{\left((x^2+y^2)^{\frac{1}{2}}\right)^2} \quad (12.4.3)$$

式(12.4.3)中,$\Gamma(m^\beta)$ 表示置业成本系数。成本系数 $\Gamma(m^\beta)$ 与交易主体空间使用强度及城市平均土地价格呈现正相关关系,$\beta > 0$ 为城市土地价格对集聚规模敏感参数,β 通常取值在 0 到 1 之间,即 $0 < \beta \leq 1$。

根据聚合中心 Ω 的密度分布函数,我们可以得到:

$$\iint \pi R^2 \rho dx dy = m \quad (12.4.4)$$

为了简单起见,我们假设密度函数 $\rho(x,y) = \rho$ 为不变常数,(12.4.4)可以简化为：
$$\pi R^2 \rho = m \quad (12.4.5)$$

整理得到：
$$R = \sqrt{\frac{m}{\pi\rho}} \quad (12.4.6)$$

将（12.4.2）代入（12.4.6）得到：
$$(x^2+y^2)^{\frac{1}{2}} = r\sqrt{\frac{m}{\pi\rho}} \quad (12.4.7)$$

将（12.4.7）代入（12.4.3）得到：
$$Lc(x,y) = \frac{\Gamma(m^\beta)}{r^2 \dfrac{m}{\pi\rho}} \quad (12.4.8)$$
$$= \frac{\Gamma(m^\beta)\pi\rho}{r^2 m}$$

吸引交易主体选择聚集中心 Ω 置业的收益来自两个方面：首先是 Ω 的聚集效应。由于聚集效应，a_i 的交易成本将会显著降低，能够获得与相关交易主体，包括与上下游企业形成紧邻效应，从而形成技术和成本上的竞争优势；其次是分享 Ω 拥有的自然资源禀赋，包括各种类型的矿藏资源及地理位置的区域优势资源，如各种类型的交通资源，包括河流、港口、交通枢纽均属于交通资源的不同类型。我们可以将资源禀赋理解为一种地理极点的外生现象。引入地理极点概念，就是要强调资源禀赋分布的不均匀性。每个城市聚合都是在不同类型的地理极点上形成的。

由于交易类型及自身特点的规定，交易主体 a_i 在分享聚合中心 Ω 优势方面存在程度上的差异。对于聚合中心 Ω，有些交易主体可能有较高的分享度，对另一些交易主体，能够分享 Ω 的优势可能十分有限。

基于上述分析，我们假设交易主体 a_i 分享来自聚合中心 Ω_j 集聚效应的收益为 $\kappa(r)m^\alpha$，其中，$\kappa(r) \geq 0$ 为交易主体 a_i 对集聚效应的分享系数。$\kappa(r)$ 的大小取决于两个方面的因素：一是交易主体对聚合效应的敏感度。交易主体对于集聚效应的敏感度存在很大差异，这主要是由交易主体的交易类型决定的。一般来讲，提供服务性产品的交易主体对集聚效应具有更高的敏感度，向市场提供制造产品的交易主体，对于集聚效应的敏感度相对较低；二是交易主体选择的置业位置。置业位置距离聚合中心越远，交易主体对集聚效应的分享度就越低；在其他条件不变的情况下，置业位置越是靠近聚合中心，交易主体对集聚效应的分享度就越高。因此，交易主体对集聚效应的分享参数 $\kappa(r)$ 是交易主体置业地点与聚合中心距离的减函数，满足 $\frac{\partial \kappa(r)}{\partial r} < 0$。$m$ 为聚合中心 Ω 承载的交易主体总量，$\alpha > 0$ 为聚合中心 Ω 的集聚效应参数。α 取值越大，表明聚合中心 Ω 所产生的集聚效应越显著。α 取值取决于聚合中心的产业结构、城市空间布局及城市管理水平等多方面的因素。一般来讲，城市产业结构联系越是紧密，空间布局越是合理，城市管理效率越高，城市的集聚效应就越显著，α 取值就越大。

交易主体 a_i 分享来自聚合中心 Ω 自然禀赋的收益为 τv，其中，$\tau \geq 0$ 代表交易主体 a_i 对聚合中心 Ω 自然禀赋的敏感度。τ 取值越大，意味着交易主体 a_i 对聚合中心 Ω 自然禀赋的依赖度越高，从 Ω 自然禀赋中分享到的收益就越多。τ 的取值还与聚合中心 Ω 中参与分享禀赋资源的交易主体数量有关。参与分享的主体数量越多，每个交易主体能够分享到的禀赋资源价值量份额就越小。为了简单起见，我们假定聚合中心 Ω 的全部交易主体均参与到禀赋资源分享中，禀赋资源敏感参数 τ 可以表达为函数 $\tau(m)$，且有 $\frac{\partial \tau}{\partial m} < 0$；$v$ 代表聚合中心 Ω 拥有自然禀赋的价值量，是一种对自然资源的价格量估值。

根据交易主体 a_i 置业地点选择的收益与成本分析，我们可以计算交易方程中的主要参数。我们将 a_i 的置业选址策略记为 s，交易局势理想状态下的收益为：

$$e_g = \kappa(r)m^\alpha + \tau v - Lc(x, y) \tag{12.4.9}$$

交易局势恶劣下的决策收益为：

$$e_b = -Lc(x, y) \tag{12.4.10}$$

由于市场平均预期收益水平 e_0 为常数，在交易主体的决策中发挥着决策参照的作用。为了简化计算过程，我们不妨设置 $e_0 = 0$，这种特殊处理将不会影响我们的推导结论。

根据上述计算，我们可以得到交易主体 a_i 的收益风险指数：

$$R_g = \frac{e_g - e_b}{e_g - e_0} = \frac{\kappa(r)m^\alpha + \tau v}{\kappa(r)m^\alpha + \tau v - Lc(x, y)} \tag{12.4.11}$$

将式（12.4.8）代入（12.4.11）得到：

$$\begin{aligned} R_g &= \frac{e_g - e_b}{e_g - e_0} = \frac{\kappa(r)m^\alpha + \tau v}{\kappa(r)m^\alpha + \tau v - \frac{\Gamma(m^\beta)\pi\rho}{r^2 m}} \\ &= \frac{\kappa(r)m^{\alpha+1}r^2 + \tau v m r^2}{\kappa(r)m^{\alpha+1}r^2 + \tau v m r^2 - \Gamma(m^\beta)\pi\rho} \end{aligned} \tag{12.4.12}$$

将（12.4.12）代入（12.4.1）得到关于置业选址策略 s 的执行概率：

$$\Pr(s) = 1 - \frac{\kappa(r)m^{\alpha+1}r^2 + \tau vmr^2}{\kappa(r)m^{\alpha+1}r^2 + \tau vmr^2 - \Gamma(m^\beta)\pi\rho} \frac{q}{p}\mu^n \quad (12.4.13)$$

式（12.4.13）给出了交易主体置业选址决策的概率函数，描述了交易网络聚合的基本规律，我们将其称为聚合交易模型。

为了揭示置业决策函数的基本特征，我们对置业决策函数做进一步分析。我们分别对置业决策函数求聚合中心规模 m 和聚合中心拥有禀赋资源价值 v 的导数，以揭示出规模和禀赋资源价值对交易网络聚合过程中发挥的作用。

$$\frac{\partial \Pr(s)}{\partial m} = \frac{q}{p}\mu^n \times \left\{ -\frac{\kappa(r)(\alpha+1)m^\alpha + \tau' vmr^2 + \tau vr^2}{\kappa(r)m^{\alpha+1}r^2 + \tau vmr^2 - \Gamma(m^\beta)\pi\rho} + \frac{\left[\kappa(r)m^{\alpha+1}r^2 + \tau vmr^2\right]\left[\kappa(r)(\alpha+1)m^\alpha r^2 + \tau' vmr^2 + \tau vr^2 - \Gamma'\beta m^{\beta-1}\pi\rho\right]}{\left[\kappa(r)m^{\alpha+1}r^2 + \tau vmr^2 - \Gamma(m^\beta)\pi\rho\right]^2} \right\} \quad (12.4.14)$$

整理得到：

$$\frac{\partial \Pr(s)}{\partial m} = \frac{q}{p}\mu^n \times$$

$$\left\{ \frac{\kappa(r)m^\alpha r^2 \pi\rho\left[(\alpha+1)\Gamma(m^\beta) - \Gamma'\beta m^\beta\right] + vr^2\pi\rho\left[\tau' m\Gamma(m^\beta) + \tau\Gamma(m^\beta) - \tau\Gamma'\beta m^\beta\right]}{\left[\kappa(r)m^{\alpha+1}r^2 + \tau vmr^2 - \Gamma(m^\beta)\pi\rho\right]^2} \right\}$$

$$(12.4.15)$$

若下面条件得到满足：

$$(\alpha+1)\Gamma(m^\beta) - \Gamma'\beta m^\beta > 0 \quad (12.4.16)$$

$$\tau' m\Gamma(m^\beta) + \tau\Gamma(m^\beta) - \tau\Gamma'\beta m^\beta > 0 \quad (12.4.17)$$

则有：

$$\frac{\partial \Pr(s)}{\partial m} > 0 \quad (12.4.18)$$

为了得到结构更加简明的条件，将（12.4.16）、（12.4.17）两式相加，得到如下不等式：

$$\tau' m\Gamma(m^\beta) + (\alpha + \tau + 1)\Gamma(m^\beta) - (\tau+1)\Gamma'\beta m^\beta > 0 \quad (12.4.19)$$

$$\therefore (\tau+1)\Gamma'\beta m^\beta < (\tau' m + \alpha + \tau + 1)\Gamma(m^\beta)$$

$$\because \tau' < 0, \quad m \geq 1$$

$$\therefore (\tau+1)\Gamma'\beta m^\beta \leq (\alpha + \tau + \tau' + 1)\Gamma(m^\beta)$$

$$\therefore m^\beta \leq \frac{(\alpha + \tau + \tau' + 1)\Gamma(m^\beta)}{(\tau+1)\Gamma'\beta}$$

$$\therefore m \leqslant \left(1 + \frac{\alpha + \tau'}{\tau + 1}\right)^{\frac{1}{\beta}} \left(\frac{\Gamma(m^\beta)}{\Gamma'\beta}\right)^{\frac{1}{\beta}} \quad (12.4.20)$$

式（12.4.20）表明，聚合中心 Ω 对于交易主体置业的吸引力存在临界值。只有当规模低于临界值时，聚合中心对于交易主体置业的吸引力才会随着规模的增加而提升；当聚合中心规模超过临界值时，规模增加反而会降低聚合中心的吸引力。这个结论解释了在全球范围内，无论城市化进程如何，城市均衡规模总会限制在一定的范围内，而不是无限扩张的事实。

我们来考察资源禀赋对聚合中心吸引力的影响：

$$\frac{\partial \Pr(s)}{\partial v} = \frac{q}{p} \mu^n \times$$

$$\left\{ -\frac{\tau m r^2}{\kappa(r) m^{\alpha+1} r^2 + \tau v m r^2 - \Gamma(m^\beta) \pi \rho} + \frac{\left[\kappa(r) m^{\alpha+1} r^2 + \tau v m r^2\right] \tau m r^2}{\left[\kappa(r) m^{\alpha+1} r^2 + \tau v m r^2 - \Gamma(m^\beta) \pi \rho\right]^2} \right\}$$

$$(12.4.21)$$

整理（12.4.21）得到：

$$\frac{\partial \Pr(s)}{\partial v} = \frac{q}{p} \mu^n \frac{\tau m r^2 \Gamma(m^\beta) \pi \rho}{\left[\kappa(r) m^{\alpha+1} r^2 + \tau v m r^2 - \Gamma(m^\beta) \pi \rho\right]^2} > 0 \quad (12.4.22)$$

式（12.4.22）表明，聚合中心拥有的资源禀赋价值量与聚合中心的吸引力始终保持正相关关系，聚合中心占有的资源禀赋价值量越大，对交易主体置业的吸引力就越强。这个结论揭示了资源禀赋在城市聚合形成过程中发挥的重要作用。在不同规模的城市之间，资源禀赋方面的差异是形成不同聚合规模的重要成因。

12.4.2 城市聚合的起源

聚合交易模型（12.4.13）能够揭示城市聚合起源的成因。我们可以假设交易网络的初始空间分布为均匀状态（事实上，交易网络的空间分布从一开始就呈现出不同层次上的聚合状态。均匀分布假设只是为了论述上的便利），由于自然资源、地理条件等方面的差异，交易主体首先向自然禀赋优越的地点集聚，形成最初的交易网络聚合点，交易网络的均匀分布状态被打破。资源禀赋优势可以有两种类型。一种类型是矿藏资源禀赋，包括食盐资源、煤炭资源、森林资源、金属矿藏资源。自然资源优势成为众多城市起源的成因，这类城市中最有名的代表是美国的旧金山城。1776 年，西班牙传教士在旧金山修建了一座城堡，从此开始了旧金山城市的发展历史。19 世纪 40 年代，旧金山还只是人口只有几百人的小镇，散居在田野之间。随着金矿被发现，在短短几年内，人口迅速达到25万人，一举成为美国西海岸的重要城市。今天的旧金山市是著名硅谷所在地，早已成为科技创新的代名词。类似的城市还有很多，中国的大庆市，同样是由于发现石油而迅速聚合为城的典型。

另一种类型表现为地理区位优越，即交通便利。因这类资源禀赋集聚而起的城市更多，世界上大部分有名的城市都是位于港口、河流、交通要塞附近。上海、纽约、巴黎、阿姆斯特丹、伦敦等，这些城市无一不是因优越的地理地点而产生和壮大的。

每个城市的起源都可以在自然资源禀赋优势和地理区位优势两个方面找到依据。这些优势具有不同的特点，从而规定了城市聚合起源的独特过程。一旦城市完成了最初的聚合，资源禀赋优势便完成了自己的基本使命。在随后的发展、壮大过程中，集聚效应成为城市成长的关键因素。

当然，将资源禀赋完全看作是交易系统的外生现象也是不客观的。人类利用资源的能力总是随着技术进步不断提升。在技术条件不具备的时候，一些资源对于人类并无价值，也就不被看作是资源。譬如，在无线电通信技术出现以前，无线电频谱波段不可能被人们看作是有价值的资源，甚至连无线电频谱波段的概念都没有。再譬如，在飞行技术出现之前，人们同样不会将空中航线当作经济资源看待。在传统社会里，天空只是投射阳光、播撒雨雪的场所，除此之外，别无价值。然而，当空中飞行成为日益普遍的交通方式时，空中航线便成为非常重要的价值资源。可见，资源是一个相对概念，资源禀赋也并非一成不变。

由此可见，资源禀赋价值同样是一个动态变量，只不过变化周期相对较长而已。资源禀赋价值的演化必然改变交易网络的聚合结构，推动聚合由原来均衡点向新的均衡点转移。

12.4.3　城市扩张机制

城市聚合一旦在某个具有明显区位优势和资源禀赋突出的地点形成最初的集聚，集聚效应便开始发挥作用，从而开启城市聚合的快速扩张。在城市聚合过程中，集聚效应要发挥作用。首先要有达到临界规模 m_0 的最初聚合，只有这样，集聚效应 m^α 才会足够大，从而对交易主体的吸引力 $\kappa(r)m^\alpha$ 才会足够大，引导交易主体做出地点选择的决定。在城市演化初期，初始聚合规模能否达到临界水平 m_0，依靠资源禀赋价值 v 的吸引力。只有资源禀赋价值 v 足够大时，才能够吸引足够多的交易主体，才能够将城市聚合演化进程推向以集聚效应为主导的正反馈机制轨道上。事实情况也印证了这一点，在自发聚合而成的城市中，资源禀赋优势通常明显强于周边的小城镇。

集聚效应与资源禀赋效应之间并非完全隔绝、互不影响，它们之间存在着相互促进的途径。首先，资源禀赋是集聚效应的基础，是形成集聚效应的第一推动；其次，当集聚效应推动城市聚合规模越来越大时，对于基础设施的需求也将相应增加，路网建设、铁路网建设、航线网络建设和机场建设、港口建设等一系列议题便会提到日程上来。随着这些基础设施的不断完善，该城市在全国，乃至在全球的交通网络、贸易网络上所占份额增加，资源禀赋优势就会更加突出。以国际超级大都市上海为例，上海地处长江入海口，濒临东海之滨，黄金水道黄浦江横贯市区，形成了内陆与海外贸易的天然优势，拥有优越的资源禀赋。伴随着城市规模不断扩张，原有的基础设施资源变得日益紧张。于是，更多的高速公路建设起来；机场由原来的一座，扩建为两座，第三座机场也在规划中；汇聚的高速铁路线也在不断增加；港口也由原来仅有的吴淞口码头，增加建设了外高桥码头；进入21世纪后，又建设了洋山深水港码头，到2018年，洋山深水港码头已经成为全球最大的集装箱码头。很显然，这些基础设施的建设进一步强化了上海资源禀赋的相对优势，进而又强化了上海原有的集聚效应优势。资源禀赋优势与集聚效应之间相互强化的关系，最终将不同城市在规模上的差距持续拉大，形成强者愈强、弱者愈弱的马太效应。

式（12.4.20）显示，聚合规模一旦超过临界值，聚合效应的作用便开始衰减，城市扩张的速度开始减缓，最终达到极限规模，进入城市演化的均衡状态。

集聚效应的大小是由城市的产业结构决定的，而产业结构是交易系统演化的一部分，始终处于不断的演化之中。这个事实表明，城市均衡规模将随着交易系统演化而改变，构成了城市扩张或衰减的演化走向。如果一个城市的产业结构高度依赖资源禀赋，当资源禀赋价值 v 濒临枯竭时，该城市便会走向衰败。很多资源型城市的演化历史已经证明了这一点。

在传统社会中，乡村聚合结构通常以自然村为单元，既可以看作是一个交易社区，也可以看作是一个聚合中心。自然村的规模大小主要是由土地资源的富集程度决定的。土地资源越富裕，自然村的规模就越大；土地资源越紧张，自然村的聚合规模就越小。中国的南方和北方自然村的规模，就可以清晰地显示这种差异。总体来讲，中国南方人口密度高，土地资源相对紧缺，南方的自然村规模普遍较小；而北方人口密度相对较低，与南方相比土地资源相对富裕，北方自然村规模要远远大于南方自然村规模。

对比自然村聚合与城市聚合形态不难发现，土地资源是支撑自然村聚合的关键因素；而城市聚合的主导力量主要是集聚效应。资源禀赋与聚合规模具有线性关系，而集聚效应与聚合规模存在基于正反馈的非线性关系。两种聚合形态背后在决定机制上的差异，是导致自然村聚合与城市聚合巨大规模差异的关键成因。

12.4.4 城市聚合的主体结构特征

聚合交易模型表明，信息在交易网络聚合的过程中发挥着非常重要的作用。交易主体对目的地 Ω 情况的了解，是形成交易主体 a_i 先验概率 p、q 的基础。作为交易网络的组织形态，交易社区是交易主体信息来源的主渠道。交易社区不仅是交易主体信息集的基础，也是状态协同集的构建基础。这种逻辑关系也就决定了城市聚合的主体结构特征。

城市聚合的主体结构特征之一是同相位交易主体的集聚，属于同一产业的交易主体通常会聚集在一起，化工企业会聚集在某个城市区域，纺织业企业又会集聚在另一区域，商业和餐饮虽然受到空间分布的约束，但依然呈现某种程度的集聚，譬如城市商业中心会集聚大量商业零售企业，美食一条街通常会集聚众多餐饮企业。世界各地的城市基本上都会遵守同样的交易主体布局。这既是集聚效应在起作用，也是交易主体决策时状态协同集发挥作用的结果。由聚合交易模型可以知道，状态协同集的示范因子 μ^n 发挥着非常关键的作用。即使聚合中心 Ω 的集聚效应 α 很低，只要状态协同集上示范主体数量 n 足够大，交易主体 a_i 选择聚合中心 Ω 作为置业地的概率 $\Pr(s)$ 依然可能很大。

城市聚合在主体结构上的另一个显著特征是具有某种相同特征的交易主体片区化分布。城市中的富人会不约而同地聚集在某个区域，中产业阶级也会不约而同地聚集在一个区域内，而贫困或相对贫困的家庭也会集聚在某个特定的区域内。这些是不同阶层的片区化分布。同样，来自某个地区或国家的家庭也会倾向于选择某个特定的区域，形成相同文化背景的社区。譬如，遍布世界各地的中国城或唐人街，通常是来自中国的移民首选置业地或居住地。改革开放后，大量农民到城市打工，同一个村的人外出打工时，通常会结伴而行，选择相同的城市，甚至选择相同行业和相同的企业。

12.4.5 城市层级体系的形成

在现代社会中，每个国家都会有数量众多的城市，这些城市规模大小各异，在国家产业体系中扮演着不同的功能角色。这些城市形成了分工协作的城市层级体系。对于城市的分类，世界上没有通用的标准，每个国家的城市体系不尽相同，划分方法也会有所差异，并且随着经济发展阶段和人口规模的变化也在不断调整。在1830—1870年，美国将城市划分为三个层级，分别是一级城市，人口规模超过130万人，主要以当时的纽约为代表；二级城市，人口规模为13万人到130万人；三级城市，人口规模在3万人到13万人。1870年，美国人口规模仅有3 900万人；到2021年，美国人口已经达到3.33亿人。经历了150年的发展，美国人口增加了7.5倍。显然，1870年的城市划分标准不可能适用于现在的美国。在2000年的人口普查中，美国人口普查局对城市有关概念的定义为[5]：

1. 城市地区。它是指人口不少于2 500人，且每平方千米的人口密度不低于500人的固定地理区域。在2000年的普查中，美国共有3 756个城市地区。

2. 大都市区。它是指拥有大量人口的核心区及其在经济上结为一体的临近社区。人口不少于50 000人。在2000年的普查中，美国拥有361个大都市区。

3. 小都市区。它是指比大都市区小的城市区，人口一般在10 000—50 000人。在2000年的普查中，美国拥有559个小都市区。

4. 主要城市。它是指每个大都市区或小都市区内最大的自治市。每个自治市都有一个自治机构，地方政府通过它来行使政治权力和公共服务，如污水处理、控制犯罪和消防等活动。

在中国，通常将城市划分为四个层级，分别是一线城市，以北京、上海、广州、深圳为代表，属于超大城市范畴；二线城市，以东部经济发达地区的省会城市和部分中西部人口大省的省会城市为代表，如南京、杭州、成都、郑州、济南、天津等，属于大都市范畴；三线城市，主要以地级城市为代表，包括宁波、绍兴、嘉兴、无锡、安阳、保定、廊坊等，属于中等城市范畴；四线城市，主要以县级城市为代表，如昆山、禹州、固安等，属于小城市范畴。

事实上，如果按照城市的人口规模划分层级，还可以有更多的划分标准，而且每个国家的情形都不一样，难以形成统一的标准。采用城市功能定位标准对城市进行划分，情况就会发生变化。在一个国家的城市体系中，无论城市规模多大，根据每个城市在城市系统中发挥的作用来划分，所有城市可以划分为两种基本类型：一类是中心城市，另一类是在中心城市周围的卫星城市。中心城市分布在地理极点上，拥有突出的资源禀赋优势，或是拥有某种矿藏资源，或是处于便利的交通交汇点，或是处于广阔的农业腹地中心；而卫星城市可以看作是中心城市资源禀赋优势和集聚效应的外溢结果，分享中心城市的外部性，享受了较为低廉的置业成本。由中心城市与其卫星城市共同构成更高一层次的聚合结构——城市群。

之所以会出现城市群聚合形态，是由于交易主体对集聚效应敏感度和土地使用强度的差异。利用集聚效应敏感度和土地使用强度两个维度对交易主体进行分类，可以得到如下结果。

表12.4.1 交易主体分类

类别	高集聚效应敏感度	低集聚效应敏感度
低土地使用强度	Ⅰ 高敏感、低强度	Ⅲ 低敏感、低强度
高土地使用强度	Ⅱ 高敏感、高强度	Ⅳ 低敏感、高强度

表12.4.1展示了在两个维度上将交易主体分类的结果。根据（12.4.12）可知，交易主体各自的收益风险指数如下：

$$R_g = \frac{\kappa(r)m^{\alpha+1}r^2 + \tau v m r^2}{\kappa(r)m^{\alpha+1}r^2 + \tau v m r^2 - \Gamma(m^\beta)\pi\rho} \quad (12.4.23)$$

根据（12.4.23）我们可以分别对四类交易主体置业策略 s 的收益风险指数 R_g 进行评估。Ⅰ类交易主体，拥有对集聚效应的高敏感度，即集聚效应敏感系数 $\kappa(r)$ 取值较大，且对置业地点 r 反应敏感，置业地点越靠近城市中心，敏感系数 $\kappa(r)$ 取值越大；Ⅰ类交易主体的另一个重要特征是土地使用强度相对较低，即 $\Gamma(m^\beta)$ 取值较小，且对城市聚合规模 m 敏感度较低。我们由此可以推断，Ⅰ类交易主体的收益风险指数非常接近1的水平，即 $R_g \approx 1$。对于这类交易主体，聚合中心 Ω 的规模 m 越大，收益风险指数 R_g 就越接近1。因此，聚合中心或城市规模 m 越大，Ⅰ类交易主体的收益风险指数 R_g 取值越小。由（12.4.13）可知，Ⅰ类交易主体偏好于聚合规模较大的城市或聚合中心。由于Ⅰ类交易主体对集聚效应高敏感度和低土地使用强度的特点，这类交易主体倾向于选择中心城市主城区作为置业地点。

在现实中，Ⅰ类交易主体通常包括金融机构、文化服务公司、奢侈品商业机构、高端餐饮企业等具有高附加值特点的第三产业机构。在家庭主体中，收入越高的家庭越倾向于选择公共资源富集（教育资源、医疗资源等）的地区，通常情况下公共资源富集的区域集中在中心城区内。

与Ⅰ类交易主体相比，Ⅱ类交易主体同样对集聚效应具有高敏感度，但是由于土地使用强度较高，如果选择中心城市的主城区，付出的置业成本就较高。为了解决这一矛盾，Ⅱ类交易主体通常会选择中心城市的边缘区域或城市郊区，这样既保留了贴近中心城市的收益，又避免支付过高的置业成本。Ⅱ类企业主要包括物流公司、汽车商贸公司等，技术密集性制造类公司通常也属于Ⅱ类交易主体，选择中心城市的郊区便于招募到所需的技术人员。

Ⅱ类家庭主体主要是就职于Ⅰ类企业的交易主体，家庭收入相对偏低。这类家庭由于就业的关系需要选择中心城市置业，但却无法支付中心城区高昂的置业成本，中心城市外围城区成为这类家庭的最佳选择。

Ⅲ类交易主体的基本特征分别是对集聚效应的低敏感度和对低土地使用强度，意味着集聚效应敏感系数 $\kappa(r)$ 有较小取值，且对置业地点 r 不太敏感；土地使用强度系数 $\Gamma(m^\beta)$ 取值较小，且对城市聚合规模 m 不敏感。对于Ⅲ类交易主体上述特征，若选择聚合规模较大的中心城市作为置业地点，收益风险指数 R_g 会有较高的取值，而选择中心城市的紧邻卫星城，收益风险指数 R_g 的取值较小，如果选择规模更小的边缘卫星城作为置业地点，由于这类交易主体土地使用强度不高，并不会从置业成本中节省可观的费用，却会因距离中心城市过远，造成集聚效应收益的损失，从而得不偿失。因此，紧邻卫星城市将是Ⅲ类交易主体的首选。

Ⅲ类交易主体包括生产规模较小、技术附加值相对较低的制造企业；进入门槛较低、竞争激烈的服务行业以及在这些行业就业的家庭主体。

Ⅳ类交易主体的基本特征是较低的集聚效应敏感度和较高的土地使用强度。很显然，这类交易主体选择远离中心城市、聚合规模最小的边缘卫星城市作为置业地点是最佳选择。

由式（12.4.8）可知，置业成本可以计算如下：

$$Lc(x,y) = \frac{\Gamma(m^\beta)\pi\rho}{r^2 m} \quad (12.4.24)$$

对于Ⅳ类交易主体，如果选择中心城市或紧邻卫星城市，由于中心城市和紧邻卫星城市在规模、密度上都会远大于边缘卫星城市，置业成本也将大大高于边缘卫星城市；另一方面，由于Ⅳ类交易主体对集聚效应的低敏感度，能够从中心城市或紧邻卫星城市获得收益与边缘卫星城市相比并没有增加太多，这就必然导致选择中心城市或紧邻卫星城市的收益风险指数 R_g 均会大于边缘卫星城市的结果。由聚合交易模型（12.4.13）可知，Ⅳ类交易主体必然选择边缘卫星城市作为置业地点。

Ⅳ类交易主体主要由技术附加值较低、生产规模较大的制造类企业以及在这些企业中就业的家庭主体构成。

在交易系统中，城市层级体系的形成过程是大量交易主体自发选择的自组织行为。城市体系中会包含数量不等的城市群，而每个城市群的大小取决于中心城市的辐射强度，中心城市所产生的集聚效应越明显、占有的资源禀赋价值越大，产生的辐射力就越强，能够吸引的卫星城市就越多，最终所形成的城市群规模就越大。

尽管城市层级体系一经形成便具有很大的稳定性,但并非一成不变。技术进步是推动交易系统演化的基本力量,同样是推动城市体系演化的动力源泉。每个城市的集聚效应取决于主导产业生命周期所在阶段,如果中心城市的主导产业正处于上升周期,城市的集聚效应就会持续增强,城市规模趋向扩张,由中心城市所引领的城市群也会处于扩张周期;相反,如果中心城市的主导产业已经进入夕阳周期,城市的集聚效应就会持续下降,越来越多的交易主体将会迁出,选择集聚效应更大、更富活力的城市置业。迁出城市的规模将持续收缩,所在的城市群也将逐步走向解体、重构的过程。

12.5 交易网络聚合结构演化

各聚合层上的结构处于持续演化之中,推动聚合结构演化的基本动力是聚合体之间的竞争,由竞争推动的演化遵守共同的规律,即资源配置的集中化,聚合结构的演化同样朝着中心化方向发展,原有聚合体的均衡结构逐步被打破。伴随着某个或几个聚合体在竞争中胜出,资源配置向胜出者集聚,成为所在聚合层的中心。这种演化趋势,无论在社区聚合层,还是在城市聚合层、经济带聚合层,还是国家聚合层上均无例外。

对于不具有独立决策能力的聚合体,如社区、经济带、国际贸易合作区域等,这些聚合体的共同特点是内部成员之间的协同,是自发实现的,这类聚合体的竞争行为是由单元内部成员间的协同效率决定的,协同效率越高的聚合体,在聚合层的竞争中竞争优势越突出。对于拥有决策能力的聚合体,单元间的竞争就会更为直接,竞争的手段也更加多样化,竞争表现得也会更加残酷。

聚合体的行为特点取决于决策生成机制以及决策者的利益取向。每个聚合体都有自己独特的利益分层结构,其行为方式都有自己的独特性,有其鲜明的性格特征,各个层级的聚合体都是如此,无论拥有明确决策机制的聚合体,如城市和国家,还是没有明确决策机制的聚合体,如社区、经济带等,无不如此。国家是决策机制最为复杂、决策主体众多的聚合形态,在五个层级的聚合分层中,国家聚合体的行为特点也最为复杂,最难琢磨,不存在整齐划一的国家行为模式。每个国家的行为模式都是由决策机制及其背后的利益结构决定的,正像大自然中没有两片完全相同的树叶一样,世界同样没有行为模式完全相同的国家。只有理解了这些,才能理解世界国际格局演变的诡异特性。

在交易系统中,处于同一层级的聚合体相互竞争,一旦某个聚合体获得绝对优势，便会成为所在层级的信息枢纽中心。信息在现代经济中扮演着十分关键的角色，信息枢纽中心将赋予优势聚合体更大的竞争优势，与信息中心相伴的是科技创新中心、教育与人才培养中心、文化传播中心、金融中心等角色。聚合体之间竞争的正反馈机制无疑将进一步强化交易系统向中心化的演化趋势。

正像市场演化一样，垄断一旦形成，市场效率就会严重下降，处于垄断地位的企业就会利用自己的优势控制市场，最终成为市场有效配置资源的障碍。在全球交易系统中，一旦某个国家获取绝对优势地位，同样会对竞争国家进行打压，在国际层次上由于缺乏强有力的外部约束机制，单极结构的国际博弈必然无法实现各方最优的纳什均衡。当单极国家的优势地位受到挑战时，它必然选择背叛全人类最大利益的竞争策略，客观上沦为人类社会进步的绊脚石。在这一点上，交易系统再度呈现自我异化的特性。

在交易网络的演化过程中，聚合结构同样呈现于动态变化之中，其中聚合结构的重构是非常令人瞩目的一种现象。在聚合结构重构过程中，一些聚合体快速膨胀，而另一些聚合体则会逐渐衰亡凋敝。在工业化的过程中，城市化运动吸引大量农民从乡村移居到城市，对农业经济形态下的聚合结构进行了重构。后工业化以来，区域聚合结构进行重构，曾经繁荣的工业地区开始日渐凋零，美国东北部五大湖地区在20世纪70年代以前曾经是重工业集聚地区，德国的鲁尔地区，英国的伦敦工业区等都是典型的例子。这些曾经繁荣的工业城市聚区域、随着产业结构的调整，大批企业倒闭或迁移，人口大量流失，与之相对应的是向阳光带迁移。由此可见，聚合结构呈现周期性的重构，而推动聚合结构重构的基本力量是迁移，企业的迁移和家庭的迁移，无论是城市化过程中的聚合结构重构，还是产业结构调整过程中的聚合结构重构，交易主体的迁移都是主要的成因。

同一聚合层次上的聚合体之间对交易主体的竞争体现为交易主体的跨聚合体的迁移。交易主体总是从交易网络密度相对低的聚合体向网络密度高的聚合体迁移。交易网络密度既代表着市场繁荣、经济发达程度，也代表着交易主体实现收益的机会。作为逐利动机驱动的交易主体，从交易网络密度低的地区向交易网络密度高的地区迁移，符合交易主体的基本价值取向。无论是从农村迁往城市，还是从小城镇迁往大都市，从经济欠发达地区迁往经济发达地区，交易主体总是沿着交易网络密度的梯度矢量迁移。

借鉴美国经济学家迈克尔·P. 托达罗（Michael P. Todaro）在20世纪70年代提出的人口迁移模型[6]的基本原理，结合交易网络的结构特征，我们推导交易网络的聚合重构模型。

设 Ω_k 与 Ω_l 是两个同层次上的聚合体,可以是城市里的两个交易社区,也可以是两个不同城市,也可以是两个不同的经济带或国家。设 Ω_k 和 Ω_l 的网络密度分别是 ρ_k 和 ρ_l,聚合体 Ω_l 的迁入置业成本为 m_l^c;$a_i \in \Omega_k$ 是 Ω_k 上的任意交易主体,净资产规模为 z_i,a_i 从 Ω_k 迁入 Ω_l 的概率为 $\Pr(a_i | \Omega_k \to \Omega_l)$。

交易主体的迁移动机与迁移收益成正比,迁移带来的预期收益越大,迁移动机越强烈;与迁移成本成反比,迁移成本越高,迁移动机就越弱;由于每个交易主体对成本的承受能力不同,承受能力越强的交易主体,越容易克服重置成本障碍;而承受能力越弱,即使有很大的预期迁移收益,也无法实现迁移。

根据上述分析,我们可以推断,a_i 从 Ω_k 迁入 Ω_l 的概率为 $\Pr(a_i | \Omega_k \to \Omega_l)$ 可以表述如下:

$$\Pr(a_i | \Omega_k \to \Omega_l) = k \frac{z_i}{m_l^c} \frac{\rho_l}{\rho_k} \quad （12.5.1）$$

其中,k 是调整系数,满足 $k>0$。对于不同类型的交易主体,k 的取值可以有所不同。家庭类型主体与企业类型主体,在迁移决策中会有不同的侧重,不同类型的企业在地址选择中的侧重点也会有所不同,这些都体现在 k 的取值上。

迁移模型(12.5.1)能够比较准确地描述交易网络聚合结构重构中的一些现象,能够解释为什么大城市越来越大而小城镇则越来越小的城市分化现象,也能够解释为什么处于交易网络边缘的贫困地区居民却是故土难迁,逐渐演化成为几乎对外封闭的区域;还能够解释在同一个城市里社区之间的分化机制。

迁移公式同时还揭示了网络社区的分化机制。交易势阶次越高,同等条件下交易主体的迁移概率就越大。高阶次交易主体永远是交易网络聚合重构的活跃因素。交易网络在持续的迁移活动作用下,最终形成高阶次主体在环境优良社区集聚格局;而交易势弱小的主体则会留在原始社区,形成强者愈强、弱者愈弱的分化趋势。这种分化机制不仅存在于交易社区重构过程,同样存在于城市演化和国家演化的进程中。

迁移概率公式包含了处于优势地位的聚合体吸引其他聚合体资源时的自我抑制机制,从而在聚合结构重构过程中最终实现新的均衡结构。随着优势聚合体吸引越来越多的交易主体迁入,网络密度会进一步增加,这无疑会增加它的吸引力;与此同时,由于越来越多的交易主体集聚在一起,资源的稀缺性就会变得越来越突出,包括住房、土地、道路交通资源等,都会变得更加稀缺,不可避免地出现价格上涨、各类限制增多等,这些都会提高迁入的重置成本。在世界各个国家，大城市的房价、地价都会远远高于中小城市；大城市对交通的各类限制也会比中小城市多，这些都会成为阻止更多交易主体迁入的因素。

注释

1. ［美］阿瑟·奥沙利文.城市经济学［M］.8 版.周京奎，译.北京：北京大学出版社，2015：18.
2. ［意］罗伯塔·卡佩罗.区域经济学［M］.2 版.安虎森，等译.北京：经济管理出版社，2022：46.
3. 同 2：78.
4. ［日］藤田昌久，［美］保罗·克鲁格曼，［英］安东尼·J.维纳布尔斯.空间经济学——城市、区域与国际贸易［M］.梁琦，译.北京：中国人民大学出版社，2011：21.
5. 同 1：18.
6. 谭军，孙月平.应用福利经济学［M］.北京：经济管理出版社，2016：254.

第十三章

交易系统紧致性

交易系统的非线性特质源于交易主体之间的相互作用。在持续不断的演化进程中，交易系统的非线性特征日益凸显。为了描述和度量交易系统非线性特征的强度，我们引入"紧致性"概念，并用"紧致度"对交易系统的紧致性强度进行度量。

13.1 紧致性概念[1]

非线性是复杂系统的基本特征。复杂系统具有两个典型特质，分别是组分之间的紧密关联和建立在相互作用基础上的正反馈机制。系统组分的关联性需要通过组分间的相互作用给予表达；而正反馈机制则需要各组分特定的行为模式作为支撑。基于上述理解，我们可以找到对交易系统非线性强度的有效度量。

13.1.1 交易主体的相互作用机制

系统内部关联的紧密性是系统发展阶段的关键性标志[2]。系统演化的层级越高，内部关联性在系统运行中发挥的作用就越显著。如果忽略系统内部关联性是系统研究的简化手段，只有在系统演化的初级阶段才有效；对于进入高阶演化的复杂系统，关联性已经成为系统不容忽视的特质。

在交易系统中，交易主体间的作用主要是指一个主体的决策及交易行为对另一个主体的决策和收益产生影响的过程。按照作用机理划分，主体间的作用可以分为两种类型：一类是交易作用。交易主体通过交易网络实现相互作用，并将这种作用向外扩散。在紧密联系的交易网络上，交易主体的决策将不可避免地影响到其他主体的收益，譬如债务方的偿债能力以及影响偿债能力的交易决策，无疑会在一定程度上影响到债权方实现权益的结果。交易主体通过交易活动形成的相互作用是交易系统内部关联的基础，其他类型的作用均属于此类作用的延伸。

另一类是信息作用。在交易社区上，信息在邻居间快速传播。居民观察到邻居的收益情况，这个信息就会成为影响其决策的因素。在信息不充分的条件下，人们总是通过观察他人的决策以及行为后果来增强信息，以减小决策风险。在信息流动和传播速度加快的大背景下，信息作用半径越来越大。借助交易网络四通八达的开放通道，信息在交易系统中快速传播，影响范围极其广泛。在交易系统中，"蝴蝶效应"只有借助信息的翅膀才能实现。

交易主体间的两种机制将为数众多的交易主体紧密地联结成为有机整体，最终深刻地影响着交易系统的运行和演化。

13.1.2 紧致性概念的形象化描述

紧致性是指系统内部紧密关联的状态。紧致现象十分普遍，在我们日常生活中更是司空见惯。虽然行驶在公路上的汽车看上去相互独立，但它们之间存在着相互关联性，同时这种关联性又在不断变化着。在路宽车少的状态下，行驶在路上的车辆关联度很低，每辆车的速度几乎可以自由变化。当路上的车辆增多时，车辆行驶就必须瞻前顾后，彼此间的关联性一下子提高了。当道路出现拥堵时，每辆车的行进速度都会严格依赖于前面车辆的速度。前面车辆只要移动，后面车辆就会紧跟着移动，整条公路上长长的车队顿时变成了密切关联的整体，道路系统趋向高度紧致。

交易是交易系统内部产生关联性的基本源泉，不同类型的交易形成的主体关联强度也各不相同。譬如，一个主体对另一个主体负债，或一方持有另一方的股权，这些权益类交易能够将一方的经济状态直接传导向另一方，影响到对方的风险和收益等众多方面。这种关系迫使权益方对另一方的经济状态和交易活动深切关注。与权益类交易相比，普通商品交易所形成的主体关联强度要弱得多。交易完成后，双方的关联度就会快速下降。

13.1.3 紧致度公理化定义

紧致度是交易系统紧致程度的衡量指标。由于涉及成分复杂，如果直接采用显性公式精确地表述各种要素的作用大小，在技术上几乎不可能实现。为了解决这个难题，我们需要借助公理化定义的方法，给出紧致度需要满足的条件。公理方法不仅避开了具体计算的难度，也便于在各种应用场景中设计出更符合实际需求的量化指标。

在交易系统的状态集 Σ 与实数半开区间 $[0, +\infty]$ 之间建立单一映射关系 φ，如果 φ 满足如下条件，则称 φ 是交易系统状态集 Σ 上的紧致度：

1. 对于交易系统所有状态均有 $\varphi \geq 0$；
2. 对于交易系统任意两种状态，如果状态 1 表现出比状态 2 更强的内部关联性，则 φ 满足关系：$\varphi_1 > \varphi_2$；
3. 当交易系统中的主体彼此相互独立、相互间的影响可以忽略不计时，其状态对应的 φ 满足 $\varphi = 0$。

根据上述公理规定，我们可以采用插值法为交易系统紧致度建立指标体系。在实际操作中，可以预先选定几个状态，对其紧致程度排序，首先对紧致性最高的状态进行赋值，然后按照公理 2 的要求依次赋值。通过上述程序的反复操作，我们可以不断增加状态数量，逐步建立起比较完备的紧致度指标体系。

在度量交易系统紧致度时，对演化比较均匀的交易系统比较容易处理，对结构局部化现象严重的交易系统，计算其紧致度就会遇到较大的困难。譬如交易系统出现局部网络稠密化，其他地方稀疏化，这种情况经常发生在交易系统结构调整时期，大规模产业转移有可能出现这样的结果。在这种情况下，整个交易系统的紧致性度量要根据局部权重大小进行综合评判。

根据紧致度量值大小，我们可以将交易系统划分为紧致状态和松弛状态两种基本类型。处于紧致状态的交易系统，主体之间的相互作用在交易系统运行中产生重要的作用，系统的非线性特征将会十分显著；处于松弛状态的交易系统，内部关联性对系统行为影响不大，此时的交易系统可以看作是大量交易主体行为的线性叠加，适用线性化处理。

13.2 紧致度的影响因素

交易链是交易网络上密切相关的交易将若干交易主体紧密连接起来的一条链路。供应链、债务链、权益链等都是关联交易链的常见形态。交易网络上生成的交易链越多，长度越长，交易系统的紧致化程度就越高。

13.2.1 交易网络密度

交易网络的稠密度高低，意味着交易网络上的交易主体分享节点度和信息的多寡。交易网络越稠密，交易网络上主体的节点度就越高，意味着主体与更多的主体产生交易关联和信息交流，也就意味着系统内的主体间相互关联更为紧密。

从另一方面看，交易网络密度还表现为系统内部的分工发达程度。交易系统分工越发达，交易网络也就越稠密。制鞋业分工的案例能够很好地说明分工的自组织过程与交易网络稠密化之间的密切关系。在手工作坊时期，制鞋业通常不会有行业内部的分工，每一家作坊都独立完成产品生产。不同商家的产品大同小异，无论从功能上，还是从外形设计上，再到市场声誉方面，都没有太大差别。每一家作坊都有自己的客户群，既不需要创新，也不需要与其他同行进行竞争。在生产出一批又一批鞋子的同时，这些作坊也从学徒工中培育出一批又一批技术合格的制鞋匠，推动越来越多的制鞋匠自立门户。随着同行增多，每家作坊渐渐感受到市场的竞争压力。在这种背景下，就会有比较聪明的鞋匠不再卖鞋子，只做鞋底，把鞋底卖给其他制鞋的作坊。起初只有少数几家作坊用买来的鞋底做鞋，发现采用这样的商业模式比自己独立做鞋的成本更低。这些商家借助成本优势，迅速扩大了市场份额。当越来越多的制鞋作坊放弃传统生产模式、从鞋底作坊那里买鞋底时，制鞋业内部的第一次分工就出现了。类似的情况同样发生在皮革作坊从制鞋作坊分离、鞋带作坊从制鞋作坊分离时。

随着鞋底作坊专注于生产鞋底，不断改进工艺流程，并开始尝试各种材料，开发不同性能的鞋底，譬如弹性好的鞋底、耐磨性好的鞋底等。生产鞋子的作坊，在技术和竞争压力的双重作用下，将不断引入新的技术，从手工转向工业制造，原来的手工作坊逐渐向现代工厂转变。与此同时，市场开始细分，制鞋企业开发出不同功能的鞋子，正装鞋、休闲鞋、篮球鞋、登山鞋、网球鞋等。一些企业会专注于某类功能的鞋子，出现了运动类制鞋公司和皮鞋公司等。

随着市场竞争的加剧，分工将进一步细化。一些制鞋企业开始求助于专门的设计公司，在鞋子式样、性能注入更多技术含量，雇用专业广告公司为其做广告，雇用专业的市场调查公司对市场需求进行调查等。在这个阶段，制鞋业在完成了内部分工和市场细分之后，开始将合作关系延展到鞋业以外，与越来越广泛的相关行业开展合作，包括科研部门、体育行业、影视娱乐界等，最终将自己编织在一张越来越密的网络之中。

上述分工演化的过程为我们清晰地展示在不断分工递进的过程中，每个主体的外部交易增多了，过去每家制鞋作坊的主要交易对象是纺织作坊和买鞋的顾客；随着分工递进，制鞋企业要与众多合作厂商进行交易，从广告，到设计；从市场调查，到生产设备，几乎每个环节都需要交易。前后对比，交易对象和交易内容成倍增加了，交易网络密度加大了，交易主体间的关联性得到强化。

交易网络稠密化不仅增强了交易主体对信息的需求，也为信息流通提供通道和载体。随着信息传播技术的提高，每一个交易主体接收到比以前更多的信息，在获得更多交易机会的同时，每一个主体也会感受到来自外部环境越来越大的影响。

13.2.2 交易系统杠杆率

交易网络的稠密性是从拓扑结构方面反映了主体之间的关联特征，但紧致化的内涵并不局限于此。交易性质同样会对交易系统紧致度产生影响。与简单的商品交易相比，金融交易引发的主体间关联更为紧密，对交易系统紧致度的影响更为直接、显著。

对于企业类交易主体，杠杆率是指负债与权益资本的比值。对于家庭类交易主体，杠杆率是指家庭负债总值与家庭收入之比。对于整个交易系统，杠杆率可以通过总负债与总资产之比或者总负债与 GDP 之比计算得出。

在财务分析中，杠杆率通常用于衡量企业的负债风险。杠杆率越高，表明企业的负债风险越大。在经济分析中，杠杆利率的意义远不止于此。杠杆率代表着交易放大机制的状态，杠杆率越高，意味着交易系统扩张运行的态势越强烈，同时也意味着交易系统蕴含的风险也越高。

增加杠杆的途径多种多样，通过负债方式放大交易量是最为常见的杠杆交易；也可以使用保证金交易、分期付款、信用卡付款、租赁等方式，这些均属于杠杆类交易。杠杆交易在现代经济中非常重要，是支撑经济运行的重要机制。杠杆率的变化，无论是增加还是减少，都将对经济产生重要的影响。银行信贷量是杠杆率的主要影响因素，面对商业风险的变化，商业银行不断地调整信贷策略，从而引起交易系统的杠杆率不断变化。

杠杆率越高，交易系统的紧致性就越强。权益关系将交易主体紧密地关联起来，发生在一个主体身上的事情，很快就会影响到另一个相关交易主体。具有高杠杆率的交易系统，很容易诱发交易环现象。在金融危机爆发之前，交易系统的杠杆率会不断提升；危机爆发之后，杠杆率又会快速下降，诱发紧致度剧烈震荡。

13.2.3 交易系统债权结构

交易系统杠杆率衡量交易系统放大交易机制的平均水平，是在单个交易主体资产负债率基础上进行平均计算，并没有考虑权责结构的具体情况。事实上，债务链的长度以及结构同样影响着交易系统的紧致度。

设 a、b、c 是交易系统中的三个任意交易主体，如果 a 对 b 有债权关系，

b 又对 c 有债权关系，可以用箭头表示这种关系：

$$a \longrightarrow b \text{ 和 } b \longrightarrow c$$

图 13.2.1　债务关系示意图

上述关系便形成了一个债权债务前后衔接的关系，我们称该关系为"债务链"，并表述为如下形式：

$$a \longrightarrow b \longrightarrow c$$

图 13.2.2　债务链示意图

在现代经济中，银行在塑造交易系统债权结构方面发挥着关键作用。银行进入债务链后，债务链的结构就开始变得更为复杂，可以概括为如下多层结构形态。我们用小圆点表示一般交易主体，大圆点表示银行机构，箭头方向表示权益方向：

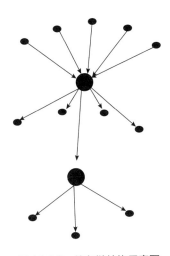

图 13.2.3　债务链结构示意图

图 13.2.3 显示了银行加入债务链后的结构特征。除了银行与非金融客户之间的债权关系外，银行之间也存在债权关系。事实上，现实中债务关系的复杂性要远远超过图 13.2.3。应付账款、商业汇票的应用要比银行信用广泛得多。企业与企业之间普遍存在应付账款的债权关系；家庭与公共服务企业之间存在应付账单的债务关系。商业汇票是大中型企业经常使用的负债工具，不可避免地进一步增加债务链的结构复杂性。应付账款和商业汇票加入债务链后，图 13.2.3 将会演变成如下状态：

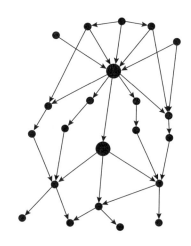

图 13.2.4　债务链演化示意图

加入企业信用后，债务链结构开始向债务网络方向演化，这符合交易系统的演化规律。交易系统进化阶次越高，债务链结构就越复杂。在这种情况下，我们之所以仍然用债务链命名这样的债务关系，是由于在这些债务关系中，权责关系均是单向的。事实上，双向权责关系十分普遍，向银行负债贷款的企业，通常会在贷款银行开立存款账户，这就在银行与贷款企业之间形成双向债权关系。在债务链概念之下，双向债权关系应当分属于两个不同的债务链。

交易系统中包含数量众多的债务链。债务链中包含的主体数量称为债务链长度，债务链上的债务总和称为债务链当量。交易系统中，债务链的平均长度和债务链的平均当量代表着交易系统的债务关联强度。

债务关联强度与紧致性之间存在正相关关系，即债务关联强度越高，交易系统紧致性就越强；反之，债务关联强度越低，交易系统紧致性就越弱。对于交易系统来讲，拥有适当的债务关联强度是必须的，否则就无法有效地组织生产，更无法实现交易规模的扩张。当经济债务关联强度超过一定限度后，交易系统就会面临巨大的脆弱风险。在一条连通性很高的债务链上，一个债务人出现问题，就会通过债务链迅速向整个交易系统扩散。

20世纪八十年代。美国放松金融管制，各项金融业务不断走向融合，银行、证券、保险逐步走向混业经营。资产支持证券化产品随之迅速发展，成为各类金融机构广泛持有的资产类型。以次级贷款为例，商业银行向还款能力较弱、信用风险较高的家庭发放房屋抵押贷款，这原本是一项十分传统的银行信贷业务，债务链也很短。经过证券化以后，这类资产在投资市场上广泛流通，成为银行、保险公司、证券公司以及对冲基金等各类机构竞相追捧的对象。次级债券经过投资银行的再次组合、包装，扩散面进一步增大，不仅在美国国内流通，甚至扩散到欧洲、亚洲。当美国的房价持续下降引发次级债资产大幅缩水时，由次级贷款所支撑的债务链便成为金融风险扩散的高速公路，最终酿成席卷全球的金融海啸。

13.2.4 交易系统股权结构

在交易系统中，根据股权关系，我们可以将交易主体分为若干组，每组中的交易主体之间存在股权关系。这些具有股权关系的主体组既可以包含企业类主体，也可以包含家庭类主体。我们用包含交易主体数量最多、资产规模最大的股权关系组代表着交易系统的股权关联强度。股权关联越强，交易系统的紧致度就越高。

股权关联强度对交易系统运行产生重大影响，拥有不同股权关联强度的交易系统，表现出完全不同的适应性特征。高强度股权关联的交易系统，具有抗冲击、稳定性好的特点，但应对市场速度变化的反应迟缓，日本是典型的案例；相反，股权关联度低的经济体，稳定性差，但市场自组织特性突出，适应外部变化的能力强，美国是典型的代表。

在以上影响交易系统紧致度的四个主要因素中，交易网络密度源自分工递进的演化趋势；杠杆交易活动、权益交易等则是交易系统金融化的伴生物。由此可见，影响交易系统紧致度的主要因素都是来自系统演进的变量，交易系统紧致化是自身演化的必然结果。

13.3 紧致度震荡

紧致度震荡是交易系统运行中偶尔出现的特殊现象，是指交易系统紧致度在极短时间内骤然增加，随后又快速下降的过程。作为交易系统演化的特征指标，紧致度通常比较稳定，但当交易系统受到较大冲击时，就会出现紧致度震荡。作为系统运行的背景参数，紧致度对系统运行存在十分广泛的影响。一旦出现震荡现象，交易系统就会被极大地破坏，系统运行效率会急速下降，甚至诱发交易网络结构性崩溃，导致危机爆发。这就像宇宙间的引力结构，作为宇宙运行的背景结构，诱发引力震荡的引力波常常与超新星爆炸或天体大碰撞等灾难性事件相关联。

造成紧致度震荡的成因主要有两类：一类是交易系统出现大规模的交易级联，另一类是交易系统爆发危机。危机既是紧致度震荡的成因，又是紧致度震荡的结果，两者相互纠缠。

13.3.1 交易级联

当社会被一种特殊的氛围所控制，公众的一致性行为会导致交易系统的紧致度急剧爬升，达到空前的程度，大量交易主体进入级联状态，交易系统陷入混沌。在紧致度突然爬升的背后，是群体一致性行为，其成因是多方面的，包括从众心理、集合行为和恐慌心理等。

从众行为是一个心理学概念，意思是指"根据他人而做出的行为或信念的改变。"[4]根据从众行为背后的心理特点划分，从众行为又可以分为顺从和接纳两种类型。在奖赏和惩罚机制下产生的从众行为是顺从，接纳则是通过接受一种观点，通过自身的价值判断而产生的从众行为。上述两类从众行为均不是迫于外部压力，而是通过对行为后果的认知，自愿选择的结果。

从动机来看，规范动机和信息动机均可以产生从众行为。规范动机就是面对群体压力，保持与群体的一致性，免遭孤立和群体报复的愿望。作为社会动物的人类，社会群体的归属感是一种本能的心理需求，是通过与群体多数保持一致获取认可、实现归属感的自然途径。信息动机则是从别人行为中获取信息的愿望，通常情况下，面对的情况越是复杂，不确定性越大，信息动机就会容易发挥作用。在流言蜚语面前，从众行为常常表现得比平时更为突出。在交易系统运行中，信息动机扮演更为重要的角色。在现实中，大量决策是在缺乏足够信息的条件下做出的，这是从众行为产生的基本背景。从众行为背后的信息动机是通过社会性学习的方式实现的。研究发现，社会性学习在金融市场上具有显著作用。[5]

集合行为是人们在某种外部因素的刺激下不约而同采取的一致性行为。诸如自发集会、游行示威、种族冲突等属于集合行为的范畴。在经济领域中，恐慌导致的抢购风潮、股票大规模抛售行为等，同样属于集合行为。从实现机制上看，从众行为是在别人示范下产生的后续效果，而集合行为则是群体的一致性行为，两者有着本质上的不同。

集合行为主要是情绪感染能够迅速增加主体之间的关联，提高交易系统的紧致度，无论是恐慌情绪还是乐观情绪，都是诱发集合行为的重要成因。当某种强烈的情绪如亢奋或恐惧在群体中弥漫的时候，这种情绪具有十分强烈的传染性，很快就会在群体中形成一股一致行动的强大力量。

现实中，从众行为和集合行为相互交织，从众行为中包含集合行为的特点，集合行为中也会存在从众行为的影子，两者很难区分。无论是从众行为，还是集合行为，对于交易系统而言，均以级联交易的形式呈现出来，在很短的时间内集中涌现出大量一致性交易，无论在交易标的上，还是交易方向上均呈现高度一致性。交易系统属于生态系统的范畴，多样性是生态系统健康的关键性标志，一旦出现大量交易主体采取一致性交易策略，就会突破交易系统的承载能力，导致交易系统崩溃。

13.3.2 危机现象

危机对交易系统的破坏性来自大量交易主体的一致性行为，也是引起交易系统紧致度震荡的关键所在。在危机的爆发和升级过程中，流言与恐慌相互加强，形成自强化过程。恐慌为流言提供了传播环境，流言反过来进一步加剧了公众的恐慌。这种互相强化的关系在增强交易一致性的同时，也将危机不断推向更深处。危机爆发后，交易网络陷入碎片化状态，交易系统紧致度迅速降低，经济随之陷入衰退或停滞状态。

各种成因的紧致度震荡均离不开特殊的社会心理活动。相互激发的心理过程就像一场核聚变，释放出的能量常常超出人们的想象。然而，任何意愿响应，无论当初多么强烈都会很快消退，具有很强的脉冲性，这也是造成交易系统紧致度震荡的根本所在。

13.4 交易系统紧致化

交易系统的紧致度是一个动态变量，处于不断变化之中。一个突发事件就能导致交易系统的紧致度急剧上升；当家庭和企业不约而同地采取保守策略时，交易系统的紧致度又会随之下降。紧致度的不稳定导致宏观行为规律的多变性，这是经济学家经常面临的挑战和困惑。

从长期演化趋势来看，交易系统紧致度呈现出不断增强的趋势，我们将这种趋势称为交易系统的紧致化。

人类经历了两个基本的经济形态——农业经济形态和工业经济形态。[6]在农业占据主导地位的时代，每一个家庭都是一个生产和消费单位，农业经济形态的基本运行模式是自给自足。在这样的经济组织模式之下，无论国家规模有多大，每一个生产单位——农户之间几乎彼此独立。[7]农业经济形态下的金融活动微不足道，如果发生金融交易活动，也只是零星地、局部地和偶然地出现。在这样的情况下，通常不会出现一个交易主体破产引发一连串交易主体破产的连锁反应。

在以自给自足为主导的交易系统中，一方面每一个生产单元的生产边界是自我消费需求量，有限的消费需求量限制了生产的扩张；另外，自给自足同时也制约了生产能力，每一个生产者由于不能通过交易配置生产要素，生产只能够限制在自己拥有的生产要素数量上，生产规模也就受到制约。农业经济形态下，家庭扩张生产规模的办法通常是依靠增加子女数量，这就是为什么处于农业经济形态下的社会，无论何种文化背景，都有一个共同特点——家庭对子女数量的强烈需求。当交易成为连接市场与生产的桥梁，无论是需求还是供给，都具备了无限扩展的前景。生产资料不再局限于自己家庭所拥有的一切，对于产品的需求也不再局限于自己的需求。通过市场营销的手段，交易主体的生产活动几乎可以无限扩张。这是农业经济形态与工业经济形态的根本区别。

在工业经济形态下，生产活动需要依靠分工协作完成，工业经济形态的运行特点是依靠市场力量进行资源整合与配置，金融是资源整合与配置中的重要环节。在工业经济形态下，经济的发展总是伴随着分工的不断细化和协作范围不断扩展。交易主体之间、企业之间、产业之间、最终发展到国家之间，分工协作无处不在。

人类社会发展的重要体现是信息流的增加以及信息技术的进步。人们从农村移居到城市，缩短了空间上的距离，在更为紧密、狭小的空间里生活，接触增多的必然结果是信息联系的紧密化。由于信息联系增多以及分工导致的相互依赖加强，人们采取一致性行为的可能性和发生的频度都大大增加。从早期社会的烽火台到传统社会的驿站，再到不久前的电报、电话，到今天的手机、互联网，信息交流的速度和联系的广度，都呈现指数化增长态势。这些对于交易系统的紧致度提升产生极大的推动作用。

从大尺度的历史观来看，经济的紧致度总是不断提升，这是人类社会发展的基本趋势。在这个趋势的背后，是全球经济一体化的步伐加快，人类社会日益走向融合的过程。人类社会紧致度的提升过程，首先经历了缓慢上升过程的农业时期，从几乎孤立状态到小规模的集市交易，再到城市化的早期，社会成员之间的联系逐步建立，并缓慢加强。进入工业化以后，紧致度上升的速度加快。这段时期，无论是社会分工的进程，还是城市化的速度，都出现了前所未有的提升。这是人类社会面貌急速改变的时期，也是紧致度提升最快的阶段。

人类社会经济形态的转变引发的交易系统紧致化，从根本上改变了交易系统的运行特征。交易系统从线性主导转变成为非线性化的超级复杂系统。这种改变的影响极其深远，迫使我们彻底改变在传统社会中所形成的观点和处世方法。"现代世界由无数相互联系的子系统组成，我们必须从这些相互联系的角度去思考问题。而过去，这种考虑问题的方法并不太重要。100年前，洛杉矶的发展与萨克拉门托峡谷区的牧场主有什么关系呢？没有。但是如今，贯通加州南北的灌溉渠，使得北加州和南加州常为用水苦苦争斗。40年前，伊斯兰教派的分歧与我们何干？显然毫无关系。可如今全世界的相互联系，使得这一纷争对任何地方来说都很重要。"[8] 迪特里希·德尔纳（Dietrich Dorner）在分析现代社会管理中常犯的重大错误时指出："人类好像从很早就开始形成一种倾向，即处理问题都有某种特别的依据。假定我们手头的任务是砍柴，是将一个马群赶进峡谷，或者是为捕猎一种庞然大物制作一架捕兽器，所有这些工作都是此时此刻的问题，而且通常情况下，超出它们本身是没有什么意义的。……观察问题必须考虑它包含在许多其他相关问题之中，这样看问题的必要性的方式，那时很少出现。但对于我们来说，这是原则而非例外。"[9]

工业化完成以后，社会进入相对稳定时期，但技术的进步，尤其是随着信息技术和交通技术的不断发展，交易系统的紧致度仍然持续提升。从人类历史进程来看，农业经济时期的缓慢积累阶段仍然占据历史的大部分时段，紧致度大幅提升的阶段仅占据很小的历史比例。从这一点上讲，人类社会紧致度提升的过程还远没有终结。

交易系统紧致化还表现在对交易主体行为的监督及法律约束方面。每个交易主体的基本信息、交易情况、身份证信息、信用卡交易信息、上网浏览信息、通信信息及旅行信息等，这些信息都被越来越多收集起来，成为监测、评估交易主体的手段。人们越来越多地感叹生活不再有隐私。事实上，无论人们是否愿意，这是交易系统演化的基本方向，每一个人都被越来越严密地编织在巨大的社会网络中。

13.5 交易系统的紧致化效应

交易系统紧致化的结果是交易主体通过交易网络的相互依赖性加强，这必然引发两个方面的变化。一方面，不断增强的紧致化使交易系统的效率提高，系统的交易规模扩大，为经济的持续增长提供源源不断的动力；另一方面，随着交易系统的紧致化，交易网络上的交易链不断加长，相互间的协同性要求也相应提高，导致了交易系统平稳运行的前置条件增多，交易系统脆弱性加大。紧致化在增强交易系统协同性的同时，系统的干扰放大机制也相应增强。原本微小的、局部的波动或扰动，经过交易网络放大机制放大后，迅速扩展到整个交易系统，对系统形成数倍于初始扰动量级的冲击。这是人类社会进入工业经济形态后金融、经济危机频发的重要原因。

13.5.1　效率提升效应

紧致化的效率提升效应是显而易见的。交易系统紧致化本身是交易主体不断追求效率的结果，交易系统紧致化越高，交易主体之间的协同效率越高，1+1>2 的效果越明显。

交易系统紧致化从两个维度提升交易网络的资产配置效率。一是交易效率提升。交易网络稠密是紧致化的重要表现，而交易网络稠密必然伴随着社会分工深化。分工递进对生产效率的提升效能是经过历史验证的结论，而生产效率是交易效率的重要组成部分。交易网络的稠密无疑增加了交易的便利性和时效性，满足交易需求的能力更强，这些效应最终集中体现在交易效率的提升方面。二是通过提升交易系统的金融化程度释放出交易主体的更多交易潜能，增加了资产的流动性，使交易系统资源配置的外延和内涵都得到拓展，配置资源的效率也相应提升。

13.5.2　不确定性增加效应

交易系统的不确定性体现在资产价格的不确定性和资产流动性的不确定性两个方面。按照资产来源和资产价值形成的特点区分，资产可以划分为两种基本类型：一类是权益型资产，包括债券和股权；另一类是定价型资产，这类资产的价值取决于市场定价。尽管权益型资产同样需要通过市场交易定价，但更主要的决定因素是来自权益责任方的资产运用效率以及风险管理能力。权益责任方的资产使用效率越高、风险管理能力越强，对应权益的资产价格就会越高，权益受益方的资产价值就越大。股市和债市是主要的权益市场，虽然资产价格受到众多因素的影响，但市场的底层逻辑主要是权益责任方的业绩和信用水平。

定价型资产是指完全由市场价格决定其价值的资产，如不动产、生产设备、家具家电等资产，均属于定价类资产，其价值取决于市场交易形成的定价，与交易主体的特质不再有直接的关联。综上所述，权益资产价值取决于权益的质量，而定价资产价值取决于交易定价，两类资产的根本区别在于价值的决定机制。

交易网络密度增加是交易系统紧致化的重要特征，意味着交易主体需要通过更加频繁的交易才能实现生存与发展，这就必然增加了对资产流动性的依赖。流动性的基础是交易，交易的不确定性又会给资产的流动性带来影响。一旦资产流动性出现较大幅度下降，受到流动性约束的交易就会受阻，资产价值就会受损。

权益类交易增加是交易系统紧致化的另一个重要特征，意味着交易主体的权益资产占比增大，其结果必然是资产价值对于权益责任方财务状态的依赖性加大。在不确定的交易环境中，交易的成败以概率形式呈现，交易主体权益资产占比越高，意味着承担的资产损失风险就越大。

综上分析，交易主体的不确定性风险有两个主要来源：一个来源于权益责任方交易失败，出现风险传导；另一个来源于资产流动性下降，资产无法按照预期价格变现，导致价值缩水。

在市场运作过程中，交易失败与流动性下降作为两类独立事件，所引发的资产损失风险和流动性风险之间存在相互触发的机制，容易形成如下相互强化的交易环：

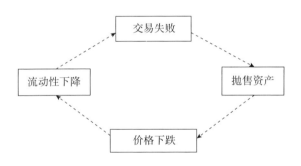

图 13.5.1　市场应激反馈环

交易失败与流动性降低之间的密切关联关系，进一步强化了交易系统紧致化与不确定性的关联。下面，我们就来讨论交易系统紧致化导致权益型资产价值不确定性增加的形成机制。

设 a_i 是交易社区 Ω 的任意主体，根据他持有权益型资产的责任方的关系，形成一个直接或间接与 a_i 权益资产相对应的责任方集合，称为 a_i 的权益关联集，用 $A_i^c = \{a_j\}_N$ 表示，大写字母 A 的上角码 c 表示权益关联关系。在关联集中，交易主体 a_j 要么是 a_i 的债务人，要么是被 a_i 持有股权，要么是 a_i 的间接权益责任方。A_i^c 中的交易主体围绕着 a_i 形成了一张权益关系网：

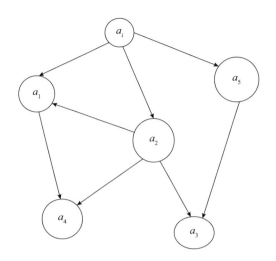

图 13.5.2 权益网示意图

在图 13.5.2 中，箭头表示权益关系，箭头发出方为权益受益方，箭头所指方为权益责任人。a_1、a_2、a_5 为 a_i 的直接权益责任人，而 a_3、a_4 为 a_i 的间接权益责任人，属于权益关联人。图 13.5.2 展示了一个非常简单的权益关系网，现实中的权益关系网往往非常复杂。

在权益关联集 A_i^c 中，根据责任关系与 a_i 的距离远近，分为一级关系、二级关系，以此类推。一级关系为 a_i 的直接权益责任人，二级关系为直接责任人的权益责任人，三级关系则是直接责任人的二级责任人。

在图 13.5.2 展示的权益关系中，如果 a_4 出现债务违约，他的债权人 a_1 和 a_2 的资产就会受到损失，从而影响到他们对 a_i 债权的清偿能力。对于 a_i 违约风险的上升，并不意味着 a_4 的违约风险会直接转嫁到 a_i 身上，而是通过 a_1 和 a_2 向 a_i 传导。在 a_4 违约事件中，a_1 和 a_2 对于 a_i 发挥着风险缓冲作用。由此可见，在权益关系网上，距离 a_i 越远，导向 a_i 的风险就越小。

股权风险的情况也是一样。如果公司经营不善，出现利润下滑或者亏损，就会影响股权受益人的资产价值和现金分红。在权益关系网上，无论是债权关系，还是股权关系，都存在风险传递机制。我们把债务违约和经营亏损统一称为交易失败。

a_i 的权益关联集内部的关联关系呈现网络形态，是交易网络的一部分。交易主体失败风险通过权益关联网向上游传导，最终汇聚到 a_i。在此过程中，每个主体交易失败概率具有叠加关系，这就意味着权益关联集越大，交易失败的风险经过权益关联网叠加后就会变得越大。

假设 $a_j \in A_i^c$ 是关联集上的任意主体，位于 k_j 关联层级上，交易失败概率为 P_j，a_i 发生权益资产的损失概率 P_{LOS} 可由如下公式计算：

$$P_{LOS} = \sum_1^N \frac{P_j}{k_j} \qquad (13.5.1)$$

（13.5.1）表明，在交易系统整体风险水平不变的条件下，交易主体 a_i 权益资产的损失概率与权益关联集的规模成正比，与关联集层级结构的风险分布有密切关系，而权益关联集规模扩张和结构层级增多是交易系统紧致性增强的主要表现，这就意味着交易系统紧致化，必然导致权益资产面临更大的风险敞口。

定价资产面临的不确定性包含两个方面：一方面是定价资产价值量的不确定性，另一方面是资产流动性的不确定性。为了分析定价资产价值量的不确定性，需要引入市场关联度的概念。市场关联度是指同一个市场的不同子市场之间在行情和价格形成中的相关性，这种相关性可以通过供给和需求两个不同管道实现。在供给侧，不同类型的市场关联强度有很大差别。譬如蔬菜市场，在一个典型的地方性市场，供求关系主要受到当地天气条件和供应规模的影响，一个地方的蔬菜市场价格上涨，并不意味着其他蔬菜市场也会上涨。随着物流技术的进步，蔬菜开始在更广阔的地域间长途运输，不同蔬菜市场间的关联度相应增强。与蔬菜相对应的是粮食市场，由于粮食便于运输，粮食市场半径比蔬菜市场大得多，因此，粮食市场的关联度高于蔬菜市场。

在需求侧，交易主体的关联度取决于交易动机的一致性。为满足家庭和企业基本需求的市场，交易动机主要集中在自身正常运转方面。这类交易市场的主体关联度相对较低，交易活动的开展主要与自身需要密切相关。一个家庭不会因为邻居家买了龙虾，自家也跟着买龙虾。股票市场上的情形与此完全不同，由于交易主体持有相同的交易动机——追求投资获益，这就决定了交易主体的决策信息具有相互参考的价值，投资者在决策时总是尽可能多地参考其他投资者的策略。股票市场的这种特质决定了其交易主体的关联度要远高于蔬菜市场的。

假设交易主体 a_i 持有 M 种定价资产，定价资产对应的加权平均关联度计算如下：

$$\sigma = \sum_1^M \rho_j \sigma_j \qquad (13.5.2)$$

在式（13.5.2）中，σ 表示加权平均市场关联度，σ_j 表示相应定价资产对应的市场关联度，ρ_j 表示该类资产在 a_i 定价资产中所占比重。市场关联度 σ_j 在

0 到 1 之间取值，当 $\sigma_j = 0$ 时表明对应市场处于无关联状态，完全不受外部影响，交易主体之间也不存在相互影响的情况；当 $\sigma_j = 1$ 时，表明对应市场处于强关联状态，同类市场之间存在紧密联动关系，交易主体间的行为存在较高的协同性。由此计算的平均市场关联度 σ 也在 0 到 1 之间取值。

由紧致度定义可知，在交易系统中，资产关联度 σ 与紧致度 φ 之间存在正相关关系。紧致度越高的交易系统，资产关联度就越强，两者关系可以表述成如下公式：

$$\sigma = k\varphi, \quad k > 0 \tag{13.5.3}$$

市场波动，包括价格波动和流动性变化的成因极为复杂，供求关系、政策因素或者突发事件等都会成为重要的影响因素，但最为常见、且源自市场自身内在机制的影响因素则是市场内部的关联性，对于关联度较高的市场，意味着相关市场之间以及交易主体之间的相互作用对市场行情产生重要影响。市场关联度越高，每个市场受到来自其他市场影响的程度就越大，市场受影响的叠加因素就越多，稳定性就越差，不确定性也越大。若用 P_w 表示定价资产发生较大波动概率，我们可以得到：

$$P_w = \alpha\sigma \tag{13.5.4}$$

在式（13.5.4）中，α 为大于 0 的参数。将（13.5.3）代入（13.5.4）得到：

$$P_w = \alpha k\varphi \tag{13.5.5}$$

令 $\beta = \alpha k$，（13.5.5）又可以表述如下：

$$P_w = \beta\varphi, \quad \beta > 0 \tag{13.5.6}$$

式（13.5.6）表明，交易系统紧致度越高，资产价值和流动性发生波动的概率就越大。诚然，并不是所有波动都必然给交易主体带来损失，有些波动还会为交易主体带来资产增值和流动性改善。总体来讲，由于波动的不可预见性，波动频度增加无疑增加了交易决策失败的概率。

综上所述，伴随着交易系统紧致化加强，交易主体不仅面临更大的资产损失风险，还会面临决策难度增加的挑战。由于交易主体不同的交易相位和交易势，所承受的不确定性冲击有所不同。但总的来讲，当交易系统紧致化增强，每位交易主体必然面临更大的不确定性和更高的交易风险。当风险超出交易主体能够承受的范围，就会出现交易主体破产并退出交易系统的情况。交易网络的自组织机制是交易系统自我修改的基础，如果大量交易主体陷入破产，交易网络结构就会遭到严重破坏，呈现碎片化局面，交易系统也将丧失快速自我修复能力。

交易系统紧致化过程，不仅增加了微观层面的不确定性，也加大了宏观层面的系统风险。只有在交易系统持续紧致化的同时，政府加大市场监管力度，增强宏观管理和调控的效能，才能够抵消交易系统紧致化带来的挑战。

　　应当看到，伴随着交易系统紧致化，交易网络的自我修复能力也在相应加强，这种变化同时体现在微观和宏观两个层面上。在微观层面上，交易主体面临的风险必然转化为抵御和化解风险的产品需求，从而衍生出风险交易市场，将各种类型和不同量级的风险在交易主体之间进行优化配置，让抵御风险能力强、具有较强风险偏好的交易主体承担更多不确定性，同时获得更多的风险收益。各类保险产品及门类众多的金融衍生产品，在一定程度上发挥着风险分散和优化配置功能。在宏观层面上，宏观调控体系和社会保障、社会救助体系日益完善，宏观调控手段愈加丰富，调控经验和调控理论逐步成熟，宏观审慎监管持续严密，金融监管力度不断加强，尤其是中央银行和财政部门在宏观管理方面的主动性日益显现，这些措施使得交易系统在遭遇冲击、交易主体遇到交易失败的时候，具备更为强大的抵御能力和更高效的自我修复能力。自我修复能力增强，能够部分抵消紧致化给交易系统带来的负面影响，使人类社会能够从交易系统紧致化进程中获得增益。

注释

1. 紧致性作为学术概念来自拓扑学，是指具有特殊属性的一类集合。在拓扑学中，如果说一个集合是紧致的，是指该集合的任何开集覆盖均存在有限开集子覆盖。紧集具有将无限问题转化为有限问题的优良品质，属于拓扑学研究的基本对象。紧致性概念源于现实生活中的紧致词语。生活中，人们使用紧致一词描述组织结构的紧凑特点。譬如，我们说皮肤很紧致、一幅画的结构布局很紧致等。拓扑学的紧致性是在通俗语义基础上抽象后得到的概念。我们在此处使用的概念是对紧致性语义的还原，用于描述交易系统内部交易主体之间交易联系紧密的特性。
2. 在系统的组分之间存在两种关系。一种是竞争关系。所谓竞争关系，是共享有限资源、组分行为影响到资源分配结果。具有竞争关系的组分在系统中通常处在相同的生态位上。与竞争关系相对应的关系是依存关系。所谓"依存关系"是一个组分从另一个组分行为中获得收益的关系。依存关系既可以是单向的，也可以是双向的。双向依存是两个组分之间相互依存，属于共生关系。

    竞争关系保证了系统在资源配置上的效率；依存关系保证了系统在整体运转上的效率。竞争和依存在微观和宏观两个层面保证了系统的效率。协同效应既可以在竞争关系下实现；也可以在依存关系下实现，还可以在两种关系共存的局势下实现。

    系统中组分关系并不是固定不变的。事实上，即使是处于竞争关系的主体，在更高的层面上，却会表现出强烈的依存关系。由此可见，主体间的关系不仅具有可变性，而且还具有层次性。
3. 负面思维会传染［N］.参考消息，2013-4-22(7).
4. ［美］戴维·迈尔斯，社会心理学［M］.8版.侯玉波等，译.北京：人民邮电出版社，2006：153.
5. 孟涓涓，赵龙凯，刘玉珍，等.社会性学习，从众心理和股市参与决策［J］.金融研究，2013(7)：153-165.

6. 经济形态既是一个经济组织概念，也是一个特定历史时期的时间概念。在经济组织方面，经济形态是由主流产业方式所规定的经济运行特点；在时间方面，是指人类社会演进过程中的特定时期，具体讲，农业经济形态是指工业革命以前的社会，而工业经济形态是指工业革命以来的人类社会。尽管人们有时候会称当今的时代是信息时代，但主流经济组织形式仍然是工业。
7. 事实上，即使在农业经济形态下，农户之间仍有少量的交易，不过这时的交易在家庭和农业社会中不占主导地位罢了。
8. ［德］迪特里希·德尔纳．失败的逻辑［M］．王志刚，译．上海：上海科技教育出版社，1999：5.
9. 同8

第三部分
交易主体相互作用机制与交易势分化

该部分共包含六章内容，涉及交易方程、交易环、交易势分布、交易系统演化方程和交易空间演化等论题。

交易方程揭示了嵌入在交易网络中的交易主体相互作用的微观机制；交易环则是一种能够对交易系统运行产生重大影响的宏观机制。交易方程与交易环相互协作，构成了交易经济学独具特色的分析方法论。

交易势分布和交易空间演化从两个完全不同的维度分别对交易系统两极分化演进特征进行论证。交易系统演化方程简洁、清晰地概括了交易势两极分化与经济增长、交易系统金融化进程的量化关系，揭示了人类社会必须面对"增长与分化"的两难选择；交易轨迹方程则直观地展示了交易空间分化演进的机制。

第十四章

交易方程

交易主体编织在交易网络中,通过交易网络实现相互作用与联系。交易方程以不完全信息条件下的贝叶斯博弈为工具,建立起交易主体间相互作用的数学方程,揭示了交易主体行为的一般规律。

14.1 交易决策模式

为了建立准确描述交易主体行为特征的方程,我们需要了解交易主体决策过程的基本结构。

14.1.1 交易局势

交易系统为交易主体提供了交易机会,同时也提供了交易行为必须遵守的制度规则,提供了政策调控的变量。交易系统将不同资源禀赋的人和机构关联起来,构成一张巨大的交易网络。交易网络通过自发组织,时刻处于生长、运行、变化过程中。交易局势是一个集制度、规则、技术、知识以及经济态势于一体的集合体,是商业机会的集合,也是全部信息的总集,是交易主体策略集的母集。交易主体必须在交易局势下进行决策和交易。

信息将交易局势与交易主体决策选择的最大可能集——策略集——连接起来。交易主体占有信息越广泛、越完备,也就能够从交易局势中挖掘出越多的可能性。交易局势就像一条江河,策略集是从江河中引水的湖泊,信息是连通江河与湖泊的通道。

通常情况下,交易主体决策不会对交易局势产生可觉察的影响。在这种情况下,决策过程实际上是一个静态过程;当交易主体的行为对交易局势产生可以觉察的影响时,交易主体与局势之间的博弈就演变为动态博弈。

当交易主体的交易势[1]足够大,大到能够对整个经济产生影响的地步时,交易主体的决策过程就会进入动态博弈状态。跨国公司以及处于战略产业的大公司均具有这样的实力。

交易主体必须假定局势处在某种状态才能够进行决策。这个假定是一种信念，在决策中扮演十分重要的角色。信念错误必然导致决策错误，而信念正确与否不仅取决于信息是否充分、准确，还受制于决策者的认知模式。

14.1.2 交易策略集

决策的本质是选择。交易主体根据所掌握的信息情况，从交易局势中获得各种可能的交易备选策略，我们将由备选策略形成的集合简称为交易策略集。交易策略集为交易者提供了最大的交易可能性，是交易决策的基础。

为表述上的方便，我们用 S_i 表示交易主体 a_i 的策略集，将策略集 S_i 展开有如下形式：

$$S_i = \{s_1, s_2, \ldots, s_n\}$$

其中，s_i 代表交易主体 a_i 的一个交易策略。在交易策略集 S_i 上，交易策略 s_i 不仅包含交易内容，还包含交易数量和交易方向等信息。

交易策略集可以看作是由交易主体信息集诱导出来的结果。在相同的交易局势下，信息集不同，交易主体的策略集也会各有特色。个体差异无处不在，即便是在同一个城市出行，并非所有司机都会选择完全相同的行车路线，原因在于信息、习惯、偏好以及对路况的主观判断等因素的影响。在交易系统中，个体差异导致市场需求的多样化。

14.1.3 交易系统策略母集

交易系统中所有主体策略集的并集称为交易系统的策略母集。策略母集是交易系统运行的基础，伴随交易系统演化处于不断变化之中。无论是经济运行态势的改变、经济制度改革，交易主体的心态变化，均会通过交易系统策略母集的改变反映出来。在分析经济中长期增长潜力时，解析交易系统策略母集的结构和规模变化，是一种非常有效的定性分析方法。

从演化的角度看，策略母集的大小以及结构，代表着交易主体的决策空间和选择倾向，代表着交易系统资源配置的能力。策略母集规模越大，意味着交易主体决策空间越大，可供交易主体选择越多，交易系统资源配置的能力就越强。

产权制度、经济体制、管理规制等方面的影响最终会映射到交易系统的策略母集上。在以完全公有产权制度为基础的计划经济体制下,交易主体策略集规模十分有限,交易主体几乎没有自由选择,交易系统的策略母集只有非常小的规模;但在市场经济体制下,策略母集的规模要大得多,结构也丰富得多。从社会发展的趋势来看,策略母集总是朝着增加的方向发展,以保证为经济增长提供潜在的可能。如果交易系统的策略母集突然出现收缩,将不可避免地对交易系统运行产生非常严重的影响;交易系统演化将会停滞,甚至会出现倒退现象。

14.1.4　交易约束集

约束是指交易主体实现某种愿望或实现自身最大潜能时面临的制约。决策实际上是约束下的选择。没有约束,决策也就失去了意义。

交易主体通常会面临三方面的约束,分别是流动性约束、技术性约束和管制性约束。流动性约束是交易主体有限支付手段面对无限交易愿望的限制。流动性约束对交易主体在特定时点上的交易活动形成制约。

技术性约束主要是指技术对交易主体特定交易产生的约束。在复杂的金融交易中,技术对很多非专业人士来说就会成为约束,需要通过委托他人实施。更多的情况出现在企业生产活动中,尽管人们都知道制造芯片和先进战斗机利润丰厚,但是由于技术性约束的原因,大部分企业被阻挡在行业之外。

管制性约束主要是由政府或行业自律组织对市场管制产生的约束。在经济活动中,存在许许多多的进入性约束,像电讯服务、金融服务、医疗服务等,这些行业大多都需要得到政府监管部门的资质许可方能进入。

与传统交易系统相比,现代交易系统对其成员的管制更多,几乎到了无处不在的地步。现代交易系统中的管制涉及方方面面,从大的方面讲,分为经济管制、安全管制和反垄断管制等。种类繁多的管制,在不同程度上、从不同侧面、通过不同机制最终会影响交易主体的决策,也影响交易系统策略母集的规模和结构,其中,进入和退出管制的影响最为直接。

约束条件并非绝对刚性。在一定条件下,约束条件能够被交易主体克服,从而失去约束作用。以技术约束为例,企业可以通过技术研发获得所需技术,也可以通过购买专利消除技术约束;面对管制性约束,交易主体可以通过创造条件满足监管资质要求;流动性约束可以通过负债或实施正向交易筹集所需资金。然而,克服约束条件必然产生成本,并承担相应的不确定风险。以技术约束条件为例,克服技术约束需要投入相应的资金,但并不能保证一定能够获得所需要技术。企业是否投入资金对新技术进行研发,关键在于这项技术是否能够为企业带来足够大的预期收益。预期收益越大,企业研发新技术的积极性就越高。

14.2　近似决策法则

人类面对大量信息和复杂的评估测算，要保证决策效率，就必须做近似处理。行为经济学的实验表明，人们在决策过程中经常采用类比方法，在过去经验或身边例子中寻找近似案例作为参考，根据经验进行判断和决策，这是近似决策的典型方法。

近似决策是交易主体有限理性假设的具体应用。从表面上看，近似决策是对预期收益最大化原理某种意义上的否定，但从更大视野来看，近似决策恰恰是交易主体追求最大化收益的明智之举。只有在保证了决策效率的前提下，交易主体才可能捕捉到有价值的交易机会，才会实现在会计矩阵核算意义上的收益最大化，而不是在具体一项交易上实现收益最大化。"在现实生活中，人们只能在不完全的信息或分析的基础上做出决策。追求完全的利润或效用最大化要花太多的时间。消费者不可能将一天的时间都花在寻找一棵最便宜的莴苣上；一家企业也不可能花几百万美元雇用经济计量学家，来研究成千种产品各自的价格弹性。……在某些情况下，运用'拍脑袋'（简单决策原则），是最为经济的决策办法。"[2]

近似决策主要表现在两个层面：一方面，为了提高决策效率，在复杂的形势下采用简化的替代方法，即决策方法近似。案例类比决策或以小样本推断全体均属于比较常用的近似决策方法。另一方面，在决策过程中，对预期收益估算时采用近似处理，即决策数量近似。

事实上，交易主体追求收益最大化的目标很难实现。这是由多方面的制约造成的。一是信息不完备制约。现实中的交易决策常常是在信息不完备的条件下进行的，交易结果带有一定的不确定性。交易主体无法绝对判定出哪个交易策略真正能够获得最大收益，决策过程中始终无法排除赌运气的成分。这就决定了交易主体只能接受某种近似范围内的收益评估。二是决策时间制约。现实中的很多交易机会都有特定的时间窗口，不可能容许人们无限制地收集信息、精确计算。以购买家电为例，购买者可以将不同的家电进行大致的对比，但由于电器辅助功能繁多，价格、性能、品牌、售后服务等诸多细节的研究需要很长时间。在通货膨胀背景下，等购买者研究清楚了，价格早已经发生了变化。这类例子表明，交易机会与商品一样具有稀缺性，这是决策时间约束的根源所在。三是决策成本制约。收益的评估需要收集大量信息，并花费时间，这些都是不容忽视的决策成本。很难想象对一个计较评估收益细微差别的人，能够完全忽略评估本身产生的决策成本。

在实际决策中,交易主体只能进行有限时间步长的推算。如果问题过于复杂,就只能凭借直觉选择近似解作为选择策略。限于不完全信息以及决策成本的制约,交易主体的决策不可能遍历策略集进行评估,交易主体的经验和习惯,以及身边新近发生的事件在决策过程中发挥非常重要的作用。如果交易社区中发生的事件能够作为成功的借鉴或避免失败的教训,交易主体就会将该事件作为决策的优先参考。

近似决策提高了决策效率,但近似决策必须遵从一定的法则。简单讲,近似量级只有低于交易量级时才会被交易主体接受。任何交易都有特定的数量级。一般来说,企业交易的数量级要远大于家庭交易的数量级;投资型交易的数量级要大于消费型交易的数量级。在决策中,交易主体在哪个数量层次上开始重视,取决于交易金额的数量级以及交易主体所拥有资产的量级。常识告诉我们,富有阶层在消费时对价格并不是十分计较,低收入阶层即使很小的交易,也会花较长时间进行比较。这主要是资产量级差异引起的。

行为经济学发现,人们的交易决策是在多个细分的心理账户上进行的。不同心理账户不可相互转换,用于看电影的预算与用于购买衣服的预算分属不同的心理账户。如果人们在去看电影的路上弄丢电影票,并且电影预算账户的钱已经用完,人们就会放弃看电影的想法,而不会从其他预算账户上拿钱重新买票。人们在交易决策时,对外部变化所做的反应主要依据对应心理账户的核算结果。行为经济学的前景理论认为,决策者看重的并不是绝对金额,而是相对于价值参照点的偏离程度,预期交易金额常常作为交易价值参考点,被忽略的金额在预期交易金额占比也就成为对价值参考点偏离程度的衡量。[3]

在交易主体的决策过程中,考虑到行为人具有追求效率的倾向,我们将在决策模型和预期收益估值两方面的近似化处理范式称为交易主体的近似决策法则,并将其运用到交易主体的行为分析中。

近似决策法则是对交易预期收益最大化原理的重要补充。交易预期收益最大化原理规定了决策者在不同方案之间进行选择时遵守的一般性原则,而近似决策法则提供了决策过程中方案选择的准则,既可以最大限度地获得预期收益,又能保证决策的效率。通过决策近似法则,交易主体面对纷至沓来的决策需求,能够最大限度地降低决策失误概率。

14.3 交易方程

设 $\{a_i\}_N$ 是交易社区 Ω 的交易主体集,$a_i \in \{a_i\}_N$ 是交易社区 Ω 的任意主体。

根据我们对决策模式的分析，a_i 的交易决策是在不确定的交易局势下进行的，信息是决策的关键要素。在信息不对称的世界里，对其他主体行为的观察，是交易主体获取信息的重要途径。

假设 s 为交易主体 a_i 策略集 S_i 上的任意策略，策略 s 能否为交易主体 a_i 带来收益，取决于交易局势 H 的状态。交易局势 H 有两种可能的状态，分别是能够为 s 带来理想收益的状态，我们称为友好状态，用 g 表示；和导致交易策略 s 收益变差的状态，我们称为不友好状态，用 b 表示。在这种情况下，a_i 的决策实际上是与一个虚拟对手——交易局势 H——进行混合博弈。

面对交易局势 H 的不确定性，交易主体 a_i 可以实施交易策略 s 或放弃交易策略 s 两种选择。我们分别用 Y 和 N 表示两种不同的选择。针对交易策略 s，交易主体 a_i 有如下支付矩阵：

表 14.3.1　局势博弈支付矩阵

决策	局势	交易局势 H	
		g	b
a_i	Y	e_g	e_b
	N	0	0

在支付矩阵 14.3.1 中，e_g、e_b 分别是交易策略 s 对应 g 和 b 两种不同局势的预期收益，e_g 代表局势 H 处于友好状态时的预期收益，e_b 代表交易局势 H 处于不友好状态下的预期收益。e_b 可能取正值，也可能取负值。当 e_b 取负值时，意味着实施策略 s 将可能给交易主体 a_i 带来亏损。

预期收益估值受到估值时域长度的影响。一般来讲，估值时域长度增加，交易策略 s 的预期收益估值可能有所提高。但是，估值时域的长度是一把双刃剑，随着估值时域延长，交易主体对局势判断的难度也会加大，不确定因素增多，交易主体面临的风险随之上升。这是交易主体 a_i 决策时需要权衡的问题。

交易局势 H 具有很大的不确定性，交易主体只能赋予交易局势两种状态以不同概率。在决策之初，a_i 根据自己掌握的信息和以往经验对 H 两种状态的概率给出先验推断值，假设 g 出现的先验概率是 p，b 出现的先验概率为 q，两者满足 $p+q=1$。

在交易实施前，a_i 还会观察包括社区邻居以及交易链上相关相位主体的交易行为，从他们的决策中推测出相关信息，对先验概率进行修正。我们将决策者 a_i 为增强对交易局势判断的信心所观察的关联交易主体集合，称为交易主体的状态协同集。交易主体的状态协同集以所在交易社区 Ω 为基础，主要由交易社区 Ω 同相位邻居以及与交易策略 s 收益密切相关的交易主体，包括交易链上下游的交易主体以及社交圈内同相位朋友。社会交往是交易主体获取信息的重要渠道。处于相同交易社区的交易主体，由于社交能力上的差别，状态协同集的规模和结构可能会有很大差异。

状态协同集是决策的参照对象，对交易主体决策产生重大影响。美国经济学家、诺贝尔经济学奖获得者罗伯特·J. 希勒（Robert J. Shiller）的研究也肯定了上述结论。"有研究表明，印刷媒体、电视与无线电广播等传统媒体在传播思想时神通广大，但在激发主动行为方面就有些束手无策。人与人之间的互动交流对行为产生重要影响，特别是面对面或口头交流。"[4] 状态协同集的成员主要来自交易主体所在社区或社交圈，这些人主要通过面对面交流或亲眼所见等途径向决策者传递信息。

图 14.3.1 直观描述了交易主体状态协同集的内部结构：

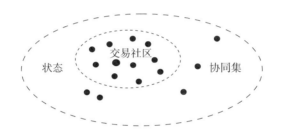

图 14.3.1 状态协同集结构示意图

为了标记决策者 a_i 与状态协同集的对应关系，我们将 a_i 的状态协同集记为 $A_i^c = \{a_j\}_{N_i}$，a_j 代表 a_i 状态协同集中的交易主体；N_i 表示状态协同集中的主体数量。

假定在观察时间窗口期内，a_i 观察到状态协同集 A_i^c 中实施交易策略 s 的主体数量为 n，根据贝叶斯法则[5]可知，a_i 在观察到其他主体的行为后，对先验概率修正的结果为：

$$\Pr(g|n) = \frac{\Pr(g) \times \Pr(n|g)}{\Pr(n)} \qquad (14.3.1)$$

已知：

$$\Pr(g) = p \qquad (14.3.2)$$

$$\Pr(n) = \Pr(g) \times \Pr(n|g) + \Pr(b) \times \Pr(n|b) \qquad (14.3.3)$$

基于交易主体有限理性假设，在交易局势友好的境况下，交易主体并不总能抓住机会实施策略 s；相反，在交易局势不友好的情势下，交易主体却可能由于误判局势实施策略 s。我们假设有限理性交易主体的决策概率分别为：

$$\Pr(s|g) = \eta \qquad (14.3.4)$$

$$\Pr(s|b) = \lambda \qquad (14.3.5)$$

在交易网络上，尽管交易主体的决策受到来自网络各方的影响，但决策过程仍然是独立的，这是判断交易主体的基本条件。我们由此假定，交易主体决策行为是独立事件[6]，由此可以得到如下结果：

$$\Pr(n|g) = \eta^n \qquad (14.3.6)$$

$$\Pr(n|b) = \lambda^n \qquad (14.3.7)$$

将式（14.3.2）、（14.3.3）、（14.3.6）、（14.3.7）分别代入（14.3.1）得到：

$$\Pr(g|n) = \frac{p \times \eta^n}{p\eta^n + (1-p)\lambda^n} \qquad (14.3.8)$$

整理后得到：

$$\Pr(g|n) = \frac{p}{p\left(1-\left(\frac{\lambda}{\eta}\right)^n\right) + \left(\frac{\lambda}{\eta}\right)^n} \qquad (14.3.9)$$

这是交易主体 a_i 在获得状态协同集的行动信息后，对局势状态先验概率的修正结果。据此结果，结合博弈支付矩阵，可以得到交易主体 a_i 实施策略 s 的预期收益：

$$E(s) = \Pr(g|n) \times e_g + \Pr(b|n) \times e_b \qquad (14.3.10)$$

将式（14.3.9）代入（14.3.10）得到：

$$E(s) = e_g \frac{p}{p\left(1-\left(\frac{\lambda}{\eta}\right)^n\right) + \left(\frac{\lambda}{\eta}\right)^n} + e_b \left(1 - \frac{p}{p\left(1-\left(\frac{\lambda}{\eta}\right)^n\right) + \left(\frac{\lambda}{\eta}\right)^n}\right) \qquad (14.3.11)$$

对式（14.3.11）整理得到：

$$E(s) = \left(e_g - e_b\right) \frac{p}{p\left(1-\left(\frac{\lambda}{\mu}\right)^n\right) + \left(\frac{\lambda}{\eta}\right)^n} + e_b \qquad (14.3.12)$$

现实中，交易主体通过了解其他主体的交易情况以及自己过往的经验，会形成交易的合理收益预期，我们用 e_0 表示。合理收益预期 e_0 反映了交易主体 a_i 所在社区 Ω 的交易环境，也间接地反映了交易系统的整体环境质量。合理收益

预期 e_0 在交易决策中发挥非常重要的作用。就像一道门槛,只有在预期收益能够进入价值门槛,交易主体才会考虑该交易策略。基于上述特点,我们又称合理收益预期 e_0 为交易主体的价值门槛。

当交易策略 s 带来的收益能够越过价值门槛 e_0,就会对交易主体产生较大的吸引力,诱导交易主体实施该项交易。根据预期收益最大化原理,交易主体总是选择收益尽可能高的策略。对于超出预期收益水平越多的策略,获得实施的概率就越大。超出合理收益的部分,我们将其称为交易者剩余。[7] 我们来计算交易策略 s 为交易主体 a_i 带来的剩余收益率:

$$r = \frac{E(s) - e_0}{e_0} \quad (14.3.13)$$

根据预期收益最大化原理,交易主体 a_i 采用策略 s 的概率与其带来的剩余收益率成正比。剩余收益率越高,s 获得实施的概率就越大。若交易主体 a_i 实施策略 s 的概率为 $\Pr(s)$,我们可以得到:

$$\Pr(s) = \beta \times r \quad (14.3.14)$$

在式(14.3.14)中,β 为配衡系数,r 为剩余收益率。将(14.3.13)代入(14.3.14)得到:

$$\Pr(s) = \beta \frac{E(s) - e_0}{e_0} \quad (14.3.15)$$

将式(14.3.12)代入(14.3.15)得到结果:

$$\Pr(s) = \beta \left[\frac{1}{e_0} (e_g - e_b) \frac{p}{p\left(1 - \left(\frac{\lambda}{\eta}\right)^n\right) + \left(\frac{\lambda}{\eta}\right)^n} + \frac{e_b}{e_0} - 1 \right] \quad (14.3.16)$$

交易主体 a_i 利用(14.3.16)对策略集上的交易策略进行评估,形成交易策略的优劣排序。在流动性约束允许的条件下,由高到低地选择实施交易策略。排序越高的交易策略,获得优先实施的等级就越高,交易主体对其流动性资源配置的倾斜力度也会越大。事实上,即使概率估值较高的策略,也并非一定能够得到实施。如果策略集上还有概率估值更高的策略,受到流动约束的限制,交易主体会首先考虑概率估值更高的策略。行动概率 $\Pr(s)$ 仅仅是交易主体实施策略的可能性,而非绝对结果。基于预期收益最大化原理,交易主体会最大限度地利用流动性资源,尽可能多地安排为会计矩阵带来剩余收益的交易策略。

为了确定(14.3.16)的待定参数 β,我们约定 a_i 在其状态协同集 A_i^c 中的所有参照主体全部实施 s 的情况下,a_i 实施交易策略 s 的概率为 1,即:

$$\text{当 } n = N_i \text{ 时，} \Pr(s) = 1 \qquad (14.3.17)$$

将边界条件（14.3.17）代入（14.3.16）得到：

$$\beta\left[\frac{1}{e_0}(e_g - e_b)\frac{p}{p\left(1-\left(\frac{\lambda}{\eta}\right)^{N_i}\right)+\left(\frac{\lambda}{\eta}\right)^{N_i}} + \frac{e_b}{e_0} - 1\right] = 1 \qquad (14.3.18)$$

整理得到：

$$\beta = \frac{e_0\left[p\left(1-\left(\frac{\lambda}{\eta}\right)^{N_i}\right)+\left(\frac{\lambda}{\eta}\right)^{N_i}\right]}{(e_g-e_b)p+(e_b-e_0)\left[p\left(1-\left(\frac{\lambda}{\eta}\right)^{N_i}\right)+\left(\frac{\lambda}{\eta}\right)^{N_i}\right]} \qquad (14.3.19)$$

将式（14.3.19）代入（14.3.16）得到：

$$\Pr(s) = \frac{(e_g-e_b)\left[p\left(1-\left(\frac{\lambda}{\eta}\right)^{N_i}\right)+\left(\frac{\lambda}{\eta}\right)^{N_i}\right]}{(e_g-e_b)p+(e_b-e_0)\left[p\left(1-\left(\frac{\lambda}{\eta}\right)^{N_i}\right)+\left(\frac{\lambda}{\eta}\right)^{N_i}\right]} \cdot \frac{p}{p\left(1-\left(\frac{\lambda}{\eta}\right)^{n}\right)+\left(\frac{\lambda}{\eta}\right)^{n}}$$

$$+ \frac{\left[p\left(1-\left(\frac{\lambda}{\eta}\right)^{N_i}\right)+\left(\frac{\lambda}{\eta}\right)^{N_i}\right]e_b}{(e_g-e_b)p+(e_b-e_0)\left[p\left(1-\left(\frac{\lambda}{\eta}\right)^{N_i}\right)+\left(\frac{\lambda}{\eta}\right)^{N_i}\right]}$$

$$- \frac{e_0\left[p\left(1-\left(\frac{\lambda}{\eta}\right)^{N_i}\right)+\left(\frac{\lambda}{\eta}\right)^{N_i}\right]}{(e_g-e_b)p+(e_b-e_0)\left[p\left(1-\left(\frac{\lambda}{\eta}\right)^{N_i}\right)+\left(\frac{\lambda}{\eta}\right)^{N_i}\right]}$$

$$(14.3.20)$$

根据有限理性假设可知，$\frac{\lambda}{\eta} \ll 1$，$N_i \gg 1$，$\left(\frac{\lambda}{\eta}\right)^{N_i}$ 可以忽略不计，令 $\left(\frac{\lambda}{\eta}\right)^{N_i} \approx 0$，代入（14.3.20）得到：

$$\Pr(s) = \frac{e_g-e_b}{e_g-e_0}\cdot\frac{p}{\left[1-\left(\frac{\lambda}{\eta}\right)^{n}\right]p+\left(\frac{\lambda}{\eta}\right)^{n}} - \frac{e_0-e_b}{e_g-e_0} \qquad (14.3.21)$$

在（14.3.21）式中，$\Pr(s)$ 可以看作是交易主体 a_i 与虚拟参与人局势 H 之间博弈纳什均衡的形式解。$\Pr(s)$ 给出了交易主体 a_i 在特定局势下选择交易策略 s 可能性的度量。$\Pr(s)$ 值越高，a_i 实施交易策略 s 的可能性越大，反之亦然。

在式（14.3.21）中，$\dfrac{e_g - e_b}{e_g - e_0}$ 与 $\dfrac{e_0 - e_b}{e_g - e_0}$ 分别表示不同局势下的预期关系。当 $e_g - e_b \gg 0$ 时，先验概率 p 或状态协同集上的示范主体数量 n 便成为影响概念交易主体 a_i 决策的关键因素。如果交易主体对局势的判断信心十足，p 值很高，参照主体的交易行为也就变得无足轻重了；相反，如果 p 值不高，参照主体的交易行为在 a_i 的决策中就会扮演关键角色。如果参照主体实施交易策略 s 的人很少，a_i 就会观望，等待进一步信息；如果参数主体实施交易策略 s 的人数 n 比较多，这时交易主体 a_i 占有信息的多寡以及先验概率的大小就不再重要，即使 p 值很小，依然不会阻碍 a_i 跟随参照主体实施交易策略 s 策略。

当两种不同局势的预期收益差距不大时，即有 $e_g - e_b \le u_0$，u_0 表示在决策语境中可以近似忽略的量值。在这种情况下，局势 H 本身的不确定性变得不再重要，关于局势的信息和判断也不再重要，参照主体的交易行为所传递的信息同样不再重要。这时影响 a_i 决策的关键因素是局势 H 进入恶劣状态 b 时实现的预期收益 e_b 与合理收益 e_0 之间的对比情况。如果两者的收益差能够维持正值，且差值较大，a_i 就会实施策略 s；反之，a_i 就会放弃交易策略 s。

为了简化上述方程，令 $\dfrac{e_g - e_b}{e_g - e_0} = R_g$。$R_g$ 反映了交易策略 s 在不同局势下形成的收益落差情况，我们称其为收益风险指数。收益风险指数越大，表明实施策略 s 的不确定性越高。交易主体一旦对局势判断失误，就会造成较大损失；令 $\dfrac{e_0 - e_b}{e_g - e_0} = R_b$，该指标反映了交易策略 s 在恶劣局势下形成的收益与合意收益之间的差距。

将上述两个指标代入方程（14.3.21）得到：

$$\Pr(s) = R_g \dfrac{p}{\left[1-\left(\dfrac{\lambda}{\eta}\right)^n\right]p + \left(\dfrac{\lambda}{\eta}\right)^n} - R_b \qquad (14.3.22)$$

$$\because R_g - R_b = 1$$

$$\therefore \Pr(s) = R_g \dfrac{p}{\left[1-\left(\dfrac{\lambda}{\eta}\right)^n\right]p + \left(\dfrac{\lambda}{\eta}\right)^n} - (R_g - 1) \qquad (14.3.23)$$

对（14.3.23）整理得到：

$$\Pr(s) = 1 + R_g \left(\frac{p}{\left(1-\left(\frac{\lambda}{\eta}\right)^n\right)p + \left(\frac{\lambda}{\eta}\right)^n} - 1 \right)$$

$$\Pr(s) = 1 + R_g \left(\frac{p - \left(1-\left(\frac{\lambda}{\eta}\right)^n\right)p - \left(\frac{\lambda}{\eta}\right)^n}{\left(1-\left(\frac{\lambda}{\eta}\right)^n\right)p + \left(\frac{\lambda}{\eta}\right)^n} \right)$$

$$\Pr(s) = 1 + R_g \left(\frac{p - p + \left(\frac{\lambda}{\eta}\right)^n p - \left(\frac{\lambda}{\eta}\right)^n}{\left(1-\left(\frac{\lambda}{\eta}\right)^n\right)p + \left(\frac{\lambda}{\eta}\right)^n} \right)$$

$$\Pr(s) = 1 + R_g \left(\frac{\left(\frac{\lambda}{\eta}\right)^n (p-1)}{\left(1-\left(\frac{\lambda}{\eta}\right)^n\right)p + \left(\frac{\lambda}{\eta}\right)^n} \right)$$

$$\Pr(s) = 1 - R_g \left(\frac{\left(\frac{\lambda}{\eta}\right)^n (1-p)}{p - \left(\frac{\lambda}{\eta}\right)^n p + \left(\frac{\lambda}{\eta}\right)^n} \right)$$

$$\Pr(s) = 1 - R_g \left(\frac{\left(\frac{\lambda}{\eta}\right)^n (1-p)}{p + \left(\frac{\lambda}{\eta}\right)^n (1-p)} \right)$$

$$\Pr(s) = 1 - R_g \left(\frac{\left(\frac{\lambda}{\eta}\right)^n q}{p + \left(\frac{\lambda}{\eta}\right)^n q} \right) \quad (14.3.24)$$

$$\because q < 1, \frac{\lambda}{\eta} < 1$$

$$\therefore \left(\frac{\lambda}{\eta}\right)^n q \ll 1$$

略去（14.3.24）中分母中的 $\left(\frac{\lambda}{\eta}\right)^n q$ 项，得到：

$$\Pr(s) = 1 - R_g \left(\frac{\left(\frac{\lambda}{\eta}\right)^n q}{p} \right) \quad (14.3.25)$$

对（14.3.25）整理得到：

$$\Pr(s) = 1 - R_g \frac{q}{p} \left(\frac{\lambda}{\eta}\right)^n \quad (14.3.26)$$

为了进一步简化方程（14.3.26），令 $\mu = \frac{\lambda}{\eta}$；$\mu$ 的大小反映了交易主体的理性结构，理性程度越高，μ 取值越小；反之，交易主体的非理性成分越大，μ 取值就会越大。交易主体的理性结构具有较大的稳定性，μ 通常是一个常量参数。根据交易主体有限理性假设，理性结构参数满足 $0 < \mu < 1$。

将理性结构参数代入（14.3.26）得到形式上更为简洁的方程：

$$\Pr(s) = 1 - R_g \frac{q}{p} \mu^n \quad (14.3.27)$$

式（14.3.27）描述了面对不确定的交易局势 H，交易主体充分利用来自交易网络多方面的信息，对不同收益预期和风险的交易策略进行评估的基本模型。鉴于（14.3.27）综合反映了交易主体决策中对交易局势判断、交易策略收益评估以及交易主体相互作用机制三个方面的相互联系以及作用特点，具有较高的普适性，我们将（14.3.27）称为交易方程。

交易方程（14.3.27）表明，收益风险指数越大，交易决策就越慎重。为了降低决策风险，提高最终收益，决策者需要对周边其他交易主体的行为进行观察。收益风险指数越大，参照主体的行为信息就越重要。

先验判断在决策中同样十分重要。即使在收益风险较大的情况下，如果决策者持有对友好局势较高的先验概率 p，同样可以抵消实施策略 s 时的顾虑。这是人们常说的印象效应。

来自状态协同集上的交易主体示范，同样在交易决策中发挥着极为关键的作用。每个示范者都是对交易环境不确定性的试探，当状态协同集上出现多个示范主体时，这些示范者便构成了一张对于交易风险的过滤网络。对决策者 a_i

来说，示范行为的作用是风险过滤。当示范者数量 n 足够大时，μ^n 取值就会变得非常小，意味着示范者成功地过滤了交易环境中的风险。风险过滤效应越显著，决策者 a_i 的执行概率 $\Pr(s)$ 就越高。

从形式上看，交易方程是典型的非线性方程，这与交易系统的非线性特征十分吻合。交易方程准确地描述了交易网络开放互动的特征，通过状态协同集示范主体数 n 将社区内部以及交易网络的互动关系呈现出来，反映交易经济学非线性和有限理性的思想精髓。

注释

1. 我们将在第十七章详细讨论交易势概念。
2. [美]保罗·萨缪尔森，威廉·诺德豪斯. 经济学[M]. 18版. 萧琛，主译. 北京：人民邮电出版社，2008：168.
3. 董志勇. 行为经济学[M]. 北京：北京大学出版社，2005.
4. [美]罗伯特·J. 希勒. 非理性繁荣[M]. 廖理，译. 北京：中国人民大学出版社，2004：174.
5. 贝叶斯准则受到认知心理学的挑战，质疑主要来自两个方面：一是贝叶斯准则要求对新的信息评价独立于已有信息。但是，人们对新信息接受之前需要对新信息进行编码，只有经过编码后的信息才会进入人们的评价体系中，而编码过程与已有的信息存在密切关系，常常会出现选择性关注，只能看到愿意看到的。因此，评价人对新信息的使用无法独立于已有信息；二是贝叶斯准则要求信息进入评价人视野的次序不会对新信息的评价产生影响。事实上，由于新信息无法独立于已有信息，也就决定了信息的次序必然会对信息评价产生影响。基于上述质疑，有些学者对贝叶斯准则进行了修正，提出了标准贝叶斯准则，将评价人的编码环节加入标准贝叶斯准则中。毫无疑问，标准贝叶斯准则能够更加准确地描述人们处理信息的行为，但也会进一步增加模型的复杂性。我们在此仍然使用标准贝叶斯准则，主要是基于对模型的准确性与简洁性的平衡考虑。
6. 事实上，处在交易网络上的交易主体，决策过程必然受到其他交易主体的影响。出于简化模型的考虑，我们在此对交易主体的互动模式做了简化处理。
7. 消费者剩余概念由马歇尔首先引入经济学，是指针对一项交易的需求方愿意支付的最高价格与实际价格之间的差额。交易者剩余是在消费者剩余概念基础上推广而来，不再仅仅适用于交易的需求方，而是适用于交易中买方和卖方两种相位。

第十五章

交易现象诠释

现象诠释不仅是检验经济理论的基本方法，也是经济理论的基本职责。我们选择五种具有不同特异性的交易现象，作为对交易方程的检验。这五种现象，在社会经济生活中十分普遍，对社会和经济运行产生的影响不容忽视，但主流经济学却没有给予充分的重视和深入的解释。

15.1 交易级联现象

交易级联是交易系统运行中经常涌现的一种现象，对交易系统运行产生重大影响，甚至能够改变交易系统的演化走向。交易级联现象存在多层次成因，其底层逻辑根植于人类认知模式。无论信息环境如何改善，我们永远无法将级联现象从交易系统中彻底消除。只要满足一定条件，交易级联就会涌现。

级联（cascade），字面意思是指多级瀑布，应用到计算机科学领域后，指多个对象之间的映射关系，当主动方执行操作时，其他关联对象也将执行同一操作。"级联"概念被转用到经济学领域以后，用来形象地描述交易主体特定的交易行为，指交易网络上交易主体通过相互影响的作用机制，形成相互追随、决策指向高度一致的交易现象。交易级联现象，俗称"羊群效应"或"跟风行为"，在一些学术著作中将其称为从众行为或信息层叠（information cascade）等，这些都是对英文 cascade 不同翻译导致的结果。[1]

15.1.1 交易级联的研究现状

早在 20 世纪 30 年代，交易级联现象就已受到一些经济学家的关注。英国伟大的经济学家凯恩斯在划时代专著《就业、利息与货币通论》中就已经关注到交易级联现象。他认为投资收益日复一日地波动，显然存在某种莫名其妙的群体偏激，甚至是一种荒谬的情绪在影响市场。[2] 但是，由于交易级联现象与新古典经济学的"经济人"假设缺乏兼容性，在此后的半个多世纪中，尽管交易级联所引发的市场震荡时有发生，但交易级联问题却一直没有得到经济学家应有的重视。主流经济学仅仅将其视作非理性现象，排除在理论体系之外。凯恩斯将投资者贪婪成性、盲目跟风的行为称作动物精神。[3] 美国联邦储备委员会前主席格林斯潘在谈到高深莫测的动物精神时更是唏嘘不已："我对这种动物精神及其琢磨不定的特性早有体会：1959年，作为一名年轻的经济学家，我在一次公开预测中首次深切体会到犯错的滋味。我在《财富》杂志中撰文称，对投资者的'过分乐观'感到担忧，但后来发现，当时距离大牛市的顶峰还差得很远。问题并不在于我和其他经济预测者不知道市场容易陷入野性乃至狂乱状态，会脱离理性基础，而在于这样的'非理性'实在太难预测，所有可靠的系统分析几乎都不适用。"

即便如此，格林斯潘依然坚定不移地捍卫以"经济人"为基础的主流经济学体系。"我将试图辨析某些行为动机的非理性特征，并讨论将这些本性及其形成的文化传统如何与理性经济行为相互作用，并导致重大的市场影响。这并不是说我们应该把'经济人'假设连同肮脏的洗澡水一起倒掉，因为尽管有大量证据显示非理性市场行为的持续存在，但也有数据表明，理性经济判断从长期来看依然引导着自由市场经济的前进方向。"[4]

对琢磨不定的交易级联引起的"非理性繁荣"，罗伯特·J. 希勒（Robert J. Shiller）同样困惑不已："2000年，我所遇到的大部分人，不管从事什么职业，都对股市感到困惑。我们不知道目前的股价水平是否合理，不知道高股价是否真是所谓的"非理性繁荣"；我们不知道某些盲目乐观的态度是否已经渗透了我们的思想，影响着我们的重大决定。我们不知道如果股市突然回调，会出现什么样的后果，我们也不知道曾经有过的市场心态是否会卷土重来。"在表达了担忧和困惑之后，他这样评价时任美联储主席艾伦·格林斯潘："甚至连艾伦·格林斯潘也不知道这些问题的答案。……他就像是一个生活在现代社会里的先知，满口都是富有哲理的谜语，他总是以提问题的方式发表一些评论。然而，人们试图理解和解释他的评论时经常忘记，其实就连格林斯潘自己也不知道这些问题的答案。"[5]

随着行为经济学的兴起及研究的深入，关于交易级联的研究有所改观，人们逐渐揭开了笼罩在交易级联和羊群效应头顶的面纱。行为经济学将形成交易级联的成因归纳为三种类型：分别是基于信息不对称型交易级联、基于声誉维护型交易级联和基于报酬关联型交易级联。所谓信息不对称型交易级联，是由于投资者缺乏完备的投资信息，为了降低投资风险，希望从其他投资者的决策中获得补充信息，交易主体增强信息的动机在贝叶斯学习机制的作用下最终形成交易级联；所谓声誉维护型交易级联，则是在投资者缺乏足够信心时，将会开启追随式的投资。这样做至少能够保持平均业绩，不至于损害自己职业声誉；所谓报酬关联型交易级联，是指在委托代理市场上，投资代理人的报酬与同行的相对表现挂钩。如果优于同行平均水平，代理人将获得高于同行的报酬；如果低于同行平均水平，代理人得到的报酬就会很低，甚至会遭到解雇。在这种情况下，代理人选择随大流的交易策略最为安全，既不需要承担落伍的风险，又能够获得不错的报酬。显然，随大流策略是性价比最优的投资策略。

虽然行为经济学对交易级联的研究已经比较深入，在决策者心理、市场组织结构和市场运行环境等众多层次上，人们已经了解了交易级联的启动条件。但在主流经济学的框架内，对交易级联现象仍然缺乏逻辑自洽的理论表述。

15.1.2 交易级联的存在性

我们利用交易方程证明在交易系统运行中存在交易级联的可能性，并由此揭示产生交易级联现象的关键成因。

假设 a_i 是交易社区 Ω 的任意交易主体，s 是交易主体 a_i 拟实施的交易策略。若在 a_i 身上发生交易级联现象，意味着 a_i 在先验概率 p 较低的情况下（假设 $p \leq 0.5$），受到社区邻居的影响并实施交易策略 s。

假设最小执行概率为 p_0，现在我们就来证明交易社区 Ω 存在级联阈值 n^*，只要状态协同集上实施交易策略 s 的人数达到阈值要求，a_i 就会实施策略 s。于是，级联现象便在交易社区 Ω 发生。

根据假设，若社区 Ω 任意主体 a_i 实施级联交易，则需要满足如下条件：

$$\Pr(s) = 1 - R_g \frac{q}{p} \mu^n \geq p_0 \tag{15.1.1}$$

根据（15.1.1）给出的级联交易条件，我们可以计算得出交易社区 Ω 发生交易级联的阈值 n^*。

$$R_g \frac{q}{p} \mu^n = 1 - p_0 \tag{15.1.2}$$

对（15.1.2）式两边取对数，得到：

$$\ln R_g + n \ln \mu + \ln \frac{q}{p} = \ln(1 - p_0) \tag{15.1.3}$$

整理得到：

$$n \ln \mu = \ln(1 - p_0) - \ln \frac{q}{p} - \ln R_g \tag{15.1.4}$$

$$\therefore n = -\frac{\ln R_g - \ln(1-p_0) - \ln\dfrac{p}{q}}{\ln \mu} \tag{15.1.5}$$

由（15.1.5）求出的 n 为正实数。考虑到级联阈值的实际意义，我们取值 $n^* = [n]+1$，$[n]$ 代表 n 的整数部。作为具有普遍代表性的假设，我们假设先验概率 $p=q=0.5$；假设交易主体的理性结构参数 μ 服从 2/8 分布原理，即交易主体 80% 的行为符合理性要求，20% 的行为具有非理性特征。假设收益风险指数 $R_g = e = 2.7183$，意味着收益风险指数 R_g 处于较高水平，交易策略 s 属于高风险类型。

在上述条件下，由（15.1.5）计算得到 n 的取值：

$$n = -\frac{\ln R_g - \ln(1-p_0) - \ln\dfrac{p}{q}}{\ln \mu} = \frac{1-(-1.6)}{1.3} = 2 \tag{15.1.6}$$

根据交易社区阈值 n^* 与 n 的关系，我们得到阈值 n^* 如下：

$$n^* = [n]+1 = 3 \tag{15.1.7}$$

式（15.1.7）式表明，在一般意义的交易社区 Ω，出现交易级联的阈值为 3。即使对于风险较大的交易策略 s，只要社区上有三个邻居实施，就会有更多邻居跟进。这就表明，在交易系统中出现级联交易的条件很容易得到满足。

（15.1.7）式所表达的结果具有很强的象征性。在中国文化体系中，3 具有特殊意义。老子《道德经》中有"一生二，二生三，三生万物"经典名句，在中国谚语中，有"三人为众""三人成虎"的说法，对于行为叠加效应给予了生动的描述。（15.1.7）式的计算结果恰好印证了中国文化的集体智慧。

（15.1.7）式表明，在交易社区 Ω 发生级联行为的阈值很低。级联现象在交易系统中应当十分普遍，我们在现实中应当经常观察的到才对，但实际情况却并非如此。这是由于大部分级联行为都是局部现象，甚至是个体行为，只有少数满足特殊条件的级联交易，才会最终酝酿成为排浪似的群体现象。这里所谓特殊条件，是指当交易策略 s 的收益风险指数 R_g 与参与交易主体数量 n 之间形成了紧密的负相关关联关系，交易级联与交易环相互强化，才可能形成当量巨大的交易级联现象。

开放度越高的社区，由于居民状态协同集较大，协同集上的交易主体无论在信息占有方面，还是在交易状态方面，多样性比较突出，容易满足级联的阈值要求。对于相对封闭的社区而言，居民状态协同集较小，且主要构成来自所在社区，参照主体状态的同质化程度较高，对于风险偏高的交易策略愿意带头冒险的人较少，通常难以满足交易级联的阈值条件。这就形成了交易网络的区域性特点：开放度较高社区构成的网络区域，无论是信息，还是交易策略的传播都比较迅速；交易网络较为封闭的区域，交易社区的孤岛效应十分明显，他们不轻易跟随外面世界的节奏，发展也会相对滞缓。

通常认为羊群效应是交易系统非理性的表现，格林斯潘将从众行为归为人类身上的动物精神，并将由从众行为推动的各类资产泡沫现象及泡沫破裂造成的破坏归因于狂热和恐惧等非理性因素。他认为："股票价格波动的很大一部分驱动力来自人们在狂热和恐惧之间间歇性摇摆的先天倾向，这种摇摆虽然会受到实体经济活动的重要影响，但也有其自身的特征。"[6] 不可否认，狂热和恐惧等非理性因素在级联交易进程中发挥着不容忽视的助推作用。但从本质上讲，理性仍然是级联过程的主导因素。

上述分析表明，交易级联现象或羊群效应是人类的理性行为，是人们追求收益最大化的结果，与动物精神无关。交易系统涌现级联现象，其根本的原因是交易系统的不确定性和交易主体之间的信息不对称。交易系统不确定性是交易系统动态演化的伴生物，只要交易系统处在发展演化中，不确定性就无法消除。

信息不对称体现在两个方面：一方面是交易主体拥有各自的信息集，通常情况下不同主体的信息集存在相当大差异；另一方面是交易主体掌握的信息与行为传递出来的信息存在差异，属于行为人信息与行为解读的信息变异现象。

无论是交易系统的不确定性，还是交易主体之间的信息不对称性，均属于交易系统的内置属性，无法彻底消除。信息不对称性既有交易主体利益博弈的缘故，也有人类认知特点的成因。无论信息技术多么发达，信息成本多么低廉，永远无法消除信息的不对称性。如果交易系统无法消除运行中的不确定性，且交易主体无法消除彼此间的信息不对称性，无论经济管理和宏观调控手段多么卓越，交易级联现象都将不可避免地发生。

从演化的角度来看，伴随着交易系统持续不断的紧致化进程，交易主体之间通过交易网络的关联更加紧密，分工递进、金融化程度提升等都会将交易网络上的交易链越拉越长。交易主体的状态协同集将朝着两个方向演化——规模扩大和多样性增强，这就使得交易社区上的级联阈值更容易被满足，发生交易级联的概率由此增加，交易级联现象也会随着交易系统紧致化提升波及更大的范围。事实上，更大、更广、更加频繁发生的交易级联现象，恰恰是交易系统紧致化所导致的系统整体性加强的特征呈现。

15.1.3 交易级联过程

级联现象并非总是以悲剧收场，在很多时候交易级联常常会成为经济增长的强劲动力。从消费升级到企业转型，交易级联都发挥着不可或缺的作用。只有当级联行为在交易系统运行中达到现象级别，才会对交易系统的稳定产生不利影响。

问题是，并非所有的交易策略都能引发级联现象。只有当交易策略的超额收益 $u_2 = e_g - e_0$ 与参与主体的数量 n 呈现正相关关系，收益落差 $u_1 = e_g - e_b$ 与主体数量 n 成反比，并且所引起的级联能够在交易网络上跨社区传播时，才可能成为足够当量的交易级联现象。

级联现象的涌现有一个完整的流程，通常需要经历八个环节：酝酿——情绪形成（乐观或者恐惧）——级联形成——维持、强化——怀疑情绪增长——恐惧出现——踩踏事件出现——级联结束。上述八个环节实际上包含了两个交易策略的级联：一个是逆向交易策略 s，另一个是逆向交易策略 s 的对偶策略 $-s$。通常情况下，级联周期的前半程是由逆向交易策略 s 主导，而级联周期的后半程则是由对偶策略 $-s$ 主导。我们分别对级联周期的前、后两个阶段进行讨论。

首先，我们讨论逆向交易策略 s 的级联过程。假设 Ω 是交易网络上的任意社区，社区最初有 n_0 个主体对逆向交易策略 s 拥有较高的先验概率，满足 $p \geq p_0$，且实施了该策略。在他们的带动下，交易社区 Ω 中先验概率比较接近 p_0 的交易主体在社区邻居的带动下，经过调整的后验概率能够满足策略 s 的执行条件，即 $\Pr(g|n) \geq p_0$。一旦进入这一环节，意味着社区 Ω 上的级联过程开始启动，实施 s 的主体数量由最初的 n_0 上升为 n_0'，满足 $n_0' > n_0$。当交易策略 s 满足 $u_2(n_0') \geq u_2(n_0)$ 时，即超额收益与实施交易的主体数量正相关，意味着收益风险指数 R_g 随着参与人数 n 的增加呈下降趋势。由级联阈值公式（15.1.5）可知，对应 n_0' 的阈值 $n_1'^*$ 小于 n_0 对应的阈值 n_1^*，即 $n_1'^* \leq n_1^*$。于是，在实施交易策略 s 的主体数量 n 与超额收益 $u_2(n)$、级联阈值 n_1^* 三个变量之间形成了一种自强化的反馈机制，即实施交易策略 s 的主体越多，超额收益就越高，级联阈值就越低，更多的交易主体进入级联状态，选择实施交易策略 s。

在级联自我强化的过程中，由于超额收益不断增加，交易社区 Ω 的交易主体风险偏好持续增强，越来越多地选择激进状态。在此情景下，对于交易局势恶化的概率预期下降，对可能产生的损失风险也随之降低，在局势恶化背景下

的收益值 $e_b(s)$ 则会大幅提升，其增加速度保持与 $e_g(s)$ 同步，甚至超过 $e_g(s)$ 的增长速度。在这种情况下，收益落差 $u_1(n)$ 会随着实施 s 的主体数量 n 的增加相应收窄，即 $u_1(n_0') \leq u_1(n_0)$。这一过程无疑会加快收益风险指数 R_g 的下降，级联阈值下降态势得到强化，级联交易的自我实现特点持续增强。

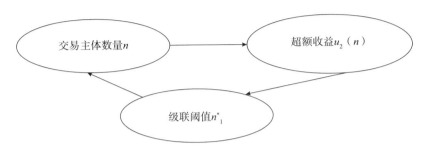

图 15.1.1 自强化反馈环示意图

交易策略 s 在交易社区 Ω_1 的级联行为会通过跨社区交易迅速在相邻社区 Ω_2 中传播。受到社区 Ω_1 影响，社区 Ω_2 的级联门槛直接从 n_1^* 开始，较低的阈值意味着 Ω_2 的级联进程将会快于初始社区 Ω_1，而超额收益 u_2 也会以更快的速度增加，其结果是交易策略 s 经过在社区 Ω_2 上的传播后，级联阈值进一步降低，即 $n_2^* \leq n_1^*$。

社区 Ω_2 的情况会向两个方向传播，一个方向是回传，返回到初始社区 Ω_1，随着级联阈值降低，Ω_1 中更多的交易主体会进入级联过程；另一个方向是前传，由 Ω_2 向相邻社区 Ω_3 传播。此时社区 Ω_3 将会重演 Ω_2 的级联过程，但起步阈值更低，级联速度更快，即 $n_3^* \leq n_2^*$。经过广泛的社区传播，交易策略 s 在交易系统中将最终引发新一轮级联现象。

股票和房地产是两类极易产生级联现象的市场。股票市场上的股票总量是有限的，股票市场上的交易相位转换几乎是零约束，随时可以由卖出相位转换到买入相位。股票市场上相位转换的便利性，非常容易形成一边倒的供求格局。上涨或下跌预期一旦形成，就会出现场外投资者希望入市购买、场内投资者希望继续增持的局面；或是相反的场景，即场内希望抛售，场外等待观望。股票市场的这种特性，决定了其价格行情与主导相位主体数量 n 的高度相关性。

在房地产市场，众多繁杂的手续决定了新房供给周期长，叠加房地产对地段、位置的要求，使得房地产供给受到了较强的时间约束。这就导致了房地产市场的供求关系具有自我调节能力有限、调节速度比较迟缓等特点，从而形成价格上涨与购房者数量 n 之间的正向相关关系。中国房地产市场是典型的级联交易市场，随着房价持续不断地上涨，房地产投资几乎成为中国家庭居民的投资首选。投资背后的动机与是否有居住需求无关，家家户户都要买房，大街小巷都在议论房价，形成了超级级联交易现象。在进入 21 世纪的第一个 20 年里，从北京、上海等一线城市，到省会二线城市，再到地区、县级三、四线城市，全国房价几乎全部翻倍。一线城市房价上涨幅度甚至超过 20 倍之多，疯狂的房价不仅给中国经济埋下了巨大风险隐患，也大幅度地抬高了中国经济的运行成本，削弱了中国经济的国际竞争力。

中国房地产市场之所以能够形成规模如此巨大、持续时间如此之长的超级级联交易，关键在于中国独特的土地供应机制和房地产开发制度，以及不完善的税收制度等多重因素导致的房价上涨预期，投资房地产策略的收益落差 u_1 几乎是 0。不断上涨的房价，形成了投资房地产居高不下的超额收益，级联阈值几乎降到了 0。在这种情况下，级联交易随时随地都可能发生。在炒房最为严重的时期，人们甚至不问有没有产权、也不问价格是否合理；不问城市和地段是否有优势、不问房屋设计是否适用；甚至也不问房子是不是建在地上，即使在地下不见天日，只要是房子就会有人抢购。

在级联阈值经历初期较高水平之后逐步降低的过程中，级联强度峰值对应为级联阈值的最低点。随后阈值再次经历逐渐抬高的过程，直至回到级联起步前的水平。至此，交易策略 s 的级联过程终结。通常情况下，交易策略 s 的级联收尾阶段总是伴随着对偶策略 $-s$ 级联的开始，进入级联周期的下半程。

其次，我们来讨论对偶策略 $-s$ 的级联过程。当一部分交易主体从 s 中获得的超额收益达到或超过预期目标时，其交易状态便会开始转变，由原来的激进态转向保守，对于市场下跌的风险变得更加敏感。在这种背景下，市场上会有一部分交易主体由逆向交易策略 s 转向对偶策略 $-s$，市场供求关系由此启动最初的微调。$u_2(s)$ 持续扩大的势头开始放慢，随着加入对偶策略 $-s$ 的主体数量增多，$u_2(s)$ 最终会停止增长。至此，对偶策略 $-s$ 的级联进程正式开始。

从理论上讲，虽然对偶策略 $-s$ 作为独立的交易策略，在级联发生机制上与 s 具有相同的逻辑，但由于交易相位不同，交易局势与对应的预期收益关系上需要进行相应的调整。交易策略 s 的高收益对应着交易局势的友好状态 g；而对偶策略 $-s$ 恰恰相反，实施 $-s$ 能够获得高收益是交易局势状态由好转向差时。因此，对于交易局势状态 g 和 b，策略 $-s$ 的预期收益分别是 $e_g(-s)$ 和 $e_b(-s)$。由于对偶策略 $-s$ 属于防御性策略，合意收益是不损失、不亏钱，即 $e_0(-s)=0$。对偶策略 $-s$ 的三个预期收益刚好是交易策略 s 相应关系的倒置，即：

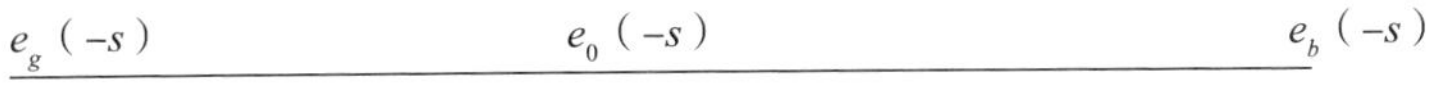

$$e_g(-s) \qquad\qquad e_0(-s) \qquad\qquad e_b(-s)$$

图 15.1.2　对偶策略预期收益关系

图 15.1.2 所表达的含义是，当交易局势处于 g 状态时，实施对偶策略 $-s$ 抛售资产，意味着失去更多的获益机会，交易主体算作是执行策略 $-s$ 产生的损失，$e_g(-s)$ 取值负值；相反，如果局势处于 b 状态，交易主体实施对偶策略 $-s$ 就会减少损失，保住了 s 的获益，$e_b(-s)$ 取正值。由此我们可以计算对偶策略 $-s$ 上的收益落差和超额收益：

$$u_1(-s) = e_b(-s) - e_g(-s) \qquad (15.1.8)$$

$$u_2(-s) = e_b(-s) - e_0(-s) = e_b(-s) \qquad (15.1.9)$$

当市场预期由好转差时，$e_g(-s)$ 由负值迅速向 0 逼近，收益落差 $u_1(-s) = e_b(-s) - e_g(-s)$ 随之向 $u_2(-s) = e_b(-s)$ 收敛；相反，随着交易局势恶化，对偶策略 $-s$ 的超额收益 $u_2(-s)$ 开始上升。在上述两种力量的作用下收益风险指数 $R_g \to 1$。

由上述分析可知，交易策略 s 与局势 H 两种状态 g 和 b 的对应关系刚好与对偶策略 $-s$ 相反，p、q 与局势 H 状态的对应关系同样相互倒置。先验概率 p 为对偶策略 $-s$ 的实施者关于交易局势 H 出现 b 的概率判断；q 为对偶决策 $-s$ 实施者关于交易局势 H 出现 g 的预测。

由级联阈值公式（15.1.5）可知：

$$n = -\frac{\ln R_g - \ln(1-p_0) - \ln\dfrac{p}{q}}{\ln \mu} \to -\frac{\ln(1-p_0) + \ln\dfrac{p}{q}}{\ln \mu}$$

当交易局势逆转的预期 p 持续增强时，$\dfrac{p}{q} \to +\infty$，

$$\because \ln(1-p_0) \text{ 为固定值}$$

$$\therefore \text{随着} \dfrac{p}{q} \to +\infty，n \text{ 将会由正转向负值，}$$

$$\because n^* = [n] + 1$$

$$\therefore n^* = [n] + 1 \to 1 \qquad (15.1.10)$$

随着对偶策略 $-s$ 级联阈值向 1 逼近，意味着对偶策略 $-s$ 的级联通道洞开，几乎所有持 s 资产的主体都会接受对偶策略 $-s$。与此相对应，由于 s 的级联阈值越来越高，交易策略 s 的级联通道基本上关闭，只有少量主体可能进行逆向交易策略 s。策略 s 零散的交易行为无法与洪流般的策略 $-s$ 相抗衡，供求关系的巨大悬殊必然造成价格急速下跌。

对比对偶策略对 $(s,-s)$ 的级联进程，策略 s 的级联阈值 $n^*(s)$ 是一个逐步下降的过程，进入级联状态的交易主体数量呈现台阶式上升。当级联阈值 $n^*(s)$ 降低到一定程度后，满足级联状态的交易主体数量会呈现井喷式增长，而此时对偶策略 $-s$ 的级联通道处于关闭状态，这就形成希望买入的数量远高于愿意卖出的数量，推动交易价格大幅上涨。由于供求双方数量上无法匹配，价格虽然上涨，但能够成功匹配的交易量并不高，成交量不会大幅放大。在这种情况下，实施策略 s 的交易主体中，仍有大量购买意愿没有实现，级联进程依然没有结束，交易价格继续攀升。这种局面，只有在持有 s 资产的主体开始担心有价格下跌风险时，才会可能改变。当一部分持有 s 资产的交易主体开始转向对偶策略 $-s$ 时，市场交易量开始放量，但此时的交易价格仍在高位，甚至仍然处于上涨状态。随着逆向交易策略 s 的交易意愿已经出清，策略 s 的级联进程就此结束。与此同时，由于实施 $-s$ 的主体数量增多，逐渐满足了级联阈值条件，对偶策略 $-s$ 级联在策略 s 级联终结的时候正式接棒。

与策略 s 级联进程相比，$-s$ 级联进程速度更快，级联阈值 $n^*(-s)$ 会迅速逼近极点，市场在恐慌情绪的推动下出现大量抛售，价格一路狂跌，出现类似雪山崩塌的情况。对于这一点，艾伦·格林斯潘这样评价："人们对于恐惧的反应要比狂热剧烈得多，因此，资产价格和恐惧心理所影响的其他金融指标的下跌速度会比上涨快得多。"[7]

策略对 $(s,-s)$ 在级联行为上的反差是由人类认知特点决定的。一般来讲，人们在接受乐观情绪时需要验证和逐步接受的过程，只有在反复验证后才会接受乐观情绪；恐慌情绪则不同，人们受到恐慌情绪感染的速度更快，环节也更少。人们的第一反应通常是先逃开再说，根本没有印证核实的环节。两种情绪在接受速度上的差异，是人类在几十万年充满死亡风险的演化进程中摸索出来的求生策略，已经深深地嵌刻在人类的基因里。可以想象，在危机四伏的荒原上，持谨慎态度能够避免很多危险，付出的代价仅仅是收益少一点而已；而群体恐慌情绪带有危险信息，必须做出快速反应，稍有疏忽就会失掉性命，即使最后检验是虚惊一场，付出的代价最多不过是多跑了点路。

对偶策略 $-s$ 级联的启动标志着交易价格快速下跌的开始，而价格底部必须在量价配合的情况下才会出现，这样才会让 $-s$ 级联状态下的交易意愿完全出清。新的交易主体入场接手 $-s$ 抛售的资产，标志着对偶策略 $-s$ 的级联进程结束，也标志着策略对 $(s,-s)$ 对诱导的级联周期的终结。

策略对 $(s,-s)$ 在级联行为上的反差表现在交易价格走势上，呈现出级联轨迹的非对称性结构，即价格曲线的短尾结构：

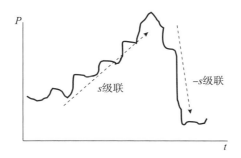

图 15.1.3　级联交易价格走势图

图 15.1.3 显示，策略对 $(s,-s)$ 所诱导的级联价格曲线在时间轴上是一条不对称的抛物线，在价格下行一侧曲线走势更为陡峭，这构成了级联交易价格走势的显著特征。当我们观察股票价格指数曲线时，就会发现在震荡起伏的价格曲线上充斥着此类构型，每个构型单元都代表着市场上出现过一次策略对的级联过程，它们是股票市场潮汐运动的历史档案。

需要指出的是，当对偶策略 $-s$ 级联过程受到某种原因限制时，策略对 $(s,-s)$ 主导的价格轨迹将会呈现完全不同的特征。房地产市场就是典型的例子。由于房地产兼具投资和居住双重功能，它们对策略对 $(s,-s)$ 中两个策略的作用具有显著的非对称性。对于购进策略 s，房地产双重功能不会构成任何约束。当房价上涨预期形成，无论是投机性需求还是刚性需求都会加入购房大军中；相反，当房价下跌预期形成时，以投资为目的的持有者会迅速实施对偶策略 $-s$；而以居住为目的的持有者则不会实施对偶策略 $-s$。在这种情况下，对偶策略 $-s$ 的级联过程受到居住需求的牵绊，级联强度将有所减弱。其结果是，房地产价格下行速度减缓，形成房价上涨迅速、下跌缓慢的特殊形态。

15.2　技术创新

创新是推动交易系统进化的动力，也是交易系统扩张的途径。创新无处不在，技术创新、工艺创新、商业模式创新、企业管理创新、营销手段创新、金融创新，都属于引领交易系统进化的创新范畴。

15.2.1　主流经济学视野中的技术创新

技术和技术创新在主流经济学的理论体系中占据十分重要位置，是构成生产函数和总产出函数的基本变量。最为常用的柯布—道格拉斯生产函数（简称 $C\text{-}D$ 函数）有如下形式：

$$Y = AK^\alpha L^\beta, \quad \alpha, \beta > 0 \qquad (15.2.1)$$

在（15.2.1）中，K 是资本存量，L 是劳动力投入量，A 是技术水平。$C-D$ 函数所表达的基本理念是，在剔除了资本和劳动的贡献后，技术是价值产出的决定因素。在要素投入不变的条件下，技术进步决定经济增长。

罗伯特·M.索罗（Robert M. Solow）在 $C-D$ 函数基础上提出利用增长率残差来计算技术进步的方法。具体过程推导如下：

对式（15.2.1）两边求自然对数：

$$\ln Y = \ln A + \alpha \ln K + \beta \ln L \qquad (15.2.2)$$

对式（15.2.2）两边求微分：

$$\frac{dY}{Y} = \frac{dA}{A} + \alpha \frac{dK}{K} + \beta \frac{dL}{L} \qquad (15.2.3)$$

分别对三个微分变量做近似化处理：

$$\begin{aligned} dY &= \Delta Y \\ dK &= \Delta K \\ dL &= \Delta L \end{aligned} \qquad (15.2.4)$$

将式（15.2.4）代入（15.2.3）得到：

$$\frac{\Delta Y}{Y} = \frac{\Delta A}{A} + \alpha \frac{\Delta K}{K} + \beta \frac{\Delta L}{L} \qquad (15.2.5)$$

式（15.2.5）表达了资本存量、劳动力投入、技术进步与经济增长速度之间的关系。以此为基础得到：

$$\frac{\Delta A}{A} = \frac{\Delta Y}{Y} - \left(\alpha \frac{\Delta K}{K} + \beta \frac{\Delta L}{L} \right) \qquad (15.2.6)$$

式（15.2.6）为索罗残差。索罗残差已经成为人们分析经济增长、评估技术进步速度及全要素效率提升的主要工具。但是，索罗残差也受到不少置疑，包括统计误差问题、资本和劳动能力投入量度量等问题。更主要的问题是，作为残差项，所包含的因素不仅只有技术进步这单一因素，还包含了众多干扰产出增长的因素，如宏观经济波动和宏观政策因素等。

在主流经济学的不同流派中，以熊彼特为代表的奥地利学派尤为重视技术进步对经济增长的贡献。熊彼特认为，技术创新是推动经济持续增长的主要动力；企业家的首创精神、甘于冒险和强烈的成功欲望是技术创新的源泉；企业是技术创新的主力军。熊彼特认为，占据垄断地位的大型企业，由于财力雄厚，具有技术创新的实力，是技术创新的主力军。基于这样的判断，熊彼特向经济学家几乎不可动摇的信念——完全竞争市场是效率最高、实现帕累托最优的市场组织模式——提出了挑战。熊彼特认为，不完全竞争市场由于更具创新性，比完全竞争市场效率更高，更具增长潜力。这便是著名的熊彼特假说。[8]

在熊彼特看来，技术创新不仅是驱动经济增长的主要动力，同时也是交易系统结构演化的关键推手。他认为，技术创新在为经济带来新兴行业的同时，对旧的相关产业会产生替代效应，甚至有可能对现存产业形成毁灭性破坏。技术创新所带来的结构性破坏不同于价格竞争所引致的结构调整，是大规模淘汰旧技术和生产体系、建立新生产体系的过程。熊彼特将此过程称为"创新性破坏"。

熊彼特认为，技术创新就是建立一种新的生产函数，也就是把一种从新的生产要素和生产组织方式引入生产体系中。基于这样的定义，熊皮特将技术创新划分为5种基本类型：（1）引入新产品；（2）采用新生产方法；（3）开辟新市场；（4）引入新的原材料供应源；（5）引入新生产组织方式。

在表面上显得有很大随机性的技术创新活动，其选择方向依然遵循一定的规律。具体讲，要素相对价格的变化将会提供一种激励机制，为企业指出了技术创新的方向，这是新古典价格激励模型所包含的思想。模型的基本理念遵守新古典厂商理论传统，认为企业安排生产时，倾向于开发能够更加经济地使用相对昂贵要素或开发利用相对便宜要素的技术，由此实现成本最小化和利润最大化的目标。这种动机将引导技术开发的走向。当石油价格不断攀升时，市场就会竞相开发电动车技术；当人力资本越来越贵时，具有人工替代功能的人工智能和工业机械人技术就会受到广泛关注，并得到快速发展、走向成熟。应当说，新古典价格激励模型能够解释大部分技术创新现象，但却遗漏了最为常见的技术创新类型。在熊彼特的5种技术创新分类中，占据第一位置的是产品创新，而产品创新并不涉及生产要素相对价格变化，属于中性技术进步的范畴。新古典价格激励模型侧重于非中性技术进步机制。

15.2.2 交易经济学视野中的技术创新

在交易经济学看来，创新并非交易主体的好奇心使然，而是交易主体逐利动机的结果。交易主体通过创新，可以占据更为有利的交易相位。由此可见，技术创新活动同样可以纳入交易主体的决策过程进行考察。

我们利用交易方程，以交易社区为背景，探讨交易主体创新行为的基本规律。在交易系统的两类基本主体中，企业是创新的主力军，尽管创新过程离不开家庭主体的参与，家庭主体对资产多元化的追求是企业创新的底层逻辑，为企业创新指明了方向，但这并不能改变企业是创新主体的事实。因此，在这里我们重点讨论企业的创新行为。

创新是企业的一种策略，决策过程同样遵守交易方程所描述的基本规律。创新的成本与收益、企业家对于创新的信心和交易社区的创新氛围，是影响企业创新的三大关键要素。

假设 b_j 是交易社区 Ω 的企业主体，s 是 b_j 策略集 S 上的创新策略，交易局势 H 对应的两种状态分别是创新成功和创新失败。假设 b_j 实现创新策略 s 目标的先验概率为 p，失败的先验概率为 q；对于创新策略 s，假设交易主体 b_j 的状态协同集为 B_j^c，B_j^c 中实施创新策略获得成功的主体数量为 n。在此决策格局下，b_j 实施创新策略的执行概率 $\Pr(s)$ 可由交易方程计算得出。

创新为企业带来的收益可以从两方面衡量：一是创新为企业带来营业收入，二是创新给企业带来市场价值增值。相比之下，营业收入增加需要经历缓慢的营销过程，而企业的市场价值变化通常会有十分迅速的反应。一项有希望的创新项目，在新产品还没有上市的时候，资本市场就开始做出反应。即使对非上市公司，企业的市场价值同样是决策者非常重视的指标。鉴于此，我们用市场价值变化作为企业创新收益的度量，用 ΔZ 表示创新策略 s 为交易主体 b_j 带来的市值预期增量，成功实现创新策略目标的预期收益为 $e_g = \Delta Z$；当创新失败时，没有任何创新收入，而创新投入成为沉没成本，所以创新失败的收益 $e_b = -C$，这里 C 代表创新投入；假设交易社区上投资的合理预期收益为 e_0。由此计算得到创新策略 s 的收益风险指数为：

$$R_g(s) = \frac{\Delta Z - (-C)}{\Delta Z - e_0} \quad (15.2.7)$$

代入交易方程得到：

$$\Pr(s) = 1 - \frac{\Delta Z + C}{\Delta Z - e_0} \frac{q}{p} \mu^n \quad (15.2.8)$$

一般而论，创新成本与创新难度成正比。因此，我们需要引入创新强度概念，用 x 表示。所谓"创新强度"是指创新与现有技术或模式的知识距离。知识距离越远的创新项目，创新强度越高。创新强度 $x = 0$ 表示交易策略 s 不包含任何创新要素，表明是成熟技术的直接运用；当创新强度取值为 $0 < x \leq 1$ 时，表示交易策略 s 是对成熟技术的某种改进；当 $x > 1$ 时，代表交易策略包含了较多的新技术。创新策略 s 的创新强度越高，需要投入的开发成本就越大。与此同时，创新强度越高，创新策略获得成功的概率就越低，状态协同集中的先行

主体数量 n 就越小。上述关系，可以用如下函数表达：

$$C = C(x) \text{、} p = p(x) \text{、} n = n(x) \tag{15.2.9}$$

与式（15.2.9）表达的关系相比，创新市值效应 ΔZ 与创新强度 x 的关系更为复杂。创新带来的市值效应并不与创新强度形成严格的对应关系，即创新强度很大的策略，并不一定能够为企业带来相应收益；如果能够切中市场热点，即使创新强度并不高，也可以为企业带来很好的市值收益。譬如，在新冠疫情肆虐的背景下，治疗新冠肺炎的新药可能为企业带来巨大的市值收益。而其他新药，即使创新强度更大，市值效应未必能够胜过抗新冠病毒的新药。决定创新市值效应大小的关键是技术创新的市场前景。这表明，市场在引导创新资源的配置方面，同样发挥着非常重要的作用。

根据式（15.2.9），交易方程可以表述为如下形式：

$$\Pr(s) = 1 - \frac{\Delta Z + C(x)}{\Delta Z - e_0} \frac{q(x)}{p(x)} \mu^{n(x)} \tag{15.2.10}$$

函数简化后得到：

$$\Pr(s) = 1 - R_g(x, \Delta Z) \frac{q(x)}{p(x)} \mu^{n(x)} \tag{15.2.11}$$

在式（15.2.11）中，收益风险指数 $R_g(x, \Delta Z)$ 包含了两个作用方向相反的变量，创新强度推高收益风险指数，而创新市值效应 ΔZ 则降低收益风险指数。显然，在其他条件不变的情况下，创新强度越大的策略，实施的概率就越低；市值效应越明显的创新策略，得到实施的概率越高。

我们假设 $\Pr(s) \geq 0.8$ 为交易主体的执行概率，由（15.2.11）得到：

$$1 - R_g(x, \Delta Z) \frac{q(x)}{p(x)} \mu^{n(x)} \geq 0.8 \tag{15.2.12}$$

整理式（15.2.12）得到：

$$R_g(x, \Delta Z) \frac{q(x)}{p(x)} \mu^{n(x)} \leq 0.2 \tag{15.2.13}$$

由式（15.2.13）得到交易主体 b_j 实施创新策略 s 的必要条件如下：

$$\frac{p(x)}{q(x)} \geq 5 R_g(x, \Delta Z) \mu^{n(x)} \tag{15.2.14}$$

假定交易主体的有限理性满足 2/8 定律，$\mu = \frac{1}{4}$，代入（15.2.14）得到：

$$\frac{p(x)}{q(x)} \geq 5 R_g(x, \Delta Z) \left(\frac{1}{4}\right)^{n(x)} \tag{15.2.15}$$

对式（15.2.15）整理得到：

$$\frac{p(x)}{q(x)} \geq \frac{5}{4} \frac{R_g(x, \Delta Z)}{4^{n(x)-1}} \quad （15.2.16）$$

由式（15.2.16）得到：

$$\frac{p(x)}{q(x)} > \frac{R_g(x, \Delta Z)}{4^{n(x)-1}} \quad （15.2.17）$$

式（15.2.17）给出了交易主体参与创新的必要条件。若交易策略 s 不能满足（15.2.17）给出的条件，这意味着执行概率将低于 0.8 的水平。要执行这样的策略，就会冒很大的失败风险，这不符合预期收益最大化原理的基本原则。

在创新条件（15.2.17）中，$p(x) = q(x) = 0.5$ 是相变临界点。当 $p(x) < 0.5 < q(x)$ 时，$\frac{p(x)}{q(x)} < 1$，随着 $p(x)$ 小于 0.5 越远，$\frac{p(x)}{q(x)}$ 减小的速度越快，距离满足创新条件的差距越大；相反，如果 $p(x) > 0.5 > q(x)$，$\frac{p(x)}{q(x)} > 1$，随着 $p(x)$ 的增加，$\frac{p(x)}{q(x)}$ 会以更快的速度增长。这就表明在 $p(x) = 0.5$ 附近，存在创新门槛效应。先验概率 $p(x)$ 无论从左侧，还是右侧穿越 0.5 的门槛，都会引起创新行为的明显变化。

我们可以从（15.2.17）中引出如下几点结论：

第一，创新强度越高的交易策略，收益风险指数 $R_g(x, \Delta Z)$ 取值越大，先行示范主体数 $n(x)$ 越小，交易主体 b_j 实施创新策略的条件就越高，那么实施创新策略的可能性就越低。因此，交易社区上的创新活动必然沿着创新强度由低到高的顺序进行。创新活动是一个连续的过程，存在显著的路径依赖特性。对于交易系统而言，无论是技术创新，还是理念创新，或是管理模式创新，都不可能一蹴而就。原本创新层次较低的国家，很难在短时间内彻底改变技术落后的局面，需要漫长的积累和试错过程。

图 15.2.1 创新激发反馈环

第二，在创新活动中，社区氛围发挥着十分重要的作用。创新氛围浓厚的社区，居民创新热情比较高，会涌现出更多的创新成果，这又进一步激励更多的居民参与创新。这种正反馈机制必然导致创新活动的岛屿现象，即在交易系统内部创新活动呈现块状分布特征，不同地区的创新能力存在巨大差距。在交易系统中，创新能力不可能是均匀分布的。

第三，封闭不利于创新。在封闭度较高的社区上，居民与外界交易联系较少，社区居民的状态协同集有较高的同质化倾向，发挥引领作用的交易主体相对较少，创新条件比较难以满足。即使出现一些创新活动，也只能处在创新强度较低的层次上。

第四，在交易系统中，交易主体创新的主要障碍是创新风险过高和创新成本过大的问题。收益风险指数过高是限制大多数国家创新力的主要原因。发展资本市场和风险投资体系是增强创新市值效应、降低创新成本的有效举措。发达的资本市场能够为企业提供反应灵敏、估值公允的市值评价体系，风险投资能够有效分散创新风险，降低创新企业的创新成本。发达的资本市场是风险投资体系发展的沃土，高效的风险投资体系为资本市场发展提供了强大动力，两者相得益彰，相互促进，缺一不可。概括地讲，金融为创新插上了高飞的翅膀，现代金融是国家创新能力的基石。

第五，具有足够深度和广度的消费市场是技术创新的沃土。一切产品的最终归宿是消费。一个具有足够深度和广度的消费市场为技术创新提供了具有诱惑力的盈利前景。理论上讲，市场深度和广度与收益风险指数 R_g 呈反向相关关系。市场深度越大、广度越广，交易主体对技术创新可能带来的收益预期 e_g 和 e_b 就会越好，从而有助于降低交易主体技术创新的收益风险指数 R_g，增强企业技术创新的热情。在现实中，我们不难找到有关经济体量与技术创新紧密联系的实证案例。美国是世界上最具创新力的国家，同时也是消费市场最具深度的经济体，两者同时出现在一个经济体中，并非偶然的巧合。

第六，交易系统紧致化有利于加快技术创新速度。在交易系统日益紧致化的进程中，系统内部的交易链不断延长，交易主体的状态协同集规模随之扩大。与此同时，不断延伸的交易链会跨越越来越多的交易社区，将多样化的社区居民吸收到状态协同集中，这就形成了状态协同集的规模扩张与多样性的伴生关系，起到了降低创新门槛的作用。由此使交易系统的创新活动更为频繁而且分布广泛，创新呈现加速态势。

15.3　社区贫困

以交易经济学的观点来看,造成贫困的根本原因是交易主体由于某种原因被隔离于经济循环的主流之外。社区贫困是指交易系统中群体贫困的特殊现象。与个体贫困现象相比,社区贫困对经济发展、社会和谐的危害与拖累更大,更值得引起人们的关注和重视。社区贫困中的"社区"既可以是狭义层面上的社区,也可以是一个幅员辽阔的地区,还可以是一个主权国家。

在交易系统中,交易失败时有发生,交易失败导致交易主体资产缩水,甚至破产退出交易网络,给交易主体带来的损失及对成员生活质量的影响是显而易见的,这是交易系统运行中永远无法避免的随机现象。交易失败并非结构性或社会性的问题,是一种随机发生、散点分布现象。

15.3.1　主流经济学关于贫困现象的研究

长期以来,人们都将贫困视作社会问题,经济学家并没有给予太多的关注,直到 20 世纪五六十年代,这种情况才有所改变。

二次世界大战后,世界经济经历了十多年的高速增长,发达经济体与发展中国家的差距进一步拉大,贫困现象更加突出。1965 年,美国著名经济学家、诺贝尔经济学奖获得者舒尔茨在《美国经济评论》上发表了《贫困经济学——一位经济学家关于对穷人投资的看法》的文章,呼吁经济学家应该将贫困问题纳入经济学的研究议题中。他在文中这样评价当时经济学的研究状况:"虽然经济学家已经对经济稳定和经济增长进行了大量的分析研究,但是在经济学中却仍然缺乏针对贫困问题带有理论性的专门研究。尽管所有的统计资料都会指出个人收入的分配状况,低收入者和低于某一标准消费水平的人们之年龄、性别和家庭结构,我们也可以随手找到很多谈到穷人特征的文献著作,但是,这些著作却没有运用经济学知识将这些资料整合进统一的理论框架中,也没有提出任何解释贫困现象的经济学假说。有些人所做的实证研究工作很有价值,可是却没能形成一个统一的分析方法,以确定个人收入和财富分配的决定性因素。然而,我们却不应该责怪这些提供统计学资料的人,因为经济学家没有能形成一种理论以指导组织和分析贫困现象的资料。尽管统计学家也没有提供相应的理论,但是,倘若我们必须要指责什么人的话,还是应当指责经济学家,因为他们没有将有关贫困问题的理论纳入经济学的研究视野。"

他接着说:"这种情况并非过去一直如此,马尔萨斯建立了贫困成因理论,并根据他自认为是正常的人口增长模式得出了影响深远的悲观结论。马克思建立了一个理论体系,认为社会创造的财富被资本所有者占有。马歇尔的企业概念包含了经济进步与消除贫困的伴生关系;庇古以福利计划补充了这个概念。但是,还没有发现现代经济学家对贫困现象研究的兴趣。过去有过一段时间曾经出现对个人分配问题的关注,但现在这股热情早已消退。近来,精致的社会福利函数一度成为时髦,但它的目的不是用于分析贫困,它对解释和分析贫困毫无用处。"

舒尔茨认为,经济学家之所以持有如此态度,根源在于主流经济学的基本逻辑和信念。"通常情况下,人们会对这样的自然法则心怀敬意:贫困会自然消失。少数在富裕社会中依然贫困的人们,大多是由于他们的偏好或所处环境使然。这就毫不奇怪在现代经济学体系中没有贫困问题的位置。"[9]

由于贫困的成因极其复杂,既有制度、文化和历史的原因,也有经济、金融和技术等方面的原因,既有外部客观因素,也有人的自身因素。众多原因盘根错节,相互交织,互为因果,将贫困现象笼罩在一片迷雾中。时至今日,关于贫困成因的问题,学者们仍然没有达成共识。经济学家可以分为两派:一派认为贫困是社会状况和经济状况的结果。"他们强调营养不良、学校不佳、家庭破裂、歧视、缺乏工作机会及危险的环境是决定穷人命运的关键因素。[10]"另一派则认为,"贫困产生于不良的个人行为——这些行为是个人的责任,理所应当由这些穷人自行矫正。在前几个世纪,主张自由放任主义的人坚持说,穷人是不勤俭持家的人,是懒汉,是酒鬼。"[11]

上述两派观点,分别强调了导致贫困的外部客观因素和内在主观因素,是一枚硬币的两面,在现实中根本无法完全分开。但在相当长的时期内,贫困的内因派在学术界却一直占据主导地位。人们本能地认为,贫困只是贫困者的事情,个体的贫困是懒惰、无能的结果,是竞争的失败者;而社区贫困或国家贫困则是文化和制度落后所致、是愚昧无知使然。无论是个体贫困,还是集体贫困,都应当由贫困者自己负责。哈佛大学教授、经济学家吉尔德·乔治(Gilder George)便是内因派的拥趸。他在其《财富与贫困》中强调了贫困的存在对维持资本主体经济体系高效运行的必要性:贫困在资本主义体制下对于维持经济的高效运行发挥着至关重要的作用,正是人们担心自己陷入贫困才会努力工作,才会充分发挥自己的一切潜能;财富才会源源不断地被创造出来,最终达到消除贫困的结果。因此,资本主义是人们对自由、博爱和平等怀有的道德抱负,同消灭贫困、增殖财富理想的完美结合。吉尔德·乔治认为,一种强调公平分配的经济思想正毒害着资本主义体制,高福利、高税收将给美国带来灾难性后果,原因在于资本主义社会财富和贫困的相互作用关系——贫困可以使人努力工作创造财富——被扭曲了。[12]

经过多年的争论，人们越来越认识到，尽管贫穷与自身因素不无关系，但外部条件更是导致贫困者身陷贫困泥沼不能自拔的主要原因。在减贫方面，政府不仅可以有所作为，更是义不容辞。2000年9月，联合国首脑会议上，189个成员国共同签署了《联合国千年宣言》，承诺将全球贫困水平在2015年到来之前降低一半（以1990年的水平为基准）。[13] 这是人类历史上由政府主导的、有计划的、最大规模的国际减贫行动，也可以看作是经济学对贫困现象研究在现实生活中的成果体现。

15.3.2 交易经济学对贫困现象的分析

贫困的典型特征是交易主体资产规模远远低于交易系统的平均水平，资产流动性差，缺少融资手段，处于交易网络的边缘，交易空间狭小，呈现顽固的代际传承性。归根结底，贫困的本质是缺乏交易机会，贫困的表现是财富规模过小。交易是实现财富积累的途径，缺乏交易机会必然陷入贫困。基于上述理解，我们将通过交易方程证明在交易系统中贫困现象的存在性，并揭示出导致结构性贫困的关键是社区封闭性。

假设 Ω_0 是一个封闭社区，a_i 是社区 Ω_0 的居民，S_i 是交易主体 a_i 的策略集，$s \in S_i$ 是交易主体 a_i 的交易策略，p_0、q_0 分别是交易主体 a_i 关于交易策略 s 的局势状态的先验概率；R_g 是交易策略 s 的收益风险指数，A_i^c 是 a_i 的状态协同集，μ 为理性结构参数。

∵ Ω_0 是封闭社区

∴ $A_i^c \subset \Omega_0$，即 a_i 的状态协同集全部来自所在社区，属于 Ω_0 的子集。

根据交易方程，交易策略 s 的执行概率为：

$$\Pr(s) = 1 - R_g \frac{q_0}{p_0} \mu^n \quad (15.3.1)$$

封闭社区上的状态协同集具有高度同质化倾向，参照主体的交易行为通常有较高的一致性。在这种情况下，我们可以假设参照主体的示范参数 $n=0$，（15.3.1）简化为如下形式：

$$\Pr(s) = 1 - R_g \frac{q_0}{p_0} \quad (15.3.2)$$

假设 $\Pr(s) \geq 0.8$ 为执行交易的必要条件，即：

$$1 - R_g \frac{q_0}{p_0} \geq 0.8 \quad (15.3.3)$$

整理式（15.3.3）得到：

$$R_g \frac{q_0}{p_0} \leq 0.2 \quad (15.3.4)$$

由式（15.3.4）得到：

$$\frac{p_0}{q_0} \geq 5R_g \quad (15.3.5)$$

$$\because p_0 + q_0 = 1$$

$$\therefore p_0 \geq 5R_g - 5p_0 R_g \quad (15.3.6)$$

整理式（15.3.6）得到：

$$p_0(1 + 5R_g) \geq 5R_g \quad (15.3.7)$$

$$\therefore p_0 \geq \frac{5R_g}{1 + 5R_g} \quad (15.3.8)$$

不等式（15.3.8）给出了封闭社区居民的交易条件。这是非常苛刻的交易条件，即使交易策略 s 完全没有损失风险，满足 $e_b(s) = e_0$，收益风险指数缩小到 $R_g = 1$，要满足交易条件仍然比较困难。交易主体 a_i 要执行无风险交易策略 s，其初始先验概率 p_0 必须满足：

$$p_0 \geq \frac{5R_g}{1 + 5R_g} = \frac{5}{6} \approx 0.833 \quad (15.3.9)$$

条件（15.3.9）表明，即使对于无风险交易策略，交易主体要执行交易，也必须有充分的信息支持，初始先验概率——成功的信心必须超过80%，这是相当高的置信度水平。在封闭社区上，对于无风险交易策略尚且如此，我们不难推断，对于收益风险指数稍微大一点的策略，实施的可能性几乎为零。这是封闭社区居民的典型特征，表现出高度的风险厌恶。

在交易网络上，每个交易主体都是交易环境的一部分，其行为都会成为塑造交易环境的一股力量。当封闭交易社区的居民普遍表现出强烈的风险厌恶特征，愿意实施的交易很少，意味着封闭社区居民能够得到的交易机会同样很少。因此，封闭社区居民交易策略集的规模就要远小于开放社区的居民。

我们假设 Ω 为开放社区，a_j 是社区 Ω 的居民，S_j 是 a_j 的策略集，$s \in S_j$ 是与 a_i 相同的策略；关于交易局势的先验概率分别是 p_1、q_1，A_j^c 是交易主体 a_j 的状态协同集。假设社区 Ω 与社区 Ω_0 具有相同的理性结构参数。

现在，我们来考察开放社区 Ω，同样的交易策略 s，交易主体 a_j 的执行概率。由交易方程可知，a_j 对交易策略 s 的执行概率如下：

$$\Pr(s) = 1 - R_g \frac{q_1}{p_1} \mu^n \quad (15.3.10)$$

同样假设，a_j 的最低行动条件为 $\Pr(s) \geq 0.8$，由（15.3.10）得到：

$$1 - R_g \frac{q_1}{p_1} \mu^n \geq 0.8 \quad (15.3.11)$$

对式（15.3.11）整理得到：

$$R_g \frac{q_1}{p_1} \mu^n \leq 0.2$$

$$\frac{p_1}{q_1} \geq 5 R_g \mu^n$$

$$\because p_1 + q_1 = 1$$

$$\therefore p_1 \geq \frac{5 R_g \mu^n}{1 + 5 R_g \mu^n} \quad (15.3.12)$$

由（15.3.8）、（15.3.12），我们可以得到相同的交易策略 s 分别在封闭社区和开放社区指向交易的最小先验概率之比：

$$\frac{Min(p_0)}{Min(p_1)} = \frac{\dfrac{5R_g}{1+5R_g}}{\dfrac{5R_g \mu^n}{1+5R_g \mu^n}} \quad (15.3.13)$$

整理（15.3.13）：

$$\frac{Min(p_0)}{Min(p_1)} = \frac{5R_g \left(1 + 5R_g \mu^n\right)}{5R_g \mu^n \left(1 + 5R_g\right)}$$

$$\frac{Min(p_0)}{Min(p_1)} = \frac{1 + 5R_g \mu^n}{\mu^n \left(1 + 5R_g\right)}$$

$$\frac{Min(p_0)}{Min(p_1)} = \frac{1 + 5R_g \mu^n}{\mu^n + 5R_g \mu^n} \quad (15.3.14)$$

$\because 0 < \mu < 1$，$\therefore$ 随着 n 增大，$R_g \mu^n \ll 1$

$$\therefore \frac{Min(p_0)}{Min(p_1)} \approx \frac{1}{\mu^n} \quad (15.3.15)$$

根据人们普遍接受的理性结构参数，我们可以由（15.3.15）得到更为具体的结果：

$$\frac{Min(p_0)}{Min(p_1)} \approx \left(\frac{\eta}{\lambda}\right)^n = \left(\frac{0.8}{0.2}\right)^n = 4^n \quad (15.3.16)$$

先验概率条件代表着交易的执行门槛，交易门槛越高，意味着交易主体能够实施的交易就越少。（15.3.16）反映了封闭社区与开放社区之间在交易机会上的差异，两者之比高达 4^n，说明开放社区的交易机会要数倍于封闭社区。社区的开放度越高，社区居民跨区交易活动越频繁，交易链就会越长，状态协同集的多样性就越显著，状态协同集的示范数量 n 随之增多，开放社区的交易机会进一步增多，与封闭社区的距离就会拉得更大。

社区居民的交易集是社区居民共同创造的结果。当所有居民都处于高度风险厌恶状态时，社区内的交易机会也就不可能充分。交易机会与居民的交易集之间存在相互映射关系，根据（15.3.16），我们可以类比得出两类社区居民策略集规模的对比关系：

$$\frac{|S_0|}{|S_1|} \approx \frac{1}{4^n} \qquad (15.3.17)$$

在式（15.3.17）中，$|S|$ 表示交易策略集 S 的规模，即承载策略数量。（15.3.17）显示出封闭社区居民的交易策略集与开放社区居民的交易策略集的巨大差距。更令人吃惊的是，开放社区处于快速演化的进程中，而封闭社区却会锁定在高稳定状态上。随着时间的延续，两者在交易机会上的差距会急速拉大。当开放社区的示范参数 $n=1$ 时，两类社区间交易机会的差距为 4 倍；当开放社区的示范参数 $n=2$ 时，两类社区交易机会的差距迅速扩大到 16 倍；而当开放社区的示范参数 $n=3$ 时，两类社区交易机会的差距竟然高达 64 倍之多；如果开放社区的示范参数 $n=4$，两类社区交易机会的差距更是高达 256 倍之巨，封闭社区居民的交易机会仅为开放社区居民交易机会的 1/256。由此可见，封闭社区与开放社区拉开差距的加速度是多么迅猛！

用图示能够更直观地显示两类社区在交易机会上的差距演化：

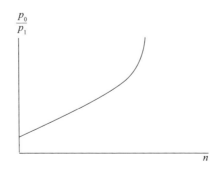

图 15.3.1　交易机会倍数曲线

交易是财富的源泉。交易机会越少，居民就越贫困。（15.3.17）揭示了在交易系统的演化进程中，社区贫困现象是如何出现的。由此证明了一个深刻的结论：封闭是社区贫困的根本原因。封闭社区与主流交易系统处于隔离状态，完全脱离了交易系统演化的主航道，形成了自我稳定的小环境。封闭导致居民高度风险厌恶的特点，顽固的保守状态决定了封闭社区对金融服务的需求稀少，社区金融化进程与开放社区相比迟缓很多。这种由封闭衍生出来的交易状态，限制了交易主体的选择空间，又进一步强化了社区的封闭性，最终形成恶性循环的局面。在这种情况下，无论交易系统进化到多么发达的阶段，在没有外部力量干预的情况下，封闭社区会依然保持状态稳定，长期被锁定在贫困陷阱之中。

从现实社会的情况来看，贫困地区大都处在远离经济中心的边缘地带，与外界隔绝。在广大的发展中国家，包括中国在内，大部分贫困人口都聚居在农村地区，特别是偏远的山区。贫困地区普遍的地域特点是交通不便，能够浇灌的人均土地很少，居民受教育程度很低，卫生医疗条件差，形成几乎完全封闭的生存状态。城市贫困在表面上不符合贫困的一般规律，即隔离于交易网络主流之外、处于相对封闭的状态。事实上，城市里的贫困人口，由于教育背景、家庭积蓄等条件的限制，虽然身居闹市，但高收入的工作与他们无缘，投资活动更是与他们无缘。在交易经济学中，就业本身也是一种交易，财富分配永远是向主流工作岗位倾斜，低收入工作就代表着交易主体的边缘化。在现代社会中，家庭投资是分享社会财富增长的关键途径，没有投资的家庭注定要沦为贫困阶层。城市里的贫困人口，一般聚居在贫民区，形成城市里的封闭"岛屿"，犯罪率高、卫生条件差，不利于孩子成长，一旦染上恶习，又会成为进一步加剧贫困区贫困的原因。

贫困现象的背后是贫困与信息孤岛之间的正反馈加强机制。封闭导致贫困地区与交易系统脱节，与外界的交易日渐减少。随着交易流量的下降，与外部世界的信息交流量也同比例减少。而信息量的减少无论对于单个交易主体，还是对于一个群体而言，都是致命的，会导致一系列信息缺乏综合征，从交易的策略集萎缩，到交易状态趋向保守，再到一系列约束条件的强化，最终将一个地区或国家牢牢地锁死在贫困状态。贫困导致交易网络在一个区域的稀薄化，成为交易网络上的信息孤岛。

15.4 赌徒行为

赌徒行为广泛存在于人类社会生活的方方面面，甚至可以说赌徒行为深度参与，并在一定程度上塑造了人类社会的演化进程。无论是经济活动，还是政治决策，我们常常会看到赌徒的身影。然而，在主流经济学的逻辑体系中，赌徒行为被看作是非理性的典型代表。赌徒行为的结果大多偏离收益最大化目标，几乎总是以灾难的结局收场。从结果来看，赌徒行为的确貌似疯狂，有悖常理。这也是主流经济学将其归为"异类"并排除在研究范围之外的主要原因。

随着行为经济学的兴起，包括赌徒行为在内的、被主流经济学视为"异类"的现象逐渐受到行为经济学家的关注。行为经济学利用各类行为实验，尝试揭开隐藏在赌徒内心深处的秘密。

15.4.1 行为经济学对赌徒行为的解释

行为经济学对赌徒行为提供了两个方面的解释。

一个是"心理账户"说。心理账户理论是行为经济学的基本概念，是指决策者针对不同交易活动在心理上构建的一种虚拟账户。尽管具有虚拟性质，但心理账户对行为人的决策会产生重要影响。行为经济学认为，赌徒在屡次输钱后仍然坚持投注赌金，是由于对应的心理账户没有关闭。心理账户只有在关闭后才会进行决算。尽管赌徒当时输了钱，但心理账户依然敞口，在赌徒看来赌局并没有结束，继续投注是为了挽回损失。

赌徒的另一行为特点是赌注越下越大。对此，行为经济学给出的理由是，只有加大赌注才有可能挽回越来越多的损失。对于赌徒挥霍成性的特点，行为经济学认为，赌徒有多个心理账户，属于自己的本金归属在一个账户，通过赌博赢来的钱则归属在另一个账户上。赌徒将其看作是两个完全无关的账户，不把赌博赢来的钱看作自己的钱。

行为经济学的另一个理论路径是沉没成本说。沉没成本概念首先出现在主流经济学的论述中。早在 1900 年以前，经济学家就已经开始使用沉没成本的概念。19 世纪关于农业和铁路管理的著作中就曾使用沉没成本的概念。[14] 1948 年保罗·A.萨缪尔森（Paul A. Samuelson）和威廉·D.诺德豪斯（William D. Nordhaus）编写的经典教材《经济学》中讨论了沉没成本。但是，沉没成本概念在新古典经济学的框架中并没有自己位置。正如《制度与行为经济学》的作者阿兰·A.斯密德（Allan A. Schmid）所说，大学里的经济学教授会告诉学生，沉没成本应该被决策者忽略。[15] 但在行为经济学中，沉没成本找到了自己的用武之地，成为行为经济学解释众多"异类"现象的有力工具。

沉没成本是指不会因是否消费或使用而改变的成本投入，沉没成本与固定成本有关，但两者存在差异。沉没成本与企业的收益无关，也与消费者效用无关，这是沉没成本在主流经济学中被置于边缘角色的主要原因。

行为经济学研究发现，尽管沉没成本在会计核算中没有用场，但在交易主体的实际行动中，沉没成本往往发挥不容忽视的作用，"沉没成本谬误"就是有力的佐证。沉没成本谬误是指人们为了挽救沉没成本继续追加资金投入，结果造成更大损失的行为。这方面典型的案例是法国和英国共同研制开发的超音速客机，其研发过程十分艰难，成本一再追加，后期追加资金的理由只有一个，就是前期已经投入的沉没成本。这则案例非常典型，人们又将其称为"协和悖论"。

行为经济学认为，赌徒行为是典型的沉没成本谬误。赌徒为了捞回输掉的钱，沉没成本效应就会驱使赌徒不断加注。"从他输掉的第一场赌博开始，便无法抑制地想要得到回报的心态。于是，他继续投入，继续投入……最终换得的是倾家荡产。"[16]

沉没成本效应不仅在赌场上发挥作用，股票市场同样如此。投资者为捞回已经沉没的成本，坚持增加投资，这些都是沉没成本效应的表现。

行为经济学发现，赌性在每个人身上的体现有很大差异。即使在同样的境遇下，有些人可能很快就会进入赌徒状态，而另一些人则不会，造成这种差异的常见原因来自达克效应。[17]越是能力不足但又比较自信的人，越容易相信自己拥有比别人更好的运气；面对复杂无序的现象，凭借少量样本观察就相信自己掌握了其中的奥秘。[18]

15.4.2 交易经济学对赌徒行为的解释

假设 a_i 是交易系统 T 中的任意主体，s 为交易主体 a_i 可以重复实施的一项策略，v_0 为实施交易策略 s 时需要的投入，类似于赌徒投下的赌注。交易主体 a_i 在实施策略 s 时的初始状态是，局势 H 呈现友好态 g 和不友好态 b 的先验概率 p、q 均为 $\frac{1}{2}$。当局势 H 呈现友好态 g 时，交易主体将会获得数倍于投入成本 v_0 的收益，即 $e_g = kv_0$，$k > 1$，在赌博活动中，k 代表赌注赔率；当局势 H 呈现不友好态 b 时，交易主体的损失为初始投入 v_0，即 $e_b = -v_0$。当交易主体 a_i 重复实施交易策略 s 时，投入和收益结构不变。

假设交易主体 a_i 所在社区 Ω 的合理收益率为 r_0。考虑到边际收益递减规律的普遍性，假定合意收益率 r_0 为初始成本 v_0 的减函数，即 $r_0 = r(v_0)$，$\frac{\partial r_0}{\partial v_0} < 0$；由此可得，合意收益为 $e_0 = r(v_0)v_0$。显然，诱使交易主体进入赌徒模式的基本条件是，交易策略 s 的预期收益率 k 要远远高于合理收益率 r_0，即 $k \gg r_0$。

现在我们分析，交易主体 a_i 在重复失利 m 次、损失金额为 mv_0 后，将会如何选择交易策略。由大数定理可知，概率偏离中心值越多，概率回调的可能性就越大。面对交易局势 H，交易主体 a_i 的初始先验概率为 $p^1 = q^1 = \frac{1}{2}$；当局势 H 连续呈现 m 次不友好态 b 时，交易主体 a_i 有理由推断局势 H 再次呈现不友好态 b 的概率将会大幅下降，而呈现友好态 g 的概率将会快速上升。交易局势 H 在第 $m+1$ 次呈现不友好态 b 的概率与 b 连续出现的次数 m 存在反比关系，我们由此得到先验概率如下：

$$q^{m+1} = \frac{1}{2m+2}, \quad p^{m+1} = 1 - \frac{1}{2m+2} \quad m = 0,1,2,\ldots \quad (15.4.1)$$

假设交易主体 a_i 所在社区 Ω 中实施交易策略 s 的主体数量为 n_0，所在社区的理性结构参数为 $\mu = \frac{1}{4}$。

根据上述分析，我们可以计算得出交易主体 a_i 在 $m+1$ 次实施交易策略 s 时的收益风险指数：

$$R_g = \frac{e_g - e_b}{e_g - e_0} = \frac{kv_0 - (-v_0)}{kv_0 - r(v_0)v_0} \quad (15.4.2)$$

整理式（15.4.2）得到：

$$R_g = \frac{k+1}{k - r(v_0)} \quad (15.4.3)$$

根据交易方程，我们计算出交易主体 a_i 第 $m+1$ 次实施交易策略 s 的概率：

$$\Pr{}^{m+1}(s) = 1 - R_g \frac{q^{m+1}}{p^{m+1}} \mu^{n_0} = 1 - \frac{k+1}{k-r(v_0)} \frac{\frac{1}{2m+2}}{1 - \frac{1}{2m+2}} \mu^{n_0} \quad (15.4.4)$$

对式（15.4.4）整理得到：

$$\Pr{}^{m+1}(s) = 1 - \frac{1}{4^{n_0}} \frac{k+1}{k - r(v_0)} \frac{1}{2m+1} \quad (15.4.5)$$

赌徒行为有三个鲜明的特征。一是"屡战屡败"、"越战越勇"的"不服输"精神。即使屡屡受挫，赌徒总是依然坚持原有交易策略，越输越赌。这是赌徒行为最有代表性的特征，也常常被人们看作是赌性成瘾的表现。二是只看收益、不计风险的贪婪特性。不计风险是赌徒的基本性格特征，在其背后是人性贪婪的赌徒身上毫无节制的表现。三是越赌越大，破釜沉舟的鲁莽风格。赌徒行为常常是越输越赌，越赌越大，在屡屡失手之后，赌徒总是幻想着孤注一掷，挽回败局。然而，正是这种鲁莽风格最终导致赌徒倾家荡产的悲惨结局。事实上，赌徒行为虽然表面上看似是非理性的特征，但是依然符合人类理性行为的逻辑，问题出在决策者缺乏对局势变化的深刻理解和对随机过程的简化处理上面。我们根据（15.4.5）给出的结果，可以逐一分析赌徒行为特征背后的逻辑。

由（15.4.5）可知，当赌徒连续失利 m 次后，继续实施交易策略 s 的概率，即继续下注的概率是失利次数 m 的增函数，失利次数 m 越多，继续下注的概率越高。这个结果正是赌徒屡战屡败、越战越勇的不服输精神。

由（15.4.5）可知，赌徒继续下注的概率是赔率 k 的增函数，赔率 k 越高，对赌徒的诱惑就越大，无论失败的风险有多大，赌徒都愿意一试身手。由此可见，导致赌徒无视风险的关键原因是高收益的诱惑，赌徒的冒险行为是经过周密计算后的理性决策。

在（15.4.5）中，诱使赌徒继续下注的概率是赌金的增函数。在赌徒看来，当胜算在握时，理性的决策应当是尽可能增加赌注，只有这样才能充分利用胜算机会获得最大收益。在持续不断的失利之后，赌徒根据大数定理会越来越坚信下一次是扭转战局的机会，就会加更大的赌注。这是赌徒鲁莽行为的基本逻辑。

此外，（15.4.5）还解释了为什么赌徒行为总是以集聚的形式呈现，即聚众赌博现象。从（15.4.5）可知，当示范参数 n_0 增加时，交易主体 a_i 参与赌博的概率将会快速上升。因此，我们可以计算，在同等条件下，n_0 每增加一个人，a_i 参与赌局概率的增加量。

根据（15.4.5），我们可以计算初次进入赌局的人在 n_0 人的示范下，决定参与赌局的概率：

$$\Pr(s) = 1 - \frac{1}{4^{n_0}} \frac{k+1}{k-r(v_0)} \quad (15.4.6)$$

当示范参数新增加 1 人时，交易主体 a_i 进入赌局的概率为：

$$\Pr{'}(s) = 1 - \frac{1}{4^{n_0+1}} \frac{k+1}{k-r(v_0)} \quad (15.4.7)$$

由式（15.4.6）、（15.4.7）计算得到示范参数的边际效应：

$$\Delta \Pr(s) = \frac{1}{4^{n_0}} \frac{k+1}{k-r(v_0)} - \frac{1}{4^{n_0+1}} \frac{k+1}{k-r(v_0)} \quad (15.4.8)$$

式（15.4.8）整理后得到：

$$\Delta \Pr(s) = \frac{3}{4^{n_0+1}} \frac{k+1}{k-r(v_0)} \quad (15.4.9)$$

由式（15.4.9）可以得到示范参数为 $n_0 + 1$ 产生的累积效应：

$$\sum \Delta \Pr(s) = \sum_1^{n_0} \frac{3}{4^{n_0+1}} \frac{k+1}{k-r(v_0)} \qquad (15.4.10)$$

整理式（15.4.10）得到：

$$\sum \Delta \Pr(s) = \frac{1}{4}\left(1 - \frac{1}{4^{n_0}}\right)\frac{k+1}{k-r(v_0)} \qquad (15.4.11)$$

式（15.4.11）表明了赌场越大，越能吸引人的赌场效应。当一个国家变成赌场时，几乎没有人能够抵御投机的诱惑。发生在17世纪荷兰的郁金香泡沫事件就是有力的证据。郁金香原是出产于土耳其的一种花卉，17世纪初期进入荷兰，随后被上层社会视为财富和荣耀的象征，竞相攀比。投机商发现其中的商机，大肆囤积，哄抬价格。经过一段时间的酝酿发酵，到1635年，炒作郁金香已经在荷兰全国蔚然成风。与此同时，价格也扶摇直上，达到疯狂的地步。经过两年多的疯狂后，郁金香市场突然崩溃，在短短六个星期内，价格下跌了90%。荷兰郁金香泡沫是人类历史上第一次有记录的泡沫事件，也是人类社会有史以来全民参赌的案例。刚刚崛起的荷兰帝国，也在这场纷纷扬扬的泡沫事件中黯然衰落。

上述关于赌博行为的严格论证表明，赌徒行为完全符合理性行为范式，同时也说明了赌徒精神广泛存在于交易主体的决策过程中。当然，赌徒行为的三个典型特征并非每次都会出现在人们的决策过程中，而是会时隐时现、有所侧重。在股票市场上，投资者常常会在已经深度套牢的股票上继续追加投资，以摊薄每股成本，为股价上涨做好准备。这是赌徒不服输精神在股票投资中的表现。事实上，当人们面临重大利益抉择时，受信息不完全的制约，人们常会不知不觉地进入赌徒行为模式。这是人们希望实现利益最大化的无奈选择，也是明智之举。

通过对赌徒行为的机理解释，可以看清交易经济学与行为经济学所选择的不同逻辑路径。行为经济学将研究的重点放在人们决策的心理过程上面，为赌徒行为提供了实证的心理学基础。交易经济学从一般交易原理出发，通过严密的逻辑推演，将赌徒行为纳入交易行为共同遵守的规律体系中。两种理论体系各具特色，具有很强的互补性，丰富了人们对赌徒现象的认知层次。

15.5 产业集聚现象

产业集聚是塑造交易网络产业不均匀分布特征的关键成因，一直受到经济学家的广泛关注，阿尔弗雷德·马歇尔（Alfred Maeshall）、迈克尔·E.波特

（Michael E. Porter）在其著作中均有深入的分析。[19] 在本书 11 章，产业集聚主题在"协同约束诱导的产业集群形态"中也有讨论。在此，我们尝试利用交易方程对产业集聚现象进行分析，以便对产业集聚现象的发生机理有更深入透彻的理解。

15.5.1　产业集聚过程

Ω 为交易系统上的任意交易社区。假设在时间步 t 上，交易社区 Ω 的产业分布处于平衡状态，没有任何产业在交易社区 Ω 占据明显优势。设 b_i 为交易社区上需要选择投资策略的任意主体，其中，s_1、s_2 为 b_i 交易策略集上的任意两个投资策略。在交易社区 Ω 现有产业分布态势下，投资策略 s_1、s_2 的收益风险指数没有显著差异，即：

$$R_g(s_1) \approx R_g(s_2) \qquad (15.5.1)$$

根据交易社区产业分布态势假设，在 b_i 的状态协同集上，投资策略 s_1 和 s_2 的先行主体数量 n_1、n_2 同样处于相当水平，即：

$$n_1 \approx n_2 \qquad (15.5.2)$$

在交易社区 Ω，由于产业分布没有明显的倾向性，我们可以推断，在交易主体 b_i 的信息集上，关于投资策略 s_1、s_2 的信息在饱和度和内容指向上均处于大致相当的水平，由此形成的先验概率 p_i 和 q_i 不存在显著差异。

由交易方程（14.3.27）可知，b_i 对投资策略 s_1、s_2 的选择概率分别如下：

$$\Pr(s_1) = 1 - R_g(s_1) \frac{q_i}{p_i} \mu^{n_1} \qquad (15.5.3)$$

$$\Pr(s_2) = 1 - R_g(s_2) \frac{q_i}{p_i} \mu^{n_2} \qquad (15.5.4)$$

由交易社区 Ω 产业分布格局可知，交易主体 b_i 对投资策略 s_1、s_2 的选择概率大致相当，即：

$$\Pr(s_1) \approx \Pr(s_2) \qquad (15.5.5)$$

如果交易社区 Ω 在时间步 $t+1$ 上，交易局势 H 没有发生较大的变化，交易社区将继续维持均势分布的产业格局。随着时间的演进，交易社区 Ω 的产业结构将围绕着均势格局发生随机波动。

在时间步 $t+1$ 上，如果交易局势 H 发生较大变化，根据交易社区 Ω 的资源禀赋特点，交易局势 H 的变化向有利于投资策略 s_1 倾斜，导致投资策略 s_1 的收益风险指数出现显著下降，从而改变投资策略 s_1 和 s_2 的关系：

$$R_g(s_1) < R_g(s_2) \qquad (15.5.6)$$

在其他条件不变的情况下,交易主体 b_i 在投资策略选择上也将有所倾斜:

$$\Pr(s_1) = 1 - R_g(s_1)\frac{q_i}{p_i}\mu^{n_1} > 1 - R_g(s_2)\frac{q_i}{p_i}\mu^{n_2} = \Pr(s_2) \qquad (15.5.7)$$

如果交易局势 H 的变化强度足够大,足以使交易主体 b_i 在投资策略 s_1 的执行概率满足行动条件,即:

$$\Pr(s_1) \geqslant P^* \qquad (15.5.8)$$

在式(15.5.8)中,P^* 代表行动的最低执行概率值。当条件(15.5.8)得到满足,交易主体 b_i 就会加入 s_1 产业中。在时间步 $t+1$,由于交易主体 b_i 的行动,交易社区 Ω 的产业分布发生很小的变化,(15.5.2)的平衡关系被打破,出现新的关系:

$$n_1 + 1 > n_2$$

交易主体 b_i 的选择对于交易社区 Ω 产业结构的影响十分有限,容易被随后的随机波动所湮灭。经过时间的沉淀,在时间步 $t+\tau$ 上,投资策略 s_1 积累的投资者由 n_1 增加到 n_1+k_1,投资策略 s_2 积累的投资者由 n_2 增加到 n_2+k_2;在交易局势 H 对投资策略 s_1 持续利好的作用下,投资策略 s_1 在交易社区的产业分布中形成显著优势,即:

$$k_1 \gg k_2$$

在时间步 $t+\tau$ 上,我们考察交易社区 Ω 任意投资主体 b_j 对策略 s_1、s_2 的选择概率。

$$\Pr(s_1) = 1 - R_g(s_1)\frac{q_j}{p_j}\mu^{n_1+k_1} \qquad (15.5.9)$$

$$\Pr(s_2) = 1 - R_g(s_2)\frac{q_j}{p_j}\mu^{n_2+k_2} \qquad (15.5.10)$$

很明显,在当前局势下,交易主体 b_j 将会倾向投资策略 s_1,即:

$$\Pr(s_1) \gg \Pr(s_2) \qquad (15.5.11)$$

在产业集聚过程中,如果存在一个集聚阈值 K^*,满足如下条件:

$$k_1 \geqslant K^* \qquad (15.5.12)$$

则交易社区 Ω 的投资者在投资决策时,不再受小幅随机波动因素的干扰,保证对投资策略 s_1 的执行概率满足行动条件:

$$\Pr(s_1) = 1 - R_g(s_1)\frac{q_j}{p_j}\mu^{n_1+k_1} \geqslant 1 - R_g(s_1)\frac{q_j}{p_j}\mu^{K^*} \geqslant P^* \qquad (15.5.13)$$

当产业集聚条件(15.5.13)得到满足,交易社区 Ω 的产业分布向产业 s_1 集聚的过程将不再受随机扰动因素的干扰,呈现出加速集聚态势,产业 s_1 的规模在交易社区 Ω 迅速扩张。

产业集聚通常是由核心企业与配套服务企业共同组成,产业集聚的核心企业处于交易生态的中心位置上,为配套服务企业创造需求市场。伴随着投资于s_1的核心企业数量增加,与之配套服务的市场需求也在迅速增长。配套服务企业分布于众多细分市场,为了简单起见,我们将其统一标记为$s_1^{'}$。设b_l为交易社区Ω寻找投资机会的任意交易主体,随着$s_1^{'}$市场的扩大,对应的收益风险指数$R_g(s_1^{'})$将呈现持续下降的趋势。由交易方程可知,交易主体b_l选择投资策略$s_1^{'}$的概率随着收益风险指数的下降而上升:

$$\Pr(s_1^{'}) = 1 - R_g(s_1^{'})\frac{q_l}{p_l}\mu^{n_1^{'}} \quad (15.5.14)$$

在式(15.5.14)中,$n_1^{'}$表示交易社区Ω对策略$s_1^{'}$已经投资的交易主体数量。在其他条件保持不变的情况下,收益风险指数$R_g(s_1^{'})$下降到一定水平后,投资策略$s_1^{'}$将满足交易主体b_l的行动要求:

$$\Pr(s_1^{'}) \geqslant P^* \quad (15.5.15)$$

经过时间的积累,交易社区Ω将会形成以s_1为核心,以$s_1^{'}$为配套服务的产业集聚。在产业集聚内部,核心企业群体规模越大,配套服务就会越完备,产业集聚的运转效率越高,产业集聚对外释放的竞争力也就越强。

15.5.2 产业集聚规模

产业集聚的规模取决于核心企业的数量,而核心企业的均衡数量恰好与交易系统对该产业提供的需求相兼容。在微观层面上,产业内部的企业无法直接获得总需求信息,只能通过收益风险指数估值感受市场供求状况。伴随着核心企业数量的增加,产业集聚的内部竞争变得越来越激烈,每个企业的收益风险指数随之向上攀升,成为阻止新的投资者进入的一道屏障。产业集聚的均衡规模出现在交易主体的投资策略执行概率恰好在临界概率P^*的位置上。假设产业集聚已有的核心企业数量为N_1,b_k为交易社区Ω中没有进入产业集聚的任意主体,对投资策略s_1可能面对的局势H没有明确的倾向性,此时有$p_k = q_k$。根据交易方程,交易主体b_k关于投资策略s_1的执行概率为:

$$\Pr(s_1) = 1 - R_g(s_1)\frac{q_k}{p_k}\mu^{N_1^{'}} \quad (15.5.16)$$

将已知条件代入(15.5.16)得到:

$$\Pr(s_1) = 1 - R_g(s_1)\mu^{N_1^{'}} \quad (15.5.17)$$

由交易主体行动条件可知,当交易主体b_k的执行概率满足如下条件,交易

主体 b_k 才会进行 s_1 的投资,加入核心企业的行列中。

$$\Pr(s_1) = 1 - R_g(s_1)\mu^{N_1'} > P^* \quad (15.5.18)$$

如果概率条件(15.5.18)得到满足,以 s_1 为核心的产业集聚将会继续增长。由式(15.5.18)可知,收益风险指数 $R_g(s_1)$ 需要满足如下条件:

$$R_g(s_1)\mu^{N_1} < 1 - P^* \quad (15.5.19)$$

整理得到:

$$R_g(s_1) < \frac{1-P^*}{\mu^{N_1}} \quad (15.5.20)$$

同理,当收益风险指数满足如下条件,便不再有新的投资者进入,原有核心企业却存在流失的风险。在这种情况下,以 s_1 为核心的产业集聚将会停止扩张,陷入萎缩态势。

$$R_g(s_1) > \frac{1-P^*}{\mu^{N_1}} \quad (15.5.21)$$

结合条件(15.5.20)、(15.5.21)我们可以得到产业集聚的均衡条件。

$$R_g^*(s_1) = \frac{1-P^*}{\mu^{N_1}} \quad (15.5.22)$$

上式中,$R_g^*(s_1)$ 代表产业集聚收益风险指数的均衡值。

在产业集聚过程中,收益风险指数与进入策略 s_1 的主体数量 N_1 有密切的关系。每个市场都存在供求平衡的饱和点,假设 s_1 面对的市场饱和点为 N_1^0,在产业集聚规模没有达到市场饱和点以前,产业集聚规模的扩张必然带动产业内部分工深化,从而降低核心企业的生产成本,增强产业集聚的外部竞争力。当产业集聚规模跨过市场饱和点后,产业内部竞争压力迅速增加,核心企业的预期收益将会下降,收益风险指数增加。

当 $N_1 < N_1^0$ 时,$R_g(s_1)$ 是进入主体数量 N_1 的减函数,满足:

$$\frac{\Delta R_g(s_1)}{\Delta N_1} < 0 \quad (15.5.23)$$

当 $N_1 > N_1^0$ 时,$R_g(s_1)$ 是进入主体数量 N_1 的增函数,即:

$$\frac{\Delta R_g(s_1)}{\Delta N_1} > 0 \quad (15.5.24)$$

由产业集聚均衡条件(15.5.22)可知,产业集聚的均衡规模将会出现在市场饱和点 N_1^0 的右边,即:

$$N_1^* > N_1^0 \quad (15.5.25)$$

根据均衡条件(15.5.23)和收益风险指数的相变关系(15.5.23)、(15.5.24),

我们可以得到产业集聚演化轨迹曲线。

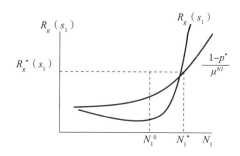

图 15.5.1　产业集聚演化轨迹

图 15.5.1 直观地显示，产业集聚规模 N_1^* 的大小取决于市场饱和点 N_1^0 的具体位置。市场饱和点越高的产业，潜在集聚规模就越大。此外，产业集聚规模还会受到有效生产规模的影响。受到生产技术特点的约束，不同产业的有效生产规模存在较大悬殊。通常情况下，重工业的有效生产规模较大，石油化工、钢铁冶金、汽车制造等产业的有效生产规模普遍较大；轻工制造、服装加工等产业的有效生产规模相对较小。在其他条件不变的情况下，有效生产规模越大，市场饱和点就越低，进入 s_1 的企业数量衡量的产业集聚均衡规模就会越小。

市场饱和点位置受制于两个层次上的需求总量。首先是全域市场总需求规模。很显然，如果交易系统对某个产业的总需求十分有限，在交易网络上的任何区位上，均不可能出现较大规模的产业集聚。其次是局域市场需求规模。由于受到商品流通成本及信息扩散半径的制约，交易系统内的市场会被分割成若干个边缘相邻的局域市场，每个局域市场覆盖的范围均限定在技术条件允许的半径内。在需求密度均匀分布的条件下，市场半径越大，局域市场规模越大。局域市场需求规模对于市场饱和点位置的影响更为直接，局域市场规模越大，市场饱和点位置就越高。

产业集聚均衡点 N_1^* 与市场饱和点 N_1^0 两者间的距离取决于收益风险对集聚规模的敏感度 $\dfrac{\Delta R_g(s_1)}{\Delta N_1}$。收益风险敏感度越大，表明产业集聚内部的收益风险指数对集聚规模越敏感，在跨过市场饱和点 N_1^0 后，收益风险指数会快速上升，与产业集聚行动曲线 $\dfrac{1-p^*}{\mu^{N_1}}$ 交叉，达到集聚规模的均衡状态。在此情景下，产业集聚均衡点 N_1^* 与市场饱和点 N_1^0 的距离很近；相反，收益风险敏感度越小，表明产业集聚的收益风险指数对集聚规模的敏感性越低，产业集聚均衡点 N_1^* 距

离市场饱和点 N_1^0 越远。

产业集聚的收益风险敏感度反映了产业集聚内部的组织协同效率。组织协同效率越高，产业内部通过协同优势对内部竞争成本的抵消作用越明显。相反，产业集聚的内部组织协同效率越低，产业集聚的协同优势能够抵消的内部竞争成本越有限，从而限制产业集聚规模的进一步扩张。我们可以发现，有些区位的产业集聚规模很大，而另一些区位的同类产业集聚规模却十分有限，组织协同效率是造成这种差别的关键成因。

（15.5.22）表明，产业集聚的均衡态具有较高的动态性时。产业集聚的均衡规模高度依赖于交易局势 H 的变化。当交易局势 H 进入持续恶化的通道，产业集聚的收益风险指数 $R_g(s_1)$ 将随之上升，产业集聚呈现逐渐收缩的态势；当交易局势 H 维持不断改善的趋势，产业集聚收益风险指数 $R_g(s_1)$ 将随之下降，产业集聚将吸纳更多的投资者进入，均衡规模继续扩张。

当交易局势对于产业集聚不利时，产业集聚的收益风险指数将沿着上升通道不断攀升，由产业集聚坍陷条件（15.5.21）可知，产业集聚规模将陷入持续萎缩态势，直至整个产业集群完全消散。美国"锈带"地区重工业产业集群由盛到衰的过程便是有力的佐证。美国"锈带"围绕着五大湖展开，包括纽约州西部、宾夕法尼亚州、西弗吉尼亚州、俄亥俄州、伊利诺伊州北部、艾奥瓦州东部和威斯康星州东南部等地区。在 20 世纪 70 年代以前，这片地区曾经是美国制造中心，涵盖了钢铁冶金产业、汽车制造产业及重工业装备制造业等领域，吸引大批企业集聚于此。随着生产成本不断上涨，曾经富有活力的产业集群逐渐丧失了市场竞争力，大量企业或破产倒闭，或搬迁到境外生产成本较低的国家。1984 年，民主党总统候选人沃特尔·蒙代尔（Walter Mondale）称这片衰落的地区为"生锈的饭碗"。在美国环湖制造中心地区，底特律最具代表意义，被誉为美国的"汽车之城"。世界三大汽车公司，通用汽车公司、福特汽车公司和克莱斯勒汽车公司总部全都集聚于此。著名的福克斯影院（Fox Theatre）、美国最大的百货公司哈德逊百货店（Hudson's Department）及底特律"第五大道"伍德沃德大街（Woodward Avenue）都是底特律曾经繁华的象征。由于工业制造产业的衰落，作为美国第二大工业城市的底特律，最终于 2013 年走向破产。

均衡条件（15.5.22）显示，不同规模产业集聚的稳定性存在很大差异。规模越小的产业集聚，收益风险指数均衡值越小，意味着产业集聚稳定性越差，任何微小的外部扰动，都有可能成为阻止产业集聚继续成长发育的障碍。相反，产业集聚规模越大，收益风险指数的均衡值就越大，产业集聚承受外部冲击的韧性也就越强。

均衡条件（15.5.22）中包含了产业集聚的正反馈机制。当交易局势 H 持续保持对产业 s_1 的友好时，收益风险指数 $R_g(s_1)$ 将会呈现持续下降的态势。假设在时间步 t 上，收益风险指数为 $R_g(s_1)_t$，在时间步 $t+1$ 上的收益风险指数为 $R_g(s_1)_{t+1}$。由于交易局势 H 的作用，收益风险指数满足 $R_g(s_1)_{t+1} \leq R_g(s_1)_t$。在其他条件保持不变的情况下，由交易方程可知，交易社区 Ω 将会有更多的交易主体加入 s_1 的投资行列中，先行主体数量由 N_{1t} 增加到 N_{1t+1}，即 $N_{1t+1} > N_{1t}$。

由均衡条件（15.5.22）可得，时间步 t 上产业集聚实现均衡的条件为：

$$R_g^*(s_1)_t = \frac{1-P^*}{\mu^{N_{1t}}} \tag{15.5.26}$$

时间步 $t+1$ 的均衡条件为：

$$R_g^*(s_1)_{t+1} = \frac{1-P^*}{\mu^{N_{1t+1}}} \tag{15.5.27}$$

根据有限理性假设，$0 < \mu < 1$

$$\because N_{1t+1} > N_{1t}$$

$$\therefore \frac{1-P^*}{\mu^{N_{1t}}} < \frac{1-P^*}{\mu^{N_{1t+1}}}$$

$$\therefore R_g^*(s_1)_{t+1} > R_g^*(s_1)_t \tag{15.5.28}$$

式（15.5.28）表明，当交易局势 H 变得更为友好时，关于 s_1 的产业集聚均衡条件更容易满足，产业集聚将进入规模加速扩张进程，一个新生的产业集群将会快速形成。

当交易局势 H 出现不利于 s_1 的情况，意味着收益风险指数 $R_g(s_1)$ 将有所上升，原有的集聚均衡状态被打破，产业集聚规模将陷入收缩态势。假设在时间步 t，收益风险指数为 $R_g(s_1)_t$，在时间步 $t+1$ 上的收益风险指数为 $R_g(s_1)_{t+1}$。由于交易局势 H 的作用，收益风险指数发生变化，满足 $R_g(s_1)_{t+1} \geq R_g(s_1)_t$。如果在时间步 t 产业集聚处于均衡态上，由于局势变化，在时间步 $t+1$ 上产业集聚不再满足均衡条件（15.5.22），进入萎缩过程，示范数量减少，$N_{1t+1} < N_{1t}$。

由产业集聚均衡条件（15.5.22）可知，上述变化将会导致时间步 $t+1$ 的产业集聚均衡条件提高，要求 s_1 有更低的收益风险指数，集聚均衡更加难以实现。

$$R_g^*(s_1)_{t+1} < R_g^*(s_1)_t \tag{15.5.29}$$

由式（15.5.29）推断，关于 s_1 的产业集聚将进入加速萎缩的过程，形成恶性循环态势，从而导致产业集聚迅速走向衰落。

正反馈机制的存在表明，产业集聚过程具有很大的不稳定性，产业集群的兴衰对交易局势的变化高度敏感，容易出现"其兴也勃焉，其亡也忽焉"的快速聚散现象。

15.5.3 关于产业集聚分析的结论

通过对产业集聚过程以及均衡规模的分析，我们可以得到以下四点结论：

1. 产业集聚是交易社区资源禀赋特征与交易局势耦合的结果，只有在耦合强度和持续时间达到一定标准后，产业集聚现象才会在交易社区上涌现。由此表明，产业集聚现象不可能在交易网络上普遍出现，而是呈现点状分布特征，在少数交易社区上涌现；

2. 产业集聚形态总是追随交易局势变化的轨迹，始终处于动态演化的过程中。产业集聚必然经历兴起与衰落的过程。新的产业集聚伴随着新技术的出现而兴起，又会随着新技术的更迭走向衰落。产业集聚的兴衰过程构成了交易系统演化的重要方面；

3. 产业集聚的早期进程十分脆弱，极易受到外部扰动因素的干扰。若政府能够结合地方资源禀赋特征制定并推出产业激励政策，对于产业集聚的加速形成将会发挥非常重要的作用；

4. 产业激励政策不仅需要明确、有力的激励导向，还需要维持足够长的时间，助力产业集聚跨越集聚阈值，使其进入自我强化的良性循环轨道。

注释

1. ［美］罗伯特·J.希勒.非理性繁荣［M］.廖理,译.北京：中国人民大学出版社,2004：172.
2. 董志勇.行为经济学［M］.北京：北京大学出版社,2005：248.
3. 事实上，贪婪成性并非来自动物，而是人类独有的天性。动物从来不需要超过饱食一餐之外的东西，也从来不需要超过生理需求的占有。只有人类，在交易动机的驱使下，才会萌生对财富占有的无限欲望。应当承认，贪婪是人类文明的副产品。人们之所以习惯于将自身不好的东西归于动物，是因为动物不会开口说话，更不会与人类辩解。
4. ［美］艾伦·格林斯潘.动荡的世界［M］.余江,译.北京：中信出版社,2014.
5. ［美］罗伯特·J.希勒.非理性繁荣［M］.廖理,译.北京：中国人民大学出版社,2004：8-9.
6. 同4：52.
7. 同4：230.
8. 随着研究的深入，学者们发现实际情况远比熊彼特假说复杂得多。"前些年，绝大多数研究与开发费用是由大企业承担的。而近10年来，特别是随着'新经济'和网络公司的日益发展，小企业的研究开发经费也迅速增加。员工不足500人的美国小企业，研发投入占全美研发经费的1/5，而最大型的企业不足2/5。研究还表明，小企业在发明创新中占有一定比例。当约翰·朱克斯（John Jewkes）和他的同事追溯20世纪最重要的发明事件时，他们发现，只有不到一半的发明来自大公司实验室。"

［美］保罗·萨缪尔森，［美］威廉·诺德豪斯.经济学[M].18版.萧琛，主译.北京：人民邮电出版社，2008：171.

9. Schultz T W, Investing in poor people: An economist's view[J]. The American Economic Review, 1965, 55(1/2): 510–520.

10. ［美］保罗·萨缪尔森，［美］威廉·诺德豪斯.经济学[M].18版.萧琛，主译.北京：人民邮电出版社，2008：343.

11. 同10：343.

12. 姚开建，梁小民.西方经济学名著导读[M].北京：中国经济出版社，2005：237.

13. 彭刚，黄卫平.发展经济学教程[M].北京：中国人民大学出版社，2018：323.

14. ［美］大卫·R.贾斯特.行为经济学[M].贺京同，高林机，译.北京：机械工业出版社，2021：19.

15. ［美］阿兰·斯密德.制度与行为经济学[M].刘璨，吴水荣，译.北京：中国人民大学出版社，2004：55.

16. 王付有.行为经济学——洞察经济生活中的非理性行为[M].北京：中国工人出版社，2020：61.

17. 1999年，心理学家邓宁和克鲁格发表了《论无法正确认识能力不足如何导致过高自我评价》的论文，揭示了人群中存在的行为规律，即能力越低的人，越容易高估自己，表现出过度自信。类似的表现是，即使能力很强的人，在面对自己陌生的领域，同样容易出现过度自信的现象。人们将这一规律以两个作者名字中开头字母合并起来，命名为"达克效应"。

18. 这种夸大小样本对总体代表性的倾向，被阿莫斯·特沃斯基(Amos Tversky)和丹尼尔·卡尼曼（Daniel Kahneman）戏称为"小数原理"，意指违背大数定律的错误倾向。

19. ［英］阿弗里德·马歇尔.经济学原理[M].廉运杰，译.北京：华夏出版社，2012.

［美］迈克尔·波特.竞争论[M].高登第，李明轩，译.北京：中信出版社，2003.

第十六章
交易环

自强化过程是系统循环的一种基本形式，也是推动系统演化的重要力量。在交易系统中，交易主体间的竞争和优胜劣汰的选择过程便是自强化机制的典型表现。交易环是交易系统不同交易相位间相互关联、相互作用形成的具有自强化特征的反馈机制。交易环之于交易系统，就像台风气旋在气象系统中的作用一样，无疑会对交易系统的运行和演化产生极为重要的影响。

16.1 交易环概念

交易系统中多个交易相位间通过相互作用形成具有自强化特征的反馈机制，称为交易反馈环（feedback loop），简称为交易环。交易环是交易系统运行中的常见现象，最常见的交易环出现在投资市场上。投资需求增加、资产价格上涨、更多交易主体涌进市场多头相位、资产供应商增加供应量、市场成交量放大、更多交易主体涌向多头相位、资产价格进一步上涨，诱导更多潜在投资者入场，便是典型的交易环。反馈机制的循环迭代推动股市行情潮起潮落，变化出令人难以琢磨的市场行情。

正反馈机制不仅主导着股票市场，同样也主导着房地产市场、债券市场、外汇市场和其他的市场。在特定预期背景下，即便是普通的消费市场同样也可能产生交易环现象。当恐慌情绪的幽灵开始在市场上游荡时，距离交易环现象的涌现便已不远。先是价格悄然上涨，一部分敏感性较强的消费者开始扩大购买量，供应商借机涨价，消费者恐慌心理得到市场的初步印证，更多消费者跟进购买。伴随着商品价格进一步上涨，市场恐慌情绪越来越强。于是，消费者开始疯狂抢购，市场迅速陷入一片混乱状态。抢购现象经常会在人们意想不到的时间和地点爆发，对交易系统产生破坏性冲击。

交易环是典型的非线性现象，具有高度动态化特质。在正反馈机制的推动下,无论是交易量,还是交易价格都会出现巨幅震荡。交易环既可以由交易量引导,也可以由价格启动。交易量和交易价格在交易环的运作过程中既可以是同方向变化,即交易量放大,价格上涨;交易量回落,价格下跌;也可以是反方向变化,即交易量放大,价格下跌;交易量萎缩,价格回升。交易环的启动方式可以多种多样,但交易环的运行无不沿着相同的模式殊途同归:交易量首先是放大,然后回落;在价格方面,无论是上行还是下行,都会在交易环的后半程出现价格回归的过程。抛物线轨迹是交易环的基本运行模式。

交易环与级联交易是两种关系密切的交易现象,都能引起交易系统的巨幅涨落,它们是由不同机制生成的现象。首先,交易环是不同相位间的互动响应行为,而级联交易则是同相位交易主体的互动响应;其次,形成交易环的底层逻辑是不同相位主体的利益关联性,这些交易主体通过协同行动获得最大可能收益。而级联交易的底层逻辑则是交易主体决策信息不完备,通过借鉴他人的行为信息以降低决策风险的策略。

交易环和级联交易常常结伴而行。交易环中常常有级联交易的参与,而级联交易也离不开交易环的推波助澜。以房地产市场为例,一方面,当具有较强风险偏好的一部分家庭主体增加房地产投资时,市场平衡关系随即被打破,房价开始上涨;需求相位上的级联现象开始出现。早期投资成功获利家庭具有示范效应,越来越多的家庭主体涌入需求相位,推动房价进一步上涨。另一方面,占据房地产市场供给相位的房地产开发商对需求相位的变动做出响应,增加土地购进量,加大新项目开发力度。在此背景下,开发商的投入力度越大,意味着获得交易机会就越多、收益就越大。紧跟开发商的步伐,地方政府同样会做出响应,增加土地供给量。钢铁公司、玻璃生产商、建材生产商、家电生产商、家具生产商等,交易网络上的众多相位都会参与响应,希望在房地产市场的繁荣中分得一杯羹。这些来自不同行业的供应商对房地产市场行情的响应,又会集中反映在家庭主体的收入上,最终在交易网络上形成众多相位参与的反馈闭环。由此可见,在房地产交易环上,级联交易不仅在交易环生成初期发挥着重要作用,也是交易环运行的动力源泉。

交易环具有自我实现、自我强化的特点。作为交易系统运行中的一种特殊现象,交易环给交易系统注入了极大的不稳定因素。交易环的自我实现特点,来自交易主体的预期同步,一旦交易主体的预期出现同步,交易环就会出现。

美国耶鲁大学经济系教授、2013年经济学诺贝尔奖获得者罗伯特·J.希勒(Robert J. Shiller)在《非理性繁荣》一书中,专门讨论了交易环在金融市场上的形成机制。希勒这样描述:"在反馈环理论中,最初的价格上涨导致了更高的价格水平出现，因为通过投资者需求的增加，最初价格上涨的结果又反馈到了更高的价格中。第二轮的价格上涨又反馈到第三轮，然后反馈到第四轮，依此类推。因此诱发因素的最初作用被放大，产生了远比其本身所能形成的大得多的价格上涨。"他认为金融市场上屡禁不绝的、利用金字塔结构精心策划的骗局是实验室难以复制的受控实验，这种受控实验是交易环存在性的有力佐证。他列举了发生在1920年华尔街的庞氏骗局［骗局策划者为查尔斯·庞齐（Charles Ponzi）］和1996—1997年发生在阿尔巴尼亚的庞氏骗局。[1] "在这种骗局中，骗局制造者'创造'了从当前实现的投资收益到未来投资收益的正向反馈。这些骗局已经被使用多次，虽然政府坚决予以取缔，但仍然继续风行。它们的有趣之处在于，从某种意义上讲，这是一种受控实验（受骗局制造者的控制），他能够证实反馈环的存在，而这无论是在正常的市场状态或心理实验中，都是不易发现的。"他认为，所有市场泡沫现象都有与庞氏骗局相同的形成机理，均是反馈环驱动的放大过程。"即使在整个股市中，操纵者没有捏造虚假的故事故意欺骗投资者，关于股市的神话也随处可见。当价格多次上涨时，就如同在庞氏骗局中一样，投资者会从股市的价格变动中获得回报，还有许多人（股票经纪人和整个共同基金投资人）从讲述股市会进一步上涨这类故事中获利。没有理由表明这些故事具有欺骗性，他们只是强调了正面消息，忽视了负面消息。"希勒认为，交易环是解开市场不规则运动之谜的钥匙："反馈环也可能产生复杂的甚至是明显的随机行为。……股市明显的随机性和突然变动性可能并不是无从解释的。研究非线性反馈环（non-linear feedback loop）的数学分析称为混沌理论，这种理论也许可以用于理解股市行为的复杂性。"[2]

16.2 交易环的典型案例

现实中，交易环的例子十分普遍。例如，粮食价格上涨后，肉、蛋、奶的生产成本都会上涨，最后导致食品类商品价格全面上涨，CPI指数上涨；当CPI涨幅超过一定水平后，工人工资要求相应增加，导致工业制造品的人工成本提高。至此，相位之间的响应还没有建立起反馈闭环。只有到了化肥、农药、种子等农资价格开始加入涨价序列，迫使农民进一步提高价格，反馈交易闭环才得以构建，交易环才算正式启动。

价格交易环一旦启动，就会更快、更有力地推动物价上涨。第一次世界大战后的德国提供了这方面的典型案例。[3] 1918年11月停战的时候，德国的物价已经是战前1914年同期的2.5倍。随后通货膨胀不断加速，到1923年恶性通货膨胀爆发，物价上涨速度进入奔腾模式。以战前物价指数为100计算，通货膨胀率达到最高时，四十种基本商品的价格指数达到了143×10^{12}的天文数字。如果按照正常的比例划出来，这个数柱将高达200万英里。

物价上涨与货币需求之间形成了相互追赶的螺旋效应，以至于钞票印刷厂开足马力也无法满足市场对现钞的需求。1923年10月25日，仅一天的现钞发行量就达到120×10^{15}马克，而当天的需求量是10^{18}，超过供应能力的8倍。物价与货币相互追逐，货币供应量呈现爆炸式增长。与此相对应，德国马克的汇率一落千丈，快速下跌。

表16.2.1　美元对德国马克的汇率[4]

年月	汇率
1914.7	4
1919.1	9
1917.7	14
1920.1	65
1920.7	40
1921.1	65
1921.7	77
1922.1	192
1922.7	493
1923.1	17972
1923.7	353412
1923.8	4620455
1923.9	98860000
1923.10	25260208000
1923.11	4200100000000

在疯狂通胀的背后，是不断自我强化的交易环在推波助澜。物价上涨、增发货币、汇率贬值、市场投机，形成了相互强化、相互推动的交易环。战争是引起物价上涨的最初动因，为了保障战争的需求，资源向军工倾斜。当物价上涨以后，交易系统对货币的需求随之增加，而德国央行为了满足货币需求持续增发货币，反过来进一步助推物价上涨，形成恶性通胀的第一个交易环。

与此同时，第二个交易环也在悄然形成。物价上涨、增发货币，导致马克贬值。当市场对马克贬值形成稳定预期后，投机活动便疯狂上演。人们从银行贷出马克购入美元，待马克贬值后卖出美元，偿还马克贷款获得投机收益。马克贬值越严重，投机收益就越高。这个过程一次次地被迭代复制，规模一次比一次扩大，迫使银行系统快速增加货币供给，进一步集聚本币贬值的压力。

第三个交易环是在工资与物价之间形成的。1923年夏天，在绝望的工人们与工会共同努力下，企业开始采用工资与生活成本指数挂钩机制。这使原本动力强劲的通胀交易环加入了新的力量，通货膨胀的速度进入更疯狂的阶段。

酿成德国奔腾式通货膨胀的交易环结构十分简单，但却能量巨大，最终摧毁了战后的德国经济，也成为再次点燃世界大战的重要诱因。[5]

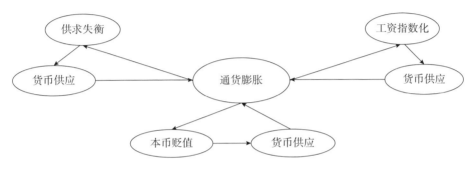

图 16.2.1　奔腾式通货膨胀交易环

交易环具有强大的力量，同时又十分脆弱。在交易环中，一旦某个环节受阻，整个交易环将会降低动能，直至停止运行。以德国通货膨胀交易环为例，动能强大的交易环由物价上涨、增发货币、汇率贬值、市场投机四个环节构成。只要其中的任何一个环节受到阻滞，交易环的动能就会减弱。当时德国政府如果能够及时限制货币增发或重拳打击市场投机行为，物价上涨的势头就会有所减弱。

2007年美国次贷危机是又一个显示交易环强大威力的案例。2007年3月13日，美国抵押银行协会公布，2006年第四季度次级抵押贷款违约率由第三季度的12.56%上升至13.33%，为四年来的新高，借款人丧失抵押品赎回权的比例创下历史最高纪录。该消息一公布，道琼斯30种工业平均价格指数应声下跌242.66点，全球股市随之大幅下挫。这是引发金融海啸的先声。4月4日，美国第二大次级抵押贷款机构——新世纪金融公司申请破产保护，次贷危机正式拉开帷幕。

随后的三个多月，美国30多家次级抵押贷款公司相继停业或者倒闭，多家投资次级债券的对冲基金损失惨重。凡是与次级贷款证券化业务相关的金融机构，资产负债表均遭到重创。8月6日，美国房屋抵押贷款投资公司因贷款质量迅速恶化，申请破产保护。此时，危机冲击波开始超出美国国界，在欧洲、亚洲和澳洲释放破坏能量。7月30日，德国产业银行出现融资困难；8月9日，法国第一大银行巴黎银行宣布旗下的三只投资基金冻结，停止申购和赎回；德国联合投资管理公司和法兰克福信托公司也停止基金赎回；荷兰NIBC银行因美国次贷危机蒙受1.37亿欧元损失，欧洲金融市场交易清淡，出现短期流动性危机。

2008年1月，金融机构先后公布2007年第四季度经营业绩，各大金融机构巨额亏损进一步将危机推向更深的地步。花旗集团亏损98.3亿美元；美林证券亏损98亿美元；华盛顿互惠银行亏损18.7美元。1月21—22日，全球股市普遍下跌，亚太股市跌幅超过3%，欧洲股市跌幅超过5%。

2月27日，房利美公布2007年第四季度亏损35.5亿美元；28日，房利美公布第四季度亏损24.5亿美元。受此影响，美国房屋抵押贷款机构的股价进一步大幅缩水。3月16日，贝尔斯登由于无法解决流动危机，被摩根大通宣布收购。

7月上旬，美国住房抵押贷款机构Indymac Bank出现严重挤兑现象。9月15日，由于次贷业务损失严重，在出售股权计划未能成功的情况下，Indymac Bank被迫申请破产保护。同日，美林公司被美洲银行收购。全球金融市场出现恐慌性下挫，美国股市开市急跌300点；亚太股市、欧洲股市下跌超过3%。

9月份，美国国际集团遇到严重流动性困难，被迫向财政部寻求救助。至此，发端于次级贷款市场的金融危机最终演化成波及全球的金融海啸。

从国际金融危机的整个过程来看，金融危机产生了四个大当量、相互纠缠、相互强化的复合交易环，分别是房地产市场、投资机构之间形成的交易环，投资机构、货币市场之间形成的交易环，投资机构、股票市场之间形成的交易环以及房地产市场、投资机构、货币市场、股票市场之间形成的交易环。其中，房地产市场与投资机构之间的交易环属于触发环，房地产市场、投资机构、货币市场、股票市场是最大的交易子环。由四个交易子环构成的复合交易环具有非常高的响应强度，释放出巨大的能量冲击波。这就是为什么只有1 000多亿美元的mini市场，却能够产生出破坏力巨大的金融危机来的根本原因。

信息传播和预期扩散在交易环的形成过程中发挥着重要作用。当美国股票市场出现大跌或者大涨的时候，欧洲的股市就会紧随其后发生同方向的变动；反过来，欧洲股票市场的变动又会传导到美国股市上，两者间的响应机制并非建立在资金往来和跨市场套利基础上，而是通过信息相互影响。

交易环是一种涵盖广泛的互动模式。交易环的本质是交易主体间特殊的反应样态，交易系统中主体间关联是交易环涌现的基础，交易系统越紧致，出现交易环的概率就越大。

16.3 交易环的运作机制

交易环的运作机制包含两种类型，分别是交易联动机制和交易示范机制。交易联动机制属于直接作用的范畴，而交易示范机制则属于间接作用的范畴。这两种机制相辅相成，形成了交易环冲击力强大、富于动态变化的特点。

16.3.1 交易联动机制

所谓交易联动机制是指交易链上处于上、下交易相位间的交易响应行为。交易环的存在依赖于交易网络多维度关联的拓扑结构，交易主体通过四通八达的交易联络关系，既接受来自其他交易主体的影响，又将自己的影响通过网络结构向外传播。交易环上的相邻相位，通常存在密切的交易链接。以房地产交易环为例，家庭主体的交易行为直接传导给房地产开发商，开发商的交易行为又会传导给土地供应者和建材供应商。只有后继相位上的交易主体对前序相位有所响应，交易才会达成。交易环正是通过相位间的交易联动形成的。房地产交易环的联动结构图如下：

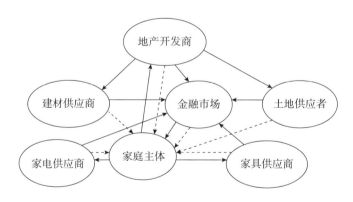

图 16.3.1 房地产交易环联动结构图

在图 16.3.1 中，实线代表正向交易方向，即交易资金流向，包括购买商品的资金流向、融资利息和股权红利资金流向；虚线代表工资薪酬流向，是雇佣关系的体现。可以看出，交易联动机制规定了交易环的基本架构。

16.3.2 交易示范机制

交易网络不仅是交易流的载体，也是信息传播的载体。交易主体在先验判断的基础上，需要借助观察其他交易主体的行为获取补充信息，借此对先验判断进行印证或修改。交易示范机制正是通过信息渠道对交易主体的决策产生影响，并由此形成级联交易行为。

交易示范是激活级联交易的关键步骤。我们不妨用交易方程证明这个结论。设 a 是交易环上相位 i 的任意主体，实施交易环上的交易策略 s 的概率为 $\Pr(s)$，由交易方程可知：

$$\Pr(s) = 1 - R_g \frac{q}{p} \mu^n \qquad (16.3.1)$$

交易方程表明，在交易策略的收益风险指数 R_g 及交易主体的疑虑指数 $\frac{q}{p}$ 保持不变的条件下，随着同相位交易主体示范数量 n 的增加，风险过滤效应迅速强化，处于交易环中的交易主体实施策略 s 的概率将随之增长，一旦突破决策门槛，相位内的级联交易就被激活。级联交易是交易环的重要组成部分，级联交易的激活为交易环增添了强大的动力。

概括地讲，在交易环的两种运作机制中，交易联动机制构造了交易环的结构；交易示范机制为交易环提供了动力。两种运作机制各自拥有不同的作用载体。交易联动机制的载体是交易流，交易环上的不同相位通过交易流的联系完成协同响应过程；交易示范机制的载体是信息流，通过信息在交易主体之间的传播实现间接作用。与交易联动机制相比，交易示范机制借助信息传播，传播速度更快。在恐慌情绪蔓延的时候，交易示范机制由于高效的传播能力，常常成为决定交易环走向的力量。

16.4 交易环的描述

交易环有两个主要维度，分别是结构和规模。其中，交易环的结构用阶次描述，交易环的规模用当量描述。

16.4.1 交易环的阶次

交易网络上存在大大小小的交易环，如房地产交易环、股票市场交易环、收藏市场交易环等。对比这些交易环，除了交易基上的差异外，体现交易环特征的重要指标是构成交易环的相位数量。交易环构成相位数量越多，相位的相互作用及反馈机制就越复杂。譬如房地产交易环，构成相位就比较多，与股票交易环和收藏市场交易环相比，房地产交易环所涉及的行业更多，市场运行也更加诡异。基于此，我们将构成交易环的相位总数称为交易环的阶次。从理论上讲，交易环的阶次可以无限多，但在通常情况下，交易环的阶次大多只有个位数，超过 10 阶的交易环已经比较少见。我们把阶次较低的交易环称为低阶交易环，阶次较高的交易环称为高阶交易环。

交易系统中能够生成的交易环阶次与交易系统规模存在十分紧密的关系。一般来讲，交易系统规模越大，越容易产生高阶交易环；交易系统规模越小，涌现高阶交易环的概率越低。

16.4.2 交易环当量

交易环当量是指在单位时间步上，交易环实现的交易总量，即交易环上的所有交易主体以交易环的交易基为标的交易总量。为了避免重复计算，计算交易环当量时，只计算每个相位上的逆向交易额。

影响交易环当量的重要因素主要有两个方面：一是交易环的阶次。交易环的阶次越高，意味着交易环的参与主体数量和交易基规模越大，产生的交易量就越多；二是交易基的单位价值量。不同交易基的价值量有很大差别，一套房产、一辆汽车、一台洗衣机、一件服装等，都可以是交易基的构成，但它们的价值量相差巨大。房产通常以百万元人民币为单位；汽车通常以十万元人民币为单位；洗衣机通常以千元人民币为单位，服装通常以百元人民币为单位等。由此可见，交易基构成不同，交易环可能产生的交易当量会有巨大的差距。

真正决定交易环当量大小的因素是交易环的参与主体数量，即交易环容量。一个容量巨大的交易环，即使由低价值交易基支撑，也能产生大当量交易。在这方面，旅游交易环就是一个很好的例证。尽管旅游交易环仅仅是由交通运输、酒店住宿、餐饮、景点门票等少数交易相位构成，交易基的价值量并不算高，但由于交易环的容量巨大，旅游交易环的当量依然非常可观。

交易环当量是时间的函数，随着时间步 t 做起伏跌宕的变化。若用 x_t^i 表示 m 阶交易环的第 i 个相位在时间步 t 上的交易量，用 X_t 表示交易环在时间步 t 上实现的交易当量，两者有如下关系：

$$X_i = \sum_{1}^{m} x_t^i \qquad (16.4.1)$$

16.4.3 交易环当量方程

交易环是在两种基本作用机制的推动下运行的，分别是相位内的自反馈机制和相位间的正反馈机制。两种反馈机制的叠加，决定了交易环的走向。基于上述逻辑，我们构建交易环的当量方程。

设 x_t^i 为交易环第 i 个相位在时间步 t 上实现的交易当量。根据交易环的运行原理，交易当量 x_t^i 是来自两个不同反馈机制的结果：一部分来自相位内的自反馈，这部分当量为 $\alpha_i x_{t-1}^i$，其中，α_i 为相位 i 的内反馈因子，满足 $\alpha_i \geq 0$ 条件。相位的自反馈强度越高，α_i 取值越大。另一部分当量来自相位间的反馈，其中相位 i 对相位 j 的反馈当量为 $\beta_{ij} x_{t-1}^j$，β_{ij} 为相位 i 对相位 j 的外反馈因子。每个相位有一个内反馈因子，有 $m-1$ 个外反馈因子。事实上，交易环上的相位只对特定的相位产生反馈，而对其他相位不做反馈。对于存在反馈响应的相位，外反馈因子取大于零的值，即 $\beta_{ij} > 0$；对于没有反馈响应的相位，$\beta_{ij} = 0$。

交易环相位 i 在时间步 t 上的交易当量满足如下方程：

$$x_t^i = \alpha_i x_{t-1}^i + \sum_{\substack{j=1 \\ j \neq i}}^{m} \beta_{ij} x_{t-1}^j \qquad (16.4.2)$$

交易环的反馈因子是交易环的重要结构参数，决定了交易环的动态演化特征。但是，反馈因子在交易环的运作过程中不断变化，从而导致交易环拥有更加复杂多变的运行特点。为了简化起见，我们在随后的讨论中，总是假定交易环的反馈因子是不变的常量。

交易环作为交易系统中的特殊交易现象，必然与交易系统的性质关系密切。理论上讲，交易系统紧致度越高，交易环的反馈因子越大，即交易系统紧致度 φ 与交易环的反馈因子 α、β 具有正相关关系。在交易系统的演化进程中，伴随着交易系统日趋紧致化，交易环涌现的概率持续增大。交易环反馈因子 α、β 与系统紧致度 φ 的这种关系属于函数范畴，为了反映这种关系，反馈因子 α、β 可以分别表示为 $\alpha(\varphi)$、$\beta(\varphi)$。

在交易网络上，每个相位的容量是有限的，每个相位能够产生的最大交易当量也是有限的。一旦达到它的交易当量上限，该交易相位就会失去响应的能力，不会继续生成新的交易。在股票市场上，多头相位一旦耗尽全部资金存量，便不可能继续做多头交易。空头相位的情况也一样，同样存在做空上限。尽管在融资、融券机制的支持下，交易相位会有更大的冗余空间，但依然存在最大交易上限。

交易网络上的相位是开放的，交易主体对相位的选择有一定的弹性，会根据交易局势的特点决定进入哪个相位，由此带来交易相位容量的改变。相位的交易上限 M^i_t 是相位容量的函数，相位容量的变化必然引起相位上限的变动。在股票市场上，当市场行情看涨时，就会有大量投资者涌入多头相位上，进而推高多头相位的交易上限；当市场行情看跌时，情况又会反过来，投资者会涌入空头相位上，增加空头相位的交易上限。

每个相位的剩余交易资源随着时间的延续而变化。交易相位 i 在时间步 t 上的剩余交易资源是由上限 M^i_t 与以前各个时间步的交易量共同决定的。前期的交易量越大，意味着交易相位 i 消耗交易资源越多，剩余交易资源越少。当然，由于交易相位的容量是动态变化的，交易相位的剩余交易资源并非总是随时间 t 的增加而减少，而是呈现更为复杂的变化形态。

精确计算每个交易相位的剩余交易资源比较复杂，我们可以用因子 $1-\dfrac{x^i_{t-1}}{M^i_{t-1}}$ 近似地反映相位剩余交易资源的比例。前期交易当量 x^i_{t-1} 越接近交易上限 M^i_{t-1}，因子 $1-\dfrac{x^i_{t-1}}{M^i_{t-1}}$ 取值就越接近 0；如果前期交易当量 x^i_{t-1} 距离交易上限 M^i_{t-1} 有很大的距离，因子 $1-\dfrac{x^i_{t-1}}{M^i_{t-1}}$ 就会取值小于 1 的正数；如果前期交易当量 $x^i_{t-1}=0$，因子 $1-\dfrac{x^i_{t-1}}{M^i_{t-1}}=1$。在交易环的运作中，$1-\dfrac{x^i_{t-1}}{M^i_{t-1}}$ 相当于阻尼因子的角色。交易当量 x^i_t 越靠近交易上限 M^i_t，阻尼因子对交易环产生的阻力就越大，直至交易环完全停止运行。

我们将上述因素整合进入（16.4.2）中可以得到更为全面的相位反馈方程：

$$x^i_t = \left(\alpha_i(\varphi) x^i_{t-1} + \sum_{\substack{j=1 \\ j \neq i}}^{m} \beta_{ij}(\varphi) x^j_{t-1} \right)\left(1-\dfrac{x^i_{t-1}}{M^i_{t-1}}\right) \qquad (16.4.3)$$

由于相位 i 是 m 阶交易环上任意相位，交易环的运作过程可以由 m 个当量方程构成的方程组给予描述：

$$x^i_t = \left(\alpha_i(\varphi) x^i_{t-1} + \sum_{\substack{j=1 \\ j \neq i}}^{m} \beta_{ij}(\varphi) x^j_{t-1} \right)\left(1-\dfrac{x^i_{t-1}}{M^i_{t-1}}\right), \quad i,j=1,2\cdots m$$

$$\alpha_i(\varphi) \geqslant 0$$
$$\beta_{ij}(\varphi) \geqslant 0$$
$$(16.4.4)$$

（16.4.4）是我们用于描述交易环的当量方程。

m 阶交易环，当量方程是由 m 个非线性差分方程构成。当 $m=1$ 时，交易环方程退化为逻辑斯蒂映射：

$$X_t = \alpha(\varphi) X_{t-1} \left(1 - \frac{X_{t-1}}{M_{t-1}}\right) \quad (16.4.5)$$

由此可见，我们可以将交易环方程看作是高维逻辑斯蒂映射（Logistic Mapping）。[6] 学术界对于逻辑斯蒂映射（或逻辑斯蒂方程）有比较深入的研究。逻辑斯蒂映射具有非常复杂的特性，既包含稳定状态，也包含非稳定状态，还存在倍周期分岔现象和混沌现象。毫无疑问，高维交易环当量方程将更为复杂，意味着当量方程所描述的交易环可能产生极为复杂的交易现象，是交易系统非线性特质的重要来源。

16.5 交易环的稳定性

对于 m 阶交易环当量方程：

$$x^i_t = \left(\alpha_i(\varphi) x^i_{t-1} + \sum_{\substack{j=1 \\ j \neq i}}^{m} \beta_{ij}(\varphi) x^j_{t-1}\right)\left(1 - \frac{x^i_{t-1}}{M^i_{t-1}}\right), \quad i,j = 1,2\cdots m$$

$$\alpha_i(\varphi) \geq 0$$
$$\beta_{ij}(\varphi) \geq 0 \quad (16.5.1)$$

在定态点 $X_f = \begin{pmatrix} x^1_f \\ x^2_f \\ \vdots \\ x^m_f \end{pmatrix}$ 上满足如下关系：

$$x^i_f = \left(\alpha_i x^i_f + \sum_{\substack{j=1 \\ j \neq i}}^{m} \beta_{ij} x^j_f\right)\left(1 - \frac{x^i_f}{M^i_f}\right)$$

$$i,j = 1,2\cdots m \quad (16.5.2)$$

整理上式得到：

$$\left[\alpha_i(\varphi)\left(1 - \frac{x^i_f}{M_i}\right) - 1\right] x^i_f - \left(\alpha_i(\varphi) x^i_f + \sum_{\substack{j=1 \\ j \neq i}}^{m} \beta_{ij}(\varphi) x^j_f\right)\left(1 - \frac{x^i_f}{M^i_f}\right) = 0, \quad i,j = 1,2\cdots m$$

$$(16.5.3)$$

由式（16.5.3）可以得到交易环的定态解，其中，$X_t = \begin{pmatrix} x^1_t \\ x^2_t \\ \vdots \\ x^m_t \end{pmatrix} = 0$ 为交易环的一个定态解。该定态对应交易环启动前的状态，是所有交易环共同拥有的定态，称为交易环的平凡定态。在平凡定态之外，交易环的定态解称为非平凡定态。

设 $X_f = \begin{pmatrix} x^1_f \\ x^2_f \\ \vdots \\ x^m_f \end{pmatrix}$ 为交易环的任意定态解，既可以是平凡定态，也可以是非平凡定态。根据李雅普诺夫第一方法，我们分析交易环在定态解临域内的稳定性特征。

在任意定态解 $X_f = \begin{pmatrix} x^1_f \\ x^2_f \\ \vdots \\ x^m_f \end{pmatrix}$ 的临域上，交易环的当量方程可以线性化为如下方程组：

$$\begin{pmatrix} x^1_t \\ x^2_t \\ \vdots \\ x^m_t \end{pmatrix} = \begin{pmatrix} a_{11} & a_{12} & \cdots & a_{1m} \\ a_{21} & a_{22} & \cdots & a_{2m} \\ \cdots & \cdots & \cdots & \cdots \\ a_{m1} & a_{m2} & \cdots & a_{mm} \end{pmatrix} \begin{pmatrix} x^1_{t-1} \\ x^2_{t-1} \\ \vdots \\ x^m_{t-1} \end{pmatrix} \quad (16.5.4)$$

上述线性方程的系数矩阵为雅克比矩阵（Jacobian），即：

$$a_{ij} = \frac{\partial F_i}{\partial x^j_t}\bigg|_{X_f} \quad (16.5.5)$$

其中，$F_i\left(x^1_t, x^2_t \cdots x^m_t\right) = \left(\alpha_i(\varphi)x^i_t + \sum \beta_{ij}(\varphi)x^j_t\right)\left(1 - \frac{x^i_t}{M^i_{t-1}}\right)$

由式（16.5.5）求得：

$$a_{ij}(\varphi) = \beta_{ij}(\varphi)\left(1 - \frac{x^i_f}{M^i_f}\right), \quad \begin{matrix} i,j = 1,2\cdots m \\ i \neq j \end{matrix} \quad (16.5.6)$$

$$a_{ii} = \left[\alpha_i(\varphi)\left(1 + x^i_f\right) + \sum_{\substack{j=1 \\ j \neq i}}^{m} \beta_{ij}(\varphi)x^j_f\right]\left(1 - \frac{x^i_f}{M^i_f}\right) \quad (16.5.7)$$

由式（16.5.6）、（16.5.7）可以导出交易环的特征方程：

$$\begin{pmatrix} a_{11}-\lambda & a_{12} & \cdots & a_{1m} \\ a_{21} & a_{22}-\lambda & \cdots & a_{2m} \\ \cdots & \cdots & \cdots & \cdots \\ a_{m1} & a_{m2} & \cdots & a_{mm}-\lambda \end{pmatrix} = 0 \qquad (16.5.8)$$

将式（16.5.8）展开得到如下 m 阶多项式方程：

$$a_0\lambda^m + a_1\lambda^{m-1} + \cdots + a_{m-1}\lambda + a_m = 0 \qquad (16.5.9)$$

由式（16.5.9）得到罗斯（Routh）—霍维兹（Hurwitz）行列式：

$$\Delta_1 = a_1$$

$$\Delta_2 = \begin{vmatrix} a_1 & a_0 \\ a_3 & a_2 \end{vmatrix}$$

$$\Delta_3 = \begin{vmatrix} a_1 & a_0 & 0 \\ a_3 & a_2 & a_1 \\ a_5 & a_4 & a_3 \end{vmatrix}$$

$$\Delta_4 = \begin{vmatrix} a_1 & a_0 & 0 & 0 \\ a_3 & a_2 & a_1 & 0 \\ a_5 & a_4 & a_3 & a_2 \\ a_7 & a_6 & a_5 & a_4 \end{vmatrix}$$

……

$$\Delta_m = \begin{vmatrix} a_1 & a_0 & 0 & \cdots & 0 \\ a_3 & a_2 & a_1 & \cdots & 0 \\ a_5 & a_4 & a_3 & \cdots & 0 \\ \cdots & \cdots & \cdots & \cdots & \cdots \\ a_{2m-1} & a_{2m-2} & a_{2m-3} & \cdots & a_m \end{vmatrix}$$

根据罗斯（Routh）—霍维兹（Hurwitz）判据，当满足 $a_0 > 0$，$\Delta_i > 0$，$i = 1, 2 \cdots m$ 条件时，交易环当量方程的定态解具有稳定性。否则，定态解不稳定。

当量方程定态解稳定，意味着交易环在有限空间内做有界演化。随着时间 t 的增加，交易环始终处于一定当量范围内运行。由罗斯（Routh）—霍维兹（Hurwitz）判据可以看出，交易环的稳定条件十分严苛，大部分情况下的交易环无法满足稳定条件。

为了更为深入分析交易环的稳定性，我们选取最简单的二阶交易环作为分析样本。

令 $m = 2$，交易环当量方程组如下：

$$x^1{}_t = \left(\alpha_1(\varphi)x^1{}_{t-1} + \beta_{12}(\varphi)x^2{}_{t-1}\right)\left(1 - \frac{x^1{}_{t-1}}{M^1{}_{t-1}}\right) \quad (16.5.10)$$

$$x^2{}_t = \left(\alpha_2(\varphi)x^2{}_{t-1} + \beta_{21}(\varphi)x^1{}_{t-1}\right)\left(1 - \frac{x^2{}_{t-1}}{M^2{}_{t-1}}\right) \quad (16.5.11)$$

方程（16.5.10）、（16.5.11）对应的雅克比矩阵为：

$$J = \begin{bmatrix} \alpha_1(\varphi)\left(1 - \frac{x^1{}_f}{M^1{}_f}\right) - \left(\alpha_1(\varphi)x^1{}_f + \beta_{12}(\varphi)x^2{}_f\right)\frac{1}{M^1{}_f} & \beta_{12}(\varphi)\left(1 - \frac{x^1{}_f}{M^1{}_f}\right) \\ \beta_{21}(\varphi)\left(1 - \frac{x^2{}_f}{M^2{}_f}\right) & \alpha_2(\varphi)\left(1 - \frac{x^2}{M^2{}_f}\right) - \left(\alpha_2(\varphi)x^2{}_f + \beta_{21}(\varphi)x^1{}_f\right)\frac{1}{M^2{}_f} \end{bmatrix}$$

$$(16.5.12)$$

由此得到当量方程的特征方程：

$$\begin{bmatrix} \alpha_1(\varphi)\left(1 - \frac{x^1{}_f}{M^1{}_{f1}}\right) - \left(\alpha(\varphi)_1 x^1{}_f + \beta_{12}(\varphi)x^2{}_f\right)\frac{1}{M^1{}_f} - \lambda & \beta_{12}(\varphi)\left(1 - \frac{x^1{}_f}{M^1{}_f}\right) \\ \beta_{21}(\varphi)\left(1 - \frac{x^2{}_f}{M^2{}_f}\right) & \alpha_2(\varphi)\left(1 - \frac{x^2}{M^2{}_f}\right) - \left(\alpha_2(\varphi)x^2{}_f + \beta_{21}(\varphi)x^1{}_f\right)\frac{1}{M^2{}_f} - \lambda \end{bmatrix} = 0$$

$$(16.5.13)$$

展开（16.5.13）左侧行列式得到特征方程：

$$\left(\alpha_1(\varphi) - 2\frac{\alpha_1(\varphi)}{M^1{}_f}x^1{}_f - \frac{\beta_{12}(\varphi)}{M^1{}_f}x^2{}_f - \lambda\right)\left(\alpha_2(\varphi) - 2\frac{\alpha_2(\varphi)}{M^2{}_f}x^2{}_f - \frac{\beta_{21}(\varphi)}{M^2{}_f}x^1{}_f - \lambda\right)$$
$$- \beta_{12}(\varphi)\beta_{21}(\varphi)\left(1 - \frac{x^1{}_f}{M^1{}_f}\right)\left(1 - \frac{x^2{}_f}{M^2{}_f}\right) = 0$$

$$(16.5.14)$$

对（16.5.14）整理得到：

$$\lambda^2 - \lambda\left[(\alpha_1(\varphi) + \alpha_2(\varphi)) - 2\left(\frac{\alpha_1(\varphi)}{M^1{}_f}x^1{}_f + \frac{\alpha_2(\varphi)}{M^2{}_f}x^2{}_f\right) - \frac{\beta_{12}(\varphi)}{M^1{}_f}x^2{}_f - \frac{\beta_{21}(\varphi)}{M^2{}_f}x^1{}_f\right] +$$
$$\left(\alpha_1(\varphi) - 2\frac{\alpha_1(\varphi)}{M^1{}_f}x^1{}_f - \frac{\beta_{12}(\varphi)}{M^1{}_f}x^2{}_f\right)\left(\alpha_2(\varphi) - 2\frac{x^2{}_f}{M^2{}_f} - \frac{\beta_{21}(\varphi)}{M^2{}_f}x^1{}_f\right)$$
$$- \beta_{12}(\varphi)\beta_{21}(\varphi)\left(1 - \frac{x^1{}_f}{M^1{}_f}\right)\left(1 - \frac{x^2{}_f}{M^2{}_f}\right) = 0$$

$$(16.5.15)$$

已知二次方程一般解有如下形式：

$$\lambda_1 = \frac{T + \sqrt{T^2 - 4\Delta}}{2}$$

（16.5.16）

$$\lambda_2 = \frac{T - \sqrt{T^2 - 4\Delta}}{2}$$

（16.5.17）

其中，（16.5.16）、（16.5.17）中两个参数取值如下：

$$T = \alpha_1(\varphi) + \alpha_2(\varphi) - 2\left(\frac{\alpha_1(\varphi)}{M^1_f}x^1_f + \frac{\alpha_2(\varphi)}{M^2_f}\right) - \frac{\beta_{12}(\varphi)}{M^1_f}x^2_f - \frac{\beta_{21}(\varphi)}{M^2_f}x^1_f$$

$$= \frac{\alpha_1(\varphi)M^1_f - 2\alpha_1(\varphi)x^1_f - \beta_{12}(\varphi)x^2_f}{M^1_f} + \frac{\alpha_2(\varphi)M^2_f - 2\alpha_2(\varphi)x^2_f - \beta_{21}(\varphi)x^1_f}{M^2_f}$$

（16.5.18）

$$\Delta = \left(\alpha_1(\varphi) - 2\frac{\alpha_1(\varphi)}{M^1_f}x^1_f - \frac{\beta_{12}(\varphi)}{M^1_f}x^2_f\right)\left(\alpha_2(\varphi) - 2\frac{x^2_f}{M^2_f} - \frac{\beta_{21}(\varphi)}{M^2_f}x^1_f\right)$$

$$- \beta_{12}(\varphi)\beta_{21}(\varphi)\left(1 - \frac{x^1_f}{M^1_f}\right)\left(1 - \frac{x^2_f}{M^2_f}\right)$$

（16.5.19）

$$T^2 - 4\Delta = \left(\frac{\alpha_1(\varphi)M^1_f - 2\alpha_1(\varphi)x^1_f - \beta_{12}(\varphi)x^2_f}{M^1_f} - \frac{\alpha_2(\varphi)M^2_f - 2\alpha_2(\varphi)x^2_f - \beta_{21}(\varphi)x^1_f}{M^2_f}\right)^2$$

$$+ 4\beta_{12}(\varphi)\beta_{21}(\varphi)\left(1 - \frac{x^1_f}{M^1_f}\right)\left(1 - \frac{x^2_f}{M^2_f}\right)$$

（16.5.20）

$$\because \beta_{12}(\varphi) \geq 0, \quad \beta_{21}(\varphi) \geq 0, \quad 1 - \frac{x^1_f}{M^1_f} \geq 0, \quad 1 - \frac{x^2_f}{M^2_f} \geq 0$$

$$\therefore T^2 - 4\Delta \geq 0$$

由此可知，交易环当量方程的两个特征根均为实数。二阶交易环当量方程有如下通解：

$$x^1_t = c_{11}e^{\lambda_1 t} + c_{12}e^{\lambda_2 t}$$
$$x^2_t = c_{21}e^{\lambda_1 t} + c_{22}e^{\lambda_2 t}$$

（16.5.21）

通解（16.5.21）中的四个参数 $c_{ij} \geq 0$，由交易环当量方程的初始值决定。

交易环的稳定性可以通过通解（16.5.21）判定。根据通解（16.5.21）的形式，只有当两个特征根 λ_1、λ_2 均小于 0 时，交易环的解才为有界解，交易环才会表现出稳定特性。当两个特征根 λ_1、λ_2 中至少有一个大于 0 时，交易环的解将会呈现发散特性，预示着交易环将最终进入非稳定状态。根据上述逻辑，我们对交易环当量方程参数与交易环稳定性的关系做进一步深入的分析。

（1）当 $\Delta>0$ 时，特征根 λ_1、λ_2 的符号取决于 T。当 $T>0$ 时，特征根 λ_1、λ_2 均为正实数，即有 $\lambda_1>0$、$\lambda_2>0$。此时的交易环具有不稳定性。随着时间 t 的增大，交易当量 X_t 将趋无穷大。

对于二阶交易环，如果反馈结构满足如下条件：

$$\frac{\alpha_1(\varphi)}{\beta_{12}(\varphi)} > \frac{x^2_f}{M^1_f - 2x^1_f}, \quad \frac{\alpha_2(\varphi)}{\beta_{21}(\varphi)} > \frac{x^1_f}{M^2_f - 2x^2_f} \quad (16.5.22)$$

交易环特征根方程满足 $T>0$。

根据反馈条件（16.5.22）可知，当交易环内反馈因子大于外反馈因子，交易环将呈现出不稳定特征。由此表明，交易环的稳定性取决于交易环的反馈结构特征。

当 $T<0$ 时，特征根 λ_1、λ_2 均为负实数，即有 $\lambda_1<0$、$\lambda_2<0$，交易环呈现渐进稳定特征。随着时间 t 的延续，交易环必然向 0 当量收敛，最终消失。

当交易环反馈结构满足如下条件：

$$\frac{\alpha_1(\varphi)}{\beta_{12}(\varphi)} < \frac{x^2_f}{M^1_f - 2x^1_f}, \quad \frac{\alpha_2(\varphi)}{\beta_{21}(\varphi)} < \frac{x^1_f}{M^2_f - 2x^2_f} \quad (16.5.23)$$

交易环将满足 $T<0$，呈现渐进稳定特性。此类交易环反馈特点是外反馈主导，内反馈机制处于相位弱势地位。

综合上述分析，可以得出结论：交易环同相位主体的级联交易是导致交易当量持续放大的关键因素。容易出现级联现象的交易环，具有不稳定的演化倾向。从演化的角度看，在没有出现级联交易或羊群效应的早期阶段，交易环通常处于平稳运行状态，交易当量变化比较缓慢。一旦涌现出级联交易现象，交易环当量将会呈现爆炸态势，迅速进入失控局面。

（2）当 $\Delta \leqslant 0$ 时，交易环的稳定性与 T 的符号无关。无论 T 是正或是负，交易环均呈现出鞍点特性，即在一个方向上收敛，在另一个方向上发散。具体到交易环的两个相位上，其中一个相位运行平稳，而另一个相位不平稳。若相位 1 具有稳定特性，相位 2 必然不稳定。此时，交易环具有如下反馈结构：

$$0<\alpha_1(\varphi)<\alpha_2(\varphi), \quad 0<\beta_{12}(\varphi)<\beta_{21}(\varphi) \quad (16.5.24)$$

此类交易环的反馈特点是两个相位的反馈强度不对称，其中一个相位的内外反馈因子均大于另外一个相位的两个反馈因子。

（3）当 $T=0$ 时，受到二阶交易环的性质约束，要求结构参数满足 $T^2-4\Delta \geqslant 0$。在此约束下，Δ 只能取非正值，即 $\Delta \leqslant 0$。此时交易环的两个特征根为符号相反的实数，即 $\lambda_1\lambda_2 < 0$。由前面的分析可知，这样的交易环将同样呈现鞍点特征。

由于二阶交易环的特殊性，排除了特征根 λ_1、λ_2 为复数的可能性。但这种情况仅仅是二阶交易环的特例，对于三阶以上的交易环，完全有可能存在特征根为复数的情况。当交易环存在复数特征根时，交易环将呈现震荡运行态势。在满足一定条件时，交易环在相位空间上的运行轨迹可能呈现极限环的样态。

16.6 交易环分岔现象

在二阶交易环当量方程组（16.5.10）、（16.5.11）中，共有4个结构参数，分别是两个内反馈因子 α_1 和 α_2、两个外反馈因子 β_{12} 和 β_{21}，它们共同决定了交易环的运行形态。在结构参数的取值范围内，存在一些敏感点。在这些点上只要结构参数稍有变化，交易环的形态就会发生突变，或由稳定态转变为不稳定态，或由不稳定态转变为稳定态。这些敏感点就是交易环的分岔点，结构参数区间上的其他点为交易环的常点。交易环在分岔点上呈现的交易现象称为交易环的分岔现象。

由上节讨论知道，二阶交易环的分岔点应当出现在 $T=0$ 和 $\Delta=0$ 两个方程中，即：

$$\frac{\alpha_1(\varphi)M^1{}_f - 2\alpha_1(\varphi)x^1{}_f - \beta_{12}(\varphi)x^2{}_f}{M^1{}_f} + \frac{\alpha_2(\varphi)M^2{}_f - 2\alpha_2(\varphi)x^2{}_f - \beta_{21}(\varphi)x^1{}_f}{M^2{}_f} = 0$$

（16.6.1）

$$\left(\alpha_1(\varphi) - 2\frac{\alpha_1(\varphi)}{M^1{}_f}x^1{}_f - \frac{\beta_{12}(\varphi)}{M^1{}_f}x^2{}_f\right)\left(\alpha_2(\varphi) - 2\frac{x^2{}_f}{M^2{}_f} - \frac{\beta_{21}(\varphi)}{M^2{}_f}x^1{}_f\right)$$
$$-\beta_{12}(\varphi)\beta_{21}(\varphi)\left(1 - \frac{x^1{}_f}{M^1{}_f}\right)\left(1 - \frac{x^2{}_f}{M^2{}_f}\right) = 0$$

（16.6.2）

（16.6.1）、（16.6.2）均包含了四个结构参数，每个方程都有大量的分岔点。以 $T=0$ 为例，如下方程组的解包含着交易环的分岔点：

$$\frac{\alpha_1(\varphi)M^1{}_f - 2\alpha_1(\varphi)x^1{}_f - \beta_{12}(\varphi)x^2{}_f}{M^1{}_f} = 0 \qquad (16.6.3)$$

$$\frac{\alpha_2(\varphi)M^2{}_f - 2\alpha_2(\varphi)x^2{}_f - \beta_{21}(\varphi)x^1{}_f}{M^2{}_f} = 0 \qquad (16.6.4)$$

显然，任何满足关系 $\alpha_1(\varphi) = \dfrac{\beta_{12}(\varphi)x^2{}_f}{M^1{}_f - 2x^1{}_f}$，$\alpha_2(\varphi) = \dfrac{\beta_{21}(\varphi)x^1{}_f}{M^2{}_f - 2x^2{}_f}$ 的点，均是交

易环的分岔点。假设 $\beta_{12}=k_1$，$\beta_{21}=k_2$，k_1和k_2均为非负实数，则交易环在 $\alpha_1(\varphi)=\dfrac{k_1 x^2{}_f}{M^1{}_f-2x^1{}_f}$、$\alpha_2(\varphi)=\dfrac{k_2 x^1{}_f}{M^2{}_f-2x^2{}_f}$ 处分岔。其中，交易环在 $\alpha_1(\varphi)<\dfrac{k_1 x^2{}_f}{M^1{}_f-2x^1{}_f}$、$\alpha_2(\varphi)<\dfrac{k_2 x^1{}_f}{M^2{}_f-2x^2{}_f}$ 的区域上表现出结构稳定特征；在 $\alpha_1(\varphi)>\dfrac{k_1 x^2{}_f}{M^1{}_f-2x^1{}_f}$、$\alpha_2(\varphi)>\dfrac{k_2 x^1{}_f}{M^2{}_f-2x^2{}_f}$ 区域上结构失去稳定性。

根据分岔点的取值规律，交易环的分岔点会随着外反馈因子的移动而变化。理论上讲，二阶交易环可以存在无数个分岔点。

由逻辑斯蒂映射的性质可知，包含大量分岔点的系统一定存在通向混沌状态的通道。二阶交易环包含无数分岔点的事实表明，交易环不仅具有高度不稳定性，而且还存在混沌状态的可能性。对于 m 阶交易环来说，混沌发生的概率会更大。

交易环每次分岔，都是对建构在特定结构上的规律的一次否定。当交易环运行在分岔密布的区域时，我们又无法准确预判分岔点的具体位置，要预测市场运行就像在暗礁密布的水域上航行，随时都有翻船的危险。交易环分岔通常是在交易系统紧致度震荡的背景下出现的，剧烈变化的紧致度对交易环反馈结构产生非常大的冲击。出现结构巨变的交易环，其行为变得更加诡异不定。在这种情况下，人们要准确预测交易环和交易系统的具体走向，更是难上加难。

每次危机的爆发都是大当量交易环分岔的结果。危机爆发的前夜，交易系统已经处于通向混沌的分岔点上，只是人们依然用平滑外推的线性思维看待交易系统演化，结果是对即将到来的危机毫无觉察。美国2008年9月爆发的金融危机就是很好的例子。截至2008年9月危机爆发的前夕，包括美联储和国际货币基金组织（IMF）等众多深孚众望的机构，竟然没有一家能够觉察一丝一毫的危机迹象。国际货币基金组织在2007年的春季报告中预测，"自2006年9月以来，……全球的经济风险有所下降，……美国经济总体上运行良好，……其他地方的情况也令人鼓舞。"投资界享有盛誉的摩根大通银行甚至在危机爆发的3天前（2008年9月21日）预测，美国经济将在2009年上半年加速。即使在距离危机爆发不到24小时的时候，人们依然没有对即将到来的危机有任何共识，总统经济顾问委员会主席竟然预测2009年失业率将会持续下降。在那场金融风暴过后，前美联储主席格林斯潘在回顾那段触目惊心的往事时，仍然困惑不已："（到底是）哪里出了问题？为什么几乎所有声名卓著的经济学家和政策制定者在此次事件上都错得如此离谱？"[7]

事实上，阻碍人们发现危机迹象的主要原因并非是复杂、玄妙的危机机制，而是人们早已习惯了的线性思维模式。格林斯潘也看清了这一点"距离危机爆发不到 24 小时的时候，人们在传统思维上还没有达成可能发生一次正常衰退的共识，更别提（一场）80 年以来最严重的经济危机了"。[8]

如果人们能够抛开线性思维模式，认识到交易环分岔特性及交易系统紧致度震荡可能带来的结构性突变，就会看清这场危机的背后原来是由结构异常简单的交易环所主导：公司破产、流动性冻结、导致更多公司破产、更大规模的流动性冻结。交易环的每一次循环，都会集结更大的当量。交易环当量一旦越过某个临界值，金融市场就会进入流动性冻结模式，交易网络陷入瘫痪，危机将随即爆发。

注释

1. 庞氏骗局历史上是由名叫查尔斯·庞兹（Charles Ponzi）的投机商人"发明"的。查尔斯·庞兹是美籍意大利裔华尔街投机商。1919 年，他开始策划骗局，向投资人承诺年收益高达 40% 的回报率。吸引来第一批投资人后，一部分资金用于返还投资人作为回报。由于投资承诺的兑现，随后吸引了越来越多的投资人前来投资。依靠源源不断的投资人入局，庞氏骗局得以持续。庞兹将骗局成功地维持了七个月之久，吸引了多达三万名投资者。随后，骗局被拆穿，庞兹也锒铛入狱 3 年。
2. ［美］罗伯特·J. 希勒. 非理性繁荣［M］. 廖理，译. 北京：中国人民大学出版社，2004：64-86.
3. 事实上，中国在 1937—1949 年的十多年间，同样经历了一次恶性通货膨胀，其程度甚至超过德国，但统计资料却远不如德国的完备。这方面的情况可以参阅［美］唐·帕尔伯格. 通货膨胀的历史与分析［M］. 孙忠，译. 北京：中国发展出版社，1998：106-118.
4. ［美］唐·帕尔伯格. 通货膨胀的历史与分析［M］. 孙忠，译. 北京：中国发展出版社，1998：80.
5. 同 4：70-87.
6. 逻辑斯蒂曲线是由比利时数学家 Verhulst 首先发现的特殊曲线，是一种简单产生复杂的典型代表案例。通常用于种群增长、人口增长等领域。
7. ［美］艾伦·格林斯潘. 动荡的世界［M］. 余江，译. 北京：中信出版社，2014.
8. 同 7

第十七章

交易势分布

交易网络将大量交易主体联系在一起，交易主体通过网络链接相互作用、相互影响，构成交易系统运行生态。然而，交易主体间的相互影响和作用既非均匀，也非对称，不同交易主体的影响力差别巨大。在交易系统中，大多数交易主体的影响力十分有限，只有少数交易主体才可能拥有强大的影响力，他们占据某种垄断地位，在交易协议及定价权方面拥有强大的支配力量，这些优势最终将会转化为他们的高额收益。交易势是用来描述交易主体在交易系统中地位及其影响力的指标。

17.1 交易势

当谈论自由竞争市场的时候，人们通常会有一个潜意识假设，即所有市场参与者均具有大致相同的竞争力，均以平等地位进行公平竞争。人们总是秉承这样的理念：平等是竞争的基础，没有平等就不可能有竞争效率。但残酷的现实情况却是，市场参与者并非总是处于平等地位，交易主体的竞争力存在巨大差异。这是现实世界的基本特征，交易系统也不例外。为了描述这种差距，我们需要引入一个新的概念——交易主体势，简称为交易势。

17.1.1 交易势概念

交易势是用于描述交易主体在与对手博弈，以及在同相位竞争中所占优势程度的指标。交易势越高，表明交易主体在交易博弈中的优势就越明显。交易势是交易主体所处相位阶次、所占市场份额及阻止竞争者进入能力等多方面因素的集中体现。

交易主体分布在交易网络的不同相位上，拥有大小不等的交易势。处于交易网络中心节点上的交易主体，通常拥有影响其他交易主体的强大能力；相比之下，交易网络上的大部分节点对其他主体的影响力十分有限，几乎可以忽略不计。这些主体只有通过庞大的数量聚集和行为协同，才能表现出一定的宏观价值。

在交易系统中，超级交易主体的经营效率在很大程度上决定着整个系统的效率。当拥有超级交易势的企业效率低下，却又大而不能倒时，就会拖累整个国家的经济。从某种意义上讲，那些失去了效率优势，但又拥有超级交易势的主体，实际上已经成为国家经济的绑架者。政府常常会陷入两难境地，对他们的危机既不能不救助，却又不能无视他们的低效率。

为了说明这一点，我们回顾一下 21 世纪初金融海啸席卷全球的部分场景。2008 年秋天，美国三大汽车公司中的两大公司——通用汽车公司和克莱斯勒公司——已经濒临破产边缘。由于三大公司拥有超级交易势[1]，美国政府最终决定出手救助。2008 年 12 月，美国财政部宣布了对两家公司 174 亿美元的救助计划。然而，这仅仅是救助的开始，要救赎汽车产业，美国政府还要付出更大的代价。直到通用和克莱斯勒两家公司彻底摆脱经营危机，能够从金融市场上自行筹资，资本市场上的股票价格开始回升为止，美国政府所动用的救助资金达到 818 亿美元，是原初救助计划的 4.7 倍。[2]

17.1.2　交易势概念的渊源

在主流经济学的理论体系中，为了保持与完全竞争理论框架的兼容性，对家庭和厂商两类交易主体均做了同质化处理。自亚当·斯密（Adam Smith）以来，主流经济学一直秉承这一传统，史称"斯密传统"。"斯密传统"将交易主体竞争力差异所导致的市场垄断现象视为特殊情况，政府无须采取特别措施进行干预，在理论上也无须为垄断现象进行专门研究。[3] 在"斯密传统"中，交易主体间的差异，包括竞争力的巨大悬殊通通被忽略。在这种背景下，用于描述交易主体差异的概念——交易势——也就不可能有任何生存的空间。

进入新古典经济学时代，"斯密传统"依然被经济学家奉为圭臬。作为新古典经济学集大成者的马歇尔，同样是"斯密传统"的拥趸，但他重视现实的务实学风，使他不会像其他学者那样，完全无视日益突显的垄断现象。尽管他十分清楚地知道，导致交易主体差距日益扩大的深层原因是收益递增规律，而收益递增规律却无法与完全竞争假设兼容，但他还是在其经典教科书《经济学原理》中专门讨论了收益递增规律。不过，他最终还是对"斯密传统"做了妥协，把收益递增以及企业规模超常扩张归因于企业家的个人特质，将两者间的逻辑冲突巧妙地消解在随机波动中。"我们已经看到，在一个能干而又有进取心的厂商发展过程中，是如何每走一步使得下一步的发展更容易且又更迅速的。因此，倘若他运气颇佳，并保持充沛的精力，而且不辞辛劳，他的发展便很可能继续下去。但这些是不能永远持续下去的；一旦这一切有所衰退，他的企业也就很可能因为那些曾使它发达起来因素而遭到毁灭，除非他把企业交给另一个像他过去那样有能力的人。可见，个别工厂的兴衰可能是经常性的，而一个巨大的工业却长期经历着波动，乃至不断向前发展着。这就如同树叶进行着大量的新陈代谢，而树干却年复一年不断地成长一样。"[4] 在马歇尔看来，个别企业超越行业水平的发展仅仅是偶然现象，就像随机涨落最终要回归平均水平一样。

20 世纪 30 年代，哈佛大学经济学教授张伯伦（E.H. Chamberlin）和剑桥大学教授琼·罗宾逊（Joan Robinson）几乎在同时出版了各自的专著《垄断竞争理论》和《不完全竞争经济学》，随即在经济学界引起巨大反响。人们开始接受交易主体差异化为常态的理念。"斯密传统"在主流经济学的统治地位从此走向终结。在这样的背景下，刻画交易主体差异的交易势概念才可能萌发，经济学家也逐渐使用各种描述交易主体差异的概念。

美国经济学家、诺贝尔经济学奖获得者约瑟夫·E. 斯蒂格利茨（Joseph E. Stiglitz）在他的《美国真相》一书中使用"市场势力"对美国经济出现的问题进行分析。他认为，造成美国经济缺乏活力、市场结构失衡、企业对消费者盘剥，以及财富分配两极分化等一系列问题的根源在于市场势力分布极度不均匀。拥有超级市场势力的大型企业，凭借巨大的竞争优势获取超额利润，从根本上颠覆了市场资源配置的效率基础。"纵观各行各业，相互竞争的企业数量正在减少。市场的销售份额越来越集中在排名前两名或前三名内的大型企业……随着市场集中度的增加，市场势力随之增强。企业利用市场势力来提高相对成本的价格，也就是所谓的'加价'，并通过这个过程攫取高额利润。其结果是大型企业从国民收入蛋糕中分走了越来越多的份额，企业利润率也在创新高，从 10% 升至近年来的 16%。据估计，2016 年标准普尔 500 指数覆盖的企业中的 28 家贡献了全体企业利润的 50%，这也反映了比过去更加集中的市场势力。"[5]

交易势是企业垄断和市场势力概念的进一步深化，是对交易主体差异分布状况的精细化描述。交易势概念的引入，为我们深入分析交易系统演化奠定了基础。

17.2 交易势度量

当我们将交易势理解为交易主体参与竞争的能力以及对其他交易主体的影响力时，如何准确地度量交易势就成为一个十分迫切的任务，也是我们分析交易系统交易势分布的基础。

17.2.1 交易势的维度

交易势可以从三个维度上进行界定，分别是交易规模、定价权和阻止竞争者进入的能力。这三个维度相互关联，相互强化。拥有较大交易规模的主体，在定价权和阻止竞争对手进入方面通常也会有较强的能力；同样，拥有较强定价权的主体，会充分利用议价能力，在为自己争取更多利益的同时，也会尽可能多地争取交易资源，增加交易规模。

在交易势的三个呈现维度上，交易规模既包含了交易主体的正向交易，也包含了交易主体的逆向交易，涵盖了主体在交易网络上的所有交易活动。交易规模是交易势的基础，只有拥有足够的经济实力和较大的交易规模，才可能控制市场、影响其他交易主体决策，进而实现超额收益的目标。

定价权是衡量交易势的另一维度，其内涵不仅是决定价格的能力，还包含了更多的内容，譬如价格歧视、纠纷处置优势等。从理论上讲，价格歧视属于非法行为，但现实中却非常普遍。跨国公司会充分利用不同国家在法律严谨程度上的差异，对不同国家和地区采取不同的价格策略和不同的售后服务条款。通常情况下，跨国公司会给予经济发达国家更为优惠的价格和比较优厚的售后服务；而对众多发展中国家，无论是在价格上，还是在售后服务上，都会有较大歧视。跨国公司之所以敢于这样做，并且不会受到监管部门的惩罚，主要在于这些跨国公司拥有强大的影响力。

企业定价权是投资者非常关注的方面，甚至是投资者决定投资的关键。巴菲特曾指出："要判断一个企业经营得好与不好，最重要的标准是这个企业是否拥有商品的定价权。如果你有能力在与竞争对手保持业务往来的情况下提高商品价格，你就能把生意做得更漂亮。"[6]

在阻止竞争对手进入方面，企业使用的手段更是八仙过海，各显神通。20世纪90年代，美国微软公司为了巩固在个人操作系统的垄断地位，任何可能构成其威胁的公司都会成为打击的对象。美国网景公司原本是互联网浏览器领域非常优秀的公司，与微软个人操作系统并不形成直接竞争，但微软还是担心随后会成为对手。为了击垮网景公司，微软开发了自己的IE浏览器。虽然在质量上无法与网景的浏览器相比，但微软免费赠送客户，将IE与操作系统捆绑在一起，最终将网景公司击垮。

阻止竞争者进入同样是衡量企业把控市场能力的关键。巴菲特把这种能力比喻成企业的护城河。"（我们）考虑的是这条护城河的宽度以及企业维持其宽度的能力,以确保它难以被其他企业和经营者跨越。对企业管理者说,希望他们每年都能拓宽这条河。[7]"

专利权是大型企业阻止竞争者进入的常用手段,原本用于鼓励创新的专利,常常不幸地沦为阻止市场竞争、压制技术创新的工具。大型企业利用自身巨大的财务优势,从发明人或小企业手中收购专利。为了获得专利,甚至会直接收购拥有某项专利的公司,构筑起一道防范森严的专利壁垒,使得任何企图进入的后来者面对耗资巨大、马拉松式的无休止诉讼望而却步。[8]

对于家庭主体而言,交易规模比较容易理解,定价权主要表现为工资薪酬议价的能力和投资议价能力。薪酬议价能力与劳动者的受教育程度、技能的市场价值大小有直接关系。总体来讲,受教育程度越高的人,在职场上的议价能力就越强;拥有的技能在职场上的供求关系及技能为企业生产带来的潜在价值,决定了技能的市场价值,价值越高,就业者的议价能力越强。投资议价能力表现为投资人对资本使用过程的影响力和对投资回报率的议价能力。显然,越富有的家庭,投资议价能力越强。

17.2.2 交易势函数

在交易势的三维度量空间上,对应变量具有相互增强的关系。这种相互作用、相互牵制的关系将会呈现极为复杂的外在形态。为了简化起见,我们采用公理化方法为交易势量化定义。

假设 ψ 是交易系统 T 的主体集 $\{a_i\}_N$ 与实数集 $(-\infty,+\infty)$ 之间的单映射。在时间步 t 上,交易系统 T 上的任意交易主体 $a_i \in \{a_i\}_N$ 在此映射下都有一个实数对应值。若 $\psi(a_i)$ 满足以下三个条件,则映射 ψ 为交易系统 T 的交易势函数,$\psi(a_i)$ 的取值为交易主体 a_i 的交易势:

Ⅰ 对交易系统 T 上的任意交易主体 a_i,均有 $\psi(a_i)>0$;

Ⅱ 对于交易系统 T 上的任意交易主体 a_i 和 a_j,若两者在交易势三维空间上的综合实力存在差异,则有 $\psi(a_i) \neq \psi(a_j)$;若 a_i 拥有比 a_j 更强的综合实力,则有 $\psi(a_i) > \psi(a_j)$,反之亦然;

Ⅲ 若 a_i 与 a_j 拥有相同的综合实力,则有:$\psi(a_i) = \psi(a_j)$;

根据交易势的定义,我们可以得出如下结论:若 $\psi(a_i)$ 是交易系统 T 上的交易势函数,对于任何常数 $k>0$ 和 $c>0$,$k\psi(a_i)+c$ 也是交易系统 T 上的交易势函数。我们可以证明上述结论。

∵ $\psi(a_i)$ 为 T 上的交易势函数

∴ 对任意交易主体 a_i、a_j 将会按照各自的综合实力赋予其交易势数值,满足 $\psi(a_i)>0$、$\psi(a_j)>0$；若 a_i 综合实力优于 a_j，则 $\psi(a_i)>\psi(a_j)$；若 a_i 的综合实力弱于 a_j，则 $\psi(a_i)<\psi(a_j)$；若 a_i、a_j 综合实力相当，则 $\psi(a_i)=\psi(a_j)$。

∵ $k>0$，$c>0$

∴ $k\psi(a_i)+c>0$，满足交易势函数公理条件 I

∵ 当 $\psi(a_i)>\psi(a_j)$ 时，同样满足 $k\psi(a_i)+c>k\psi(a_j)+c$；

当 $\psi(a_i)<\psi(a_j)$ 时，同样满足 $k\psi(a_i)+c<k\psi(a_j)+c$；

当 $\psi(a_i)=\psi(a_j)$ 时，同样满足 $k\psi(a_i)+c=k\psi(a_j)+c$

∴ $\psi(a_i)+c$ 满足交易势函数公理条件 II 和 III

∴ $k\psi(a_i)+c$ 是交易系统 T 上的交易势函数。

由此表明，若 $\psi(a_i)$ 为交易系统 T 上的交易势函数，则 $\psi(a_i)$ 的所有线性变换均为 T 上的交易势函数。交易系统 T 的所有交易势函数构成了一个线性变换群。交易势变换群上的每个交易势函数赋予交易主体大小不等的交易势数值，但并不改变交易主体间的交易势分布顺序。交易系统 T 上所有交易势函数所定义的交易势系统均有同构关系。

上述结论表明，交易势的取值并不重要，关键是由交易势函数所确定的交易势分布是唯一的。交易势分布是交易系统非常重要的结构参数，不仅对系统运行状态产生重要影响，还对社会系统产生极为深刻的影响。交易势分布是一个动态结构，随着交易系统演化，交易势将呈现两极分化的趋势，这是交易系统演化的重要特征。

在交易系统中，对于交易势排序处于高阶位置的交易主体，我们称为高阶交易势主体，或简称为高阶主体；对交易势排序处于低阶位置的交易主体，我们称为低阶交易势主体，或简称为低阶主体。随后我们将会证明，在任何交易系统的任何演化阶段，低阶主体总是占据交易系统的多数位置，而高阶主体永远属于少数群体。在交易系统演化进程中，交易主体间的竞争，将最终体现在交易势的竞争上。每个交易主体都希望获得更高阶的交易势，以便占据竞争上的优势地位。

17.3 交易势极化原理

在交易系统的演化中，交易势总是朝着分化越来越大的方向演进，呈现出强者愈强、弱者愈弱的马太效应。事实上，交易势作为衡量交易主体竞争实力的综合指标，从竞争的逻辑上看，分化是不言而喻的。

17.3.1 交易势演化方程

根据交易网络分层演化的特点，市场集中度升高的倾向主要表现在非结构约束市场上，即全域市场上，而在社区市场上的表现并不突出，为此我们选择全域市场进行交易势演化的博弈分析。

家庭主体和企业主体的交易势来源是相同的，即交易资源。占有交易资源越多，实力积累就越快，交易势就越强。在随后的论证中，我们将家庭主体和企业主体放在一起，统一论证交易势的分化过程。

假定在时间步 t 上，交易系统的容量为 N_t，随着时间 t 延续，N_t 将随之发生变化。$\{a_i\}_{N_t}$ 为交易系统的主体集，既包含家庭主体，也包含企业主体，a_i、a_j 为 $\{a_i\}_{N_t}$ 上的两个任意交易主体。

为了论证上的方便，在不影响结论一般性的前提下，假设每个时间步 t 上，每个交易主体只进行一次逆向交易。在货币交易系统中，逆向交易受到流动性约束的限制，而正向交易则不受流动性约束的限制。正向交易与逆向交易在约束上的差异，形成了两类交易在策略安排上的不同。逆向交易的策略侧重于交易对象的选择，而正向交易的策略重点则是获取尽可能多的交易资源。

根据交易主体有限理性假设，逆向交易主体在选择交易对象时，倾向于选择交易势比较高的交易主体。决策者相信，交易势是被市场证明了的主体特征，以对方的交易势高低为依据进行选择，是一种既安全又经济的策略。在此原则引导下，交易系统演化将遵从如下基本法则：交易势越高，交易主体越容易获取交易资源。

假设 a_i 进行逆向交易的对象选择，a_j 是交易系统的任意主体，$P_{ij}(t)$ 为 a_i 在时间步 t 上选择 a_j 作为交易对象的概率，$\psi_j(t)$ 为 a_j 在时间步 t 上的交易势。根据我们的分析，概率 $P_{ij}(t)$ 满足如下关系：

$$P_{ij}(t) = \alpha_{ij}\psi_j(t) \quad (17.3.1)$$

在（17.3.1）中，$\alpha_{ij} \geq 0$ 为交易主体 a_i 赋予交易主体 a_j 的权重系数。权重系数 α_{ij} 反映了交易主体 a_i 的选择偏好及对交易主体 a_j 综合境况的预期。可以想象，由于交易主体受到交易社区规模的限制及有限信息集的制约，对于交易系统中大部分主体的选择权重几乎为零，即 $\alpha_{ij} \approx 0$。只有少量交易主体能够获得较大的选择权重。对于任意交易主体 a_i，对其他交易主体的权重赋值受到注意力有限性的制约，满足如下恒等式：

$$\sum_{j=1}^{N_t} \alpha_{ij} = 1 \qquad (17.3.2)$$

交易主体 a_j 在时间步 $t+1$ 上的交易势 $\psi_j(t+1)$,由前一个时间步上获得的交易流量决定。a_j 获得的交易流量取决于其他交易主体给予它的选择概率。由此我们得到：

$$\psi_j(t+1) = \beta \sum_{\substack{i=1 \\ i \neq j}}^{N_t} p_{ij}(t) \qquad (17.3.3)$$

在（17.3.3）中，$0 \leq \beta \leq 1$ 为交易势转换系数。交易势转换因子 β 的大小反映市场在交易系统 T 中的地位，β 取值越大，表明交易在决定交易主体地位中发挥的作用越突出，市场在交易系统资源配置过程中的地位越高；反之，β 取值越小，表明交易活动在交易主体地位确立过程的作用越小，也表明交易系统在社会系统中的重要性不强。

将（17.3.1）式代入（17.3.3）式得到：

$$\psi_j(t+1) = \beta \sum_{\substack{i=1 \\ i \neq j}}^{N_t} \alpha_{ij} \psi_j(t) \qquad (17.3.4)$$

整理得到：

$$\psi_j(t+1) = \left(\beta \sum_{\substack{i=1 \\ i \neq j}}^{N_t} \alpha_{ij} \right) \psi_j(t) \qquad (17.3.5)$$

在式（17.3.5）中，参数 $\beta \sum_{\substack{i=1 \\ i \neq j}}^{N_t} \alpha_{ij}$ 反映了交易主体 a_j 的市场认可度及综合能力，决定了交易主体 a_j 的交易势演化走向，我们称其为 a_j 的交易势反馈因子，将其简化为：

$$\pi_j = \beta \sum_{\substack{i=1 \\ i \neq j}}^{N_t} \alpha_{ij} \qquad (17.3.6)$$

将式（17.3.6）代入（17.3.5）得到：

$$\psi_j(t+1) = \pi_j \psi_j(t) \qquad (17.3.7)$$

我们将差分方程转换为微分方程。在（17.3.7）两边同减去 $\psi_j(t)$，得到：

$$\psi_j(t+1) - \psi_j(t) = (\pi_j - 1) \psi_j(t) \qquad (17.3.8)$$

将式（17.3.8）做如下恒等变形：

$$\frac{\psi_j(t+1) - \psi_j(t)}{(t+1) - t} = (\pi_j - 1) \psi_j(t) \qquad (17.3.9)$$

将式（17.3.9）转化为等价微分形式：

$$\frac{d\psi_j(t)}{dt} = (\pi_j - 1)\psi_j(t) \quad (17.3.10)$$

式（17.3.10）描述了交易系统上任意交易主体 a_j 的交易势随时间 t 演化的基本规律，我们称其为交易势演化方程。

为了得到交易势函数的一般解，我们需要对（17.3.10）做进一步转化：

$$\frac{d\psi_j(t)}{\psi_j(t)} = (\pi_j - 1)dt \quad (17.3.11)$$

对式（17.3.11）两边积分：

$$\int \frac{1}{\psi_j(t)} d\psi_j(t) = \int (\pi_j - 1) dt \quad (17.3.12)$$

对式（17.3.12）求积分得到：

$$\ln \psi_j(t) = (\pi_j - 1)t + c \quad (17.3.13)$$

$$\therefore \psi_j(t) = e^c e^{(\pi_j - 1)t} \quad (17.3.14)$$

对式（17.3.14）取 $t = 0$，得到方程的初始条件：

$$\psi_j^0 = e^c \quad (17.3.15)$$

在式（17.3.15）中，ψ_j^0 为 a_j 交易势的初始值。

将初始条件（17.3.15）代入（17.3.14）得到：

$$\psi_j(t) = \psi_j^0 e^{(\pi_j - 1)t} \quad (17.3.16)$$

式（17.3.16）为交易势函数的一般解。（17.3.16）显示，交易势是时间 t 的指数函数。由此表明，交易势具有高度动态性特征。

17.3.2 交易势极化原理

交易势方程显示了交易势函数的高度动态特性，意味着交易系统的两极分化趋势是不可避免的。通过交易势方程，我们将严格证明这一结论。

由交易势函数一般解（17.3.16）可知，当 $\pi_j = \beta \sum_{\substack{i=1 \\ i \neq j}}^{N_t} \alpha_{ij} > 1$ 时，交易势 $\psi_j(t)$ 将随着时间 t 的推移持续增加，即：

$$\lim_{t \to +\infty} \psi_j(t) = \lim_{t \to +\infty} \psi_j^0 e^{(\pi_j - 1)t} = +\infty \quad (17.3.17)$$

当 $\pi_j = \beta \sum_{\substack{i=1 \\ i \neq j}}^{N_t} \alpha_{ij} < 1$ 时，交易势 $\psi_j(t)$ 将随着时间 t 的推移持续衰减，最终

趋于 0：

$$\lim_{t \to +\infty} \psi_j(t) = \lim_{t \to +\infty} \psi_j^0 e^{-(1-\pi_j)t} = 0 \tag{17.3.18}$$

当 $\pi_j = \beta \sum_{\substack{i=1 \\ i \neq j}}^{N_t} \alpha_{ij} = 1$ 时，交易势 $\psi_j(t)$ 将进入稳定状态，不随时间 t 发生变化，稳定在初始值上：

$$\lim_{t \to +\infty} \psi_j(t) = \lim_{t \to +\infty} \psi_j^0 e^{(\pi_j-1)t} = \psi_j^0 \tag{17.3.19}$$

由上述推演可知，交易系统中的任意交易主体 a_i，其交易势有三种可能的演化趋势：交易势 $\psi(a_i)$ 持续增加、交易势 $\psi(a_i)$ 持续减小、交易势 $\psi(a_i)$ 维持在初始水平 ψ^0 上保持不变。

由于每个交易主体的关注权重受到（17.3.2）约束，交易系统中的各主体之间反馈因子存在相斥关系。当交易系统中的一部分交易主体的反馈因子 $\pi_i > 1$ 时，交易系统中必然存在一部分交易主体的反馈因子小于 1；$\pi_i > 1$ 越大，其他主体的反馈因子受到 a_i 的挤压后变得越小。这是关注力作为有限稀缺资源导致的必然结果。

由此可以得出结论：在任意交易系统 T 中，必然可以找到反馈因子大于 1 的交易主体 a_i 和反馈因子小于 1 的交易主体 a_j。

根据交易势函数的一般解（17.3.16），以交易主体 a_i 和 a_j 为代表，我们可以计算交易系统的交易势分布一般演化趋势。在时间步 t 上，交易主体 a_i、a_j 的交易势 $\psi_i(t)$ 与 $\psi_j(t)$ 的差距为：

$$\psi_i(t) - \psi_j(t) = \psi_i^0 e^{(\pi_i-1)t} - \psi_j^0 e^{(\pi_j-1)t} \tag{17.3.20}$$

对式（17.3.19）整理得到：

$$\psi_i(t) - \psi_j(t) = \psi_i^0 e^{(\pi_i-1)t}\left(1 - \frac{\psi_j^0}{\psi_i^0} e^{-(\pi_i-\pi_j)t}\right) \tag{17.3.21}$$

$$\because \pi_i > 1, \quad \pi_j < 1$$
$$\therefore \pi_i - 1 > 0, \quad \pi_i - \pi_j > 0$$

$\therefore$ 随着时间步 t 的不断增加，交易主体 a_i、a_j 的交易势差将趋向无穷大：

$$\lim_{t \to \infty} \psi_i(t) - \psi_j(t) = \lim_{t \to \infty} \psi_i^0 e^{(\pi_i-1)t}\left(1 - \frac{\psi_j^0}{\psi_i^0} e^{-(\pi_i-\pi_j)t}\right) \to +\infty$$

$\because$ 交易主体 a_i、a_j 是交易系统 T 上的任意两个代表，

∴ 交易系统 T 的交易势分布必然呈现两极分化的演化趋势。我们将交易系统的这一演化趋势，称为交易势极化原理。

交易势极化原理表明，交易势极化趋势是交易系统演化过程中无法避免的结果，是交易系统内在本质的表现。由此延伸的结论是，交易势极化速度必然与交易系统的某种特征变量有密切关系。我们将证明，交易势极化速度与交易系统容量呈正相关关系。容量越大的交易系统，交易势极化速度越快。在其他等同的条件下，大容量交易系统的交易势极化强度要远远高于小容量交易系统。

假设交易系统 T 的容量为 N，根据交易势反馈因子结构式（17.3.6）可知，反馈因子 π 的最小理论值为 $\pi = 0$，而最大理论值是在某个交易主体占有交易系统全部资源时出现的。此时，反馈因子取值为 $\pi = \beta(N-1)$。由此得到，交易系统反馈因子 π 的分布区间为 $[0, \beta(N-1)]$。显然，在交易主体交易势转化能力参数 β_i 保持不变的条件下，交易系统容量 N 越大，反馈因子的分布区间就越大，交易系统 T 上的反馈因子间差距也就越大，由（17.3.20）可知，交易系统交易势的分化速度也就越快。

交易网络容量是一个动态变量，从一个侧面反映人们对经济前景的看法。经济前景越好，企业主体数量就越多；反之，经济宏观境况差，对前景悲观，企业主体数量就可能陷入萎缩。

人口是交易系统容量的基础。在人口增长时期，交易系统的容量会不断扩张；当社会进入老龄化阶段，人口增长的势头受到抑制，严重的人口老龄化通常会伴随着人口萎缩现象。基于人口与交易系统容量间的密切关系，我们由此可以推论：交易势分化状态与人口结构存在一定的因果关系。人口结构年轻化的社会，人口规模处于增长态势，交易系统容量也会快速增长，交易势呈现快速分化趋势；人口结构日趋老化的社会，交易势分化速度呈现减缓态势，甚至可能出现交易势分化的逆转现象。

17.3.3 交易势反馈因子的影响因素

由交易方程（17.3.16）可知，交易主体的反馈因子决定着其在交易系统中地位的盛衰。家庭主体的反馈因子主要是由逆向交易的选择策略所决定的，包括投资是否恰当、消费与投资的结构是否合理及人力资本的储备等方面；企业主体的反馈因子则主要由三方面因素决定：交易主体的交易势转换能力、市场偏好结构及市场预期。在上述三方面因素中，交易主体的交易势转换能力及市场偏好结构是相对稳定因素，而市场预期则是主要的不稳定因素。

导致市场预期改变的成因主要来自两方面：首先是技术变化预期。人们总是青睐新技术产品，这不仅是由于新技术产品能够给人们带来新的体验，更重要的原因是新技术产品会有越来越好的应用环境，而老产品赖以存在的应用环境将逐步走向萎缩和消亡。譬如，当 CD 播放技术出现时，老式卡带技术被迫退出市场，拥有老式卡带机的用户就会面临维修困难、无处购买新影视作品的窘境。技术永远处于不断迭代更新的过程，市场则在新技术萌芽时期就会做出反应。无论是在资本市场上，还是在商品市场上，新技术总会受到追捧，而相对老的技术则会被市场逐渐冷落。在一波又一波的技术变革大潮中，由于市场预期的突变，原本拥有强大交易势的巨型企业常常会突然倒下（在数字成像技术浪潮中，曾经的光学成像巨人——柯达公司——轰然倒下，成为熊彼得创新性破坏的典型案例），而代表新技术发展方向的小型企业或初创企业则可能迅速成长为巨人（美国微软公司、美国苹果公司等均是这类案例的典型代表）。

其次是利好或利空信息冲击。当一家公司处于政策利好的风口，市场估值会迅速飙升。进而，企业的融资能力增强，交易势转换能力提高。在这些有利因素的推动下，市场对这类企业的预期会逐步增强。相反，处于政策利空风口上的企业，将会经历完全相反的过程。融资成本上涨、交易资源萎缩等困境将会随之而来。此外，企业自身的相关信息同样是导致市场预期改变的重要动因。企业财务状况信息、技术创新进展状况及企业团队变化信息等，都会成为改变市场预期的重要因素。

与技术创新因素相比，信息冲击作用偏重于已经处于高阶交易势的主体，市场的注意力通常会放在他们身上。对于数量庞大的低阶交易势主体，成本与收益之间不成比例，市场投入关注资源较少。由此可见，成就低阶交易势主体快速成长的动因主要是技术变革的力量，而导致高阶交易势主体倒下的成因既可以是技术变革的力量，也可以是信息冲击的作用。总结上述分析，我们可以得出结论：技术进步越快，交易系统的交易势分布变动速度就越快；技术的垄断性越高，交易势极化程度就越强。在此规律的作用下，在技术进步速度日益加快的现代社会，交易势演化呈现出的特点是，一方面交易势分化速度加快，另一方面超级交易势主体易位的速度也在加快。这种局面给人以一种"其兴也勃焉、其亡也忽焉"的感觉。事实上，这正是交易系统加速演化的表现。

17.3.4 库兹涅茨曲线

西蒙·史密斯·库兹涅茨（Simon Smith Kuznets）在研究美国 1913—1948 年收入分布的基础上，提出了收入差的"钟型曲线"，后被人们称为"库兹涅茨曲线"。库兹涅茨认为，在工业化进程中，收入不平等现象必然沿着先扩大后缩小的曲线发展。在工业化的早期，收入不平等加剧是由于只有少部分人从工业化带来的财富中获益，而随后的情况会发生改变，更多的人会分享工业化所创造的财富，从而抑制了收入不平等的进一步扩大。[9] 按照库兹涅茨的理论，两极化仅是特殊历史发展时期的短暂现象，随着经济的发展将会自行消失。但后来的数据并没有支持库兹涅茨的结论，收入和财富的两极化并没有收敛，反而变得更加突出。

事实上，出现短暂的"库兹涅茨"现象，关键因素并非工业化进程带来的效率提升，很有可能是交易系统容量的阶段性涨落带来的结果。库兹涅茨所取的样本恰好处于两次世界大战时期，两次世界大战造成大量人口流失，经济遭到巨大破坏，企业大量倒闭，这些都会极大地影响交易系统的容量，最终影响交易系统的演化走向。

我们不妨看一下美国人口在1901—2000年100年间的增长变化情况，从中可以发现在库兹涅茨所选的样本区间上，美国人口增长速度处于历史低点：

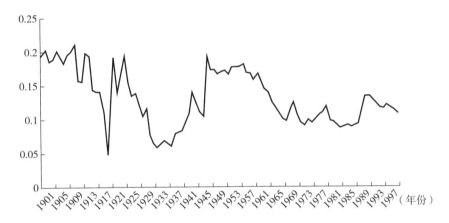

图 17.3.1　美国人口增长曲线

在20世纪的第一个12年间，美国人口平均年化增长率为16‰，而在样本区间1913—1946年的34年间，美国人口平均年化增长率为12‰；在样本区间之后的54年间，即1947—2000年，美国人口平均年化增长率为12.8‰。

尽管人口数量变化仅能间接地反映交易系统容量的变化，但作为交易系统容量的基础，这些变化仍然能够说明一些问题。在库兹涅茨曲线的样本区间上，美国经济正常运行的秩序被突然而至的两次世界大战打乱，这也可以从美国经济增长曲线的巨幅振荡中看出端倪。[10]

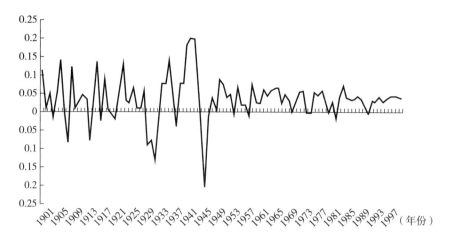

图 17.3.2 美国经济增长曲线

在交易势的极化推导中,为了技术处理上的便利,我们限制了交易主体的交易频次,每个主体在一个时间步上只有一次逆向交易。在这种情况下,N_t 不仅代表交易系统的容量,同时也代表着交易系统的交易规模。N_t 的增长代表着交易系统的规模性扩张,即容量规模的扩张和交易规模的扩张。在交易系统的演化进程中,交易规模扩张才是推动交易势分化的根本动力。正如前面几章分析的那样,交易主体的逐利动机推动着分工递进不断深化,交易系统追求效率的步伐永远不会停歇,由此带来的必然结果是交易系统的交易规模将持续扩张,几千年来的人类历史也有力地印证了这一结论。

分化是人类社会进步的必然产物,我们只能通过持续不断的制度改革减缓分化的速度,以避免过度分化导致社会系统走向崩溃,却永远无法从根本上消除人类社会的分化现象,这是交易系统内在规律决定的。

17.4 交易势幂律分布

交易势极化定理告诉我们,交易系统的交易势分布呈现天然的分化趋势,交易主体在交易势上的差距将会伴随交易系统演化越拉越大。但是,我们却并不知道在某个特定的时点上,交易势在交易系统中是如何分布的。确切掌握交易势的分布规律,无论是对制度改革还是对市场监管政策的制定都有很大的实际意义。

17.4.1 交易势幂律分布函数

一般来讲,表征指标在群体中的分布特征取决于指标背后的行为特性。如果表征指标所体现的对象是一群彼此无关的个体，这类指标最为常见的分布形态是正态分布，譬如人群中的智商分布或身高分布等，均符合正态分布的规律。此外，二项式分布、贝努里分布、泊松分布等，也都是常见的分布形态，而它们各有自己的现象特征。二项式分布，通常适用于射击手在 n 次射击总有 k 次射中的概率分布；也可以作为有 n 次抽样，k 次为废品的概率分布；还可以作为 n 次抛掷硬币，k 次出现正面的概率分布。贝努里分布可以作为在 n 次独立实验中，每次实验只有两个结果，非 A 即 B，在 n 次实验中出现 k 次 A 或 k 次 B 的概率分布。泊松分布可以用于稀有事件的发生概率，尤其是用于描述事件发生概率仅与两次事件的时间间隔有关，而与具体的时间点无关现象的事件分布。这类事件的主要特点是，不同时间段之间的事件发生次数不存在相互关联。譬如，放射物射出的质子数量，事故、错误、故障、灾难发生次数的概率，公共设施服务需求在某个时间段发生数量的概率分布等，均可以使用泊松分布进行描述。

当量值具有某种"时尚"流行度的特点，事件的出现与某种"跟随行为"存在关联，对于这类事件，幂律分布占据主导地位。幂律分布与正态分布相比，肥尾是其主要的分布特征，分布密度函数下降的速度比较缓慢。对于万维网链接分布而言，拥有大节点度的网站相当普遍，远远超出正态分布同等强度指标的占比。

在交易系统中，除了拥有超级交易势的少数主体外，还会有大量的交易群体，拥有相当高的交易势。中产阶级在社会中通常拥有较高的交易势，也是一个国家最为庞大的群体。在企业群体中，除了少数大型和特大型企业外，中小型企业占据绝对多数。中型企业无论在数量上，还是在市场销售额、企业资产规模、生产能力等多个方面上，都拥有相当实力，他们是各国经济的中坚力量，同时占据相当的比例。这些现象都符合幂律分布的"肥尾"特点，这就间接地印证了交易势分布服从幂律分布的可能性。

在交易系统中，交易主体为了最大限度地捕捉交易机会，降低决策风险，观察其他主体的交易行为是获得有价值信息的重要途径，级联交易也就由此产生。显然，交易势的特性十分符合幂律分布现象的条件：首先是交易势的形成是交易主体追求收益最大化的结果；其次，在交易势的积累过程中，受信息不完全的约束，追随策略是交易主体普遍采用的策略。我们可以推断，交易势在交易系统中的分布应当符合幂律分布。

尽管我们在定性分析层面上有充分的理由判定，交易势的分布符合幂律分布的特征，但要从定量层面上给出完整的证明却是十分困难的事情，我们只能通过简化模型给予量化证明。[11]

我们要证明交易势分布符合幂律分布,就需要证明在交易系统中,满足 $\psi \geq k$ 的交易主体在交易系统中占比的函数具有幂律形式,即 $F(k)=\dfrac{c}{\kappa^{\alpha}}$。假设交易系统 T 的容量为 t,并随时间步 t 的增加均匀增长,每一个时间步上只增加一个交易主体,在时间步 $t+1$ 上的主体容量为 $t+1$,其中有 t 个主体为以前积累的主体,而第 $t+1$ 个主体则是新生主体;根据出生的先后顺序,我们赋予每个主体一个序号,在时间步 t 上出生的主体,序号为 t;对于时间步 $t+1$ 出现的主体,我们赋予序号 $t+1$。

假设交易主体 $t+1$ 采用随机交易策略的概率为 p,在以前出生的交易主体中随机选择交易对象;采用跟随策略(或择优策略)的概率为 q,以每个主体的交易势为依据,交易势越高,被交易主体 $t+1$ 选中的概率就越大。两种策略出现的概率满足条件 $p+q=1$。

在我们预设的条件中,尽管对交易系统容量增长给予了十分严格的限制,但仍然保留了交易主体选择不同策略的自由空间,可以采用随机选择和择优选择构成的混合策略,这就保证了在便利量化证明的同时,仍保留了交易系统的关键特征,使证明结果满足较高的普适性要求。

在随机策略下,任意主体 i 与其他主体分享来自新生主体 $t+1$ 的交易资源 p,作为 t 个成员中的一员,i 能够分享到的交易资源为 $\dfrac{p}{t}$;假设 i 在时间步 $t+1$ 以前获得的交易资源量为 $x_i(t)$,由于时间步 $t+1$ 之前的全部交易资源为 t,交易主体 i 占有全部交易资源的比例为 $\dfrac{x_i(t)}{t}$。根据跟随策略下交易资源的分配规则,交易主体 i 能够从来自新生交易主体 $t+1$ 的交易资源 q 的交易份额为 $\dfrac{x_i(t)}{t}q$。将上述两项交易资源份额相加,我们得到交易主体 i 在时间步 $t+1$ 上新获得的交易资源为 $\dfrac{p}{t}+\dfrac{x_i(t)}{t}q$,即交易主体 i 获得交易资源在时间步 $t+1$ 上实现的增长,可以写为:

$$\Delta x_i(t)=\frac{p}{t}+\frac{x_i(t)q}{t} \qquad (17.4.1)$$

由于每次时间步 t 的增加量恰好是 1,将(17.4.1)作等价变形:

$$\frac{\Delta x_i(t)}{\Delta t}=\frac{p}{t}+\frac{x_i(t)q}{t} \qquad (17.4.2)$$

将式(17.4.2)转换为等价微分形式:

$$\frac{dx_i(t)}{dt} = \frac{p}{t} + \frac{x_i(t)q}{t} \qquad (17.4.3)$$

整理（17.4.3）得到：

$$\frac{dx_i(t)}{p + x_i(t)q} = \frac{dt}{t} \qquad (17.4.4)$$

对（17.4.4）两边积分：

$$\int \frac{1}{p + x_i(t)q} dx_i(t) = \int \frac{1}{t} dt \qquad (17.4.5)$$

由（17.4.5）得到：

$$\frac{1}{q}\ln\left[p + x_i(t)q\right] = \ln t + C \qquad (17.4.6)$$

在（17.4.6）中，令 $C = \ln c^{\frac{1}{q}}$，$c > 0$，继续整理得到：

$$p + x_i(t)q = ct^q \qquad (17.4.7)$$

由（17.4.7）得到：

$$x_i(t) = \frac{ct^q - p}{q} \qquad (17.4.8)$$

根据预设的边界条件，当 $i = t$ 时，交易主体 a_t 处在靠近 a_{t+1} 的次新位置上，尚没有积累任何交易。根据交易规则，此时 a_t 得不到来自 a_{t+1} 追随策略下的交易份额，只有 a_{t+1} 随机策略下的交易份额，故此有 $x_i(t) = \frac{p}{t}$，将其代回式（17.4.8）得到：

$$c\frac{i^q}{q} - \frac{p}{q} = \frac{p}{t} \qquad (17.4.9)$$

$$c\frac{i^q}{q} = \frac{p}{q} + \frac{p}{t} \qquad (17.4.10)$$

整理得到：

$$c = pq\left(\frac{1}{q} + \frac{1}{t}\right)i^{-q} \qquad (17.4.11)$$

将式（17.4.11）代回到式（17.4.8）得到：

$$x_i(t) = \frac{pq\left(\frac{1}{q} + \frac{1}{t}\right)\left(\frac{t}{i}\right)^q - p}{q} \qquad (17.4.12)$$

进一步整理得到：

$$x_i(t) = p\left(\frac{1}{q} + \frac{1}{t}\right)\left(\frac{t}{i}\right)^q - \frac{p}{q} \qquad (17.4.13)$$

根据交易势定义，交易主体的交易势与获得的交易资源总量呈正比。交易主体占有的交易资源越多，意味着交易势阶次越高；交易势阶次越高的交易主体，占有交易系统的交易资源越多。根据（17.4.13），我们可以得到交易主体 i 的交易势 $\psi_i(t)$：

$$\psi_i(t) = \beta x_i(t) = \beta p \left(\frac{1}{q} + \frac{1}{t}\right)\left(\frac{t}{i}\right)^q - \beta \frac{p}{q} \quad （17.4.14）$$

在式（17.4.14）中，β 为交易主体 i 的交易势转换因子。

根据（17.4.14），我们可以得到交易主体 i 的交易势 $\psi \geq k$ 的条件：

$$\psi_i(t) = \beta x_i(t) = \beta p \left(\frac{1}{q} + \frac{1}{t}\right)\left(\frac{t}{i}\right)^q - \beta \frac{p}{q} \geq k \quad （17.4.15）$$

整理式（17.4.15）得到：

$$\beta p \left(\frac{1}{q} + \frac{1}{t}\right)\left(\frac{t}{i}\right)^q \geq k + \beta \frac{p}{q} \quad （17.4.16）$$

对式（17.4.16）继续整理：

$$\left(\frac{t}{i}\right)^q \geq \frac{k + \beta \dfrac{p}{q}}{\beta p \left(\dfrac{1}{q} + \dfrac{1}{t}\right)}$$

$$\left(\frac{i}{t}\right)^q \leq \frac{\beta p \left(\dfrac{1}{q} + \dfrac{1}{t}\right)}{k + \beta \dfrac{p}{q}}$$

$$\frac{i}{t} \leq \left(\frac{\beta p \left(\dfrac{1}{q} + \dfrac{1}{t}\right)}{k + \beta \dfrac{p}{q}}\right)^{\frac{1}{q}}$$

$$\therefore i \leq \left(\frac{\beta p \left(\dfrac{1}{q} + \dfrac{1}{t}\right)}{k + \beta \dfrac{p}{q}}\right)^{\frac{1}{q}} t \quad （17.4.17）$$

（17.4.17）给出了结论：在交易系统 T 中，出生序数小于 $\left(\dfrac{\beta p \left(\dfrac{1}{q} + \dfrac{1}{t}\right)}{k + \beta \dfrac{p}{q}}\right)^{\frac{1}{q}} t$ 的

交易主体，均满足交易势 $\psi_i(t) > k$ 条件。由假设可知，在交易系统 T 中满足条件（17.4.17）的交易主体总数量为 i。由此给出交易系统 T 的交易势概率分布函数：

$$F(k) = \frac{i}{t} \quad (17.4.18)$$

由式（17.4.18）求得：

$$F(k) = \left(\frac{\beta p \left(\frac{1}{q} + \frac{1}{t} \right)}{k + \beta \frac{p}{q}} \right)^{\frac{1}{q}} \quad (17.4.19)$$

当 $k \gg \beta \frac{p}{q}$ 时，上式分母中可以略去 $\beta \frac{p}{q}$ 项，得到交易势函数的简化结果：

$$F(k) = \left[\beta p \left(\frac{1}{q} + \frac{1}{t} \right) \right]^{\frac{1}{q}} \frac{1}{k^{\frac{1}{q}}} \quad (17.4.20)$$

令 $c = \left[\beta p \left(\frac{1}{q} + \frac{1}{t} \right) \right]^{\frac{1}{q}}$，$\alpha = \frac{1}{q}$，代入（17.4.20）得到：

$$F(k) = \frac{c}{k^{\alpha}} \quad (17.4.21)$$

由（17.4.21）显示，交易势分布函数满足幂律分布。

从交易势幂律分布函数的结构来看，我们可以得出以下几点结论：一是交易系统的分化特征取决于交易系统的行为类型。追随策略在交易系统中越普遍，优势积累效应就越明显，交易势分化的速度就越快；相反，随机交易策略占比越高，交易系统分化越微弱，交易势分布越趋于均匀。在现实中，针对时限交易，由于每个交易主体面对的约束成因各不相同，追随策略在这类交易中的占比很低。时限交易市场通常对应着社区市场，交易额相对较小。相对而言，非结构约束交易的金额较大、信息结构比较复杂、收益预期不确定性较高。非结构交易的这些特点，决定了追随策略的使用频率相对较高，交易势分布的幂律分布特征也比较明显。由于非结构交易通常对应着全域市场，这再次表明，全域市场是极易出现交易势两极分化的市场。

二是交易势转换因子 β 在交易势函数中的作用具有两面性。一方面，交易势转换因子 β 透过反馈因子 π 在交易系统的极化过程中发挥着放大作用。交易势转换因子越大，交易系统分化的速度就越快。另一方面，交易势转换因子 β 在交易系统中又发挥着普遍提升交易势值的作用。这一点在（17.4.20）中有清晰的体现，交易势转换因子 β 处于系数 c 的分子上，直观显示 β 取值越大，交易系统 T 中涌现高阶交易势的群体就越多，意味着交易系统越趋于平均，这与交易势极化定理所得出的结论相矛盾。这便是交易势转换因子 β 两面性的具体体现。

事实上，交易势极化原理和交易势分布函数在含义上有所不同，交易势极化原理揭示的是交易系统中优势积累的机制，交易势转换因子 β 在此过程中必然发挥着推动作用，交易势转换因子 β 越高，交易势分化的速度就越快，体现的是交易系统演化进程中交易势的相对关系。而交易势分布函数所度量的则是交易势大于某个量值的交易主体所占比例，尽管包含交易主体的相对关系，但与交易势极化定理相比，对不同主体交易势差距的描述更趋于宏观，分布函数只是告诉我们交易势大于某个量值 k 的交易主体在系统容量中的占比，但没有进一步给出这些主体交易势的差异情况。交易势极化原理与交易势分布函数在刻画差异方面的着重点不同，是导致交易势转换因子 β 的作用显得前后矛盾的主要原因。

在交易势分布函数中，交易势最小分布值 k 需要满足不等式 $k > \beta \dfrac{p}{q}$，这一关系清楚地表明，交易势转换因子 β 在交易系统 T 的演化中发挥着推动效率提升和交易势普遍提高的作用。回顾人类社会历史，尤其是工业革命以来的三百多年发展史，在交易系统快速演化的过程中，民众生活得到普遍提高，交易主体的交易势更是今非昔比。这表明，尽管交易系统的分化程度日益增强，但总体而言，民众仍会在交易系统的演化发展中获益。交易势极化原理只是告诉我们，交易主体的相对差距在不断拉大，但这并不意味着弱势主体的情况会变得更糟。

从交易势分布函数（17.4.20）中，我们还可以观察到另一个结果，当交易势转换因子 $\beta = 0$ 时，交易势分布函数 $F(k) = 0$，表明此时的交易势分布函数退化为一个点，所有交易主体的交易势均为 0。事实上，这就意味着交易系统已经不复存在，交易活动在人们的地位确定过程中不再发挥任何有意义的作用。在现实世界中，我们可以在曾经的计划经济模式中找到这种场景。

三是在交易势幂律分布函数（17.4.21）中，时间 t 位于 c 的分母位置上，随着时间 t 的延续，分布函数的系数 c 将会持续萎缩，最终向极限值 $c = \left(\dfrac{\beta p}{q}\right)^{\frac{1}{q}}$ 逼近，交易势分布函数趋近极限值 $F(k) = \left(\dfrac{\beta p}{q}\right)^{\frac{1}{q}} \dfrac{1}{k^{\frac{1}{q}}}$，这表明交易系统的交易势

分布存在稳态结构。从表面上看，这一结果与交易势极化原理存在矛盾。事实上，交易势分布稳态结构与交易势极化可以并存，即使交易系统达到交易势分布稳定状态，处于不同层次的交易主体在差距上仍然可以持续拉大，今天西方社会富有阶层与中低收入阶层之间差距不断扩大的事实也印证了这一点。

交易势分布趋向稳态的结果给予我们这样的暗示：随着时间的推移，市场集中度不断提升，形成少数几家企业控制市场的局面，交易系统便进入稳定状态，社会随即陷入僵化，交易系统的创新能力和资源配置效率进一步下降，交易系统将处于低效运行状态。由任何制度所构建的交易系统在岁月的风吹雨打中，都终将不可避免地走向僵化。只有不断进行制度完善和改革，适时对交易系统进行结构性调整，才能让交易系统持续充满生机。

在交易势函数 $F(k)$ 中，变量 t 有三重含义，除了代表永不停息的时间外，还代表着交易系统的容量和交易系统的交易总量。多重含义的 t 意味着交易势分布函数包含了更多需要解读的内容，随着交易系统在主体容量和交易总量上的扩张，交易系统的交易势分化态势也将更加突出。

上述结论是基于十分简化的交易系统模型得到的，模型将交易演化与交易系统的容量扩充绑定在一起，就会出现伴随着时间的演进，交易系统容量始终处于持续不断扩容的态势。这在现实中并非总能成立。在很多情境下，交易主体的数量不仅不会增加，反而会出现缩减。但是，支撑交易势分化的关键因素来自跟随策略行为及交易机会增多的逻辑。在现实中，即使交易系统容量减少，只要技术创新仍在继续，交易机会仍然存在巨大增长潜力。由此可见，尽管交易模型做了很多简化，但现实的逻辑依然存在。因此，由交易势幂律分布函数推演出的主要结论具有很大的普适性。

17.4.2 交易势幂律分布计算

为了直观地体现交易势函数的走势，我们按照随机策略和追随策略的 2/8 分布原则、时间步 $t=10$、交易势转换因子 $\beta=0.8$，交易势档次临界值分别取 $k=0.1$、$k=0.5$、$k=1$、$k=2$、$k=3$、$k=4$、$k=5$，由此计算得出交易势的分布如下：

表 17.4.1 交易势分布表

$F(0.1)$	$F(0.5)$	$F(1)$	$F(2)$	$F(3)$	$F(4)$	$F(5)$
0.66	0.23	0.117	0.055	0.034	0.024	0.019

根据得出的交易势分布数据，我们可以画出交易势分布曲线图：

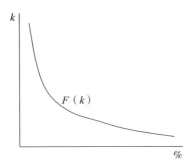

图 17.4.1　交易势分布曲线

上述计算结果清晰地呈现了交易势的极化特征，拥有高交易势的主体数量在交易系统中的占比很低，而大部分交易主体的交易势处于较低水平。在上述案例中，交易系统中 77% 的交易主体，交易势 $\psi<0.5$；34% 的交易主体，交易势 $\psi<0.1$；交易势 $\psi\geqslant 2$ 的交易主体在交易系统中仅占 5.5%，而交易势 $\psi\geqslant 5$ 的交易主体占比更小，占全部交易主体的比重低于 2%。

在上述计算中，交易系统仅在 10 个时间步的演化中，便已经显示出交易势极度分化的格局。交易系统中只有 2% 的高阶交易势群体，与占比 77% 的交易主体相比，交易势差距高达 10 倍之多；而与占比 34% 的低阶群体的差距更是高达近 50 倍。随着时间的推移，这种差距还会进一步扩大。

观察交易势分布的密度同样能够得出十分有意义的结果。交易势的分布密度用公式 $\omega=\dfrac{\Delta n}{\Delta \psi}$ 计算，其中，Δn 表示处于两个交易势档次之间的主体占比，$\Delta \psi$ 表示两档相邻交易势之差。在上述案例中，七个交易势档次的分布密度如下：

表 17.4.2　交易势密度分布表

ω_1	ω_2	ω_3	ω_4	ω_5	ω_6	ω_7
3.4	1.075	0.226	0.062	0.021	0.01	0.005

计算结果表明，低阶交易势区间是交易主体稠密区域，大量低阶交易势主体集中在这个区域；这也表明低阶交易势群体具有高度同质化特点；而在高阶交易势区间上，交易势越高，分布越稀疏，表明交易势主体的个体特征鲜明，在交易势上存在较大差异。

从交易主体集聚的位置来看，交易势满足 $0.1\leqslant \psi<2$ 的主体是交易系统的

多数群体，占到交易主体总量的 60.5%。这个区间段处于交易势分布区间的中段，表明交易系统的交易势分布同样符合橄榄球分布特征。随着交易系统的演化，占据交易系统多数的中间主体会发生位移，从交易势函数透露的信息来看，中间群体的位置会向下移动，即朝着交易系统两极分化的方向演化。

17.5 交易势分化的内在机制

交易势极化原理揭示了交易系统演化的重要规律。从深层次来看，导致交易势极化的原因众多，既有人类社会组织形态的因素，也有人类认知基本模式的因素，还有交易主体相互作用的因素。

17.5.1 交易势分化的微观机制

在交易系统中，交易势的极化趋势同时表现在家庭和企业两类主体上，但在交易势的极化过程中，家庭和企业发挥作用的机理及各自呈现的形式有很大差异。具体来讲，企业的交易势分化是交易系统极化的基础，家庭交易势的分化过程主要是通过企业交易势极化实现的。从演化历史进程来看，企业是从家庭主体中分离出来的一类主体，企业最终所有权归于家庭而不是企业自己，企业不存在终极权益。企业作为法人的权益仅仅是家庭终极权益的中间存在形态。由此可见，企业是家庭交易势分化的推手，是交易系统极化现象的关键角色。基于这样的逻辑，我们在对交易势极化微观机制的讨论中，主要关注企业交易势的分化机制。

交易势极化是指在一个交易系统中，交易势分布存在严重的两极分化，少数交易主体拥有超级交易势，而大多数交易主体则处于低阶次位置上。为了简化论证过程，我们以交易社区为考察对象，通过对供应商交易势分化过程的细致解析，揭示出交易系统分化的微观机制。

设 b_j、b_k 是交易社区 Ω 上的两个同相位供应商，在时间步 t 上，供应商 b_j、b_k 在 Ω 上的获客数量分别为 n_j 和 n_k；a_i 是交易社区 Ω 上初次与 b_j、b_k 交易的居民。

假设 a_i 对 b_j、b_k 情况的了解主要来自邻居的交易选择，在交易实施前，a_i 的收益预期主要集中在产品本身，而没有表现出对不同供应商的预期差别，所以有 $e_g(b_j) = e_g(b_k) = e_g$；面对商品交易，若出现交易局势不友好的情况，对应的收益预期应当是供应商产品的真实价值，即 $e_b(b_j) = z_j$、$e_b(b_k) = z_k$；假设 a_i 关于供应商 b_j、b_k 的先验概率没有明显的倾向性，即 $p(b_j) = p(b_k) = p$、

$q(b_j) = q(b_k) = q$。

根据交易方程,在时间步 $t+1$ 上,a_i 给予供应商 b_j 和 b_k 的选择概率分别如下:

$$\Pr(b_j) = 1 - R^j_g \frac{q}{p} \mu^{n_j} \tag{17.5.1}$$

$$\Pr(b_k) = 1 - R^k_g \frac{q}{p} \mu^{n_k} \tag{17.5.2}$$

根据设定参数,我们可以分别计算出收益风险系数 R^j_g、R^k_g:

$$R^j_g = \frac{e_g - z_j}{e_g - e_0} \tag{17.5.3}$$

$$R^k_g = \frac{e_g - z_k}{e_g - e_0} \tag{17.5.4}$$

在成本不变的条件下,供应商 b_j 和 b_k 赋予产品价值量的能力与供应商获取的交易机会成正比,供应商获得的交易机会越多,意味着生产迭代的次数越多,对技术和管理的学习机会也越多,从而赋予产品价值的能力就越强。

根据上述逻辑,我们假设 b_j 和 b_k 拥有相同的生产函数 $z = ln$,其中,$l > 0$ 为厂商学习能力因子,n 为厂商的获客数量。

将生产函数分别代入(17.5.3)(17.5.4)得到:

$$R^j_g = \frac{e_g - z_j}{e_g - e_0} = \frac{e_g - ln_j}{e_g - e_0} \tag{17.5.5}$$

$$R^k_g = \frac{e_g - z_k}{e_g - e_0} = \frac{e_g - ln_k}{e_g - e_0} \tag{17.5.6}$$

在式(17.5.5)和(17.5.6)中,由于 e_g 和 e_0 是两个相对稳定的参数,b_j 和 b_k 的获客数量 n_j 和 n_k 成为决定与 a_i 交易收益落差比的关键因素,获客数量越大,收益风险系数就越小。因此,我们可以进一步将收益风险系数表述为如下函数:

$$R^j_g = \frac{e_g - kn_j}{e_g - e_0} = \beta L^{-n_j} \tag{17.5.7}$$

$$R^k_g = \frac{e_g - kn_k}{e_g - e_0} - \beta L^{-n_k} \tag{17.5.8}$$

$\beta > 0$ 为配衡常数,L 表示厂商的综合学习能力。在此,我们假设交易主体具有相同的学习能力,且有 $L \geq 1$;当 $L = 1$ 时,表示交易主体没有学习能力,L 越大表示学习能力越强。

将式(17.5.7)和(17.5.8)分别代入(17.5.1)和(17.5.2)中得到:

$$\Pr(b_j) = 1 - \beta L^{-n_j} \frac{q}{p} \mu^{n_j} \qquad (17.5.9)$$

$$\Pr(b_k) = 1 - \beta L^{-n_k} \frac{q}{p} \mu^{n_k} \qquad (17.5.10)$$

在式（17.5.9）和（17.5.10）中，$\Pr(b_j)$、$\Pr(b_k)$ 分别为时间步 $t+1$ 上交易主体 a_i 选择与供应商 b_j 和 b_k 交易的概率。根据概率关系，我们用 $Q_j(t+1)$、$Q_k(t+1)$ 表示与 $\Pr(b_j)$、$\Pr(b_k)$ 对偶的概率，即 a_i 不与相应供应商交易的概率，上述交易方程有如下变形：

$$\beta L^{-n_j} \frac{q}{p} \mu^{n_j} = 1 - \Pr(b_j) = Q_j(t+1) \qquad (17.5.11)$$

$$\beta L^{-n_k} \frac{q}{p} \mu^{n_k} = 1 - \Pr(b_k) = Q_k(t+1) \qquad (17.5.12)$$

由式（17.5.11）和（17.5.12）可以得到：

$$\frac{Q_k(t+1)}{Q_j(t+1)} = \frac{\beta L^{-n_k} \frac{q}{p} \mu^{n_k}}{\beta L^{-n_j} \frac{q}{p} \mu^{n_j}} \qquad (17.5.13)$$

整理式（17.5.13）得到：

$$\frac{Q_k(t+1)}{Q_j(t+1)} = L^{n_j - n_k} \mu^{n_k - n_j} \qquad (17.5.14)$$

由式（17.5.14）得到：

$$\frac{Q_k(t+1)}{Q_j(t+1)} = \frac{L^{n_j - n_k}}{\mu^{n_j - n_k}} \qquad (17.5.15)$$

假设 $n_j - n_k = \Delta n > 0$

代入（17.5.15）得到：

$$\frac{Q_k(t+1)}{Q_j(t+1)} = \left(L \frac{1}{\mu}\right)^{\Delta n} \qquad (17.5.16)$$

按照有限理性结构参数的 2/8 原则，由（17.5.16）得到：

$$\frac{Q_k(t+1)}{Q_j(t+1)} = 4^{\Delta n} L^{\Delta n} \qquad (17.5.17)$$

在通常情况下，交易主体均有一定的学习能力，故有 $L>1$。（17.5.17）表明，概率 $Q_j(t+1)$、$Q_k(t+1)$ 之比是获客量差异 Δn 的指数函数。考虑到 $Q_j(t+1)$、$Q_k(t+1)$ 与 $\Pr(b_j)$、$\Pr(b_k)$ 具有反向镜像关系，Q_k 越大，$\Pr(b_k)$ 取值就越小。由此可以推出结论：交易主体在市场上的竞争存在优势积累的特点，前期优势越大,在后期的竞争中的优势将会进一步加强,竞争优势会以指数级速度与其他交易主体拉开距离。考虑到交易系统处于持续不断的进化之中,交易主体的学习能力也在不断提升,交易主体之间竞争力的差距将会以更快的加速度扩大。

在交易势分化的微观机制中,主要包含两种作用机制,第一种是交易主体竞争力的正反馈机制。交易主体在时间步 t 上的竞争优势将会带到时间步 $t+1$,通过获得更多交易资源增强竞争能力;而在上期竞争失利,则会削弱下一时间步上的竞争力。第二种是信号放大机制。通过交易社区上交易主体之间的相互影响,将供应商间的差异信号放大,在交易势分化进程中发挥着加速器的作用。这一机制通过 μ^n 实现,在实施概率中体现为指数函数 $4^{\Delta n}$。两种不同的机制分别来自交易双方的不同相位,它们相互加强,互为补充,发挥着推动交易系统加速分化的进程。

17.5.2 交易势分化的社会逻辑

在交易势极化的背后,真正的推手是经济系统的"优势积累效应"。优势积累原理是由美国经济学家布莱恩·阿瑟在他的《复杂经济学》中首先提出来的。所谓"优势积累效应"就是优势可以积累起来,成为下一轮竞争的优势,从而让交易主体在相同规则下的竞争差距不断扩大。"优势积累效应"的关键在于"积累"。一次偶然的优势并不重要,一旦某种优势成为可以在时间坐标上不断积累的变量,那么,无论多么微不足道的优势,随着时间的推移,最终都会表现出其巨大的力量。"优势积累效应"是交易网络的本质属性,决定了交易网络的运行不会受到均衡状态的束缚,任何均衡态势都终将被打破,形成一种波浪式发展的节奏。

"优势积累效应"在不同类型交易主体身上体现的机制有所不同。对于家庭主体,具有竞争优势的家庭必然会获得更多的财富分配,这些家庭通常是比较勤奋、精明、留心信息的收集,在交易决策方面果断,但又不盲从,善于捕捉投资机会。

在导致交易势分化的众多因素中,收集信息、接受信息和利用信息做出正确决策的能力最为关键,这些能力概括为信息处理能力。事实上,处理事情的能力、克服困难的能力本质上属于信息处理能力的范畴。在信息的海洋里,如何选择信息、如何吸收信息、如何利用经验信息构建决策模型是人们处理信息的关键环节。处理信息的能力越强,表明人们面对新情况做出反应的速度就越快;同样,处理信息的能力越强,人们决策依据就越扎实,做出正确决策的可能性就越大。

　　财富分布一旦在家庭群体中形成差别，这种差别便会通过几个渠道对下一轮竞争造成影响。首先，拥有较多财富的家庭，在社会上拥有较高的社会地位，在社会网络上具有比较高的节点度，广泛的社会联系让这类家庭具有信息优势。这种优势势必以一定方式转化为商机，同时丰富的信息为决策提供了比较充分的依据，保证了其决策正确的概率比其他人更高。其次，众多交易存在一定的前置条件，包括拥有的资金规模、前期交易的信誉等。这些前置条件客观上将家庭群体划分成为两种不同类别，拥有较多财富的家庭更有可能满足这类前置条件。就一般而论，拥有较多财富的家庭，具有相对较大的交易策略集。交易策略集越大，可供选择的交易方案就越多，获取收益的机会就会比其他人更多。最后，财富差异的影响在代际间扩散，使差距在代际间保持并扩大。拥有较多财富的家庭，能够为子女提供更好的教育。良好的教育不仅为即将进入社会的子女奠定了参与竞争的基础，使他们以较好的状态和较高的起点进行社会竞争，而且良好教育保证了他们在教育成长阶段处于精英学生的环境中，这些同学关系最终构成了他们社会网络的重要部分，为日后的竞争提供社会关系资源。

　　企业的优势同样可以积累。第一是市场优势。在竞争中占据优势的企业会获得更大的市场份额，拥有较好的市场交易网络。这种优势给企业在定价方面有更多的主导权，从而企业仍有更大的利润空间。第二是资金优势。获得了竞争优势的企业，可以从经营中获得更多的收入，从金融市场上获得比其他企业更多、更便宜的资金。充裕的资金让企业有更多的投资选择，这为下一步的竞争提供了非常宝贵的主动权。第三是技术优势。获得竞争优势的企业有更大的能力去提升改造技术，保证企业在技术上的领先优势。第四是人才优势。良好的市场销路和雄厚的资金实力，自然是企业吸引高素质人才的基础。管理团队的素质，技术人员的水平，是决定企业竞争成败的关键。获得市场竞争优势的企业，证明了原有的产品技术适应性以及内部管理机制的有效性，这些为进一步吸引人才提供了基础。更多人才的加入，会进一步扩大原有的优势。第五是品牌优势。企业获得竞争优势的一个重要标志是建立了具有较高市场认可度的品牌。品牌是企业的名片，也是企业在市场上的身份证。品牌与消费之间存在信任关系和忠诚关系，拥有良好口碑的品牌，是企业一笔数额巨大的无形资产，在同等条件下能够为企业赢得更多的回报。

　　企业的"优势积累效应"会受到"效益递减规律"制约。在企业规模不断增加情况下，投资收益率开始下降。在今天生产自动化程度越来越高的情况下，"效益递减规律"的作用逐渐减弱，"规模经济效应"反而会越来越明显。在资本密集度增加后，企业的固定成本在总成本中的比重增加，随着生产规模的扩大，单位成本随之下降。但是，企业管理规模存在一定极限，当企业规模超过一定限度后，企业效率便开始下降，包括信息输送环节增多，企业决策效率下降，企业管理僵化现象越来越明显。为了解决这些问题，企业通常会采用集团化模式，集团内部的企业保持一定独立性。但集团的层次同样不可能无限增加，层系每增加一层，信息输送和决策效率就会下降一级。今天，跨国公司通常会有三个层级，集团层级、区域层级、生产公司层级，在管理层级上已经接近极限。

技术创新无疑是"优势积累效应"的另一个重大制约因素。每次重大技术创新，必然产生市场和社会的"换道"效应。在技术革命面前，能够敏捷地捕捉机会的通常是中小型企业，在重大技术出现的初期，市场风险很大，而市场容量却很小，这些特点容易让已经拥有很大优势的巨无霸企业忽视市场发展的最新动向。从另一方面讲，已经获得优势的大型企业要大规模地调整产品结构，更新生产设备，需要支付高昂的成本。大型企业还面临管理体制僵化，决策效率低下的困扰。这些都是在重大技术革新面前大企业所表现出的劣势。在交易网络上，会出现这样的一种现象，一批在"优势积累效应"推动下成长的巨型企业，在新技术浪潮中却被一批新的优势不断积累的企业所替代。随着旧有的大企业倒下，新的大企业重新出现。这也就是熊彼特"创新性毁灭"的体现。在交易系统的演化中，每一轮更新都为交易系统带来全新的气象。交易系统正是在超级交易势主体持续不断地更迭中实现进化。

在充满不确定的世界里，机会或机遇总是以概率涨落的方式呈现，机遇在时空上的不均分布构成了人们所说的运气。人类的一切活动永远无法排除运气的作用。在交易势的演化进程中存在着台阶效应。如果机遇较好并且能够抓住机遇，主体的交易势就会跃升一个台阶，由于交易势分布呈现金字塔形状，交易势越高，能够与之竞争的对手越少，可以利用的资源反而越多。如果能够把握机遇顺利跃升到更高台阶，就会为交易势更高台阶的跃迁奠定基础。

注释

1. 汽车工业一度是美国工业繁荣的象征，对美国就业、产业链以及金融市场均具有巨大的影响力。在就业方面，2008年美国汽车工业已有40万人失业，如果三大公司破产，失业人数将超过100万；如果将已退休的职员及健康保险人员包括在内，受波及的人数将会超过200万之多。仅通用汽车一家公司，就为全球汽车市场提供了12%的乘用汽车和卡车，在全球140个国家设有生产车间和商业网点，员工总数达到243 000人；在美国，通用公司在35个州设有207家生产网点，每年涉及的交易合同超过50万份。在产业链方面，汽车制造商是美国钢、铝、铁、铜、塑料、电子芯片等大宗商品的最大采购商，钢材采购量占美国市场总需求的 30%。汽车及配件出口占美国货物出口的比重达 10%。在金融市场上，汽车公司是高收益债券的重要发行人，市场份额高到 10%。银行对汽车厂商的贷款证券化资产，是美国金融市场的重要组成部分。

通过这样一组数字，我们能够更为感性地理解超级交易势的具体含义，也能够更加深入地理解超级交易势对于交易系统的重要性。美国总统德怀特·艾森豪威尔在一次国会听证会上曾说"对通用汽车好的事情，对美国也会有好处。"

2. 对于这段故事，曾经参与策划汽车救助方案的 Steven Rattner 在他《大修》一书中有精彩生动的描述，参阅：Rattner S. Overhaul: An Insider's Account of the Obama Administration's Emergency Rescue of the Auto Industry [M]. Boston: Houghton Mifflin Harcourt, 2010.
3. 朱富强. 经济学说史 [M]. 北京：清华大学出版社，2013.
4. [英] 阿弗里德·马歇尔. 经济学原理 [M]. 廉运杰，译. 北京：华夏出版社，2012：369-370.
5. [美] 约瑟夫·E. 斯蒂格利茨. 美国真相 [M]. 刘斌，刘一鸣，刘嘉牧，译. 北京：机械工业出版社，2020：55.
6. 同 6：48.
7. 同 6：48.
8. 同 6：60.
9. [法] 托马斯·皮凯蒂. 21 世纪资本论 [M]. 巴曙松等，译. 北京：中信出版社，2014：14.
10. [英] 安格斯·麦迪森. 世界经济千年统计 [M]. 伍晓鹰，施发启，译. 北京：北京大学出版社 2009.
11. 以下证明来自《网络、群体与市场——揭示高度互联网世界的行为原理和效应机制》中"富者更富过程的确定性近似"的方法。参见：[美] 大卫·伊利斯，乔恩·克莱因伯格. 网络、群体与市场：揭示高度互联世界的行为原理与效应机制 [M]. 李晓明，王卫红，杨韫利，译. 北京：清华大学出版社，2011：345-348.

第十八章

交易系统演化方程

交易势极化过程是交易系统演化的重要趋势，对交易系统运行必将产生极为深远的影响。交易势极化并非孤立的过程，在交易系统的演化进程中，交易势极化与经济增长之间存在着非常紧密的伴生关系。

18.1 交易势分化的度量

交易势极化定理证明，交易系统演化过程将不可避免地导致交易势两极分化。但是，对交易势极化程度的准确度量仍是一个有待解决的问题。方差是统计学上对均值偏离程度最常用的度量方法，却并不是度量交易势极化的理想指标。在方差计算中，高偏离度的小样本群体由于在总样本中占比极低而被忽略，而交易势极化（包括财富分布极化）恰恰是小样本的偏离现象。

根据交易势服从幂律分布的特点，我们采用常用的衡量两极分化强度的基尼系数方法，构造交易系统的交易势分化指标——交易势极化系数。

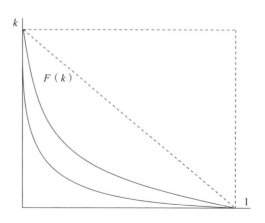

图 18.1.1　交易势分布示意图

图 18.1.1 显示，交易势极化程度越严重，交易势分布曲线就越陡峭，与均分对角线围成的面积就越大，两者具有同向变化趋势，对交易势极化程度的度量指标可以据此构造。

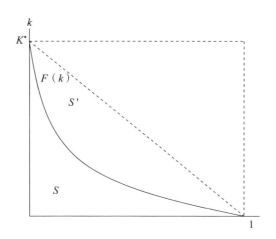

图 18.1.2　交易势区域分布示意图

在图 18.1.2 中，由两条坐标轴与两条虚线围成了两条边分别为 K^* 和 1 的长方形，其中，长方形的高为 K^*，代表 k 的最大取值；长方形的底边，代表满足 $F(a_i) > k$ 的交易主体在交易系统中的占比。S' 表示分布函数曲线 $F(k)$ 与均分对角线围成的面积，S 表示均分对角线与两条坐标轴围成的三角形面积。用希腊字母 χ 表示交易势极化指数，定义如下：

$$\chi = \frac{S'}{S} \tag{18.1.1}$$

根据 χ 的定义，χ 取值区间为 $0 \leq \chi < 1$；χ 值越大，说明交易势分布越不均匀，极化程度越严重；反之，χ 值越小，说明交易势分布越均匀。当交易势分布函数 $F(k)$ 与对角线完全重合时，$S' = 0$。由（18.1.1）可知，此时 $\chi = 0$，对应着交易系统的绝对均等状态。

根据交易势极化系数 χ 的定义，分布曲线 $F(k)$ 与对角线所围成的面积：

$$S' = S - \int_0^{K^*} F(k) dk \tag{18.1.2}$$

由图 18.1.2 可知，S 为长方形一半的面积，即 $S = \frac{K^*}{2}$，将其与（18.1.2）一并代入（18.1.1）中得到：

$$\chi = \frac{S'}{S} = 1 - \frac{2}{K^*} \int_0^{K^*} F(k) dk \tag{18.1.3}$$

式（18.1.3）表明，交易势极化系数 χ 是由交易势分布函数决定的。交易势分布函数一经确定，交易势极化系数 χ 也就随之确定。

我们知道，交易势分布函数，随时间 t 持续变化。为了表明分布函数的演化特点，将分布函数 $F(k)$ 改写为 $F(k,t)$。于是，交易势极化系数 χ 的公式可以写成如下形式：

$$\chi(t)=\frac{S'}{S}=1-\frac{2}{K^*}\int_0^{K^*}F(k,t)dk \qquad (18.1.4)$$

18.2 交易系统演化方程

我们构造交易系统演化方程，是将影响交易势极化过程的多种因素归纳为清晰的量化关系，为深入分析交易系统的分化过程提供有效的工具。

18.2.1 交易系统演化方程推导

交易主体间的差距是在一次又一次的交易迭代过程中逐渐积累的结果。每次交易都是交易主体的一次博弈，博弈必定产生支付上的差异。如果博弈双方的支付始终完全一样，也就不会存在交易主体的博弈，更不会存在交易系统的演化和发展。

从这样的逻辑起点出发，我们可以得出结论：交易势分化是交易迭代积累的结果。交易推动经济增长，交易势分化速度与经济增长速度必然成正比关系。经济增长速度越快，意味着交易活动的频度和交易规模增长速度就越快，交易势分化的速度也必然加快。

在考虑 χ 伴随经济增长扩大的同时，我们还要考虑另外一个重要因素——交易系统分配比——的作用。经济增长对于交易势分化的推动必须通过分配环节发挥作用。分配是交易的结果，也是交易的动力。从这个角度来看，交易系统的分配关系对于交易势极化过程非常重要。在交易系统中，最重要的分配结构是资本与劳动力之间的分配关系。由于资本分布极不均匀，分配向资本一方倾斜越多，意味着交易势分化速度就越快；相反，如果分配向劳动力一方倾斜，在同等交易强度下的交易势分化速度会相对缓和。

衡量交易系统的分配结构特征需要综合多方面的指标，包括工资、资本收益、资本周转率、初次分配、再分配，以及工资分布、企业收益的行业分布等。为了简单起见，我们用资本平均收益率与单位时间平均工资率之比作为交易系统分配指标的替代指标插入——交易系统分配比。尽管这个指标漏掉了分布信息，但在连续考察交易系统演化进程时，仍能够较好反映分配格局的变化。

用 η 表示交易系统分配比，指标定义如下：

$$\eta = \frac{pr}{w} \tag{18.2.1}$$

在式（18.2.1）中，pr 表示资本利润率；w 表示平均工资率。

根据交易势分化速度与经济增长和交易系统分配比的关系，我们得到如下关系：

$$\frac{d\chi}{dt} = \alpha \eta Gr \tag{18.2.2}$$

在式（18.2.2）中，Gr 表示经济增长率，$\alpha > 0$ 为交易系统结构参数。

考虑到交易势分化是积累的结果，对上述等式两边同时进行时间区间 $[0,t]$ 上的积分，得到：

$$\int_0^t \frac{d\chi}{dt} dt = \alpha \int_0^t \eta Gr dt \tag{18.2.3}$$

由式（18.2.3）得到：

$$\chi \big|_0^t = \alpha \int_0^t \eta Gr dt \tag{18.2.4}$$

将式（18.2.4）展开得到：

$$\chi(t) - \chi(0) = \alpha \int_0^t \eta Gr dt \tag{18.2.5}$$

假定在交易系统演化的起点上，交易势处于绝对均匀分布状态，交易势极化系数 $\chi(0) = 0$。代入（18.2.5）得到：

$$\chi(t) = \alpha \int_0^t \eta Gr dt \tag{18.2.6}$$

在现代社会，引起交易势加速分化的另一个重要推动力来自资产金融化。资产金融化是资产的投资功能和流动性功能被强化的过程。交易主体持有的各类资产有两种不同的功能：投资功能和使用功能。股权资产属于投资类资产，生产设备属于功能类资产；还有一些资产兼具投资和使用两项功能，如房地产、土地资产等。当交易主体持有的部分资产中具有投资功能，我们就说这类资产具备一定程度的金融化；资产的流动性是指该资产变现的能力。一项资产的投资功能必须基于较强的变现能力，如果缺少变现能力或变现能力较差，无论资产价格如何变化，实际的投资意义都不大。譬如生产设备也会跟随需求与供给的关系变化在重置价格上发生变化，但由于较强的专属性，流动性较差，很少有人将某种生产设备作为投资品来持有。

在交易系统中，当金融化资产在全部资产中的占比达到一定量后，资产金融化就会成为快速扩大交易势差距的催化剂。资产中的金融化比重越高，交易势分化的速度就越快。由于金融化资产的交易频率远远高于非金融化资产的交易频率。通过高频次的交易，有限规模的金融化资产，可以支撑起庞大的交易规模。金融化资产的交易，存在更大的不确定性，更容易出现多数人亏损，少数人赚钱的局面。

根据上述分析，我们可以得到推论：在一个交易系统中，资产的金融化率与交易势分化程度成正比。用 Fr 表示交易系统的资产金融化率（即交易系统中的金融化资产总量在资产总量中的占比），有如下关系：

$$\chi = \beta Fr \tag{18.2.7}$$

在（18.2.7）中，$\beta > 0$ 为交易系统的结构参数。

由于资产金融化与经济增长之间并不存在严格的依存关系，即使经济增长缓慢，资产金融化率也可能持续增长并保持较高的水平。因此，推动交易势分化的两种力量——经济增长、资产金融化——具有叠加关系。

基于上述判断，我们将两项推动交易势分化的力量合并，得到如下方程：

$$\chi(t) = \alpha \int_0^t \eta Gr dt + \beta Fr \tag{18.2.8}$$

将（18.1.4）代入（18.2.8）得到：

$$\alpha \int_0^t \eta Gr dt + \frac{2}{K^*} \int_0^{K^*} F(k,t) dk + \beta Fr = 1 \tag{18.2.9}$$

方程（18.2.9）将经济增长、交易系统的基本分配关系和资产金融化率等影响因素与交易势分布函数建立起了量化关系，揭示了影响交易系统演化主要变量之间的关系，我们将其称为交易系统演化方程。

18.2.2　交易系统演化方程计算

我们在交易系统演化方程基础上进行推演，希望从中得到更多关于交易系统演化的知识。

设交易系统 T 在时间步 t 上的交易势分布函数为 $F(k,t)$，金融化水平为 $Fr(t)$，经济增长函数为 $Gr(t)$，交易势上限为 $K^*(t)$。由交易系统演化方程可知，如下等式成立：

$$\alpha \int_0^t \eta Gr(t) dt + \frac{2}{K^*(t)} \int_0^{K^*(t)} F(k,t) dk + \beta Fr(t) = 1 \tag{18.2.10}$$

在时间步 $t+1$ 上，如下关系同样成立：

$$\alpha \int_0^{t+1} \eta Gr(t) dt + \frac{2}{K^*(t+1)} \int_0^{K^*(t+1)} F(k,t+1) dk + \beta Fr(t+1) = 1 \tag{18.2.11}$$

式（18.2.11）两边同时减去（18.2.10）两边相应项得到：

$$\alpha\left(\int_0^{t+1}\eta Gr(t)dt - \int_0^t \eta Gr(t)dt\right)$$
$$+\left(\frac{2}{K^*(t+1)}\int_0^{K^*(t+1)}F(k,t+1)dk - \frac{2}{K^*(t)}\int_0^{K^*(t)}F(k,t)dk\right)+\beta\left(Fr(t+1)-Fr(t)\right)=0$$

（18.2.12）

整理（18.2.12）得到：

$$\alpha\int_t^{t+1}\eta Gr(t)dt$$
$$+\left(\frac{2}{K^*(t+1)}\int_0^{K^*(t)}F(k,t+1)dk + \frac{2}{K^*(t+1)}\int_{K^*(t)}^{K^*(t+1)}F(k,t+1)dk - \frac{2}{K^*(t)}\int_0^{K^*(t)}F(k,t)dk\right)$$
$$+\beta\left(Fr(t+1)-Fr(t)\right)=0$$

（18.2.13）

根据交易势分布函数 $F(k,t)$ 幂律分布特征可知，

$$\int_{K^*(t)}^{K^*(t+1)}F(k,t+1)dt \ll 1 \quad (18.2.14)$$

我们可以在（18.2.13）左边忽略该项，得到：

$$\alpha\int_t^{t+1}\eta Gr(t)dt$$
$$+\left(\frac{2}{K^*(t+1)}\int_0^{K^*(t)}F(k,t+1)dk - \frac{2}{K^*(t)}\int_0^{K^*(t)}F(k,t)dk\right)+\beta\left(Fr(t+1)-Fr(t)\right)=0$$

（18.2.15）

令 $\int_t^{t+1}\eta Gr(t)=\delta_1$，$Fr(t+1)-Fr(t)=\delta_2$，代入（18.2.15）得到：

$$\alpha\delta_1+\left(\frac{2}{K^*(t+1)}\int_0^{K^*(t)}F(k,t+1)dk - \frac{2}{K^*(t)}\int_0^{K^*(t)}F(k,t)dk\right)+\beta\delta_2=0 \quad (18.2.16)$$

继续整理得到：

$$\int_0^{K^*(t)}F(k,t+1)dk+(\alpha\delta_1+\beta\delta_2)\frac{K^*(t+1)}{2}=\frac{K^*(t+1)}{K^*(t)}\int_0^{K^*(t)}F(k,t)dk \quad (18.2.17)$$

令 $\frac{K^*(t+1)}{K^*(t)}=1+\delta_3$，$\delta_3\geq 0$ 为实数。代入（18.2.17）得到：

$$\int_0^{K^*(t)}F(k,t+1)dk+(\alpha\delta_1+\beta\delta_2)\frac{K^*(t+1)}{2}=(1+\delta_3)\int_0^{K^*(t)}F(k,t)dk \quad (18.2.18)$$

整理（18.2.18）得到：

$$\int_0^{K^*(t)}[F(k,t+1)-F(k,t)]dk=\delta_3\int_0^{K^*(t)}F(k,t)dk-(\alpha\delta_1+\beta\delta_2)\frac{K^*(t+1)}{2} \quad (18.2.19)$$

若有结果：

$$\int_0^{K^*(t)}[F(k,t+1)-F(k,t)]dk<0 \quad (18.2.20)$$

则 $\delta_3 \int_0^{K^*(t)} F(k,t)dk - (\alpha\delta_1 + \beta\delta_2)\dfrac{K^*(t+1)}{2} < 0$ 成立 （18.2.21）

整理（18.2.21）得到：

$$\delta_3 < (\alpha\delta_1 + \beta\delta_2)\dfrac{K^*(t+1)}{2}\dfrac{1}{\int_0^{K^*(t)} F(k,t)dk} \quad (18.2.22)$$

$$\because \dfrac{K^*(t)}{2} \leqslant \dfrac{K^*(t+1)}{2}$$

$$\therefore \delta_3 \leqslant (\alpha\delta_1 + \beta\delta_2)\dfrac{K^*(t)}{2}\dfrac{1}{\int_0^{K^*(t)} F(k,t)dk} \quad (18.2.23)$$

条件（18.2.23）成立时，条件（18.2.22）成立。因此，（18.2.23）为（18.2.20）成立的强条件。

由交易势极化系数定义可知：

$$\chi(t) = 1 - \dfrac{2}{K^*(t)}\int_0^{K^*} F(k,t)dk \quad (18.2.24)$$

由式（18.2.24）得到：

$$\dfrac{K^*(t)}{2}\dfrac{1}{\int_0^{K^*(t)} F(k,t)dk} = \dfrac{1}{1-\chi(t)} \quad (18.2.25)$$

将（18.2.25）代入强条件（18.2.23）得到：

$$\delta_3 \leqslant (\alpha\delta_1 + \beta\delta_2)\dfrac{1}{1-\chi(t)} \quad (18.2.26)$$

由此得出结论：当条件（18.2.26）得到满足时，交易系统 T 的交易势分布函数 $F(k,t)$ 满足（18.2.20）。

根据结果（18.2.20）我们知道，交易系统 T 在时间步 t 上的交易势分布函数 $F(k,t)$ 与时间步 $t+1$ 上的交易势分布函数 $F(k,t+1)$ 的演化关系如下图所示：

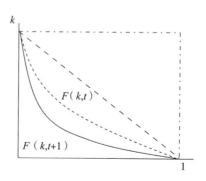

图 18.2.1 交易势分布函数演化趋势

图 18.2.1 直观体现出交易系统 $F(k,t+1)$ 的交易势分布函数演化趋势，在时间步 $t+1$ 上，交易势分布函数变得更加陡峭。这意味着伴随着经济增长和金融化程度提升，交易系统的分化强度将持续增强。

在条件（18.2.26）中，包含了 $\delta_3 = 0$、$\delta_1 > 0$、$\delta_2 > 0$ 的情况。在现实场景中，这意味着经济处于增长态势，交易系统的金融化进程仍在继续。但是，处在超级交易势位置上的交易主体却没有能力进一步扩大自己的优势。在这种情况下，尽管交易系统的交易势区间没有扩大，但交易系统分化的程度却在加强。

根据（18.2.19）可知：

若有 $\int_0^{K^*(t)} [F(k,t+1) - F(k,t)]dk > 0$ 成立 （18.2.27）

则 $\delta_3 \int_0^{K^*(t)} F(k,t)dk - (\alpha\delta_1 + \beta\delta_2)\dfrac{K^*(t+1)}{2} > 0$ 成立 （18.2.28）

由（18.2.28）得到：

$$\delta_3 > (\alpha\delta_1 + \beta\delta_2)\dfrac{K^*(t+1)}{2}\dfrac{1}{\int_0^{K^*(t)} F(k,t)dk} \quad (18.2.29)$$

$$\because K^*(t) \leq K^*(t+1)$$

$\therefore \delta_3 > (\alpha\delta_1 + \beta\delta_2)\dfrac{K^*(t)}{2}\dfrac{1}{\int_0^{K^*(t)} F(k,t)dk}$ 为（18.2.27）成立的弱条件。（18.2.30）

由此得到弱条件（18.2.30）的等价形式：

$$\delta_3 > (\alpha\delta_1 + \beta\delta_2)\dfrac{1}{1 - \chi(t)} \quad (18.2.31)$$

由此得出结论：当交易系统 T 满足弱条件（18.2.31）时，交易势分布函数 $F(k,t)$ 可能满足如下不等式：

$$\int_0^{K^*(t)} [F(k,t+1) - F(k,t)]dk > 0 \quad (18.2.32)$$

图 18.2.2 直观地呈现了（18.2.32）所表达的交易势分布函数 $F(k,t)$ 的演化趋势：

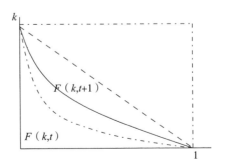

图 18.2.2　交易势分布函数演化趋势

图 18.2.2 显示了与图 18.2.1 相反的演化趋势，交易势分布函数变得更为平坦，更加贴近代表均衡分布的对角线。这就意味着交易系统 T 在交易势区间扩大的同时，交易势分布却变得更为均匀。从表面上看，交易势区间扩大与交易势分布均匀化相矛盾。交易势区间扩大代表着高阶交易势群体的交易势进一步增强，在交易系统中，低阶交易势和高阶交易势的差距将会拉得更大。在这种情况下，只有在一种情况下能够消除这种矛盾现象，在高阶交易势群体的实力继续加强的同时，交易系统中一部分低阶交易势群体转移到中等群体中，交易势形成橄榄型分布。

条件（18.2.31）包含的一种极端情况是 $\delta_1 < 0$、$\delta_2 < 0$，这种情况对应的真实场景是经济衰退和金融化程度的倒退。由此可见，交易系统退化，同样可以降低交易势的分化强度。这从侧面表明了一个道理：分化是进化的结果，而均等并非进步的标志。

经过对交易系统演化方程的计算，我们可以从中得出以下三个方面的结论。

首先，交易系统加速分化的趋势。由条件（18.2.26）、（18.2.31）可以观察到，交易势极化系数 $\chi(t)$ 越大，交易系统 T 逆转持续分化趋势需要满足的条件（18.2.31）就越难实现；相反，交易系统 T 继续增大分化强度的条件（18.2.26）越容易满足。在这种演化选择的概率下，分化越严重的交易系统，交易势极化系数 $\chi(t)$ 继续增大将是大概率事件。这就表明，交易系统 T 的演化路径，存在越来越强的路径依赖效应。

其次，经济发展和经济金融化过程是推动交易系统走向极化的基本推动力。在交易系统的演化进程中，处于经济高速增长的时期，往往也是交易系统分化最明显的时期。金融化过程对交易系统分化的机制同样如此。我们由此可以得出这样的结论：两极分化是人类社会追求经济增长必须支付的代价，要阻止交易系统的分化趋势，意味着经济将会陷入停滞，甚至坠入倒退的泥沼。分化与停滞，是人类社会无法逃避的两难选择。

最后，高阶交易势群体，尤其是超级交易势群体，虽然是交易系统中占比很低的少数群体，但在交易系统的演化进程中发挥着非常关键的引领作用。从某种意义上讲，超级交易势主体可以看作是时代特征的代表，超级交易势主体发展得越好，社会也就越有活力。整个社会将从高阶交易势群体的发展中受益。

18.3 交易系统分化进程

在交易系统演化方程（18.2.9）中，两个反映交易系统结构特征的参数 α、β 扮演着重要的角色，规定了不同国家的交易系统面对经济增长和资产金融化的进程，交易势分化的速度和强度。在两个参数的背后，发挥决定作用的是分配制度和交易规则。税收制度、再分配制度、劳动力定价机制、最低工资制度、金融化资产市场的准入规则、融资规则等，均会以不同渠道最终体现在交易系统的结构参数上。此外，产权制度也会在一定程度上对 α、β 的取值产生影响。产权私有化程度越高，α、β 取值就会越大；反之，私有化程度越低，α、β 的取值就会越小。

在交易系统的演化进程中，交易势持续分化是系统演进的主基调。但在特定的经济结构之下，资本与劳动力在分配中的关系发生改变时，交易系统分化趋势存在逆转的可能性。在第二次世界大战之后的一段时期内，美国制造业蓬勃发展，对劳动力需求的持续扩张增加了工人工资的议价权。大量家庭通过就业和工资收入的增长，进入中产阶级行列，那一段是美国中产阶级增长速度最快的时期，基尼系数随之呈现下行态势。随着全球化浪潮的全面展开，大量制造业外迁，美国经济结构脱实向虚，资产金融化在金融放松管制的大背景下快速提升，基尼系数又调头回升。

在交易系统演进的不同阶段，经济增长和金融化趋势在交易势分化进程中发挥的作用存在此消彼长的轮替关系。在经济发展初期，经济增长是推动交易势分化的主要动力。伴随着交易系统积累的资产规模越来越大，交易系统的金融化趋势将不可避免。当人们持有的资产达到一定规模后，增加资产流动性、通过交易实现资产结构优化就会成为整个社会越来越强烈的需求。各类资产交易市场会相继涌现，资产金融化进程开始加快。在经历了经济快速发展阶段之后，经济增速必然会逐步放缓，经济增长推动交易势分化的动力也逐渐衰减。此时，资产金融化开始启动加速进程，并逐步替代经济增长成为交易势分化的主要推动力。

经济和金融对交易势极化轮替发力的关系，在美国资本市场上能够得到充分的佐证。在第二次世界大战之前，美国最富有的人几乎全是实业领域的企业家。铁路运输、钢铁冶炼、石油化工、汽车制造等行业均是造就世界首富的主要领域。第二次世界大战以后，尤其是20世纪90年代以来，从华尔街产生的世界首富由过去的实业企业家，逐渐由金融投资家和科技精英替代。股神沃伦·E.巴菲特（Warren E. Buffett）、苹果公司史蒂夫·乔布斯（Steve Jobs）、特斯拉汽车埃隆·R.马斯克（Elon R. Musk）均属于新生代的世界首富。美国华尔街世界首富的易位，清晰地反映了推动美国交易势极化的角色转换。

资产泡沫是加速交易势分化的重要推手。金融化的资产在交易主体之间的分布是不均匀的，美国华尔街大约70%的股票由少数富有阶层持有。这就决定了在资产泡沫推高资产价格的时候，能够受益的只能是市场上的少数群体。资产泡沫出现后，能够捕捉投资机会的能力并不均等，拥有高阶交易势的交易主体，无论在融资能力上，还是在信息处理能力上，都大大优于低阶次主体。这就决定了每次泡沫必然会进一步扩大业已存在的交易势差距。回顾历史不难发现，每次资产泡沫，无论是股市泡沫，还是房地产泡沫，交易势都会经历一轮加速分化的过程。

以历史演进的尺度来衡量，资产泡沫所导致的交易系统分化过程常常是一次偏离交易系统长期演化趋势的涨落现象。当资产泡沫处于膨胀周期时，交易系统就会经历一轮金融化的加速过程；当资产泡沫进入破裂坍陷周期，交易系统又会经历一轮金融化的急速下调过程。在此过程中，交易系统的交易势极化系数 $\chi(t)$ 随之发生涨落共振。

在交易系统演化的不同阶段，交易势分化过程呈现出不同的特点。概括地讲，交易势极化主要经历四个演化阶段。第一个历史阶段是工业化初期阶段。经济从农业经济形态向工业经济形态转型的初期，资本处于相对稀缺状态，资本的优势地位为它带来了更高收益，交易系统的分配比 η 相对较高。从世界各国经济发展经验来看，工业化初期通常也是经济起飞阶段，经济增长速度的历史高位通常会出现在这个时期。此时社会分层速度加快，收入分配和财富分布两极化现象快速显现，相应地，交易势极化系数 χ 快速提升。交易势极化不仅表现在家庭财富分布上，也表现在市场集中度的加速提升上，企业群体内部分化也在快速形成。

第二个历史阶段是工业化的中后期。在这一时期，资本的稀缺性比起工业化初期已经有所下降，劳动力过剩现象越来越少，交易系统的分配比 η 开始下降。与此同时，经济增长速度逐渐减缓，交易系统分化速度有所减缓，甚至可能出现逆转现象。

第三个历史阶段是经济的金融化时期。在工业化中后期，资产金融化比例逐渐提升，到了工业化后期，资产金融化率通常会达到较高水平，推动交易势极化的另一股重要力量——交易系统的金融化——开始发挥作用，交易势极化系数 χ 再度开始上升。

第四个历史阶段是数字经济时代。数字经济或许是人类经历的最后经济形态。数字经济时代的典型特征是人工智能普遍使用及生产和服务的机器替代率达到较高水平。在数字经济时期，资本再度成为交易系统的主导因素，经济对资本的需求几乎是无限的，而对劳动力的需求开始下降，交易系统的分配比 η 将再次大幅上升。在这个时期，人类社会将会迎来史无前例的两极分化过程，交易势极化系数 χ 将会达到历史高位。

18.4 社会公平正义

交易系统赖以存在的基础是交易系统的有序和稳定，而交易系统又必须以公平正义为基础，否则，社会将陷入混乱与动荡的泥沼。

18.4.1 公平正义的本质

在经济学的理论认知中，公平与效率被看作是相互对立的两个概念，认为两者存在鱼与熊掌不能兼得的关系，并以此为标准，将公平正义观区分为两个对立的流派，即公平优先派和效率优先派。但是，如果回到公平正义概念的逻辑起点，审视公平正义理论的逻辑脉络就会发现，我们不应该把公平视作效率的对立面，而应该看到两者间的高度内在统一性，以及相互依赖、相互支持的协同关系。

公平正义包含众多层次。我们可以评价某件事情是否公平正义，也会评价一个人做事是否符合公平正义原则，这些都属于公平正义的微观层次；规则公平正义、制度公平正义和社会公平正义则属于公平正义概念的宏观层次。无论在哪个层次上，确定公平正义标准的逻辑依据均是维持社会合作体系的正常运行。如果我们进一步追问，为什么人们要选择合作，而不选择像鲁滨逊一样独自行事？理由是合作能够实现远比个人高得多的效率。能够释放出个人无法比拟的能力。能够克服个人无法承受的困难和挑战。如果合作能够得到 $1+1>2$ 的效果，那么合作更有效率。人们之所以追求公平正义，就是要维持相互间的合作关系。人们主张在微观层次上的公平正义，是为了实现在较小范围内的合作关系；人们追求宏观层次上的公平正义，是为了实现在更大范围内的广泛合作。人们寻求不同层次、不同强度上的合作关系，是为了创造出更高的生产能力和工作效率。当人们感受到不公平时，就会降低合作意愿，或以消极的态度应付合作。如果整个交易系统陷入不公正的境地，社会合作的根基就会动摇，基于合作的交易系统就会出现裂痕，甚至陷入动荡的泥沼。

根据公平正义的底层逻辑，我们可以断定：任何公平正义观，都必须以实现有效社会合作、有利于释放社会生产力为标准。为了客观准确地评价合作的效率，我们需要从两个维度上进行观察：一个维度涉及合作热情或合作意愿。如果一种公平正义观能够唤起人们高涨的合作热情，我们就认为这种公平正义观是正当的、合理的，这个维度的重点是合作的当前状态；另一个维度涉及社会合作热情的持续性。只有同时满足了两个维度上的效率条件，我们才能确认公平正义观的正当性与合理性。由此派生出合作的即期效率和远期效率两个次级概念。合作的即期效率是指合作的当前效率；合作的远期效率则是指社会合作的长期有效性或当前效率的可维持性。正当、合理的公平正义观必须成为即期合作效率与长期合作效率之间的桥梁，不仅能够激发当前社会合作的热情和效率，还能够将当前的合作效率维持下去，成为社会合作的常态。

公平正义观表达了人们参与社会合作的价值期待，是从自身利益出发定义的价值标准，这就决定了公平正义观具有鲜明的相对性特征。一部分人的公平正义标准常常会遭到另一部分人的否定，反之亦然。即使在一些方面持有相同公平正义关系的一群人，也可能会在另一些方面出现观点的尖锐对立。由于公平正义观涉及范围极其广泛、层次众多，且有强烈的价值观色彩，即使在国家内部，人们在对公平正义的理解以及强调的重点上也可能存在较大的差异。即便是在学术界，关于公平正义的理解同样，众说纷纭。有学者曾经做过粗略的统计，在现有的文献中有关公平正义的不同定义竟有 17 种之多。[1]

尽管公平正义令人眼花缭乱，不同观点的本质差异是在即期效率和长期效率的重点选择上。越重视即期效率的公平正义观，就越会强调个体潜能的发挥，越强调自由竞争的重要性；相反，越重视社会合作的长期效率，限制分配差异化的倾向就越强烈，限制个体潜能发挥的主张就越明显。在公平正义观的不同流派中，强调机会平等、规则正义的派别，通常是将强调重点放在即期效率上，他们重视竞争规则的公平性，强调理论上机会均等，但却忽视了个体禀赋、资源占有上的差异及财富分配不均的现实。强调结果公平和财富分配公平的派别，持有长期效率优先的逻辑。为了避免对长期效率基础的危害，不惜牺牲即期效率为前提，他们不关心造成财富分配规则的合理性问题，只看重分配的结果。上述两类针锋相对的公平正义观难以调和，无法兼顾即期效率和长期效率的关系，也就从根本上违背了合作的初衷。

社会合作的长期效率与短期效率不能完全割裂，没有即期效率的支持，长期社会合作效率就无从谈起，就会成为空中楼阁；同样，如果只顾当前效率，过度强调竞争，又会导致财富分配的两极分化，这是我们在交易势极化原理中已经证明了的结论。当财富分配两极分化不断加剧，社会合作的基础就会遭到破坏，短期效率也就无法继续维持。社会合作的长期效率与短期效率必须统一在特定社会发展阶段可以容忍的限度内，才能维持社会合作体系的正常运行。

短期效率与长期效率的关系必须适应社会发展阶段。在交易系统演化进程中，越是靠近人类社会文明进化的起点，人们面临的生存压力就越强烈，因此也就越重视当前短期效率；相反，人类社会进化的阶次越高，就会越重视社会合作效率的可持续性，长期效率的地位就越重要。由于短期效率与长期效率平衡关系社会发展演化进程中不断做适应性调整，也就带来了社会公平正义观的相应进化。我们将突出强调即期效率的公平正义观称作低阶公平正义观；将强调长期合作效率的公平正义观称为高阶公平正义观。当人类社会由低阶向高阶进化时，公平正义观同样经历由低到高的阶次进化。

公平正义观之所以遵循由低向高的进化规律，有三方面的原因。一是合作在人类交易系统演化进程中的重要性越来越突出，人们以更加紧密的联系方式进行生产和生活，导致交易系统紧致度不断增强。二是在生产力相对低下的传统社会中，人们只能将关心的重点放在当下，不可能有多余的精力关心遥远的未来。只有当现实生存压力已经不再成为人们全部关心的内容时，才会关心长期效率的问题。三是伴随着人类社会的发展，秩序与稳定性破坏的社会代价越来越高。财富的本质是社会关系，社会稳定是财富积累的基础。财富越多，叠加的社会关系就越复杂，对稳定的社会秩序依赖程度就越高。财富积累是人类社会进步的成果，伴随着社会进化阶次的升高，社会财富以几何速度快速积累，社会秩序一旦遭到破坏，以稳定社会关系为支撑的财富将随之化为泡影。社会动荡越来越成为人类难以承受之重。

公平正义观绝不可脱离社会进化的历史阶段一味追求高阶化，否则社会就会丧失进步的动力，陷入乌托邦式的自我陶醉中。正如约翰·罗尔斯（John Rawls）在他的《正义论》中指出的那样：区分正义观优劣的标准，不能从它表达的愿望多么美好、多么诱人进行判断，而是应当从它诱导出的广泛结果进行判断。[2] 如果一种公平正义观的结果，是社会丧失生产力，社会陷入贫困、落后的结局，无论这种公平正义观使用了多么美妙的词汇包装，都终将被社会抛弃。

18.4.2 社会公正性度量

当人们进行公正性评价时，关心的核心问题是付出与收益的比例关系是否合理，是否处于可以容忍的范围内。如果付出与收益的比例落在可以容忍的范围内，人们得出的结果就会是公正的评价，否则就会认为结果是不公正的。按照这样的逻辑，交易势极化系数 χ 不能满足公正性指标的要求，它仅仅是对交易势两极分化的客观态势进行了量化描述。我们需要重新构建度量社会公正性的专用指标。

当我们着手对交易系统公正性进行量化描述时，又会遇到一些问题。收益容易理解，可以用货币度量，而如何度量付出却会面临不小的挑战。首要的问题是什么是付出，是指付出的资金，还是付出的劳动，还是两者兼而有之？劳动又如何定义？不仅包括体力劳动，还包括体力劳动和精神支出的总和？在精神支出中，不仅包含脑力劳动，还包含心理承受的压力？只有这些问题得以澄清后，我们才能够对付出进行准确度量。

在人类社会系统中，人，是当仁不让的核心。社会系统的公正性本身就带有强烈的社会伦理色彩，衡量社会系统的公正性，也就必须回到社会伦理层面。

基于这样的认知，我们需要将体力劳动、脑力劳动以及心理承受压力所形成的精神支付统一在劳动性付出的概念之下。付出概念不包括货币支付的内容，是由于货币是交易系统分配的结果，而公正性作为度量交易系统在财富分配中的合理性，如果将货币支付纳入付出概念中，就又回到了交易系统中，从而形成逻辑循环。

为了准确地度量劳动付出的强度，需要建立标准劳动强度单位的概念，所谓标准劳动强度单位是指一周或一个月等单位时间内的法定劳动时间长度与劳动付出的体力和脑力强度的乘积。标准劳动强度作为劳动付出的度量单位，如果一个人付出了两个标准劳动单位，意味着他的劳动时间长度或付出的体力强度或脑力强度达到平均值的两倍。以标准劳动强度为单位，度量交易主体的劳动付出总量时，兼顾了体力付出和精神付出。这就意味着劳动者在付出过程中的心理体验包含在了劳动付出量之中，心理体验的痛苦指数越高，劳动付出量中所包含的标准劳动强度单位数量就越多。

劳动强度单位在不同的国家、不同的经济发展阶段会有所不同。总体来讲，交易系统越发达，标准劳动强度就会越小，无论是标准劳动时间长度，还是单位时间内的劳动强度，都会随着经济发展而降低。法定劳动时间在不断减少，劳动强度也在不断降低。

交易系统的公正性是由付出与收益之比进行度量的。我们将付出 W 和收益 U 分别作为横、竖两个坐标轴，考察交易系统收益比的空间分布，由此可以辨识交易系统公正性的程度。

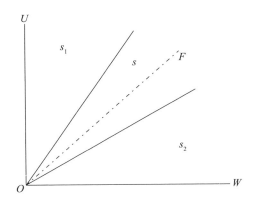

图 18.4.1 分配关系示意图

在图 18.4.1 中，收益轴 U 与付出轴 W 围成了交易系统的分配空间。每个交易主体凭借自己的交易势找到自己在社会分配空间的位置，对应于分配空间上的一个坐标点。交易系统分配空间由 45 度斜角的射线 OF 一分为二。在射线 OF 上，每个分配点的收入与付出比值均等于 1，因此，它代表着绝对公正的分配关系。在现实生活中，由于我们永远无法做到绝对公正，对于公正的态度必须有一定的容忍度，于是，在 OF 上下两侧各有一条射线，代表人们在当时社会背景下对绝对公正分配能够容忍的偏离程度。两条偏离容忍线将交易系统分配空间分割成三个区域，分别是 s 区域——代表社会可接受的适当分配区域，s_1 区域——代表付出少、收益高的强势分配区域，s_2 区域——代表付出多、收益低的弱势分配区域。

交易系统中的每个交易主体，在交易系统分配空间上只能对应一个分配坐标点，只能落在三个分区中的某个区域上，这就决定了分配空间的三个区域 s、s_1、s_2 此消彼长的关系。在分配空间的三个分区中，适当分配区的交易主体数量越多，代表着交易系统的分配公正性越高；相反，落入适当分配区的主体数量越少，表明交易系统分配关系偏离公正性的程度就越严重。基于这样的理解，我们将交易系统分配公正指数定义如下：

$$fn = \frac{N_s}{N_1} \tag{18.4.1}$$

在（18.4.1）中，fn 代表交易系统分配的公正指数，N_s 代表落入适当分配区 s 的家庭主体数量，N_1 代表交易系统中家庭主体的总量，即交易系统容量的家庭主体部分。

根据定义（18.4.1），交易系统公正性系数 fn 在 0 到 1 之间取值。交易系统公正性最高水平为 $fn = 0$，理论上分配公正性的最低水平为 $fn = 0$。应当指出的是，虽然分配公正性系数与基尼系数 $Gini$ 存在内在的紧密联系，但在指标的核心逻辑上存在根本差别。基尼系数 $Gini$ 主要用于描述财富在人群中的分布结果，是一种现象的客观描述；而分配公正指数 fn 使用付出与收益比例进行测度。收入与付出分别代表着分配的结果与收入的过程两个方面，将其纳入交易系统的公正性指标的计算中，能够比较全面地反映公平正义观的本质要求。

在分配空间的三个区域上，强势分配区 s_1 与适当分配区 s 存在强烈的排斥关系。适当分配区 s 对强势分配区 s_1 的变动具有高度敏感性：强势分配区 s_1 落入的主体数量稍有增加，便会导致适当分配区 s 的主体数量成倍压缩。这是由于从适当分配区 s 流失的交易主体成倍于强势分配区 s_1 的主体数量，原来处于适当分配区 s 的相当一部分主体，由于少数主体晋升到强势分配区 s_1 而被推向弱势分配区。分配区域间之所以存在这种强烈的排斥关系，主要是由于财富分配总是在交易完成后进行的，财富总量已经成为既定值。对于既定财富的分配，一定是此消彼长的关系；此外，由于强势分配区中的交易主体所占有的财富份额要远远高于适当分配区的主体，这就形成了强势分配区与适当分配区主体变化的倍数关系。

在社会分配空间上，适当分配区域 s 覆盖面积的大小代表着社会对偏离绝对公正分配线的容忍程度，s 面积越大，表明社会对公正偏离的容忍度越高，对基于竞争产生的效率需求越强烈；相反，s 面积越小，表明社会对公正偏离的容忍度越低，公平正义的意识就越强烈。正如我们此前分析得出的结论，人类社会始终沿着公平正义意识持续增强的方向进化，由此带来社会分配空间结构相应的改变。

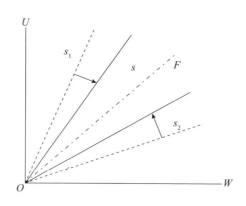

图 18.4.2　分配关系演化示意图

图 18.4.2 直观地显示了社会分配空间结构演化的趋势，即公正偏离线张角由大到小、适当分配区域 s 逐渐向绝对公平分配线收窄的演化趋势。

18.5 交易势分化的广泛影响

交易势分化对于交易系统产生的影响广泛而又深远,交易势分化的主要表现集中在三个方面,包括企业主体方面、家庭主体方面和交易系统方面。

18.5.1 市场集中度持续上升

交易势分化在企业主体方面的表现是市场集中度持续提高。在现实中,市场集中度呈现下抛物线的演化过程。在市场孕育和发展初期,市场容量较小,供应商也比较少,这时市场集中度较高,这是所谓的"蓝海"阶段;随着市场容量逐渐扩充,会有更多企业进入,市场竞争也逐渐进入白热化阶段,这便是所谓的"红海"时期;经过残酷激烈的竞争,一些企业被兼并,一些企业走向破产,能够生存下来的企业数量越来越少,逐渐形成相对稳定的市场格局,这是所谓的市场成熟阶段。

美国啤酒市场为我们提供了一个非常典型的案例。第一家出现在美国领土上的啤酒厂始建于1625年的纽约(当时是新阿姆斯特丹),直到19世纪后半期,啤酒产业由于受到保鲜技术和运输技术的制约,营销半径很小,每家啤酒制造商都在很小的范围内销售。全国性市场和区域性市场是在保鲜技术和运输技术出现以后应运而生的。在1933年美国解除禁酒令时,全国只有31家啤酒生产企业,仅用了一年的时间,生产企业便增加到了756家。在此后的十多年里,美国啤酒市场进入了高速发展时期,不断有新企业进入,市场集中度也比较低。但随着市场走向成熟,市场集中度开始逐渐爬升。

表 18.5.1 美国最大的五家啤酒公司的销售集中度[3]

年份	最大的五家公司	HHI[4]
1647	19.0%	140
1954	24.9%	240
1964	39.0%	440
1974	64.0%	1080
1984	83.9%	1898
1994	87.3%	2641
2004	85.2%	2924
2006	83.0%	2785

不仅是啤酒市场，几乎每个市场都会经历上述三个阶段，最终形成具有高集中度的市场结构。在1997—2012年间，美国有75%行业的市场集中度呈上升趋势，市场的销售份额越来越集中在排名前2或前3的大型企业。在有线电视、互联网、电讯等领域，供应商只有几家，消费者几乎没有太多选择。在社交网站、家居装修、起搏器制造、啤酒等市场，80%左右的市场份额均被两三家供应商占有；在猫粮市场、航空食品市场、果冻市场、狗粮市场、棺材市场、电池市场等细分的小市场，同样没有逃脱份额向少数企业集中的趋势。

市场不断集中的结果是市场效率赖以存在的基础——竞争——受到损害，取而代之的则是垄断为企业带来的超额利润。事实上，企业为了获得所期待的市场地位不得不参与残酷的市场竞争，而一旦获得了市场支配地位，竞争就变得不再重要，甚至不屑一顾。美国Thiel资产管理公司创始人彼得·蒂尔（Peter Thiel）就曾有过这样的惊人之语："竞争是为失败者准备的。"[5]

18.5.2 财富分配两极分化

在家庭主体方面，交易势极化表现为财富占有的两极分化。对此法国经济学家托马斯·皮凯蒂（Thomas Piketty）在他的《21世纪资本论》中给出了大量资料，证明了财富分配呈现日益严重分化的事实。

表18.5.2 不同时间空间下的劳动收入不平等[6]

不同群体占总劳动力收入的份额	低度不平等（≈20世纪七八十年代斯堪的纳维亚）	中度不平等（≈2010年的欧洲）	高度不平等（≈2010年美国）	极度不平等（≈2030年的美国）
最上层10%（上层阶级）	20%	25%	35%	45%
最上层1%（统治阶级）	5%	7%	12%	17%
其后的9%（富裕阶层）	15%	18%	23%	28%
中间的40%（中产阶层）	45%	45%	40%	35%
最下层50%（下层阶层）	35%	30%	25%	20%
相应的基尼系数（综合不平等指数）	0.19	0.26	0.36	0.46

表 18.5.3　不同时间、空间下的资本占有不平等[7]

不同群体占总资本的份额	中度不平等（≈20世纪七八十年代斯堪的纳维亚）	中度到高度不平等（≈2010年欧洲）	高度不平等（≈2010年美国）	极度不平等（≈1910年欧洲）
最上层10%（上层阶级）	50%	60%	70%	90%
最上层1%（统治阶级）	20%	25%	35%	50%
其后的9%（富裕阶层）	30%	35%	35%	40%
中间的40%（中产阶层）	40%	35%	25%	5%
最下层50%（下层阶层）	10%	5%	5%	5%
相应的基尼系数（综合不平等指数）	0.58	0.67	0.73	0.85

表 18.5.4　不同时间、空间下的总收入不平等（劳动和资本）[8]

不同群体占总收入的份额（劳动和资本）	低度不平等（≈20世纪七八十年代斯堪的纳维亚）	中度不平等（≈2010年的欧洲）	高度不平等（=2010年美国）	极度不平等（≈2030年的美国）
最上层10%（上层阶级）	25%	35%	50%	60%
最上层1%（统治阶级）	7%	10%	20%	23%
其后的9%（富裕阶层）	18%	25%	30%	35%
中间的40%（中产阶层）	45%	40%	30%	25%
最下层50%（下层阶层）	30%	25%	20%	15%
相应的基尼系数（综合不平等指数）	0.26	0.36	0.46	0.58

应当看到，交易势分化过程同样存在某些制约因素，正是这些制约因素的存在，交易系统分化的进程才会呈现循序渐进的螺旋上升态势。其中，有限生命长度是交易系统分化的最大制约因素。当家庭主要成员的生命走到尽头时，该家庭主体也就随即走向解体。此时，就必须考虑财富的代际转移问题。在不同的文化背景和不同的制度安排下，财富积累在代际转移过程中受到的冲击各不相同。在东方传统社会中，当父辈去世后，原有的家庭财富需要在男性继承人中平均分配。在过去的东方社会，尤其在传统的中国社会，每个家庭的子女都会很多，财富被平分之后，财富积累就会中断。尽管财富在子女手中可以再次积累，但在下一次财富转移过程中再次被拆分。考虑到传统社会中人的平均寿命比较短，财富就这样以很高的频率被不断拆分。此外，被拆分后的财富具有同质性，财富的竞争优势都打了折扣。这或许能够在某种程度上解释近代资

本主义制度没有首先出现在中国的原因。

18.5.3 社会公正性破坏

基于社会分配空间三个分区的动态关系，我们不难得出这样的结论：交易势极化极易导致交易系统的公正性下降。这是由于高阶交易势群体很容易借助自己对市场强大的影响力，获取超额收益。高阶交易势群体的分配坐标通常会落在强势分配区域 s_1。关于这一点，著名经济学家约瑟夫·E. 斯蒂格利茨（Joseph E. Stiglitz）在《不平等的代价》《美国真相》等著作中有大量论述。[9]

事实上，导致社会公正性破坏的成因远不只交易势极化过程，交易系统的泡沫化过程，也常常会对社会公正性基础造成极大破坏。当交易系统陷入泡沫化过程时，社会分配过程就会由原来的初次分配主导转变为由投机行为导致的财富再分配所主导。在泡沫化主导的交易系统中，获得高收益的途径不再是竞争产生效率、劳动创造财富的方式，而是依靠精明的算计和见机行事的投机活动。在社会财富总量基本不变的条件下，大量财富向成功投机者集中转移，更多的投机失败者和没有参与投机活动的交易主体最终成为投机活动的牺牲品，即使他们的财富没有被显性转移，由于财富的价值具有相对性，他们财富的部分价值量也将会被转移到成功投机者手中。社会分配空间结构在此过程中将发生重大变化，除少量交易主体从适当分配区 s 进入强势分配区外，更多的交易主体将从适当分配区 s 滑落到弱势分配区 s_2。社会分配空间结构呈现裂变态势，适当分配区 s 被掏空，社会公正指数下降。

我们不难发现，交易系统再次陷入"发展悖论"的冲突中。一方面，由交易势极化原理可知，伴随着交易系统持续进化，交易系统的交易势分布呈现越来越显著的两极分化态势，交易势极化强度系数 χ 不断增大，导致社会公正性基础受到越来越严重的侵蚀；另一方面，随着交易系统向高阶演进，公平正义观也相应调整，对于公正偏离度的忍耐程度将持续降低。表现在社会分配空间结构上，就是适当分配区 s 的面积持续收缩，满足正当分配的标准越来越高，维持社会公正性的难度加大。人类社会系统演化阶次越高，"发展悖论"所带来的内在逻辑冲突就会越显著，由此导致社会矛盾越尖锐。事实上，"中等收入陷阱"也正是"发展悖论"的一种表现形式。当然，在交易系统演化进程的不同阶段，"发展悖论"还会有更多的呈现形态。

如果使用数学语言来显示上述两个截然相反演化趋势，我们可以得到如下表述：

$$\lim_{t \to +\infty} s = 0 \quad (18.5.1)$$

$$\lim_{t \to +\infty} Max\{\psi(a_i) - \psi(a_j)\} = +\infty \quad 1 \leq i,j \leq N \quad (18.5.2)$$

式（18.5.1）与（18.5.2）分别代表了交易系统两个方向相反的演化趋势。（18.5.1）代表了社会系统维持社会公正性的难度不断增大的趋势；（18.5.2）代表了经济发展基础不断受到侵蚀的前景。这是人类社会必须面临的影响最为深远的深层矛盾。能否有效化解这对由社会、经济发展带来的矛盾，已经成为检验制度优劣的试金石。

值得庆幸的是，人类现代社会找到了一条成功化解可能导致社会系统解体的矛盾——"发展悖论"——的有效途径。通过构建社会保障体系，降低经济发展可能造成对社会合作根基的伤害，将社会公正指数维持在较高水平上。通过社会保障体系的扶持，处于弱势分配区的交易主体能够获得收益上的补偿。由于社会公正性是由收入与付出的比值来衡量，对于低收入群体，公正指数的边际收入效应尤其敏感。收益稍有变化，就会推动社会分配空间结构发生显著改变。社会保障体系对低收入群体的生活十分重要，关乎他们的生活质量和人格尊严。在任何国家，低收入群体在社会中都占据相当比重，他们对社会公正性的体验在全社会公正性评价中非常关键。

交易势幂律分布特征表明，获得超级交易势的群体在交易系统容量中的占比非常小，这就意味着只有很少一部分交易主体能够成功进入强势分配区 s_1。这表明区域 s 和区域 s_2 所形成的结构是决定交易系统公正水平的关键因素。要成功避开"发展悖论"的挑战，关键不在于限制超级交易势群体，而在于如何壮大交易势的中坚力量，即如何壮大中产阶级队伍，如何为中小企业成长营造有利的成长环境。

在缓解"发展悖论"矛盾方面，累进制税收制度的作用同样不容忽视。如果说社会保障体系能够将部分交易主体由弱势分配区 s_2 提升进入适当分配区 s 的话，累进制税收制度则发挥着降低强势分配区对公正分配偏离度的功效。通过递进提升的税率，累进制税收制度从强势群体的超额收益征收相当一部分收益，将一部分交易主体从强势分配区 s_1 拉入适当分配区 s 中，发挥增进社会公正性的积极作用。

一切价值取向都应当限定在特定的范围内。一旦超出限定范围，便会走向自己的反面，陷入自我否定的困境。用于增进社会公正性的社会保障系和累进税收制度同样如此，不能超越社会发展阶段和经济承受能力所规定的界限。一旦超越界限过度补偿，就会适得其反。在分配空间上，就会出现原来处于弱势分配区域 s_2 的大量主体借助社会保障体系的补偿机制，穿越公正分配区 s，直接进入强势分配区 s_1；原本处于公正分配区 s 的主体会被挤出，滑落到弱势分配区 s_2，从而导致新的不公正现象。毫无疑问，扭曲的分配关系，必然导致社会价值取向的扭曲，交易系统的效率将会遭到破坏，社会活力将大幅降低。

18.5.4 经济活力下降、增长迟缓

从交易系统演化方程的结论中我们知道，交易系统演化过程难以避免交易势分化的趋势，但每个交易系统由于结构参数 α、β 存在差异，交易势系统在分化速度上会有很大悬殊。交易势过度分化，不仅难以实现公平竞争下的资源配置效率，还极其容易形成社会阶层固化、政局动荡的局面。在交易势极度分化的社会中，既得利益阶层为了维持并巩固自身利益，会有意阻止经济开放；通过向政府施加压力，在国内制定一些不公平政策等方式，这些交易势分化的间接效应会从不同方面对经济活力产生危害。

当交易系统结构参数缺乏合理性，交易势分化速度过快，由经济增长诱发的交易势分化现象就会反过来损害经济进一步增长的基础，导致经济停滞或增长迟缓的后果。南、北美洲大陆都拥有丰富自然资源，拥有太平洋和大西洋漫长的海岸线，贸易条件非常优越。18 世纪初，南、北美洲国家的经济都处于起步阶段，经济发展水平几乎没有差距。而在随后 300 多年的发展过程中，南部美洲国家的经济却远远落后于北美国家，而且差距呈现越来越大的态势。

表 18.5.5 拉美国家与美国人均 GDP 对比[10]（美元）

国家或地区	1700	1820	1870	1930	2000
巴西	459	646	713	1048	5556
墨西哥	568	759	674	1618	7218
拉丁美洲	521	701	756	1873	5844
美国	527	1257	2445	6123	28129
拉美/美国	0.99	0.56	0.31	0.31	0.21

表 18.5.5 清晰地显示了在 1700—2000 年的 300 年间，拉美国家与美国为代表的北美国家之间的经济差距逐步拉大的过程。300 年间，拉美国家虽然也经历了持续增长，人均 GDP 增长了 10.22 倍，而同时期美国的人均 GDP 却增长

了52.38倍，两者收入差距扩大了79倍。

在第二次世界大战结束之后的半个世纪，南北经济鸿沟不但没有缩小，一些国家的差距反而进一步扩大。

表18.5.6　主要拉美国家人均GDP与美国人均GDP之比[11]

国家或地区	1950	2000
阿根廷	0.52	0.30
巴西	0.17	0.20
智利	0.40	0.35
哥伦比亚	0.23	0.18
墨西哥	0.25	0.26

同在美洲大陆的两个不同区域，经济发展水平竟然会有如此巨大的差距，拉美现象吸引了众多经济学家、社会学家的注意力。人们从多方面寻找造成南北美洲间经济发展差距的成因，认识到成因是多方面的，制度因素、文化因素、经济政策、贫富差距过大等，都对拉美国家经济落后负有责任。其中，收入分配上的两极分化是导致拉美国家经济丧失活力的关键因素，"增长反噬效应"是拉美现象的罪魁祸首。

表18.5.7　拉美国家Gini系数与美国Gini系数之比[12]（2000年）

阿根廷	巴西	智利	哥伦比亚	墨西哥
1.28	1.45	1.40	1.41	1.31

收入分配的两极分化早已成了拉美国家难以根除的痼疾。20世纪50年代，墨西哥的Gini系数已是美国的1.36倍，在此后的40年间，严重的两极分化状况一直没有得到改善。巴西的情况大致相同，20世纪80年代初，"巴西经济奇迹"刚刚结束的时候，Gini系数已经高达0.579，进入21世纪，Gini系数更是达到0.591的极度分化地步。

通过拉美国家与美国情况的对比可以发现，拉美国家经济的交易势极化进程对经济增长极其敏感，经济增长所需支付的社会公平成本要远远高于美国。在这种情势下，拉美国家也就无法像美国那样经受住经济长期增长可能带来的社会成本，经济活力下降、经济增长迟缓的局面几乎不可避免。

注释

1. 王桂胜.福利经济学（第二版）[M].北京：中国劳动社会保障出版社，2020：138.
2. [美]约翰·罗尔斯.正义论[M].何怀宏，何包钢，廖申白，译.北京：中国社会科学出版社，1988：6.
3. [美]詹姆斯·W.布罗克.美国产业结构（第12版）[M].罗宇，潘碧玥，胡善斌，译.北京：中国人民大学出版社，2011.
4. 赫芬达尔-赫希曼指数（Herfindahl-Hirschman Index，HHI），简称赫芬达尔指数，是一种测量产业集中度的综合指数。指一个行业中各市场竞争主体所占行业总收入或总资产百分比的平方和，用来计量市场份额的变化，即市场中厂商规模的离散度。HHI 的值越大，市场集中程度越高，垄断程度越高。
5. [美]约瑟夫·E.斯蒂格利茨.美国真相[M].刘斌夫，刘一鸣，刘嘉牧，译.北京：机械工业出版社，2020.
6. [法]托马斯·皮凯蒂.21世纪资本论[M].巴曙松，译.北京：中信出版社，2014：251.
7. 同6：252.
8. 同6：253.
9. [美]约瑟夫·E.斯蒂格利茨.不平等的代价[M].张子源，译.北京：机械工业出版社，2022.
10. [美]弗朗西斯·福山.落后之源——诠释拉美与美国的发展鸿沟[M].刘伟，译.北京：中信出版社，2015：102.
11. 同10：71.
12. 同10：72.

第十九章

交易空间演化

交易空间是交易系统在几何空间上的投射,是交易经济学的几何表达。当我们在交易空间上连续考察交易主体的交易行为时,就会发现交易轨迹演化的一些规律,并由此揭示交易系统运行的部分特质。

19.1 交易空间

所有交易活动都需要在特定交易空间域上进行,为此,我们有需要定义交易空间概念,为研究交易主体行为轨迹奠定基础。

19.1.1 交易向量

假定 $G=\{g_1,g_2,g_3\cdots g_M\}$ 是交易系统的交易基,g_i 表示交易系统的一种交易标的,我们将建立在交易基上,由交易商品、交易量和交易方向组成的向量称为交易向量。交易向量由如下形式:

$$X = \begin{pmatrix} x^1 g_1 \\ x^2 g_2 \\ x^3 g_3 \\ \vdots \\ x^M g_m \end{pmatrix} \quad (19.1.1)$$

可以简化表示为:

$$X = \begin{pmatrix} x^1 \\ x^2 \\ x^3 \\ \vdots \\ x^M \end{pmatrix} \quad (19.1.2)$$

在交易向量中，x^i 表示对应于交易基中第 i 商品的交易，绝对值 $|x^i|$ 表示该项交易的交易金额，$x^i > 0$ 表示交易为正向交易，即卖出商品 g_i；$x^i < 0$ 表示交易为逆向交易，即购入商品 g_i；$x^i = 0$ 表示该项标的没有交易。

交易向量随时间不断变化，我们将其标记为 X_t，即：

$$X_t = \begin{pmatrix} x^1_t \\ x^2_t \\ x^3_t \\ \vdots \\ x^M_t \end{pmatrix}$$

从外部观察者的视角来看，交易主体 a_i 在时间步 t 上的交易行为具有典型的随机过程特征，受到众多因素的影响，既有宏观环境因素，也有交易主体自身的因素。对于随机变量 X_t，由时间步 t 向时间步 $t+1$ 转移的结果将由交易向量 X_t 的转移概率决定。

19.1.2 交易空间

在交易向量的基础上，我们定义交易空间。为此，我们需要建立单位交易向量的概念。所谓单位交易向量，是指仅由一项单位交易标的生成的交易向量，形式如下：

$$X^i_0 = \begin{pmatrix} 0 \\ \vdots \\ 1 \times g_i \\ \vdots \\ 0 \end{pmatrix}$$

任何一个 M 维的交易向量 X，均可以表示成 M 个单位向量 X^i_0 的线性组合，即：

$$X = x^1 X^1_0 + x^2 X^2_0 + \cdots + x^M X^M_0 = \sum_1^M x^i X^i_0$$

由 M 个单位交易向量生成的向量集合，称为交易系统 T 的交易空间，用 Ω 标记。交易空间 Ω 的维度，等于交易系统 T 上的交易基容量 M。

在交易空间概念的基础上，我们可以重新描述交易系统 T 的运行图景：交易系统 T 对应一个交易空间 Ω，任意交易主体 a_i 的所有交易活动均可以用交易向量 X_t 来描述。交易向量 X_t 随时间 t 运动变化，在交易空间 Ω 上留下交易轨迹。交易主体 a_i 的交易活动大概率会出现在交易空间 Ω 上相对稳定的区域内，其交易轨迹在此区域内做随机性运动。

伴随着交易系统 T 的演化，交易空间 Ω 也在发生相应的变化。交易空间 Ω 有三种运动，第一种是空间维度 M 的扩张运动。由于经济技术进步、社会分工深化，交易系统 T 的交易基得以扩充，交易空间维度 M 由低维到高维演进；第二种是交易空间 Ω 上活动区域扩张。伴随经济发展，交易系统 T 的容量增加以及交易量增长，交易活动范围必然持续扩大；第三种是交易空间 Ω 的结构运动。随着技术进步，一些老的商品退出交易基，新的商品进入交易基，从而引起交易空间 Ω 在一部分维度上萎缩，而在新发维度上扩张。

在微观层面上，随着交易系统 T 的演化，交易主体在交易空间 Ω 上的活动区域从演化初期的重叠区逐步分化出来，形成交易空间 Ω 上彼此分离的可约化结构。

19.1.3 交易向量量级

交易向量 X 包含了众多交易项，每项交易对应不同的交易金额，交易向量 X 中包含的各项交易量总和，是交易向量的重要指标，我们称为交易向量 X 的量级。用如下公式计算：

$$|X| = \sum_{1}^{M} |x_i| \qquad (19.1.3)$$

交易空间 Ω 上的任意交易向量 X、Y，均有三种可能的关系：

（1）$|X| - |Y| > 0$
（2）$|X| - |Y| < 0$ （19.1.4）
（3）$|X| - |Y| = 0$

当关系（1）成立，我们称交易向量 X 的量级高于交易向量 Y，或简称 X 大于 Y；如果关系（2）成立，我们称交易向量 X 是低量级向量，Y 为高量级向量，或简称 X 小于 Y；如果 X、Y 满足关系（3），我们称 X、Y 为同量级交易向量。

在交易空间上，同量级向量处于同一个超平面上，在 M 维的交易空间 Ω 上，同量级向量对应于同一个 $M-1$ 维超平面；在 2 维交易空间 Ω 上，量级为 Q 的全部交易向量对应着由四条边围成的正方形；在 3 维交易空间上，量级为 Q 的全部向量对应由 8 个三角平面围成的八面体。我们把这些量级大小不等，结构封闭的几何体称为交易量级环。

交易空间按照量级的高低，围绕着坐标原点，由小到大划分出无数多的交易量级环，交易系统 T 中具有不同量级交易势的主体，其交易轨迹在各自对应的量级环上运行。如图 19.1.1 所示：

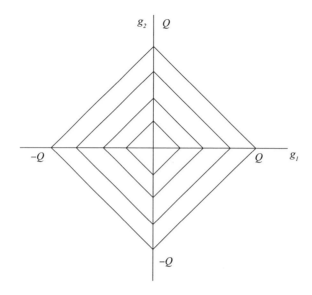

图 19.1.1 交易量级环示意图

交易主体 a_i 的交易活动总是在某个特定的量级环上展开的。交易系统 T 上数量众多的交易主体在交易空间 Ω 运行,就像宇宙中的星体沿着各自轨道运行一样,构成了既纷繁复杂又井然有序的交易空间运行图景。

19.1.4 交易空间距离

交易向量 X 在交易空间 Ω 上对应一个相点。在交易空间 Ω 上,我们可以建立任意两个相点间的距离概念。

根据交易向量的量级,我们可以定义任意两个交易向量 X、Y 在交易空间 Ω 上的距离。若用 D_{XY} 表示 X 与 Y 在交易空间 Ω 上的距离,则有:

$$D_{XY} = \||X| - |Y|\| \qquad (19.1.5)$$

根据定义(19.1.5),我们可以证明 D_{XY} 满足"距离"概念的三个性质:

(1)交易空间上的任意两个交易向量 X、Y,均满足 $D_{XY} \geq 0$;

(2)交易空间上的任意两个交易向量 X、Y,均满足 $D_{XY} = D_{YX}$;

(3)交易空间上的任意三个交易向量 X、Y、Z,均满足 $D_{XZ} \leq D_{XY} + D_{YZ}$。

性质(1)、(2)比较容易理解,而对性质(3)的理解要相对困难一些,下面我们对性质(3)进行证明:

假设 X、Y、Z 为交易空间 Ω 上的三个任意向量,其量级分别为 $|X| = x$、$|Y| = y$、$|Z| = z$,

$$\because D_{XZ} = \|X\| - |Z\| = |x-z|$$
$$\because |x-z| = |x-y+y-z|$$
$$\because x-y \leqslant |x-y| = D_{XY}$$
$$y-z \leqslant |y-z| = D_{YZ}$$
$$\therefore |x-z| \leqslant \|x-y\| + |y-z\| = |x-y| + |y-z|$$
$$\therefore D_{XZ} \leqslant D_{XY} + D_{YZ} \text{ 不等式成立}$$

上述论证表明，D_{XY} 完全满足线性空间距离的条件，能够作为交易空间 Ω 的距离；交易空间 Ω 可以由此建立以 D_{XY} 为标度的秩序。

19.1.5 交易向量流动性压力

交易空间 Ω 上的每个相点都对应着一组交易，完成这些交易，需要相应规模的流动性支持，对交易主体形成一定强度的流动性压力。由于交易主体财务状态上的差异，相同的交易向量对于不同的交易主体所产生的流动性压力可能会有很大差别。对于交易势阶次较高的主体而言，某个交易向量所产生的流动压力可能忽略不计，而对交易势阶次较低的主体则可能无法承受。

我们用 $lp_i(X)$ 表示交易向量 X 对交易主体 a_i 形成的流动性压力。对于任意交易向量 X，交易主体 a_i 有两种可能状态：第一种状态是不需要增加负债便能完成支付，而且不会影响时间步 $t+1$ 上的交易安排；第二种状态是需要通过负债才能够完成支付或者不需负债也能完成支付，但可能影响时间步 $t+1$ 上的交易安排。对于这两种状态，我们给 $lp_i(X)$ 分别赋值如下：

对于第一种状态，$lp_i(X) = 0$；

对于第二种状态，$lp_i(X) > 0$。

为了使用上的便利，我们将流动性压力 $lp_i(X)$ 的取值区间限定在半开区间 $[0, +\infty)$ 上。对于第二种状态，如果以影响时间步 $t+1$ 上的交易安排为代价，但不需要负债融资便能完成支付，$lp_i(X)$ 在靠接 0 的附近取值；为完成支付需要负债融资，其融资难度越大，$lp_i(X)$ 的取值就越大；对于交易主体 a_i，如果负债融资几乎不可能，我们约定取值 $lp_i(X) = +\infty$。

理论上讲，流动性压力 $lp_i(X)$ 与主体的交易势 $\psi(a_i)$ 成反比。对于任意交易向量 X，在其他条件保持不变的条件下，主体的交易势 $\psi(a_i)$ 越大，$lp_i(X)$ 取值越小；相反，主体交易势 $\psi(a_i)$ 越小，流动性压力 $lp_i(X)$ 的取值就越大。

在交易势相当的情况下，流动性压力 $lp_i(X)$ 与交易主体 a_i 的支付能力有关。影响交易主体支付能力的因素主要来自两个方面：一个是交易主体的流动性储备总量，即持有的货币现金的规模；另一个是资产的流动性。在交易主体的会计矩阵中，流动性强的资产占比越高，交易主体转换流动性的能力就越强，支付能力也就越好。交易主体的支付能力与会计矩阵的结构关系密切。

资产流动性还与交易系统的流动性环境关系密切。当交易系统中的流动性环境处于宽松状态时，交易主体的资产流动性也比较强；反之，当交易系统中的流动性环境进入紧缩状态时，交易主体资产流动性将会随之减弱，支付能力也会由此受到影响，流动性压力就会相应增加。

19.1.6　交易向量预期收益

交易向量 X 在交易主体的估值时域上对应着确切的预期收益，我们将此收益预期结果记为 $E(X)$。

交易向量的预期收益并不必然与交易量级有稳定的对应关系，交易量级高的交易向量未必获得更多的预期收益，而交易量级低的交易向量也未必只能得到较少的预期收益。事实上，即使处在同一个交易量级环上的交易向量，预期收益也可能存在较大的差异。在交易系统中，资产价值、市场需求总是处于无时无刻的变化之中，尽管交易量级相同，消耗同样的流动性资源，选择不同交易向量的结果却可能相去甚远，这充分体现了交易决策的复杂性。

尽管交易量级并不能保证与之成比例的收益，但没有足够大的交易量级，就不可能获得价值量很大的收益。没有人会指望用 1 元钱的投资收获 1 万元的收益。大概率条件下，一定量级的交易，其预期收益存在最大上限。世界上不存在拥有无限高收益率的交易策略，这就决定了要实现更大收益，就必须提高交易量级。

19.1.7　交易向量转移概率

当我们将交易向量 X 看作随机向量时，交易向量 X 的可能取值称为 X 的状态。交易向量 X 在交易空间 Ω 上的可能取值集称为 X 的状态域，记为 K。由于交易向量 X 与交易主体 a_i 的对应关系，交易向量 X 的状态域 K，也称为交易主体 a_i 的状态域。

转移概率是指交易向量 X 由时间步 t 的状态 x_t 转移到时间步 $t+1$ 的状态 x_{t+1} 的概率。我们用 $P_{x_t x_{t+1}}$ 表示由状态 x_t 到状态 x_{t+1} 的转移概率：

$$P_{x_t x_{t+1}} = P\{X = x_{t+1} | X = x_t\} \quad (19.1.6)$$

在转移概率定义（19.1.6）的基础上，我们可以进一步定义时间跨度为 n 步的转移概率，即：

$$P^n_{x_t x_{t+n}} = P\{X = x_{t+n} | X = x_t\} \tag{19.1.7}$$

在已知交易向量 X 的初始值和转移概率 $P_{x_t x_{t+1}}$ 的情况下，交易向量 X 运行轨迹的概率分布将被唯一确定。

19.2 交易空间结构

交易空间结构是由交易主体状态域的相互关系形成的。由于交易系统的分化趋势，交易空间将不可避免地演化为由众多相互不连通的状态域分割而成。

19.2.1 状态连通

假设 x_1、x_2、x_3 为交易空间 Ω 上的三个任意状态，在有限时间 τ 内，如果两个状态之间的转移概率满足条件 $P_{x_1 x_2} > 0$；$P_{x_2 x_1} > 0$，称 x_1、x_2 为相通的两个状态，记为：

$$x_1 \leftrightarrow x_2 \tag{19.2.1}$$

状态相通关系是一种等价关系：

（1）$x_1 \leftrightarrow x_2$ 则有 $x_2 \leftrightarrow x_1$

（2）$x_1 \leftrightarrow x_2$，$x_2 \leftrightarrow x_3$，则有 $x_1 \leftrightarrow x_3$

由定义（19.2.1）可知，两种交易状态相通的关键是转移概率大于 0。转移概率是通过交易主体的行为可能性定义的，也是依照各种交易约束的规定性定义的。对于收入较低的家庭，受到流动性约束和会计矩阵规模的限制，交易活动通常限制在生活必需品和必要服务范围内，而奢侈性消费与其交易状态域基本上是不相通的。

企业的情况更容易理解。企业的交易活动与经营范围密切关联，服装公司的交易状态域主要包含纺织品、服装生产设备、员工招录、商品广告、销售商代理等交易类型，与房地产开发、船舶制造、人工智能开发等交易状态域联系不大。

事实上，无论家庭还是企业，所有交易主体在持续不断的交易活动中，都会形成一个相对稳定的交易状态域。这不仅是由于交易势的稳定性、相对稳定的企业经营范围和家庭偏好使然，还有不容忽视的交易习惯因素在起作用。

在界定两种状态是否相通时，时间因素非常重要。判断两种状态是否相通，关键是要将时间限定在确定的范围内。如果将时间无限拉长，一切皆有可能。企业可能转换行业，家庭的财务状况也可能发生改变，这就是失去了状态是否相通的判定标准。

19.2.2 状态闭集

在交易空间 Ω 上，根据交易状态域的连通特点可以划分为开集和闭集两种基本类型。所谓开集是指交易状态域 K 与其补集 $\Omega-K$ 连通。如果交易状态域 K 与其补集 $\Omega-K$ 不连通，则称 K 为闭集。我们主要关注交易状态域 K 属于闭集的情况，为此，我们需要对状态闭集 K 做进一步的概念细化。

定义1：在交易空间 Ω 上，如果状态域 K 中的任一状态在有限时间 τ 内到补集 $\Omega-K$ 的转移概率为零，则状态域 K 称为在时限 τ 内的闭集，又称为交易空间 Ω 上的相对闭集。

定义2：在交易空间 Ω 上，如果状态域 K 中的任一状态到补集 $\Omega-K$ 的转移概率在任意长时间内都是零，则状态域 K 称为交易状空间 Ω 上的绝对闭集。

定义3：在交易空间 Ω 上，如果一个状态域 K 的任意状态 x 到补集 $\Omega-K$ 的状态 y 的转移概率满足极限条件：$\lim_{\tau \to \infty} P_{xy}^{\tau} = 0$，则状态域 K 称为交易空间 Ω 上的渐进闭集。

为了便于对状态域演化形态进行精细化描述，在前面提出几种闭集概念的基础上，我们还需要引入弱闭集的概念。所谓弱闭集，是指状态域 K 中的任意状态 x 到另一个任意内部状态 y 的转移概率与到补集 $\Omega-K$ 上状态 z 的转移概率之间总是满足如下关系：

$$P_{xy} > P_{xz} \qquad (19.2.2)$$

作为描述交易主体状态变化的工具，闭集本身的变化反映了交易主体的行为特征，其中收缩运动便是状态闭集的典型变化。

定义4：闭集收缩是指闭集半径 ρ 不断减小的过程。闭集半径是指闭集中所有状态中的最大模，即：$\rho = Max|x|$，$x \in K$。

状态闭集可以有不同的运动方向，既可能向内收缩，也可能向外扩张。闭集收缩通常出现在企业经营困难、家庭陷入贫困的情况下。当交易主体面临困境时，偿债压力增大，外部融资艰难，在两方面的挤压之下会计矩阵进入快速收缩进程，交易量开始不断萎缩。闭集扩张则是出现在交易主体的上升时期，交易主体发展进入良性循环，会计矩阵处于可持续扩张态势，交易主体的状态域呈现出相应的扩张势头。

根据不同类型闭集的定义，我们可以判断，交易空间 Ω 上的状态域均符合弱闭集条件（19.2.2）。由于交易主体在自己状态域 K 的边缘上，有能力进行一定灵活的交易安排，但是灵活度的范围不是无限的。根据交易主体在交易势阶次上的差异，在状态域 K 边缘上的灵活范围也会有所不同。为了进一步细化描述状态域的特质，我们需要分别建立有限弱闭集和闭集弹性的概念。

定义 5：在交易空间 Ω 上，状态域 K 是弱闭集，R 是 Ω 上的闭集，且有 $K \subset R$，x、y 为 K 上的任意两个状态，z 为补集 $R-K$ 上的任意状态，w 为补集 $\Omega - R$ 上的任意状态。若满足以下条件：

$$P_{xy} > P_{xz}, \; P_{xw} = 0 \tag{19.2.3}$$

我们则称 K 为弹性边界为 R 的有限弱闭集。在此基础上，我们可以定义有限弱闭集的弹性概念。

定义 6：在交易空间 Ω 上，K 是弹性边界为 R 的有限弱闭集，x 为状态域 K 上的任意状态，y 是状态域 R 上的任意状态。有限弱闭集 K 的弹性值 k 有如下定义：

$$k = \frac{\max(|Y|-|X|)}{\max|X|} \tag{19.2.4}$$

很显然，交易主体的交易势阶次越高，灵活安排的能力就越强，状态域 K 的弹性值 k 就越大。在交易空间 Ω 上，每个交易主体都有属于自己的交易状态域 K 和相应弹性 k，形成了交易空间上的状态域分布结构。

以上五类闭集，包括相对闭集、绝对闭集、渐进闭集、弱闭集和有限弱闭集等，统称为状态闭集。当交易空间 Ω 可以被分割为两个或两个以上的状态闭集时，我们就称交易空间 Ω 为可分解或可约化。否则就称交易空间 Ω 为不可约化。当交易空间 Ω 上的所有状态都是相通的，则 Ω 便为不可约化空间。当交易空间 Ω 可以分解为两个或两个以上的弱闭集时，我们称 Ω 为弱可约化空间。

19.2.3 状态周期

在交易主体的状态域上，每个状态出现的频次会有很大差异。譬如，食品消费在交易过程中就是不断出现的，服装消费也是如此；但与之相比，购买房产或汽车的交易要少得多。在一个家庭周期中，购买房产的机会还是很少的，除非是进行房地产投机。为了刻画交易过程对不同状态访问频次上的差异，我们引入状态周期的概念。

定义 7：对于状态 x，使不等式 $P_{xx}^{\tau} > 0$ 成立的最小时间 τ，称为状态 x 的周期。

状态周期既取决于状态上的交易内容，也与交易主体的状态域结构有密切关系。食品类交易的状态周期很短，短则不足一天，长也不超过一周，而汽车交易和房产交易的状态周期却要长很多。对于企业来讲，每种状态的周期与企业的主营业务和经营范围有直接关系。房地产开发企业会频繁重返土地交易、建材交易等状态，这些状态的周期通常很短；同样道理，汽车制造企业则会频繁重返发动机、汽车配件、钢材制品等类型的周期通常很短的交易。

在每个交易主体的状态域上，总存在一些高频周期状态，我们将这些状态构成的子集称为主体状态域的核。相对状态域上的其他状态，核具有相对稳定的特点，对应着交易主体带有标志性的交易内容，既反映了交易主体的习惯和运营特征，也反映了交易势的阶次特征。

19.3　交易轨迹方程

转移概率是考察交易演化路径十分有用的工具。通过对转移概率的分析，可以很好地预见交易轨迹的发展方向。

19.3.1　影响转移概率的因素分析

每一项交易都会对后续的交易产生某种影响。反过来，每一项交易又会受到许许多多已经完成交易的影响，交易主体的行为在很大程度上受制于过往交易形成的路径轨迹。

一项交易发生的概率受到两类因素的影响，即加强因素和抑制因素。其中，加强因素使交易向量转向该交易的概率增大，而抑制因素则会使交易向量转向该交易的概率减小。

转移概率的加强因素由与考察交易之间存在正向关联的交易构成，譬如购买汽车，就需要购买汽车财产保险和第三者意外保险。汽车交易就是保险交易的正向关联交易。如果我们在时间步 t 上观察到交易主体进行了汽车交易，就可以由该项交易行为推断时间步 $t+1$ 上保险交易的概率。

在加强因素中，正向关联不仅是由功能关联所诱导产生，还会通过交易主体的流动性约束产生。由于逆向交易能够对交易主体产生流动性压力，会迫使主体实施增加流动性的正向交易。交易主体的流动性缺口越大，由逆向交易所诱导的流动性压力就会越强。譬如购买房产，由于受到流动性不足的约束，购房人需要从银行贷款。企业进行一项投资，在缺少充足资金支持的情况下，也需要向银行申请贷款，或者发行债券，或者增发股票，或者出售旧的生产线等。

这些都是流动性约束诱导出的正向关联交易。

抑制因素主要包含与考察交易具有替代关系的交易。譬如，空调和电扇之间具有替代关系，当我们在时间步 t 上观察到交易主体购买了空调时，由此可以推断，该主体在时间步 $t+1$ 上购买电扇的概率将会下降。与正向关联因素不同的是，替代关系具有对称性。这是由于替代关系来源于功能上相同或近似的原因。譬如，汽车交易是摩托车交易的替代交易，反过来这种关系也一定成立。当然，具体情况还要看交易标的在功能上的重叠情况，当两种交易标的功能不完全重叠时，这两种交易只能算作部分替代关系，而不是完全替代关系。

与正向关联关系一样，替代关系既可以是交易标的在功能上的替代，也可以是由流动约束诱导的结果。在硬性约束下，在相邻时间步 t 和 $t+1$ 上，两个逆向交易之间也会形成很强的替代关系。无论是家庭生活，还是企业生产安排，常常会遇到由于资金紧张，必须在两项交易中做二选一的决策。譬如，刚买过一套住房的家庭，在流动性约束下，在时间步 $t+1$ 紧接着购买汽车的可能性就会下降。企业的情况也是一样，如果在时间步 t 上刚刚完成一项大额投资，在时间步 $t+1$ 上便不大可能进行新的大型投资。因此，替代交易集中应包含有两类交易：一类是标的在功能上具有某种程度替代关系的交易；另一类则是主体的交易意愿大致相同、所需资金规模较大的交易。

替代关系随时间的推移而迅速衰减。上半年购买的汽车，经过几年，其替代能力便会衰减殆尽。每一种标的都有自己的生命周期，在其生命周期内能够提供一定质量的使用功能，一旦超出了生命周期的长度，由功能重叠所产生的替代关系也就自然消失。

交易向量 X 的演化过程不可能完全受制于已经完成交易的影响，否则作为随机变量 X 只能在一个封闭的状态闭集内打转。交易向量 X 是十分敏感的随机变量，对外部动态信息十分敏感，交易环境的任何变化都会在 X 的预期收益函数上有所反应。当交易环境中的流动性约束趋于宽松，交易向量 X 向高量级跃迁的概率就会增加；相反，如果交易环境中的流动性约束趋于紧张，交易向量 X 向高量级跃迁的概率就会减小。同样，经济气候、宏观经济政策及相关制度安排均可以从成本、收益、流动性约束等各个方面对交易向量 X 的跃迁行为产生作用。降低制度成本，必然会促进交易向量向高量级跃迁。在经济处于繁荣时期时，交易主体大多处于激进状态，具有较强的风险偏好，交易量级增加的转移概率就会提升；当经济进入萧条期后，交易主体风险偏好趋于保守，交易量级衰减的转移概率就会增大。

19.3.2 交易轨迹方程

对于转移概率影响因素的分析表明，交易主体的交易轨迹具有一定的规律性，既有很强的路径依赖性，又有在外部因素影响下的随机波动性。具体到某个交易主体，转移概率的确定需要深入交易结构的细节，从过往交易的历史事件中分离出促进因素和抑制因素。为了体现转移概率的核心要素，我们需要将转移概率的影响因素进一步归纳和简化，概括起来分为三个方面。

一是交易向量 X 的目标状态 x_{t+1} 与起始状态 x_t 的量级差。两个状态的量级差越大，意味着交易跃迁的幅度就越大，无论是在行为惯性的保持上，还是在流动性约束和交易风险上，对于交易主体的挑战均随之增加。因此，交易量级跃迁越大，转移概率 $P_{x_t x_{t+1}}$ 就越小。

二是交易向量 X 的目标状态 x_{t+1} 对交易主体形成的流动性压力。一切交易活动均受制于流动性平衡的约束，交易主体的交易安排必须限制在流动性约束允许的范围之内。目标状态 x_{t+1} 对交易主体 a_i 形成的流动性压力越大，意味着消耗流动性资源就越多。在其他条件相同的情况下，交易主体就会尽量避开这样的安排，选择流动性压力较小的目标状态。因此，流动性压力越大，目标状态 x_{t+1} 实现的转移概率 $P_{x_t x_{t+1}}$ 就越小。

三是交易向量 X 的目标状态 x_{t+1} 生成的预期收益值。交易主体的一切行为，归根到底是为了寻求收益增进。驱动交易主体由状态 x_t 向状态 x_{t+1} 转移的根本动力，是目标状态 x_{t+1} 可能为交易主体 a_i 带来的预期收益。目标状态 x_{t+1} 的预期收益越高，交易主体 a_i 向状态 x_{t+1} 转移的意愿就越强烈。在流动性约束允许的范围内，交易主体 a_i 总是选择预期收益最高的目标状态 x_{t+1}。

在影响转移概率的三个因素中，交易量级差和流动性压力对交易主体 a_i 的选择产生约束作用，而预期收益增值在交易主体 a_i 的决策中发挥着引导和推动作用。交易主体 a_i 的最终决策是两种相反作用力量的平衡。

考虑到交易主体的个体差异，为了准确表达交易量级跃迁与转移概率之间的关系，需要引入交易主体敏感强度指标，我们用希腊字母 κ 表示。所谓交易主体敏感强度，是指由交易主体 a_i 的承受能力决定的、对交易量级跃迁的敏感程度。交易主体 a_i 对新交易策略安排的适应和驾驭能力越强，对交易量级跃迁的反应就越不敏感，敏感强度 κ 的取值越小；相反，交易主体 a_i 对新交易策略安排的驾驭能力和承受能力越弱，敏感强度 κ 的取值就越大。交易主体 a_i 的敏感强度 κ 在半闭区间 $[0,+\infty)$ 上取值。当 $\kappa = 0$ 时，表示交易主体 a_i 对于交易跃迁不做任何反应，具有极强的承受能力，属于交易主体的极限情形；当 $\kappa = +\infty$ 时，表示交易主体 a_i 毫无承受能力，对交易跃迁极其敏感，敏感强度无限大，同样属于极限情形。

交易敏感强度 κ 与交易主体 a_i 的交易势 $\psi(a_i)$ 呈反向函数关系。交易势 $\psi(a_i)$ 越高，交易敏感强度 κ 就越低。相反，交易势 $\psi(a_i)$ 越低的交易主体，其交易敏感强度 κ 就越高。

根据上述分析，我们可以得出任意交易主体 a_i 在时间步 t 上交易向量 X 由状态 x_t 到状态 x_{t+1} 的转移概率 $P_{x_t x_{t+1}}$ 与状态 x_t、x_{t+1} 的量级差 D_{t+1} 有如下关系：

$$P_{x_t x_{t+1}} \propto \frac{1}{1+\kappa D_{t+1}} \tag{19.3.1}$$

在式（19.3.1）中，右边项分母中包含了常数 1，是为了避免出现分母为 0 的无限大奇点，是一种技术处理上的需要。

交易向量 X 由状态 x_t 到目标状态 x_{t+1} 的转移概率 $P_{x_t x_{t+1}}$ 与目标状态 x_{t+1} 形成的流动性压力 $lp(x_{t+1})$ 具有反比关系，流动性压力 $lp(x_{t+1})$ 越大，转移概率 $P_{x_t x_{t+1}}$ 就越小。由此得到如下表达式：

$$P_{x_t x_{t+1}} \propto \frac{1}{1+lp(x_{t+1})} \tag{19.3.2}$$

在逐利动机的驱使下，交易主体总是寻求能够带来尽可能多收益的目标状态 x_{t+1}。在交易量级不变的情况下，交易主体必然选择能够实现预期收益最大化的状态向量，因此，转移概率 $P_{x_t x_{t+1}}$ 与目标状态 x_{t+1} 的预期增值 $E(x_{t+1})$ 成正比，即：

$$P_{x_t x_{t+1}} \propto E(x_{t+1}) \tag{19.3.3}$$

交易主体 a_i 由状态 x_t 到目标状态 x_{t+1} 的转移概率 $P_{x_t x_{t+1}}$ 是上述三个方面变量的函数。综合三个变量与转移概率 $P_{x_t x_{t+1}}$ 的量化关系，我们可以得到如下结果：

$$P_{x_t x_{t+1}} = \frac{\alpha E(x_{t+1})}{(1+\kappa D_{t+1})(1+lp(x_{t+1}))} \tag{19.3.4}$$

在（19.3.4）式中，α 表示待定的平衡常数。为了消除待定系数 α，我们做如下边值条件设定：当目标状态 x_{t+1} 与起始状态 x_t 处于等量级环时，假设目标状态 x_{t+1} 的流动性压力满足 $lp(x_{t+1}) = 0$；根据预期收益最大化原理，目标状态 x_{t+1} 存在最低收益门槛 u_0 的要求，当 $E(x_{t+1}) = u_0$ 时，状态 x_{t+1} 不再可能成为决策者的追求目标，仅可能引起 a_i 关注的交易选择，假设此时转移概率 $P_{x_t x_{t+1}} = 0.5$。

将边值条件代入转移概率等式（19.3.4）得到：

$$P_{x_t x_{t+1}} = \frac{\alpha u_0}{1 \times 1} = 0.5 \tag{19.3.5}$$

$$\therefore \alpha = \frac{1}{2u_0} \qquad (19.3.6)$$

将式（19.3.6）代入（19.3.4）得到：

$$P_{x_t x_{t+1}} = \frac{E(x_{t+1})}{2u_0(1+\kappa D_{t+1})(1+lp(x_{t+1}))} \qquad (19.3.7)$$

式（19.3.7）将交易量级跃迁、预期收益、流动性压力和交易行为路径依赖习性以及交易主体的反应特征等多方面因素有机联系起来，揭示出交易轨迹的演化规律，能够很好地解释交易主体如何实现交易量级跃迁，解释交易主体的交易轨迹如何分叉并逐渐向两极化发展的过程。我们将（19.3.7）称作交易轨迹方程。

按照概率的常规定义，转移概率 $P_{x_t x_{t+1}}$ 必须在区间 [0,1] 上取值。从理论上讲，在交易主体 a_i 的状态域 K 上，完全有可能存在预期收益高、跃迁距离短、流动性压力小的备选状态；也完全有可能存在预期收益 $E(y)<0$ 的备选状态。在这种情况下，交易轨迹方程（19.3.7）就会出现转移概率 $P_{x_t x_{t+1}}>1$ 或 $P_{x_t x_{t+1}}<0$ 的结果。虽然上述极端情况并不影响交易轨迹方程的使用，由交易轨迹方程得出的结果仍然能够为交易主体状态域上的备选状态提供优先性排序。但是，为了逻辑的严密性，我们需要对交易轨迹方程（19.3.7）做以下规定：

当 $\dfrac{E(x_{t+1})}{2u_0(1+\kappa D_{t+1})(1+lp(x_{t+1}))} > 1$ 时，

转移概率取值 $P_{x_t x_{t+1}} = 1$；

当 $\dfrac{E(x_{t+1})}{2u_0(1+\kappa D_{t+1})(1+lp(x_{t+1}))} < 0$ 时，

转移概率取值 $P_{x_t x_{t+1}} = 0$；

当 $0 \leq \dfrac{E(x_{t+1})}{2u_0(1+\kappa D_{t+1})(1+lp(x_{t+1}))} \leq 1$ 时，

转移概率取值 $P_{x_t x_{t+1}} = \dfrac{E(x_{t+1})}{2u_0(1+\kappa D_{t+1})(1+lp(x_{t+1}))}$。

19.3.3 状态域分化的内在机制

伴随着交易系统的演化，交易主体的状态域在交易空间上呈现持续分化的趋势，对此，交易轨迹方程能够给予很好的解释。当交易主体通过交易实现较好收益时，现金流呈现逐渐增加趋势，在此形势下，交易主体的流动性压力会逐渐减小，为交易主体的量级跃升提供了条件和信心。交易量级的跃升必然带来会计矩阵的扩张和资产规模的增加，更大资产规模意味着有更大现金流与之匹配，又为交易主体进一步量级跃迁提供保障。这是一种自我强化的实现机制，前提是交易主体在资源配置效率上必须保持高效，能够满足资产规模与现金流的合理匹配关系。用流程图显示该自我强化机制如下：

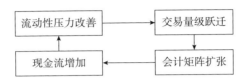

图 19.3.1　交易量级跃迁正向反馈环

在交易轨迹方程中，交易主体敏感强度指数 κ 发挥着过滤器的作用，将交易量级环的跃迁距离转化成风险压力系数。交易势越高的交易主体，对跃迁风险的抗压能力越强，跃迁遇到的阻力越小；相反，交易势越低的交易主体，风险抗压能力越弱，对交易量级微小的变化，也会有比较强烈的反应，最终成为交易跃迁不可抗拒的阻力。跃迁敏感强度 κ 是十分个性化的指标，充分显示了交易系统中交易主体间的个体差异。

如果将交易主体的敏感强度 κ 指数纳入自强化机制进程中，图 19.3.1 所呈现的正向反馈环就会变得更加强大。当交易主体的流动性得到改善，在逐利动机驱使下就会扩大交易，如果能够找到预期收益较好的目标向量，就会在会计矩阵扩充的同时，获得更多的现金流回报，这些有助于提高交易主体对量级跃迁的承受能力，降低对流动性压力的敏感反应，进一步提高交易主体扩张交易、实施量级跃迁的意愿。敏感性敏感强度 κ 的加入，在很大程度上增强了反馈环的强度和速度。

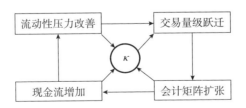

图 19.3.2　交易量级跃迁反向反馈环

图 19.3.2 所描述的反馈机制，还会以相反的反馈方向呈现。交易主体在流动性压力的重压之下，被迫选择缩减会计矩阵规模、降低交易量级以减轻流动性压力，现金流是相应资产产生收益的结果，资产规模收缩后所能产生的现金流也将随之下降，为下一期降低交易量级埋下伏笔。一旦流动性压力增大，必

须再次缩减资产，形成交易量级的螺旋式下滑。该自强化机制的逻辑关系如下：

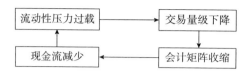

图 19.3.3　交易量级收缩反馈环

在图 19.3.3 中，反馈过程在加入交易主体敏感性强度 κ 的变化因素后，同样会得到强化。新的反馈流程结构如下：

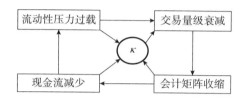

图 19.3.4　考虑敏感性强度的交易量级收缩反馈环

两种自强化机制分别对应着两种不同的资源配置状态，交易量级跃迁机制对应着有效率的资源配置状态；而交易量级衰减机制则对应着无效或低效资源配置状态。在两种不同性质的自强化机制作用下，交易空间的演化通过调整资源配置结构保持交易系统的运行效率。决策准确、收益符合预期的交易主体代表着有效资源配置，这类主体通过持续不断的交易量级跃迁获得越来越多的资源配置机会，在交易空间中处于持续扩张趋势；而决策失败、效益不佳的交易主体代表着低效资源配置，由于无法将会计矩阵中的资源有效转化为效益和现金流，现金流持续消耗，被迫不断降低交易量级，资源配置的机会逐渐收缩，最终的归宿是退出交易、遭到淘汰。

19.4　交易空间演化

在交易系统的演化进程中，交易空间也在同步演化，并在规模、结构两方面呈现出显著的特征。

19.4.1　交易空间膨胀——经济全球化的必然性

在交易系统的演化进程中，一方面，由于技术创新的推动，越来越多的新产品被设计、制造出来并推向市场；另一方面，由于交易模式的创新，越来越多的资产成为可交易资产。交易基在技术创新和模式创新的双重机制作用下，持续不断地扩张，为交易主体提供越来越多的交易选择。交易空间是由交易基扩张成的空间，交易基的扩张必然造成交易空间维度的增加。

19.4.1.1 交易空间膨胀的历史佐证

在人类社会的早期发展阶段，交易空间十分狭窄。在原始社会时期，交易标的物不过是牛、羊及少数装饰物品；进入新石器晚期的农业社会以后，交易标的物从原来的家畜、装饰物拓展到农副产品、生产用具、手工制品等。人类社会从游牧形态进化到农业经济形态，交易空间完成了一次大的飞跃。然而，交易空间真正的跨越式扩张出现在人类社会进入工业经济形态后。当交易推动人类社会由农业经济形态进入工业经济形态时，交易空间的维度迅速扩张。人类社会发展到今天，交易基的规模难以准确计数，交易空间的广度达到了前所未有的水平。

工业革命是人类社会交易空间大扩张的时代。机械在生产领域大规模地应用和以蒸汽机为代表的新动力的开发，使人类生产能力实现了那之前难以想象的跨越。"这些数量的制成品，必须出售；出售可以获利，所以出售是各种工业生产的最终目的。大工业对生产所引起的如此强烈的刺激，马上就影响到产品的流通。抛在市场上的大量商品，使价格降低。价格降低，使需求增多，又使交易倍增，竞争加剧。运输工业的发达又为它开辟了一条越来越宽的出路，结果是竞争从个人扩展到那些过去任何时候都更加渴望追求物质利益的地区和国家。……整个世界只不过是一个大市场而已，各国大工业互相争夺的这个大市场犹如一个战场。……商品的稀少和昂贵现象已经减少，许多以前很贵而且不易买到的东西现在已经深入那些前不久还不知道有这些东西的地方和场所。"[1]这是法国历史学家保尔·芒图在其《18世纪产业革命》中对英国产业革命过程的描述，我们从中可以窥探出工业革命所带来的繁荣景象。

伴随着交易空间维度上的扩张，交易主体状态域也在持续扩大。交易过程也是财富积累的过程，财富积累越多，交易规模就越大。这种交易活动与财富积累相互促进的机制，决定了交易系统的进化过程必然伴随着交易规模的增长。当交易主体参与交易的平均量级持续上涨时，交易主体在交易空间上的状态域也在持续膨胀，整个交易空间仿佛是不断膨胀的宇宙。

我们不妨以20世纪50年代到2013年的全球商品贸易价值增长和商品贸易物量增长趋势为例，从一个侧面来印证交易系统的规模扩张情况。

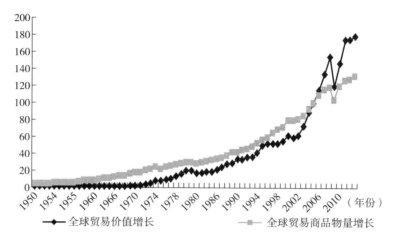

全球贸易价值增长和物量增长均以 2005 年为 100，进行指数计算。

图 19.4.1　全球贸易增长趋势图

资料来源：世界贸易组织网站。

国际贸易仅是交易系统中的部分交易活动，大量交易活动是在交易系统内部完成的，跨境贸易不过是交易空间扩张的缩影。

从长期来看，所有经济体的交易系统均经历持续扩张的过程。尽管各国交易系统扩张的速度不尽相同，但趋势基本一致。仅中国 19 世纪后半叶到 20 世纪上半叶这段时期的贸易情况，便可以证明交易空间具有多么顽强的扩张本性。

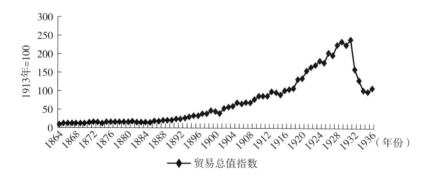

贸易增长指数按照海关白银计价计算，贸易总量中 1932 年 6 月以后，不包括东北的对外贸易。

图 19.4.2　动荡局势下的中国贸易

资料来源：《中国对外贸易史（第二版）》

图 19.4.2 中包含了从 1864 年到 1936 年中国历史至暗时期的贸易。第一次、第二次鸦片战争失败后，中国被迫签订一系列不平等条约，包括《望厦条约》《黄埔条约》《瑷珲条约》《天津条约》《北京条约》等，国内局势迅速恶化，大

规模的农民起义太平天国运动爆发；中日甲午战争爆发，中国再次战败，签订了《马关条约》；随后又爆发了义和团运动，在内忧外患的压力之下，清政府统治的根基彻底动摇，紧接着又陷入军阀混战的局面、日本入侵并占据中国东北三省等。[2] 这是一段充满辛酸的中国近代历史，即便如此，国际贸易仍然不断增长，这不能不让人叹服交易空间扩张的巨大韧性！

交易空间的扩张性同样得到交易轨迹方程的支持。交易轨迹方程表明，只要流动性条件允许，交易主体总是倾向于实施最大限度的交易量级跃迁。交易主体的流动性储备作为财富的一部分，在规模上通常与资产规模保持一定比例关系。交易规模的扩张必然生成更大的资产规模；反过来，资产规模扩张必然增加流动性储备，交易与流动性储备之间形成相互促进的自强化机制。体现在交易轨迹方程上，流动性规模增加提高了交易主体承受能力，降低了交易量级跃迁的敏感度 κ 和流动性压力 $lp(x_{t+1})$，交易主体对交易量级跃迁承受力的提升推动交易主体向更高交易量级跃迁，由此带动交易量级的不断跃迁：

图 19.4.3　交易空间反馈机制

以上是我们使用定性分析的方法论证了交易轨迹方程对交易主体状态域扩张的支持。

19.4.1.2　交易空间膨胀证明

要证明交易空间持续扩张的必然性，我们只需证明如下的等价命题：已知 x、y 为交易主体 a_i 状态域 K 上的两个任意状态，且有 $|y|>|x|$，$P_{xy} \geq p^*$；其中，p^* 表示最低行动概率阈值，即实现由状态 x 到状态 y 转移的最小概率要求。我们需要证明，在交易空间 Ω 上一定存在状态 z，满足 $|z|>|y|$，且有 $P_{yz} \geq p^*$。

假设交易主体 a_i 在时间步 t 上实施了交易向量 x 后得到的会计矩阵为 A_x，在时间步 $t+1$ 上产生的现金流为 $l(A_x)$，若 a_i 交易跃迁至交易向量 y 的量级，需要消耗的流动性为 $L(y)$，形成的流动性缺口为 $\Delta L = L(y) - l(A_x)$。

由假设条件可知：

$$P_{xy} = \frac{E(y)}{2u_0(1+\kappa D_{xy})(1+lp(y))} > p^* \qquad (19.4.1)$$

式（19.4.1）意味着流动性缺口 $\Delta L = L(y) - l(A_x)$ 所形成的流动性压力 $lp(y)$ 对于交易主体 a_i 处于可承受的范围，能够支持状态 x 跃升到状态 y，跃迁距离为 $D_{xy} = |y| - |x|$。

在交易空间 Ω 上，存在量级环 $|z| = |y| + \delta$，其中 $\delta > 0$ 为取值很小的正实数。在量级环 $|z|$ 上，任意一个状态 z 均满足 $|z| > |y|$。交易主体 a_i 若要实现从状态 y 到状态 z 的成功跃迁，必须满足如下流动性条件和收益条件：

$$L(z) - l(A_y) \leqslant L(y) - l(A_x) = \Delta L \tag{19.4.2}$$

$$E(z) \geqslant E(y) \tag{19.4.3}$$

并非所有交易主体均能满足条件（19.4.2）和（19.4.3），要满足上述条件，交易主体必须能够保证交易决策的合理性，在时间步 t 上的交易决策能够为时间步 $t+1$ 带来结构合理、规模增加的会计矩阵，同时交易环境也比较友好。我们将关于交易向量 x、y 和 z 在收益以及流动性方面的条件（19.4.2）、（19.4.3）称为有效交易条件，以此区分无效交易行为和低效的交易主体。显然，在正常的情况下，有效交易条件总是存在的。衡量效率高低的标准具有相对性，因此，我们总能够在交易系统中找到满足有效交易条件的交易主体。

在有效交易条件下，交易向量 z 的流动性压力 $lp(z)$ 能够实现不大于 y 对交易主体 a_i 所产生的流动性压力 $lp(y)$，即 $lp(z) \leqslant lp(y)$。

$$\because P_{xy} = \frac{E(y)}{2u_0(1 + \kappa D_{xy})(1 + lp(y))} > p^* \tag{19.4.4}$$

根据已知条件得到：

$$\begin{aligned} P_{yz} &= \frac{E(z)}{2u_0(1 + \kappa D_{yz})(1 + lp(z))} \\ &\geqslant \frac{E(y)}{2u_0(1 + \kappa D_{xy})(1 + lp(y))} > p^* \end{aligned} \tag{19.4.5}$$

由（19.4.5）得到：

$$P_{yz} > p^* \tag{19.4.6}$$

（19.4.6）表明，在有效交易条件下，交易主体受逐利动机的驱使，将会尽可能实施交易量级跃迁。这就证明了，在满足有效交易条件的情况下，交易主体 a_i 能够实现状态域不断扩张的愿望。

对于微观个体而言，交易量级跃迁是否成功只是一个概率事件，并不能保证每次交易均能实现量级跃迁。在有些情况下，甚至可能出现量级衰减的情况。但从整个交易系统来看，由于每个交易主体都有量级跃迁的机会，大量成功跃迁的微小概率汇聚成为交易空间扩张的必然性,保证了交易状态域的持续扩张性。

从量级跃迁的论证过程还可以发现,无论是单个交易主体,还是整个交易系统,其量级跃迁都是小步积累的过程。通过一段时间的积累,交易空间在维度和范围上的扩张才能达到显著变化的效果。

19.4.2 交易行为的路径依赖——人类社会发展的渐进性

从交易系统的层面来看,尽管交易向量 X 呈现出某种程度的随机性,可以看作是随机变量,但是,交易主体的行为严格遵循交易原理,具有一定的规律可循。这不仅有行为学意义上的习惯性,也是各种交易约束的结果。交易行为的规律性使得交易主体的状态域具有一定程度的封闭性,即跨越状态域的交易行为属于小概率事件。这个判断不仅对家庭主体成立,而且对于企业主体同样成立。家庭主体受到消费习惯及支付能力的限制,交易向量的状态值通常会落在交易空间上较为固定的区域内;企业的交易行为通常会围绕主营业务展开,由于受到会计矩阵规模及其结构的制约,交易向量的取值范围同样会比较稳定。

交易路径依赖的特性为状态值域的封闭性提供了逻辑支持。交易行为在交易规模和交易内容两个方面均表现出路径依赖的特性。当然,路径依赖是相对的,同样存在突变的可能性。技术进步是量变到质变的过程,在新技术出现的初期,对于市场的影响可能很小,只有经过时间的检验,新技术才会形成对于旧技术市场的强大冲击,出现熊彼得所说的"创新性毁灭"效应。这时交易变量便会产生跳跃,旧技术产品市场会迅速萎缩,新产品市场快速扩容。

交易轨迹方程提供了对交易主体路径依赖性的逻辑支持。假设 a_i 为交易系统 T 上任意主体,在交易空间 Ω 上的状态域为 K,x 为 K 上的一个状态,即 $x \in K$;状态 y 是交易空间 Ω 上的任意状态,与状态 x 的量级非常接近,两者间的距离 $D_{xy} = \delta$ 是一个非常小的正实数;状态 y 的预期收益不低于初始状态 x,满足 $E(y) \geq E(x)$;由于 $D_{xy} = \delta \ll 1$,我们有理由假设状态 y 的流动性压力与状态 x 具有大致相同的水平,即有 $lp(y) \cong lp(x)$。

假定状态 x 由交易主体 a_i 的状态 x_0 转移而来。根据两个状态已经实现转移的事实,由交易轨迹方程(19.3.7)得到:

$$P_{x_0 x} = \frac{E(x)}{2u_0 \left(1 + \kappa D_{x_0 x}\right)\left(1 + lp(x)\right)} > p^* \qquad (19.4.7)$$

根据交易轨迹方程,我们得到计算转移 P_{xy}:

$$P_{xy} = \frac{E(y)}{2u_0 \left(1 + \kappa D_{xy}\right)\left(1 + lp(y)\right)} \qquad (19.4.8)$$

代入式（19.4.8）得到：

$$P_{xy} = \frac{E(y)}{2u_0(1+lp(x))} \quad (19.4.9)$$

由式（19.4.9）变形得到：

$$P_{xy} = \frac{E(x)}{2u_0(1+\kappa D_{x_0 x})(1+lp(x))} \frac{E(y)(1+\kappa D_{x_0 x})}{E(x)} \quad (19.4.10)$$

$$\because \frac{E(y)}{E(x)} \geq 1, \quad 1+\kappa D_{x_0 x} \geq 1$$

$$\therefore \frac{E(y)(1+\kappa D_{x_0 x})}{E(x)} \geq 1$$

$$\therefore P_{xy} \geq p^* \quad (19.4.11)$$

（19.4.11）表明，对于交易系统中的任意交易主体 a_i，在原有交易量级环上进行交易的概率很高，也是最容易出现的策略。这正是路径依赖的典型特征。交易行为的路径依赖性，保证了交易状态域的相对稳定性。

19.4.3 交易空间的可约性——社会分层演化趋势

对称性破坏是一切结构形成的基本前提。对称性破坏的直白含义就是系统变得不再均匀。在一个群体内部，如果群体行为是由自强化机制所主导，其演化结构必然是离散化分布。主导星际空间的基本机制是引力，在牛顿的引力公式中很容易发现自强化机制，两个物体之间的引力拉近两者间的距离，距离的靠近增加了两者间的引力，引力越大，两者靠近的速度就越快，这就出现了物体间距离与彼此间引力的自强化机制，正是在这种自强化机制的主导下，宇宙从分布相对均匀的星际云逐步演化成为离散分布的星际空间结构。在主导交易空间演化的轨迹方程中，同样也包含了导致交易轨迹分叉的自强化机制。交易空间在转移概率中的自强化机制主导下，必然形成由众多交易状态域分割的约化结构。

我们采用反证法来证明交易空间的可约化命题。假设交易空间 Ω 是不可约化的，x 是任意主体 a_i 状态域 K 上的状态，y 是交易空间 Ω 上的任意状态。

$\because \Omega$ 是不可约化的连通空间

$\therefore$ 任意状态 x、y 的转移概率 $P_{xy} > \varepsilon$，其中，$\varepsilon > 0$ 是非常小的常数。

$\because$ 交易主体 a_i 的融资能力存在上限

∴ 随着状态 y 的量级增大，a_i 的流动性压力 $lp(y)$ 会以超过预期收益 $E(y)$ 的速度快速爬升。

根据上述推断，我们假设流动性压力 $lp(y)$ 满足如下关系：

$$\frac{E(y)}{1+lp(y)} \leq \pi, \text{ 其中 } \pi > 0 \text{ 是常数} \quad (19.4.12)$$

根据交易轨迹方程（19.3.7）得到：

$$P_{xy} = \frac{E(y)}{2u_0(1+\kappa D_{xy})(1+lp(y))} \geq \varepsilon \quad (19.4.13)$$

由式（19.4.13）得到：

$$1+\kappa D_{xy} \leq \frac{E(y)}{2u_0\varepsilon(1+lp(y))} \quad (19.4.14)$$

整理式（19.4.14）得到：

$$\kappa D_{xy} \leq \frac{E(y)}{2u_0\varepsilon(1+lp(y))} - 1 \quad (19.4.15)$$

继续整理得到：

$$D_{xy} \leq \frac{E(y)}{2u_0\kappa\varepsilon(1+lp(y))} - \frac{1}{\kappa} \quad (19.4.16)$$

将（19.4.12）代入（19.4.16）得到如下结果：

$$D_{xy} \leq \frac{E(y)}{2u_0\kappa\varepsilon(1+lp(y))} - \frac{1}{\kappa} \leq \frac{\pi}{2u_0\kappa\varepsilon} - \frac{1}{\kappa} \quad (19.4.17)$$

$$\therefore D_{xy} \leq \frac{\pi}{2\kappa u_0\varepsilon} - \frac{1}{\kappa} \quad (19.4.18)$$

在（19.4.18）是由常数 π、κ、ε 和交易近似量值 u_0 组成，由于 u_0 会随着状态 y 量级上升而增大，故（19.4.18）右边取值将随状态 y 的量级增加呈现不断缩小的趋势；但在（19.4.18）左边，随着状态 y 量级增加，与状态 x 的距离 D_{xy} 将会随之扩大。由于 $x \in K$，y 是交易空间 Ω 上的任意状态，（19.4.18）要求状态 x、y 的距离 D_{xy} 必须小于某个特定量值，显然，这与交易空间 Ω 为不可约化空间的假设相矛盾。由此证明，交易空间是可约化的。

交易空间 Ω 的可约化特性表明，交易系统演化必然走向市场分层、社会阶层化的结果。市场分层表现为在同一个市场中，按照商品的品质高低、价位高低及性价比高低，将市场分成若干层次。处于不同社会层级的交易主体，对应相应市场，与市场分层相呼应。

交易空间可约化是一种概率意义上的分层，而不是绝对意义上的分割。这就表明虽然分层是交易系统演化的必然结果,但并不排除跨越层级的交易活动,这意味着不同层级间仍然存在迁移的可能性。

19.4.4　交易空间"黑洞"——"贫困陷阱"的存在性

在交易空间的演化进程中,大多数交易主体的状态域都处于持续扩张的态势,从而形成了交易空间膨胀的微观基础。但是,并非每个交易主体都能实现状态域的扩张,甚至还会出现状态域不断收缩的局面。这种情况就像星际空间中的"黑洞",一旦进入"黑洞"的捕获范围,便难以逃脱被它吞没的结局。收缩闭集就是交易空间的"黑洞",无论是家庭主体还是企业主体,均存在陷入"黑洞"的可能性。

对于企业主体来讲,有三类风险可能导致陷入收缩闭集的"黑洞"中,它们是经营风险、流动性风险和市场风险。经营风险表现为产品性价比下降,市场占有率降低,现金流萎缩等。企业一旦进入经营不善的境地,便很有可能陷入恶性循环中。尽管存在改变经营路径的可能性,但优化产品和技术创新需要较多资金的投入,对于市场占有率持续下降的企业,实际上是十分困难的事情。在激烈竞争的市场上,企业如逆水行舟,不进则退,一旦落伍,与竞争对手的距离就会越拉越大,最终难逃被市场挤出的厄运。

企业的流动性风险主要表现为现金流量突然降低或资产变现受阻导致无法履行支付义务的情况。流动性风险通常是由于财务管理出现了问题,包括预期的融资无法及时到位、资产与负债期限严重错配等。企业一旦出现流动性危机,就必须在特定时限内卖出资产换取流动性。但不幸的是,在刚性的时限约束下,流动性置换通常很难以合理兑价实现交易愿望。正常情况下的信用工具不再被市场接受,债权人也会闻风而动,蜂拥而至前来索债,出现流动性危机与外部融资环境恶化的相互强化局面,致使陷入流动性危机的企业坠入螺旋式下滑的困境。

市场风险则主要表现为资产价格大幅波动导致会计矩阵完整性受损的情况。市场价格瞬息万变,一旦价格下跌幅度超出企业的承受能力,企业就会出现资不抵债的情况。如果不能及时扭转局面,企业就会陷入困境。

对于家庭主体,陷入收缩闭集的最主要成因是贫困。贫困意味着收入低,财富储备少,参与交易的机会少。无论在规模上,还是在交易品种上都较大幅度地低于社会整体水平。处于贫困状态的家庭,交易空间狭小,一旦进入越过临界值,状态域就会呈现随着时间不断收缩的趋势,仿佛坠入一个引力强大的黑洞,被贫困牢牢吸附,很难逃脱。

我们利用交易轨迹方程,证明交易空间"黑洞"——收缩闭集——的存在性。要证明收缩闭集的存在，就要寻找满足主体交易量级不断收缩的条件。为此，我们假设 x 为交易主体 a_i 的起始状态，y 为 x 相同量级上的任意状态。当交易主体 a_i 陷入收缩闭集时，这意味着由状态 x 到状态 y 的转移概率 P_{xy} 将会小于行动最低值，从而无法继续维持原有的交易量级，即：

$$P_{xy} < p^* \tag{19.4.19}$$

由于 y 与 x 处于同一量级环上，即 $|y|=|x|$，$D_{xy}=0$
由交易轨迹方程得到：

$$P_{xy} = \frac{E(y)}{2u_0\left(1+lp(y)\right)} \tag{19.4.20}$$

在时间步 $t+1$ 上，若交易主体 a_i 的交易量级环塌陷萎缩，需要满足条件：

$$\frac{E(y)}{2u_0\left(1+lp(y)\right)} < p^* \tag{19.4.21}$$

由式（19.4.21）整理得到：

$$lp(y) > \frac{E(y)}{2u_0 p^*} - 1 \tag{19.4.22}$$

我们将式（19.4.22）称为交易空间的"黑洞"条件。在"黑洞"条件（19.4.22）中，不等式右侧的变量主要是交易向量 y 的预期收益值 $E(y)$，其他均为常数；不等式左侧是流动性压力 $lp(y)$，要证明在交易空间上存在"黑洞"，实际上就是要证明，对于任意交易向量 y，流动性压力 $lp(y)$ 与预期收益值 $E(y)$ 是否存在反向变动的可能性。

事实上，当交易主体 a_i 的会计矩阵在时间步 $t+1$ 上产生的现金流量比前一个时间步 t 减少，即满足 $l(A_{t+1}) < l(A_t)$ 时，在外部融资条件没有发生变化的情况下，在时间步 $t+1$ 上，状态 y 对 a_i 形成的流动性压力 $lp(y)$ 就会大于 $lp(x)$：

$$lp(y) \geq lp(x) \tag{19.4.23}$$

式（19.4.23）表明，交易主体 a_i 在时间步 $t+1$ 上的流动压力增大，这意味着在策略选择时将面临更多限制，能够选择的状态变少，进而出现 $E(y) \leq E(x)$ 的概率增加。在这种情况下，"黑洞"条件（19.4.22）就可能得到满足。由此表明，"黑洞"在交易空间上具有存在的可能性。

"黑洞"条件规定了现金流衰减的幅度，这表明现金流是决定交易主体是否陷入"黑洞"的关键。从短期来看，现金流规模取决于交易主体的两种能力，分别是盈利能力和外部融资能力。交易主体的盈利能力越强，偿付能力就越强，市场对交易主体债权的接受度就越高，外部融资能力也就越强；反之亦然，外部融资能力越强，交易主体在策略安排上的选项就越丰富，实现较高收益的概率就越大，盈利能力也就越强。

从中长期来看，交易主体实现充裕现金流的关键在于资源配置效率的高低。对于企业来说，资源配置效率体现为产品创新、市场营销和内部组织管理等多方面的能力；对于家庭来说，资源配置能力体现为人力资本优势和财富的管理能力。陷入"黑洞"的交易主体，必然存在资源配置效率低下的问题。交易系统通过"黑洞"捕获低效主体，将其剔除出局，是维持系统运行效率的重要机制。

注释

1. ［法］保尔·芒图.十八世纪产业革命［M］.杨人楩，陈希秦，吴绪，译.北京：商务印书馆，1983：11.
2. 王承仁，吴剑杰.中国近代八十年史——1840—1919［M］.武汉大学出版社，1985.

第四部分
交易经济学模型

该部分包含四章内容，分别是交易态相变、经济周期模型、经济增长模型和交易定价模型。

经济周期、经济增长和价格波动是主流经济学的重要论题。交易经济学以独特的理论视角、坚实的微观基础，构建出具有全新范式的宏观经济模型。

在交易经济学的理论体系中，交易系统是大量微观主体在特定组织结构约束下运行的有机整体，不存在宏观经济学与微观经济学的区分，更不存在宏观经济学与微观经济学相脱节的逻辑缺陷。长期横亘于主流经济学的一道理论鸿沟——宏观与微观脱节的问题，在交易经济学的理论体系中得以圆满解决。这是交易经济学对现代经济理论的重要贡献。

第二十章

交易态相变

交易网络上各主体的状态分布对于交易系统运行至关重要。决定主体状态的因素既有自身的原因，也有交易网络链接产生的外部成因。在交易网络上，状态的同步产生经济周期，状态的分散又会形成短暂的平衡局面。

20.1 交易态概念

交易态可以从不同角度给予定义，可以从交易意愿的角度进行定义，将状态分为高意愿状态和低意愿状态；也可以从决策置信度的角度进行定义，分为高置信态和低置信态。在这里，我们从风险偏好的角度定义交易态，将交易主体的状态划分为激进态和保守态。交易主体在任何一个时间点上都只能选择一种状态，不能同时处在两个不同的交易态上。

交易主体受到交易资源稀缺性的约束，必须根据自己获得的正向交易资源规划逆向交易，否则无法维持资产负债表的平衡。当有诱惑力的商机出现时，这种量入为出的原则可以被打破，交易主体采用激进的交易策略，通过扩大负债或动用储蓄，增加正向交易量，以最大限度地获取收益。譬如，当房价处于上涨趋势时，通过负债增加房屋资产的策略，可以获得远高于平均收益水平的回报。对企业来讲，提前布局，才能捕捉随后到来的商机。硅谷天才马斯克在常规汽车市场之外，看到了电动汽车巨大的发展前景，以非常低廉的成本进入电动车市场，从而在很短的时间内成就了世界首富的神话。

当然，事物总有两面性。激进交易策略在可能带来高收益的同时，也会带来风险。如果判断失误，或者市场受到意外冲击没有按照预期的方向发展，激进策略不仅不会收获预期的高额回报，还可能付出沉重的代价。因此，保守策略同样是一种可以与激进策略分庭抗礼的选择。这种策略尽可能遵循量入为出的原则，根据自己的正向交易安排逆向交易。

现在，我们给出激进态和保守态的定义。如果交易主体的交易策略严格根据正向交易的动态变化情况决定自己的逆向交易，交易策略集始终保持在正向交易允许的规模范围内，我们就说交易主体处在交易保守态上，用 co 表示。

如果交易在逆向交易安排中超前考虑，采用超出当前正向交易允许的规模安排交易，我们就说交易主体处在激进态上，用 ag 表示。

交易主体的状态选择，决定了它的边际交易倾向。对于处在激进态上的交易主体，边际交易倾向较高；相反，处在保守态上的交易主体，边际交易倾向较低。在交易网络上，交易态决定了网络的交易循环率高低。激进态主体的占比越高，交易网络循环率就越高；相反，保守态主体的占比越高，交易网络的循环率就越低。

当交易主体 a_i 处在激进态上，一个重要的特征是有更大的策略集。策略集中不仅包含稳健型交易策略，还包含一些具有较高风险、却能够带来较大收益的策略。我们将交易主体 a_i 在激进态上的策略集记为 S_i；当交易主体 a_i 处在保守态上，策略集规模就会缩小，一些具有较高风险的交易策略会从策略集中剔除，保留在策略集上的策略主要是稳健型策略。我们将交易主体 a_i 在保守态上的策略集记为 s_i。显然，激进态与保守态的策略集具有包含与被包含关系，即 $s_i \subset S_i$。两个交易策略集的差集称为状态补集，记为 $\Delta S_i = S_i - s_i$。

根据交易态定义，$\Delta S_i \neq 0$，即状态补集为非空集。我们知道，决定状态补集 ΔS_i 大小的成因既有交易主体的内部因素，也有交易环境的外部因素。一般来讲，交易系统提供的交易机会越多，ΔS_i 就会越大。在内因方面，交易势阶次越高的主体，ΔS_i 就会越大。这是由于高阶次主体动员资源的潜力更大。相反，交易势阶次较低的主体，由于动员资源的能力有限，状态补集的扩张就会受到更多限制。

状态补集 ΔS_i 的规模，决定了交易态的重要性。如果状态补集很小，交易主体无论选择怎样的状态，无论对自身，还是对于交易系统都不会产生实质性的改变。由于低阶次主体的状态补集规模有限，对交易系统运行产生显著影响的主体主要来自高阶交易群体。

20.2 交易态相变方程

假设 Ω 是交易网络上的任意交易社区，a_i 是交易社区 Ω 上的交易主体，A_i^c 为交易主体 a_i 的状态协统集。在 a_i 的状态决策过程中，只有 a_i 尽可能保持与 A_i^c 的多数主体状态一致，才是最优反应策略。

交易态是交易主体的一种策略。交易态选择是否正确直接关系到决策者的收益和风险。交易主体决定交易态的关键在于对交易局势的判断。交易局势友好，选择激进交易态就会获取更大收益；在选择激进态时，如果交易局势出现恶化，交易主体就会遭遇损失。由此可见，交易态的选择，是交易决策的重要内容，同样遵守交易方程所描述的规律。

我们考察任意交易主体 a_i 在时间步 t 上的交易态选择过程。假设 a_i 在激进态 ag 上的交易集为 S_i，处于保守态 co 上的交易集为 s_i。我们用补集 ΔS_i 的占优策略在交易局势 H 处于友好状态时预期实现的最大收益代表激进态的预期收益；用补集 ΔS_i 的占优策略在交易局势 H 出现恶化时可能出现的最大损失代表激进态的最差表现。即：

$$E_g(ag) = Max(\Delta S_i)$$

$$E_b(ag) = Min(\Delta S_i)$$

如果激进态 ag 在局势 H 恶化时遭遇损失，我们记 $E_b(ag) < 0$；如果激进态 ag 即使在局势 H 恶化时，仍能保证不亏损的结果，我们记 $E_b(ag) \geq 0$。

假设在时间步 t 上，交易集 S_i 上的占优策略在交易社区 Ω 对应的平均预期收益为 u_0。u_0 在交易态相变过程中发挥重要作用，我们将其称为价值门槛。

根据上述约定，我们可以计算交易主体 a_i 在时间步 t 上激进态的收益风险指数 R_g：

$$R_g = \frac{E_g(ag) - E_b(ag)}{E_g(ag) - u_0}$$

根据交易方程（14.3.27）可知，如果交易主体 a_i 的状态协同集 A_i^c 上有 n 个交易主体选择激进交易态，交易主体 a_i 对交易局势 H 出现友好态的先验概率 p、出现不友好态的先验概率为 q，选择激进态的概率 $\Pr(ag)$ 服从如下公式：

$$\Pr(ag) = 1 - R_g \frac{q}{p} \mu^n \quad (20.2.1)$$

在激进态和保守态的选择上，当 $\Pr(ag) > \frac{1}{2}$ 时，交易主体 a_i 倾向于选择激进态；当 $\Pr(ag) < \frac{1}{2}$ 时，交易主体 a_i 倾向于选择保守态；当 $\Pr(ag) = \frac{1}{2}$ 时，交易主体 a_i 将会出现交易态相变，即原有的交易态将会发生改变。当概率 $\Pr(ag)$ 由 $\Pr(ag) > \frac{1}{2}$ 逼近 $\Pr(ag) = \frac{1}{2}$ 时，交易主体 a_i 将由激进态转向保守态；当概率 $\Pr(ag)$ 由 $\Pr(ag) < \frac{1}{2}$ 逼近 $\Pr(ag) = \frac{1}{2}$ 时，交易主体 a_i 将由保守态转向激进态。

由式（20.2.1），我们可以得到交易态相变的条件：

$$1 - R_g \frac{q}{p} \mu^n = \frac{1}{2} \quad (20.2.2)$$

由式（20.2.2）整理得到：

$$R_g \frac{q}{p} \mu^n = \frac{1}{2} \quad (20.2.3)$$

由式（20.2.3）得到：

$$\frac{p}{q} - 2R_g \mu^n = 0 \quad (20.2.4)$$

方程（20.2.4），给出了交易主体对交易局势先验判断、选择激进态的风险状况以及社区邻居影响等三方面平衡关系，揭示了交易主体状态转换的基本规律，我们称（20.2.4）为交易态相变方程。

20.3 相变方程讨论

由相变方程（20.2.1）可知，收益风险指数 R_g 的提高将降低激进态出现的概率，决策者进入激进态需要更高的先验概率 p。相反，随着状态协同集上的激进态主体数量 n 增加，风险过滤效应充分显现，风险因子 μ^n 会快速收缩，社区居民就更容易进入激进态。为了深入地探讨交易态相变的规律，我们将交易态相变方程（20.2.4）放入由 (p,q) 构造的坐标系中观察。

以先验概率 p 作为纵轴、先验概率 q 作为横轴构成交易局势分布的坐标系，交易态相变方程对应坐标系中的一条直线，将交易状态空间划分成激进区域和保守区域两部分，我们称这条分界线为交易态状态分割线。

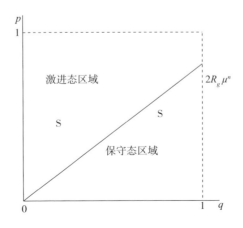

图 20.3.1　交易态分布图

在图 20.3.1 中，面积为 1 的正方形代表交易主体 a_i 的状态空间，交易态状态分割线将状态空间一分为二。状态分割线上方的区域为激进态区域，我们用大 S 表示；状态分割线下方的区域为保守区域，我们用小 s 表示。显然，激进态区域越大，a_i 进入激进态的可能性就越大；相反，激进态区域越小，a_i 进入保守态的可能性就越大。两种状态此消彼长。

图 20.3.1 显示，参数 $2R_g\mu^n$ 是决定两个区域大小关系的关键。风险过滤效应越弱，μ^n 取值越大，激进态 S 就越小；相反，风险过滤效应越强，μ^n 取值越小，激进态 S 就会越大，意味着交易主体越容易进入激进状态。激进态的收益风险指数 R_g 越大，表明选择激进态的风险越高，决策者就会越慎重，对选择激进态的条件要求就越严格。在图 20.3.1 上，对应的分界线越陡峭，激进态 S 被压缩得越小。

尽管状态分割线总是与交易社区上的主体相对应，但状态分割线也反映了交易社区不同演化时段的整体特征，包括代表激进态的状态补集收益水平及交易主体对交易局势的响应强度等。以此类推，状态分割线同样也可以推广到交易系统，作为带有发展演化特征的标志。收益水平及交易主体对局势的响应强度同样也是反映一个经济体不同发展时期的重要结构性特征。在随后的讨论中，我们会经常将状态分割线放在社区层面或整个交易系统层面上使用。

交易态的相变机制决定了交易态必然呈现周期震荡的模式。随着交易社区中选择激进态的主体数量增多，风险过滤效应增强，$2R_g\mu^n$ 开始下降。当激进态交易主体增加到一定数量时，对商品的需求随之增加，实施激进态的成本将会提高；根据不同市场的供求格局及生产周期的特点，每个市场都会存在供给临界点。当需求超出供给临界点时，商品价格就会上涨，逆相位上的交易主体的激进态预期收益 $E_g(ag)$ 将会呈现下降态势。这时，社区中采用激进态策略的主体数量便会逐渐减少，风险过滤因子 μ^n 的演化走势开始由小变增大，$2R_g\mu^n$ 出现由降转升的转折点。

与此对应，保守态也存在转折拐点。当保守态不断扩大地盘的时候，交易局势 H 处于持续恶化通道上，大部分交易主体采用保守交易策略，企业减少投资扩张，家庭收缩开支。在没有宏观调控政策干预的情况下，企业保守策略与家庭保守策略交互作用，形成二元结构的交易反馈环，推动交易局势 H 状况呈现螺旋下降的演化轨迹。其推动力量是交易主体的交易集紧缩导致交易局势恶化，交易局势恶化进一步引起交易集紧缩的正向反馈机制。交易集紧缩并非无限制的。无论是家庭，还是企业，都存在基本的交易集。基本交易集是维持正常运转水平交易集。对于家庭，基本交易集是维持当前正常生活水平的交易集；对于企业，基本交易集是维持企业现有规模和市场占有率的交易集。尽管基本交易集也会发生改变，但存在较大的收缩刚性。基本交易集是交易集的硬核，交易集一旦紧缩到硬核的位置，便会停止紧缩。

企业是打破保守态坚冰的主力军。相较于企业而言，家庭主体的交易势相对较低，在交易网络上能够产生的动能也相当有限，少数家庭主体不足以形成改变交易系统状态的能力。当交易系统的大部分主体处于保守态时，市场竞争变得异常严峻，企业进入生死攸关的时期。在这种情况下，企业可能采取两种不同的策略，一种是等待市场环境好转。在此期间尽量降低不确定性，节约一切可以节省的开支，我们不妨将此策略称为"冬眠策略"；另一种是积极"突围策略"。尝试各种创新，包括企业管理机制创新、产品创新、技术创新及商业模式创新等，通过尝试创新改善企业效率，强化员工激励，开拓新产品市场，以实现困局下的突围，获得更好生存的目的。在交易局势恶化的背景下，每家企业都会根据自身的情况在两种策略中选择，选择"冬眠策略"的企业注重稳健，采取"突围策略"的企业更加注重胜出，不仅着眼于度过当前的困境，更加着眼于下一步的竞争。

当交易系统中大部分主体采用保守态时，总有一小部分主体采用激进态，尝试"突围策略"，这是演化进程中的"变异"入侵现象。当某种适应力强大的变异——创新——获得尝试成功时，就会释放出巨大的示范能量。社区邻居便会纷纷效仿，加入激进态的队列中。于是，保守态的转折点便会出现，越来越多的主体追随新的交易策略，激进态的队伍开始逐渐壮大。

与激进态转折有比较确定的拐点不同，保守态转折拐点有很大的不确定性。保守转折拐点是通过采取"突围策略"的企业主体带动走出低谷，包含着两方面的不确定性。首先是"突围策略"何时成功，什么时候能够找到"成功创新"方案具有很大的不确定性；其次是获得成功的企业对社区其他企业的示范效应是否显著存在不确定性。若实现成功突围的企业拥有高阶交易势，示范效应会比较容易扩散开来；相反，如果突围成功的企业交易势阶次较低，其示范效应也就不会很大，带动社区走出保守态的能力也就十分有限。

除了上述分析的因素外，还有一个因素在交易态相变过程中同样发挥着不容忽视的作用，这就是价值门槛 u_0。人类具有适应环境的强大能力，能够根据环境变化主动调整，价值门槛是交易主体对交易收益的最小预期，同样会随着交易环境的变化自发调整。当交易系统处于繁荣时期，交易主体的价值门槛值 u_0 会悄然提高。在此机制的作用下，收益风险指数 R_g 会有所减小，为交易态相变创造条件。收益风险指数 R_g 变化积累到一定程度后，交易系统的状态分割线就会出现位移，交易系统的状态拐点就要到来。同样的道理，在交易主体经历一段交易环境的恶劣状态后，价值门槛值 u_0 也会逐渐下调，形成收益风险指数 R_g 抬高效应，起到加快交易系统状态拐点到来的作用。

对比激进态和保守态不同的转换机制发现，交易系统的进化是在交易主体的状态切换中实现的。当交易系统的局势恶化时，大部分主体进入保守态，仍有一部分主体不断尝试突围、尝试创新，交易系统在保守态主导时期进入制度优化、加快创新的通道。当激进态主导交易系统时，前期积累的制度优化绩效能得到快速释放，技术创新成果也会加快推广应用。交易系统就是在保守与激进的状态转换过程中实现一张一弛的进化，而每一轮状态的轮替都将交易系统推向新的境界。

根据上述分析可知，状态分割线会随着交易局势 H 的变化出现位移。状态分割线向下移动代表激进态在状态空间中的扩张，保守态在状态空间中的收缩；反之，状态分割线向上移动，代表着保守态在状态空间的扩张，而激进态在状态空间中的收缩。交易态状态分割线以原点为中心，做上下扇形摇摆运动，处于扇形区域底部的边线代表着激进态的最大扩张点；处于扇形区域顶部的边线则代表着保守态最大扩张点，分别称为状态分割线的上回归线和下回归线。如下图：

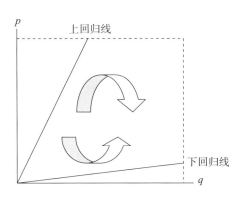

图 20.3.2　交易态演化趋势图

伴随着状态分割线在上回归线和下回归线所形成的扇形区域上做上下往复运动，交易系统的主体状态也在激进态和保守态之间呈现周而复始的转换。从状态分割线波动的回归线结构表明，在交易系统演进过程中，无论交易局势如何，都不可能由一种交易态一统天下。交易系统始终处于二元状态结构，所不同的仅仅是激进态占据主导地位，还是保守态占据主导地位。激进态与保守态在交易系统中的关系就像自然界"阴阳"的关系一样，相克相生，彼此相依。

20.4　交易态扩散

我们已经研究了单个交易态的决定机制，现在我们研究交易态在交易网络上的传播和扩散机制。交易网络不仅提供了交易主体链接和相互作用的管道，同时也形成了相互作用的约束。交易主体之间的相互作用必须在交易网络结构的规定下进行。

20.4.1　交易态扩散机制

交易态在网络上的扩散可以通过两种不同的机制实现。

第一种机制表现为交易社区内邻居间的行为影响。这种作用机制的关键是邻居间交易态信息的传播和影响。我们把这种机制称为信息传导机制。信息传导机制的载体是信息，所传递的内容是对交易局势判断的信心。

信息传导实现的关键条件有两个：一个是邻居所处的交易相位是否对应相同的交易局势。只有对应相同的交易局势，其交易行为和状态策略才会包含 a_i 所关心的局势信息；另一个是交易社区要有足够高的聚集度。只有这样信息才能在社区内顺畅传播，a_i 才能接受到来自社区邻居的行为信息。总体来讲，交易社区的集聚度越高，信息传导效应就越显著，交易态通过信息传导的效果也就越显著。

第二种是交易传导机制。通过社区中处于下相位和上相位邻居的交易行为对决策者的交易态形成产生作用。交易传导机制的载体是交易流，所传递的是决策者实现交易的资源。

在交易社区，交易链上的主体处于怎么样的状态上，作为交易链中间的一环，决策者能够确切地感受到。当交易链上的下相位主体进入激进态时，决策者能够感受到交易资源的增多和现金流的增加。与此同时，交易对手方对价格的敏感度也会呈下降趋势。这些都有利于决策者进入激进态；同样道理，当下相位主体进入保守态时，决策者将会立即感受到市场收缩、现金流下降的变化，市场对价格的敏感度也会随之增强。这些都会促使决策者转向保守态策略。

与下相位的影响作用相比，交易链上相位主体在交易态上的变化对决策者的影响相对间接，机制也更为复杂一些。当上相位主体进入激进态时，它的扩张性策略会在市场上有众多表现，包括促销政策及提升售后服务等。作为下游的决策者自然会从中受益，无疑会有利于决策者形成激进态策略；另一种可能是，上相位主体的激进态策略表现在拓展新的业务领域方面。这时上相位主体的激进态与现有交易链的关系不大，唯一的影响是示范作用。当上相位主体进入保守态时，情况相对简单一些，会减少促销降价行为。决策者处于下相位，能够直接感受到来自上游的策略变化信息，这些信息最终会进入决策者的信息集，成为交易态调整的依据。

事实上，交易传导机制本身，也附带了信息传导。因此，交易链传导机制是双重机制的叠加，在交易态传播和扩散过程中发挥着更为重要的作用。

交易态在交易社区的传导过程中，无论是借助交易链还是信息链，实现传递的主体无不来自状态协同集。也就是说，交易态的传导主要限制在状态协同集内部。但是，还有另一种机制不能忽视，即交易态的渗透传导机制，这种机制是发生在不同状态协同集之间，通过中间链接，实现跨协同集的状态传导。这种渗透机制借助交易网络的广泛链接得以实现。即便在两个完全没有交集的状态协同集之间，也会通过交易网络的链接，最终实现信息流和交易流的传导，这是渗透机制得以实现的关键。由于渗透机制的存在，在交易社区上，任何两个状态协同集之间也都不是绝对隔离的，有数量众多的信息流和交易流作为渗透管道。在交易态的传导和扩散过程中，交易链和信息链发挥着主渠道作用，而渗透机制则发挥着补充作用。与两条主渠道相比，渗透机制在传导速度上比较缓慢，是潜移默化的渐进过程。

20.4.2 高聚集度社区

在高集聚度交易社区上，居民间的交易链和信息链链接呈现高度互通结构。

这类结构的社区，居民的协同性高，状态选择的一致性强。体现在交易态扩散上，高集聚度社区的突出特点是状态调整节奏比较滞后，但社区内状态调整的速度却会非常迅速。由于高集聚度的特点，居民之间分享信息充分，相互之间交易链接紧密。在这种情况下，很少有交易主体会积极主动调整交易态，这就会限制交易态调整的节奏。假设保守态是交易社区 Ω 当前的主导状态，很少有居民采用激进态，交易社区 Ω 的激进态示范主体数 n 将持续在低位徘徊。由相变方程（20.2.4）可知，a_i 作为交易社区 Ω 上的任意主体，若要从保守态转向激进态，必须满足条件 $\frac{p}{q} > 2R_g\mu^n$。由于示范数 n 较小，要满足交易态转换条件 $\frac{p}{q} > 2R_g\mu^n$，就必须要求 a_i 对友局势 H 友好有更大的信心，即有较大的先

验概率值 p。很显然，这在高集聚度社区是一个比较难以实现的条件。

在高集聚度社区 Ω 上，一旦有部分居民的先验概率 p 满足条件 $\frac{p}{q} > 2R_g\mu^n$，由于信息分享比较便利的特点，通过信息传播，在社区 Ω 上就会出现更多居民满足交易态转变条件，即 $\frac{p}{q} > 2R_g\mu^n$，完成由保守态向激进态的转变。随着交易社区 Ω 上激进态示范数 n 的迅速放大，转换条件 $p > \frac{q\mu^n}{R_g}$ 中对先验概率 p 的要求也会随之下降，激进态便会以燎原之势在交易社区 Ω 上迅速传播。用形象化的比喻来描述高集聚度社区 Ω 的这个特点，高集聚性社区 Ω 就像一个外壳比较坚硬、但内核柔软的物体，突破外壳需要一定的强度，外壳一旦突破，内部就不会出现阻抗。

高集聚度社区 Ω 的这个特点，决定了交易网络的状态传播不会是匀速的；交易态在交易网络上的分布也不会是均匀的，必然依照集聚度的大小呈现岛屿分布样态。

20.4.3　低集聚度社区

低集聚度社区的特点是在社区内部居民的交易关联和信息关联相对较少，而社区居民的外部关联相对较多。

由于内部关联相对较少，低集聚度社区居民之间的状态协同集也会有较大的差异性，由于居民主要受到来自状态协同集中主体的影响，决定了社区居民交易态的一致性也会较低，呈现出社区内各自为政，在状态选择上相互间的影响较弱。

低集聚度社区的另一个特点是开放性较高，相对于内部联系而言，低集聚度社区的外部联系更为广泛，这种结构决定了低集聚度社区在接受来自外部的信息和影响比高集聚度社区相对较多。因此，低聚集度社区在交易态传播过程的主要特点与高集聚社区刚好相反：一是对外部的传播没有抵抗，新的交易态容易进入社区中；二是社区内部传播速度缓慢，社区内不易形成一致的交易态分布。

20.4.4　封闭社区

封闭社区并非绝对意义上的对外封闭，而是开放度较低的一类社区。这类社区不仅对外开放度较低，其内部集聚度水平也比较低，通常情况下这类社区属于交易网络的边缘位置上。

封闭社区的居民，由于交易链接较弱，居民几乎都是处于游离状态，居民的状态协同集不仅彼此差异大，一致性程度低，而且状态协同集的规模也很小。在这种情况下，由于缺少信息流和交易流的输入，封闭社区会长时期停留在保守态上，形成状态锁定局面。交易态变换是交易网络内部相互作用的结果，缺少交易活动的封闭社区，缺少交易态演化的动力，必然会游离于主流社会之外，形成交易网络上的状态孤岛。

20.4.5　大容量社区

规模较大的社区，由于内部作用链条长，在交易态传播过程中级联效应常常会发挥重要作用，出现前期传播缓慢，越过阈值后，速度突然加快的相变现象。

大容量社区居民有较大的状态协同集，彼此之间协同集存在较大差异。交易主体的状态决策需要更多观察，以获得足够的信息满足状态相变条件。这就形成社区状态传播的阈值现象。

假设 Ω 是一个大容量交易社区，处于保守态主导的格局下；居民关于局势 H 出现友好态 g 的先验判断为 p_0，出现不友好 b 态的先验概率为 q_0，在当前形势下满足 $p_0 < q_0$；如果居民由保守态进入激进态，需要满足最小后验概率值为 p^*。

根据贝叶斯法则，社区 Ω 居民的后验概率可以计算如下：

$$\Pr(g|n) = \frac{p}{p + q\mu^n} \tag{20.4.1}$$

由激进态出现条件可得：

$$p^* = \frac{p_0}{p_0 + q_0 \mu^n} \tag{20.4.2}$$

由式（20.4.2）可得：

$$q_0 \mu^n = p_0 \frac{1-p^*}{p^*} \tag{20.4.3}$$

令 $q^* = 1 - p^*$，代入（20.4.3）得到：

$$\mu^n = \frac{p_0}{q_0} \frac{q^*}{p^*} \tag{20.4.4}$$

对式（20.4.4）两边取对数：

$$n \ln \mu = \ln \frac{p_0 q^*}{q_0 p^*} \tag{20.4.5}$$

由式（20.4.5）可知，社区 Ω 居民由保守态向激进态转换的条件是，社区

Ω上的激进态示范人数n^*必须达到如下水平：

$$n^* = \frac{\ln\frac{p_0}{q_0} + \ln\frac{q^*}{p^*}}{\ln\mu} \qquad (20.4.6)$$

$$\because 0 < \mu < 1$$

$$\therefore \ln\mu < 0;$$

$\because$交易主体要进入激进态，起码是$p^* \geq q^*$；

已知$p_0 \leq q_0$

$$\therefore \ln\frac{p_0}{q_0} < 0 \text{、} \ln\frac{q^*}{p^*} < 0;$$

由此可知，由（20.4.6）计算得到社区Ω的激进态最小示范数$n^* > 0$是一个有意义的正数。

式（20.4.6）表明，当社区Ω上的激进态示范数量达到n^*的水平，社区Ω上的大部分居民将会选择激进态。由此表明，在大容量社区Ω上存在有意义的交易态转换阈值n^*，同时也表明了交易态相变阈值现象的存在性。

式（20.4.6）表明，$\frac{p_0}{q_0}$越小，社区状态演化的阈值n^*就越大。说明社区居民对局势的普遍看法是影响交易态传播的重要因素。当人们对局势的看法普遍趋向悲观时，$\frac{p_0}{q_0}$变小，从而n^*升高；意味着社区的交易态相变门槛抬高。相变的条件越高，发生相变就会越困难。相反，如果人们对局势的看法趋于乐观，表现在$\frac{p_0}{q_0}$上便是取值增大，$\left|\ln\left(\frac{p_0}{q_0}\right)\right|$就会变小，相变阈值$n^*$就会下降，社区状态相变就容易实现。

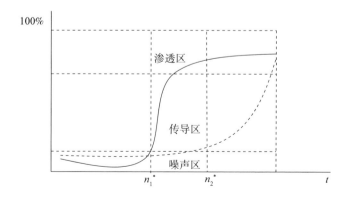

图20.4.1　交易态扩散机制示意图

在图 20.4.1 中，横轴代表时间 t，n^* 所在的位置表示状态演化阈值出现的时间，n_1^* 代表较低的阈值，n_2^* 代表较高的阈值；纵轴代表社区中经过传导进入激进态主体比重。

在图 20.4.1 上，社区状态演化过程被划分为三个区域，分别是噪声区、传导区和渗透区。每个区域对应着一种主导机制。噪声区主要是群体中的随机涨落现象，这是任何社会领域都无法避免的现象。一般来讲，噪声区仅占据非常小的一部分；传导区是由交易传导和信息传导主导的区域，社区的状态相变也就发生在传导区。一旦进入阈值门槛，社区便进入交易态的快速相变进程中。传导过程是在各个状态协同集内部进行的，当协同集内主体全部切换到新的状态时，状态传导过程即便结束。但此时并没有覆盖社区的全部居民，总会有一些居民所在协同集还没有达到阈值条件。经过缓慢的渗透作用，最终这部分居民也将会转换到新的状态上来。

第二十一章

经济周期模型

经济周期是交易网络上交易态的同步现象。交易主体的状态由零乱分布向趋同演化,或集聚在激进态上,或集聚在保守态上;在宏观层面上,两种演化趋势分别对应着经济繁荣和经济萧条。在此过程中,交易系统的状态熵完成两次循环。

21.1 经济周期理论的演化

理解经济波动或经济周期的成因,一直是经济理论的核心任务之一。对经济周期的理论研究已成为经济理论的重要组成部分,是标准经济学教科书不可或缺的内容。关于经济周期形成机制及应对策略,已经成为检验学术流派的圭臬。有多少不同的经济学流派,就会有多少种经济周期理论。

在经济理论发展历史上,学者们很早便开始关注到经济的周期波动现象。虽然在早期古典经济学中,经济周期概念并没有明确地出现,也没有经济周期的系统阐述,但对可能产生经济波动的成因仍然给予了很多关注。1814 年,西斯蒙第(Sismondi)分别在《政治经济学》和《政治经济学新原理》中,对于生产与消费脱节可能导致消费不足进行了论述。认为资本家在对利润的追逐中必然表现出两方面的倾向:一方面是无节制地生产;另一方面时尽可能压低工人工资。生产与消费的脱节必然导致生产过剩。

1862 年,威廉姆·斯坦利·杰文斯(William Stanley Jevons)发表了经济周期理论专著《论周期性商业波动的研究》,他发现农业产出周期大约为 10 年。这个周期长度恰恰与太阳黑子的活动周期相匹配,于是提出了著名的"太阳黑子说"。"太阳黑子说"的核心思想是,太阳黑子活动影响气候变化,气候影响农业作物收成,农产品供给最终影响经济运行。

在古典经济学的大师当中,马克思对经济周期的研究最为深入。马克思将经济周期研究由生产和交易环节,拓展到社会制度领域,得出的结论是:经济周期是资本主义经济无法避免的现象,每次周期必然会爆发一场经济危机。[1]

经济周期的现代理论是由凯恩斯开创的。在20世纪30年代经济大萧条以前,新古典经济学的周期理论占据主导地位。新古典经济理论承认经济系统存在偏离均衡的涨落,经济周期是对均衡状态偏离的结果。新古典经济学同时认为,经济系统具有自发调整、重回均衡的能力。失业现象既不可能大量出现,更不会长期存在。20世纪30年代西方世界的大萧条打破了新古典理论对于经济系统自发调整的描述。在这种背景下,凯恩斯提出了革命性的理论,经济周期成为这场理论革命的关键内容。凯恩斯认为,有效需求不足是导致经济萧条的根本原因。投资、消费与收入等宏观变量间的相互关联,构成了相互钳制的反馈环。在缺少政府干预的条件下,经济自身不可能自发走出萧条,而会呈现螺旋坠落的趋势。萧条不但不会自动减轻,反而会持续加深。

保罗·A.萨缪尔森(Paul A. Samuelson)采用模型量化表达了将凯恩斯的思想[2]:

$$\begin{aligned} Y_t &= C_t + I_t \\ C_t &= a + bY_{t-1} \\ I_t &= K(Y_{t-1} - Y_{t-2}) \end{aligned} \quad (21.1.1)$$

其中,Y代表国民收入,C代表消费,I代表投资;a、b、K是三个结构参数,b代表边际消费倾向;K代表加速数。三个参数满足如下不等式:

$$\begin{aligned} &a > 0 \\ &0 < b < 1 \\ &K > 0 \end{aligned} \quad (21.1.2)$$

方程组(21.1.1)描述了国民收入Y、投资I和消费C三者间的嵌套关系。国民收入下降导致消费减少,消费减少反过来又会拖累国民收入进一步下滑,诱导企业减少投资,国民收入陷入螺旋下降态势。在凯恩斯周期模型(21.1.1)中,包含了远离均衡态的"陷阱",经济一旦进入"陷阱",就难以自拔。

关于经济周期的理论和模型很多,包括奥地利学派周期理论、货币主义周期理论、理性预期学派周期理论、新凯恩斯主义周期理论、实际经济周期理论及金融周期理论等。在众多流派中,代表新古典经济学派的实际经济周期理论是目前影响最大,获得认可程度最高的一种。

实际经济周期理论(Real Business Cycle, RBC)是由芬恩·E.基德兰德(Finn E. Kydland)、爱德华·C.普雷斯科特(Adwcurd C. Prescott)等人共同创建的。1982年,他们在《计量经济学杂志》(*The Econometrics Journal*)上联合

发表了 *Time to Build and Aggregate Fluctuations* 的论文。两人也由此荣获 2004 年经济学诺贝尔奖。

RBC 有复杂程度不同的模型，我们以比较简单的模型为例对其分析[3]：

$$Y_t = K_t^\alpha (A_t L_t)^{1-\alpha}$$
$$K_{t+1} = (1-\delta)K_t + Y_t - C_t - G_t \quad (21.1.3)$$

（21.1.3）中，Y 代表产出水平、K 代表资本存量、L 代表劳动投入量、δ 代表资本折旧率，A 代表技术进步，C 代表消费，G 代表政府支出。

从本质上讲，RBC 模型（21.1.3）同样是一个反馈环模型，用来解释经济波动的自强化机制。由此可见，无论是凯恩斯模型（21.1.1），还是 RBC 模型（21.1.3），均是通过构建交易反馈环模拟经济运行的动态特点。两类模型既是经济增长模型，又是经济周期模型，同时还是经济运行模型。

模型（21.1.1）与（21.1.3）的不同之处表现在三个方面：一是凯恩斯模型直接建立在宏观变量的关系上，而 RBC 产出方程则是具有微观行为基础的道格拉斯生产函数。二是 RBC 模型包含比凯恩斯模型更多的变量。RBC 将技术要素、劳动力、资本存量、资本折旧、政府支出等变量纳入模型中。进一步增加了动态性，增强了模型的解释力。（由于模型（21.1.3）包含更多的变量，由人口增长、技术进步及自然灾害等因素导致的资本存量突发性下降等，都可能成为经济增长或增速减缓的原因。）三是 RBC 模型包含了非线性的道格拉斯生产函数，由此构建的交易反馈环具有更强的动态特性。

在不同流派的争论和相互诘难中，经济周期理论获得了相当大的进步，对于经济周期的解释日趋完善。在激烈的争论中，不同流派的周期模型差别日益缩小，呈现出明显的趋同发展轨迹。从模型（21.1.1）与（21.1.3）的对比可以看出，模型的基本架构和反馈机制基本一致，主要不同点集中在变量选择上，以及包含货币因素的名义变量还是剔除货币因素的实际经济变量，预期在其中扮演的角色是否重要，以及对企业和家庭的假设条件是否严格等几个方面。

在经济学近 300 年的发展历史中，经济周期理论展示了一条清晰的演化路线——从早期的外部成因论逐渐发展到今天的内部成因论。经济学家已经取得一些基本的共识，认识到经济周期的根源是交易系统的内生不稳定性，而内生部不稳定性则是由反馈环引发的结果。经济学家的争论主要集中在交易系统是否具有自我平衡、自发调整的能力上。

21.2 经济周期现象的本质

周期性波动是自然运动的基本特点。大到宇宙天体，小到微观粒子；从无机界到生命体，运动演化过程无不呈现周期特点。一切复杂系统，均存在涨落波动，经济周期的本质是交易系统的涨落现象。Lotka-Volterra方程描述的由捕食者和被捕食者两种生物构成的生态系统，即使在如此简单的系统中，也无法避免饥荒周期性出现的局面。[4]

导致系统涨落的核心是组员间的相互作用。从更为一般层次上看，任何存在自强化机制的系统，必然产生周期性运动结构。[5] 由于反馈环的普遍存在，交易系统无法避免周期性波动。

如何看待经济周期现象，在经济学思想演化进程中存在明确的历史分水岭。在20世纪30年代大萧条以前，经济学界的共识是经济周期现象是交易系统均衡运动的结果，即使在短时期内出现失业、生产过剩等非均衡现象，不过是交易系统均衡运动过程中出现的短暂偏离。交易系统将自行修复，最终会自发回归均衡状态。30年代爆发了波及全球的大萧条，在经济学界酝酿了一场空前的认知革命——"凯恩斯革命"，它放弃了交易系统始终处于均衡轨迹线上运行的观念，认为非均衡态是交易系统的常态，而均衡则是偶然实现的非常态。经济周期正是交易系统由均衡到非均衡的状态转换。然而，关于经济周期的认知并没有因此在学术界达成共识，均衡派和非均衡派的阵线依然清晰可见。

在交易经济学看来，经济周期是一种交易网络上的交易态同步现象。交易网络将大量交易主体链接起来，形成信息流和交易流的链接通道。交易主体为了实现收益最大化，总是在激进态和保守态之间切换。通过广泛的链接关系，交易主体在交易网络上相互作用，最终达到交易态同步。

同步过程可以看作是激进态和保守态在交易网络上对交易主体争夺的过程。交易网络在实现同步过程之初，激进态、保守态各占一部分，各部分主体依照交易态的特征进行决策。当处于某种状态的交易主体在收益和风险两方面表现出明显优势的时候，这种交易态就会逐步成为占优策略，争取到越来越多的交易主体，进而最终占据整个交易网络。在实现交易网络的同步过程中，决策效果检验扮演着关键角色。通过决策效果检验，不同主体之间确认哪种交易态更具优势，由此实现交易态扩散。

交易网络实现同步的速度取决于两种交易态的优势对比强度。交易态的比较优势越明显，实现网络同步的速度就越快。此外，交易网络实现同步的速度还与交易网络结构所决定的传导速度有关。交易网络密度越大，紧致度越高，实现同步的速度也就越快。

交易网络实现同步的速度还与网络容量有密切关系。在只有两个交易主体的网络上，无论交易主体处于何种交易态，都必须保持同步。每个主体的交易对象均是对方，交易态的选择必须受到对方状态的限制。当网络是由三个主体构成时，网络要实现同步就需要一个过程，三个主体可以选择不同的交易态，但由于效果检验的次数比较少，达成同步的时间也比较短。随着交易网络容量的增加，现实同步态就需要更长时间。

由于交易态在确立比较优势的过程中受到众多因素的影响，状态竞争就会出现你来我往的拉锯现象。交易网络规模越大，干扰因素就会越多，混沌特征就越明显，状态变换的节奏就越不稳定。

通常情况下，交易网络会在两种交易态之间进行轮替，形成双态同步结构。但是，从理论上讲，交易系统可能在一段较长时间内稳定在某种交易态上，出现交易态锁定现象，即单态同步现象。当交易系统锁定在保守态上，经济便会落入停滞陷阱中。如果交易网络长时间稳定在激发态上，意味着经济进入快速成长时期。总体而言，无论是停滞陷阱还是持续增长，都需要满足众多条件，均属于交易系统运行中的特殊现象。

交易态同步的形成可以分为两个阶段。第一阶段是积累阶段，也是同步态的确立阶段。在这个阶段，节点的交易态处于发散情形，交易态的比较优势不甚明显。第二阶段则是同步态的收敛阶段，交易态的比较严优势逐渐显现，交易系统加速向优势态收敛，形成交易态同步格局。在交易同步局势下，优势态主导整个交易网络，而劣势态不断积蓄力量，伺机夺回地盘。譬如，当激进态占优经历一段时间后，过度扩张导致交易失败的主体越来越多，市场风险逐渐加大，交易失败的主体会加入保守态的队伍，一部分对于风险比较敏感的交易主体也会转向保守态。由交易态相变方程可知，一旦保守态争取到的主体数量达到临界水平，保守态就会攻城略地，进入交易态演化的收敛阶段。当保守态与激进态易位，成为交易网络上的占优策略，激进态转变成劣势策略时，同样的过程将重新启动，周而复始。

在交易经济学的视野中，均衡和非均衡不再是一个理论维度，经济周期现象不再局限于均衡论和非均衡论的对立状态，而是将均衡和非均衡有效地统一起来。换句话讲，在交易经济学的逻辑体系中，经济周期是大量主体的交易态转换节奏合成的结果。交易主体通过交易网络的相互作用，在交易体选择过程中既协同，又相互独立。这就决定了经济周期在运行中，既可能维持在均衡状态，也可能偏离均衡。均衡或非均衡都是交易主体追求收益最大化的结果，不存在非此即彼的排他关系。

21.3 交易经济学周期模型

交易经济学选择了更具包容性的逻辑框架，所构建的经济周期模型不再具有经济增长模型的功能，属于独立的经济周期模型。

21.3.1 交易系统状态熵

交易经济学将经济周期看作是交易主体的交易态在交易网络上的同步现象。在这样的观念下，对交易系统周期运行的描述，就转化为对交易系统状态分布的一致性或同步指数的计算。因此，我们引入交易系统状态熵的概念。"熵"概念源于统计热力学，主要是用于描述分子状态的无序性。关于熵的热力学第二定律，曾被爱因斯坦评价为永恒定律。他认为，从时间的维度看，我们已知的定律最终都将被改写，只有熵增定律永恒不变。热力学第二定律被人们看作是主导宇宙的基本规律，称为宇宙第一定律。由于交易系统属于耗散系统，不再严格遵守熵增定律。尽管如此，熵增定律仍以某种方式呈现出来。我们将证明，在一个经济周期内，包含着两个状态熵的周期。

设 $\{a_i\}_N$ 是交易系统的容量集，在时间步 t 上，任意交易主体 a_i 选择激进态的概率为 p_i，选择保守态的概率为 q_i，两种状态满足互补性条件：$p_i + q_i = 1$。在此条件下，交易系统的状态熵 Q 定义为：

$$Q_t = \sum_1^N p_i \sum_1^N q_i \qquad (21.3.1)$$

由于交易态概率满足不等式 $0 \leq p_i \leq 1$ 和 $0 \leq q_i \leq 1$，故交易系统熵取值满足 $Q \geq 0$ 的条件。

根据状态熵 Q 定义（21.3.1），当交易系统中所有主体进入相同交易态时，若是激进态，则 $p_i = 1$、$q_i = 0$；若是保守态，则 $p_i = 0$、$q_i = 1$，交易系统的状态熵 Q 均实现最小值，即 $Q = 0$。

下面，我们来计算交易系统状态熵的最大值。

$$\because q_i = 1 - p_i$$

$$\therefore Q_t = \sum_1^N p_i \sum_1^N q_i = \sum_1^N p_i \sum_1^N (1-p_i)$$

$$= \sum_1^N p_i (N - \sum_1^N p_i)$$

$$\therefore Q_t = N \sum_1^N p_i - \left(\sum_1^n P_i\right)^2 \quad (21.3.2)$$

对式（21.3.2）两边求导数得到：

$$\frac{\partial Q_t}{\partial p_i} = N - 2\sum_1^N p_i \quad (21.3.3)$$

根据函数极值条件，当熵函数 Q 达到极大值时，需要满足如下条件：

$$\frac{\partial Q_t}{\partial p_i} = 0 \quad (21.3.4)$$

根据条件（21.3.4）得到：

$$N - 2\sum_1^N p_i = 0 \quad (21.3.5)$$

由条件（21.3.5）可知，交易系统熵函数的极大值点必然落在 $2N$ 维空间 $\{p_i, q_i\}$ 的超平面上，即：

$$\sum_1^N p_i = \frac{N}{2} \quad (21.3.6)$$

$$\sum_1^N q_i = \frac{N}{2} \quad (21.3.7)$$

在由（21.3.6）（21.3.7）确定的 $2N$ 维超平面上，交易系统的熵函数 Q 达到极大值，最大熵值为：

$$Q_t = \sum_1^N p_i \sum_1^N q_i = \left(\frac{N}{2}\right)^2 \quad (21.3.8)$$

在极端简化的条件下，我们取 $N=2$，此时交易系统的极大熵值出现在如下超平面上：

$$p_1 + p_2 = 1 \quad (21.3.9)$$

$$q_1 + q_2 = 1 \quad (21.3.10)$$

显然，$p_1 = q_1 = p_2 = q_2 = \frac{1}{2}$ 处于由（21.3.9）、（21.3.10）确定的超平面上。交易系统的状态熵 Q 在该点取得最大值。在该点上，由于交易主体的交易态具有最大不确定性，交易系统处于最大无序状态。

在 $N=2$ 维的交易系统上观察熵函数 Q 的轨迹曲线：

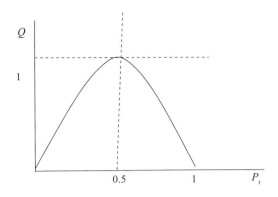

图 21.3.1 状态熵演化轨迹

21.3.2 交易态同步指数

状态熵 Q 描述了交易系统状态分布的无序性。交易态同步指数则是交易系统状态无序性的镜像指标。交易态同步指数越高，意味着交易系统的无序性越弱，有序性越强；反之亦然。根据上述关系，我们定义交易态同步指数，用 Syn 表示：

$$Syn_t = \frac{\left(\frac{N}{2}\right)^2 - Q_t}{\left(\frac{N}{2}\right)^2} \tag{21.3.11}$$

在定义（21.3.11）中，同步指数 Syn 与状态熵 Q 具有反向关系。状态熵 Q 越大，交易态同步指数 Syn 就越小。当状态熵 Q 达到最大时，即 $Q_t = \left(\frac{N}{2}\right)^2$，交易态同步指数取值 $Syn_t = 0$；相反，当状态熵 $Q_t = 0$ 时，交易态同步指数达到最大，$Syn_t = 1$。

根据交易态同步指数 Syn 与状态熵 Q 的镜像关系，交易态同步指数 Syn 的取值区间为 $Syn \in [0,1]$。交易态同步指数 Syn 的分布曲线与状态熵 Q 分布曲线呈对称反向关系。

根据交易态同步指数 Syn 定义（21.3.11），计算公式可以简化为如下形式：

$$Syn_t = 1 - \left(\frac{2}{N}\right)^2 Q_t \tag{21.3.12}$$

由式（21.3.12）可知，随着交易系统容量 N 的增加，超平面 $\sum_1^N p_i = \frac{N}{2}$、

$\sum_{1}^{N} q_i = \frac{N}{2}$ 上包含更多的交易态可能性。这意味着交易系统实现交易态同步的难度进一步增加，在经济周期的循环中，从繁荣到萧条过渡所需要的时间也就更长。

随着时间 t 的变化，交易系统交易态同步指数 Syn 将会在取值区间 $[0,1]$ 上形成一个时间序列 $\{Syn_t\}$，在时间坐标系中形成一条轨迹线：

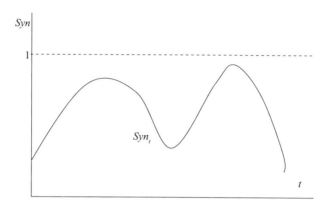

图 21.3.2　同步指数演化轨迹

交易态同步轨迹线的高点对应着交易系统两种状态，分别是经济繁荣和经济萧条。当经济呈现明确的演化方向，无论是趋向日益繁荣还是走向萧条，交易态同步指数 Syn 均表现为轨迹线的上升趋势。当经济离开某种明确的均衡态，向新状态转换的过渡阶段，交易态同步指数 Syn 就会呈现下降趋势。

21.3.3　经济周期模型

交易经济学将经济周期看作是交易系统的交易态同步现象。基于这样的理念，我们利用交易态相变方程，以交易态同步指数 Syn 为基础，构建交易经济学的经济周期模型。

交易态相变方程（20.2.4）建立了交易主体状态选择的约束条件，要求关于交易局势的先验概率 p、q 满足方程：

$$\frac{p}{q} - 2R_g\mu^n = 0 \quad (21.3.13)$$

由此我们可以得到交易主体进入激进态时对局势 H 友好的先验概率 p 需要满足的临界条件。

$$\because q = 1 - p \quad (21.3.14)$$

将式（21.3.14）代入（21.3.13）得到：

$$p - 2(1-p)R_g\mu^n = 0 \tag{21.3.15}$$

由（21.3.15）整理得到：

$$p(1 + 2R_g\mu^n) = 2R_g\mu^n \tag{21.3.16}$$

由（21.3.16）得到交易主体进入激进态的临界条件：

$$p = \frac{2R_g\mu^n}{1 + 2R_g\mu^n} \tag{21.3.17}$$

为了避免符号上的混淆，我们将交易主体 a_i 的临界概率 p 标记为 p_i^*，以区别于交易主体处于激进态的概率 p_i。

临界条件（21.3.17）可以重新表述为：

$$p^* = \frac{2R_g\mu^n}{1 + 2R_g\mu^n} \tag{21.3.18}$$

交易主体成功进入激进态的概率与激进态临界概率之间存在反向关系。临界概率 p_i^* 越高，交易系统中进入激进态的可能性就越小；相反，临界条件 p_i^* 越低，交易主体越容易满足进入激进态的条件，进入激进态的可能性就越大。基于上述逻辑，我们可以得到交易系统中任意主体 a_i 处于激进态的概率 p_i：

$$p_i = 1 - p_i^* \tag{21.3.19}$$

设 a_i 的收益风险系数为 R_{gi}，风险过滤因子为 μ^n，则 a_i 成功进入激进态的概率 p_i 为：

$$p_i = 1 - \frac{2R_g\mu^{n_i}}{1 + 2R_g\mu^{n_i}} = \frac{1}{1 + 2R_g\mu^{n_i}} \tag{21.3.20}$$

根据激进态和保守态的排斥关系，交易主体 a_i 进入保守态的概率 q_i 有如下结果：

$$q_i = \frac{2R_g\mu^{n_i}}{1 + 2R_g\mu^{n_i}} \tag{21.3.21}$$

将（21.3.20）（21.3.21）代入（21.3.1）中，得到：

$$Q_t = \sum_1^N \frac{1}{1 + 2R_i\mu^{n_i}} \sum_1^N \frac{2R_j\mu^{n_j}}{1 + 2R_j\mu^{n_j}} \tag{21.3.22}$$

为了简化标记，在（21.3.22）中，R_i 代表交易主体 a_i 激进态收益风险系数，R_j 代表交易主体 a_j 激进态收益风险系数，n_i 代表交易主体 a_i 状态协同集上激进态主体数量，n_j 代表交易主体 a_j 状态协同集上激进态主体数量。

展开（21.3.22）得到：

$$Q_t = \sum_i \sum_j \frac{2R_j\mu^{n_j}}{(1+2R_i\mu^{n_i})(1+2R_j\mu^{n_j})}$$
$$= \sum_i \sum_j \frac{2R_j\mu^{n_j}}{1+2R_i\mu^{n_i}+2R_j\mu^{n_j}+4R_iR_j\mu^{n_i+n_j}} \quad (21.3.23)$$

将（21.3.23）代入公式（21.3.12）得到：

$$Syn_t = 1 - \frac{4}{N^2}\sum_i\sum_j \frac{2R_j\mu^{n_j}}{1+2R_i\mu^{n_i}+2R_j\mu^{n_j}+4R_iR_j\mu^{n_i+n_j}} \quad (21.3.24)$$

（21.3.24）在交易态同步指数与收益风险系数、风险过滤因子两个重要参数之间建立了数量关系。交易主体分布在交易网络上的不同社区中，社区的交易环境千差万别，形成了交易系统多样化的交易生态，而这些决策参数随着交易活动的进行持续演化，进而推动交易态同步指数在区间 $[0,1]$ 上反复震荡。

关系式（21.3.24）既揭示了交易态同步指数的演化机制，也给出了交易态同步指数的计算方法，为我们提供了理解和预测经济周期演化的有效途径。我们称（21.3.24）为交易经济学的经济周期模型。

21.3.4 经济周期模型的工作机制

每个交易主体通过交易状态的选择行为影响着交易网络的交易态同步节奏。当交易网络上各交易社区的风险过滤因子均处于低位时，经济周期模型（21.3.24）中的加和项 $\sum_i\sum_j \frac{2R_j\mu^{n_j}}{1+2R_i\mu^{n_i}+2R_j\mu^{n_j}+4R_iR_j\mu^{n_i+n_j}}$ 随即达到最小值，进而推高交易系统的交易态同步指数。从动态演化的角度看，当社区上的风险过滤因子 $\mu^{n_j} \to 0$ 时，就会有 $\sum_i\sum_j \frac{2R_j\mu^{n_j}}{1+2R_i\mu^{n_i}+2R_j\mu^{n_j}+4R_iR_j\mu^{n_i+n_j}} \to 0$ 的结果，此时交易系统的交易态同步指数 $Syn_t \to 1$，即趋向同步指数 Syn 的最大极值。在交易系统的状态参数中，风险过滤因子与收益风险系数具有同向变化的关系。当 $\mu^{n_j} \to 0$ 时，意味着交易环境日趋改善，激进态的收益风险系数 R_j 将相应降低。

当收益风险系数 R_j 上升超过某个临界值时，同步指数的加和项 $\sum_i\sum_j \frac{2R_j\mu^{n_j}}{1+2R_i\mu^{n_i}+2R_j\mu^{n_j}+4R_iR_j\mu^{n_i+n_j}}$ 就会呈现出下降态势。由于收益风险系数与过滤因子具有同向变化的特点，当收益风险系数 R_j 上升时，交易社区中选择激进态的主体数量必然下降，风险因子 μ^{n_j} 将随示范主体数量 n 的减少而上升。在收益风险系数 R_j 与风险因子 μ^{n_j} 分别达到最大值时，加和项 $\sum_i \sum_j \dfrac{2R_j\mu^{n_j}}{1+2R_i\mu^{n_i}+2R_j\mu^{n_j}+4R_iR_j\mu^{n_i+n_j}}$ 再次达到最小值，交易态同步指数 Syn 达到最大值，并向 1 逼近，即 $Syn_t \to 1$。

上述两种情况出现在交易态同步指数的两个极大值点上，它们分别对应着经济繁荣和萧条的运行状态。在同步指数 Syn 的极小点上，对应着衰退与复苏的转换过程。此时，交易系统的交易态分布满足条件 $\sum_1^N p_i = \dfrac{N}{2}$、$\sum_1^N q_i = \dfrac{N}{2}$，收益风险系数 R_j 与风险过滤因子 μ^{n_j} 均处于中间值状态，不同交易社区的境况差异较大，交易主体状态呈现多样分布。

由于交易主体的状态协同集 A_i^c 之间存在一定程度的重叠，同一个示范主体可能会出现在多个交易主体的状态协同集中。这就会导致示范效应 $\sum_1^N n_i$ 远大于示范主体数量的局面。由经济周期模型（21.3.24）可以看出，示范作用在交易系统状态演化进程中发挥着极为重要的作用，直接决定着交易态同步的速度。一般来讲，交易主体的阶次越高，出现在多个状态协同集上的可能性就越大，交易状态决策的溢出效应就越明显。交易势阶次越高，交易主体在系统同步态演化中的作用就越重要。

根据上述分析，交易态同步指数 Syn 在交易主体间的相互影响和相互作用的推动下，持续不断波动，形成经济周而复始的运行态势。交易态同步指数 Syn 的波动频率高于经济周期的波动频率，一个经济周期包含两个 Syn 运行周期。

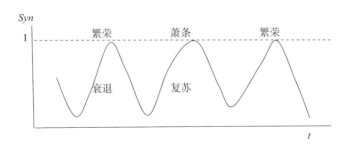

图 21.3.3 同步指数运行周期

衰退、复苏分别包含两个阶段：首先是原有同步状态的解构阶段。无论交易系统是处于繁荣状态还是萧条状态，交易主体均处于高度同步状态。从繁荣到衰退的转换，不可能是步调一致地转换，而是先有部分交易主体由激进态向保守态转换，随着转换的示范主体数量增加，交易系统的同步指数进入下降通道。在激进态与保守态各占 50% 的时候，同步指数 Syn 达到最低点，即 $Syn_t = 0$。交易系统可能在同步指数最低点上停留时间很短，甚至可能直接跳过 $Syn_t = 0$ 点，直接由激进态占优过渡到保守态占优的局势上。当交易主体在保守态上集结，交易系统同步指数 Syn 将进入上升通道，最终达到保守态完全控制的局面。需要指出的是，交易态同步指数 Syn 的震荡并不存在严格的规律，而是可能会在某个进程中出现反复，并且也可能在没有达上止点或下止点前就会调转运动方向。

21.3.5　与主要经济周期模型的关系

从根本上讲，经济周期是由交易系统中的收益机会与风险大小决定的。任何影响收益预期和风险状况的因素都可能成为导致经济波动或经济周期的成因，包括商业银行信贷的周期性模式、企业库存行为、技术创新周期、政治周期、及农业周期等。从这个意义上讲，交易经济学的经济周期模型与其他经济周期模型存在很大的兼容性，不同之处仅仅在于切入点的差别。交易经济学周期模型以交易态为切入点，寻找大量交易主体状态同步的节奏；而其他经济周期模型多以若干主要宏观经济变量为切入点，通过构建不同变量间的关系，揭示出经济变量在交易系统内部的传导反馈机制。

交易经济学经济周期模型与主流经济周期模型优势互鉴。交易经济学的周期模型具有概括力强，不需要借助过多的前提假设，具有广泛的普适性。不足之处是比较笼统，比较难以进行统计检验。

主流经济周期模型的优势在于经济变量之间的逻辑关系清晰、有较强的具象性，便于统计性检验和经济景气度预测。但劣势在于经济变量之间的逻辑关系均是建立在较强的前提假设之上。一旦前提条件不能满足，模型的使用性便会受到影响。正是因为如此，在数量庞大的经济周期模型中，没有一种模型能够解释所有经济周期现象。

21.4　货币政策的调控效果

货币政策对经济周期调控的基础是交易主体状态选择的响应，主要通过三个作用点对交易主体行为产生影响，最终实现调节经济周期的目标。货币政策对于交易主体的三个作用点分别是：一是交易主体对形势的先验判断值 p。通过影响交易主体的信心，改变交易主体的行为。这个作用点是货币政策的预期作用点；二是收益风险系数 R_g。货币政策主要通过调整货币供应量和资金价格表达政策意图，能够直接影响到收益风险系数 R_g 的取值。这个作用点是货币政策的交易机会作用点；三是风险过滤因子 μ^n。货币政策通过货币供应量和资金价格调整，营造一个特定的交易氛围。无论是宽松货币政策，还是紧缩货币政策，都会显著改变交易环境风险过滤因子的取值，这个作用点是货币政策的交易环境作用点。

下面，我们分别分析货币政策三个作用点的工作机制。在现代交易系统中，一切交易活动必须借助货币媒介才能完成，货币是对交易状态影响最为直接和广泛的要素。我们不妨假设交易系统中的所有交易主体都与银行存在交易链接，银行处于交易网络中心位置上，形成如下网络构图：

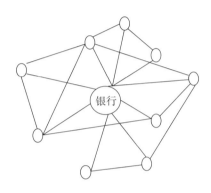

图 21.4.1　现代交易网络结构

中央银行对商业银行拥有绝对的影响力，当交易主体从中央银行那里得到货币政策的消息，无论是增加货币政策的宽松度，还是收紧货币政策，其影响都要远远超过任何其他交易主体的影响。首先是对交易主体先验概率 p 的影响。当然，交易主体的先验概率 p 不会凭空而来，需要通过多次印证才会逐步建立起来，两者存在相互强化的机制：

图 21.4.2　先验概率形成机制

从中央银行货币政策宣布到交易主体调整先验概率 p，中央银行的公共信誉发挥着极其关键的作用。中央银行如果缺乏应有的公众信誉，也就很难聚拢公众预期，货币政策效果就会打折扣。在群体博弈中，群体中能否形成聚点预期，是影响交易主体策略选择的关键因素。中央银行需要通过不断强化自己在公众中的信誉，才能在交易主体信心作用点上发挥作用。

中央银行的信誉度不完全是自身行为的结果，还与交易系统的紧致度有密切关系。交易系统紧致度越高，意味着交易主体之间的相互关联性就越强，越容易形成聚点预期，货币政策也就容易借助聚点预期产生效果。如果交易系统尚处于紧致度较低的发展阶段，交易主体之间的联系比较松弛，要形成聚点预期就需要经历比较长的时间。在这种情况下，货币政策效果不会十分显著。货币政策传导的时滞比较长，政策与效果之间的因果关系比较模糊，中央银行难以在公众中建立起足够的信誉。

当货币政策走向宽松时，商业银行资金充裕、资金成本降低。在逐利动机驱动下，商业银行的贷款门槛会相应降低，贷款利率下降，扩张策略的实施成本 $C(\Delta S_i)$ 呈下降态势，促使收益风险系数 R_g 下降。由交易方程（20.2.1）可知，交易主体选择激进态概率增大。

在现代交易系统中，流动性约束是最主要的交易约束。当货币政策走向宽松时，商业银行就会有更充裕的信贷资金用于增加资金供应，交易主体从商业银行获得流动性支持后，交易愿望随之增强。当社区中有更多交易主体试水，风险过滤因子 μ^n 便进入快速下降通道。

货币政策的三个作用点相互关联，相互印证，只有三个作用点的功能同时发挥作用，货币政策才会取得显著效果。但是，这并不意味着货币政策的三个支点具有完全平等的地位。事实上，预期作用点在货币政策传导机制中扮演着关键角色。缺少预期作用点的支撑，货币政策只能通过交易网络的渗透机制发挥作用，政策效果不仅有较长的时滞，而且还有很大的随机性。这就表明，货币政策的有效性必须建立在公共信誉的基础上。这不仅需要中央银行自身的努力，更需要交易系统提供条件，两者缺一不可。

注释

1. 宋玉华. 世界经济周期理论与实证研究［M］. 北京：商务印书馆，2007：7.
2. 同1：1.
3. ［美］戴维·罗默. 高级宏观经济学［M］. 苏剑，译. 北京：商务印书馆，1999：198.
4. ［美］约翰·H. 霍兰. 隐秩序——适应性造就复杂性［M］. 周晓牧，韩晖，译. 上海：上海科技教育出版社，2000：15–23.
5. 沈华嵩. 危机后的经济学［M］. 西南财经大学出版社，2012：153.

第二十二章

经济增长模型

经济增长是交易系统发展演化的伴生现象，经济增长的本质是交易网络规模扩张和结构稠密化的结果。一切引起交易网络外延扩张和内涵深化的因素，都将引发经济增长。

22.1 经济增长理论回顾

经济增长始终是经济理论的核心议题。从亚当·斯密到阿尔弗雷德·马歇尔的理论，无不包含经济增长的思想与理念。在亚当·斯密的《国富论》中，分工和技术进步是国家走向富强的关键，由此勾勒出古典经济学经济增长的基本思想。在阿尔弗雷德·马歇尔的《经济学原理》中，供求决定价格、价格引导需求与供给实现均衡构成了理论的底层逻辑。企业产出既取决于生产愿望，也取决于生产能力，而生产能力是由生产要素存量——包括土地、劳动力和资本——决定的。这就形成了新古典经济学有关经济增长的基本理念。今天的主流经济学依然遵从这样的逻辑。

现代经济增长理论的起点可以追溯到20世纪20年代，1928年英国天才数学家、经济学家拉姆齐在《经济学杂志》（*Economic Journal*）上发表题为《储蓄的数学理论》（*A Mathematical Theory of Saving*）一文。[1] 在这篇论文中，拉姆齐以家庭跨期消费和储蓄行为作为分析起点，将利率、工资率、人口增长率、贴现率与企业投资和雇工行为联系起来，在均衡条件下建立起完整的经济运行模型。

拉姆齐构建的模型在随后的经济增长理论中占据非常重要的地位，但当时并没有真正明确给出经济增长模型，研究的重点也并不在经济增长上。事实上，在凯恩斯以前，经济学家认为，就业和增长是市场自行解决的问题，没有必要进行专门的研究。这也可以从亚当·斯密在《国富论》和马歇尔在《经济学原理》的篇章布局中得到印证。两部经典著作都细致讨论了财富积累的话题，但均没有用于讨论经济增长的专门章节。随着30年代经济大萧条在全球蔓延，经济学家认识到，交易系统并非完美，需要政府在其中发挥积极的调控作用。

在经济理论发展史上，第一个明确构建经济增长模型的经济学家是罗伊·福布斯·哈罗德（Roy Forbes Harrod）。1939年，哈罗德发表了《关于动态理论》的论文，历史上第一次明确提出经济增长的观点；在1948年出版了《动态经济学导论》，系统阐述了经济增长理论。哈罗德重点研究资本积累的机制以及资本与产出的关系。提出了三种经济增长的概念，分别是实际增长率、保证增长率和自然增长率。实际增长率是交易系统实现的增长率，哈罗德认为实际增长并非令人满意的增长状况；保证增长率是保证新增长资本能够得到充分运用、并能够保证实现长期稳定均衡增长的增长率；自然增长率是指由于人口增长和技术进步所带来的经济增长率。

继哈罗德之后，美国经济学家埃赛·大卫·多马（Evsey David Domar）于1947年发表了题为《扩张与就业》的论文，提出了与哈罗德大致相同的经济增长模型。因此，哈罗德增长模型又称为哈罗德—多马增长模型。

当大萧条的阴影逐渐消散，新古典理论又重新回到主流经济学的中心位置上。在增长理论方面，20世纪50年代中后期，新古典主义的模型开始涌现。1956年，由美国经济学家索罗和澳大利亚经济学家崔佛·斯旺（Trevor Swan）提出了具有新古典经济学风格的经济增长模型，被世人称为索罗—斯旺模型。索罗—斯旺模型的典型特征是以生产函数为工具，将资本、劳动力和技术进步作为推动经济增长的三项基本要素。在索罗—斯旺模型中，生产函数是一阶齐次凹函数，反映了边际报酬递减的特点。索罗—斯旺模型是历史上第一个标准的新古典增长模型，至今仍然被人们经常使用。

索罗—斯旺模型中的产出函数为 $y=Ak^{\alpha}$，其中 y 为人均产出值，k 为人均资本存量，A 代表技术进步。由于索罗—斯旺模型要求生产函数满足凹函数性质，就会出现人均资本存量增大时经济增长率趋于0的结果，即 $\frac{dy}{dt}=A\alpha k^{\alpha-1}$，因为 $\alpha<1$，$\lim\frac{dy}{dt}=\lim A\alpha k^{-(1-\alpha)}\to 0$。这表明，在索罗—斯旺增长机制下，交易系统不可能仅仅依靠资本积累的内生性力量实现经济的长期持续增长，必须借助技术进步的力量。技术进步变量 A 属于系统的外生变量，因此，索罗—斯旺模型又被归为外生增长模型。

进入80年代，继保罗·罗默和罗伯特·卢卡斯之后，经济学家致力于内生性增长模型的研究。从外生增长模型发展到内生增长模型，模型的解释能力不断增强，但其基本逻辑框架没有发生根本性的改变，即经济增长是投入产出的过程。

22.2 经济增长的本质

如何认识经济增长的本质，不仅关系到增长模型的构建，也关系到促进经济增长政策的框架选择。在这方面，交易经济学与主流经济学存在本质上的差别。

22.2.1 交易经济学增长观

经济增长是指交易系统在一定的时间长度内实现价值总量持续增值的过程。在主流经济学看来，经济增长是家庭和企业经济活动合成的结果，是大量交易主体价值创造的累积；而交易经济学则认为，经济增长是交易网络扩张的结果，而并非交易主体行为的简单叠加。

有两种途径可以实现交易网络扩张：外延扩张和内涵深化。外延扩张包括交易网络容量增加和交易基扩大，其结果是将更多的交易主体吸纳到网络上来。交易是交易主体的活动，交易主体的增加必然引发更多的交易活动。交易基是交易的载体，交易基规模越大，交易活动的规模也会越大。交易网络的内涵深化体现为交易效率的提升、网络循环的加快以及交易网络密度增加。交易网络的内涵深化是既定网络规模前提下实现承载更多交易活动的过程。

基于上述理解，我们从交易活动出发，在交易网络的外延和内涵两个维度上对交易网络进行分析。在具体方法上，重点聚焦在交易网络的循环特质上。交易引发商品和资金在不同主体之间转移，这种转移宽泛地称为交易循环。任何有利于交易网络流通、循环的因素，都是推动经济增长的积极作用；若反其道而行之，则会阻碍经济增长。

综上所述，交易网络扩张体现在三个维度上，分别是交易网络效率、交易网络结构和交易网络规模。交易网络的效率指标包含两个，分别是交易效率和交易循环率。交易效率对于经济增长的意义是不言而喻的，在同等交易规模下，交易效率越高，获得的新增价值越多，经济增长也就越强劲。交易循环率反映了交易循环路径上的畅通程度，交易网络循环过程的阻力越小，交易就越活跃。在交易效率不变的条件下，循环率越高，经济增长速度就越快。

交易网络密度是反映交易网络结构特征的重要指标，它既表现了网络结构的总体状态，又体现了交易系统社会分工的进化强度。分工是交易的基础，分工越发达，交易活动就越频繁；交易主体间相互依赖的关系就越紧密，交易主体间相互作用的机制越趋复杂，网络效应越显著，交易规模也就越大。

交易网络的规模指标主要包括网络容量和交易基两个维度。交易网络容量与经济增长的关系比较容易理解，一切经济活动都是人的活动，离不开交易主体的参与。在既定的技术水平上，交易主体数量决定了交易网络所能激发的最大交易上限。交易主体数量越多，交易系统的最大交易上限也就越大，经济增长的潜力也就越大。交易基与经济产出规模存在协同关系。一般而言，交易基规模越大，经济产出总量也就越大。无论是交易主体，还是交易基，都是交易网络赖于运行的基础，网络容量和交易基的大小决定了交易系统在多大的尺度上开展交易活动。

当我们谈到交易网络规模时，人口数总量是重要的相关指标。这并不意味着人口多就一定带来经济发展。经济发展是众多因素共同作用的结果，缺少任何一个环节，都无法实现经济增长。人口只有与相匹配的资本和与经济增长相容的制度同时存在，才能形成经济增长的力量。在1800—1900年的100年间，德国人口并没有大规模的增长，但经济却实现了大幅增长，从而成为继英国之后欧洲大陆工业革命的引领者，显然其原因不在人口规模而在交易网络结构优化与交易效率的提升上。这个时期德国的城镇化速度加快，城镇数量从4个增加到50个。在一个区域内，从过去的人口分散到人口集中的变化引起了交易网络的一系列结构性变化。伴随着交易成本下降及信息流量的增加，交易效率必然得到提升；人口在一个地区的集聚必然引发社会分工深化，交易网络密度增加。此外，城镇化创造了远多于农村市场的交易商机，刺激企业数量快速增长。仅以酒吧和咖啡馆为例，在城市化的推动下，英国和法国城镇中酒吧和咖啡馆的数量曾呈现爆炸式增长。这种现象在人口分散的乡村是不可能出现的。[2]

网络容量存在临界点效应。一个神奇的现象是，只有当网络容量超过某个临界值，才会产生巨大的聚集效应。这就像核裂变一样，当铀原子数量达到临界值后，连锁反应才会开始。事实上，交易系统就是一个特殊的作用系统，容量是这个作用系统的规模标度。没有足量的规模支撑，分工不仅不能提高效率，反而造成资源浪费。这个问题在亚当·斯密时代就已经被人们关注，他在《国富论》中对此有过论述："交换能力萌生劳动分工，因而分工的程度必然受制于交换能力的大小，也就是分工的程度要受到市场大小的限制。市场过于狭小则不能鼓励人们始终专注于一业，因为人们不能用剩余物随意交易自己所需。有些职业只能在大城镇存在，如搬运工，因为小村落不能给搬运工提供稳定的职位。"[3]

22.2.2 交易经济学增长政策

基于对经济增长本质的认知，交易经济学在促进经济增长的政策选择上与主流经济学出现明显分野。在主流经济学的理论体系中，交易系统复杂的内部结构以及交易主体间的相互作用被忽略了，这导致主流经济学的政策逻辑过于简单化，政策选择主要着眼于交易主体的行为诱导，侧重总量效应，忽视结构问题。当出现供给过剩时，主流经济学通常会选择刺激家庭消费的政策，主张中央银行下调利率抑制家庭储蓄、财政发放消费补贴或减免特定税率等。当出现供求失衡、经济过热时，主流经济学主张提高利率，以增加消费的机会成本、抑制企业投资扩张。

交易经济学则选择完全不同的逻辑路线，政策上主要聚焦于交易网络的完整性和循环的稳定性两个方面。当经济面临下行压力时，交易经济学主张首先诊断交易系统问题的具体表现，然后对症下药。以当前我国经济形势为例，在经历三年疫情冲击后，企业资产负债表受损严重，家庭现金流萎缩。若采用增加货币供应、降低银行信贷利率的激进宏观政策很难实现预期效果。在交易网络结构遭到破坏时，几乎所有的交易主体都会受到资产流动性降低的强力制约，交易主体被迫选择保守策略，无法对激进的货币政策做出响应。当务之急，应当尽快找到受损严重的交易网络支点企业，帮助他们修复资产负债表，以阻止交易网络结构螺旋式坍塌。得到救助的支点企业，通过交易网络的渗透功能，将流动性向整个网络扩散。这种流动性扩散过程具有可靠的交易背景，远比中央银行直接释放流动性的效果好得多。

当出现供求失衡、经济过热时，交易经济学的政策选择是，首先找出交易系统的高阶次交易环，并选择以最小政策代价阻断交易环持续强化的通道。2009年—2012年，我国曾经历了一轮经济过热现象，2009年增长速度达到9.4%，2010年进一步加快至10.6%，2011年稍有回落，但仍高达9.6%。经济增长速度超出了交易系统的承载能力，物价开始快速上涨，经济过热症候十分明显。导致此轮经济过热的直接原因是，面对2008年汹涌而来的金融海啸，我国在当年第四季采取了加大财政投资、增加货币信贷的对冲政策，推出了促进经济增长的十项措施，公共投资总额达到4万亿元。在一系列宽松政策的刺激下，房地产市场进入快速扩张状态，形成了由房地产行业、金融行业、建材行业、家电行业、家装行业共同构成的大当量巨大的交易环，房地产市场是其关键一环。若能有效制止房地产市场的投机行为，这场经济过热便会悄然熄火。交易经济学认为，阻止房地产投机最有效的措施是征收房地产交易的利得税。

遗憾的是，当时并没有选择这一政策，而是采用了货币和财政的双紧缩政策，尽管过热的经济得到快速降温，但政策的长尾效应对我国经济发展前景却投下了难以抹去的阴影。

与主流经济学相比，交易经济学在政策选择上有两个突出特点：一是交易经济学的政策选择突显全局观念，将维护交易网络完整性和循环的稳定作为政策制定的基本目标。关注交易系统内部的关联性，借助交易主体之间相互作用的特性，发挥政策以小搏大的杠杆作用；二是交易经济学的政策选择强调精准施策。交易经济学关注交易系统内部结构，在交易系统运行出现问题时，主张首先找到出现问题的具体结构点和环节，然后对症下药，精准施策。

22.3 经济增长模型

经济增长是在交易网络支撑下，通过内部循环和外部循环实现的，交易系统在时间步 t 上所创造的价值 Y_t 可以分解为两部分，分别是内循环实现的价值和外循环实现的价值。所谓内循环是指由交易系统内部主体产生的交易活动，主要体现为国内贸易及其生产活动；外循环是指由交易系统内部主体与交易系统外部主体产生的交易活动，主体体现为国际贸易及其相关生产活动。因此，Y_t 可以表达成为两部分之和，即：

$$Y_t = Y_t^1 + Y_t^2 \tag{22.3.1}$$

在式（22.3.1）中，Y_t^1 表示内循环实现的价值，Y_t^2 表示外循环实现的价值。

Y_t^1 可以由交易网络在既定交易效率水平上实现的交易量计算得到，即：

$$Y_t^1 = \mu_t \times T_t \tag{22.3.2}$$

在式（22.3.2）中，T_t 代表交易系统在时间步 t 上实现的交易量，μ 为交易系统的交易效率。根据上节分析，交易系统实现交易的能力与交易系统容量、交易基、交易网络循环率和交易网络密度有直接关系，我们可以将交易量 T_t 看作是上述四个自变量的函数，即交易函数：

$$T_t = T(N_t, M_t, \theta_t, \omega_t) \tag{22.3.3}$$

在交易函数式（22.3.3）中，N 代表交易系统容量，M 代表交易系统交易基，ω 代表交易网络密度，θ 代表交易网络循环率。

由上节分析可知，交易量函数 T 与自变量 N、M、θ、ω 均有正相关关系：

$$\frac{\partial T_t}{\partial N_t} > 0, \quad \frac{\partial T_t}{\partial M_t} > 0, \quad \frac{\partial T_t}{\partial \theta_t} > 0, \quad \frac{\partial T_t}{\partial \omega_t} > 0 \tag{22.3.4}$$

在交易系统中，交易基由两部分构成，一部分是在交易系统内部生产的，即内生基，记为 M^1_t；另一部分是由交易系统之外交易而来，即外生基，记为 M^2_t。两部分之和共同构成了交易系统的交易基。

$$M_t = M^1_t + M^2_t \tag{22.3.5}$$

对于交易系统的外部循环价值量 Y^2_t，统计学的含义是净出口价值，主要由两方面因素决定：交易系统的内生基 M^1_t 和外生基 M^2_t。出口价值的多少取决于是否有足够大的内生交易基 M^1_t，只有足够多的可贸易商品，才可能创造相应的贸易额；进口的情况也是一样，外生基 M^2_t 是进口的基础。交易基并非外循环价值 Y^2_t 的全部决定因素，还要结合交易系统内外商品价格对比情况，内外价差集中反映在有效汇率 R_t 上。本币越便宜，有效汇率 R_t 越高，国内商品越具有出口竞争力，国外商品的竞争力就越弱。因此，外部循环价值量 Y^2_t 可以写成如下函数形式：

$$Y^2_t = U(M^1_t, M^2_t, R_t) \tag{22.3.6}$$

U 代表外部循环函数，称为贸易函数。与自变量之间存在如下导数关系：

$$\frac{\partial U}{\partial M^1_t} > 0，\quad \frac{\partial U}{\partial M^2_t} < 0，\quad \frac{\partial U}{\partial R_t} > 0 \tag{22.3.7}$$

根据式（22.3.3）（22.3.6）表达的关系，我们得到交易系统的产出函数：

$$Y_t = \mu_t \times T(N_t, M_t, \theta_t, \omega_t) + U(M^1_t, M^2_t, R_t) \tag{22.3.8}$$

令：$Y_{t+1} - Y_t = \Delta Y$

$$\because \Delta Y = \frac{\Delta Y}{(t+1)-t} = \frac{\Delta Y}{\Delta t}$$

$$\frac{\Delta Y}{\Delta t} \cong \frac{dY}{dt}$$

$$\therefore \Delta Y \cong \frac{dY}{dt} \tag{22.3.9}$$

根据式（22.3.8）得到：

$$\begin{aligned}\frac{dY_t}{dt} &= \mu_t \times \left[\frac{\partial T}{\partial N_t}\frac{dN_t}{dt} + \frac{\partial T}{\partial M_t}\frac{dM_t}{dt} + \frac{\partial T}{\partial \theta_t}\frac{d\theta_t}{dt} + \frac{\partial T}{\partial \omega_t}\frac{d\omega_t}{dt}\right] \\ &+ \frac{d\mu_t}{dt} \times T_t + \frac{\partial U}{\partial M^1_t}\frac{dM^1_t}{dt} + \frac{\partial U}{\partial M^2_t}\frac{dM^2_t}{dt} + \frac{\partial U}{\partial R_t}\frac{dR_t}{dt}\end{aligned} \tag{22.3.10}$$

令：$Gr_t = \dfrac{\Delta Y}{Y_t}$

由式（22.3.9）（22.3.10）得到：

$$Gr_t = \frac{1}{Y_t} \times \left\{ \mu_t \left[\frac{\partial T}{\partial N_t} \frac{dN_t}{dt} + \frac{\partial T}{\partial M_t} \frac{dM_t}{dt} + \frac{\partial T}{\partial \theta_t} \frac{d\theta_t}{dt} + \frac{\partial T}{\partial \omega_t} \frac{d\omega_t}{dt} \right] \right.$$
$$\left. + \frac{d\mu_t}{dt} \times T_t + \frac{\partial U}{\partial M^1_t} \frac{dM^1_t}{dt} + \frac{\partial U}{\partial M^2_t} \frac{dM^2_t}{dt} + \frac{\partial U}{\partial R_t} \frac{dR_t}{dt} \right\}$$
（22.3.11）

为了获得具有明确意义的经济增长公式，我们需要在（22.3.11）基础上进一步整理。

$$\because \frac{dN}{dt} \approx \frac{\Delta N_t}{(t+1)-t}$$
（22.3.12）

将式（22.3.12）两边同乘 $\frac{1}{N_t}$ 得到：

$$\frac{1}{N_t} \frac{dN_t}{dt} = \frac{\Delta N}{N_t}$$
（22.3.13）

令：$r_N = \frac{\Delta N}{N_t}$

则有：$\frac{1}{N_t} \frac{dN_t}{dt} = r_N$

$$\therefore \frac{dN_t}{dt} = r_N \times N_t$$
（22.3.14）

同理得到：

$$\frac{dM_t}{dt} = r_M \times M_t$$
（22.3.15）

$$\frac{d\theta_t}{dt} = r_\theta \times \theta_t$$
（22.3.16）

$$\frac{d\omega_t}{dt} = r_\omega \times \omega_t$$
（22.3.17）

$$\frac{dM^1_t}{dt} = r_{M^1} \times M^1_t$$
（22.3.18）

$$\frac{dM^2_t}{dt} = r_{M^2} \times M^2_t$$
（22.3.19）

$$\frac{dR_t}{dt} = r_R \times R_t$$
（22.3.20）

将式（22.3.14）—（22.3.20）代入（22.3.11）得到：

$$Gr_t = \frac{1}{Y_t} \times \left\{ \mu_t \left[\frac{\partial T}{\partial N_t} N_t r_N + \frac{\partial T}{\partial M_t} M_t r_M + \frac{\partial T}{\partial \theta_t} \theta_t r_\theta + \frac{\partial T}{\partial \omega_t} \omega_t r_\omega \right] \right.$$
$$\left. + \frac{d\mu}{dt} \times T_t + \frac{\partial U}{\partial M^1_t} M^1_t r_{M^1} + \frac{\partial U}{\partial M^2_t} M^2_t r_{M^2} + \frac{\partial U}{\partial R_t} R_t r_R \right\}$$
（22.3.21）

$\dfrac{\partial T}{\partial N_t}\dfrac{N_t}{T}$ 为交易函数 T 对系统容量 N_t 的弹性，记为 $k_N = \dfrac{\partial T}{\partial N_t}\dfrac{N_t}{T}$

$$\because \dfrac{T_t}{Y_t} \cong \dfrac{1}{\mu_t}$$

$$\therefore \dfrac{\partial T}{\partial N_t}\dfrac{N_t}{Y_t} = \dfrac{\partial T}{\partial N_t}\dfrac{N_t}{T_t}\dfrac{T_t}{Y_t} = \dfrac{k_N}{\mu_t} \tag{22.3.22}$$

同理，我们可以计算其他几个变量的弹性关系：

$$\dfrac{\partial T}{\partial M_t}\dfrac{M_t}{Y_t} = \dfrac{k_M}{\mu_t} \tag{22.3.23}$$

$$\dfrac{\partial T}{\partial \theta_t}\dfrac{\theta_t}{Y_t} = \dfrac{k_\theta}{\mu_t} \tag{22.3.24}$$

$$\dfrac{\partial T}{\partial \omega_t}\dfrac{\omega_t}{Y_t} = \dfrac{k_\omega}{\mu_t} \tag{22.3.25}$$

$\dfrac{U}{Y_t}$ 反映了经济对外部的依赖程度，我们称其为经济对外依存度，用 λ 表示：

$$\dfrac{\partial U}{\partial M^1_t}\dfrac{M^1_t}{Y_t} = \lambda k_{M^1} \tag{22.3.26}$$

$$\dfrac{\partial U}{\partial M^2_t}\dfrac{M^2_t}{Y_t} = \lambda k_{M^2} \tag{22.3.27}$$

$$\dfrac{\partial U}{\partial R_t}\dfrac{R_t}{Y_t} = \lambda k_R \tag{22.3.28}$$

由此我们得到关于交易系统七个方面的弹性系数 k_N、k_M、k_{M^1}、k_{M^2}、k_θ、k_ω、k_R。随着交易系统演化，这些弹性系数也在调整变化。

将式（22.3.22）—（22.3.28）代入增长公式（22.3.21）中：

$$Gr_t = k_N r_N + k_M r_M + k_\theta r_\theta + k_\omega r_\omega + \dfrac{1}{\mu_t}\dfrac{d\mu_t}{dt} + \lambda\left(k_{M^1} r_{M^1} + k_{M^2} r_{M^2} + k_R r_R\right) \tag{22.3.29}$$

$$\therefore \dfrac{1}{\mu}\dfrac{d\mu}{dt} \cong \dfrac{\Delta\mu}{\mu} = r_\mu \tag{22.3.30}$$

将（22.3.30）代入（22.3.29）得到：

$$Gr_t = k_N r_N + k_M r_M + k_\theta r_\theta + k_\omega r_\omega + r_\mu + \lambda\left(k_{M^1} r_{M^1} + k_{M^2} r_{M^2} + k_R r_R\right) \tag{22.3.31}$$

公式（22.3.31）体现了交易经济学对经济增长的理解，表达的核心要义是经济增长是交易网络规模扩张和内部结构深化的结果。为了进一步简化公式，我们在此基础上分别推导出短期经济增长模型和长期经济增长模型，并根据经济发展阶段特征，推导出经济发展初期增长模型和经济发展后期增长模型。

在模型（22.3.31）中，通过贸易函数计算出的净出口是包含了物价因素的名义值。为了保持一致，在计算交易效率 μ 时，需要采用名义值，即 $\mu=\dfrac{Y}{T}$ 不做可比价格处理。由此得到的增长速度 Gr 属于名义增长速度。

在经济学上，划分时间长短的关键并不在于时间，而是交易系统的结构参数是否发生改变。如果系统的结构参数发生了重大改变，即使时间很短，依然不能使用短期分析方法；相反，在经济发展稳定期，虽然经历较长时间，但系统的结构参数却没有发生大的改变，这种情况依然可以采用短期分析方法。

在短期视野中，交易系统的容量、交易基、交易网络密度均没有重大变化，对应短期模型的结构参数取值如下：

$$r_N \cong 0 、 r_M \cong 0 、 r_\omega \cong 0 、 r_{M^1} \cong 0 、 r_{M^2} \cong 0 \qquad (22.3.32)$$

与上述五个参变量不同，交易循环率和有效汇率及交易效率属于高度动态化变量。交易循环率与交易主体的预期有密切关系，短时间内也可能发生较大变化；有效汇率的情况也是如此，不仅受到不同货币的供求关系影响，还与不同交易系统的通货膨胀率有密切关系，这些因素均具有较高的动态化特点。交易效率同样是十分活跃的变量。交易主体预期、交易状态，及交易系统中是否存在泡沫现象等，都会影响到交易效率的取值。交易效率与交易环境存在十分紧密的关系。

将关系式（22.3.32）代入增长模型（22.3.31）中，我们可以得到短期增长模型：

$$Gr_t = k_\theta r_\theta + r_\mu + \lambda k_R r_R \qquad (22.3.33)$$

从短期经济增长模型的结构来看，能够影响经济增长的因素还很多，包括交易循环率、交易系统对交易循环率变化的弹性系数、汇率变化及交易效率的波动等。综合来看，短期经济波动的主要成因来自货币因素。

在短期内，提高交易循环率是刺激经济增长的有效途径。提高交易循环率的手段有很多，包括宽松货币政策、积极的财政政策、改善营商环境、改善基础设施等。当货币政策宽松时，交易主体的流动性约束放松，融资成本下降，收益预期增加，这些都能够非常有效地提高交易循环率。财政政策同样能够有效提高交易循环率，财政政策的选择可以有很多，既可以针对特定的产业有重点地释放红利，也可以选择普惠性的政策，如减税政策。无论是针对性的财政政策还是普惠性的财政政策，经过交易网络的传播和扩散，最终都能起到提升交易循环率的作用。社会保障也对交易循环率产生重要影响，良好的社会保障体系能够减少家庭居民的后顾之忧，提高边际消费倾向。

从短期来看，货币贬值虽然有利外部经济循环，但前提是本币汇率贬值在降低本国商品价格的同时，还应激活国内循环和交易效率；否则，本币贬值所带来的仅仅是通货膨胀，而不是经济繁荣。

从长期来看，交易系统的一些短期波动指标，如交易循环率 θ、有效汇率 R 和交易效率 μ，均会保持在一定范围内波动，呈现相对稳定的长期趋势。交易循环率 θ 除了受到短期因素的影响外，更深层的影响则是来自交易系统的结构性特征，包括社会保障体系的完善程度、金融化程度高低以及文化特质等，这些都是影响交易循环率 θ 长期水平的关键因素；有效汇率的情形也是如此，从长期来看，有效汇率的趋势线是由经济结构特点和货币体系决定的。影响有效汇率长期水平的关键因素主要包括交易系统属于外循环主导还是内循环主导、经济体在全球的竞争力高低以及货币创造机制完善与否等方面。尽管交易效率在短期内十分活跃，但从长期来看，仍与交易系统结构关系密切，这包括三次产业结构、交易网络链路结构等。这些因素均具有相对的稳定性。

基于上述分析，在长期经济增长模型中，我们对交易循环率、有效汇率和交易效率的增长率取 0 值，即：

$$r_\theta = 0 、 r_R = 0 、 r_\mu \cong 0 \quad (22.3.34)$$

将式（22.3.34）代入增长模型（22.3.31）中得到长期增长模型：

$$Gr_t = k_N r_N + k_M r_M + k_\omega r_\omega + \lambda \left(k_{M^1} r_{M^1} + k_{M^2} r_{M^2} \right) \quad (22.3.35)$$

长期增长模型揭示了决定经济体长期增长的动力来源，主要包括交易系统容量增长、交易基的扩大、分工深化、国际分工位置提升等方面。事实上，要保证上述变量持续不断地向好是一件十分困难的事情，需要持续不断地推动技术创新、改善营商环境和分配制度的优化调整，否则就会出现顾此失彼的现象。譬如，分工递进是提高交易网络密度的主要途径，也是增加交易效率的主要手段，但随着社会化分工的深化，家庭职能将不可避免地被削弱，结果就会导致家庭生育率下降，人口结构逐渐老龄化。由此带来的次生后果则是，社会风险厌恶偏好增强，创业热情下降，交易系统容量萎缩。伴随着交易系统容量萎缩，市场竞争度随之减弱、交易效率下滑、创新力度下降等问题接连出现。由此可见，在经济增长的道路上，充满各种各样的陷阱，只有成功避开这些陷阱才能实现经济的长期增长。

经济发展是交易系统演化的结果，不同经济发展阶段会表现出强烈的阶段性特征。譬如在经济发展初期，受到经济增长预期的诱导，大量新生交易主体涌现出来，成为经济发展初期的显著特点；与此同时，金融压抑又是经济发展初期的另一个显著特点，在这种背景下，交易循环率通常会维持在较低水平上，高储蓄率是经济发展初期的普遍现象。

经济发展初期，伴随着市场快速发展，分工演化以前所未有的速度进行，交易网络密度随之明显上升；与之相对应，经济发展初期的交易基也将经历一次快速扩张的过程，而交易效率则会维持在较低水平上，变化不大，经济整体呈现粗放运行的特点。

根据上述分析，我们可以得到经济发展初期的结构参数变化情况：

$$r_N > 0、r_M > 0、r_{M^1} > 0、r_\theta \cong 0、r_\mu \cong 0 \quad (22.3.36)$$

由此得到经济发展初期的经济增长模型：

$$Gr_t = k_N r_N + k_M r_M + k_\omega r_\omega + \lambda \left(k_{M^1} r_{M^1} + k_{M^2} r_{M^2} + k_R r_R \right) \quad (22.3.37)$$

在经济发展初期，制度性障碍常常是阻碍经济增长的主要因素。通过有效制度改革激发交易主体的交易热情，是启动经济增长车轮的关键。交易主体的交易意愿一旦被激发，就会涌现更多的交易主体，进入交易系统快速扩容模式。伴随着交易系统容量的扩张，市场分工递进的程序就会自发启动，交易网络密度呈现持续增加态势，交易基也将随之增长。

在经济发展初期，贸易政策扮演十分重要的角色。为了加快经济增长，采取鼓励出口、限制进口的单向贸易策略。在这种情况下，初期增长方程可以有如下简化结构：

$$Gr_t = k_N r_N + k_M r_M + k_\omega r_\omega + \lambda \left(k_{M^1} r_{M^1} + k_R r_R \right) \quad (22.3.38)$$

在经济发展后期，交易系统进入成熟状态，交易网络密度的变化相对缓慢；由于金融体系日渐成熟，有效汇率处于相对稳定的状态；在交易循环率方面，无论是家庭主体，还是企业主体，交易模式相对成熟，交易循环率比较稳定；交易效率处于较高的稳定水平上。推动经济增长的主要力量来自技术创新带动的交易基扩张。在经济增长后期，人口结构会发生较大的变化，以人口为基础的交易容量将会成为经济增长的关键制约因素。在经济发展后期，结构参数的基本特征如下：

$$r_\omega \cong 0、r_\theta \cong 0、r_R \cong 0、r_\mu \cong 0 \quad (22.3.39)$$

由此得到经济发展后期的经济增长模型：

$$Gr_t = k_N r_N + k_M r_M + \lambda \left(k_{M^1} r_{M^1} + k_{M^2} r_{M^2} \right) \quad (22.3.40)$$

进入经济发展成熟期后，能否保持交易系统容量的增长在各种政策目标中应当放在重要的位置上。人口规模和人口结构是决定交易系统容量的基础，即便人口规模保持不变或者增长，如果人口年龄结构呈现快速老龄化的格局，经济增长的后劲就会受到很大的影响，非常容易滑落到经济停滞的陷阱中。

上述四个经济增长模型可以分为两组，短期经济增长模型和长期经济增长模型属于一组，经济发展初期增长模型和经济发展后期增长模型属于一组。两组模型分别从两个不同维度上进行划分，两个期限经济增长模型主要着重于不同期限尺度上的重点选择，两个发展阶段模型着重于不同经济发展阶段呈现的突出特点。无论是划分标准，还是特点归纳都是经验性的，这样做仅仅是为了应用上的便利。在有针对性的分析中，我们可以根据经济体的具体情况进行归纳设置，从基本增长模型中提炼出更加准确反映实际特点的增长模型。

22.4 经济稳态增长

在新古典经济学的索罗—斯旺增长模型中，由于对生产函数附加了资本报酬递减的条件，在资本折旧和劳动力增长的双重作用下，交易系统的人均资本最终趋向一个均衡点，在这个均衡点上，交易系统的增长完全受制于技术创新和劳动力增长的外生因素。在此状态下，交易系统的主要经济变量保持等比例增长。人们将这样的状态称为稳态增长。

索罗—斯旺模型使用了最为一般的生产函数，交易系统在时间步 t 上的产出价值 $Y(t)$ 满足如下关系：

$$Y(t) = F(K, L) \tag{22.4.1}$$

索罗—斯旺模型要求上述生产函数满足新古典条件，包含三个方面的条件：（1）函数对两种要素投入的边际收益递减：$\frac{\partial F}{\partial K} > 0, \frac{\partial^2 F}{\partial K^2} < 0$；$\frac{\partial F}{\partial L} > 0, \frac{\partial^2 F}{\partial L^2} < 0$；（2）函数满足一阶齐次条件：$F(\lambda K, \lambda L) = \lambda F(K, L)$，$\lambda > 0$ 为任意实数。稻田条件中的齐次条件体现了新古典经济学货币中性的基本思想；（3）函数满足反向边界条件，当要素投入趋于零时，边际产出趋于无穷大；要素投入趋于无穷大时，边际产出趋于零。即：

$$\lim_{K \to 0} \frac{\partial F}{\partial K} = \lim_{L \to 0} \frac{\partial F}{\partial L} = +\infty \tag{22.4.2}$$

$$\lim_{K \to +\infty} \frac{\partial F}{\partial K} = \lim_{L \to +\infty} \frac{\partial F}{\partial L} = 0 \tag{22.4.3}$$

生产函数边界条件（22.4.2）(22.4.3）称为稻田条件，由日本经济学家稻田（Kenichi Inada）首次提出。

对满足稻田条件的生产函数，两边除以劳动力总量 L，得到：

$$\frac{Y(t)}{L}=\frac{1}{L}F(K,L)=F\left(\frac{K}{L}\right) \tag{22.4.4}$$

令 $\frac{Y(t)}{L}=y$，$\frac{K}{L}=k$，由（22.4.4）得到：

$$y=f(k) \tag{22.4.5}$$

对于处于均衡状态的封闭系统，假设储蓄率为 s，资本折旧率为 δ，资本存量 K 的变化率 $K^{'}$ 满足如下等式：

$$K^{'}=sF(K,L)-\delta K \tag{22.4.6}$$

对式（22.4.6）进行平均化处理，得到：

$$\frac{K^{'}}{L}=sf(k)-\delta k \tag{22.4.7}$$

$$\because k^{'}\equiv\frac{d\left(\frac{K}{L}\right)}{dt}=\frac{K^{'}}{L}-K\frac{L^{'}}{L^{2}}$$

$$\therefore k^{'}+\frac{K}{L}\frac{L^{'}}{L}=sf(k)-\delta k \tag{22.4.8}$$

令 $\frac{L^{'}}{L}=r_l$ 为劳动力增长率，由（22.4.8）得到：

$$k^{'}+kr_l=sf(k)-\delta k \tag{22.4.9}$$

由式（22.4.9）整理得到：

$$k^{'}=sf(k)-(\delta+r_l)k \tag{22.4.10}$$

由此得到著名的索罗—斯旺增长模型。模型（22.4.10）给出了人均资本、劳动力增长、资本折旧和产出四个变量间的关系。模型中包含了一种稳定状态，在该稳定态上人均资本增量与资本折旧及劳动力增长达成均衡，从而实现一种外延扩张式的增长模式。

在模型（22.4.10）包含的稳定态上，人均资本变化率为零，即 $k^{'}=0$。在此均衡点上，人均资本量记为 k^{*}，满足如下方程：

$$sf(k^{*})-(\delta+r_l)k^{*}=0 \tag{22.4.11}$$

$$\therefore k^{'}=sf(k)-(\delta+r_l)k=sf(k)-\frac{sf(k^{*})}{k^{*}}k \tag{22.4.12}$$

由（22.4.12）整理得到：

$$k^{'} = sf(k) - sf(k^{*})\frac{k}{k^{*}} \quad (22.4.13)$$

$$\therefore k^{'} = s\left[f(k) - f(k^{*})\frac{k}{k^{*}}\right] \quad (22.4.14)$$

$\because f(k)$ 是凹函数

$$\therefore \frac{f(k)}{f(k^{*})} > \frac{k}{k^{*}}$$

$$\therefore 当 k < k^{*} 时,\ k^{'} = s\left[f(k) - f(k^{*})\frac{k}{k^{*}}\right] > 0 \quad (22.4.15)$$

$$当 k > k^{*} 时,\ k^{'} = s\left[f(k) - f(k^{*})\frac{k}{k^{*}}\right] < 0 \quad (22.4.16)$$

式（22.4.15）、（22.4.16）表明，当交易系统达到索罗—斯旺模型中的稳态时，不仅呈现出结构稳定的特点，人均资本、人均消费、人均产出均保持稳定。在没有技术进步的条件下，推动交易系统增长的唯一动力来自外生的人口规模扩张。与此同时，交易系统在稳态附近具有局部稳定性，当交易系统偏离稳态时会通过人均资本存量的自发调整回到稳态上。这就是索罗—斯旺模型稳态增长的含义。索罗—斯旺模型表明，交易系统具有自发收敛于均衡稳态的特性，在缺少包括人口、新技术发明等外部不确定因素推动的情况下，经济将不再增长，进入停滞状态。这也是人们将索罗—斯旺模型称为外生增长模型的重要原因，即持续不断的经济增长动力必须来自交易系统之外。

在交易增长模型中，是否存在稳定增长状态？是否存在自发收敛于零增长的机制？这取决于我们对稳态增长的理解。如果严格按照索罗—斯旺模型给出的稳态增长条件，交易增长模型不存在稳态增长机制。但是，如果将稳态增长理解为交易系统结构参数稳定状态下由规模扩张实现的增长模式，交易增长模型的情况就会发生变化。

在交易增长模型（22.3.31）中，涉及交易系统结构特质的参变量有三个，分别是交易网络循环率、交易网络密度和交易效率，对应的变化率分别是 r_θ、r_ω、r_μ。当交易系统进入稳定增长状态时，交易系统的结构关系趋于稳定，结构参量对应的增长率为零，即：$r_\theta = 0$、$r_\omega = 0$、$r_\mu = 0$，由此生成稳态增长模型：

$$Gr_t = k_N r_N + k_M r_M + \lambda \left(k_{M^1} r_{M^1} + k_{M^2} r_{M^2} + k_R r_R\right) \quad (22.4.17)$$

交易稳态增长模型（22.4.17）显示，推动交易系统增长的动力来自交易基的扩张、交易容量的增加以及实际有效汇率波动引起的外部需求变化等三个方面，这与索罗—斯旺模型的稳态增长机制相一致。这表明，交易增长模型与稳定增长状态具有相容性。

下面，我们考察交易网络循环率 θ、交易网络密度 ω 和交易效率 μ 三个参变量实现稳定的条件。由于不存在资本折旧对冲和资本边际报酬递减的限制，理论上讲，三个结构参量可以在任何位置上进入稳定状态。交易系统既可以在三个参变量很低的水平上趋于稳定，此时无论是交易效率，还是交易循环率和交易网络密度，均处于很低的水平；也可以在较高的水平上实现稳定。在前一种情况下，由于交易系统处于低效率水平，企业数量不会出现快速增加的现象，从而限制了交易系统容量的扩张速度；交易效率和交易网络循环率低下，交易系统将会呈现缺乏活力、市场萧条、交易基缺乏扩张动力的景象。在此稳定态下，交易系统中存在大量闲置资源，经济资源严重浪费。在这种情况下，交易系统将会处于经济停滞状态，对应欠发达经济体的情景。

当交易系统处于高水平的稳态增长状态，将是另一番景象。在经济处于高效率状态运行，交易网络结构稠密，交易循环通畅，交易系统充满活力。在此状态下，交易主体具有较高的交易意愿，经济具有较强的外部竞争力，在内外因素的共同作用下，交易系统容量具有较强的扩张潜力。充满活力的市场带动企业积极参与技术创新，交易系统的交易基呈现持续扩张的局面。由此可见，交易系统稳态水平越高，增长潜力就越大。显然，这与索罗—斯旺模型所呈现的图景完全不同。

交易增长模型的稳态与索罗—斯旺模型稳态的最大不同点在于稳态的稳定性。索罗—斯旺模型的稳态具有内在稳定性，因此，交易系统必然收敛到稳态上；而交易增长模型的稳态是不稳定的，交易系统不会自发向稳态收敛。以交易循环率为例，当交易循环率偏离 $r_\theta = 0$ 的平衡点时，我们分别讨论两种情况。当 $r_\theta < 0$ 时，交易网络流通量呈下降态势，交易主体将做出反应，将交易状态向保守方向调整，交易系统停止或放缓容量扩张，这些反应将会推动交易循环率进一步下降。当 $r_\theta > 0$ 时，交易循环率呈现上升态势，市场活跃度将随之增加，刺激交易主体的交易意愿，交易系统容量扩张加快，企业创新热情提升，推动交易基持续扩大；市场交易活跃促进社会分工深化，交易网络密度提升。反过来，交易循环率进一步增加。交易效率 μ 和网络密度 ω 的情况基本一样，其变化过程由正反馈机制左右。

22.5 经济加速增长现象

任何引起两个或多个交易网络变量相互激发的正反馈条件，都可能成为引发经济加速增长的原因。一般来讲，经济的加速增长通常会出现在重大制度变革和重大技术创新之后。制度变革最直接的影响是交易环境的改善，交易成本降低，激励机制得到优化，交易网络循环状态大幅改善，从多个方面推动经济增长。在经济转型时期，制度和主导生产运营模式以及技术等方面都会有重大改变，因此，经济转型时期是最有可能出现经济加速增长的阶段。经济转型包括从农业经济形态到工业经济形态的转变，也包括计划经济到市场经济的转变，还包括城市化过程带来社会、经济结构的巨大转变。

重大技术是推动经济加速增长更为常见的原因。技术创新是推动经济增长用之不竭的动力源泉。创新能够扩大交易系统的维度；创新能够降低成本，增加企业利润，扩大市场需求。这些都是刺激经济增长的因素。能源利用技术、交通运输技术、信息技术、材料技术等方面的重大突破，都会引起经济加速增长。这些技术的影响力都大大超越了部门范畴，辐射到经济的方方面面；这些技术的影响不仅涉及设备投资、生产成本、物流管理，甚至还涉及商业运行模式等，其广度和深度远远超过了具体一个行业的技术创新。

利用经济增长模型很容易理解经济加速增长现象。交易函数包含了四个网络参变量，而且是这些变量的增函数。在四个变量中，一旦出现变量间的联动、形成相互激发的正反馈机制，就会产生明确的、快速的网络扩张，经济就会呈现加速增长态势。以经济转型时期为例，在工业化初期，企业数量开始增多，随之出现交易系统的商品数量增加，市场逐步扩展。这些变化对应到交易系统上，将会引起交易系统容量扩张、交易网络密度增加和交易基扩大的响应。随着经济的发展，一系列制度改革举措开始启动，交易环境得到优化，交易的制度成本显著降低，随之带来交易效率和交易循环率的提升。反过来，这种变化又会促使更多企业涌现、激励企业更大的技术创新热情。交易系统在容量、网络密度和交易基三个方面迎来再次扩张，形成系统第二波快速增长。

中国改革起始于20世纪80年代初，规模宏大的制度改革首先出现在农村地区。在计划经济时期，农业生产的基本核算单位是几十户家庭组成的生产队。这些家庭参与生产队的劳动，但不参与生产决策，生产决策是由上至下逐级计划安排。到了收获季节，生产队分配生产的粮食，少量从事副业的人获得现金收入。改革开始后，集体土地被划为小块农田承包给每家每户。每个家庭负责在承包的土地上生产、经营，成为独立的决策者和经营主体。原来的大锅饭体制被打破了，改革后实行多劳多得新体制，使那些有经营头脑、勤劳肯干的家庭可能获得更多的收益，成为首先富裕起来的一部分人。巨大的制度变革激发了农村数以亿计的家庭劳动致富的热情，农村市场开始活跃起来。这一段时期，乡镇政府、生产大队都纷纷因地制宜地建立了数量庞大的乡镇企业，为中国经济注入一股强大的活力。

受到农村改革成功的鼓励，在 20 世纪 80 年代后期，工业领域的改革开始了。工业领域改革的关键点是通过计件承包等措施建立对工人劳动的激励机制。各级政府部门，行政事业单位、学校、医院，甚至部队，都被鼓励成立各种各样的公司。一时间市场开始活跃；在多劳多得制度激励下，国有企业的生产效率获得了很大提升，长期处于短缺困扰的中国经济开始焕发勃勃生机。

在东部沿海一带，实施税收、土地等方面的优惠政策，吸引大量外商来开办工厂，加工贸易开始活跃起来。中国经济正是在对内改革、对外开放两股力量的交织作用下，释放出巨大的增长潜力。

我国改革开放走过的最初二十年，可以用交易经济学的语言如此叙述：在中国经济转型之初，由过去的生产队为单位转换成以家庭为单位，交易系统容量成几十倍增加。乡镇企业加入工业生产领域，在增加了交易主体数量的同时，也增加了可交易的商品数量，交易基拓宽了。这些变化能够解释中国经济在 20 世纪 80 年代的高速增长。随着改革向城镇地区的推进，工业领域的交易主体开始增多，商品数量和种类快速增加，对外开放使中国产品走向国际市场。交易系统内部在容量、密度、交易基和网络循环率等四个方面形成相互激发、相互推动的正反馈环。

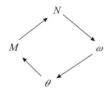

图 22.5.1　中国改革开放初期交易环

上述反馈环经过反复迭代，使得我国交易系统的交易函数 $T_t = T(N_t, M_t, \theta_t, \omega_t)$ 快速放大，推动了一轮令世人瞩目的经济加速增长，为中国经济奇迹奠定了第一块基石。

经济加速增长不仅可以发生在转型时期，而且同样可以发生在工业化基本完成以后的某个时期。只要交易系统的多个结构变量形成激发联动的态势，加速经济增长的现象就会出现。西方发达工业国家出现的战后经济奇迹就属于这一类情况。

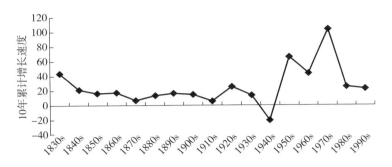

图 22.5.2[4]　法国经济增长案例

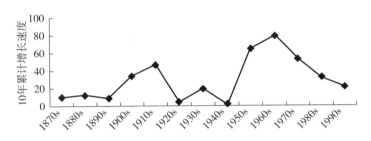

图 22.5.3　意大利经济增长案例

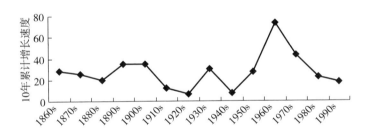

图 22.5.4　德国经济增长案例

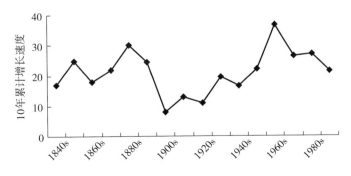

图 22.5.5　英国经济增长案例

20世纪的50年代初至70年代初,这些国家分别出现了经济加速增长现象。促成经济加速增长的原因有三个方面:第一,上述国家面临经济大规模重建任务。无论德国,还是英国,还是意大利和法国,其基础设施、生产设备和城市建筑均在战争中遭到严重的破坏。德国的一些城市在战争结束的时几乎成为废墟,法兰克福就是典型的例子。重建为经济提供了强劲的需求,这是启动经济加速进程的第一把火。第二,经历了两次世界大战的欧洲,在工业生产技术方面已经落后美国很多,需要大量的投资进行技术更新改造,而马歇尔计划起到了帮助欧洲国家快速提升技术水平的作用。第三,政府在经济运行中扮演的角色发生了重大改变,政府在市场干预、制度建设方面与以前相比更为积极。具体表现是重要经济部门的国有化,如交通运输、电力和部分银行系统;社会保障的大量投入以及公共服务的扩大,包括退休金、家庭补助、免费医疗或医疗补贴、教育投入等方面。[5] 这些举措,在维持经济平稳运行、释放家庭消费需求等方面发挥了积极作用。这从各国政府消费支出比重不断上升的趋势上能够清楚地反映出来。

意大利政府消费在 GNP 中的比重[6]

1921—1930	5.6%
1931—1940	9.4%
1950—1959	12.0%
1961—1970	13.3%

英国政府消费在 GNP 中的比重[7]

1921—1929	8.9%
1930—1939	11.4%
1950—1958	16.9%
1961—1970	18.9%

贸易壁垒的消除对于战后经济快速增长发挥了重要作用。1947年在日内瓦签署的《关税与贸易总协定》,皆在促进取消国际贸易中的配额限制、降低关税,这为重建中的欧洲国家拓展国际市场铺平了道路。欧洲支付同盟(EPU)的组建对于促进欧洲内部以及欧洲与世界其他国家之间的贸易产生了十分积极的作用。欧洲国家之间的所有贸易都有账户纪录,月底结账,出现赤字的国家记入中央账户的借方,盈余的国家记入中央账户的贷方。结算采用美元或者黄

金。这种国际支付机制的引入大大方便了欧洲国家之间的贸易往来,大幅度降低了贸易的结算成本。[8]

在引发西欧诸国战后经济加速增长的机制中,首先是由战后重建启动的。基础设施的重建和工厂设备的重置,带动了被战争摧毁的交易网络修复,交易网络循环率随之提升,网络密度开始增加。这两个参量的变化开启了这些国家经济增长的第一推动力。随着经济增长的启动,政府税收状况开始改善,社会保障开始逐步建立,这方面制度的调整起到了优化交易环境的作用。家庭支出的比例随之提升,家庭消费需求的潜能得到释放。交易网络循环率持续提升,这构成了经济增长的第二推动力。市场扩张为企业应用新技术提供了动力,新产品开始涌现出来;贸易合作便利化机制进一步推动了欧洲国家间的贸易日益活跃,交易系统在商品基和循环率两个方面得到提升。在欧洲重建后期,国际贸易的方向发生了改变,初期贸易赤字被后期的贸易盈余取代,代表着欧洲作为经济整体交易系统的容量继续扩张,这些变化最终会引起交易系统的效率提升。

上述变化,进一步刺激政府沿着既定方向进行制度改革和优化,交易循环率保持提升势头,并与商品基、网络密度最终形成互为激励的反馈机制。

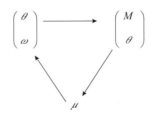

图 22.5.6 欧洲经济复兴交易环

与欧洲国家不同,美国经济加速增长的时间出现在二次世界大战期间而不是之后。原因在于二次世界大战的主战场在欧洲,美国自始至终是战争军火和保障物资的提供者,尽管在珍珠港事件之后,美国直接加入同盟国对德、日轴心国宣战,派出部队参加欧洲战区和太平洋区的战斗,但国内经济依然正常运行,二次世界大战的战火不仅没有对美国经济产生破坏,还为其提供了强劲的增长动力。战争对于美国经济的刺激超出了人们的预期,"1939 年美国的国民生产总值,就是说美国人民生产出来的产品与劳务的总值是 910 亿美元。而在 1945 年,则高达 2150 亿美元。生产总值这样激增,是史无前例的。失业本来是个顽固的肿瘤,到了 1940 年还有 800 万人失业。现在这个肿瘤消失了。就业人数已经从 4500 万增加到 6600 万,其中 500 多万是妇女。美国人原来在股票市场崩溃以前固有的自信心又恢复了。"[9] 二次世界大战对于美国经济的拉动是全方位的，甚至对农业生产也有很大的推动。"到了1942年秋，他们的政府领袖说服了他们，他们必须成为全世界粮食的供应者。于是他们又着手生产粮食，收成比之过去最高产量还要增加25%。……在大萧条期间，发明家、化学家、工程师和农艺师都已经发明了新化肥、高产种子、杀虫药和新的农业机械。这种种科学技术，改变了大地的面貌。"[10]

为了满足战争对于军火的需求，美国几乎动员了一切可能的资源和力量。"各大工厂的装配线夜以继日地转动，为了俄国、英联邦、自由法国的军队和美国自己的武装人员提供装备，准备1944年的决战。连打字机工厂也制造机关枪，汽车工厂则在制造轰炸机。在康涅狄格州，伊戈·西科尔斯基完成了世界上第一条生产直升机的装配线。另外一个在康涅狄格州斯特拉特福德城的工厂，则在制造6000架以上的"海盗"式战斗机。克莱斯勒汽车厂就为陆军制造了25507辆坦克。"[11] 从1940年5月10日德军占领低地国家和阿登高原开始算起，到1945年战争结束大约五年的时间内，美国生产的各类军火数量达到空前绝后的规模。

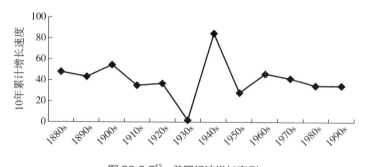

图 22.5.7[12]　美国经济增长案例

战争对于美国经济产生的外部需求表现在交易循环率的陡然提升。随着战争的结束，来自欧洲的外部需求陡然消失，美国经济在短时间内必然会遭受循环率紧缩冲击。当来自欧洲的外部需求突然消失时，美国经济交易网络的流通量随之减少，由于经济活动存在乘数效应，外部需求量减少对交易量的冲击将数倍于减少的外部需求量。在此冲击下，美国经济不可避免地产生下行压力，形成较大幅度的增速回落。由于美国经济巨大的体量，外部需求突然消失的冲击虽然很大，却并不能形成持续下行的趋势。

日本经济加速增长也是出现在第二次世界大战之后的20年，很多情况与欧洲国家的情况相似。

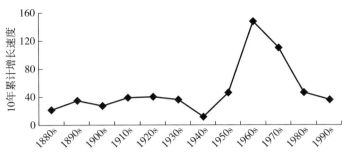

图 22.5.8[13]　日本经济增长案例

战后日本经济的高速增长先后由两股力量支撑。第一股力量是朝鲜战争爆发后的战争特需。朝鲜战争爆发后，美国把日本作为美军在朝鲜战场上的后方补给站，所供应的各类物质包括"诸如麻袋、有刺铁线、汽油桶、桥梁用钢材、卡车、飞机、汽车修理等各种各样的需求。……广义的特需除了物资需求之外，还包括增加的美国士兵在日本国内消费的服务性需求，这部分需求在总需求中比例超过了物资需求。"[14] 战争特需使日本经济摆脱了战后萧条，推动其经济进入快速增长通道。

美军特需在直接拉动日本经济的同时，还为日本带去了稀缺的美元收入。"在1949年末的时点上，日本的国内外币储备约为2亿美元，由于受到特需影响，到1951年末增加到4.5倍，总数超过了9亿美元，日本可以通过扩大设备投资和原料进口，实现了积极的生产扩张。在设备投资方面，尤以钢铁行业的设备扩张最为显著，实施了积极的设备更新和新建……"[15] 这些为日本经济注入了强劲的动力。

与"二战"之后的美国经济深度回调有所不同，朝鲜战争结束后，日本经济虽然同样面临与美国当年一样的循环率下降冲击，也不可避免地陷入短暂萧条，但不景气仅在1954年持续了几个月的时间，到当年11月份便触底反弹，其关键的原因是日本经济内部形成了自我强化的反馈环，城市化是关键的推动力。

日本快速城市化进程始于20世纪50年代，并于70年代前半期结束。[16] 城市化给日本经济带来了多方面的影响。农村劳动力进城后，城市家庭数量增加，于是出现了与人口迁移相对应的家电需求暴涨现象，带动了企业投资高潮，投资更新陈旧设备和投资扩大生产能力，都起到了推动日本经济快速增长的作用。在这段时期，电气机械、一般机械、精密机械、重化工业和基础材料工业等处于领先增长地位，增长速度快于其他行业。

在 1973 年第一次石油危机以前，日本经济的主要支撑来自城市化的内需扩张。随着城市化进程的结束，日本经济的增长动力逐渐由内而外转移，"引领 20 世纪 70 年代后半期到 80 年代经济增长的产业是汽车、电子等加工组装型产业。比如说，日本的汽车产业在 20 世纪 70 年代以后，以美国市场为中心，迅速地扩大出口。尤其是在石油危机后的美国市场，由于汽油价格上升，对低燃料的小型车需求增长，日本汽车的市场份额因此迅速扩大。与结构萧条产业的停滞形成鲜明对比的是，日本汽车生产车辆数在石油危机后的 70 年后半期持续、稳定地增加，到了 70 年代末，已经达到了可以与世界上最大的汽车生产国美国相抗衡的水平了。"[17] 但是，在这段时期，日本经济增长的速度仅仅维持在 3.6% 左右的水平上，大大低于 1955—1973 年平均年增长 9.4% 的水平。

在日本经济高速增长时期，大量劳动力从农村迁移到城市，从农业迁移到企业，并与增加投资扩大生产形成了两个相互增强的正反馈环。当城市收入与农村收入形成较大落差时，城市化进程便开始了。随着农民越来越多地移居到城市，农村原来的大家庭被更多城市中的小家庭替代，这个过程随之又引起家庭消费需求的扩张，包括住房、家电、汽车等生活资料的需求。市场的扩张引致企业进一步扩大产生，设备投资增加。而产生的扩张对劳动力产生新的需求，吸引更多的劳动力从农村迁往城市。农民进城的洪流与企业投资的洪流相互交织，相互加强，形成一个反馈环。

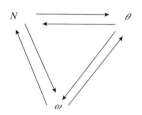

图 22.5.9　日本经济奇迹交易环

企业投资扩张所导致的交易循环率上升推动了城市化进程，城市化进程又导致交易网络容量增加，诱导企业扩大投资，刺激交易循环率提高。农民进入城市后，参与交易的频率和强度远远高于农村生活时期，这种变化起到了增加交易网络稠密度的效果。三个变量之间相互促进，形成了一个推动经济增长的强势交易环。但是，反馈环的约束边界是农村剩余的劳动力，当城市化进程进入尾声，上述反馈环的动力便开始逐步走向衰减。实际情况也正是如此，70 年代中期以后，日本经济的增长开始明显失速。

22.6 经济增长模型的政策含义

交易经济学认为，要实现经济的持续增长，需要政府对交易系统的每个环节时时细心地呵护与合理引导。在对交易系统进行管理时，政府应当遵守四个基本的原则，这四项原则分别从交易主体、交易环境、外部关系和交易系统维护四个维度进行概括总结。

22.6.1 激励相容原则

增长模型表明，交易网络循环率在经济增长过程中发挥着非常重要的作用，其他变量对于经济增长的作用需要通过交易循环率才能体现出来。无论是系统容量、交易基，还是有网络密度、有效汇率等，无不如此。政府要实现经济持续增长的目标，就必须高度关注交易循环率的变化，尽可能地将其维持在高位运行。

交易系统通过交易网络实现运行，交易网络是自发组织的结果，在决定交易网络循环率的众多因素中，交易主体的逐利动机是第一基石。如果交易主体的逐利动机受到挫伤，政府无论使用怎样的刺激政策，都不可能真正激发出经济活力，也不可能实现预期的经济增长目标。因此，保护交易主体逐利动机、形成对交易主体逐利动机的有效激励，是政府管理经济应当遵守的第一原则。

激励的对象是人，激励的目标是唤起人们交易的热情。在推动经济增长目标下的激励政策，其目的就是要激发交易主体的交易意愿。人类行为包含了多层次需求，任何需求不能得到满足，行动热情就会受到抑制，交易意愿也不可能被唤醒。安全感是人类的底层需求，是一切行为的基础。当人们缺少安全感时，行为就会扭曲变形，也就谈不上对利益的追逐。因此，要做到对交易主体的有效激励，首先要保证交易主体的安全感。

安全感包括行为安全、人身安全和财产安全三个层次。人们的行为安全是建立在行为结果的可预期基础上，如果人们无法预见自己行为的后果，就会心生恐惧，畏首畏尾。要使人们获得行为安全感，需要有简便、明了和稳定的行为规则。如果行为规则十分严谨，但非常复杂，现实中很难贯彻落实，同样不能满足人们安全感的需要。

法制是人们实现人身安全和财产安全的基石。这不仅需要一套完备的法律体系，还要建立起人们对法律的信任感。法律是法制的必要手段，人们对法律的信任则是法制的社会基础。

安全感只是建立有效激励机制考虑的一个重要方面，社会认同是建立有效激励考虑的另一个重要方面。没有社会认同作基础，交易主体的逐利热情就会抑制。为交易主体构筑安全感屏障，创造社会认同的舆论氛围都属于有效激励在社会层面的内容。要激活交易主体的交易意愿，仅仅有社会层面的激励措施还不够，要唤醒人们的交易意愿，还需要交易活动能够取得符合预期的回报。如果交易的风险很大，交易失败的概率很高，即便有交易意愿，在残酷的现实面前也会很快消退。

良好的营商环境，是有效激励机制的重要组成部分，也是交易主体实现合理预期收益的前提条件。在营商环境中，政府能否为企业提供各种便利化服务是关键，包括工商登记、纳税办理、海关手续、金融服务，以及劳动者技能培训。如果政府能够在这些方面提供良好的服务，就会大大降低交易的制度成本，增强企业对市场的信心。腐败是营商环境的最大敌人，要营造好的营商环境，重拳出击腐败现象是非常有效的举措。

社会和经济是构建有效激励机制的两个方面，两者相辅相成，缺一不可。在有效激励机制中，经济环境处于不断变化中，经济有繁荣，也有萧条，经济周期难以避免。经济环境的特点表明，无论交易环境如何，对于交易意愿的影响都是短期和暂时的，经济活动潮起潮落，交易意愿也会随之起伏变化；但社会环境却不同，社会环境会表现出顽固的趋势性特征，一旦形成某种价值取向，就会长期盘踞，形成对交易意愿的长期压制。

22.6.2 预期稳定原则

预期的重要性是不言而喻的，当交易系统中出现普遍的预期不稳定现象时，就会极大地抑制交易主体的行为，降低交易系统的循环率，不利于经济增长。这一点从交易方程中很容易找到依据。我们知道，交易方程有如下形式：

$$\Pr(s) = 1 - R_g \frac{q}{p} \mu^n$$

当交易系统普遍存在预期不稳定时，意味着大量交易主体无法确认交易局势的演化趋势，在主体无法确认交易局势将会变好的情况下，就会认为交易局势将变差，提高先验概率 q 的赋值、降低 p 的赋值。交易主体的感受因子 $\frac{q}{p}$ 具有极其不稳定的特点，由于分子与分母上下联动，预期稍微波动，就会在感受因子上表现出较大的变化。

为交易主体提供一个可预期的交易环境，需要做到以下三点。

一是政策透明。政策本身的透明十分重要,公众要有了解具体政策内容的途径,政策表述清晰,不会产生误读、误解,而且应当具有可操作性。如果政策语焉不详,理解上存在很大的伸缩空间,就容易造成公众迷茫、预期混乱的局面。

二是保持政策的相对稳定性。稳定预期,首先要稳定政策。如果政策朝令夕改,尤其涉及重大产业政策,一年一个样,今年属于大力振兴的产业,转过头来到明年就成了过剩产业,成为去产能的对象,不仅会造成预期混乱,还会形成巨大的资源浪费,极其金融风险。房地产在任何国家中都属于重要的支柱产业,绝对不能今天限购、限贷,明天又要救市,出台五花八门的限跌令,这样不可能治理好房地产市场。

政策涉及的产业规模越大,政策的稳定性要求就越高,需要保持的时间就越长。交易系统是一个由自组织主导的生态系统,任何一项外部扰动,都会通过四通八达的交易网络迅速扩散传播,大量的交易主体都会根据自己的情况做出反应,这一过程具有混沌运动的特点,有很大的不可控和不可预测性。正因为如此,要做到政策精准有效,就需要在出台政策前开展广泛和充分的调研、反复斟酌,就像战势推演一样对政策出台后的各种市场反应进行推演,对市场各种反应出现的顺序、引发反应的范围和量级进行预判,要事先做出应对预案,只有这样制定出来的政策,才可能实现预期目标,才能够避免朝令夕改的尴尬局面。

强调政策的稳定性,就不能追求立竿见影的政策效果。现实中,我们经常看到的现象是,一项政策刚刚出台不久,还没等到效果显现,就开始对政策措施加码,只要效果没有达到预期目标,加码的措施就不会停止,结果是政策效果刚刚开始显现,政策过度的问题就跟着暴露出来,于是又急忙调转政策方向,推出相反的措施,总是给人一种这样的感觉:政策匆匆出台、政府疲于应付。

三是政策调整要有充分的过渡期。政策涉及面越广,过渡期设置就要越长。政策随着形势的变化需要调整,但是,要避免调整带来预期不稳定的负面效应,就要设置过渡期,明确规定过渡期限,对于特殊主体,也应明确列出甄别标准以及特殊安排的过渡期限。

22.6.3 开放性原则

交易系统是耗散复杂系统,只有保持与外部持续不断的信息交换、商品交换、资金流动和人力资源流动,才能孕育出强大的生命力,才能推动包括技术创新在内的各种创新活动持续不断地涌现。

在人类历史的长河中，大量事实早已雄辩地证明开放造就竞争优势的结论。当世界在蒸汽机的隆隆声中开启工业革命的进程，进入快速发展的18世纪，澳大利亚和一些热带雨林中的土著居民，在没有现代西方人闯入以前，依然处于旧石器时代的发展水平，大大落后于大陆世界的发展水平。[18]美洲印第安人的情况更是如此。虽然肥沃的美洲大陆曾经孕育了玛雅文明，但由于在长达2500年的时间里，不仅与外部世界隔绝，而且美洲大陆南北之间也相互隔绝，与主体世界处于脱离状态，最终被入侵的欧洲人轻易击败，美洲大陆最终成为欧洲文明旁支发展的沃土。[19]

进入近代以后，原本领先于世界的中国，突然落在世界的身后，逐步沦为积贫积弱的国家，关键是在14世纪初明朝建立以后，一向具有开放大国胸怀的中国突然开始实施封闭政策，明朝皇帝下令禁止铁、武器、纺织品的陆上贸易，修筑长城，隔绝与北方国家的贸易往来，在海上实施禁海令。这种突然的转向封闭政策限制了中国与外部世界的交流，形成了经济上的封闭岛屿。在欧洲，文艺复兴的大幕逐渐拉开，社会进步的列车开始加速，走上了一条与中国完全相反的发展道路。"无论中国退出的原因到底为何，退出的时机却是糟糕极了。数百年来，中国一直是创意的主要输出国，而西方的欧洲国家则是这些创意的主要输入国。现在，正当欧洲的社会大脑开始真正活跃起来的时候，中国却选择了放弃交换创意的机会。"[20]

相互激发是促进经济增长和社会发展的根本动力。在封闭状态下，一个国家可以丰衣足食，过上安康太平的生活，但在人类的竞争大舞台上，封闭必然落后，最终必将被先进力量所取代。

在交易系统中，处于同相位的交易主体构成了相互竞争的群体，同相位群体的同类集规模决定了交易主体间的竞争强度。无论封闭系统有多大规模，与开放系统相比，其同类集总是要小于开放系统中的同类集。因此，开放系统中的交易主体所承受的竞争压力始终大于封闭系统主体所承受的压力。高强度竞争压力下生存下来的交易主体，必然具有更强大的适应能力，这是开放系统相对于封闭系统始终存在优势的根本所在。

在经济增长模型中，推动经济增长的力量分别来自内循环和外循环两部分。我们不能简单、孤立地看待内循环和外循环，认为只要内循环足够大，外循环便会成为无足轻重的部分。这是对交易系统运行机制的误解。无论外循环在经济中所占的数量比重多大，在激发整个交易系统活力方面发挥着不可能替代的作用。

22.6.4 公平发展原则

交易系统演化的过程也是交易势两极分化的过程，交易势分化的速度远超出我们的想象，只需要短短几十年的时间，交易主体之间就会形成巨大的交易势鸿沟。在交易势分化严重的形势下，表面上公平竞争的市场根本做不到真正的公平，放任的自由市场只能成就少数幸运儿，而多数交易主体的发展机会被挤压在非常小的空间里，形成社会的不公现象。

从经济增长的角度看，交易势两极分化会形成两方面的抑制效应：一是循环率抑制效应。交易势极化必然带来财富的极端化分布，大量财富集中在少数交易主体手中，必然形成交易网络的循环阻滞，交易循环率被长期锁定在较低水平；二是容量抑制效应。当交易系统的演化呈现快速极化趋势，少数获得超级交易势的企业主体就会凭借自己的压倒优势对潜在竞争者进行压制，造成交易环境的持续恶化。就像一片原本充满生机的森林，少数大树占据了有限天空，吸收了大部分阳光，那些无法获得充足阳光的树木就会慢慢枯萎凋零。在增长模型中，交易系统容量是经济增长的基础，缺少为数众多的中小企业主体，交易系统生态就会遭到破坏。交易势极化所产生的两项抑制效应无疑对长期经济增长十分有害，也是导致中等收入陷阱的关键原因之一。

世界银行在 2007 年发布的《东亚复兴：关于经济增长的观点》报告中指出，在第二次世界大战结束后的半个多世纪里，全球 101 个中等收入的经济体中，只有 13 个成功进入高收入发展阶段，大多数经济体都不幸地陷入了中等收入陷阱，其中巴西、墨西哥、阿根廷、马来西亚、印度尼西亚、菲律宾、泰国等是具有代表性的国家。在这些国家中，普遍存在经济增长不稳定、两极分化严重、腐败严重、政局动荡等问题。两极分化是最为典型的特征，拉美国家中的基尼系数普遍在 0.45 以上，远高于 OECD 国家 0.35 的平均水平；而马来西亚的基尼系数基本保持在 0.5 以上。正如我们已经证明的结论表明，交易系统具有天然的两极分化趋势，在经济发展过程中交易势极化几乎是难以避免的结果，这也是大部分中等收入国家没有能够逃脱中等收入陷阱的根本原因。由此也表明，一个国家能否在有效避免交易势过度分化，是决定其能否顺利跨越中等收入陷阱的重要前提。

人类社会经历了工业革命三百年的发展历程到今天，无论是西方发达国家，还是为数众多发展中国家，无不面临交易势极化的问题，交易势极化正是实现公平发展的最大障碍。在交易系统中，拥有超级交易势的少数交易主体借助市场的力量对竞争对手进行遏制，甚至封杀；利用市场优势地位抬高价格、迫使消费者接受不公平的霸王条款等,严重地侵蚀了交易系统的效率和公平竞争的发展环境。对于交易势极化导致的种种不公平现象,美国著名经济学家约瑟夫·E.斯蒂格利茨在他的《美国真相》中进行了十分详尽地揭露。[21]

公平发展原则倡导根据经济发展的不同阶段特征,持续不断地进行制度改革与优化,包括市场管理、金融普惠、分配制度到社会救助众多方面,需要多措并举持续调整,有效化解交易系统进化所带来的分化挑战。

在实现公平发展的道路上,腐败是众多国家面临的拦路虎。腐败会进一步放大社会中原本存在的不公平机制,使获得了竞争优势的企业和家庭通过暗箱操作获得更多机会,腐败为强势群体提供了一条轻松巩固优势、避开正面竞争的安全通道,彻底堵死了弱势群体的发展路径。

公平发展原则不能简单地理解为限制竞争,更不能理解为杀富济贫,否则遏制的不仅是两极分化的现象,也从根本上扼杀了交易系统演化的动力,扼杀了生机勃勃的交易生态。建立公平发展的环境,只能通过辅助弱势群体发展的措施,不能采取压制强势主体的手段;只能润物无声以不影响正常交易秩序为前提,不可轰轰烈烈大搞社会运动。简单粗暴地限制竞争或通过破坏产权制度体系的方法不仅不能实现公平与效率兼得的理想结果,恰恰相反,只能抑制经济增长,最终将一无所获。

注释

1. [美]罗伯特 J. 巴罗,哈维尔·萨拉-伊-马丁.经济增长[M].何晖,刘明兴,译.北京:中国社会科学出版社,2000:10.
2. [美]埃德蒙·费尔普斯.大繁荣——大众创新如何带来国家繁荣[M].余江,译.北京:中信出版社,2013:61-66.
3. [英]亚当·斯密.国富论[M].胡长明,译.北京:人民日报出版社,2009:12.
4. [美]安格斯·麦迪森.世界经济千年统计[M].伍晓鹰,施发启,译.北京:北京大学出版社,2009.
5. 周小川.系统性的体制转变——改革开放进程中的研究与探索[M].北京:中国金融出版社,2008:382.
6. 厉以宁.工业化和制度调整——西欧经济史研究[M].北京:商务印书馆,2010:599.
7. 同6.
8. [美]龙多·卡梅伦,拉里·尼尔.世界经济简史——从旧石器时代到20世纪末(第四版)[M].潘宁,译.上海:上海译文出版社,2009:386.
9. 同8:229.
10. 同8:229.
11. [美]威廉·曼彻斯特.光荣与梦想——1932——1972年美国社会实录[M].朱协,译.海口:海南出版社、三环出版社,2006:231.

12. [美]安格斯·麦迪森.世界经济千年统计[M].伍晓鹰,施发启,译.北京:北京大学出版社,2009.
13. 同12.
14. [日]浜野洁,井熬成彦,中村宗悦等.日本经济史——1600-2000[M].彭曦,刘姝含,韩秋燕,唐帅,译.南京:南京大学出版社,2010:234.
15. 同14:235.
16. 同14:250.
17. 同14:273.
18. [美]罗兹·莫菲.亚洲史[M].黄磷,译.海口:海南出版社、三环出版社,2004:4.
19. [美]斯塔夫里阿诺斯.全球通史——从史前史到21世纪[M].吴象婴,梁赤民,译.北京:北京大学出版社,2006:317-331.
20. [美]罗伯特·赖特.非零和时代——人类命运的逻辑[M].于华,译.北京:中信出版社,2014:117.
21. [美]约瑟夫·E·斯蒂格利茨.美国真相[M].刘斌夫,刘一鸣,刘嘉牧,译.北京:机械工业出版社,2020.

第二十三章

交易定价模型

定价是交易决策的重要组成部分。通过定价，交易主体以期实现收益最大化的决策目标。交易系统的物价变化是无数交易主体参与定价、相互博弈、相互影响的集合结果。交易定价，包含了众多随机因素，是构成交易系统不确定性的重要方面。

23.1 主流经济学的价格理论

价格在以新古典经济学为核心的主流经济理论体系中占有非常重要的地位，是引导交易系统实现资源有效配置的关键信号。交易主体在价格信号的引导下，进行交易决策并完成对稀缺资源的配置。然而，价格议题在主流经济学研究领域的地位却十分微妙，与其在理论体系中的逻辑地位并不相配。主流经济学中的价格理论并没有讨论价格的形成机制，而是将价格视为完全竞争市场中已经生成的参数。主流理论的价格理论把研究重点放在交易主体如何接受价格信号并对价格变动如何反应上面。对于家庭主体，主流经济学的价格理论以无差异曲线、价格弹性及替代效应等概念为工具，对家庭的消费行为进行描述。对于企业主体，价格理论的重点放在对价格变化做出的反应上，使用生产函数、替代效应和规模效应等概念刻画出企业主体的行为特征。[1]

新古典经济学的底层逻辑是，完全竞争是市场的基本形态、均衡是交易系统的基本状态。在这样的理念之下，市场的价格水平和交易系统的物价水平是由十分简单的逻辑决定的，即供求决定价格。价格对于交易主体来说，是由不受操控的市场决定的；对于整个交易系统来说，物价水平是由总供给与总需求自动生成的，物价变动是交易系统供求格局变化释放的信号。于是，价格的生成及价格变动的成因就成了不言自明的命题，价格议题在主流经济理论中便就此束之高阁了。

在经济理论的主要分支中，货币经济学也会涉及价格议题。广为人知的费雪（Fisher）方程（或交易方程）便是其中的内容。费雪方程的常用形式为：$MV=PY$，其中，M代表货币存量，V代表货币流通速度，P代表物价水平，Y代表交易商品总量或经济产出总量。费雪方程呈现了非常朴素的观点，即所有货币均处于流通状态；货币供应量与价格等比例上涨。这个观点在凯恩斯革命之前的经济学界占据统治地位，是货币数量论的基本观点。货币数量论作为古典货币理论的核心，认为货币与价格的关系非常简单直观，具有即时、线性关系；同时认为货币对于家庭消费、企业生产等经济行为均不产生实质性影响，具有中性特质，即货币中性观念。[2]大卫·休谟（David Hume）、欧文·费雪（Irving Fisher）、A.C.庇古（A.C. Pigou）、克努特·魏克塞尔（Knut Wicksell）等经济学家是货币数量论的主要代表。

货币数量论并非理念一致的经济理论流派，而是聚集在货币中性旗帜下的、不同时期众多学说的笼统概括。这些学者的理论无论是在数量论的表述方法上，还是在对货币功能的理解上均存在许多差异。欧文·费雪强调货币存量变化对主体交易行为的直接作用机制，这种直接作用机制又被人们称为费雪机制；A.C.庇古强调现金余额的重要性，分析的重点放在货币市场上，强调货币供应对资金利率的影响，通过交易主体投资行为的反作用构造出货币与价格之间的关系。这种货币效应被人们称为间接传导机制，与费雪的直接传导机制相对应；魏克塞尔理论则以货币信贷为主要分析工具，研究重点放在利率对货币需求的影响方面。魏克塞尔的货币理论对凯恩斯革命及货币需求理论产生了重要影响。

世界经济大萧条终结了货币数量论发展，凯恩斯革命异军突起，将货币和价格研究带入货币需求理论时代。凯恩斯通过对货币需求动机的分析，在收入、消费、利率和货币需求之间建立起了逻辑联系。凯恩斯认为，人们在三种动机下持有货币：交易动机、预防动机和投机动机。三种不同动机的货币需求分别受不同因素的影响，货币总需求由三种动机需求加总而来，即：

$$M^d = M^{tr} + M^{sp} = M(Y,r) \qquad (23.1.1)$$

其中，M^d代表货币总需求，M^{tr}代表交易动机和预防动机产生的货币需求，与收入Y正相关；M^{sp}代表投机动机下的货币需求，与利率r负相关；$M(Y,r)$为货币需求函数。

货币需求函数可以进一步展开为如下形式：

$$M^d = kY + L(r) \qquad (23.1.2)$$

其中，$k>0$为边际消费倾向；$L(r)$为流动性偏好函数，是市场利率r的减函数。

凯恩斯认为，投机动机的加入使得货币需求函数具有高度不稳定性。基于这样的判断，凯恩斯主张在稳定经济方面，财政政策可以通过相对稳定的投资乘数效应发挥可预期的作用，并认为货币政策由于货币需求函数的不稳定性无法预见其政策效果，政策操作风险较大。

弗里德曼对凯恩斯货币需求函数做了进一步拓展，由此也引申出与凯恩斯完全不同的政策建议。弗里德曼的货币需求函数更具一般性，包含了更多的资产形态，甚至包含了人力资本。弗里德曼货币需求函数的最大亮点是引入了永久性收入变量，从而增加了货币需求函数的解释力。

弗里德曼需求函数有如下形式：

$$m^d = M^d/P = m^d\left(r_1,\cdots,r_n,\pi,y^p,\omega,u\right) \tag{23.1.3}$$

其中，m^d 为货币需求的实际余额，M^d 为名义货币需求量，P 为价格水平，$r_1,\cdots,r_n$ 为 n 种不同资产的实际收益率，π 为即期的通货膨胀率，ω 为人力资本与非人力资本财富的比率，y^p 为实际永久性收入。

尽管弗里德曼货币需求理论在表述形式上沿袭了凯恩斯货币需求函数的形式，但其理论内核却主要传承了货币数量论的思想，是货币重要性的坚定支持者。弗里德曼否定了凯恩斯的观点，认为货币需求函数具有高度稳定性，货币需求函数和货币流通速度的稳定性甚至超过消费函数的稳定性。弗里德曼由此断言，货币政策不仅具有可以预见的政策效果，而且政策效果显著。[3]

回顾历史，我们不难发现，无论是主流经济学的价格理论，还是货币经济学的货币需求理论，价格水平和通货膨胀率均处于自变量的位置上，属于预先设定的外生变量。价格生成机制在主流经济学处于几乎被忽略的状况。尽管货币数量论提供了价格生成机制的古典解释，但货币数量决定价值的结论过于简单，即使增加了直接作用机制、间接作用机制和信贷作用机制，与价格形成机制的复杂现实依然相去甚远。事实上，货币仅是价格众多决定因素中的一个，信息传播、定价机制、成本构成等众多因素均在价格形成过程中发挥着不容忽视的作用。

价格理论的现状，是主流经济学理论底层逻辑的必然结果。以新古典经济学为核心的主流经济理论，所研究的是满足特定属性的交易系统，即满足主体同质化条件，满足市场完全竞争假设，满足市场有效性假设的交易系统。在这样的交易系统中，价格由买卖双方共同决定，供求变化是决定价格的唯一力量。在此假定基础上，新古典经济学确认，价格是来自市场供求变化的真实信息。既然价格形成机制是清晰的，价格生成机制也就成了不言自明的过程。然而，现实情况下的交易系统与主流经济学的假设相去甚远，不仅交易主体的交易势存在巨大悬殊，而且随着交易系统演化，交易势呈现不可逆转的极化趋势；由于信息的不对称性，交易主体也无法保证决策的有效合理性，从而失去了市场有效运行的基础。对价格生产机制的讨论不仅必要，而且应当是构成经济理论的重要内容。

23.2 单边定价机制

定价机制在价格体系中扮演十分关键的角色。所谓定价机制，是指交易双方在定价过程中发挥的不同作用和相对地位关系。

定价机制有三种不同类型，分别是单边定价机制、双边定价机制和多边定价机制。在现代经济中，三种定价机制分别有自己的应用场景，并以各自不同的方式对物价运行产生影响。

23.2.1 单边定价机制

单边定价机制由交易某一方确定交易价格，而交易的另一方不参与定价过程，只能以接受交易或退出交易表达自己的意愿。现实中，一般是由供给方确定价格，商场、超市都是典型的单边定价机制。

在经济超越手工作坊和自由市场阶段、商品交易规模急速扩张的背景下，定价机制便开始发生质的变化。双边协商定价的传统定价模式，由于效率低下，耗时费力，已经无法适应大规模、高频度和长距离的交易需求。在全球经济一体化的今天，美洲大陆的商家可以在遥远的亚洲国家销售产品。供求双方不可能再像自由市场上面对面进行讨价还价，双方信息结构出现严重的不对称，交易双方在传统经济中曾经的对等地位已经不复存在。供应商在定价中扮演起主导角色，消费者只能通过市场间接地影响物价，这是单边定价机制的关键特征。

23.2.2 价格挤出风险

尽管在实际操作中供应商的定价策略远比任何经济理论中所讨论的模型要复杂得多，但在复杂定价操作的背后，交易主体所使用的基本原理却十分简单。面对市场竞争压力，供应商在定价过程中需要在实现最大收益与市场挤出风险之间寻找平衡，价格挤出风险是定价中需要考虑的关键因素。

面对激烈的市场竞争，交易主体始终处于失去竞争优势的焦虑中。定价对于厂商来说，既是实现收益最大化的重要手段，又是可能导致失去竞争优势的风险。为了最大限度地增加收益，降低风险，供应商对价格挤出风险的评估，在其定价决策中发挥着关键角色。价格挤出风险越高，供应商就越谨慎。供应商在判断价格挤出风险时，需要考虑两个方面的因素：一是客户对调价可能做出的反应，二是竞争对手可能做出的反应。如果供应商的价格高出同质商品供应商的价格，就会产生价格挤出风险，最终被挤出市场。价格挤出风险通过优胜劣汰保证了交易系统在资源配置上的效率。

价格挤出风险的大小受到市场结构的影响。高垄断性市场的价格挤出风险很弱，而竞争充分的市场，价格挤出风险就比较显著。可以设想蔬菜市场场景，如果社区附近只有一个蔬菜供应商，价格通常较高；如果附近有多个供应商，情况就会不一样。价格就会便宜一些，供应商的溢价比垄断市场小很多。出现这种局面的原因是两种市场的价格挤出风险存在差异。对于只有一个菜商的社区，市场形成了局部垄断的小气候，价格挤出风险受到限制；对于有多个蔬菜供应商的社区，价格挤出风险比较高，迫使蔬菜供应商谨慎定价。

价格挤出风险的高低不仅与市场竞争强度有密切关系，还与市场的个性化特征有关。对于个性化特征突出的市场，价格挤出风险就会减弱。如高档服装市场，由于品牌效应支撑了个性化特征，价格挤出风险就比较小。决定这类商品在细分市场上的占有率的关键因素往往不是价格，而是产品的个性化定位与消费者偏好的吻合度。对于个性化特征较弱的市场，价格在市场份额的决定过程就会发挥更大的作用，价格挤出风险也比较强。

价格挤出风险的释放过程需要时间，这个过程建立在市场反应速度基础上。寻找替代商品的便利程度，是影响价格挤出风险释放速度的重要因素。寻找替代品越便利，价格挤出风险的释放速度就越快；寻找替代产品比较困难，市场释放价格挤出风险的速度也就比较缓慢。一般来讲，市场个性化特征越是显著，寻找替代商品就越困难。

价格挤出风险还与供应商的供应调节能力关系密切。当一家供应商提高价格后，其他供应商却没有能力及时填补供给缺口，无论市场是否情愿，都无法很快释放价格挤出风险，只有等待一段时间后才能做出反应。

价格挤出风险是供应商基于市场供给结构、市场属性以及历史经验等多方面信息形成的预期。我们将价格挤出风险系数定义为交易主体对价格调整可能导致销量的预期变化，用 γ 表示，取值区间为 $[0,+\infty)$。当 $\gamma = 0$，表示价格调整不产生价格挤出风险；当 $\gamma = +\infty$ 时，表示任何提价将被完全挤出市场。γ 取值越大，代表价格挤出风险越明显。

23.2.3 最优定价策略

价格策略与其他交易策略一样,同样遵守预期收益最大化原理。假设 b_j 是交易社区 Ω 上的供应商,在时间步 t 上,产品价为 p_t,实现的销量为 q_t,经营的固定成本为 C_0,产品单位可变成本为 c_t,价格挤出风险系数为 γ_t;在时间步 $t+1$ 上,对应的参数分别记为 p_{t+1}、q_{t+1}、c_{t+1},这些参数的变化分别记为 $\Delta p_{t+1} = p_{t+1} - p_t$、$\Delta q_{t+1} = q_{t+1} - q_t$、$\Delta c_{t+1} = c_{t+1} - c_t$。

下面讨论供应商 b_j 会如何在时间步 $t+1$ 上确定价格。

用 Δp_{t+1} 表示 b_j 拟在时间步 $t+1$ 上价格调整幅度,$\Delta p_{t+1} = 0$ 意味着维持时间步 t 上的价格水平 p_t 不变,$\Delta p_{t+1} > 0$ 意味着调高价格,$\Delta p_{t+1} < 0$ 意味着在时间步 $t+1$ 调低价格。

假设供应商 b_j 将价格由时间步 t 上的 p_t 调整到时间步 $t+1$ 上的 $p_{t+1} = p_t + \Delta p_{t+1}$ 调价策略可以实现的预期收益如下:

$$E(\Delta p_{t+1}) = \{(p_t + \Delta p_{t+1})(q_t + \Delta q_{t+1}) - c_{t+1}(q_t + \Delta q_{t+1}) - C_0\} - \{p_t q_t - c_t q_t - C_0\} \quad (23.2.1)$$

对式(23.2.1)整理得到:

$$E(\Delta p_{t+1}) = p_t \Delta q_{t+1} + \Delta p_{t+1} q_t + \Delta p_{t+1} \Delta q_{t+1} - c_{t+1} \Delta q_{t+1} - q_t(c_{t+1} - c_t) \quad (23.2.2)$$

由(23.2.2)得到:

$$E(\Delta p_{t+1}) = p_t q_t \left(\frac{\Delta p_{t+1}}{p_t} + \frac{\Delta q_{t+1}}{q_t} + \frac{\Delta p_{t+1}}{p_t} \frac{\Delta q_{t+1}}{q_t} - c_{t+1} \frac{1}{p_t} \frac{\Delta q_{t+1}}{q_t} - \frac{1}{p_t} \Delta c_{t+1} \right) \quad (23.2.3)$$

根据价格挤出风险系数的定义,我们得到:

$$\frac{\Delta q_{t+1}}{q_t} = -\gamma_{t+1} \frac{\Delta p_{t+1}}{p_t} \quad (23.2.4)$$

将式(23.2.4)代入(23.2.3)得到:

$$E\left(\frac{\Delta p_{t+1}}{p_t}\right) = p_t q_t \left[-\gamma_{t+1} \frac{\Delta p_{t+1}}{p_t} + \frac{\Delta p_{t+1}}{p_t} - \gamma_{t+1} \left(\frac{\Delta p_{t+1}}{p_t}\right)^2 + \gamma_{t+1} \frac{c_{t+1}}{p_t} \frac{\Delta p_{t+1}}{p_t} - \frac{1}{p_t} \Delta c_{t+1} \right] \quad (23.2.5)$$

令 $\pi_{t+1} = \dfrac{\Delta p_{t+1}}{p_t}$,并代入(23.2.5)得到:

$$E(\pi_{t+1}) = p_t q_t \left[-\gamma_{t+1} \pi_{t+1} + \pi_{t+1} - \gamma_{t+1} (\pi_{t+1})^2 + \gamma_{t+1} \frac{c_{t+1}}{p_t} \pi_{t+1} - \frac{\Delta c_{t+1}}{p_t} \right] \quad (23.2.6)$$

在(23.2.6)两边同时进行关于 π 的求导,且令 $\dfrac{\partial \gamma_t}{\partial \pi_{t+1}} = \alpha_{t+1}$,显然,$\alpha_{t+1} \geq 0$。

将 α_t 代入（23.2.6）得到：

$$\frac{dE_{t+1}}{d\pi_{t+1}} = p_t q_t \left(1 - \gamma_{t+1} - 2\gamma_{t+1}\pi_{t+1} + \gamma_{t+1}\frac{c_{t+1}}{p_t} - \alpha_{t+1}\pi_{t+1} - \alpha_{t+1}\left(\pi_{t+1}^2 - \frac{c_{t+1}}{p_t}\pi_{t+1}\right)\right)$$

（23.2.7）

假设 $|\pi| \ll 1$、$\frac{c}{p} < 1$，当 $|\alpha| < K$，K 为较小的正实数，可以考虑舍去（23.2.7）右边的三次项，得到如下结果：

$$\frac{dE_{t+1}}{d\pi_{t+1}} = p_t q_t \left(1 - \gamma_{t+1} - 2\gamma_{t+1}\pi_{t+1} + \gamma_{t+1}\frac{c_{t+1}}{p_t} - \alpha_{t+1}\pi_{t+1}\right) \quad (23.2.8)$$

根据预期收益最大化原理，供应商 b_j 的调价策略必须满足极大值条件，即 $\frac{dE}{d\pi} = 0$、$\frac{d^2E}{d\pi^2}\bigg|_{\pi^*} < 0$，这里用 π^* 表示 π 在极大值点的取值。

根据极值条件要求，$\frac{dE_{t+1}}{d\pi_{t+1}} = 0$，由此得到：

$$1 - \gamma_{t+1} + \gamma_{t+1}\frac{c_{t+1}}{p_t} - \pi_{t+1}^*(2\gamma_{t+1} + \alpha_{t+1}) = 0 \quad (23.2.9)$$

由方程（23.2.9）得到定价策略的极值解：

$$\pi_{t+1}^* = \frac{1 - \gamma_{t+1}}{2\gamma_{t+1} + \alpha_{t+1}} + \frac{\gamma_{t+1}}{2\gamma_{t+1} + \alpha_{t+1}}\frac{c_{t+1}}{p_t} \quad (23.2.10)$$

现在，我们讨论（23.2.10）成为最优价格策略的条件。

由（23.2.8）得到：

$$\frac{d^2E_{t+1}}{d\pi_{t+1}^2} = p_t q_t \times$$

$$\left(-\frac{d\gamma_{t+1}}{d\pi_{t+1}} - \alpha_{t+1} - \frac{d^2\gamma_{t+1}}{d\pi_{t+1}^2}\pi_{t+1} - 2\gamma_{t+1} - 2\pi_{t+1}\frac{d\gamma_{t+1}}{d\pi_{t+1}} - 2\alpha_{t+1}\pi_{t+1}\right.$$

$$\left.-\frac{d^2\gamma_{t+1}}{d\pi_{t+1}^2}\pi_{t+1}^2 + \frac{d\gamma_{t+1}}{d\pi_{t+1}}\frac{c_{t+1}}{p_t} + \frac{c_{t+1}}{p_t}\alpha_{t+1} + \frac{c_{t+1}}{p_t}\pi_{t+1}\frac{d^2\gamma_{t+1}}{d\pi_{t+1}^2}\right)$$

（23.2.11）

令 $\frac{d^2\gamma_{t+1}}{d\pi_{t+1}^2} = \beta_{t+1}$，代入（23.2.11）并整理得到：

$$\frac{d^2E_{t+1}}{d\pi_{t+1}^2} = p_t q_t \left(-2\alpha_{t+1} - \beta_{t+1}\pi_{t+1} - 2\gamma_{t+1} - 4\alpha_{t+1}\pi_{t+1} - \beta_{t+1}\pi_{t+1}^2 + 2\frac{c_{t+1}}{p_t}\alpha_{t+1} + \frac{c_{t+1}}{p_t}\beta_{t+1}\pi_{t+1}\right)$$

$$= -p_t q_t \left(2\alpha_{t+1} + 2\gamma_{t+1} - 2\alpha_{t+1}\frac{c_{t+1}}{p_t}\right) - p_t q_t \pi_{t+1}\left(4\alpha_{t+1} + \beta_{t+1} + \beta_{t+1}\pi_{t+1} - \frac{c_{t+1}}{p_t}\beta_{t+1}\right)$$

（23.2.12）

将式（23.2.10）代入（23.2.12）得到：

$$\frac{d^2 E_{t+1}}{d\pi_{t+1}^2}\Big|_{\pi^*} = -p_t q_t \left(2\alpha_{t+1} + 2\gamma_{t+1} - 2\alpha_{t+1}\frac{c_{t+1}}{p_t}\right) - p_t q_t \left(\frac{1-\gamma_{t+1}}{2\gamma_{t+1}+\alpha_{t+1}} + \frac{\gamma_{t+1}}{2\lambda_{t+1}+\alpha_{t+1}}\frac{c_{t+1}}{p_t}\right)$$

$$\left(4\alpha_{t+1} + \beta_{t+1} + \beta_{t+1}\left(\frac{1-\gamma_{t+1}}{2\gamma_{t+1}+\alpha_{t+1}} + \frac{\gamma_{t+1}}{2\gamma_{t+1}+\alpha_{t+1}}\frac{c_{t+1}}{p_t}\right) - \frac{c_{t+1}}{p_t}\beta_{t+1}\right)$$

（23.2.13）

整理得到下式：

$$\frac{d^2 E_{t+1}}{d\pi_{t+1}^2}\Big|_{\pi^*} = -p_t q_t \left(2\alpha_{t+1} + 2\gamma_{t+1} - 2\alpha_{t+1}\frac{c_{t+1}}{p_t}\right)$$

$$-p_t q_t \frac{1-\gamma_{t+1}\left(1-\frac{c_{t+1}}{p_t}\right)}{2\gamma_{t+1}+\alpha_{t+1}}\left(4\alpha_{t+1} + \beta_{t+1}\left(1 + \frac{1-\gamma_{t+1}}{2\gamma_{t+1}+\alpha_{t+1}} + \frac{\gamma_{t+1}}{2\gamma_{t+1}+\alpha_{t+1}}\frac{c_{t+1}}{p_t} - \frac{c_{t+1}}{p_t}\right)\right)$$

（23.2.14）

由式（23.2.14）可得：

$$\frac{d^2 E_{t+1}}{d\pi_{t+1}^2}\Big|_{\pi^*} = -p_t q_t \left(2\alpha_{t+1} + 2\gamma_{t+1} - 2\alpha_{t+1}\frac{c_{t+1}}{p_t}\right)$$

$$-p_t q_t \frac{1-\gamma_{t+1}\left(1-\frac{c_{t+1}}{p_t}\right)}{2\gamma_{t+1}+\alpha_{t+1}}\left(4\alpha_{t+1} + \beta_{t+1}\left(\frac{\gamma_{t+1}+\alpha_{t+1}+1}{2\gamma_{t+1}+\alpha_{t+1}} + \left(\frac{\gamma_{t+1}}{2\gamma_{t+1}+\alpha_{t+1}} - 1\right)\frac{c_{t+1}}{p_t}\right)\right)$$

（23.2.15）

整理得到：

$$\frac{d^2 E_{t+1}}{d\pi_{t+1}^2}\Big|_{\pi^*} = -p_t q_t \left(2\alpha_{t+1} + 2\gamma_{t+1} - 2\alpha_{t+1}\frac{c_{t+1}}{p_t}\right)$$

$$-p_t q_t \frac{1-\gamma_{t+1}\left(1-\frac{c_{t+1}}{p_t}\right)}{2\gamma_{t+1}+\alpha_{t+1}}\left(4\alpha_{t+1} + \beta_{t+1}\left(\frac{\gamma_{t+1}+\alpha_{t+1}+1}{2\gamma_{t+1}+\alpha_{t+1}} - \frac{\gamma_{t+1}+\alpha_{t+1}}{2\gamma_{t+1}+\alpha_{t+1}}\frac{c_{t+1}}{p_t}\right)\right)$$

（23.2.16）

由上式得到：

$$\frac{d^2 E_{t+1}}{d\pi_{t+1}^2}\Big|_{\pi^*} = -p_t q_t \left(2\alpha_{t+1} + 2\gamma_{t+1} - 2\alpha_{t+1}\frac{c_{t+1}}{p_t}\right)$$

$$-p_t q_t \frac{1-\gamma_{t+1}\left(1-\frac{c_{t+1}}{p_t}\right)}{2\gamma_{t+1}+\alpha_{t+1}}\left(4\alpha_{t+1} + \beta_{t+1}\frac{1+(\gamma_{t+1}+\alpha_{t+1})\left(1-\frac{c_{t+1}}{p_t}\right)}{2\gamma_{t+1}+\alpha_{t+1}}\right)$$

（23.2.17）

为了方便起见，令 $1-\dfrac{c_{t+1}}{p_t}=k_{t+1}$。通常情况下，$0<\dfrac{c_{t+1}}{p_t}<1$，由此可知，$k_{t+1}$ 满足 $0<k_{t+1}<1$。

将 k 代入（23.2.17）得到：

$$\begin{aligned}\dfrac{d^2 E_{t+1}}{d\pi_{t+1}^2}\Big|_{\pi^*} = & -p_t q_t \left(2\alpha_{t+1}k_{t+1}+2\gamma_{t+1}\right)\\ & -p_t q_t \dfrac{1-\gamma_{t+1}k_{t+1}}{2\gamma_{t+1}+\alpha_{t+1}}\left(4\alpha_{t+1}+\beta_{t+1}\dfrac{1+(\gamma_{t+1}+\alpha_{t+1})k_{t+1}}{2\gamma_{t+1}+\alpha_{t+1}}\right)\end{aligned} \quad (23.2.18)$$

对上式整理得到：

$$\dfrac{d^2 E_{t+1}}{d\pi_{t+1}^2}\Big|_{\pi^*} = -p_t q_t \left\{\left(2\alpha_{t+1}k_{t+1}+2\gamma_{t+1}\right)+\dfrac{1-\gamma_{t+1}k_{t+1}}{2\gamma_{t+1}+\alpha_{t+1}}\left(4\alpha_{t+1}+\beta_{t+1}\dfrac{1+(\gamma_{t+1}+\alpha_{t+1})k_{t+1}}{2\gamma_{t+1}+\alpha_{t+1}}\right)\right\} \quad (23.2.19)$$

已知：$\alpha_t \geq 0$，$\gamma_t > 0$，$k_t > 0$

当关系满足：

$$1-\gamma_{t+1}k_{t+1} \geq 0 \quad (23.2.20)$$

$$4\alpha_{t+1}+\beta_{t+1}\dfrac{1+(\gamma_{t+1}+\alpha_{t+1})k_{t+1}}{2\gamma_{t+1}+\alpha_{t+1}} \geq 0 \quad (23.2.21)$$

则有：

$$\dfrac{d^2 E_{t+1}}{d\pi_{t+1}^2}\Big|_{\pi^*} < 0 \quad (23.2.22)$$

即交易主体 b_j 采用定价策略 $\pi_{t+1}^* = \dfrac{1-\gamma_{t+1}}{2\gamma_{t+1}+\alpha_{t+1}}+\dfrac{\gamma_{t+1}}{2\gamma_{t+1}+\alpha_{t+1}}\dfrac{c_{t+1}}{p_t}$ 将实现最大预期收益。

根据式（23.2.20）（23.2.21）得到最优定价策略的条件：

$$\gamma_{t+1} \leq \dfrac{1}{k_{t+1}} \quad (23.2.23)$$

$$\beta_{t+1} \geq -\dfrac{4\alpha_{t+1}(2\gamma_{t+1}+\alpha_{t+1})}{1+(\gamma_{t+1}+\alpha_{t+1})k_{t+1}} \quad (23.2.24)$$

由式（23.2.24）得到：

$$\beta_{t+1} > -4\alpha_{t+1}(2\gamma_{t+1}+\alpha_{t+1}) \quad (23.2.25)$$

将式（23.2.23）代入（23.2.25）中得到：

$$\beta_{t+1} > -4\alpha_{t+1}\left(\dfrac{2}{k_{t+1}}+\alpha_{t+1}\right) \quad (23.2.26)$$

由于 $\frac{1}{k_{t+1}} > 1$，作为最优定价策略的前置条件，（23.2.23）、（23.2.26）的要求均十分宽松，意味着在十分普遍的市场情景下均能得到满足。我们由此得出结论：$\pi_{t+1}^* = \frac{1-\gamma_{t+1}}{2\gamma_{t+1}+\alpha_{t+1}} + \frac{\gamma_{t+1}}{2\gamma_{t+1}+\alpha_{t+1}}\frac{c_{t+1}}{p_t}$ 为交易主体 b_j 在单边定价机制下的最优定价策略。

23.2.4 单边市场价格方程

我们已经讨论了在单边定价机制下，定价主体的最优定价策略。在价格平衡机制遭到破坏时，交易主体面临两种策略的选择，要么是涨价，要么是降价。但无论采取哪种策略，最优定价策略都遵守如下公式：

$$\pi_{t+1}^* = \frac{1-\gamma_{t+1}}{2\gamma_{t+1}+\alpha_{t+1}} + \frac{\gamma_{t+1}}{2\gamma_{t+1}+\alpha_{t+1}}\frac{c_{t+1}}{p_t}$$

在单边定价市场上，交易系统中的定价主体面对不同的境况。交易主体拥有交易势的大小、技术优势的高低及销售网络的分布等众多因素，最终都汇聚到挤出风险系数 γ_t 和生产可变成本 c_t 等参数上，形成定价主体差异化的定价决策。交易系统价格水平是由大量交易主体相互作用的结果。要追踪预测交易系统的价值走势，有两种途径可以选择：一种是通过大数据追踪每一位定价主体定价行为，估算每个定价主体的定价参数及其变化，在此基础上预测每位主体的定价策略，最终合成出交易系统的价格走势；另一种是将市场作为一个整体，构建市场宏观定价行为模型，以定价模型为基础预期下一步市场价格的变化趋势。相比之下，构建市场定价模型的方法更为可行。

在单边定价市场上，所有定价主体均遵守预期收益最大化原理的共同原则。在形式上表现为满足共同的行为结构方程，即 $\pi_{t+1}^* = \frac{1-\gamma_{t+1}}{2\gamma_{t+1}+\alpha_{t+1}} + \frac{\gamma_{t+1}}{2\gamma_{t+1}+\alpha_{t+1}}\frac{c_{t+1}}{p_t}$，要构建单边定价市场的价格方程，需要解决的问题是找到市场定价行为参数的平均值。我们只需要确定市场主体价格挤出风险的平均值、一阶导数和可变成本均值，以及平均价格等参数，然后在微观定价行为方程基础上，构造出包含市场平均参数的宏观价格方程。

用大写 Γ_t 表示市场价格挤出风险系数均值；用大写 C_t 表示市场生产可变成本均值；用大写 P_t 表示市场平均价格水平；为了简化起见，价格挤出风险系数的一阶导数仍然使用 α_t；π_t 表示市场价格变动率。单边定价市场的价格方程有如下形式：

$$\pi_{t+1} = \frac{1-\Gamma_{t+1}}{2\Gamma_{t+1}+\alpha_{t+1}} + \frac{\Gamma_{t+1}}{2\Gamma_{t+1}+\alpha_{t+1}} \frac{C_{t+1}}{P_t} \quad (23.2.27)$$

在价格方程（23.2.27）中，挤出风险系数 Γ_t、挤出风险弹性 α_t 和可变成本 C_t 三个参数决定了单边定价市场的定价行为。（23.2.27）表明，挤出系数 Γ_t 越小，价格上涨率 π_t 就越大。当挤出系数 Γ_t 接近 0 时，其弹性 α_t 也将向 0 逼近，π_t 将趋于无穷大，这意味着市场价格将会急速上涨。相反，市场挤出系数 Γ_t 越大，市场价格将趋于不变或下调态势。

市场平均可变成本 C_t 的情况与挤出风险系数 Γ_t 的作用机制正好相反。成本 C_t 越高，市场上调价格的冲动就越强。如果市场平均成本 C_t 一直维持在较低水平上，市场来自成本的调价压力就没有了。

由（23.2.27）可知，挤出风险弹性 α_t 越大，市场在定价中就会越谨慎，即使价格上调，也会采取小幅度上涨，以免引起市场反弹。

交易主体对技术创新、开发新产品的动力包含在对市场优势地位的追求和对挤出风险的规避中。由于新产品面对的竞争者较少，拥有新产品的商家在市场份额上占有绝对优势，挤出风险很小，这也是新产品的价格比较高的重要原因。新产品中包含的技术含量越高，新技术越多，交易主体抵御竞争就越有信心，就会拥有更大的定价自主权，供应商能够利用市场优势获得更多的利润。

为了获得更高的利润，交易主体希望在产品定价中尽可能减少同相位主体带来的羁绊，因此交易主体不断进行技术创新。市场竞争越激烈，交易主体创新的动力就越强。

与创新一样，为了获得更大的定价优势，交易主体存在规模和范围两个方面上的扩张冲动。规模越大，市场占有率越高，交易主体在定价方面的优势就越明显。对于需要与用户之间建立长期联系的供应商，市场占有率具有更加重要的意义。市场占有率越高，预期收益就会越大，越容易降低研发分摊成本，有利于下一阶段的市场竞争。汽车和飞机制造行业就是这样，产品用户与供应商是一种长期合约关系，客户越多，越能够承担技术开发投入的费用。

成本推动是供应商被迫涨价的重要原因。虽然价格挤出风险不会很大，但这种形势的调价不仅对于供应商并没有额外的好处，而且可能导致市场整体萎缩的风险，并非供应商乐见的行为。为了尽量避免受迫涨价的情况，交易主体倾向于扩大经营范围，有效控制综合成本，减少市场的不确定带来的供应链风险。

23.3 双边定价机制

双边定价机制是指由交易双方协商定价，它是传统的定价模式，集贸市场通常采用这种定价机制。

23.3.1 双边定价机制

新古典经济学认为，供求关系决定商品价格，商品价格又决定供给量和需求量，价格就成了新古典经济理论的核心概念。在供求关系决定价格的过程中，新古典经济学认为供应与需求是完全对等的，即需求的增加对价格产生的影响完全等价供应减少的效应。在整个新古典经济理论中，无论是商品价格、资金利率，还是劳动力工资，都始终保持着供应与需求的对等关系。

在市场经济的初期，价格决定机制中的供求对称性是可能成立的，价格由卖方和买方共同决定。譬如，卖土豆的商贩开始要价是 2 元 1 公斤，而卖方发现市场中还有很多卖土豆的商贩，买方就会认为有必要对 2 元 1 公斤的价格压价。于是，买方就会出一个试探性价格——1.5 元 1 公斤；如果卖方认为这个价格太低，就会提出一个妥协价格——1.7 元 1 公斤；如果买方能够接受这个价格，交易就会达成，否则讨价还价就会继续下去。

讨价还价的过程有三个要点：一是买方知道市场上同类商品供应商数量和供应规模，二是卖方通过前来询价人的频率可以大体估测到买家的数量及需求量，三是商品价格是在买卖双方均知道对方信息的基础上，平等协商制定。无论买卖双方占有的信息，还是定价过程的参与方式，交易双方均处于对称位置上，没有哪一方占据明显优势。我们称这种模式下的定价机制为双边定价机制。

双边定价机制是一种最原始的定价方式，适应于交易规模小、交易商品简单、交易频率较低的交易系统。在漫长的农业文明时代，无论国际贸易还是国内交易，都是通过集贸市场进行的。中东古老的大巴扎（Bazzar）实际上就是集贸市场。从远东和欧洲运来的货物，在那里进行交易。双边定价机制是在人类漫长的交易系统演化历史中占据主导地位，在时间上具有绝对优势。只是到了近代，新的定价机制被创造出来，双边定价机制才逐步退让出部分地盘，影响力也大大下降。

23.3.2 双边市场价格方程

与单边和多边定价机制相比，双边定价机制的一个重要特点是交易的每一方部分知道对方的有关交易信息。对于卖方，交易对手就意味着市场，对方传达的任何信息都至关重要；同样，对于买方，对手就是供应商，能否实现交易，关键要看自己对对方的接受程度。此外，双边定价与单边定价的另一个不同之处是，单边定价着重于同相位主体的博弈，而双边定价则会着重于交易对手间的博弈。

双边定价机制可以用轮流出价模型进行概括。轮流出价，就是先有一方 b 给出一个价格，对方 a 如果同意，交易定价成功；如果不同意，a 会在 b 给出价格的基础上提出修正价；如果 b 同意这个修正价，交易定价完成；如果不同意，b 会再次给出一个价格，若 a 接受该价格，则定价完成；不同意，a 会再次给出一个修正价格。最后的结果只有两个：要么达成两方一致的接受价格，完成定价任务，要么不能达成一致意见，a、b 放弃彼此的交易。

双边定价过程，是交易双方 a、b 进行多重博弈的过程。通过有限次多重博弈，双方获得对方心理价位的真实信息。博弈产生了两个价格序列，分别是 a 和 b 所给出的价格序列。如果这两个序列收敛，就能够最终完成定价任务；如果两个序列不能收敛，交易就会中止。

将上述双边定价的博弈过程用展开式表述如下：

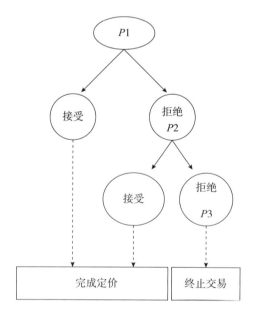

图 23.3.1　价格博弈树

交易双方在交易定价过程中，各自都有期望价格区间。买方事前确定一个能够接受的最高价格，称为买方价格上限，记为 P_b。这个价格规定了买方能够接受的最大限度，超过这个限度，买方就拒绝交易。买方希望实际成交的价格越低越好，成交价格必须落在 $(0, P_b)$ 区间上，我们称该区间为买方的期望价格区间。

同样的道理，卖方也存在最低接受价格，我们称为卖方价格下限，记为 P_s。卖方的期望价格区间以 P_s 为下限端点，价格上限越高越好，因此，卖方价格期期望区间为 $(P_s, +\infty)$。

期望交易价格区间符合行为经济学的研究结论。行为经济学发现，交易效用在交易决策中发挥着重要作用，要达成交易，就必须在零和博弈的双方实现能够相互接受的均衡结果。如果某一方交易效用出现负值，就会退出交易，交易就无法达成。[4] 这也正是期望价格区间所表达的结论。在这里，交易双方的底限价格对应着行为经济学的"参考价值"点。

交易主体 a、b 间要实现交易，必须满足一个基本条件：交易双方的期望价格区间存在非空的交集。我们将这个交集或者区间称为交易价格区间：

$$[P_s, P_b]$$

交易价格区间是由交易双方价格底线构造而成。如果该区间是空集，交易就不能达成，该交易过程即宣告结束。

我们知道，交易价格区间通常会是很宽的区间，成交价格具体落在哪个位置上取决于交易双方讨价还价的博弈过程，它带有一定的随机性。为了计算上的方便，我们假定实际价格在该区间上呈现正态分布，即双方讨价还价的过程，能够实现公平交易。

由于交易价格区间正态分布的假定，交易价格区间的统计均值是交易价格的中间点，即两个端点的算术平均值，也是最有可能实现的交易价格。无论是买方还是卖方，其价格底线均会在讨价还价的过程中不断修正。以卖方为例，在做第一个交易时，卖方总是先了解市场行情，市场行情是一个很粗的价格区间，他就会根据自己卖出商品的心情是否急切、根据自己的商品货色与同类商品对比的情况，初步确定一个价格底线。如果第一个买家没有接受他的出价，接下来卖方等待了很长时间，第二个买家才出现，这次卖方就会害怕再次失去买家，否则就要等待更长时间，卖方就会适当调低价格下限。同样，如果第一个交易很快完成，对方接受了卖方的出价，而且随后的买家源源不断地来，卖方就会意识到，自己的商品很抢手，就会提高价格底线。

买方的情况也是一样。买方首先要了解市场行情，他总是希望能够买到市场上最质优价廉的商品。如果开始确定的价格上限很低，他的出价就会被第一个卖家拒绝。在接下来的询价过程中，他如果又被第二家拒绝，那么就会调高自己出价的上限。买方调整自己价格上限的速度与找到下一个卖家的时间成反比。在遭到拒绝后，找到第二个卖家的时间越长，买方调整价格的速度就会越快。如果出现独此一家的情况，卖方就处于垄断地位，买方就必须对卖方妥协，否则就无法实现交易意愿。

上述分析中，我们可以发现一个非常重要的概念——搜寻时间——交易主体在预期价位上实现交易搜寻交易对象所需的时间。以集贸市场为例，卖菜人根据前来询问价格的人数及拒绝卖菜人提出的价格时走开的态度坚决程度，能够敏感地判断出下一次交易者出现需要等待的时间。搜寻时间包含了很多市场供求信息，是交易者在各种信息基础上形成的预期值。

如果我们将交易价格区间上的两个端点都看作是在既定价位上寻找交易对手的时间函数，根据上述分析，我们可以得到如下的两个方程：

$$\frac{dp_s}{dt} = \alpha(\tau^0_s - \tau_s)$$
$$\frac{dp_b}{dt} = \beta(\tau_b - \tau^0_b)$$
（23.3.1）

在式（23.3.1）中，τ表示在既定价位上的搜寻时间，τ^0表示期望搜寻时间。
解式（23.3.1）得到：

$$p_s = p^0_s + \alpha(\tau^0_s - \tau_s)t$$
$$p_b = p^0_b + \beta(\tau_b - \tau^0_b)t$$
（23.3.2）

在公式（23.3.2）中，P^0表示交易双方初始价格底线值，一般情况下，可以由市场行情决定。在两个公式中，α、β分别表示交易双方的交易意愿。很显然，交易越迫切，交易者就越是倾向于调整自己的价格底线。

在同一个市场上，交易双方的搜寻时间相互关联，此消彼长。当买方的搜寻时间变长时，卖方的搜寻时间就会变短，搜寻时间的联动机制决定了双方的价格底线函数遵守同向变动的规律。根据价格底线函数的变动规律，我们可以得到如下价格走势图：

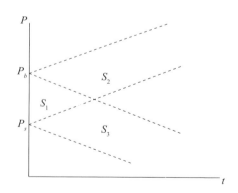

图 23.3.2　价格博弈结构

在价格和时间的二维平面上，卖家底价线和买家上限线将价格空间分割成为三个区域，分别是 S_1、S_2、S_3，其中 S_1 代表均衡价格区域，市场处于此区域时表现为供求平衡，价格稳定；S_2 代表卖方市场，买家的搜寻时间超过卖家。在此区域，价格呈现持续上涨态势；S_3 代表买方市场，价格在此区域呈持续下跌趋势。

现在我们来分别讨论交易双方价格底限调整机制。首先讨论卖方价格底限调整机制。当搜寻时间超过临界值，卖方倾向于降低价格底限；相反，如果搜寻时间短于预期时间，这种情况就意味着卖方处于主动的位置，销售情况已经供不应求，在这种情况下，卖方倾向于提高价格底限。对于交易价格底限的调整，最终还需要经过交易迫切系数的矫正。对于不急于出售的卖方，虽然搜寻很长时间，但这并不意味着一定降低价格底限。同样道理，买方价格底限随着搜寻时间的拉长进行相应调整，搜寻时间超过预期时间越长，买方上调价格底限的幅度就越大。如果搜寻时间大大短于预期时间，买方就会处于交易的有利地位，就会降低交易价格底限，与对方展开更耐心的价格博弈。

根据交易区间正态分布假设，交易的统计价格提取交易价格区间的中间值。买卖双方任何一方价格底限的变化，最终都会影响统计价格。在理论上，只有一种特殊情况，就是交易价格区间的两个端点向两个相反方向的等距离运动，最大可能成交价格保持不变。事实上，这种情况在现实中是不会发生的，这是由于买卖双方总是处于相反的两个位置上，买方价格上限下调的情况只有在处于优势地位时才会出现，这就意味着卖方处于弱势地位上。在这种情况下，卖方应当采取的措施是降低而不是抬高价格底限。由于交易双方处于零和博弈的关系上，这也决定了交易价格区间的两个端点必然进行同向运动。

价格底限函数显示了市场结构的重要性。在集贸市场上，在不同的城区之间蔬菜价格之所以会存在一定的差异，其原因源自市场结构上的不同。如果在一个城区的市场上，卖菜的人少，而买菜的人多，交易双方的等待时间就会产生差异，双边定价模型表明，这种情况必然出现不同城区间的菜价差别。

在价格底限函数中，期望搜寻时间 τ^0 对交易双方的价格反应均产生重要影响，而期望搜寻时间 τ^0 与交易主体的收入水平关系密切。收入比较高的人，进入市场中不愿意花很多时间讨价还价，常常会先出一个较高的价格，通常情况下，卖方会接受这个价格。相反，对于低收入的人群，愿意花很长时间耐心地进行讨价还价，直到达成一个比较低的价位为止。这就说明，买方的收入水平与期望搜寻时间呈负相关；收入越高，期望搜寻时间就越短。这一原理可以解释为什么在一个城市中，富人城区的物价总要比穷人城区的价格要贵出许多。

双边定价市场的价格变化不完全取决于交易双方主体数量上的对比关系，雨天菜价的变化就是一个很好的例证。按照交易双方数量的对比关系，在下雨天里，卖菜的人不会发生很大的变化，他们绝大多数仍会冒雨进菜，而买菜的人却会少许多，只要家里还储备一点菜，就尽量不去买菜，只有家里没有一点蔬菜了，才会选择冒雨去买菜。在交易双方的数量对比上，买方比平时少了许多，按道理，雨天的菜价应当下降，但实际上情况并非如此。这是由于下雨天运输成本提高及卖菜进货付出的辛苦，使市场上所有卖菜人很容易达成一个聚点共识或者心照不宣的协议——菜价上涨。在这种情况下，尽管买菜的人比平时少了，如果买菜人坚持昨天的价格，搜寻时间需要很长，甚至不可能实现交易。在这种情况下，买方要想买到蔬菜，就必须提高自己的上限价格。市场结构中不仅包含供求结构，还包含供给和需求各方的内在结构——行为一致性。在菜市场的例子中，卖方达成了一种协议，形成一致性结构；而买方却没有这种条件，所以交易价格必然是买方向卖方妥协。

在价格区间价格底限函数的基础上，我们可以根据区间价格正态分布的假设，推导出双边定价机制的物价方程。在价格底限函数中，α、β 分别代表卖方和买方的交易意愿。通常情况下，我们可以认为双方持有相等的交易意愿，在此设定下，令：

$$\alpha = \beta = 2k \geqslant 0 \quad (23.3.3)$$

通常情况下，交易双方的期望搜寻时间基本相同，我们假设：

$$\tau_s^0 = \tau_b^0 \quad (23.3.4)$$

在上述两项约定下，由价格底限函数得到双边定价市场的最大可能价格水平 P：

$$P = \frac{P_s + P_b}{2} = \frac{P_s^0 + P_b^0}{2} + kt(\tau_b - \tau_s) \quad (23.3.5)$$

令 $P_0 = \frac{P_s^0 + P_b^0}{2}$，代入（23.3.5）得到在时间步 t 上的最大可能价格：

$$P_t = P_0 + kt(\tau_b - \tau_s) \quad (23.3.6)$$

式（23.3.6）表达了双边定价市场的价格变动机制，其中 P_0 代表市场均衡价格水平，k 代表双边定价市场的敏感系数，k 值越大，意味着市场对等待时间越敏感，供求双方稍有偏离均衡，就会有明确的价格反映。在这样的市场上，价格会围绕着均衡水平 P_0 波动，当 $\tau_b - \tau_s > 0$ 时，表明买方的等待时间较长，市场主动权偏向供应商一方，属于卖方市场，价格跟随时间上涨；当 $\tau_b - \tau_s < 0$ 时，卖方等待时间变长，而买方等待时间较短，变得比较主动，市场价格进入

下跌通道。

式（23.3.6）呈现了新古典经济学对于供求决定价格的基本逻辑，是新古典经济学重点考虑的交易场景，我们将其称为双边价格方程。

23.4 多边定价机制

多边定价机制是由众多交易主体平等参与价格制定的机制。这种定价机制经常发生在拍卖会上，由拍卖方确定起拍价格与叫价规则，由所有参加竞标的交易主体共同参与定价。撮合竞价也是多边定价的常见形式，各类交易所是主要的应用场景。

23.4.1 多边定价机制

多边定价机制在现代经济中发挥着十分重要的作用。金融市场很多是采用撮合定价进行的，是典型的多边定价机制。多边定价机制是由众多交易主体共同参与的价格形成机制。拍卖属于一类特殊的多边定价形式。尽管拍卖有多种不同的方式，但无论哪种形式的拍卖，都是有一个卖家与众多潜在买家相对应的结构。作为特殊的多边定价机制，拍卖与其他多边定价机制相比有两个显著特点。一是适应于交易标底物数量少、价值量高的交易。组织一次拍卖会，从发出通知，到组织拍卖，工程招标等，耗费的组织成本和时间成本比起一般性交易要高出很多，低价值量标的根本无法承担这些成本。尽管如此，从发展的势头来看，使用拍卖机制进行定价的交易领域越来越多，从比较经典的艺术收藏品拍卖，到土地拍卖，到国债拍卖，再到项目工程招标等，使用拍卖的领域越来越多，二是适应于不连续交易。一次性交易或者具有确定时间间隔的交易，比如拍卖行的拍卖会，国债定期拍卖等。

放在整个国民经济的价格体系中来看，拍卖这种多边定价机制与撮合、做市商询价相比，重要性仍要低一个等级。大多金融市场采用的撮合交易方式，包括股票、场内债券、大宗商品期货等重要市场。在撮合交易过程中，交易双方都会同时有大量的参与者，每一个参与者都对价格形成产生一定的影响。从这个意义上讲，撮合交易是最典型的多边定价。

金融市场在现代经济中发挥着非常重要的资源配置的引导功能。多边定价机制的研究，对深入了解金融市场价格运动的规律和特点很有帮助。不仅如此，像石油、粮食等涉及经济安全和物价稳定的重要战略物资，越来越多地通过期货交易方式进行，这就更进一步增强了多边定价机制的重要性。

23.4.2 定价行为

撮合竞价是最为典型的多边定价形式，我们选择撮合竞价作为多边定价机制的研究切入点。在时间步 t 上，在同时到达的交易指令中，一组是买入指令、一组是卖出指令。我们分别用 B 表示买入指令集，S 表示卖出指令集。$B_t = \{b_1, b_2, \ldots b_m\}$，$b_i$ 表示投资者报出的买入价格；$S_t = \{s_1, s_2, \ldots s_n\}$，$s_j$ 表示投资者报出的卖出价格。

撮合竞价就是要在报价集 B_t 与 S_t 之间建立一种关联机制，通过这种机制确定交易价格。这就需要制定一系列规则，实现报价集到交易价格的映射。首先需要解决的是如何在两个报价集上建立撮合顺序。最常用的规则是时间优先、价格优先，即先到的价格首先参加撮合；在同一个时间步上报出的价格，对交易对手方最优的价格优先参加撮合。

在时间步 t 上，卖出指令集 S_t 中获得优先撮合的价格为 $Min(S_t)$；买入指令集 B_t 中获得优先撮合的价格为 $Max(B_t)$。按照撮合竞价规则的要求，如果 $Max(B_t) < Min(S_t)$，即买入指令集中最高买入价格低于卖出指令集的最低卖出价，在 B_t 和 S_t 之间不能达成交易。只有当 B_t、S_t 满足如下不等式：

$$Max(B_t) \geq Min(S_t) \tag{23.4.1}$$

竞价撮合交易才能达成。如果 $Max(B_t) = Min(S_t)$，交易直接采用双方的价格进行。如果两个价格不相等，有多种可能解决方案，最简单的方案是采用两个价格的中间价：

$$P_t = \frac{Max(B_t) + Min(S_t)}{2} \tag{23.4.2}$$

通过竞价撮合得到双方接受的交易价格（23.4.2），撮合交易就此完成。由于交易指令是随机进入的，无法保证 $Min(S_t)$ 的交易指令与 $Max(B_t)$ 的交易指令刚好等量，总有一方交易指令无法得到完全满足，没有满足一方的交易指令进入时间步 t+1 的撮合，仍然按照上一轮的程序继续撮合。交易指令的有效期通常设置为一个交易日。如果在交易日收市结束前，交易指令没有获得交易匹配机会，该交易指令将自动失效。

竞价撮合需要强大的算力支持。在时间步的设置上，通常只有几个微秒的间隔，从而能够实现非常精细的匹配效果。由于撮合轮次的间隔时间很短，指令集 B_t 和 S_t 规模一般较小。在交易者密切跟踪下，市场撮合成交的价格会呈现连续小幅变化的特征，形成一条连续不断的价格曲线。

在撮合竞价过程，虽然实现匹配的交易价格只是两个，一个来自买方、一个来自卖方，但是其他交易指令同样发挥着重要作用，都会对撮合价格产生影响。以买入指令集为例，第一个被选出来进行撮合的价格必须是在指令集 B_t 上进行比较后才能产生，每一个价格都会对最高价格的形成做出贡献。在卖出价格指令集 S_t 上，每一个报价同样也都对最低价格产生影响。

现在，我们来考察撮合竞价所产生的价格如何随着价格指令集的扩张和收缩发生变化。设 B_1、B_2 是两个买入价格指令集，而且有包含关系：

$$B_1 \subseteq B_2$$

则有：

$$Max(B_1) \leq Max(B_2) \tag{23.4.3}$$

设 S_1、S_2 是两个卖出价格指令集，且有关系：

$$S_1 \subseteq S_2$$

则有：

$$Min(S_1) \geq Min(S_2) \tag{23.4.4}$$

根据极值价格的特性以及撮合价格的形成机制推断：当卖出价格指令集不变时，买入指令集的扩大会导致撮合价格上涨；相反，买入指令集的收缩会导致价格的下降。同理，在买入指令集不变的前提下，卖出指令集扩张导致交易价格下降；反之，卖出指令集收缩成交价格上涨。交易指令规模的变化在一定程度上反映了市场预期的情况，由此可见，尽管竞价撮合机制有着复杂的定价规则，仍然贯穿着供求决定价格的基本逻辑。

金融交易以投资获利为主要目的。在市场上，每个交易主体既可以是卖方又可以是买方，关键要看哪方相位能够带来更大的投资收益。由于撮合竞价机制的性质以及交易主体的逐利天性，共同铸就了金融市场的自强化机制——上涨推动上涨、下跌导致下跌的不稳定性。

作为分析的起点，假定金融市场在时间步 t 上，买卖双方具有均等的格局：

$$B_t = \{b_1, b_2, \ldots b_m\}, \quad S_t = \{s_1, s_2, \ldots s_n\}$$

这时两个指令集的交易指令数量相等，即：$n_t = m_t$

由于某种原因，在时间步 $t+1$ 上市场均势格局被打破，假定有 k 位投资者从原来的卖方转向买方，即：

$$n_{t+1} - m_{t+1} = 2k$$

由式（23.4.3）（23.4.4）可知，在时间步 $t+1$ 上，交易价格 P_{t+1} 必然上涨：

$$P_t \leq P_{t+1} \tag{23.4.5}$$

如果交易价格上涨幅度较大,在上涨势头持续一段时间后,市场就会形成一个价格上涨预期,原来处于卖出方的投资者就会转向买入方,这种变化进一步推动价格上涨,强化市场的价格上涨预期,吸引更多交易者进入买入行列,推动交易价格持续大幅度上涨。相反,当均衡局势被打破向着相反方向运动时,更多交易主体进入卖出队列中,市场价格会经历相反的价格走势,出现持续、大幅度的下跌。

由于买卖双方的交易指令集 B_t 和 S_t 存在此消彼长的对冲关系,多边定价市场上的价格波动具有很强的杠杆效应。在这种杠杆机制的作用下,市场容易形成极不稳定的蝴蝶效应。价格体系中采用多边定价的成分越多,价格水平就越不稳定,多边定价在现代经济中正发挥着越来越重的基础定价功能。期货市场是一个典型的撮合交易的多边定价市场,石油期货市场越来越多地扮演着定价角色,而期货市场的杠杆交易性质,进一步强化了多边市场的不稳定性。石油价格从 2005 年 30 美元一桶,到 2008 年上半年,价格上涨到 140 美元一桶。石油价格如此大幅上涨并非源自供求发生的重大改变,而是大量投机资金进入大宗商品期货市场上兴风作浪的结果。有资料显示,投资盘在石油市场上占有的比重竟然高达 81%,而真正反映实际需求的期货交易不足 20%。

23.4.3 多边市场价格方程

多边定价具有反应灵敏、容易形成市场共振的特点。在这类市场上,细小的因素都会被放大,可能形成蝴蝶效应。各类金融市场、大宗商品市场均具有这样的特性。

在多边定价的市场上,交易主体的状态可以分为三类,分别是买入、卖出和观望。任何一种状态的交易者增加,都会引起价格的相应变化。随着一种状态的交易主体增加,价格变动与相应状态队伍之间呈现相互加强的正反馈关系。

在时间步 t 上,交易者选择哪种状态属于概率事件,我们用 P_b 表示所考察的交易者选择买入策略的概率。显然,P_b 会受到以下三个方面因素的影响:

一是流动性储备。投资者持有的资金越是充裕,投资者越能够实现交易愿望。相反,如果资金不足,融资困难或者融资成本很高,入场购买的概率就会下降。即使购买,购买量也受到限制。我们用 l 表示交易者持有的流动性资金量,与 P_b 有正比例关系:

$$P_b \propto l$$

二是实际需求。在多边市场上,参加交易的主体并不全是投资者,还有相当数量的实际需求者。比如,在钢铁市场上,除了投机交易者外,还有一些是生产需求者,包括汽车生产商、设备制造商、建筑公司等。对于这类交易者,实际需求是影响 P_b 的另一个重要因素。需求越多、越急迫,购入概率就越大;反之亦然。用 d 表示需求。

$$p_b \propto d$$

上述两个参变量都具有一定的客观性。持仓比例、可用资金和实际需求反映了交易者的实际情况,对交易决策形成硬性制约。

三是价格预期。交易者对市场价格走势的预期在交易决策中扮演着非常关键的角色。对于投机性交易主体,价格走势几乎是唯一关心的因素。对于这类交易者,在价格看涨的时候,就会买进;在价格看跌的时候,就会卖出。在频繁交易的市场上,交易者预期是多变的。交易者根据过往的经验形成价格趋势判定的经验模型,在信息评估的基础上形成价格预期。尽管模型各有不同,但由于交易者遵循对市场基本认知的聚点共识,交易者构建经验模型的主要参量和关系具有一定共性。这些主要变量包括近期价格走势;对商品的实际供求关系产生影响的宏观政策、规章制度、宏观形势、市场氛围以及其他因素等。用 p_e 表示价格预期,与买入概率 P_b 有如下关系:

$$P_b \propto p_e$$

归纳购入概率与上述三个主要变量的关系,交易主体采用买入策略的概率 P_b 有如下构造:

$$P_b = P(d, l, p_e) \qquad (23.4.6)$$

且有如下关系:

$$\frac{\partial P_b}{\partial d} > 0 \qquad \frac{\partial P_b}{\partial l} > 0, \qquad \frac{\partial P_b}{\partial p_e} > 0$$

在实际操作中,交易者当前的持仓情况对于购入概率也会产生重要的影响。交易者如果在已经处于满仓状态,并且没有进一步增加投资规模的打算时,即使认为下一个阶段市场行情看涨,也很难再继续买入。在这种情况下,通常会采取保持现有持仓,等待价格上涨。也就是说,当交易者处于满仓状态时,即使行情看涨,也无法继续买进。相反,如果持仓较低或是空仓,在出现看涨行情时,交易者买入的概率就会很大。持仓比例与买入概率之间,有反比关系。即持仓比例越高,进一步买入的概率就越低。但是,从持仓比的计算中可以看出,其核心仍是交易者的资金数量。持仓比是持有的交易标的总价值占投资者流动总资产的比例。总资产是标的物市值与现金的总和。在持仓数量不变的条件下，资金进入市场越多，持仓比就会越低。基于上述分析，没有将持仓比纳入买入概率函数中，流动性 l 已经间接地反映了持仓比例的信息。

在影响购入概率的三个变量中，价格预期作为交易者的主观判断，具有多面性和不确定性，是市场不确定的重要原因。在价格预期的形成过程中，过往价格 p 与预期价格 p_e 之间，容易形成正反馈的交易环。价格的上涨影响交易者的未来价格预期，价格上涨时间越长，价格上涨预期就越容易得到强化；反过来，持有价格上涨预期的交易者越多，价格就越上涨，从而进一步巩固了原有的价格预期。在价格预期的自我加强过程中，持仓量会成为唯一的阻尼因素。理论上讲，随着购入的交易者越来越多，流动性约束会成为阻尼因素。但市场是开放的，当价格上涨预期形成后，会有大量资金从场外涌入，流动性约束会在短时间内弱化。只有在经历一段时间后，外部涌入的资金逐渐减少时，流动性约束的阻尼效应才会显现。

与买入概率相比，卖出概率的决定机制相对简单，主要受销售需求及价格预期的影响。销售需求主要来自实际生产者，他们在市场上将产品卖出获得流动性的需求。用 P_s 表示卖出概率，概率函数如下：

$$P_s = P(s, p_e) \tag{23.4.7}$$

在式（23.4.7）中，s 代表销售需求，p_e 表示价格预期。

多边定价市场的价格是由买入概率和卖出概率共同决定的。买入概率和卖出概率分别代表市场参与者持有不同交易意愿的比例。当买入概率大于卖出概率时，表示市场中买入意愿比例高于卖出意愿的比例，交易价格必然上涨；买入概率小于卖出概率时，表示市场中卖出意愿比例高于买入意愿比例，交易价格必然下跌。我们将上述逻辑表达为如下数学关系：

$$P = F(P_b, P_s) \tag{23.4.8}$$

且满足：

$$\frac{\partial F}{\partial P_b} > 0 \qquad \frac{\partial F}{\partial P_s} < 0$$

根据两个概率函数（23.4.6）和（23.4.7）的构造，我们将价格函数（23.4.8）进一步展开得到如下关系：

$$P = P(s, d, l, p_e) \tag{23.4.9}$$

对于多边定价市场，市场参与者持有的流动性规模与交易系统的货币供应量具有正相关关系。当交易系统中货币供应充裕时，市场参与者的流动性保持较高水平；相反，交易系统中货币供应量收缩时，市场流动性 l 就会下降。因此，在多边市场价格函数（23.4.9）中，流动性水平 l 可以用交易系统的货币供

应量 M 替代。

市场上同时存在卖出需求和买入需求，两个变量之比对市场价格产生影响，当买入多于卖出时，市场价格上涨，而卖出多于买入时，市场价格刚下跌。用 σ 表示多边定价市场的实际供求比：

$$\sigma = \frac{s}{d} \tag{23.4.10}$$

这样，在价格函数（23.4.9）中，卖出需求 s 和买入需求 d 两个变量可以由市场结构参数 σ 替代。考虑到市场的价格预期均值 p_e 归根到底是由供需和货币决定的，所携带的信息已经包含在 σ 和 M 两个变量中。综合上述分析，多边定价市场的价格方程可以表述为更加简洁的形式：

$$P_t = P(\sigma_t, M_t) \tag{23.4.11}$$

在价格函数（23.4.11）中，价格与两个变量有如下关系：

$$\frac{\partial P}{\partial \sigma} < 0 \qquad \frac{\partial P}{\partial M} > 0$$

23.5 三种定价机制的比较

在单边定价机制下，对主体定价行为产生影响的因素主要来自两个方面：一个是同相位主体的竞争；一个是市场的价格弹性。其他因素也都会通过上述两个基本要素间接地影响交易主体的定价行为。一般来讲，需求增加或成本上升都是促使交易主体进行价格调整的原因，但是它们并不直接发挥作用，必须转化为两个决策变量后才会最终影响交易主体的价格决策。以需求增加为例，在时间步 t 上，当交易主体 a_i 收到的订单增加了，a_i 并不一定会立即提高价格，如果贸然提高价格，就会面临失掉部分客户的风险。只有在判断出价格挤出风险 γ_t 处于较低水平时，才有可能做出调价决定。同样的道理，当交易主体面对成本上升的局面时，在决定价格是否调整前，他必须首先了解市场是否存在剩余产能以及成本是否可以消化。只有在整个行业没有产能剩余的情况下，成本上涨才有可能促使交易主体做出提高价格的决定。如果行业剩余产能很多，市场份额竞争就会非常激烈，尽管交易主体承受了较大的成本压力，但基于价格挤出风险 γ_t 较高的缘故，交易主体依然不能贸然上调价格。由此可见，由于同相位竞争的制约以及价格弹性的限制，在单边定价机制下，虽然供应商掌握着定价权，但是市场价格依然具有较强的稳定性。

在单边定价机制中，交易环节的多少影响到最终的价格水平。一般来讲，交易环节越多,终端价格就越高。在单边定价机制中,增加交易环节对上游几乎没有影响,交易系统缺少对交易环节的自我约束机制。只要需求旺盛,就容易滋生更多的交易环节。中国煤炭市场、钢材市场就曾经出现过交易环节增生现象。20世纪90时年代中期,由于固定资产投资快速增长,钢材等建筑材料供应紧张,一些投机者迅速进入钢材市场。一般来讲,交易环节增生大多出现在供求关系紧张、价格处于上涨趋势阶段。由于交易环节的增生,需求被人为放大,供求紧张关系进一步加剧,上涨的价格会增大上涨压力。交易环节增生后,原本相对简单的市场结构开始变得复杂,交易效率随之下降。

与单边定价相比,双边定价的稳定性较差。主要是由于双边定价机制中,没有哪一方拥有明确的价格决定权,价格是交易双方博弈的结果,整个市场的中位价格是众多交易主体共同博弈的产物。因此,不会由任何一方承担价格变动的风险。定价风险分配机制上的差别,决定了两种定价机制必然呈现出不同的稳定特征。

多边定价与双边定价具有很多共性,都具有随机波动的走势特点。但是,由于受双边讨价还价的制约,买卖双方的期望价格被对方限制了底部,封闭在交易价格区间内,这种不稳定性通常不会形成价格波动的蝴蝶效应。在三类不同的定价机制中,多边定价机制最具不稳定性。由于这种定价机制很容易产生投机行为,从而出现价格大起大落的震荡。

在现实中,定价机制并不是一成不变的。当一种定价机制表现出明显的不合理性时,人们就会寻找新的定价机制。在工业革命早期,工人工资是由交易主体雇主单边定价,由于工人在工资定价过程中完全没有参与权,工资长期处于过低状态,导致大量工人贫困。随着工会组织的成立,工会参与到劳动力定价过程中,劳动力定价由过去的单边定价转变为双边定价。这种转变对欧洲社会发展产生了极为深远的影响。一方面,工人工资定价变得比以前合理,工人能够分享更多企业利润,这阻止了社会贫富不均现象的快速恶化,中产阶级队伍也日渐壮大,19世纪欧洲汹涌澎湃的工人运动悄然消退,社会渐渐趋于稳定。另一方面,由于财富分配避免了过度分化,保证了经济循环的持续进行,为经济的持续增长提供了基础。

三种定价机制各有特点,各有自己的运用场景和使用条件。在市场陷入垄断局面时,单边定价机制就会失效;双边定价机制虽然具有较高的稳定性,但定价效率较低;多边定价机制具有定价效率高、对供求关系反应迅速灵敏的特点,弱点是经常出现过度投机,市场容易陷入混沌,价格大起大落。

23.6 物价方程

物价方程以交易主体的决策机制为基础，同时也包含了货币因素及交易网络结构参数，将物价形成及其变动放置在更为宽广的分析框架中。

23.6.1 现代经济的价格形成机制

现代经济中的定价体系是由单边定价与多边定价主导的混合系统。尽管双边定价机制依然有自己的应用场景，但在现代交易系统中处于边缘化的位置上，我们在构建物价方程时不再将其纳入分析框架。

在金融创新的推动下，多边定价机制在经济中产生的作用越来越多地渗透到交易系统的各个领域。虽然单边定价仍然占据着商品定价的主导地位，但来自期货市场和金融市场的力量对实体经济的影响已经到了无处不在的地步。我们只有将多边定价和单边定价联合起来，才能构造出比较切合现实情况的定价模型。

在现代交易系统中，处于产业链上游的能源、原材料等大宗商品基本上是由期货市场进行定价的，多边定价机制的不稳定性经过期货市场进入交易系统的供应链，通过生产成本管道，最终将其影响力扩散到整个经济，并表现在消费者价格指数上。

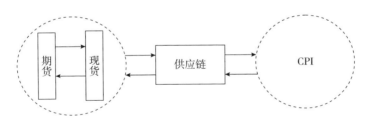

图 23.6.1　现代价格形成机制

通过期货市场生成大宗商品的远期价格，引导现货市场价格，这个环节由多边定价机制所主导。在图 23.6.1 中，上述价格传导环节对应着左边的圆周部分。完成了大宗商品定价以后，价格信息通过供应链渠道向 CPI 传递。石油、粮食、有色金属等大宗商品是众多产业的基础原料，石油更是引领其他能源价格的标杆，在能源价格的确定方面具有重要的示范作用。大宗商品价格是构成企业生产成本的重要因素。企业生产成本变动必然带动生产者价格指数 PPI 发生变化，经过商业流通环节后，多边定价市场的信息最终到达 CPI 环节。

图 23.6.1 表达了多边定价的期货市场与终端消费市场之间的互动机制。受

到成本增加的推动,终端消费市场价格 CPI 将有所响应,而 CPI 的上涨又会通过供应链渠道,将需求信息反馈到大宗商品的期货市场上,形成远期价格与需求之间的相互响应关系。

23.6.2 物价方程

在现代价格体系中,多边定价机制处于产业上游,属于交易系统成本形成环节,而在产业中游和下游,基本上采用单边定价规则。因此,现代交易系统的价格模型应当以单边定价模型为基础,将多边定价机制嵌入单边模型中,最终合成物价方程。

已知,单边定价模型形式如下:

$$\pi_{t+1} = \frac{1-\Gamma_{t+1}}{2\Gamma_{t+1}+\alpha_{t+1}} + \frac{\Gamma_{t+1}}{2\Gamma_{t+1}+\alpha_{t+1}}\frac{C_{t+1}}{P_t} \quad (23.6.1)$$

价格挤出风险系数 Γ 代表市场竞争的激烈程度。市场竞争越激烈,价格挤出风险系数 Γ 的取值就越大。从交易系统层面上看,市场竞争是交易主体相互作用、相互依存的方式。市场竞争度越强,表明交易主体之间的联系越紧密,交易主体之间的互动响应程度越高,这种特点最终会体现在交易系统紧致度上。市场竞争越激烈,交易系统紧致度 φ 就越高;反之,交易系统紧致度 φ 越高,意味着市场竞争越激烈。由此可见,交易系统的价格挤出风险系数 Γ 是交易系统紧致度 φ 的函数,且有如下关系:

$$\frac{\partial \Gamma}{\partial \varphi} > 0 \quad (23.6.2)$$

交易系统的价格挤出风险系数 Γ 还是需求总量 Q 的函数。需求总量 Q 越大,价格挤出风险系数 Γ 越低;反之,需求总量 Q 越小,价格挤出风险系数 Γ 就越高。在现代交易系统中,需求必须借助货币手段实现,在货币流通速度不变的条件下,货币供应总量与需求总量形成对应关系。货币供应总量 M 越大,能够释放的需求总量 Q 就越大,价格挤出风险系数 Γ 越低;反之,货币供应总量 M 越小,交易主体的流动性约束就越强,市场竞争也就越激烈,价格挤出风险系数 Γ 就越高。由此可知,价格挤出风险系数 Γ 是货币供应量 M 的减函数:

$$\frac{\partial \Gamma}{\partial M} < 0 \quad (23.6.3)$$

挤出风险系数 Γ 除了受上述两个变量的影响外,外部冲击也会对价格挤出风险系数产生重大影响。所谓外部冲击是指来自交易系统之外的、具有一定量级且非常态化的外部扰动。交易系统面临两类外部冲击。一类是需求冲击,这类冲击主要是由公众陷入恐慌情绪时产生抢购现象或危机导致大量交易主体资产负债表破损造成的交易停滞现象。前一种情况是需求急剧膨胀，交易系统没有足够的时间进行供给调整；后一种情况则恰恰相反，交易主体无法继续进行交易，交易网络呈现碎片化格局，交易系统需求遭遇突然收缩。另一类是供给冲击。与需求冲击相对应，供应冲击则是发生在供给侧的强力扰动现象，通常是由重大自然灾害导致的供应链瘫痪，或战争对供给能力造成大范围破坏，或者严厉的国际制裁导致贸易停滞等原因引发。这类冲击将会导致供给能力在短时间内急速枯竭，对交易系统正常运行造成无法承受的冲击。供应冲击的另一种情况是原本不存在的供给力量突然加入，譬如重大资源发现或成功开发、某个大国突然加入世界经济循环等，由此造成资源和商品供应规模的大幅增加。这些均是导致供应冲击的成因与呈现形态。

为了表述上的便利，分别用 p^d、p^s 表示需求冲击和供应冲击，它们均在 $(-\infty, +\infty)$ 上取值。需求冲击 $p^d = +\infty$ 代表需求突然无限增大；$p^d = -\infty$ 表示需求突然急剧收缩，交易几乎处于停滞状态；$p^d = 0$ 代表不存在需求冲击，交易系统一切正常；供应冲击 $p^s = +\infty$ 代表供应链陷入瘫痪；$p^s = -\infty$ 则代表供应突然大量增加；$p^s = 0$ 代表供应正常，交易系统不存在供应冲击。

通常情况下，外部冲击处于休眠或隐身状态，即 p^d、p^s 均在 0 附近徘徊，对交易系统运行几乎不产生任何影响。外部冲击一旦出现，无论需求冲击，还是供应冲击，都将对交易系统造成极大破坏，甚至导致交易系统彻底崩溃。

价格挤出风险系数是供应商对市场挤出风险大小的预期和评估。在外部冲击中，正向需求冲击 $p^d > 0$ 导致价格挤出风险系数 Γ 迅速下降；需求冲击 p^d 取值越大，价格挤出风险系数 Γ 的降幅就越大，从较大取值迅速归零；相反，负向需求冲击 $p^d < 0$ 越小，价格挤出风险系数 Γ 可能呈现跳跃性增加，这种关系可以表述如下：

$$\frac{\partial \Gamma}{\partial p^d} < 0 \tag{23.6.4}$$

供应冲击也会对价格挤出风险 Γ 产生重大影响。正向供应冲击 $p^s > 0$ 越强，挤出风险系数 Γ 越弱；相反，负向供应冲击 $p^s < 0$ 越小，挤出风险系数 Γ 就越强。供应冲击与风险挤出系数有如下关系：

$$\frac{\partial \Gamma}{\partial p^s} < 0 \tag{23.6.5}$$

综合上述分析，交易系统价格挤出风险系数 Γ 是交易系统紧致度 φ、货币供应量 M 和外部冲击 p^d、p^s 等四个变量的函数。这些变量分别反映了交易网络结构、交易系统状态、交易系统环境三个方面的情况。价格挤出风险函数给出

了 Γ 对三个变量变化的反应。考虑到货币传导存在时滞，我们引入时滞量 τ，则交易系统的价格挤出风险函数有如下形式：

$$\Gamma_{t+1} = \Gamma\left(p^d_{t+1}, p^s_{t+1}, \varphi_{t+1}, M_{t-\tau}\right) \quad (23.6.6)$$

现在，我们来讨论交易系统可变生产成本变量 C_t 的情况。考虑到可变成本的主要决定因素集中在产业上游，与大宗商品价格联系密切，交易系统成本变量 C_t 主要是由多边定价机制决定的。大宗商品价格越高，交易系统的可变成本 C_t 就越高；反之，大宗商品价格越便宜，交易系统的可变成本 C_t 就越低。在多边定价市场，货币供应量 M 是决定价格的关键变量。价格函数为 $P = P(\sigma, M)$，且有 $\dfrac{\partial P}{\partial \sigma} < 0$，$\dfrac{\partial P}{\partial M} > 0$。基于这样的分析，交易系统成本变量 C_t 与多边定价市场价格函数之间存在正相关关系：

$$C_t = kP(\sigma_t, M_t) \quad (23.6.7)$$

按照通常的表达习惯，我们仍然采用 C_t 表示成本函数，即：

$$C(\sigma_t, M_t) = P(\sigma_t, M_t) \quad (23.6.8)$$

可变成本函数可以表述为：

$$C_t = kC(\sigma_t, M_t) \quad (23.6.9)$$

$k > 0$ 是常数，反映交易系统由多边定价市场到消费终端传导的结构性特征，我们称为供应链参数。考虑到大宗商品种类繁多，我们将成本函数 C_t 看作是所有大宗商品价格的平均值，将市场供求比 σ 看作是不同大宗商品市场的供求结构均值。在成本函数 C_t 中，货币供应量 M 没有包含时滞因素 τ，而价格挤出函数 Γ 中的货币供应量 M 则对应着包含了时滞变量 τ 的取值。

将（23.6.6）和（23.6.9）代入（23.6.1）中，得到如下物价方程：

$$\pi_{t+1} = \dfrac{1 - \Gamma\left(p^d_{t+1}, p^s_{t+1}, \varphi_{t+1}, M_{t-\tau}\right)}{2\Gamma\left(p^d_{t+1}, p^s_{t+1}, \varphi_{t+1}, M_{t-\tau}\right) + \alpha_{t+1}} + \dfrac{\Gamma\left(p^d_{t+1}, p^s_{t+1}, \varphi_{t+1}, M_{t-\tau}\right)}{2\Gamma\left(p^d_{t+1}, p^s_{t+1}, \varphi_{t+1}, M_{t-\tau}\right) + \alpha_{t+1}} \dfrac{kC(\sigma_{t+1}, M_{t+1})}{P_t}$$

$$(23.6.10)$$

将式（23.6.10）中的时间脚码 $t+1$ 替换成常用的时间脚码 t，得到形式上更简洁的物价方程：

$$\pi_t = \dfrac{1 - \Gamma\left(p^d_t, p^s_t, \varphi_t, M_{t-\tau}\right)}{2\Gamma\left(p^d_t, p^s_t, \varphi_t, M_{t-\tau}\right) + \alpha_t} + \dfrac{\Gamma\left(p^d_t, p^s_t, \varphi_t, M_{t-\tau}\right)}{2\Gamma\left(p^d_t, p^s_t, \varphi_t, M_{t-\tau}\right) + \alpha_t} \dfrac{kC(\sigma_t, M_t)}{P_{t-1}}$$

$$(23.6.11)$$

物价方程（23.6.11）是在微观主体单边定价机制下定价模型的基础上构造而来。在其构造过程中，考虑了现代交易系统混合定价机制的特点，既有微观主体的行为基础，又有交易系统的宏观特征，揭示了现代交易系统价格运动的基本规律。

物价方程（23.6.11）显示了一个十分有趣的结果，方程右边两项分别对应着通货膨胀产生的两种主要机制：一种是由挤出风险函数主导的机制，代表需求拉动的价格变动机制；另一种是由成本函数主导的机制，代表成本推动的价格变动机制。

另一个有趣的现象是，价格方程中包含了货币的两种不同作用机制。价格挤出风险函数中的货币供应量存在时滞，而成本价格函数中的货币供应量没有时滞；交易系统的物价变动率 π_t 对货币供应量变化的响应关系，取决于价格挤出风险通道和成本推动通道分别在物价上涨中发挥作用的大小。如果成本推动成为物价上涨的主要力量，货币效应的时滞就会小一些。

物价方程（23.6.11）表明，货币对物价的作用与交易系统紧致度存在密切的关系。交易系统紧致度 φ 高，由于交易主体面临较高的价格挤出风险，对宽松货币政策的反应会有所克制，也就不会出现货币供应量稍有增长，通货膨胀就会有抬头的现象。我们知道，交易系统紧致度 φ 带有鲜明的阶段性特征。交易系统越发达，紧致度 φ 取值越高，对于价格挤出风险的抑制作用也就越明显。即使出现货币供应过剩的情况，通常也不会立即出现通货膨胀，而是会沉淀在交易系统内部，拉低货币流通速度，出现货币流通速度伴随交易系统演化的减缓态势。货币与物价的关系处于动态演化的过程中，交易系统不同的演化阶段，货币与物价的关系也呈现出不一样的形态，不存在对所有交易系统普适的、一成不变的货币、物价关系。

23.7 物价方程的应用

与主流理论的物价模型相比，物价方程（23.6.11）纳入了更多交易系统的结构化变量，对物价现象的解释能力得到增强。在这里，我们选择两个具有典型代表意义的物价问题，尝试利用物价方程（23.6.11）给予解释，以此展示交易定价模型的解释能力。

23.7.1 通货膨胀阈值现象

交易系统的非线性特征表现在众多方面，物价运行的非线性化特征便是重要的体现。在物价运动过程中,存在确定的通货膨胀阈值。在阈值的前后,物价运动特点完全不同,呈现出类似相变的典型特征。

推动通货膨胀加速上涨的力量来自背后的正向反馈环。物价反馈环是由货币供应量 M、价格挤出风险系数 Γ 与通货膨胀率 π_t 三个变量构成。三个变量一旦形成相互激发的正反馈关系,推动通货膨胀加速上涨的交易环便被激活,物价随之进入加速上涨通道。

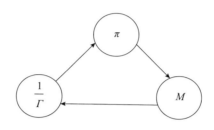

图 23.7.1　通胀加速反馈环

在图 23.7.1 描述的反馈环中,货币一旦成为推高价格的力量,价格上涨便会降低价格挤出风险系数 Γ,增大交易主体上调价格的可能性,而物价上涨又会进一步增加货币需求。整个反馈过程,从增加货币开始,最终又回到了货币增加的起点上,形成一个封闭的反馈环。

在物价方程(23.6.11)中,价格挤出风险系数 Γ 是决定交易系统物价走势的关键变量。由于反馈环自我强化的特点,交易环一旦激活,价格挤出风险系数 Γ 就会加速缩小。移除了挤出风险约束的企业,在定价策略的选择上无疑就会变得更加大胆。在物价方程(23.6.11)中,还包含另外一条推动价格上涨的管道——成本推动管道。当货币供应量 M 持续增加,成本函数 C_t 将会有所表现。物价在挤出风险下降效应和成本推动效应的双重作用下,进入加速上涨通道。所谓通货膨胀阈值,就是物价交易环的启动值。通货膨胀阈值像一道分水岭一样,将温和通货膨胀与加速通货膨胀分隔开来。货币政策的任务就是将通货膨胀控制在阈值之内,避免通货膨胀失控。

交易系统通胀阈值是由交易系统结构决定的。随着交易系统演化,通胀阈值也将随之发生位移。为了有效控制通货膨胀,货币当局需要弄清通胀阈值的准确位置,并将通胀水平控制在阈值以下。对于交易系统健康运行,温和的通货膨胀并不可怕,可怕的是通货膨胀失控。不幸的是,通货膨胀很容易失控。一旦越过阈值,便会进入加速通道。经济学家布朗在研究经合组织国家 1951—1979 年间的通货膨胀时发现了通货膨胀的加速现象。在 29 年里,经合组织国家共出现了 76 次通胀加速现象，其中，29 次仅仅发生在某一个年份内，28 次持续了 2 年，14 次持续了 3 年，4 次持续了 4 年，还有 1 次持续了 5 年（加拿大在 1962—1966 年间发生的缓慢持续加速通胀）。他还发现，通货膨胀加速阶段最常见的长度是 2 到 3 年。通货膨胀的加速阶段在通货膨胀的周期中要占几乎 50% 的时间长度。[5]

23.7.2 滞胀现象

在主流经济理论中，物价是由供求关系决定的，当供过于求时，物价下跌；当求大于供时价格上涨。按照这样的逻辑，现实中只能有两种可能的组合，即物价上涨、经济增长；或者物价下跌、经济停滞或增速放缓。这也正是菲利普斯曲线所表达的逻辑。在主流经济理论看来，物价与增长不可能出现第三种组合——物价上涨、经济停滞、失业率上升，即所谓的滞胀现象。不幸的是这种情况竟然出现了。当美国在 20 世纪 70 年代先后两次陷入滞胀时，经济理论学界也陷入百思不解的茫然。时至今日，滞胀问题依然是横亘在新古典经济学和凯恩斯宏观经济理论前面的鸿沟。

第二次世界大战结束后，西方资本主义国家逐渐进入一个黄金发展时期，经济高速扩张，失业率保持很低水平，而通货膨胀也得到很好地控制。宏观经济的三大政策目标达到了前所未有的理想状态。

表 23.7.1 世界主要发达经济体的宏观经济状态[6]

指标与时间 国别	年平均生产率增长率 %		年平均通货膨胀率 %		年平均失业率 %	
	1963—1973	1974—1979	1963—1973	1974—1979	1950—1973	1974—1983
加拿大	2.4	0.1	4.6	9.2	4.8	7.2
法国	4.6	2.7	4.7	10.7	2.0	4.5
意大利	5.4	1.4	4.0	16.1	5.2	6.6
日本	8.7	3.3	6.2	10.2	1.2	1.9
英国	3.0	0.8	5.3	15.7	3.0	5.3
美国	1.9	-0.1	3.6	8.6	4.5	6.7
联邦德国	4.6	2.9	3.6	4.7	0.8	3.2

然而，进入 20 世纪 70 年代以后，情况开始发生逆转。一方面经济增长速度放缓，增长率在 2% 上下徘徊，而失业率持续爬升，达到 10% 的水平；另一方面通货膨胀率又居高不下，高达 10% 以上。

滞胀现象的出现，对于如日中天的凯恩斯理论造成了严重冲击。人们开始怀疑凯恩斯理论，认为从某种意义上讲，"凯恩斯主义证明是错误的。"[7]滞胀现象在发达经济体普遍出现表明，凯恩斯主义的总需求管理政策存在严重缺陷，至少可以说凯恩斯理论的成立是有条件的，必须是在经济没有达到潜在产出水平的条件下才可能正确。凯恩斯学派试图通过工资和价格运动的非对称性概念挽救凯恩斯理论，认为价格、经济增长以及失业率的非对称性反应才导致了滞胀的出现，而滞胀仅仅是一种对宏观调控效果的滞后反应现象。凯恩斯学派对于滞胀的解释是这样的：在经济处于高增长、高通胀、低失业率的状态下运行时，当局为控制通货膨胀实施紧缩性调控政策，总需求首先做出反应，经济增长速度开始下降，通货膨胀由于惯性作用存在时滞，工资由于黏性的原因也不会很快下调，三个主要宏观变量对紧缩性宏观调控反应的非对称性，造成了三者之间的不同步。凯恩斯学派认为，只要经过一段时间的滞后期，三个变量的步调就会重新一致起来。这些情况在进入20世纪80年代以后确实出现了。[8]但是，这种解释并没有在经济学界得到普遍认可，经济学家提出了各种各样的解释，其中有政策失效解释、欧佩克石油供应冲击解释和大萧条阴影解释等。[9]

事实上，滞胀与通货紧缩一样，只是物价现象中的暂时现象，是一种非常态。恰恰是非常态的物价现象，反而成为对现有理论的挑战。在传统物价理论中，价格形成机制被过分简单化，仅仅把物价现象归因于供求关系的对比，这就限制了价格理论对于近乎两个矛盾元素结合所产生的滞胀现象的解释。

根据滞胀的特点分析，引起滞胀的原因中首先应当排除需求拉动型的通胀成因，因此，只能从成本推动方面寻找。高居不下的成本使所有企业面临巨大的利润压力，共同的处境降低了企业价格挤出风险Γ。在这种情况下，尽管市场需求没有显著增加，甚至还可能存在萎缩的情况，但是由于企业转嫁成本的挤出风险约束减弱，企业仍然会不约而同地提高价格。

在相互关联的交易系统中，成本所在的供给端不可能在与需求端毫无关联的情况下孤立地发生改变，从而出现成本推动型通胀，这正是主流价格理论面对滞胀现象的逻辑困局所在。事实上，交易系统的开放性决定了系统状态不可能完全由内生因素给予解释，大量外生扰动因素不可避免地对交易系统运行产生影响。物价方程体现了交易系统的开放性特点，将来自外部的扰动因素分别用外部冲击变量p_s和p_d表现，纳入自身的逻辑体系中，这就为解释滞胀现象提供可能。

在物价方程（23.6.11）中，成本推动既可以是来自上游的价格波动，也可以是来自外部扰动的冲击。滞胀现象的特殊性在于，导致成本上升的原因不是来自交易系统内部，而是来自交易系统之外。供给冲击 $p_s \gg 0$ 突然从休眠状态苏醒，而且对交易系统造成了较大当量的冲击。20世纪70年代在美国发生的两次滞胀现象，正是来自中东石油危机。石油价格在70年初期由过去的2—3美元每桶急速上涨到40美元每桶，价格上涨超过10倍之多，当量巨大的供应冲击无疑是严重依赖化石能源的美国经济无法消化的。

虽然供应冲击诱发的成本推动型通货膨胀是滞胀的基本成因，但并非所有的成本型通胀最终都会演化成为滞胀。只有在成本上涨的成因来自交易系统外部，而且是具有足够当量的冲击力，才有可能引发滞胀。即使这样，最终能否引发滞胀，还要看交易系统所处的状态。如果经济处于活力旺盛的状态，即使出现外生性成本冲击，经济具有较强的吸收能力。经济循环经过每个环节时，由于交易主体的现金流充足，企业可以在牺牲部分利润的情况下吸收一部分成本压力。每个交易环节都会成为吸收成本压力的减压器，经过多个环节后，成本压力最终会被交易系统吸收掉。在企业吸收部分成本压力的同时，由于处于扩大态势的现金流支撑，上游企业感受不到交易量的萎缩。这样，在一定限度内，外生性成本推动不会对整个价格体系产生全面的冲击，整个经济的物价总水平不但保持相对稳定态势，而且经济仍然处于增长之中。

如果经济处于停滞状态，交易主体的现金流呈现萎缩态势，那么在这种情况下，成本的上升必然导致对上游企业交易量的萎缩。同时，萎缩的现金流减弱了企业吸收成本压力的能力，企业不得不将成本压力向下游转移，最终产生全面的通货膨胀。20世纪70年代的美国，在经历了长时间的凯恩斯刺激性政策后，政府部门臃肿、国有企业僵化、政府投资低效、财政赤字攀升等问题显现。加上欧洲和日本经济的快速崛起，美国在国际市场上的优势地位受到很大挑战。美国的出口额占世界出口额的比重从1947年的30%左右下降到1970年的15.5%；作为曾经的世界贸易强国，美国在1971年首次出现贸易赤字，其经济竞争力下降为随后出现的滞胀创造了条件。

滞胀是经济的非常态，必然也是短暂的。70年代美国先后发生的两次滞胀，一次出现在1973—1975年，一次出现在1979—1980年。前者历经三年，后者历经了两年时间。经济每次陷入滞胀，在经过一段时间的自我调节后，都会最终走出滞胀的泥沼。以石油危机带来的供应冲击为例，石油价格上涨是外生性成本推动，随着滞胀对美国经济的危害加深，经济衰退最终跨越国界，导致整个世界经济衰退或者下滑。在世界范围内，石油价格又成为内生性变量，一旦外部冲击实现内生化，交易系统中影响价格的主要变量就会自发回归正常关系。

当交易系统出现滞胀，货币政策就会陷入两难的尴尬境地。如果选择以经济增长、扩大就业为货币政策目标，原本已经高企的通货膨胀在宽松货币政策的刺激下，就会变得更加疯狂；如果选择抑制通货膨胀为主要政策目标，业已存在的高失业率在紧缩货币政策的压力下同样会变得更加严重。事实上，一旦出现滞胀，货币政策就会被挤压在非常狭小的空间内。所幸的是，滞胀通常不会成为挥之不去的阴霾，具有短暂的一过性特点。

注释

1. ［美］索尼亚·贾菲，罗伯特·明顿，凯西·B.马里根，等.芝加哥价格理论［M］.李一杭，戴玉雯，李洋，周琼，译.北京：东方出版社，2021.
2. ［加］杰格迪什·汉达.货币经济学［M］.彭志文，张伟，孙云杰，等，译.北京：中国人民大学出版社，2005：31.
3. 同2：49.
4. 董志勇.行为经济学［M］.北京：北京大学出版社，2005.
5. ［英］A.布朗.当代西方通货膨胀［M］.刘小川等，译.北京：东方出版社，1996.
6. ［英］约翰·伊特韦尔，［美］墨里·米尔盖特，［美］彼特·纽曼.新帕尔格雷夫经济学大辞典(第四卷)［M］.陈岱孙，编译.北京：经济科学出版社，1996：507.
7. 同6：508.
8. 同6：508.
9. ［美］布莱恩·斯诺登，霍华德.R.文.宏观经济学百科辞典［M］.安佳，译.南京：江苏人民出版社，2012：654.

第五部分
交易系统的性质与演化归宿

本部分包含三章内容，分别是交易系统均衡、交易系统效率衰减和交易系统的不完美性。该部分全面总结了交易系统的基本特性，揭示了交易系统演化的重要特征。通过对交易系统演化规律的探讨，交易经济学以特有的方式回答了人类社会面临的终极问题。

通过对均衡概念内涵的理清，我们发现，一般均衡状态是交易系统无数可能状态中的一种，通常情况下难以实现。交易系统更为常见的状态是一般均衡的近似状态——α-均衡。

作为具有生命特征的交易系统，同样遵循所有生命形态共同遵循的演化规律。交易系统必然要经历系统萌发、成长壮大、机能衰减和解体重构的生命全周期。不确定性贯穿于交易系统演化的整个过程，可能在任何一个演化阶段停止发育生长。与此同时，我们还将证明，在交易系统演化后期，由于两极分化导致的资源配置效率衰减将是不可避免的结局。这是交易系统演化唯一可以确定的归宿。

第二十四章

交易系统均衡

均衡是新古典经济学的标志性概念，也是经济理论由古典向新古典进化的重要标志。均衡概念进入经济理论后，人们对经济运行规律的认识有了重大进步，由此也巩固了"无形之手"的信念基础。

本章通过对均衡概念的改造，引入了更贴近实际的 α- 均衡概念和极点驻留概念，证明了交易系统的弱稳定性特征。

24.1 均衡概念

在标准的经济学教科书中，几乎找不到对均衡概念的严格定义，对其描述几乎总是寥寥数语，一笔带过。在经济学家的眼中，均衡概念应该是不言自明的。在司空见惯的力学现象中，均衡概念早已有了生动的现实场景。"经济均衡"被认为是与机械系统中"静止状态"的某种近似物。[1] "在经济学中，当一个经济量在其他经济力量的相互作用下达到一种相对静止状态时，称该经济量处于均衡状态。据此而论，某一种商品的市场价格是该市场上供求双方相互作用的结果。当供求力量达到一种平衡时，价格或价格机制处于相对稳定状态，此时，市场价格就被称为均衡价格，而供求相等的数量被称为均衡数量。"[2] 美国著名经济学家保罗·萨缪尔森在他的经典教材《经济学》中也有类似的表述："市场均衡（market equilibrium）发生在供给与需求力量达到平衡的价格和数量的点上。在该点，买者所愿意购买的数量正好等于卖者所愿意出售的数量，之所以称这一点为均衡是因为当供求力量平衡时，只要其他条件保持不变，价格就没有理由继续波动。"[3]

与效用概念的演化过程相比，均衡概念的情况要简单得多。自 1769 年英国经济学家詹姆斯·斯图亚特首次将均衡概念引入经济学领域以后，经济学家对均衡概念的理解基本上没有发生过太大变化，总体上仍然保持以牛顿力学"平衡"概念为模板的基调。

在方法论上，均衡概念可以划分为局部均衡和一般均衡。局部均衡方法主要以马歇尔为代表，一般均衡方法主要以瓦尔拉斯为代表。局部均衡方法聚焦某个市场或某一交易活动，以其他条件不发生改变为前提；一般均衡是将所有交易活动放置在相互作用、相互影响的交易系统中来求解一项或一个市场的均衡结果。局部均衡方法简化了求解过程，便于实际利用，这也是局部均衡方法为更多人熟悉和应用更为广泛的主要原因。但是，局部均衡在结果的准确性上存在不足，使用局部均衡方法求得的结果只能看作是真实情况的一种近似。一般均衡方法虽然在理论上更为严谨，由于涉及庞大的计算，在处理具体问题时常会显得力不从心。局部均衡与一般均衡各有所长，在具体应用中，相互补充，丰富了经济学的分析手段。

局部均衡方法是马歇尔对经济学的重要贡献。在局部均衡基础上，马歇尔将均衡概念在时间维度上做了进一步细化，提出了"暂时均衡"、"短期均衡"和"长期均衡"的概念。按照马歇尔的定义，所谓暂时均衡是在极短时间内，在严格限定供给总量的条件下，市场实现的均衡状态。暂时均衡价格完全取决于需求总量；短期均衡则是对暂时均衡的限定条件稍有放松，供给方能够根据市场行情的变化对市场做出有限反应；长期均衡则是完全放开供应约束条件，供求双方共同处于自由选择的境况。

引入均衡概念对于研究复杂交易系统具有非常重要的意义。均衡既是交易系统的特殊状态，又是交易系统演化的关键节点。就均衡的定义来看，新古典经济学基本上停留在对均衡结果的描述上，对实现均衡的微观机制基本没有触及，这就造成了现实场景与概念描述的脱节。

以一般性均衡为例，交易系统被分解为产品市场和要素市场两部分。在产品市场上，设有 K 个产品，消费者对产品的需求量 x_i 取决于产品的价格 p_i，并且受到其他产品价格 p_{-i} 的影响。交易系统对每个产品的需求函数可以表述为如下形式：

$$x_i = x_i(p_i, p_{-i}), \quad (i=1,2,\ldots K) \tag{24.1.1}$$

供应商对产品的供应意愿 y_i 同样取决于产品的价格：

$$y_i = y_i(p_i, p_{-i}), \quad (i=1,2\ldots K) \tag{24.1.2}$$

交易系统实现均衡的条件为：

$$x_i = y_i, \quad (i=1,2\ldots K) \tag{24.1.3}$$

由此得到价格 p_i 的 K 个方程：

$$x_i(p_i, p_{-i}) - y_i(p_i, p_{-i}) = 0, \quad (i=1,2\ldots K) \tag{24.1.4}$$

当满足特定条件时，方程组（24.1.4）可以得到唯一的均衡价格。

在生产要素市场上，同样可以找到一组均衡条件。假设要素市场有 R 种要素商品，厂商作为生产要素需求方，对每种要素的需求量 X_j 取决于产品价格和要素价格。需求函数有如下形式：

$$X_j = X_j(P_j, P_{-j}, p_1, p_2\ldots p_K), \quad (j=1,2\ldots R) \tag{24.1.5}$$

家庭作为要素供应方，要素供应意愿 Y_j 取决于要素价格和产品价格，供应函数有如下形式：

$$Y_j = Y_j(P_j, P_{-j}, p_1, p_2\ldots p_K), \quad (j=1,2\ldots R) \tag{24.1.6}$$

要素市场实现均衡，需要满足如下条件：

$$X_j = Y_j, \quad (j=1,2\ldots R) \tag{24.1.7}$$

对于封闭的交易系统，在没有货币参与的情况下，交易系统循环必须满足收入与支出相等的预算约束条件：

$$\sum_{i=1}^{K} x_i p_i = \sum_{j=1}^{R} Y_j P_j \tag{24.1.8}$$

方程组（24.1.4）、（24.1.7）、（24.1.8）表达了简化的瓦尔拉斯一般均衡思想。瓦尔拉斯原初的表达式非常复杂。[4]

市场出清是瓦尔拉斯均衡定义的核心。均衡方程（24.1.4）、（24.1.7）、（24.1.8）也是由市场出清导出的等式条件。这样的定义方法逻辑清晰，特征突出。但是，由于缺少实现均衡的微观机制，这样的均衡定义不能给我们传递太多有关实现均衡的过程信息。瓦尔拉斯也意识到这一点，试图通过引入瓦尔拉斯拍卖人的方法给予弥补，却没能从根本上解决问题，原因是现实中瓦尔拉斯拍卖人并不存在。市场如何让买卖双方迅速达成交易意向，实现市场出清，在新古典经济学的理论框架中仍是一个悬而未决的问题。

引入均衡概念的意图是要找到交易系统的一种特殊状态。在这种状态下，交易系统所有主体均有维持现状的意愿。让我们回到现实交易过程中，如果交易系统的每个交易主体在既定的约束条件下均实现最大预期收益，理性决策者就不会主动改变交易策略。这意味着交易系统要实现均衡态，所有均应实现纳什均衡。由此我们找到了交易系统均衡的宏观状态与主体交易微观状态的联系，为我们提供了重新表述均衡概念的途径：均衡是交易系统的一种特殊状态。在这种状态下，交易系统中所有主体均以最优策略实现有效匹配。在交易局势不变的条件下，没有交易主体愿意改变交易策略。

我们可以证明，重新表述的均衡概念与主流理论均衡概念完全等价。在原有均衡概念中有两个关键要件，分别是交易状态的稳定性和市场出清。交易系统状态稳定体现为价格稳定和交易规模稳定；市场出清体现为市场供需双方的交易意愿得到满足。首先，当交易系统符合重新表述的均衡条件时，由于所有交易主体都实现了约束条件下的最大收益，任何改变都意味着收益的减少，交易主体将维持当前的交易策略，包括交易价格和交易数量。表现在宏观层面上，市场统计价格将维持稳定，交易规模保持不变。其次，当交易系统满足重新表述的均衡要件，意味着所有交易主体的交易意愿得到满足，每个市场必然处于出清状态。由此得出结论：当交易系统满足重新表述的均衡要件时，必然满足主流理论均衡概念的条件。

当主流理论均衡概念要件得到满足时，价格和交易规模处于稳定状态。如果交易系统存在部分交易主体的交易策略没有能够实现有效匹配，必然会调整交易策略，从而可能引起交易系统在价格和交易量上的改变。显然，这与交易系统处于稳定态相矛盾，故当交易系统处于均衡态时，交易系统中的所有博弈必然处在纳什均衡状态上，即每个交易主体均实现了最优策略；当交易系统进入均衡态时，各个市场出清，意味着交易系统所有交易主体的交易意愿在规定时间内得到了满足。上述论证表明，当交易系统满足主流理论均衡要件时，必然满足重新表述的均衡条件。

在重新表述的均衡概念中，所谓有效匹配是指交易主体能够在交易系统中找到交易对象、达成满足意愿的交易，且交易结果符合预期。由于信息成本及约束条件的限制，交易主体在很多情况下只能利用不充分信息进行决策，并非总能够找到符合自身约束条件的交易对象；即使找到了交易对象，也不能保证最终的交易结果完全符合预期。现实中，交易系统要达到所有交易愿望均得到满足的有效匹配状态非常困难，这就需要我们对均衡条件稍做放宽处理，引入新的均衡概念：α-均衡。

24.2 α-均衡

当我们从理论回到现实世界就会发现，交易主体能够实现有效匹配是一件非常幸运的事情，需要满足众多条件，包括合理预期、适配的交易伙伴以及对交易局势的准确判断等。事实上，真正能够实现有效匹配的交易主体，在交易系统中只占一部分比例，我们把这个比例称作交易系统的有效匹配度，用 P_t 表示，具体定义如下段表示。

设 $\{a_i\}_N$ 是交易系统的交易主体集,在时间步 t 上,交易主体 a_i 的交易匹配状态用 p_i 表示。$p_i=0$ 表示 a_i 没有找到交易伙伴实现交易愿望;$0<p_i<1$ 表示 a_i 找到了交易伙伴并实现交易意愿,但没有实现交易预期收益。若用 $v(s)$ 表示交易主体 a_i 实现的实际收益,$e(s)$ 表示预期收益,a_i 的交易匹配度 p_i 的取值由下式给出:

$$p_i=\frac{v(s)}{e(s)} \qquad (24.2.1)$$

在(24.2.1)中,当 $v(s)<0$ 时,令 $p_i=0$;当 $v(s)>e(s)$ 时,令 $p_i=1$。在时间步 t 上,如果交易主体 a_i 没有交易意愿,由于不存在愿望与现实的差距,令 $p_i=1$。

按照上述赋值规定,交易系统的有效匹配度 P_t 由下式给出:

$$P_t=\frac{\sum_i p_i}{N} \qquad (24.2.2)$$

按照定义(24.2.2),若交易系统处于均衡状态,需要满足有效匹配条件,即交易系统有效匹配度 $P_t=1$。同样,若交易系统有效匹配度 $P_t=1$,表明交易系统在时间步 t 上处于均衡状态。由此可见,$P_t=1$ 是交易系统实现均衡的充分必要条件。

根据定义(24.2.2),在每个时间步 t 上,我们都可以计算交易系统的有效匹配度 P_t,从而形成一个随时间变化的有效匹配度序列 $\{P_t\}_t$。这个序列反映了交易系统运行演化的基本特点。

作为有限理性的交易主体,受到有限认知能力的制约及信息不完备的限制,很难达到完美实现交易预期的境界。交易策略越复杂,完美实现预期收益的概率就越低。交易主体实现预期收益的能力与交易势的高低存在紧密的联系。具体讲,交易势阶次越高,实现预期收益的能力就会越强;交易势阶次越低,实现交易预期的能力就会越弱。在交易系统中,交易主体的交易势不可能全部分布在高阶位次上,拥有高阶次交易势的主体所占比例极低,大部分交易主体的交易势均处在低阶次位置上。由此可以断言,有效匹配度 $P_t=1$ 不是交易系统运行常态,更常见的情况则是交易系统有效匹配度 $P_t<1$ 的亚均衡状态,我们称这种状态为 $\alpha-$ 均衡态。

$\alpha-$ 均衡态是交易系统近似于均衡的状态,此时,交易系统的有效匹配度满足 $\alpha\leqslant P_t<1$ 条件。当交易系统进入 $\alpha-$ 均衡态时,虽然交易系统中仍有占比达到 $1-\alpha$ 的交易主体没能实现有效匹配,由于它占比较小,不足以对市场格局构成显著影响,交易系统依然保持价格稳定、市场近似出清的格局。由于交易系

统演化呈现阶段性特征，每个交易系统在不同时期的临界参数 α 会有不同的取值。α 作为交易系统的结构性参数，与交易系统的其他结构参数有着密切的内在联系。以自然失业率为例，自然失业率越高，交易系统的 α 值就越小；反之，自然失业率越低，α 取值就会越高。

当交易系统有效匹配度 $P_t < \alpha$ 时，由于没有实现交易意愿的主体在整个系统中的占比多到了足以影响市场格局的程度，这部分交易主体在时间步 $t+1$ 上会调整交易策略；这种主动寻求改变的力量将会对交易系统运行状态形成冲击，进而引发已经获得有效匹配的交易主体的反应，导致整个交易系统的变化。经过一部分交易主体的主动调整及剩余主体的响应过程，交易系统将会重新回归 $\alpha-$ 均衡状态。

应当指出的是，当交易系统经过自发调整重新回归均衡状态时，通常不再是原来的均衡点，无论是价格还是交易量，都会发生变化。交易系统正是在这样偏离、回归的往复震荡中实现演化与发展。我们把交易系统经过自发调节重新回归均衡态的时间长度，称作交易系统的均衡周期，用 T_α 表示。交易系统的均衡周期 T_α 是反映交易系统结构特征的重要参数。由于不同演化阶段的交易系统以及不同交易系统呈现出结构性差异，这些差异均会表现在均衡周期 T_α 的长度上。总体来讲，交易系统进化层级越高、交易主体的综合素质越好、交易系统内部的信息分布越均匀，交易系统的均衡周期 T_α 就越短，体现为交易系统的韧性越强。

交易系统的均衡周期 T_α 是一个不稳定变量。回归周期的长短取决于交易系统偏离均衡的程度，有效匹配度 P_t 偏离 $1-\alpha$ 的程度越大，均衡周期 T_α 所需要消耗的时间就会越长。当交易系统的有效匹配度 P_t 低于某个临界值时，交易系统自发恢复均衡的能力就会遭到破坏，形成一种奇特的现象——极点驻留。此时，均衡周期就会趋于无限大，即 $T_\alpha = +\infty$。

24.3 极点驻留

任何稳定系统均具有自我调节、回归平衡点的能力，但这种自发平衡的能力是有限度的。一旦超出了限度，系统将丧失自我调节的能力，长期滞留在远离平衡的状态上。我们将系统丧失自我调节能力的临界点称为系统的极限点，滞留在远离平衡的状态称为极点驻留状态。交易系统同样存在系统承受的极限值，我们用 β 表示这个极限值。当系统有效匹配度 $P_t < \beta$ 时，交易系统将丧失自发调整的能力，在没有外生力量的辅助作用下，交易系统在短时内无法自动回归均衡状态。

交易系统陷入极点驻留状态的微观机制源自流动性悖论，即在特定条件下，由于交易活动与流动性互为前提的逻辑困局。在货币交易条件下，交易活动以流动性为前提，而生成流动性的现金流又来自交易。交易与流动性之间的嵌套关系，正是出现流动性悖论的关键所在。这与"鸡生蛋、蛋生鸡"的母子悖论具有完全相同的性质。以交易活动的一种形态——消费行为——为例，消费需要以收入为基础，当收入下降时，消费需求随之下降；消费下降的结果将导致企业生产规模减缩，而企业生产规模下降，又会导致消费者收入的进一步下降，形成逻辑循环。凯恩斯发现了交易系统中存在这种互为因果的逻辑嵌套关系，由此提出了需求管理理论。

流动性悖论所引发的极点驻留状态，只有在特定条件下才会出现。具体讲，当交易系统的有效匹配度 $P_t < \beta$ 时，过低的交易匹配度造成大量交易无法实现，随着流动性消耗殆尽，大量交易主体就会面临资产负债表破损的境况，迫使交易主体退出交易系统，导致交易网络碎片化；交易系统循环被流动性"锁死"，呈现出死气沉沉的"超稳定性"。在没有外部力量介入的情况下，交易系统无法摆脱驻留状态。

极点驻留所导致的"稳定"现象与均衡态的稳定状态十分相像，但两者有本质上的不同。均衡态是交易主体实现收益最大化的结果，各类资源得到充分利用，而极点驻留却是交易主体无奈的结果。交易主体能够选择的空间被极限压缩，交易系统资源被大量闲置浪费。由此可见，极点驻留是一种伪均衡态，所呈现的超级"稳定"与均衡稳定分别处于交易系统运行态分布区间的两端。

导致交易系统陷入驻留状态的常见原因是各类突发危机事件，包括金融危机、经济危机、货币危机、供应链危机、重大公共健康危机等。这些事件会对交易系统的正常运行产生重大冲击，导致交易匹配度大幅下降。2019 年末爆发的全球新冠肺炎疫情是典型的重大公共卫生安全危机，由此造成经济活动大范围停摆，大量企业由于现金流枯竭倒闭，众多家庭面临财务困境。在这种情况下，如果政府没有有效的救助扶植措施，经济必然陷入极点驻留的停滞状态。

应当说明的是，极点驻留与市场失灵是两个不同的概念。市场失灵是指交易主体受到特定限制导致市场无法有效配置资源的情况，而极点驻留则是更为极端的情况，交易系统陷入基本瘫痪状态，交易系统配置资源的能力遭到严重破坏。

24.4 均衡点位移

理论上讲，交易系统均衡对应着交易系统的稳定态，但并不意味着交易系统进入相对静止的状态，交易系统的均衡态包含自我否定的力量。每一次交易都会导致交易主体的会计矩阵变异，这就意味着交易主体 a_i 在时间步 $t+1$ 上的会计矩阵 A_{t+1} 与上一个时间 t 上的会计矩阵 A_t 必然产生变化。会计矩阵是交易主体构筑交易策略集的基础，会计矩阵的改变必然引起交易主体的策略集变化。在这种情况下，时间步 t 上的均衡策略与时间步 $t+1$ 上的均衡策略注定有所变化，所形成的均衡点也不一样，从而形成交易系统的均衡点自发移动，而不是来自外部扰动的结果。

交易系统的均衡点，可以在价格与交易量所构成的坐标系中给予描述。根据交易基，我们可以计算交易系统的价格指数。由此得到的价格指数类似于 GDP 平减指数；交易量指标比较直观，将所有交易加总即可得到交易系统在时间步 t 上的交易量。用 P 表示交易系统的价格指标；用 Q 表示交易系统在时间步 t 上的交易总量指标。交易系统的每个均衡态都会在 $P-Q$ 坐标系上对应一个点。

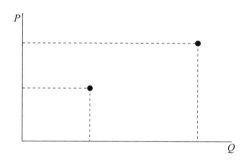

图 24.4.1　交易系统均衡坐标示意图

随着时间步 t 的演进，交易系统均衡态持续移动，在 $P-Q$ 状态空间上将会画出一条轨迹线，我们称这条轨迹线为交易系统的均衡轨迹线。

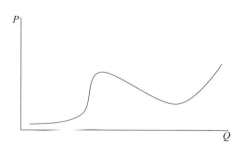

图 24.4.2　交易系统均衡轨迹线

由于均衡轨迹线描述的是交易系统处于均衡状态下演化生成的轨迹线，代表着交易系统在既定约束条件和既定制度规则之下，最大限度地利用各类资源的结果，是最优的演化路径。

应当看到,交易系统的均衡轨迹线并非总能保持上升态势。交易系统的运行存在各种可能性,既有扩张的可能性,也有萎缩的可能性。核心是交易主体资产负债表的总体变化趋势。

由于交易系统的均衡点是由大量交易主体最优策略合成的结果,交易系统在任意时间步 t 上实现均衡点的存在性和唯一性取决于交易系统中每次博弈均衡的存在性和唯一性。博弈论研究证明,任何博弈都存在纳什均衡;如果无法找到纯策略的纳什均衡,则必然存在混合策略的纳什均衡。但在唯一性方面,答案则是否定的,有些博弈会同时存在几个纳什均衡结果。由此可以推断,在时间步 t 上,交易系统存在多个可能的均衡点,从而导致交易系统一定程度上的不确定性,这就意味着我们完全无法准确地预测交易系统在时间步 $t+1$ 上的运行状况。当我们回到现实中时,必须面对两个现实:一是所有交易主体均存在交易约束条件,必须在约束条件内进行选择;二是受到信息不完备制约和交易局势的不确定性限制,所有交易主体均存在决策路径依赖性。在上述两个制约因素的约束下,每个交易主体的最优交易策略几乎是唯一的,即使少数交易主体存在多个占优交易策略,经过交易系统内部的相互抵消作用,在交易系统最终合成的均衡结果上几乎是唯一的。我们之所以用"几乎唯一"的判断,是由于无论约束条件,还是决策的路径依赖存在,它们对交易主体决策行为产生影响的前置条件是交易局势保持稳定;但交易局势与交易主体决策之间存在相互影响的逻辑嵌套关系,这就阻止了我们直接得出交易系统均衡唯一性的结论。

由于交易系统正反馈机制的存在,即使没有外部扰动因素的作用,处于均衡状态的交易系统仍然可以自动偏离均衡,这是交易系统区别于物理系统的关键所在。这种差别的根源来自交易主体的能动性以及信息不完备下的决策机制。以房地产市场为例,房地产泡沫可以在交易系统的均衡态中演化出来。2007—2017年的十年间,中国房地产市场经历的严重泡沫化现象就是典型案例。2007年以前,中国房地产市场处于平稳发展状态,虽然房价在2005年之后有所上涨,但涨幅相对平稳。进入2007年之后,经历了两年上涨的房价继续上涨后,人们对房价的预期开始逐渐形成。事实上,房地产市场的变化不仅仅来自交易主体的心理预期层面。2007年,中国经济已经高速增长长达七年时间,平均增长速度达到9.3%。经济增长带动城市化进展加速,随之带来对城镇住房需求的迅猛增加。在这种情况下,全国各地的房价开始快速上涨。住房需求、货币供应、房价预期、土地价格之间形成了当量巨大的交易环,推动中国经济偏离均衡状态,出现过热现象。当年经济增长速度高达13%的水平,通货膨胀指数CPI达到4.8%的高位,而2006年CPI指数仅为1.3%,两者差距达到3.6倍。

应当说，并非偏离均衡轨迹线都是不好的现象。短时间、小幅度的偏离不仅是经济运行的常态，同时也可能有利于经济加快增长速度，导致交易系统偏离均衡的市场可能成为经济增长的动力之源，处于经济增长极的位置上。回顾中国经济在2000—2010年的增长历程，在2004年、2005年和2006年的三年中，尤其是2006年，经济明显在偏离均衡的轨迹上运行，但总体来看经济运行平稳，通货膨胀温和，国际收支保持双顺差，经常账户顺差2 499亿美元，资本账户顺差为100亿美元。财政收支基本平衡，其中财政收入3.93万亿元；财政支出为4.02万亿元，当年财政赤字率仅为1.6%，远低于一国财政赤字警戒线3%的水平。从各方面来看，2006年的中国经济取得了非常亮眼的成绩，增长速度达到11.6%的水平，相对于2000—2005年平均增长速度8.97%高出2.63个百分点。2007年的情况就发生了变化，交易系统对于均衡轨迹线的偏离幅度更大，当然增长速度也更高，当年GDP增长速度达到13%的惊人高度，明显超出了交易系统能够承受的范围，物价上涨速度开始加快，资产泡沫化倾向明显，房地产贷款在当年新增贷款中占比快速提高，对实体产业形成挤压。由此可见，对交易系统均衡态的大幅偏离，不利于经济长期健康发展。经济最优发展路径应当是围绕交易系统的均衡轨迹线小幅波动，如下图示意：

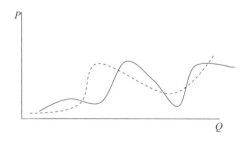

图24.4.3　交易系统演化轨迹

在图24.4.3中，实线表示交易系统真实运行轨迹线，虚线表示均衡轨迹线。

根据导致有效匹配度下降的动因划分，交易系统的失衡可以分为供给侧失衡和需求侧失衡两种基本类型。在每种类型中，根据变量失衡的方向不同又可以分为扩张型和收缩型两类。以此分类，交易系统偏离均衡的情况总共有四种类型，分别是供给扩张型偏离、供给收缩型偏离；需求扩张型偏离和需求收缩型偏离。

四种失衡类型在交易系统运行中呈现不同的表象。供给扩张性失衡，在宏观层面上表现出物价下降，在此刺激下需求保持旺盛，经济增长保持强劲。2001年中国加入WTO以后的相当一段时间，以美国为代表的经济体所经历的就是这种类型的经济状况。此类失衡中的交易系统容易恢复均衡，对经济增长几乎不会产生负面影响。

供给收缩型失衡的情况刚好相反。由于供应链突然产生波动，无论发生在哪个领域，都会迅速向整个交易系统传播，出现物价上涨，需求紧缩，经济陷入滞涨。2022年俄乌冲突导致石油、天然气、粮食供应突然减少，欧美等主要经济体遭遇40年未遇的高通货膨胀，欧盟国家最高通胀率超过10%，美国的最高通胀率接近9%；而非洲国家遭受粮食危机，经济增长速度放缓。

需求扩张型失衡的主要表现是通货膨胀。在需求扩张的刺激下经济会呈现增长速度加快态势，甚至会出现经济过热的现象。除了通货膨胀外，需求扩张性失衡还可能导致金融风险的集聚，2008年美国次贷金融危机就是由低利率诱发的需求扩张型失衡所导致的。

需求收缩型失衡的主要表现是通货紧缩、经济增长停滞或经济萧条。这类情况通常会出现在大危机之后，20世纪30年代美国经济的大萧条是典型的代表。

为了便于归纳，我们不妨将上述结论放置在矩阵中观察：

表24.4.1　经济失衡分类

类别	供应型失衡		需求型失衡	
	供应扩张	供应收缩	需求扩张	需求收缩
表征	价格下降，需求平稳，经济增长速度保持不变。	物价上涨，需求下降，经济增长速度放缓。	物价上涨，供应有所增加，经济增长速度加快。	物价下降，供应有所减少，经济增长速度下降或停滞。
机制	在需求没有相应增加的情况下，供应增加必然导致物价下跌。需求方在预算约束变化的情况下，会稍微增加消费。表现在经济增长上为增速维持原有不变或稍有加快。这类情况在食品市场上经常出现。	虽然引起经济失衡的主要因素是供应减少，当价格上涨后，消费者的自然反应必然是减少消费，最终实现的实际交易量必然有所减少。	供给调整必然滞后与需求扩张，在价格上涨后，供应方会有所响应，从而带动实际交易量增加，经济增速加快。	需求下降后，首先出现价格下降，供应方随后做出反应，调低供应量，供求双方收缩必然导致经济增速放缓，甚至出现经济衰退。

从上述分型矩阵可以看出，无论是供应侧失衡还是需求侧失衡，都会在价格上有所反应。两种类型的失衡都会导致价格上涨和下跌。两种失衡类型的根本不同在于价格与经济增长的关系上。供应侧失衡表现出物价变动与经济增长速度的反向关系。物价上涨，经济增长速度下降；物价下降，经济增长速度维持不变或稍有加快。对于需求侧失衡，物价上涨与经济增长呈现同向关系，即

物价上涨，经济增速加快；物价下跌，经济增速下降。

为了更透彻地观察两类失衡的经济规律，我们将其放置到坐标系空间上。用纵轴代表供应方，横轴代表需求方：

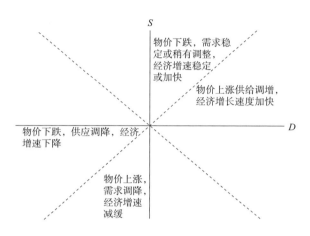

图 24.4.4　宏观形势分区示意图

在图 24.4.4 中，由供给 S 轴和需求 D 轴构成的坐标系第一区间代表扩张态势；第三区间代表收缩态势。在第一区间 45 度分界线上侧区域代表供应扩张，分界线下侧区域代表需求扩张。在第三区间分界线上侧代表需求收缩；分界线下侧代表供应收缩。整个供求坐标空间分别由一、三区间分界线和二、四区间分界线分成四个区域。观察四个区域的情况，我们不难发现，在一、三分界线上侧，无论是在第一区间还是第三区间，均表现出物价下跌的现象；分界线下侧，一律表现出物价上涨的现象。在二、四分界线上侧，主要是分布在第一区间上的两种情况，均表现出经济增长速度加快的特征；在分界线下侧，即第三区间上的两种情况，均呈现经济增长速度下降的态势。基于这个规律，我们将一、三分界线称为物价分界线；二、四分界线为增长分界线。综上分析，我们可以概括出如下规律：当交易系统进入物价线上侧区域，物价呈现下跌态势；当交易系统进入物价线下侧，物价呈现上涨态势。当交易系统进入增长线上侧区域，经济增速呈现加快态势；当交易系统进入增长线下侧区域，经济增速呈现下降态势。

24.5　交易系统弱稳定性

在交易系统的演进过程中，有效匹配度 P_t 呈现随机游走的状态，其中 α、β 两个参数扮演非常关键的角色。当 $P_t > α$ 时，交易系统进入 α–均衡态，交易系统的各主要特征指标，包括价格指标、交易量指标以及市场结构指标等呈现相对稳定的态势。α-均衡态具有自我维持的特性，在没有大量外部冲击的条件下，能够持续维持交易系统的稳定。当 P_t 越过 α 边界，进入 $\beta < P_t < \alpha$ 区间，便开始了震荡状态。在此状态下，相当数量的交易主体没有实现交易意愿或交易预期，他们不会甘于维持现状，会不断尝试寻找自己的最优交易策略，这个过程必然引起交易系统的一些指标发生较大变化，直至交易系统重回 α-均衡状态。

当有效匹配度 P_t 下降的幅度超过交易系统的极限边界 β，就会进入另一种状态，即极点驻留状态。在处于极点驻留状态时，交易系统主要指标呈现持续恶化的态势，进程可能十分缓慢，以至于表象上非常接近交易系统的稳定态。只有在经历长时间的盘桓或在外生力量的作用之下，交易系统才会脱离极点驻留状态。

根据上述分析，交易系统有效匹配度 P_t 的随机游走过程可以用图显示如下：

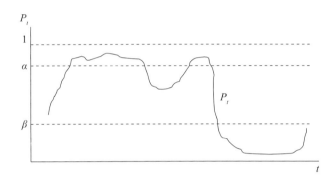

图 24.5.1　交易系统匹配度 P_t 的随机游走过程

在交易系统的演化进程中，均衡周期 T_α 作为反映演化特征的重要参数，对 α、β 同样具有明确的反应：

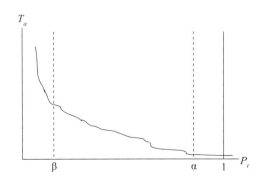

图 24.5.2　均衡周期 T_α 分布曲线

在图 24.5.2 中，实线代表均衡周期 T_α 的变化走势，当 $P_t \in [\beta, \alpha)$ 时，均衡周期 T_α 具有有限取值，这意味着在有限时间内，交易系统经过自发调整，重新回到均衡状态上。均衡周期 T_α 在 $[\beta, \alpha)$ 上呈现下斜特征，表明交易系统对均衡态的偏离度越大，重新回归均衡态所需要的时间就越长。当 $P_t \in [0, \beta)$ 时，意味着交易系统进入驻留区间，均衡周期 P_t 将迅速拉长，甚至达到无限大的地步，呈现极点驻留态被"锁定"的特点。由于均衡周期 P_t 代表交易系统重回 α – 均衡态的时间，当 $P_t \geq \alpha$ 时，意味着交易系统已经处于均衡态上，故有 $T_\alpha = 0$ 的结果。

交易系统极限点 β 是系统重要参数，反映了交易系统维持稳定性的极限能力，其大小取决于交易系统的稳健程度。交易系统的稳健性是交易主体资产负债表的整体健康程度的反应，包括资产负债率是否处于合理区间、资产负债表的流动性以及现金流和盈利能力等指标情况。理论上讲，交易系统的稳健程度越高，交易系统承受冲击的能力就越强，能够承受的有效匹配度 P_t 震荡的幅度就越大，反映在 β 上取值就越小。

各类救助机制以及交易系统内部风险分担机制在一定程度上同样能够影响交易系统极点位置。对于拥有完善危机救助机制和高效风险分散机制的交易系统，交易主体抵御风险的能力就会更强，这些机制能够有效地化解和吸收一部分外部冲击对交易主体资产负债表的破坏性，从而增强交易系统的韧性。

从演化的角度看，随着交易主体风险管理能力增强，金融市场提供的风险分散和风险规避的手段日益丰富，以及宏观审慎管理和调控机制的完善，交易系统的韧性在持续不断地增强，交易系统的极点位置将会持续下移。这一点早已被现代社会的发展成就所印证。

对比发达经济体与发展经济体，交易系统的韧性有明显差异。总体上讲，经济越是发达，交易系统的韧性就越强，交易系统的极点位置就越低。发展经济体的交易系统，无论是在交易主体对资产负债表管理技能以及在资产负债表健康程度上，还是宏观审慎管理和宏观调控能力方面，都处于尚不完善的状态，交易系统比较脆弱，交易系统极点位置也比较高，比较容易在外部冲击或突发事件的影响下陷入危机。

综合以上分析，我们可以对交易系统稳定性得出结论：交易系统是弱稳定系统，在有效匹配度 $P_t \geq \beta$ 的条件下，交易系统具有稳定性特征，具有吸收外部扰动的能力。当系统偏离均衡状态时，经过自发调整能够重新回到均衡状态。但是，在外部冲击强度过大、有效匹配度 $P_t < \beta$ 时，交易系统将丧失自我调节

的能力，陷入极点驻留的"锁定"状态，远离均衡点。这就是交易系统弱稳定性特征的内涵。

注释

1. ［美］道格拉斯·盖尔.一般均衡的策略基础——动态匹配与讨价还价博弈［M］.韦森，译.上海：格致出版社、上海人民出版社，2008：37.
2. 吴易风，刘凤良，吴汉洪.西方经济学［M］.北京：中国人民大学出版社，1999：30.
3. ［美］保罗·萨缪尔森，威廉·诺德豪斯.经济学（第十八版）［M］.萧琛.译.北京：人民邮电出版社，2014：46.
4. 何正斌.经济学300年（第二版）［M］.长沙：湖南科学技术出版社，2009：190-191.

第二十五章
交易系统效率衰减

资源配置是交易系统的基本功能，交易系统资源配置效率是衡量交易系统进化的关键指标，也是形成国家核心竞争力的关键因素。我们将要证明，伴随着交易系统演化，交易系统资源配置效率在经历了持续上升的过程后，又会逆转演化方向，呈现效率衰减的态势，进入完整进化周期的后半程。这是交易系统演化无法抗拒的必然规律。

25.1 交易系统效率最优条件

交易系统的均衡态是所有交易主体均能实现交易意愿的状态。由于交易主体认识能力和信息方面的限制，即使交易系统处于均衡状态上，仍然可能存在增进收益的空间。若要均衡态达到帕累托最优，交易系统就不应当存在交易意愿受限，不应存在决策错误，更不应存在资源闲置或者潜力利用不足的诸多情形。这就要求交易系统满足三方面的条件：完全竞争、完全信息和完全理性。所谓完全竞争是指交易系统中每个交易主体都能够按照自己的意愿进行决策和交易，不会受到来自政府的限制和竞争对手或其他交易主体的压制。同时，也不存在不平等的约束条件。完全信息是指不存在信息不对称的情况。交易决策以信息为基础，只有以充分完备的信息作为支撑，才不会出现交易失败。完全理性是指交易主体在完全信息的基础上拥有足够强大的利用信息和处理信息的能力，不会误判交易局势，不会决策失误。

上述三个条件，均包含"完全"的限定语，英文中对应 complete。因此，我们可以将它们概括称为均衡态满足帕累托最优的 3-C 条件。交易 3-C 条件分别从交易主体的决策状态、信息条件和决策能力三方面进行规定，保证了交易系统在效率最优状态上运行。

在满足交易 3-C 条件下，处于均衡态的交易系统满足帕累托最优。首先是市场处于完全出清状态，而且每个交易主体都处于收益（或效用）最大化状态。由于是交易主体自愿交易的结果，交易系统无法在不降低或减少其他交易主体收益的条件下增加另一个交易主体的收益，将没有主体愿意改变现状。

帕累托当年同样提出了达到最优的三个条件，分别是交易条件、生产条件、交换与生产综合条件，其本质是交易系统的所有参与主体均能够实现自己的最大效用和收益。消费者实现对所有消费品的边际效用相等、生产者实现所有投入品的边际转换率相等、在消费者与生产者之间，消费者边际替代率与生产者者的边际转换率相等。若三个条件同时实现，意味着交易系统达到资源配置的最优化。

3-C 条件与帕累托三个边际条件相同，也是以交易主体实现最大化收益为中心，所设置的条件是交易主体能够充分发挥潜能和禀赋。只有当交易系统中每个交易主体均能够充分发挥自身潜能，充分利用自身禀赋实现最大化收益，才能说交易系统达到整体效率最优。这是帕累托最优的核心思想。3-C 条件与帕累托边际条件所不同的是话语体系。3-C 条件采用了博弈论语言，更为直观，容易理解及核实；帕累托边际条件采用了边际主义话语体系，有较重的数学分析色彩，但比较抽象，在实际检验中操作难度较大。

福利经济学提出了不同于帕累托边际条件的 6 项条件：（1）经济信息完全充分和对称性假设；（2）完全竞争市场假设；（3）规模报酬不变或递减假设；（4）不存在外部效应假设和公共物品假设；（5）交易成本可以忽略不计假设；（6）经济当事人完全理性假设。上述 6 项条件处于不同的逻辑层级上，譬如规模报酬不变或递减假设，是为了避免出现市场垄断，破坏完全竞争市场条件。因此，处于条件（2）的上层，属于进一步加强的条件，从最终结果看，已经包含在条件（2）中，可以剔除。

设置不存在外部性和公共物品的前置条件，是为了满足帕累托最优的要求，即在不降低其他人福利的情况下，不可能增加任何人的福利。由于公共产品的共享特性，一个人从公共产品的使用中增加福利，并不以降低其他人的福利为前提。以道路为例，一个人的通行，通常情况下并不会影响另一个人的通行。但事实上，公共产品使用同样会产生成本，并不会因为在大街上行走不需要付费，人们就会一整天在大街上闲逛。在交易经济学的话语体系中，交易主体进行决策时，会充分权衡不同的策略的成本与收益，对交易全局进行通盘考虑。交易主体除了受到流动性约束和管制约束之外，还必须面对时间的稀缺性约束，毕竟每个人的生命都是有限的。由此可见，该条件同样可以省略。

设置条件 5，是为了实现交易系统瞬时调节的结果，以此保证交易系统始终处于均衡状态，与帕累托最优本身并没有直接的关系。按照条件（5）的要求，现实中根本没有实现帕累托最优的可能性。这显然是不符合事实的，即使交易成本存在，甚至交易成本很高，通过交易主体的相互博弈，同样可以实现最优的资源配置结果，这是纳什均衡存在性所决定的。

由此可见，3-C 条件是福利经济学 6 项条件的简化表述。即便如此，要满足 3-C 条件仍然十分困难。一般情况下，交易系统无法满足帕累托最优的要求。

首先是完全竞争的条件无法满足。现实中，交易主体拥有大小不同的交易势，而且交易势差距会随着交易系统的演进不断扩大，这就决定了交易主体之间根本不可能完全平等地开展竞争。此外，政府对于经济活动的监管和管制是不可避免的，无疑会对交易主体的交易行为形成刚性约束。譬如，政府对居民购买房屋的限制、监管机构对银行资金投向的监管要求等，都会对交易系统运行产生不容忽视的影响。

其次是完全信息条件无法满足。信息不对称是人类社会的基本特征，这不仅是由于信息成本约束造成的结果，更主要是由人类认知特点决定的。交易主体既是信息需求主体，又是信息供给主体，逐利动机决定了人们对信息供给进行有意的控制，以此达到有利于自己的目的。这就产生了交易主体的信息角色悖论：作为信息需求者，人们希望获得尽可能全面、真实的信息；作为信息供给者，人们希望有效控制信息，实现自身利益的最大化。追求收益最大化的交易主体，永远无法消除这种信息悖论，我们的世界也永远无法消除信息不对称性。

最后是完全理性条件无法满足。无论是处理信息方面，还是控制情绪方面，人类的能力均是有限的。面对瞬息万变的交易局势及大爆炸的信息流量，拥有有限理性的交易主体无法保证决策的绝对正确。事实上，在处理信息能力上，人与人的差距是巨大的，这就决定了现实中的交易系统，无法满足完全理性的条件。

上述分析表明，通常情况下，处于均衡状态的交易系统不能满足帕累托最优标准，最多只能是帕累托最优的逼近或近似。与帕累托最优的距离取决于现实与 3-C 条件的差距，现实差距越大，交易系统与帕累托最优的差距就越远。对于没有达到均衡的交易系统，与帕累托最优的差距就会更远。若用 η_t 表示交易系统在时间步 t 上能够达到帕累托最优效率的程度，用 k 表示交易系统综合满足 3-C 条件的程度，用 P_t 表示交易系统在时间步 t 上的有效匹配度，则有如下关系：

$$\eta_t = kP_t \tag{25.1.1}$$

在（25.1.1）式中，k 是交易系统的结构性参数，是交易系统规则和制度效能的反映，我们称其为交易系统的结构效率因子。k 取值越大，表示交易系统的效率越高。当 $k=1$ 时，表示交易系统处于完全理性状态，能够达到帕累托最优的效率标准。作为交易系统的结构参数，k 的取值在较长时间内相对稳定，可以作为常数处理。k 在 0 到 1 的开区间上取值，即 $0<k<1$。

当交易系统处于均衡态时，有效匹配度 $P_t=1$ 时，此时交易系统实现的效率比 η_t 为：

$$\eta_t = k \tag{25.1.2}$$

式（25.1.2）表明，交易系统的制度安排是决定交易系统效率高低的关键因素。这是一个非常重要的结论，说明制度安排在经济发展中扮演至关重要的角色。过高的交易成本、缺乏激励效力的制度安排将会成为交易系统效率释放的主要障碍。这就解释了为什么不同国家之间存在巨大发展鸿沟的现实。在世界经济日益走向全球化竞争的今天，效率是国家竞争力的基础，失去效率优势，将会失去经济发展的机会。

影响交易系统效率因子 k 取值的因素来自三个方面。首先是制度，包括市场管理制度、收入分配制度、税收制度、所有权制度及财产继承制度等。这些制度直接影响收入分配和财富占有的合理性、激励机制的有效性等方面。其次是交易主体的素质。交易系统配置资源效能源自所有交易主体的决策判断能力，因此，交易主体的教育素质是交易系统效能的基础。总体上讲，公民受教育程度越高，认识能力就会越强，也就越能够充分利用所拥有的资源禀赋实现最大化收益，交易系统配置资源的效能也就越高。最后是营商环境。良好的营商环境是交易主体形成稳定预期的先决条件。在动荡不安、充满欺诈的营商环境中，无论交易成本，还是交易风险都会很高，交易系统也就不可能实现高效资源配置。

纵观世界各国的经济发展情况，普遍遵守着一个基本规律：经济发达的国家，在上述三个方面表现较好，无论是制度设计的激励相容性，还是公民的教育素质和市场秩序都会有比较优异的表现；而经济落后的国家则相反，在制度安排上存在效率低下、激励相容性差的情况，制度性交易成本高。在教育方面，普遍存在受教育程度低，文盲率高，大量人力资源处于闲置浪费状态。在市场秩序和交易环境方面，由于司法效能低下，各类侵权得不到惩处，犯罪成本很低，交易风险较高。

在现实中，交易系统很难达到 100% 的交易匹配度，通常只能实现 α-均衡状态，即有效匹配度 P_t 进入大于 α 的区间 $\alpha \leqslant P_t < 1$。在这种情况下，处于均衡状态的交易系统所能实现的效率比为如下水平：

$$\eta_t \approx k\alpha \quad (25.1.3)$$

通常情况下，交易系统实际资源配置的效能远远不能达到帕累托最优的水平。如果存在较为严重的制度性障碍，就会出现交易系统低效远行状态，这在现实世界中不乏案例。非洲一些欠发达国家的情况正是如此，譬如马拉维、布隆迪、尼日尔等国家的情况。

应当说明，上述关于交易系统均衡态与帕累托最优关系的结论并没有否定福利经济学的基本定律，即在满足完全竞争的条件下处于均衡态的交易系统能够实现资源配置的帕累托最优效率。不过，我们随后将会证明，交易系统的自发演进的结果是交易势的两极分化，既包括财富占有和收入分配的两极分化，也包括市场竞争力的两极分化。社会分层和市场垄断将是无法避免的结果，必然走向偏离帕累托最优的轨道。这就表明，交易系统是一个不能自守的系统，在交易系统的演化进程中，呈现出鲜明的阶段性特征。不同演化发展阶段，交易系统制约资源配置效率的问题各具特点。总体而言，交易系统演化进程越是靠后，越是需要借助政府干预和制度安排上的改革与完善，越需要对交易系统施加外部约束，但这又与交易系统实现帕累托最优的 3-C 条件相违背，这正是交易系统自身矛盾性的重要体现。

25.2 交易经济学社会福利函数

阿罗不可能性定理让社会福利函数一度陷入逻辑困境。阿罗不可能定理表明，不存在任何社会福利函数能够同时满足在包含多项备选项的集合上建立合理有序规则的各项条件。换言之，我们不可能建立符合所有独立决策主体标准的福利函数[1]。我们必须放弃将社会群体视为理性决策主体的观点，放弃建立选择意义上的社会福利函数。阿罗不可能定理表明，社会群体作为众多成员构成的整体从本质上具有非理性特征，这是价值标准人际差异的必然结果。

在这样的认知背景下，我们需要将社会福利函数看作是交易系统的输出结果。通过对各种可能结果的对比，得到关于交易系统资源配置效率的评判。即便如此，我们依然无法逃避有关价值取向的问题。正因为如此，人们总是很难在社会福利函数的形式上达成一致共识。不同的价值观在公平与效率平衡点的选择上存在很大差异。应当看到，效率与公平之间的矛盾仅仅存在于小的时间维度上。一旦将此问题放置在大尺度时间坐标轴上，公平与效率之间貌似尖锐的矛盾便会立即烟消云散。

从长期来看，一个严重两极分化的社会是不可持续的。不仅存在系统崩溃的风险,从效率的角度看,还存在大量交易主体潜能受到抑制的情形,作为交易系统最宝贵的资源——交易主体的潜能——被闲置浪费。一旦我们将主体视作交易资源的一部分,公平与效率便统一起来,成为维持交易系统高效运行缺一不可的两个方面。

交易潜能是指在既定技术条件和经济发展水平下,交易主体所有禀赋被充分利用的状态。在这种状态下,交易主体能够在最大可能交易策略集上实施交易。

交易经济学的社会福利函数以可持续发展为目标,以充分发挥交易主体潜能为标准,以交易策略集为工具构建的福利函数。

假设 $\{a_i\}$ 为交易系统的容量集,S_{it} 为任意交易主体 a_i 在时间步 t 上的交易策略集,$E(S_{it})$ 为交易策略集 S_{it} 上实现的最大预期收益值,W_t 为交易系统在时间步 t 上实现的社会福利值,其定义如下:

$$W_t = \sum_{i=1}^{N} E(S_{it}) \qquad (25.2.1)$$

如果交易系统在最优状态上运行,即充分利用包括交易主体在内的一切资源潜能,所实现的社会福利为社会福利边界,记为 W^*。处于最优状态的交易系统,交易主体需要充分发挥自身潜能,交易活动在最大可能交易策略集 S_{it}^* 上进行。现实通常无法达到这样的水平,即 $S_{it} \subset S_{it}^*$,此时 $W_t << W_t^*$。用图显示两者的关系如下:

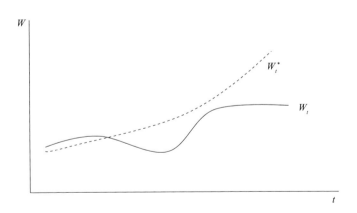

图 25.2.1 交易系统运行状态

$W_t^* - W_t$ 越大,表明交易系统资源浪费越严重,资源配置的效率也就越低。导致交易系统效率低下的原因是多方面的,既可能是制度落后的原因,也可能是两极分化严重的结果。

与其他社会福利函数相比,交易经济学福利函数有明确的价值单位。这表明了一个基本的价值理念,即社会福利是建立在价值创造基础上。

25.3 交易系统潜在最优状态

帕累托最优可以有多种不同的表述,通常表述为,在一种经济状况下,如果没有一种方法在不使任何其他人境况变坏的前提下,使某(些)人的境况变得更好,即表明在既定生产技术和偏好结构下,资源配置达到最优状态。[2]

用交易经济学的语言表述的帕累托最优如下:在一个交易系统中,如果每个交易主体在既定约束下,充分运用了交易资源,并实现了约束条件下的最大收益,则称交易系统处于资源配置的帕累托最优状态。

毫无疑问,如果接受既定现实,交易系统资源配置的效率不可能超越帕累托最优的标准。但是,如果考虑到现实中可能存在不合理的制度及由此导致的不合理分配现状,帕累托最优仍然存在改进的空间。

要检验交易系统在资源配置中的效率,不能预设现有状况的合理性或有效性,而是要看交易系统的运行是否能够充分调动所有资源,充分发挥所有资源的潜能,包括交易主体的人力资源潜能。在此原则下,资源配置的有效性判据应当是:交易系统中每位交易主体是否能最大限度地利用了交易潜能。基于上述观点,交易系统潜在最优的概念表述如下:

在既定的技术水平下,当且仅当所有交易主体都能实现交易潜能,我们称交易系统处于资源配置的潜在最优状态。

与帕累托最优相比,潜在最优的标准进一步提高了。不仅将经济资源禀赋纳入标准范围内,也将人力资源禀赋纳入进来,使效率与公平统一在拓展后的效率概念之下。当交易系统实现潜能最优状态,就会同时实现社会福利最大化的结果。实现潜在最优与交易经济学社会福利最大的完美统一。我们可以证明该结论的正确性。

假设交易系统满足潜在最优标准,此时,交易系统任意主体 a_i 均在最大可能策略集上实现交易。若交易福利函数 W_t 没有达到福利边界 W_t^* 的水平,即:

$$W_t < W_t^*$$

∵ $E(S_{it}) \geq 0$,$E(S_{it}^*) \geq 0$

∴ 在福利函数 W_t 中,至少有一项没有达到福利边界。假设 a_k 为这个交易主体,即有:

$$E(S_{kt}) > E(S_{kt}^*)$$

∵ 交易系统处于潜在最优状态

∴ a_k 处于它的最大策略集上

∴ $E(S_{kt}) = E(S_{kt}^*)$

显然，与不等式 $E(S_{kt}) > E(S_{kt}^*)$ 相矛盾。

由此证明，交易系统处于社会福利边界上运行。

25.4 交易系统效率衰减

交易系统运行的三种状态，分别是均衡状态、帕累托最优状态和潜在最优状态，代表着交易系统资源配置效率的三个层级，潜在最优处于最高层级之上。

均衡态是一种资源配置效率的标志。当交易系统进入均衡状态时，所有的交易主体均实现了交易意愿，并且是在收益最大化预期之下实现的交易意愿。应当说，在既定约束条件下，包括流动性约束、信息约束、管制约束等方面的约束之下，通过交易，所有交易主体实现了资源优化配置的愿望。我们已经知道，由于受到外部扰动及内部交易级联等因素的干扰，交易系统并非总是沿着均衡轨迹线运行，而是常常偏离均衡轨迹线。由此可见，实现均衡是交易系统实现有效资源配置的重要标志。从非均衡到均衡，是交易系统资源配置效率的第一级跃迁。

交易主体由于受到有限理性、有限信息及市场不完全竞争的限制，即使处于均衡态的交易系统，也并不能达到帕累托最优的效率标准。从均衡态所实现的资源配置效率到帕累托资源配置效率，是交易系统的第二级效率跃迁。

制度性制约、政府管制性干预和两极分化，限制了交易主体的潜能发挥和交易资源的充分运用，从而形成了交易系统资源配置效率的第三级跃迁，即从帕累托最优到潜在最优的跃迁。

如果用轨迹线表示交易系统资源配置效率的动态演化趋势，就会出现上、中、下三条效率曲线：

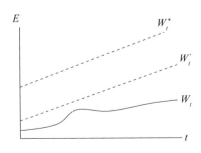

图 25.4.1　交易系统效率层级结构

图 25.4.1 中，W_t^* 代表潜能最优的社会社会福利函数；W_t' 代表帕累托最优的社会福利函数；W_t 代表交易系统均衡状态下的社会福利函数。可以看到，三条轨迹线分别在三个效率水平运行。

从交易系统演化角度的来看，$W_t^* - W_t$ 差距呈现越来越大的演化态势，表明交易系统存在效率衰减趋势。从动态演化的角度来看，导致这个结果的主要成因是交易势两极分化，包括家庭部门的财富分配两极分化和企业部门的市场控制权两极分化。

根据社会福利函数的定义，$W_t^* - W_t$ 的取值由如下公式计算得到：

$$W_t^* - W_t = \sum_{i=1}^{N}\left[E\left(S_i^*\right) - E\left(S_i\right)\right] = \sum_{i=1}^{N} E\left(S_i^* - S_i\right) \tag{25.4.1}$$

在式（25.4.1）中，$E\left(S_i^*\right) - E\left(S_i\right) \geq 0$。如果等式右边存在持续增大的项，就会导致交易系统资源配置效率与潜在最优的差距 $W_t^* - W_t$ 不断扩大的局面。

在市场经济体制下，交易主体实施的策略集与最大可能策略集之间的差距主要受到竞争对手的约束。在交易系统演化进程中，交易势极化程度越高，弱势主体受到来自强势竞争对手的压力就越明显，交易策略集就越小。基于这样的逻辑，我们可以得到如下关系：

$$E\left(S_i^* - S_i\right) = k\left(\psi_i^* - \psi_i\right) \tag{25.4.2}$$

其中，ψ_i^* 代表交易主体 a_i 的潜在竞争对手中最大的交易势，ψ_i 为 a_i 的交易势，$k > 0$ 为交易系统的结构参数。由此得到：

$$W_t^* - W_t = \sum_{i=1}^{N} k\left(\psi_i^* - \psi_i\right) \tag{25.4.3}$$

根据交易势方程，交易系统中任意两个主体的交易势差满足如下关系：

$$\psi_i^* - \psi_i = \psi_i^{*0} e^{\left(\pi_i^* - 1\right)t} - \psi_i^{0} e^{\left(\pi_i - 1\right)t} \tag{25.4.4}$$

其中，ψ_i^{*0} 是 ψ_i^* 的初始值，ψ_i^{0} 为 ψ_i 的初始值，π 为交易主体的反馈因子。作为交易主体 a_i 最大的潜在竞争对手，反馈因子满足 $\pi_i^* - 1 > 0$ 的基本条件。

不失一般性，我们假设 $\psi_i^{*0} \geq \psi_i^{0}$

由此我们得到：

$$\psi_i^* - \psi_i \geq \psi_i^{0} e^{\left(\pi_i^* - 1\right)t} - \psi_i^{0} e^{\left(\pi_i - 1\right)t} \tag{25.4.5}$$

$$\therefore \psi_i^* - \psi_i \geq \psi_i^{0} \left(e^{\left(\pi_i^* - 1\right)t} - e^{\left(\pi_i - 1\right)t}\right) = \psi_i^{0} e^{\left(\pi_i^* - 1\right)t}\left(1 - e^{\left(\pi_i - \pi_i^*\right)t}\right) \tag{25.4.6}$$

作为普通交易主体，a_i 的反馈因子满足如下关系：

$$\pi_i - \pi_i^* < 0 \tag{25.4.7}$$

$$e^{(\pi_i^*-1)t} \to +\infty, \quad e^{(\pi_i-\pi_i^*)t} \to 0, \quad t \to +\infty$$
$$\therefore \psi_i^* - \psi_i \to +\infty, \quad t \to +\infty \quad (25.4.8)$$

根据交易势的幂律分布特征，拥有高阶交易势的主体数量会随着交易势取值增加而迅速减少。这就意味着在上式中 $\pi_i - 1 \leq 0$ 的情况占据多数，而且随着时间 t 的增大，$\pi_i - 1 \leq 0$ 的情况会持续增多。在这种情况下，交易系统的效率差 $W_t^* - W_t$ 随着时间推移而持续扩大，即：

$$W_t^* - W_t = \sum k\left(\psi_i^{*0} - \psi_i^0\right)e^{gt} \to +\infty; \quad t \to +\infty \quad (25.4.9)$$

式（25.4.9）表明，伴随着交易系统的演进，在交易势极化程度持续增加的形势下，交易系统配置资源的效率将呈现不断衰减态势，与潜在最优的效率差距越来越大。

25.5 制度压抑

从更宏观的层面上看，导致交易系统资源配置效率衰减的成因可以来自两种完全不同的机制：一种是我们已经证明的结果，即交易系统演化诱发的交易势两极分化过程，属于内源性成因；另一种是制度压抑，同样可以导致交易系统效率衰减。对于交易系统，制度具有一定程度的外生性。我们将制度压抑所导致的交易系统效率衰减称作外源性成因。

制度压抑是政府对市场过度干预、压缩全社会交易空间的特殊现象。当出现制度压抑时，交易系统的策略母集就会萎缩、交易主体决策的自由空间受到明显限制。

在交易系统的演化进程中，内源性效率衰减通常出现在高阶进化阶段，是发达经济体面临的主要挑战；而外源性效率衰减通常出现在交易系统演化的低阶进程，是发展中国家面临的主要问题，也是导致这些国家经济落后、民众贫困的主要原因。在这方面，20 世纪的秘鲁为我们提供了非常有说服力的案例。"在秘鲁，一个白手起家的创业者，需要 13 年时间，才能克服法律和行政方面的种种限制，建起一个食品零售市场，使流动商贩们摆脱沿街叫卖的局面；需要花上 21 年的时间，才能获得授权，在荒地上建起一个合法的、有产权的房屋；需要 26 个月时间，才能得到授权，开通一条新的公交线路；大约需要 1 年的时间，而且每天奔波 6 个小时，才能得到合法许可证，使一台缝纫机用于商业经营目的。……我们的法律体制，并不是旨在建立公平而合理的法律法规，以维护秘鲁人民的利益，并对权力和责任做出细致分配，尽力保护每一个人的财产权，鼓励公民从事经营活动。它并没有为企业提供创造财富的动力，而是迷恋于对企业经营进行直接干涉，最终导致各方总是不遗余力，为获得有可能获得的利益而展开竞争。……在这样的一个国家里，前途的不确定性令每一个秘鲁人感到恐惧、迷茫和困惑，他们深知，行政机构既然每天都能发布大约110条规章和决定，他们就有可能在任何时刻改变游戏规则，而无须提前进行咨询或讨论。"[3]

面对制度压抑，交易主体在逐利动机的驱使下始终在寻求增加收益的可能途径。当体制内的交易空间被压缩时，人们就会在体制外寻找交易机会。制度压抑越严重，体制外的灰色交易就越繁荣。在20世纪最后的40多年中，秘鲁经历了快速城镇化的过程。大量从乡村涌向城市的居民，包括与之关联的住房、生产、商业、交通等各个方面的活动，大部分都游离于法律法规之外，成为体制外的交易活动。其中，秘鲁48%的经济活跃人口、61.2%的工作时间、GDP40%的经济价值，都是来自体制外状态，属于灰色交易范畴。在首都利马，占房屋总面积42.6%的房子没有政府承认的产权；91455个街头摊贩属于完全自治状态，不受政府的管制；93%的城市公共交通属于无照经营。[4]

灰色交易现象的大量存在表明制度的有效性严重缺失，是制度压抑的典型特征。灰色交易既不能得到政府的有效保护，更缺少政府的有效监管，完全属于自生自灭的自组织状态。规模庞大的灰色交易，不仅严重侵蚀交易系统健康运行的法律基础，也将巨大的不确定注入交易系统中，使每个交易主体都面临巨大的不确定风险。

制度压抑必然导致腐败。交易主体为了进入狭窄的体制内空间进行合法交易，必然会尝试一切可能手段。在制度不健全的体制内，贿赂通常是最有效的通关手段。制度压抑越严重，制度对竞争的屏蔽效应就越明显，交易主体突破制度屏障进入体制内空间的愿望就越强烈，腐败现象也就越普遍。无处不在的腐败，不仅扭曲了交易系统资源配置的内在逻辑，还会对社会公正性产生严重的损毁，将极大地挫伤交易主体的交易意愿，加速交易系统效率衰减。

在制度压抑之下，人们为了满足生存的需要，总会想尽一切办法突破制度约束；政府为了强化自身管制，又会不断强化管制，提高惩戒力度。在管制与逃避的博弈中，制度压抑会不断自我强化，以至于可能达到令社会完全窒息的程度。

导致效率衰减的两种机制在效果上存在很大差异。内源性效率衰减是由交易势两极分化诱导的结果。竞争力强、效率高的交易主体在竞争中胜出后，逐渐掌握市场主导权，对弱势交易主体形成压制。交易主体间的交易势落差越大，高阶交易主体对于低阶交易主体的压制效应就越明显。基于这样的作用机制，交易系统内源性效率过程必然是渐进的、局部的，作用过程是间接的。在此过程中，竞争力强、组织效率高的交易主体的潜能得到了最大限度的发挥。因此，处于效率衰减的交易系统，仍然可能释放出强大的创新能力，维持较高的经济活力。

外源性效率衰减是由制度压抑诱导的结果。在制度压抑之下，交易系统的全体交易主体将无一幸免地受到压制。在此过程中，政府机构不需要力量积蓄的过程，对市场的干预是直接限制交易主体的自由决策、压缩全社会的交易空间。因此，交易系统的外源性效率衰减是直接性的和全局性的，效率衰减进程也会大大快于内源衰减。

25.6　收入陷阱

2006年，世界银行在《东亚经济发展报告》中首次提出"中等收入陷阱"概念，立即引起世界各国政府和经济学界的广泛关注。报告指出，许多发展中国家在人均收入达到3 000—10 000美元后，原来行之有效的发展战略和经济政策失去效力。随着国内经济要素结构的改变，曾经拥有的国际竞争优势不复存在。与此同时，前期经济发展中积累的问题则日益严重，包括两极分化问题和社会腐败问题等，已经成为阻碍经济进一步增长的重大障碍。在东亚地区，菲律宾、马来西亚是"中等收入陷阱"的典型代表。以菲律宾为例，早在1980年，人均GDP已经达到671美元；经历近三十年的发展后，2006年的人均GDP仍然在1 100美元上下徘徊，剔除通胀因素后，菲律宾人均GDP几乎没有大的变化。马来西亚的情况虽然好一些，人均GDP从1980年的1 812美元，上升到2008年的8 209美元，但却始终在高收入国家的门槛外徘徊，无法实现由中等收入国家向高收入国家的跨越。类似的情况在拉丁美洲地区更为普遍，阿根廷、巴西、墨西哥等均是"中等收入陷阱"的典型代表。

在交易系统的发展演化进程中，"陷阱"无处不在，不仅有"中等收入陷阱"，还有"低收入陷阱"和"高收入陷阱"，几乎覆盖了交易系统演化的全过程。无论是"低收入陷阱"，还是"中等收入陷阱"或"高收入陷阱"，均以经济活力下降、增长徘徊不前为基本特征。它们之间的不同点主要集中在交易系统演化的不同阶段及成因上面。顾名思义，"低收入陷阱"发生在交易系统演化早期，处于人均收入较低的发展时期，主要出现在低收入国家群体中；"中等收入陷阱"发生在交易系统演化中期，主要出现在中等发达国家群体中；而"高收入陷阱"则发生在交易系统演化后期,主要出现在经济发达国家群体中。

两极分化是诱发"中等收入陷阱"的关键成因。根据交易系统演化方程(18.2.9)大致测算,拉美主要国家交易系统的分化结构参数 α、β 取值,是美国交易系统的 5 倍之多,意味着同样的经济增长速度,拉美国家交易系统需要支付的分化成本比美国要高出 5 倍。由此推断,以巴西、墨西哥、阿根廷为代表的拉美国家,其交易系统效率衰减的速度快于美国 5 倍。这就能够解释,从几乎相同的起点出发,在经历了 300 年的发展之后,拉美国家与美国在综合国力上的差距竟然变得如此悬殊,也能够解释拉美国家成为"中等收入陷阱"重灾区的主要原因。

如果说两极分化是导致"中等收入陷阱"的关键,制度压抑则是诱发"低收入陷阱"的根本原因。在低收入国家群体中,劳动力资源丰富、教育素质低下、基础设施落后、不确定性风险奇高是普遍存在的共同特征;它们在全球产业链分工上,主要提供廉价原材料和农产品。从表面上看,上述现象都应当作为将经济锁定在停滞、落后状态的原因。但是,深入分析就会发现,制度压抑才是阻碍低收入国家经济发展的关键因素。经济落后,意味着国内市场处于未开垦状态,原本可以有很多投资机会,正是由于严重的制度压抑,交易系统策略母集受到严重挤压,交易主体潜能无法有效释放。贿赂几乎成了获得合法交易的唯一途径。在这样的国家,既得利益阶层会形成利益同盟,阻止制度改革,使经济陷入长期停滞状态。

进入高收入国家行列,意味着已经成功突破了制度压抑屏障,实现了对"低收入陷阱"的成功突围;意味着克服了"经济发展悖论",成功跨越了"中等收入陷阱"。但是,这并不意味着经济发展道路从此坦途、一马平川。要逃脱"高收入陷阱"的宿命,同样非常困难;能够幸运逃脱"高等收入陷阱"魔咒的国家依然是凤毛麟角,少之又少。我们知道,经济发达国家已经完成了从传统社会向现代社会的转型,拥有相对完善的法治体系和社会治理体系,已经建立了覆盖面广、保障水平较高的社会保障体系,这也是发达经济体能够成功阻止交易系统效率衰减的关键原因。然而,正是由于发达的社会分工以及完备、高质量的社会保障体系,家庭在更高层次上实现功能的外部化。子女不再肩负维持家庭延续、父辈养老的重任。养育子女成了父母社会责任与爱心的体现。另一方面,养育子女则需要占用父母大量宝贵的时间。在时间就是生命、时间就是金钱的现代社会,选择养育子女意味着需要支付非常高昂的时间成本。经济越发达,社会分工越完善,养育子女的收益成本关系就扭曲得越严重,人们的生育意愿就会越弱。伴随着少子化的现象的加剧,人口老龄化几乎是人类社会发展道路上无法回避的宿命。当老龄化社会来临，人们的创业热情将会降低，企业主体数量也将下降，交易系统将不可避免地面对容量萎缩的局面。

由经济增长模型（22.3.40）可知，对于发达经济体，交易系统容量是推动经济增长的重要变量。当人口日益老龄化时，发达经济体就会陷入经济增长缓慢、甚至停滞的状态。因此，我们说，人口老龄化是"高收入陷阱"的基本成因。避免人口过度老龄化、防止交易系统容量萎缩是发达经济体克服"高收入陷阱"魔咒的关键步骤。

注释

1. ［美］肯尼思·J.阿罗.社会选择与个人价值（第三版）[M].丁建峰，译.上海：格致出版社、上海三联出版社、上海人民出版社，2020：68.
2. 谭军，孙月平.应用福利经济学（第二版）[M].北京：经济管理出版社，2006：18.
3. ［秘］赫尔南多·德·索托.另一条道路——一位经济学家对法学家、立法者和政府的明智忠告[M].于海生，译.北京：华夏出版社，2007：228-229.
4. 同3：13-14.

第二十六章

交易系统的不完美性

交易系统正如所有演化系统一样，包含着自我否定的机制。我们已经证明，交易势两极分化是交易系统演化的必然产物；当两极分化超过一定限度后，交易系统资源配置效能将会快速衰减。我们还将证明，在交易系统上，我们无法构建出兼顾公平与效率的完美制度体系。这就意味着，我们无法有效阻止交易系统的蜕变，更无法保证交易系统的完美演化。

26.1 制度谱系分布

交易系统必须在制度规范下运行。制度构建和制度优化是交易系统演化的重要方面。交易系统演化阶次越高，交易系统结构就越复杂，对于制度规则的依赖性就严重。公平与效率是制度的两个主要维度，也构成了衡量制度体系特征的两个坐标。

26.1.1 制度概念

制度是指建立在交易系统上的用于约束和规范交易行为的规则。制度既包含了各种法律和规章所确定的规则，也包含了各种政策确定的参数。维持交易系统运行，需要数量庞大的、各种各样的制度规则。伴随交易系统演化，由各种各样规则组合的制度始终处于不断的变化之中。一些制度规则被废止，一些新的规则进入制度体系中，一些制度规则被重新修订，这些都是交易系统制度演进的具体形态。由于制度体系是建立在大量规则组合的基础上，任何两个交易系统的制度体系都必然存在很大差异。

S 表示时间步 t 上的制度备选集。S 的大小以及结构将伴随着人们的认知及社会环境变迁而改变，是时间 t 的函数。因此，我们将制度备选集记为 S_t。s_i 表示可选集 S_t 上的任意可选制度，代表一种由众多规则集成的制度体系。

26.1.2 制度谱系分布

制度分别包含效率维度和公平维度。每项制度都会在两个维度上形成投射，投射坐标便是该项制度在效率和公平上的强度。我们用 p 代表效率坐标，用 q 代表公平坐标。当制度体系 s_i 取值 $p=0$ 时，表示制度体系 s_i 绝对低效；当 $p=1$ 时，表示制度体系 s_i 绝对高效。同理，当 $q=0$ 时，代表制度体系 s_i 绝对不公平；当 $q=1$ 时，代表制度体系 s_i 绝对公平。

制度体系的效率特质性体现在是否能够有效激发交易主体潜能，制度体系的公平特质性体现在对弱势群体扶植的力度和维持公平竞争秩序的有效性两方面。

我们可以通过三个步骤确定制度的坐标值。第一步，我们需要分析制度体系中各项制度规则对交易主体的作用特征，以此对规则进行分类。将具有激励交易活动、鼓励竞争特征的规则划归效率组；将具有维持公平竞争秩序、有利于减少两极分化导向的规则划归公平组。现实中，法规和政策对交易主体的影响常常是多方面的，以中国1993年颁布、2019年修订的《反不正当竞争法》，以及美国于1890年颁布的《谢尔曼法》，1914年颁布的《克莱顿法》，1936年颁布的《鲁滨孙—帕特曼法》为例，这些法规均是在维护公平交易秩序的同时，还发挥着促进交易繁荣的作用。对于这类兼具双重功能效用的法规，可以同时出现在公平组和效率组。

第二步，根据每项规则对交易主体的作用强度，对每项规则进行赋值。对于同时出现在效率组和公平组的规则，需要根据该规则在效率和公平两方面发挥的作用给予具体评估。

第三步，经过对每项规则赋值，我们可以计算效率组和公平组的总值。在此基础上，将两组总值加总，得到交易系统制度赋值总量。用效率组赋值在制度赋值总量中的占比作为效率坐标值，用公平组赋值在制度赋值总量中的占比作为制度的公平坐标值。具体计算步骤如下。

假设 $s \in S_t$ 是交易系统 T 在时间步 t 的制度备选集 S_t 上的任意制度体系，$s = \{ru_k\}_N$ 包含 N 项规则，$\{ru_i\}_{N_1}$ 为效率子集；$\{ru_j\}_{N_2}$ 为公平子集。根据分组标准，两个规则子集满足 $N_1 + N_2 \geq N$。

规则赋值按照对交易主体作用强度越大，赋值越大的原则进行。假定效率组规则 ru_i 的赋值为 p_i，公平组规则 ru_j 的赋值为 q_j。由此我们可以得到制度体系 s 在制度坐标系上的两个坐标值：

$$p = \frac{\sum_{1}^{N_1} p_i}{\sum_{1}^{N_1} p_i + \sum_{1}^{N_2} q_j} \quad (26.1.1)$$

$$q = \frac{\sum_{1}^{N_2} q_j}{\sum_{1}^{N_1} p_i + \sum_{1}^{N_2} q_j} \quad (26.1.2)$$

由（26.1.1）、（26.1.2）可知，制度备选集 S_t 上的任意制度体系 $s \in S_t$ 的坐标值 (p,q)，均满足如下恒等关系：

$$p + q = 1 \quad (26.1.3)$$

制度备选集 S 上的所有制度均分布在（1,0）与（0,1）连线上。我们称这条连线为交易系统 T 的制度谱系分布线。

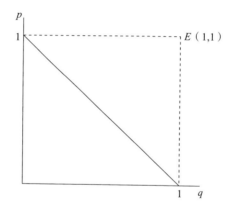

图 26.1.1　制度评价坐标系

从制度谱系分布的情况来看，制度有无限多种可能的选择。制度在谱系分布线上的位置不同，意味着在效率和公平两个维度上的倾向性也不相同。交易系统始终处于动态演化中，面临的挑战和问题也会因系统演化不断变化，制度也会根据交易系统演化形势进行调整。当主要挑战来自效率方面时，制度就应当向有利于促进效率提升的方向调整；当主要挑战来自公平方面时，制度就需要向有利于减少两极分化、增加公平方面倾斜。

26.2　完美制度不可能定理

所谓完美制度，是指在这种制度之下，交易系统既能保持资源配置效率，又能避免交易势两极分化的加剧，能够同时满足效率和公平的要求。我们用 s^* 表示完美制度。

26.2.1 完美制度不可能定理表述

完美制度不可能定理可以有以下两种不同表述方式。

表述方式 1

在任何时间步 t 的制度备选集 S_t 上，$s_i \in S_t$ 为任意一种可选制度，则 s_i 一定存在某种缺陷，不可能满足完美制度条件。

表述方式 2

在任何时间步 t 的制度备选集 S_t 中，均不存在完美制度 s^*，即 $s^* \notin S_t$。

26.2.2 完美制度不可能定理证明

我们可以用四种不同的方法证明完美制度不可能定理，以便从多个角度理解不存在完美制度的现实。

完美制度不可能定理第一证明：

设 $s^* \in S_t$ 为完美制度。按照完美制度定义，在制度 s^* 之下运行的交易系统，兼具效率和公平两项特质。

设 a_i 为交易系统 T 中任意交易主体，可以是企业主体，也可以是家庭主体。假设 a_i 的基本行为动机是以最小支付（包括货币支付、体力和精力付出等）获取尽可能多的收益（包括货币收益和物质产品或服务产品收益等）。交易主体行为必须在明确的指令下进行，驱使交易主体 a_i 行动的指令只能有两种情形：一是来自交易主体内部，即由交易主体自行决策；二是来自交易主体外部，即来自第三方指令。我们将自主决策的行为模式称为第一行为模式。该行为模式下的交易策略集是交易主体基于信息集自主构建的，包含了众多收益率和约束条件不同的策略；我们将接受第三方指令的行为模式称为第二行为模式，其行动策略集并非由交易主体基于信息集自主构建，而是来自第三方指令。在第二行为模式下，交易主体的策略集只包含单一策略，即第三方指令。

采用第一行为模式的交易系统属于交易经济学讨论的普通系统，而采用第二行为模式的交易系统与普通交易系统存在重大差别，但依然可以统一在交易系统概念之下，我们将其视为交易系统的特殊情况。

下面，我们针对两种驱动模型分别进行讨论。

在第一行为模式下，a_i 按照完美制度 s^* 定义的规则进行决策。根据交易主体的行为动机，a_i 在交易系统 T 中寻找最优交易机会，以实现收益最大化的行为动机。为了获得尽可能多的收益，a_i 会付出最大努力。

在交易系统 T 中，通过人际交往及各种传媒渠道，信息在成员之间扩散传播。如果 a_i 的决策是成功的，实现了预期收益，就会吸引更多的同相位交易主体 a_j 模仿 a_i 的交易策略，并与 a_i 形成某种意义上的竞争关系。在资源稀缺条件下，涌入同相位主体数量越多，竞争就会越激烈。

自主决策和相互竞争是市场体制的基本特征，这表明 s^* 具有市场经济体制属性。由交易势极化原理可知，市场经济体制下必然会演化出两极分化的结果。一旦交易势分布出现巨大悬殊，公平竞争的交易环境便会遭到某种程度上的破坏。显然，这与 s^* 是完美制度的前提相矛盾。

如果完美制度 s^* 中包含抑制两极分化、保护公平竞争的规则，交易系统两极分化的态势无疑会得到控制。假设该项规则为 ru^*（可能存在一组这样的规则）。要实现有效抑制两极分化的效果，规则 ru^* 必须实施从优势交易主体 a_i 向弱势交易主体 a_j 的转移支付。假设转移金额为 Δw，Δw 必须与 a_i 和 a_j 的收入差距成正比，否则便无法实现抑制两极分化的目标。在此机制下，交易主体 a_i 倾向于通过减少潜能付出，控制与 a_j 的收入差距。否则，多增加的潜能支付产生的收益就会被转移给 a_j，显然，这对 a_i 是不利的结局。在规则 ru^* 之下，处于弱势的交易主体 a_j 倾向于扩大与 a_i 的收入差距，这样可以获得更多转移收入。在此这种动机下，交易主体 a_j 将会放弃努力，闲置自己的潜能。

由此可见，由于规则 ru^* 的实施，在抑制两极分化的同时，也会导致优势交易主体和弱势交易主体部分潜能的闲置。转移强度 Δw 越高，交易主体潜能闲置或浪费越严重。这种结局与 s^* 完美制度的特质相矛盾。

在第二行为模式下，a_i 的经济行为来自第三方指令。在这种情况下，a_i 的收益将由指令方负责确定。由于 a_i 的经济活动必须按照第三方指令进行，即使对收益不满意，a_i 也无法通过自主选择改变收益现状。在这种情况下，a_i 只能通过减少付出调节潜能投入与收益产出的关系，获得让自己满意的性价比。无论采用哪种行为模式，交易主体的行为动机不会改变。在收益由指令方确定的情况下，a_i 必然选择尽可能少的潜能投入策略。

在交易系统中，交易主体潜力是重要的稀缺资源。由此可见，在第二行为模式下，s^* 存在资源浪费或闲置的状态，属于低效制度的特点。显然，与 s^* 属于完美制度假设相矛盾。

在第二行为模式下,如果第三方采用对成员行为过程监督方法减少怠工现象,就需要支付监督成本,用 Sc 表示。显然,监督成本 Sc 的大小与监督效果成正比,与监督对象的数量成正比。设交易系统 T 容量为 N,在第二行为模式下,意味着第三方监督对象数量为 N;假设 Le 为所有交易主体减少潜力付出造成的经济损失总量,则 $\frac{1}{Le}$ 可以作为对监督质量效果的度量,潜能损失 Le 量值越大,倒数 $\frac{1}{Le}$ 取值就会越小;反之,潜能损失 Le 量值越小,倒数 $\frac{1}{Le}$ 取值就会越大。

根据监督成本 Sc 与监督效果以及监督对象数量的正比关系,我们可以得到如下等式:

$$Sc = \alpha \frac{N}{Le} \tag{26.2.1}$$

其中,$\alpha > 0$ 为平衡常数。由(26.2.1)得到:

$$Sc \times Le = \alpha N \tag{26.2.2}$$

式(26.2.2)表明,监督成本与交易系统潜能损失存在此消彼长的关系。由于交易系统容量具有相对稳定性,监督成本与交易系统潜能损失的乘积为稳定常数,我们称 αN 为交易系统 T 的效能常数。效能常数 αN 取值代表容量为 N 的交易系统,在实施第二行为模式时系统效率损失的强度。交易系统的效率损失不可能通过强化监督得以消除。容量 N 越大的交易系统,第二行为模式下的效率损失越严重。这与 s^* 属于完美制度的假设相矛盾。

上述论证表明,无论哪种行为模式,完美制度假设都将导致矛盾结果。由此证明,完美制度 s^* 不可能存在,即 $s^* \notin S_t$。

完美制度不可能定理第二证明:

事实上,我们还可以有更为直接、更为简单的证明方法。根据完美制度 s^* 定义,完美制度 s^* 在制度坐标系上的坐标应当同时满足:$p=1$,$q=1$。

由图 25.1.1 可知,坐标(1,1)对应在 $E(1,1)$ 点上,而 $E(1,1)$ 点并不在制度谱系分布线 $p+q=1$ 上。因此,$s^* \notin S_t$。即使我们弱化完美制度的要求,将其条件降至 $p>0.5$、$q>0.5$ 的水平上,满足这样条件的规则组合,依然不在制度谱系分布线 $p+q=1$ 上。由此证明,完美制度不存在,即 $s^* \notin S_t$。

完美制度不可能定理第三证明:

我们将制度安排看作是一种社会选择的过程,借助阿罗不可能定理对完美制度不可定理进行证明。

阿罗不可能定理是由美国经济学家、1972年经济学诺贝尔奖得主肯尼斯·约瑟夫·阿罗（Kenneth Joseph Arrow）于20世纪50年代证明的重要定理。目前，阿罗不可能定理已经成为福利经济学的重要理论基础，对整个社会科学领域的研究发展方向产生重大影响。阿罗不可能定理由一个定义、四条公理、一个结论构成。阿罗不可能定理建立在社会福利函数概念之上，阿罗将社会福利函数定义为：社会福利函数是有限社会状态集$\{x,y,z\cdots\}$上的社会偏好排序，而社会偏好排序则是按照某种规则在每个社会成员对社会状态偏好排序基础上生成的泛函数。

阿罗为了证明基于社会成员偏好排序生成的社会福利函数不可能存在的结论，提出了如下四项公理作为基本前提[1]：

U（定义域无限制公理）：对任意符合逻辑的个人偏好，都存在一个社会偏好排序；

I（无关备选项的独立性公理）：对任意一组$\{x,y\}$的社会偏好排序都仅依赖于个人对x和y的排序；

P（帕累托法则公理）：若所有个人偏好都有社会状态x胜于社会状态y，则整个社会的偏好状态x胜于状态y，表述为xPy；

D（非独裁性公理）：不存在任何社会成员a_i，使得当a_i有xPy时，不论其他成员偏好如何，都有社会偏好满足xPy。

公理U是针对社会福利函数需要满足的条件，即社会福利函数必须涵盖所有成员的偏好信息，并对每个成员的偏好选择做出反应。

公理I是针对社会成员偏好选择的约定，要求社会成员在对社会状态x、y进行偏好选择时，不会受到与社会状态x、y无关信息的影响。具体讲，就是不会受到其他社会状态z的影响。尽管行为经济学已经用大量行为实验证明，人们选择决策的过程，不可能绝对排除备选项之外因素的干扰，但决定人们选择的主要因素仍然是来自备选项自身的特质。在这种情况下，独立性公理I仍然具有较大的合理性。

公理P是将帕累托最优的基本原则应用到社会选择中的结果。该项公理规定了社会福利函数在极点上的取值，当全社会成员一致偏好状态x胜于y时，社会福利函数应当满足xPy的取值。该公理要求社会福利函数能够反映全体社会成员的诉求，保证社会福利函数得到的结果不以损害任何成员利益为代价。

公理D在四条公理中具有十分特别的位置。作为讨论社会选择的前提，非独裁性是不言而喻的，否则社会选择就会成为伪命题。这里之所以将其列入公理体系中，主要为了证明的逻辑严密性。

阿罗不可能定理的一个结论是，不可能存在（或构造出）满足四项公理的社会福利函数。

阿罗构建不可能定理主要以西方国家选举制度为研究对象。事实上，尽管制度选择或制度构建过程同样可以看作是这种社会选择行为，尽管制度通常并不像总统选举一样，需要通过所有成年公民共同参与选举，法规和政策的制定过程则通常需要经过表决的方式完成。无论是议会表决，还是货币委员会表决，都可以看作是特定规则下的社会选择。在阿罗的论证中，社会选择允许各种可能的形式，可以是多数原则，也可以是过半数原则，还可以是代议原则。所有符合人类理性逻辑的原则，理论上都可能成为由民意实现社会选择所遵守的规则。显然，无论是法律的制定，还是政策的决策，都满足社会选择的标准。

对于交易系统 T，假设时间步 t 上的制度备选集为 S_t，$s \in S_t$ 为备选集上的任意一种制度安排，制度 s 包含的一组规则 $\{ru_i\}_N$。针对构成制度 s 的任意一项规则，在交易系统的交易主体中都会有不同的偏好。根据定义域无限制公理 U 可以推定，每个交易主体都有自己的偏好规则，并由此形成制度备选集 S_t 所有制度的偏好排序。

在此理解基础上，我们定义最优制度概念。所谓最优制度是制度备选集上社会偏好排序第一位的备选制度，用 s' 表示。最优制度 s' 可以看作是阿罗社会福利函数。

我们来证明，完美制度一定是最优制度。根据定义，完美制度为交易系统中兼具效率和公平的一组规则。如果制度 s^* 是完美制度，意味着所有的交易主体在制度 s^* 下均能够得到激励，并付出自己的全部潜能；与此同时，由于 s^* 的公平性，交易系统中不存在任何交易主体的交易活动受到自身之外不合理因素的约束或压制。显然，受预期收益最大化原理支配的交易主体，必然将完美制度 s^* 放置在偏好排序的首位。根据帕累托法则公理 P，我们可以推断，s^* 必然处于社会偏好的首位，符合最优制度 s' 的要求。

根据阿罗不可能定理，交易系统备选集 S_t 上不可能存在满足四项公理（U、I、P、D）的社会福利函数，因此也就不可能存在最优制度 s'。如果制度备选集 S_t 中存在完美制度 s^*，则必然是 S_t 上的最优制度，意味着最优制度 s' 存在。该结论与阿罗不可能定理相矛盾。

完美制度不可能定理第四证明：

设 a_i、a_j 为交易系统中任意两个交易主体，$E(a_i)$、$E(a_j)$ 分别为 a_i、a_j 的效率水平。假设在时间步 t 上，a_i、a_j 的效率水平有如下关系：

$$E(a_i) > E(a_j)$$

假设 s^* 为制度备选集上的完美制度；在时间步 t 上，交易主体 a_i、a_j 在完美制度 s^* 持续作用下，收益结果最终体现在自己的会计矩阵上，即：

$$s^*(a_i) = A_i, \quad s^*(a_j) = A_j$$

为了进一步证明完美制度不可能定理，我们采用以下三个引理：

引理1：交易主体 a_i、a_j 的会计矩阵 A_i、A_j 是特定制度下交易持续迭代的结果。

引理1是不言自明的。会计矩阵作为描述交易主体经济成就的工具，必须具有准确反映交易主体行为结果的能力。会计矩阵所体现的净资产规模、资产结构以及资产流动性均是交易主体交易迭代的结果。

引理2：会计矩阵越大，交易主体的交易机会越多。

交易行为是约束条件下的选择行为。交易主体克服约束条件的能力越强，策略选择的空间也就越大。交易主体的会计矩阵是过往交易迭代的结果，会计矩阵越大，反映交易主体克服交易约束的能力就越强。与此同时，会计矩阵又是交易的起点，会计矩阵越大，意味着交易主体拥有的资源越多，能够选择的交易策略就越多。策略集代表着交易主体拥有的交易机会，交易策略集越大，意味着交易主体的交易机会就越多。

引理3：交易主体的效率越高，交易迭代的收益积累就越快。

交易主体的效率代表着交易主体投入产出的比值。交易效率越高，意味着交易主体以相同投入获得的产出值越多；会计矩阵迭代后的净资产增长速度也就越快。

$$\because E(a_i) > E(a_j)$$

由引理1、引理2可得：

$$|A_i| > |A_j|$$

$$令\ s^*(\Delta A) = |A_i| - |A_j|$$

由引理2可知，随着时间步 t 的延续，$s^*(\Delta A)$ 将不断增加。对于任意正实数 K，均存在某个时间步 t，能够满足不等式：

$$s^*(\Delta A) \geq K \tag{26.2.3}$$

由于 s^* 为完美制度，无论交易主体 a_i、a_j 效率差异多大，在完美制度 s^* 的约束下，体现在交易主体会计矩阵上的差距应当限制在一定范围内，即存在正实数 K，对所有的时间步 t 均必须满足不等式：

$$s^*(\Delta A) < K \tag{26.2.4}$$

显然，式（26.2.3）与（26.2.4）相互矛盾，表明完美制度 s^* 不存在。

26.3 完美制度不可能定理的启示

完美制度不可能定理不仅否定了完美制度的存在性,也否定了在不同制度之间直接进行优劣对比的可能性。如果在不同制度之间进行直接对比,而不问交易系统演化阶段和状态,不顾及交易系统运行中面临的主要挑战,仅仅在备选制度集上对不同制度选择进行优劣对比,意味着我们可以在制度备选集 S_l 上建立一种社会偏好排序。很明显,这与阿罗不可能定理相矛盾。

制度选择必须建立在对不同备选制度优劣评估的基础上,否则任何选择结果便缺乏可靠的依据。这些表面上看似相互冲突的事实表明,在进行制度选择时,不能仅仅根据制度效率标度和公平标度的偏好进行选择,我们还必须引入有关交易系统自身特性的信息,以构建包含维度更多、选择约束信息更丰富的制度选择空间。要做到这一点,我们就必须深入交易系统各个层面,对交易系统演化的阶段性特征、交易主体的结构分布以及交易系统运行中面临的主要挑战等诸多方面进行细致研究。不能在制度备选集上简单地选择最优选项,而是寻找应对交易系统面临主要挑战效果最好的制度,寻找与交易系统演化阶段最适配的制度。

从交易系统演化的观点来看,任何制度的适应性和有效性都是阶段性的。一旦超越了制度的有效范围,曾经适配度很高的制度就会失去效力,成为阻碍交易系统演进的障碍。制度安排必须因时而变,持续不断地改革、调整和优化制度安排。

从制度谱系分布情况可以看到,公平与效率存在此消彼长的取舍关系。提高制度的效率激励,就必然以扩大两极分化为代价;相反,增加社会公平性,必然以降低交易系统效率为代价。在以代价换取收获的世界上,不可能存在完美选择。只能根据自身需要及面临的主要挑战,有所取舍。

一般地讲,在交易系统演化的初期阶段,两极分化问题尚不突出,制度安排应当坚持效率优先原则。制度设计应当向效率 p 倾斜,维持制度在满足 $p > q$ 的关系上运行。当交易系统进入演化中后期,交易系统已经处于较高的效率水平,在国际竞争中已经拥有较为明显的优势。在这种条件下,制度设计应当逐步调整,给予公平更大的空间,将制度维持在效率与公平的基本均衡状态上,满足 $p \approx q$ 的基本关系。效率与公平基本均衡的制度结构是一种可以长期维持的状态。

注释

1. [美]埃里克·马斯金,[印]阿马蒂亚·森,等.选择的悖论——阿罗不可能定理与社会选择真相[M].黄永,译.北京:中信出版集团,2016:22.

符号使用概览

T 表示交易系统；

a、b 用于表示交易主体；

A、B 用于表示交易主体会计矩阵或资产负债表；

s 表示交易策略；

S 用于表示交易主体的交易策略集和社会系统；

Ω 表示交易社区和交易空间；

ω 表示交易网络密度；

ϕ 表示交易系统紧致度；

θ 表示交易网络循环率；

γ 表示价格挤出系数；

Γ 表示交易系统价格挤出风险系数；

E 表示预期收益；

Z 表示商品价值量；

μ 用于表示交易效率系数和理性结构参数；

Gr 表示经济增长；

Fr 表示资产金融化率；

ψ 表示交易势；

τ 表示货币传导时滞；

χ 表示交易势极化系数；

η 表示交易系统分配比；

v 表示交易系统的价值参数；

α、β 等用于表示各种参数；

i、j、l、k 表示自然数角码；

n、m、N、M 表示自然数。